KB043935

1461일의 도전

연세대학교
제17대
정갑영 총장
연설문집

1461일의 도전

21세기북스

PREFACE

총장으로 재임했던 지난 4년, 1461일은 영일寧日이 없는 나날이었다.

어느 직책이나 분주하기는 마찬가지지만, 2012년 2월 1일 임기를 시작한 날부터 2016년 1월 31일 마치는 날까지, 각종 행사에서 무려 600여 회의 공식적인 인사말을 했다면 누구나 쉽게 그 분주함을 가늠할 수 있을 것 같다. 해마다 반복되는 입학식과 졸업식에서부터 130주년 창립기념일과 각종 건축물의 봉헌식 등 실로 다양한 행사가 개최되었다.

그때마다 연세의 얼굴이며 한국의 지성을 대표하는 총장의 입은 가벼울 수가 없었다. 때로는 시작하는 첫마디를 찾기 위해 며칠간을 고심하기도 했었고, 총장의 의지를 함축적으로 담은 성경과 시구詩句를 넣고, 품위 있는 계절의 안부를 표현하기 위해 많은 정성을 쏟아야만 했다. 무엇보다 모든 글 속에 연세가 추구해야 할 시대적 사명과 비전이 녹아들고, 대학 교육이 가야 할 혁신의 꿈을 담아야만 했다.

따라서 연설문에는 신입생들과 졸업생들에게 원대한 꿈을 심어 주고 30만여 동문들에게는 연세의 비전을 제시하면서, 동료 교수들과 직원들을 격려하고 설득하며 혁신의 꿈을 밀고 나가야 했던 크고 작은 역사의 편린들이 그대로 담겨 있다.

17대 총장으로서 내게 주어진 사명은 연세가 '제3창학'의 꿈을 크게 펼쳐, 130년 전통의 세계적 명문으로서 새로운 역사를 만들어 가는 터전을 마련하는 것이었다. 연세를 학문적인 수월성excellence과 대학다운 위엄dignity을 갖춘 역사의 현장으로 바꾸는 것이었다. 연세가 진정으로 역사를 만들어 가며YONSEI, where we make *history* 고등교육을 선도하는 아시아의 세계대학Asia's World University으로서의 위상과 명예를 재정립하는 것이었다.

이와 같은 꿈을 실현하기 위한 전략으로써 명문 교육과 연구 역량의 강화, 인프라의 확충과 멀티캠퍼스의 자율과 융합, 그리고 공동체 문화의 재정립을 제시하고 부문별로 구체적인 사업들을 전개하였다. 송도 국제캠퍼스에 아시아 최초의 아이비 리그형 RCResidential College를 도입하고, 백양로 재창조와 원주의료원, 기숙사와 경영대학의 신축 등 캠퍼스 시설을 대폭 확충했으며, 성과연동제와 스마트캠퍼스 도입 등 행정 및 재정 시스템의 혁신을 추진하였다.

지난 4년간 이 모든 사업들은 실로 기적과 같이

거의 완벽한 모습으로 이루어졌다. 가장 큰 현안이었던 송도캠퍼스가 RC를 통해 정착되었으며, 수십 년의 숙원 사업이던 백양로 재창조, 경영대학과 이과, 공과대학의 신증축 등이 모두 순조롭게 이루어졌다. 프린스턴과 코넬 등 11개 명문대학이 참여하는 동아시아학 컨소시엄을 주도적으로 설립하고, 글로벌신학원GIT과 글로벌인재학부를 신설하여 연세의 국제화에도 많은 진전이 있었다. 실로 연세 역사상 가장 큰 사업들이 완성되는 엄청난 은혜와 축복을 연세 공동체가 함께 누릴 수 있었던 시간이었다.

물론 모든 사람들이 모든 사업에 박수를 보내 온 것은 아니었다. 어느 저명 대학의 슬로건처럼 대학은 역시 서로 다른 생각들이 충돌하는 곳where different ideas collide이었다. 송도 국제캠퍼스의 RC 도입을 반대하는 현수막이 백양로를 완전히 도배하고, 언더우드국제대학UIC의 프로그램을 확충하면서 학부모들이 몰려오고, 백양로 재창조 사업 내내 다른 목소리를 내는 일부의 비난도 감수해야만 했다. 실제로 거버넌스governance가 취약한 우리 대학에는 건물 하나 지을 때마다 다양한 갈등의 사연이 수두룩했다. 이런 캠퍼스 문화에서 10여 년 이상 논쟁만 거듭하며 허송했던 사업들을 마무리하려니 어떻게 그런 정도의 반대가 없었겠는가. 모두가 연세를 사랑하는 마음으로 제각각 목소리를 내다 보니 1만 4천여 분의 교수와 직원, 수십만 동문, 5만여 명의 재학생들이 모든 일에 화음을 맞출 수는 없는 일이다.

따라서 연세, 제3 창학이라는 비전을 실현해 나가는 과정에서 일부 사업이 갈등을 빚는 것은 어쩌면 너무 당연한 과정이라고 생각했다. 또한 갈등을 극복하면서 본래의 목표를 달성하는 것 또한 총장에게 주어진 당연한 책임이었다. 나는 몇 가지 원칙을 철저히 지키면서 갈등도 풀어 나갈 수 있어야만 캠퍼스에 새로운 문화도 정착되고, 연세가 진정 역사를 새롭게 만드는 현장YONSEI, where we make *history*으로 도약할 수 있다고 믿었다.

가장 중요한 원칙은 학문적 수월성이 의사 결정의 가장 중요한 기준이 되고, 신뢰가 모든 행정의 기본이 되어야 한다는 것이다. 재원의 배분과 보직자의 선정, 사업 추진 등 모든 면에서 이 두 가지를 지키려 노력을 다하였다. 특별히 나 자신부터 신뢰받고 책임 있는 행동을 통해 우리 사회에 연세를 대표하는 모습을 보여 주려고 최선을 다했다. 정책을 공약해서 높은 지지를 받았기 때문에 그 사업들을 완수해서 신뢰를 쌓아야 했고, 열린 마음으로 다른 목소리를 경청하며 합리적인 사항들을 수용하기 위해 고통스러운 과정을 거치기도 했다.

"걸어가지 못하는 길을
물이 되어 가고
흐르지 못하는 길을
새벽 안개로 가며"

"꼭 가야 하는 길"(정동묵)에서

임기의 첫날부터 마지막까지 말한 것들을 지키기 위해 혼신을 다했던 시간이었다.

이제 주사위는 던져졌다. 약속했던 사업들을 수많은 손길들의 성원 속에 마무리하고 제3 창학의 꿈을 열었으며 다음 주자에게 바통을 넘겨주었다. 세상의 역사는 지속적으로 사람과 사람을 이어 가며 이루어진다. 때로는 앞으로 나가다 후퇴할 수도 있고, 정체할 수도 있을 것이다. 그러나 우리가 뿌린 제3 창학의 꿈은 언젠가, 누군가에 의해서, 반드시 실현될 수 있을 것이라고 굳게 믿고 있다. 원대한 비전과 다양한 사업들에 대한 의미와 평가도 이제는 훗날의 역사에 맡겨져 있다.

그동안 600여 편의 연설을 작성할 때마다 정성을 다해 준 김영숙 팀장을 비롯한 미래전략팀의 김지선, 이현주, 김세민 선생, 교열과 원고 작성에 도움을 준 여러 교수님들, 그리고 출판 과정에 심혈을 기울여 좋은 작품을 만들어 준 김윤희 실장과 김상준 교수에게 깊은 감사를 드린다.

많은 노력에도 불구하고 아직도 곳곳에 숨어 있는 내용의 오류와 잘못의 책임은 당연히 모두 저자에게 있다. 한편으로 쑥스럽고 부끄럽게 느끼면서도 출간을 감행하는 이유는 제17대 총장으로서 한 시대를 마감하는 기록을 남기기 위한 것임을 해량하여 주시기를 바랄 뿐이다.

2016년 8월
정 갑 영

RECOMMENDATION

It is a great privilege and pleasure to write this foreword for the book, "1461 Days" by the 17th President of Yonsei University, Professor Kap-Young Jeong, and I would like to offer my most sincere congratulations to a true educational pioneer and leader, not to mention a long-standing friend. This publication of speeches made during Professor Jeong's presidency represents his remarkable accomplishments from during his term, which has provided new vision and insight on higher education in today's globalizing world.

Keio University and Yonsei University have established a fruitful partnership since the signing of our first student exchange agreement in 1970. This partnership has grown deeper and stronger through more recent initiatives such as the Three Campus Program for Comparative East Asian Studies, which grew extensively to include leading universities in Europe and United States under his leadership. He has inspired us with his innovation and forward thinking and we were very grateful when he accepted our invitation to become a Keio's Global Advisory Council member in 2014. We have learned a great deal from Professor Jeong's and Yonsei's efforts to enhance the global competitiveness of Korea's higher education—the establishment of Underwood International College in 2004 when he was Dean of Academic Affairs; the opening of the Yonsei International Campus on Songdo in 2010; and the launch of the Residential College Education system in 2012 and the completion of the state-of-the-art Baekyang-ro Reconstruction Project in 2015 during his presidency. Keio University is truly impressed with Yonsei's accomplishments and success in globalizing education, and it was a great honor for Keio University to confer the Degree of Doctor of Economics Honoris Causa upon Professor Jeong in 2014.

I have no doubt he takes with him not only the appreciation of the entire Yonsei community, but also of all who have had the privilege of working with him—who admire his continued dedication to improve scholarship and contribution to knowledge creation. Now that he has returned to professorship, I look forward to learning more about Professor Jeong's next academic endeavors and enjoying many more years of friendship.

Professor Atsushi Seike
President, Keio University

RECOMMENDATION

Yonsei University is one of the world's premier research universities. During the last several years Yonsei has become even stronger through its innovative programs, physical development, and its global partnerships. The immediate past President of Yonsei, Kap-Young Jeong, was instrumental in providing the leadership that brought major advances in quality and impact for Yonsei University. We at Washington University are privileged to be partnered with Yonsei University through our McDonnell International Scholars Academy. This partnership was encouraged by Washington University alumnus Dr. Ja Song, a former President of Yonsei University. President Jeong has led Yonsei University to an even stronger position among the world's great research universities.

It has been rewarding to have the opportunity to visit Yonsei University on several occasions during President Jeong's tenure. Each visit has brought new stimulation and opportunities for further collaboration. On a visit several years ago aspects of the Baekyang-ro Reconstruction Project plan were shared. This was one of the most ambitious campus infrastructure projects ever conceived, and it inspired thinking about a major project at Washington University. Today, the Project is complete and it is a magnificent achievement. In October, 2015 I was fortunate to participate in a part of the celebration of the 130th anniversary of the founding of Yonsei University by attending the Global Summit on "Liberal Arts for the Asian Century". The program for the Global Summit was held in the new Baekyangro Grand Ballroom, a part of the Baekyang-ro Reconstruction Project. The venue for the Global Summit was magnificent, from the beautiful and practical underground parking garage to the meeting room to the dining facilities. Clearly, the Baekyang-ro Reconstruction

Project is a great success. A wonderful Global Summit program wrapped up with a most impressive opening concert celebrating the new Kumho Art Hall. The redevelopment of the landscaping and the removal of automobile traffic from the front of Yonsei University enhance the quality of the experience of all who participate in programs and work at Yonsei University. This phenomenal infrastructural project at Yonsei University has inspired important work on a similar project at Washington University, a project slated to begin in the late spring of 2017 with an underground parking structure, removal of automobile traffic and re-landscaping of the area at the front of Washington University. We hope to be as successful with our project as Yonsei University was with the Baekyang-ro Reconstruction Project.

Programmatically, Yonsei University has made great progress in serving its students, faculty and its community. Like Washington University, Yonsei University has a fabulous academic medical center. The advances in academic medicine at Yonsei have been tremendous, including major developments in the treatment of cancer. Through its advances in medicine, Yonsei is bringing even greater benefit to people in Seoul and beyond. In another area, Yonsei has significantly enhanced its facilities for its programs at the School of Business. Having celebrated its 100th anniversary of its founding, the School of Business has strengthened its programmatic offerings, too. We at Washington University are privileged to be partnered with Yonsei to be offering a dual degree program in business, with a Masters of Finance Degree from Washington University and a Masters of Business Administration with a focus on Finance from Yonsei University.

Yonsei University has been an innovator in undergraduate and international education. Through its Underwood International College it is clear that Yonsei University is making path breaking progress in drawing talented students from other countries to come to South Korea for an excellent liberal arts college experience. The Global Summit in October 2015 underscored the importance and success of this new initiative with great leadership contributions from President Jeong and Dean Hyungji Park. This initiative builds the diversity of the Yonsei University community and offers an outstanding educational experience for the students engaged. The Residential College on the international campus of Yonsei University is another important innovation that engages students in a unique educational and living experience that provides the very best higher education program for undergraduates.

Yonsei University and President Kap-Young Jeong are congratulated on many innovations in higher education, the development of outstanding new infrastructure, and bringing greater benefit to its students and South Korea. With its international relationships, the global impact of Yonsei University has grown very significantly, and we at Washington University are even more proud to be partnered with Yonsei University through the McDonnell International Scholars Academy and many other specific programs, including our dual degree program in business.

Mark S. Wrighton, PhD
Chancellor
Washington University in St. Louis

RECOMMENDATION

언더우드 선교사, 알렌 선교사께서 130여 년 전에 이땅에 하나의 밀알을 심은 지 100여년이 지난 지금 풍요로운 밀밭이 일궈졌습니다. 정갑영 총장님은 이 풍요로운 밀밭을 더욱 가치 있는 밀밭으로 만들어주셨습니다.

동지이자 학부모로 정갑영 총장님을 오랫동안 뵈어 왔습니다만, 총장님께서는 소위 신언서판身言書判을 갖춘 학자이십니다. 사실 신언서판을 갖췄다는 이야기를 듣기 어렵습니다. 정 총장님의 가장 큰 덕목은 무엇이냐 생각을 해봤습니다. 능력이 있고, 머리가 좋고 친화력이 있으심은 분명하지만 그런 덕목을 가진 분들은 많습니다. 정 총장님의 가장 소중한 덕목은 온유하고 남을 이해하고 배려하고 끊임없는 인내심을 갖고 있다는 점입니다. 지난 4년간 그 덕목으로 공직생활을 성공적으로 귀결시켰다고 장담합니다. 그래서 같은 친구지만 정 총장님은 닮고 배우고 싶어하는 대상입니다.

제가 근무하는 울산대학교에서 정 총장님을 프레지덴셜 포럼 자리에 모시고 자연인으로서의 일생, 생애를 아주 깊이 있게 허물없이 말씀하시는 것을 들을 기회를 가졌는데, 청취한 모든 분들이 감동했습니다. 정 총장님의 이러한 인간적 면모와 실천하는 지도력이 전례 없는 탁월한 성과를 이뤄냈습니다.

우선 송도 국제캠퍼스를 우리나라 글로벌 캠퍼스의 효시로 만들었습니다. 사실이지 이 정도의 대규모 사업은 총장 4년 임기 중에 완성되기가 어렵습니다. 물론 시작은 오래전부터 했겠지만 총장님 임기 내에 완성, 심화하는 단계까지 이르렀습니다. 우리나라에 소위 글로벌 캠퍼스를 자처하고 있는 캠퍼스가 몇 군데 있지만 명실상부한 글로벌 캠퍼스는 연세대 송도가 효시라고 생각합니다.

또 하나, 백양로 재창조사업을 통해서 친환경캠퍼스를 구축하는데 성공하셨습니다. 사실 이 두 사업에 있어서 어려운 부분이 무엇이라고 생각하십니까? 제일 어려운 것은 뭘까요? 돈이라고 이야기합니다. 그러나 제일 어려운 것은 내부구성원들의 반대입니다. 그 반대도 평화로운 반대가 아닌 도를 넘어선 반대입니다. 두 개 사업 공히 많은 분들의 격렬한 반대가 있었습니다.

그 당시 아마도 정 총장님은 '나를 지지하는 사람과 반대하는 사람 모두에게 수호천사가 있을 것'이라는 생각으로 반대자를 이해하고 설득했을 거라고 상상해봅니다. 정 총장님께서는 교수·학생들에게 세계인으로서의 안목과 역할을 강조했고 기본적으로 인본적 가치가 개인의 완성, 대학발전, 공동체의 진보에 있어서 소중한 것이라고 하는 가치전달에 심혈을 기울이셨다고 이해합니다. 아마도 정총장님의 일련의 괄목할만한 성공에는 깊은 인간사랑이라는 기독교정신이 깊게 스며들어져 있었다고 생각합니다.

연세대는 이제 국내 최고 수준의 대학이 아닙니다. 바로 세계중심권대학, 세계를 선도하는 대학으로 진입하고 있습니다. 130년 전에 언더우드와 알렌선교사가 이 땅에 소중한 밀알을 심은 것처럼 연세대는 어려운 나라, 우리로부터 계몽적 가치를 전수받을 나라에 대한 새로운 기적을 그들에게 심어줄 책무가 있다고 생각합니다. 이러한 노력은 연세대의 양방향 국제화 노력과 맥락을 같이 합니다. 연세대의 새로운 책무이기도 합니다.

우리사회는 아주 어렵습니다. 저성장, 양극화, 기존 제도에 대한 불신, 미래에 대한 불확실, 제도와 시스템에 대한 요구는 급격히 늘어나지만 해결할 수 있는 시스템은 점차 축소되어 가고 있습니다. 그러한 과정에서 연세대는 국가공동체에 있어서 사랑의 정신, 나눔의 정신으로 같이 함께하는 공동체의 정신을 고양해갈 책무를 안고 있고 정갑영 총장님 4년의 임기 동안 더욱더 역할에 대한 기대가 높아졌다고 생각하고 있습니다.

정갑영 총장님은 공직의 모자를 벗었지만, 앞으로도 연세대의 발전을 위해서 연구실에서 지속적으로 그동안의 지혜와 경륜을 살리셔야 합니다. 여기에 그치지 않고 사회의 새로운 진화와 진전을 위해서 정 총장님께서는 소중한 역할을 하셔야 합니다. 연세대인 뿐만 아니라 많은 한국의 지식인과 한국을 걱정하는 사람은 정 총장님의 역할을 기대하고 있습니다.

울산대학교 총장(전 서울대학교 총장)
오연천

CONTENTS

chapter I

words

"The words that enlighten the soul
are more precious than jewels."

"영혼을 밝히는 말은 보석보다 소중하다."

Hazrat Inayat Khan / 하즈라트 이나야트 칸

2012년

미래를 여는 패러다임

2012년 2월 7일
'제3 창학'을 위한 도전
제17대 총장 취임사

2012년 2월 16일
맑고 순결한 민족시인의 정신을 기리며
윤동주 시인 67주기 추모식 추도사

2012년 2월 17일
교육 강화와 세계적 위상의 재정립
신임교원 임명장 수여식 인사말

2012년 2월 23일
성취와 공헌의 기억
교원 퇴임식 인사말

2012년 2월 27일
새로운 가능성을 향한 위대한 모험
2월 학위수여식사

2012년 2월 29일
예지와 도전의 정신
입학식 축사

2012년 3월 16일
세계를 향한 한국어·한국문화
한국어학당 200회 졸업식 축사

2012년 5월 9일
경륜과 지혜
제10회「명예교수의 날」환영사

2012년 5월 12일
연세, 새 역사를 만드는 현장
창립 127주년 기념식사

2012년 6월 1일
우리가 어떻게 함께 살아갈 것인가
마이클 샌델 특별초청강연회 축사

2012년 8월 16일
지역과 세상을 바꾸는 선도적 대학
제15대 원주부총장 취임식 인사말

2012년 8월 31일
미래를 여는 새로운 패러다임의 창조
8월 학위수여식사

2012년 9월 12일
모교의 자랑과 영예
박영식 학술원 회장 취임 축하연 축사

2012년 11월 12일
세계적 의료기관으로의 비상
2012 세브란스발전위원회 축사

2012년 11월 27일
함께 만드는 더 큰 세상
연세 여자동창회 송년 모임 인사말

2012년 12월 17일
연세의 새 역사를 여는 계기
기관장 송년회 인사말

2012년 2월 7일

'제3 창학'을 위한 도전

제17대 총장 취임사

여러분 안녕하십니까? 오늘 추운 날씨에도 불구하고 저의 총장 취임을 축하하기 위해 귀한 걸음을 해 주시어 진심으로 감사드립니다. 존경하는 방우영 이사장님과 재단 이사님, 안세희 전 총장님을 비롯한 역대 총장님, 일일이 다 거명하지 못하는 여러 내외 귀빈, 그리고 연세가족 여러분, 오늘 영광스러운 자리에 이렇게 큰 성원을 보내주셔서 깊이 감사드립니다.

저는 오늘 127년 전 이 땅에 근대 고등교육을 최초로 도입한 자랑스러운 연세대학교의 17대 총장으로서, 제게 주어진 책무를 성실히 수행할 것을 서약하고, 한없이 겸허한 마음으로 이 자리에 섰습니다. 연세를 지으신 하나님과 연세를 위해 헌신하신 여러분 앞에 이렇게 서게 되니, 영광에 앞서 무한한 책임과 사명감을 느낍니다. 우리 연세는 창학 이후 지금까지 대한민국의 근대사와 함께 해 온 역사의 현장이었습니다. 이 땅에 진리와 자유의 기독교 정신을 심었을 뿐만 아니라, 한국 사회의 발전을 선도하는 사명을 다해 왔습니다.

연세의 새로운 역사를 창조할 것

그러나 최근 대내외 여건의 급속한 변화와 함께 고등교육의 환경도 크게 달라지고 있습니다. 대학경쟁의 세계화와 학문의 융합화가 날로 심화되고 있으며, 사학의 자율성과 정체성은 물론 글로벌 경쟁력도 크게 위협받고 있습니다. 이와 같은 변화 속에서 연세의 명성과 위상도 크게 도전받고 있으며, 위기를 기회로 승화시킬 수 있는 새로운 고등교육의 패러다임이 절실히 필요한 상황입니다.

이러한 도전과 위협 속에서 연세는 지금 '제3 창학'이라는 새로운 계기를 맞이하고 있습니다. 제중원과 세브란스, 그리고 연희전문을 설립하여, 이 땅에 고등교육의 기반을 마련했던 근대 초기를 연세의 '제1 창학기'라고 할 수 있습니다. 그 후 연희와 세브란스 의전이 연세대학교로 통합되고, 한국 사회의 근대화와 민주화를 주도했던 20세기 후반기를 연세의 '제2 창학기'라고 할 수 있습니다. 그리고 이제 인천 송도 국제캠퍼스의 개교와 더불어 연세의 새로운 미래를 여는 '제3 창학'을 맞게 되었습니다. 인천 국제캠퍼스의 개교는 단순히 공간의 확장만을 의미하는 것이 아닙니다. 이는 갯벌을 메운 천지개벽의 터 전 위에, 디지털 문명을 창조적으로 수용하고, 글로벌 시대에 선도적으로 대응하여, 연세를 아시아의 세계대학 Asia's World University 으로 발전시키기 위한 새로운 역사의 시작을 의미합니다. 언더우드 선교사가 어두운 조선 땅에 빛을 비추기 위해 첫발을 내디뎠던 바로 그 인천에서, 연세가 다시 '제3 창학'을 시작하는 것입니다. 이것은 언더우드의 정신을 찾아서, 기본으로 돌아가는 Back to the Basics 과정의 첫걸음이기도 합니다.

레지덴셜 칼리지 기숙사 상주 교육형 대학 전면 도입

존경하는 연세가족 여러분, 저는 연세의 제3 창학을 위해 무엇보다도 먼저 대학의 기본 사명인 교육을 강화하여, 명문 사학으로서의 연세의 세계적 위상을 재정립하려고 합니다. 특히 인천 국제캠퍼스에 하버드, 예일, 옥스퍼드 등 세계 명문대학이 학부 교육에 도입하고 있는 Residential College, 곧 RC 시스템을 도입할 계획입니

2011. 12. 14.

제17대 총장에 정갑영 교수 선임

우리 대학교 법인이사회(이사장 방우영)는 12월 14일 임시 이사회를 개최하고 만장일치로 정갑영 교수를 제17대 총장으로 선임했다. 정갑영 총장은 교수 86.5%, 직원 56.5%가 참여한 인준 투표에서 찬성 86,63%의 높은 지지를 얻었다. 정 차기 총장은 원주부총장, 정보대학원장, 교무처장 등의 주요 보직 경험의 바탕 위에 경제 전문가로서 역량을 발휘하여 안정적인 재정 기반을 구축하고 대학 발전을 견인할 적임자로 평가된다.

다. RC는 다양한 성장 배경과 문화적 차이를 지닌 학생들이 캠퍼스 내에서 공동체 생활을 통해, 서로의 같음과 다름을 이해하고, 소통과 협력의 중요성을 체득하여 글로벌 인재로서의 리더십을 배우는 교육의 현장이 될 것입니다. 남을 배려하고 존중하며, 우리 사회의 어두운 곳을 비추고, 세상을 섬기며, 사회통합을 이끌 수 있는 인재를 양성하는 곳이 바로 우리가 꿈꾸는 대학의 모습입니다. 연세는 어두운 곳에서 소외된 사람들과 진심으로 소통하고, 은은하지만 강렬한 빛의 힘으로 세상을 밝힐 수 있는 인재를 배출해야 합니다. RC는 바로 지성과 덕성, 영성이 조화된 전인교육의 시스템으로, 이 시대가 필요로 하는 인재양성의 핵심장소가 될 것입니다. 동시에 RC 시스템은 연세가 한국 대학에 선도적으로 제시하는 또 하나의 선진 명문형 교육 모델이 될 것입니다.

'아시아의 세계대학'으로 도약

아리스토텔레스는 지성이 추구해야 할 최고의 가치가 덕성이며, 그 덕성은 바로 '탁월함을 추구하는 능력'이라고 지적한 바 있습니다. "도덕성이 뒷받침되는 지성적 탁월"academic excellence이 윤리학에서 추구하는 덕의 본질이기 때문입니다. 저는 이 시대에 한국 사회가 연세에 요구하는 시대적 사명이 바로 여기에 있다고 생각하여, 이에 부응하는 지성인을 배출하는 교육의 소명을 다할 것을 약속합니다. 이를 위해 연세가 추구해야 할 핵심 가치는 라틴어로 "엑셀렌티아 쿰 디그니타티스"Excellentia cum dignitatis, 곧 "위엄을 갖춘 탁월함의 추구"라고 믿습니다. 우리는 학문과 교육의 '탁월성'excellentia을 위해 최선을 다해야 합니다. 하지만, 그것을 실현하는 과정에서 대학의 '위엄'dignitatis을 지키는 자세 또한 중요합니다. 물질과 자본의 영향력이 세계를 지배하고 있지만, 그 속에서도 연세는 아카데미아로서 순수한 이성과 철학, 그리고 역사적 안목을 간직하면서 대학 본연의 위엄과 자긍심을 지켜나가야 할 것입니다. 그래야만 구성원 모두가 대학의 위엄과 수월성을 통해 하나가 될 수 있으며, 학교 발전을 위해 자신의 역량을 극대화하는 시너지도 창출할 수 있을 것입니다.

나아가 양극화가 심화되고 이념의 갈등이 첨예하게 대립되는 혼돈의 시대에 연세가 리더십을 발휘하여 우리 사회에 새로운 담론을 제공하고, 미래를 제시하는 역할도 수행할 수 있게 될 것입니다. 연세의 새로운 역사는 결코 교육의 영역에만 한정되지 않을 것입니다. 대학 내 연구 생태계를 활성화시키고, 연구 역량을 세계 최고 수준으로 높이며, 연구 성과의 산업화를 활성화하는 제도를 구축할 것입니다. 대학시설의 획기적인 개선과 혁신을 통해 교육, 연구, 문화 공간을 환경 친화적이고 미래 지향적으로 재창조할 것입니다. 행정 체제의 혁신과 전문화는 물론, 미래 지향적인 재정 전략을 수립하고 연세의 정체성과 자긍심을 고취하여, 활력이 넘치는 대학 문화가 피어나도록 노력하겠습니다.

멀티캠퍼스 운영체계 효율화

연세는 또한 국내에서 유일하게 4개의 캠퍼스를 운용하

2012. 2. 7.

정갑영 제17대 총장 취임식 개최

연세의 새로운 역사를 만들어 나갈 정갑영 제17대 총장의 취임식이 2월 7일 오전 11시 백주년기념관에서 열렸다. 취임식은 방우영 재단법인 이사장의 임명사에 이어 정갑영 총장의 선서 및 서명, 연세의 열쇠 전달, 취임사, 박영식 전 총장의 권면사, 박삼구 총동문회장의 축사 등으로 진행됐다. 이와 함께 음악대학 김영호 교수, 김현아 교수, 김상진 교수, 이정란 교수의 협연으로 축하음악을 연주했다.

게 되었습니다. 따라서 신촌과 의료원, 원주, 국제캠퍼스 등 모든 연세의 지체가 자율과 융합을 기반으로 최고의 경쟁력을 갖출 수 있는 운영 시스템을 정착시켜야만 합니다. 이를 통해 멀티 캠퍼스의 운용에서도 한국 고등교육에 새로운 패러다임을 제시하고, 21세기 한국 사회의 선진화를 주도하게 될 것입니다.

연세의 사회적 리더십 재정립

사랑하는 연세인 여러분, 55년 전[1957년] 연희대학교와 세브란스가 합쳐 연세[延世] 가 되었을 때 연. 세. 그 두 글자의 의미는 곧 우리가 바깥 세계[世]를 향해 뻗어나가겠다[延]는 각오의 다짐이었습니다. 오늘 저희가 꿈꾸는 '제3 창학'은 연세가 이제 세계 최고의 명문으로 도약하겠다는 또 하나의 다짐입니다. 저는 연세 구성원들의 뛰어난 역량과 잠재력을 확신하고 있습니다. 따라서 세계를 향해 나아갈 수 있는 그 원심력의 가능성을 믿고 있으며, 또한 글로벌 수준으로 도약할 수 있는 비상의 가능성에 대해서도 확신합니다. 그러나 세계를 향해 높이 뻗어나가고자 하는 열망의 강도만큼, 우리가 추구해야 할 핵심 가치에 대한 내부의 결집력도 함께 강화되어야 합니다. 저는 이번에 총장 선출과정을 거치면서 연세의 변화와 도약을 기대하는 구성원들의 열망을 직접 확인할 수 있었습니다. 그 열망에 부응하여 저는 재임 기간 동안 초심을 잃지 않고, 여러분과 함께 이 시대가 요구하는 대학의 발전을 이룩하고, 우리 사회에 빛과 소금의 소명을 다하는 연세를 만드는 데 앞장서겠습니다.

존경하는 연세가족 여러분, 끝으로 저는 오늘 이 자리에서 여러분에게 한 가지 부탁을 드리고자 합니다. 그것은 바로 제가 지고 가야 할 총장이라는 책임의 무거움을 여러분과 함께 나누자는 것입니다. 물론 저의 능력이 부족하기 때문이기도 하지만, 연세에 맡겨진 하늘의 사명이 너무나 크고 귀하며, 우리가 함께 지켜야 할 위엄이 너무나 자랑스럽고 소중하기 때문입니다. 연세의 중흥을 이끄셨던 백낙준 총장님께서는 "사람은 왔다가 가지만, 연세의 정신은 영원하다"는 말씀을 남기셨습니다.

저는 여러분과 함께, 고등교육의 선도자로서의 연세 정신을 이어 받아 연세의 새로운 역사를 만드는 벅찬 감동을 이어 나가고 싶습니다. 섬김의 정신과 자유롭고 창의적인 캠퍼스 문화를 정착시켜, 사랑과 열정이 넘치는 세계적 명문, 연세를 만들어 나가고 싶습니다. 그리고 우리는 반드시 이 꿈을 이룩할 수 있습니다. 왜냐하면 우리가 있는 이곳은, 새로운 역사를 써 나가는 곳, 바로 연세대학교이기 때문입니다. YONSEI, where we make *history*!

127년 전 하나님의 뜻으로, 한 선각자의 꿈과 헌신을 통해 시작된 연세, 이제 우리 모두의 열정과 힘을 모아 다시 한 번 연세의 새로운 역사를 준비합시다. 지금부터 저와 여러분이 함께 가는 길이 곧 새로운 연세의 역사, 대한민국의 역사, 그리고 세계의 역사가 되기를 소망합니다.

다시 한 번 오늘 참석해 주신 여러분께 깊이 감사드리며, 여러분의 온 가정과 하시는 일에 하나님의 보살핌과 축복이 함께하시기를 기원합니다. 감사합니다.

저는 여러분과 함께, 고등교육의 선도자로서의 연세 정신을 이어 받아, 연세의 새로운 역사를 만드는 벅찬 감동을 이어 나가고 싶습니다. 섬김의 정신과 자유롭고 창의적인 캠퍼스 문화를 정착시켜, 사랑과 열정이 넘치는 세계적 명문, 연세를 만들어 나가고 싶습니다. 그리고 우리는 반드시 이 꿈을 이룩할 수 있습니다. 왜냐하면 우리가 있는 이곳은, 새로운 역사를 써 나가는 곳, 바로 연세대학교이기 때문입니다. 언더우드 선교사가 어두운 조선 땅에 빛을 비추기 위해 첫발을 내디뎠던 바로 그 인천에서, 연세가 다시 '제3 창학'을 시작하는 것입니다.

With your help, I aim to inaugurate a new period of Yonsei history-making. By encouraging a liberal and creative campus culture and instilling a spirit of service, I envision a world-class university full of passion and energy. This is an attainable goal because, after all, this institution, where we make history, is Yonsei University! Together, we will make the new history of Yonsei's "third founding" now on the soil upon which Dr. Underwood first set foot to begin his mission of bringing light to a bleak Chosun.

2012년 2월 7일 | 第17대 총장 취임사 | '제3 창학'을 위한 도전

2012년 2월 16일

맑고 순결한 민족시인의 정신을 기리며

윤동주 시인 67주기 추모식 추도사

오늘 우리는 일제 강점기에 28년의 짧은 생애를 순결하게 살다간 윤동주 시인을 추모하기 위해 이 자리에 모였습니다.

스물두 살이 되던 해 연희전문학교 문과에 입학한 윤동주 선배님은 여러분이 보시기에 바로 앞에 있는 핀슨홀, 그때 당시의 기숙사 2층 맨 오른쪽 방에 짐을 풀었습니다. 지금 이 방은 '윤동주 기념관'으로 바뀌어 있습니다. 연희전문에서 윤동주 시인은 최현배 선생님에게 조선어를, 그리고 이양하 선생님에게 영시를 배웠습니다. 그런가 하면 정인보 선생님에게서 우리 민족의 역사를 배웠고, 한국 민속학의 개척자이신 손진태 선생님을 만날 수 있었습니다. 시인은 이곳에서 민족의 현실에 눈뜨고, 주목할 만한 시적 성취를 이루어 갔습니다. 연세의 교정에 발을 디뎠던 윤동주 시인은 입학하고 한 달 남짓 뒤에 "내를 건너서 숲으로/ 고개를 넘어서 마을로/ 어제도 가고 오늘도 갈/ 나의 길 새로운 길"로 시작하는 시를 썼습니다. 이 시의 제목은〈새로운 길〉입니다. 이 시는 새로운 희망으로 가득 차 있던 '38학번 새내기' 윤동주 시인의 느낌을 고스란히 전달하고 있습니다.

윤동주 시인은 1917년 간도성 명동촌에서 명동학교 교원의 아들로 태어났습니다. 그리고 민족 지사이자 종교 지도자인 외숙, 규암 김약연 선생과 선친의 가르침을 받았습니다. 그러면서 신실한 구도적 자세와 "잎새에 이는 바람에" 마음을 비추어 보는 섬세한 감수성을 가진 고결한 영혼으로 자라났습니다. 그는 온유한 성품에 세련된 지성과 고매한 인격을 갖춘 분이었습니다. 시인 윤동주는 어두운 역사의 밤에 새벽을 기다리면서 빛을 발했던 청신한 '별'이었고, 우리 문학사에서 시인이 즐겨서 노래하던 별과 같이 지금도 빛나고 있습니다. 해방을 앞둔 1945년 2월 16일에 윤동주 시인은 일본 규수의 후쿠오카 형무소에서 옥살이를 하다가 돌아가셨습니다. 그가 떠난 지 67년이 흐른 지금까지도 그를 사랑하고 기억하는 것은, 기품 있고 정결한 시로 시대의 아픔과 조국에 대한 애절한 사랑을 증언해 주었기 때문입니다. 또한 불행했던 우리 민족에게 시를 통해 조국의 미래를 위한 희망을 선사하고 민족의 앞날을 밝히는 등불이었기 때문일 것입니다.

우리 대학교는 자랑스러운 동문인 시인 윤동주의 맑고 순결한 정신을 계승하기 위해 2000년에 윤동주 기념식 사업회를 구성하였습니다. 그리고 매해 그를 기념하기 위한 시문학상 행사, 백일장, 윤동주 시 암송 대회, 기념 강연을 비롯한 다양한 활동을 추진해 오고 있습니다. 앞으로도 우리는 시인 윤동주를 기리기 위한 활동을 통해 그의 순결했던 숨결이 그를 사랑하는 모든 사람들에게 느껴질 수 있도록 윤동주 기념식사업을 추진해 나갈 것입니다. 오늘의 추도식에 참석해 주신 여러분, 고맙습니다.

세계인의 사랑을 받는 시인 윤동주 동문

1917년 12월 30일 간도성 용정 명동촌에서 태어났다. 연희전문 졸업 후 일본 도시샤 대학 유학 중 독립운동 혐의로 체포되어 1945년 2월 16일 일본 후쿠오카의 형무소에서 27세의 나이로 생을 마감했다. 윤동주는 1948년 유고시집 「하늘과 바람과 별과 시」가 간행됨으로써 알려지게 되었다. '서시', '별 헤는 밤', '십자가' 등에는 현실을 극복하고 희망과 용기를 가지려는 강인한 정신이 잘 표현되고 있다.

2012년 2월 17일

교육 강화와 세계적 위상의 재정립

신임교원 임명장 수여식 인사말

여러분 반갑습니다. 새해맞이가 엊그제 같은데 벌써 2월 중순입니다. 새 학기부터 연세와 함께하실 자랑스러운 신임교원 여러분을 진심으로 환영합니다.

올해는 지난주에 총장 취임식을 가진 저에게도, 또 여러분에게도 뜻깊은 한 해가 될 것입니다. 연세가족으로서 새 출발을 하시는 여러분과 제가 힘을 합하여서 연세의 새로운 역사를 만들어 가고, 써 나가는 첫해이기 때문입니다. 연세대학교는 창학 이후 지금까지 대한민국의 근대사와 함께해 온 역사의 현장이었습니다. 이 땅에 진리와 자유의 기독교 정신을 심었을 뿐만 아니라, 한국 사회의 발전을 선도하는 사명을 다해 왔습니다.

그리고 이제 연세대학교는 대학을 둘러싼 크나큰 변화와 도전 속에서 인천 국제캠퍼스의 개교와 함께 글로벌 연세의 미래를 여는 '제3 창학'을 맞게 되었습니다. 제3 창학은 연세가 이제 세계 최고의 명문으로 도약하겠다는 또 하나의 다짐입니다. 저는 연세의 제3 창학을 위해 무엇보다도 먼저 대학의 기본 사명인 교육을 강화하여, 명문 사학으로서의 연세의 세계적 위상을 재정립하려고 합니다. 우리 대학교에 맡겨진 시대적 사명의 구현을 위해 연세가 추구해야 할 핵심 가치는 라틴어로 "엑셀렌티아 쿰 디그니타티스"Excellentia cum dignitatis, 곧 "위엄을 갖춘 탁월함의 추구"라고 믿습니다. 우리는 학문과 교육의 '탁월성'excellentia을 위해 최선을 다해야 합니다. 하지만, 그것을 실현하는 과정에서 대학의 '위엄'dignitatis을 지키는 자세 또한 중요합니다.

우리 대학교는 이번 학기에도 빼어난 연구 역량을 갖추신 여러분을 새로운 연세가족으로 정중하게 맞아들였습니다. 신임교원 가운데 국내외 유수대학에서 괄목할 만한 연구 업적을 쌓아 오신 분들이 모두 열세 분이나 됩니다. 또한 연세 설립자이신 언더우드 선교사 가문의 일원이며, 현재 Eastern Kentucky University에 재직 중인 엘리자베스 언더우드Elizabeth Underwood 교수님을 사회학과 특별교류교수로 초빙하였습니다. 언더우드국제대학과 법학전문대학원으로 부임하시는 외국인 교원 여러분, 풍부한 현장 경험을 쌓으신 전문가로서 공과대학과 약학대학, 그리고 보건과학대학에서 가르치고 연구하실 신임교원 여러분께 기대가 큽니다. 여러분의 열정과 학문적 성취가 바로 연세 발전을 이끌어 갈 연세의 희망이자 미래입니다.

여러분이 기쁘고 즐겁게 걸어가야 할 학문 연찬의 길에서 서로서로 힘을 내도록 격려하고 응원하면서 연세 발전에 헌신해 주시기를 소망합니다. 신임교원 여러분과 여러분의 가정에 하나님의 크신 은총과 축복이 언제나 함께하시기를 기원합니다. 감사합니다.

2012년 2월 23일

성취와 공헌의 기억

교원 퇴임식 인사말

여러분, 안녕하십니까?

어느새 가까이 다가온 봄을 맞으러 "빈 들판 질러서/ 마중을 가고" 싶은 날입니다.

오늘 우리는 정년을 맞이하셨거나, 또 다른 출발을 위해 명예퇴직을 선택하셔서 학교를 떠나시는 교수님들의 퇴임식에 함께하고 있습니다.

제가 총장으로 취임하자마자 우리 대학교의 큰 스승이신 열여섯 분의 교수님들께서 떠나시게 되어 매우 안타깝습니다. 오늘의 헤어짐 앞에서 아쉽고 섭섭한 마음이 더 앞섭니다. 비록 지금은 잠시 헤어지지만 끝없이 배우고 익히는 학문의 길에서 다시 만날 수 있다는 생각으로 위안을 삼고 싶습니다. 그동안 길게는 30년이 넘게 크나큰 학문적 업적을 이루시고, 수많은 인재를 길러내 오신 교수님들께 깊은 존경과 감사의 마음을 전합니다. 또한 그동안 교수님들을 한결같은 마음으로 뒷바라지해 오신 가족 여러분께도 깊이 감사드립니다.

이 자리에서는 퇴임교수님 한 분 한 분께서 오랜 세월 동안 공들여 성취해 오신 학문적 역정과 업적을 되짚어 보아야 마땅할 것입니다. 하지만 오늘은 퇴임교수님께서 들려주실 귀한 말씀을 더 많이 듣기 위해서 자료로 대체하고자 합니다. 학문에 뜻을 세우고 일평생 오로지 가르치고 연구하는 일에만 전념해 오신 교수님들이 남겨 주시는 지혜로운 말씀을 통해 우리 스스로를 돌아볼 수 있는 소중한 기회가 되리라고 믿기 때문입니다. 다만, 2008년부터 지난달까지 제16대 총장으로 우리 대학교가 '앞선 연세, 최고의 대학'으로 도약하는 데 크게 공헌해 오신 김한중 교수님께서 인천 국제캠퍼스의 봉헌에 이어서 개교를 성공적으로 추진해 오셨음은 영원히 기억되어야 할 것입니다.

열여섯 분 퇴임교수님들께서 연세 동산에서 쌓아올리신 크나큰 학문적 성취와 사회적 공헌을 두고두고 잊지 않겠습니다. 저희 후배들은 교수님들께서 본보기를 보여 주신 학문적 열정과 제자 사랑의 정신, 그리고 우리 사회를 향한 진정한 봉사를 그대로 이어받겠습니다. 그리고 언더우드 선교사가 어두운 조선 땅에 빛을 비추기 위해 첫발을 내디뎠던 인천에서 연세의 새로운 미래를 여는 '제3 창학'을 시작하겠습니다. 동시에 자랑스러운 연세의 역사를 창조하기 위해 무엇보다도 먼저 대학의 기본 사명인 교육을 강화하고 글로벌 인재를 양성하여, 교육 명문으로서의 연세의 세계적 위상을 재정립하겠습니다.

오늘 퇴임하시는 교수님들께서 지금까지 보여 주신 연세 사랑의 열정으로 변함없이 '제3 창학'을 응원해 주실 것으로 믿습니다. 영예롭게 퇴임하시는 교수님들께서 몸과 마음이 두루 강건하시고 평안하시기를 소망합니다. 교원 퇴임식에 참석해 주신 연세가족 여러분께 하나님의 크신 은총과 축복이 언제나 함께하시기를 기원합니다. 여러분, 고맙습니다.

2012년 2월 27일

새로운 가능성을 향한 위대한 모험

2월 학위수여식사

오늘 영예로운 학사, 석사, 박사 학위를 수여받는 졸업생 여러분, 여러분의 졸업을 진심으로 축하드립니다. 사랑하는 자녀, 친지의 졸업을 축하하기 위해 연세대학교를 찾아 주신 학부모님과 친지 여러분, 그리고 지금 이 자리에 서기까지 진리와 자유의 정신을 일깨워 주시고, 세상을 향해 큰 뜻을 품도록 가르침을 주신 교수님들께도 깊이 감사드립니다. 또한 오늘 축사를 해 주시는 존경하는 박삼구 회장님께도 깊은 감사를 드립니다.

삶의 새로운 지평

자랑스러운 졸업생 여러분, 우리 연세대학교는 지난 127년 동안 민족의 기상과 얼을 굳건히 지켜왔습니다. 연세인은 어떤 시련과 도전에도 "뒤안에 우뚝한 무악같이, 굳세고 슬기에 영원"하다는 것을 역사를 통해 증명해 왔습니다. 여러분은 오늘부터 위대한 전통의 연세 졸업생으로서, 자랑스러운 동문의 일원이 되셨습니다. 이제 여러분에게 연세는 열정의 배움터에서 학창의 추억과 그리움을 간직한 모교로 바뀌게 됩니다. 정든 교정을 떠나는 이 순간은 배움의 한 과정을 마치는 시간이기도 하지만, 동시에 삶의 새로운 지평을 여는 첫 시간이기도 합니다. 지금 여러분은 미래에 대한 기대로 가슴이 벅차기도 하고, 다른 한편으로는 광야와 같이 험난할 세상에 대한 막연한 두려움을 느낄 수도 있을 것입니다. 실제로 그동안 여러분이 접하고 배운 아카데미아의 순수성과 학문적 이성이 바깥 세상에서 그대로 통용되지 않을 수도 있습니다. 모든 분야에서 과학적인 사유가 각광받는 것도 아니고, 젊음의 용기와 패기가 언제나 환영받는 것도 아닙니다. 사회의 양극화와 글로벌 경쟁이 격화되고 있어, 한 사람 한 사람 개인의 고귀한 가치와 잠재력이 빛을 보기 어려운 세상입니다. 이런 세상을 향하여 돛을 올리고 출범하는 여러분의 어깨에 무거운 짐이 지워져 있는 것 또한 사실입니다.

꿈과 희망의 원동력

그러나 졸업생 여러분, 용기를 가지고 세상을 향해 달려가십시오. 좌고우면左顧右眄 하지 말고, 앞으로 묵묵히 전진하시기 바랍니다. 왜냐하면 여러분은 우리 사회를 이끌어 갈 사명을 지닌 지성인이자, 자랑스러운 연세인이기 때문입니다. 한 사회의 운명은 그 사회를 이끄는 지성의 역할에 크게 좌우됩니다. 우리 지성인들은 항상, 이 시대, 이 사회가 추구해야 할 목표를 세우고, 이를 달성하기 위한 방향을 제시하고, 선도해야 합니다. 여러분은 그동안 학교에서 배운 지식과 경험을 바탕으로, 이 시대와 사회가 요구하는 역할을 성실히 수행하여 그 책무를 다해야 합니다. 우리 사회의 새로운 역사는 진리와 자유의 정신을 바탕으로 여러분이 그동안 갈고 닦은 지식과 경험을 통해 창조될 것입니다. 아무리 새로운 역사를 창조하는 길이 험난하다 할지라도, 궁극적으로는 지성과 합리성에 의해 이루어질 것입니다. 여러분이 새로운 역사를 만드는 과정에서 어려움이 있을 때마다, 연세의 설립자이신 언더우드 선교사를 떠올려 보시기 바랍니다. 자신의 고국과 가족을 떠나, 조선 땅에 첫걸음을 내딛었던 1885년 그 해, 언더우드 선교사가 몇 살이었는지 아시는지요? 스물여섯이었습니다. 그 젊은 선교사가 혼신을 다해 복음의 씨앗을 뿌리고, 연세라는 근대 교육의 터전을 마련했습니다. 지금도 그의 정신은 우리 마음속에 살아 숨쉬고 있으며, 연세정신의 표상을 이루고 있습니다. 26살의 젊은 청년이 엄청

2012. 2. 27.

2012년 2월 학위수여식 개최

2012년 2월 학위수여식이 2월 22, 23, 24, 27일에 각 단과대학, 일반대학원, 전문대학원, 특수대학원별로 교내 곳곳에서 개최됐다. 이번 학위수여식에서는 학사 3,161명, 석사 1,779명, 박사 312명 등 모두 5,252명(서울캠퍼스 기준)이 학위를 받았다.

난 도전과 시련을 이겨내고 세상을 아름다운 곳으로 만든 것처럼, 졸업생 여러분이 또 한 사람의 언더우드가 되어, 세상을 보다 나은 곳으로 변화시켜 나가기를 바랍니다. 온 국민에게 꿈과 희망을 주고, 세상의 발전을 이끄는 원동력이 되기를 소망합니다.

윌리엄 셰익스피어의 명작《햄릿》에는 "이 세상천지에는 당신의 학문에서 읊조리던 것보다 더 많은 것들이 있다." 라는 유명한 대사가 있습니다. 당시 유럽의 명문 비텐베르크 대학을 졸업한 호라티오와 햄릿의 대화에 나오는 말입니다. 대학의 문을 나서는 여러분은 이제 대학에서 배웠던 것보다 훨씬 더 복잡한 인과관계와 다양한 사회현실에 부딪히게 될 것입니다. 합리성과 이성적 판단으로 해결할 수 없는 극단적인 경우도 만나게 될 것입니다. 그럴 때마다 여러분은 두려워하지 말고 마음의 문을 더 넓게 열기 바랍니다. 지금 세상은 지식의 체계가 서로 융합되고 있을 뿐만 아니라, 지식의 전달 체계까지 송두리째 변하고 있습니다. 그야말로 대격변의 시대입니다. 이러한 변화의 시대에 졸업생 여러분에게 필요한 지혜는, 새로운 가능성을 향해 마음을 열고 자신 있게 도전하는 자세입니다. 마음을 개방하는 사람만이 융합과 변화의 시대를 이끌 수 있습니다.

지성인의 사회적 책임

사랑하는 졸업생 여러분, 여러분의 인생에 대한 평가는 오늘 이 순간이 아니라, 여러분 인생의 마지막 단계에서 내려지게 될 것입니다. 많은 사람들의 축복과 기대 속에 연세대학교를 졸업한 여러분은 먼 훗날 어디서, 무엇을, 어떻게 이룬 사람으로 평가받으시겠습니까? 여러분이 앞으로 어느 목표를 향해 나아갈 것인가 하는 것은 각자의 세계관과 가치관에 따라 서로 달라질 것입니다. 누구도 어느 것이 더 가치 있고, 더 좋은 것이라고 예단할 수 없습니다. 그러나 그 목표가 어디에 있든지, 어느 곳을 향하고 있든지, 저는 여러분이 항상 연세인이라는 사실을 잊지 않기를 바랍니다. 연세인다운 섬김의 정신으로 작은 것이라도 남을 위해 베풀고, 조그만 일에도 항상 감사할 줄 알아야 합니다. 지성인은 사회적 존경과 함께, 사회에서 감당해야 할 책임도 많다는 것을 기억해야 합니다. 나보다 더 어려운 이웃을 먼저 배려할 줄 알고, 자신의 신분과 지위에 걸맞은 사회적 책임을 다할 때, 지성의 빛이 더 찬란히 빛납니다. 연세인다운 배려와 소통의 정신으로 서로의 같음과 다름을 이해하고, 조직 내부의 통합을 이끌며, 이 혼돈의 시대에 사회적 리더십을 발휘해야 합니다.

또 하나의 언더우드

자랑스러운 졸업생 여러분, 이제 여러분은 연희 동산에서의 아름다운 추억을 가슴에 간직한 채 세상을 향해 힘차게 달려가시기 바랍니다. 자랑스러운 연세인의 모습으로, 하나님이 만드신 이 세상을, 더 아름다운 곳으로, 지금보다 더 나은 곳으로 만들어 가시기 바랍니다. 그곳에서 여기 또 한 명의 위대한 연세인이, 또 한 명의 언더우드가, 세상을 변화시켰다는 평가를 받으시기 바랍니다. 여러분의 위대한 도전과 모험이 계속되는 동안, 하나님의 은총이 여러분과 늘 함께 하시기를 기원합니다. 다시 한 번 여러분의 졸업을 진심으로 축하드립니다.

2012년 2월 29일

예지와 도전의 정신

입학식 축사

2012. 2. 29.

2012년도 입학식 개최

127년 연세 역사의 새로운 주역들을 환영하는 2012년 입학식이 2월 29일 오전 10시 대강당에서 열렸다. 2012년에는 서울 3,900여 명, 원주 1,690여 명 등 총 5,600여 명의 우수한 인재들이 연세인이라는 자랑스러운 이름을 가슴에 새겼다.

먼저 연세가족으로 새롭게 출발하는 신입생 여러분에게 축하와 환영의 인사를 드립니다. 여러분이 오늘 이 자리에 설 수 있도록 오랫동안 정성을 다해 돌보아 주신 부모님께는 깊은 감사의 말씀을 올립니다. 더불어, 이 자리에 참석하셔서 오늘의 기쁨을 더 크게 만들어 주신 내외 귀빈 여러분께도 감사드립니다.

지성의 위엄과 탁월

친애하는 신입생 여러분, 여러분은 이제 연세인이 되셨습니다. 연세의 역사는 127년 전에 선교사들이 연희대학교와 세브란스병원을 세우면서 시작되었습니다. 연세는 이 땅에 최초로 근대 고등교육을 도입하였고, 지금까지 최고 명문 사학으로서의 전통과 명예를 확고하게 지켜왔습니다. 이제 여러분은 더 넓고 더 깊은 강을 건너는 지혜를 배우기 위해 명문 연세의 배를 타셨습니다. 연세에서의 교육을 통해 더 높고 더 험한 산을 넘는 법과 지혜를 배우십시오. 연세에서 쌓은 지성과 도덕성, 그리고 영성을 바탕으로 전인미답의 길과 가장 높은 준령에 도전하는 인재가 되십시오. 헤쳐 나가야 할 과제가 크고 무거울수록 여러분의 가슴이 뛸 것입니다. 앞에 놓인 강이 아무리 깊더라도, 산이 아무리 높더라도, 연세인 여러분의 의지를 꺾지는 못할 것입니다. 지금 전 세계는 많은 어려움에 직면해 있습니다. 빈곤과 실업, 자원부족과 환경파괴, 질병과 장애, 차별과 갈등, 전쟁과 타협, 남북 간 화해와 통일 등 각종 문제들이 여러분의 청년정신을 기다리고 있습니다. 여러분의 예리한 지성과 과감한 도전을 기다리고 있습니다. 연세 동산에서 생활하며 배우는 동안 그 같은 예지와 도전 정신을 배우기 바랍니다.

연세의 새로운 비전으로 '제3 창학'을 선언한 저는 대학의 기본으로 돌아가서Back to the Basics! 진리 탐구와 지성 함양이라는 대학 본연의 사명을 회복하려 합니다. 나아가 학생 개개인이 이 시대와 사회가 필요로 하는 덕목을 갖추도록 이끌 것입니다. 고대 그리스의 철학자 아리스토텔레스는 지성이 추구해야 할 최고의 가치가 덕성이며, 그것이 곧 탁월함을 추구하는 능력이라고 지적한 바 있습니다. '도덕성이 뒷받침되는 지성적 탁월'academic excellence이 윤리학에서 추구하는 덕의 본질이기 때문입니다. 저는 이 시대에 한국 사회가 연세에 요구하는 시대적 소명이 바로 이 같은 지성인을 배출하는 데 있다고 생각합니다.

거대한 바다의 오롯한 색깔

연세 교육을 통해 학생 여러분은 학문적으로 성장하고 인격적으로 성숙해질 것입니다. 연세는 학생들이 자신감 넘치되 자만하지 않는 삶을 살아가도록 가르치고 준비시킬 것이며, 그 삶을 통해 사회에 기여할 수 있도록 교육할 것입니다. 그리하여 여러분은 우리 사회에 꼭 필요한 지성, 우리 사회에 빛과 소금의 소명을 다하는 인재가 될 것입니다. 실제로 '빛과 소금'은 연세의 학교 색깔인 푸른 바다색을 통해 상징적으로 표현되어 있습니다. 소금을 품은 바다는 모든 빛깔의 물을 받아들이면서도 뚜렷한 자기 색을 갖고 있습니다. 특히 심연으로 갈수록 바다는 모든 생명을 머금은 채 자기만의 오롯한 색깔을 간직하고 있습니다. 연세는 거대한 하나의 바다입니다. 연세는 세상의 모든 생각과 지식, 담론들이 토론되고 교환되며, 빛을 발하게 하는 자유의 용광로입니다. 또한 연세는

2012. 2. 29.

'제3 창학' 소통의 장, 2012 연세비전 컨퍼런스 개최

전 교직원이 연세의 비전을 공유하고 소명을 재확인하는 소통의 장, 2012 연세비전 교직원 컨퍼런스가 2월 29일 오전 11시 30분부터 저녁 8시 30분까지 서울 그랜드힐튼호텔 컨벤션센터에서 열렸다. 이번 행사에는 정갑영 총장을 비롯한 630여 명의 교직원들이 참석해 우리 대학교가 나아가야 할 방향과 비전에 대해 논의하는 뜻깊은 시간을 가졌다.

하나님이 주신 분명한 사명을 인지하고 있는 진리의 오롯한 보금자리입니다.

사랑하는 신입생 여러분, 연세가 바라는 인재가 되기 위해서는 먼저 스스로에 대해 확신을 갖기 바랍니다. 자신을 존중할 줄 아는 사람이 진정으로 남을 섬길 수 있습니다. 또한 언제 어디서든 이웃과 전체를 살피고 통찰하는 힘을 기르시기 바랍니다. 타인과 세계의 상황에 대한 올바른 이해 속에 나눔과 배려를 할 줄 아는 연세인이 되십시오. 지식을 갖추고 진리를 탐구하는 궁극적 목적은 남을 더 많이 더 바르게 사랑하려는 데 있습니다. 타인과 전체에 대한 관심과 소망은 여러분을 큰 인물로 키워줄 것입니다. 거기에 영성을 더하시기 바랍니다. 하나님이 주신 소명과 가치를 소중히 여기는 사람이 되십시오. 여러분이 지성과 덕성과 영성을 갖추게 되었을 때 세상은 여러분을 감당하지 못할 것입니다.

연세의 새로운 역사

자랑스러운 신입생 여러분, 여러분이 연세의 가족이 되었다는 것은 연세 창립 이래 모든 연세인이 꿈꾸어 온 이상을 함께 나눌 수 있게 되었다는 것을 의미합니다. 또한 그동안 많은 연세인이 감당해 온 시대적 사명을 같이 나누어 짊어지게 되었음을 의미합니다. 연세는 여러분의 성장에 함께할 것이며, 여러분의 성장은 다시 연세의 성장이라는 결실로 나타나게 될 것입니다. 연세는 이제 새로운 역사를 만들어 가는 장소로 거듭나고 있습니다. YONSEI, where we make *history*! 새로운 역사의 주역으로서 미래를 향해 힘찬 발걸음을 내딛는 여러분과 연세의 새로운 역사를 함께 만들어 나가게 된 것을 총장으로서 매우 기쁘게 생각합니다.

사랑하는 신입생 여러분, 여러분은 이제 인생을 준비하는 중요한 시기에 접어들었습니다. 대학 4년은 그리 짧은 시간이 아니지만, 여러분 인생의 방향을 정하고 준비하는 시간임을 감안하면 그리 긴 시간이 아닙니다. 특히 올해는 4년 중 첫해입니다. 고등학생에서 대학생으로 바뀌는 전환의 해the year of conversion에 가슴을 활짝 피고 전진하시기 바랍니다. 여러분을 세상에 보내주신 신실하신 하나님께서는 언젠가는 여러분에게 기회를 주실 것입니다. 여러분, 그 기회를 놓치지 않기 위해 준비하고prepare, 인내하고persevere, 기도하십시오pray. 그리하여 지능을 갖춘 인간에서homo sapiens, 이성을 갖춘 인간으로homo rationalis, 끝내는 바른 영혼을 찾는 인간으로homo viator 비상하십시오. 그러면 꿈은 반드시 이루어지고 미래는 여러분의 것이 될 것입니다.

존경하는 학부모님과 친지 여러분, 자녀들을 훌륭하게 키워 연세인으로 만들어 주신 학부모님들의 노고에 깊이 감사드립니다. 자녀들이 학업을 통해 사회의 일원으로 성장할 수 있도록 연세의 모든 교직원들은 최선을 다하겠습니다. 연세를 믿고 맡겨주신 자녀들이 세상의 주역이 되도록 잘 키우겠습니다. 학부모님들께서도 새롭게 세계적인 명문으로 발돋움해 가는 연세의 행보를 눈여겨 봐주시고 성원해 주시기를 부탁드립니다. 다시 한 번 여러분의 입학을 진심으로 축하하며, 하나님의 은총이 여러분과 여러분 모두의 가정에 넘치시기를 기원합니다. 감사합니다.

여러분이 연세의 가족이 되었다는 것은 연세 창립 이래
모든 연세인이 꿈꾸어 온 이상을 함께 나눌 수 있게 되었다는 것을
의미합니다. 또한 그동안 많은 연세인이 감당해 온 시대적 사명을
같이 나누어 짊어지게 되었음을 의미합니다.
연세는 여러분의 성장에 함께할 것이며, 여러분의 성장은
다시 연세의 성장이라는 결실로 나타나게 될 것입니다.

You have now become a part of the Yonsei community, and I am happy that we can share the ideal upheld by all Yonseians since the university's founding. This also means that you are obliged to share the weight of responsibility to respond to our mission. Yonsei will be by your side as you take each step in the growth that will eventually attest to Yonsei's motto, 'YONSEI, where we make *history*!'.

2012년 3월 16일

세계를 향한 한국어·한국문화

한국어학당 200회 졸업식 축사

2012. 2. 29.

한국어로 세계를 여는 한국어학당, 200회 졸업식 가져

지한파(知韓派)의 산실 우리 대학교 언어연구교육원(원장 이석재) 한국어학당이 200회 졸업생을 배출했다. 오전 11시부터 12시 30분까지 백주년기념관에서 거행된 졸업식에는 한국어학당 재학생 1,000여 명과 졸업생 87명, 전·현직 교사, 강사, 직원 등 150여 명, 그리고 내외 귀빈 30여명이 참석하여 자리를 빛냈다.

여러분, 안녕하십니까? 연세대학교 한국어학당의 최고 과정을 졸업하는 졸업생 여러분, 그동안의 모든 과정에 열심을 다함으로 소정의 과정을 마쳐 졸업하는 여러분께 진심으로 축하드립니다. 특히 이번 졸업식은 200회를 맞아 그 의미가 더욱 큰 날입니다. 바쁘신 중에도 귀한 발걸음을 해 주신 내외 귀빈 여러분과, 한결같은 사랑으로 애써 주신 한국어학당의 모든 선생님들께 진심으로 존경과 감사의 말씀을 드립니다.

우리 연세대학교는 기독교의 진리와 자유의 정신을 바탕으로 한국 땅에 최초로 세워진 고등교육기관으로서, 한국의 근현대사와 함께하여 왔습니다. 교육과 학문 연구를 통해 수많은 인재를 배출하는 가운데, 국학진흥에 힘쓰며 한글 연구와 보급에도 앞장서 왔습니다. 특히 1959년에 설립된 연세대학교 한국어학당은 세계 최초의 한국어 교육기관으로서 반세기가 넘게 한글 교육과 한국어 교사 양성에 힘씀으로써 그 전통을 계승하는 데 중심적인 역할을 해 오고 있습니다. 지금까지 한국어학당에서 공부한 학생들은 9만 3천 명이 넘고, 여러분처럼 아름다운 한복을 입고 졸업장을 받은 졸업생들도 오천육백 명이 넘어 지금도 세계 도처에서 한국말과 한국 문화를 알리고 있습니다. 여러분들도 연세인으로서의 긍지를 가슴에 품고 고국에 돌아가셔서 한국을 널리 알리고 한국과의 아름다운 관계를 계속 가꾸어 나가시기를 바랍니다.

여기 계신 여러분들은 특별한 사람들입니다. 여러분이 한국어를 선택했고, 연세대학교 한국어학당을 선택해서 지내 온 시간 동안 여러분은 아주 특별한 경험을 했기 때문입니다. 때로는 어려움도 있었겠지만 이곳에서의 그 특별한 경험이 여러분의 앞날에 밑거름이 되어 장차 삶에 있어 큰 지혜를 줄 것이라 믿어 의심치 않습니다.

사랑하는 졸업생 여러분, 여러분은 정든 연세대학교 한국어학당을 떠나지만 이번에 졸업함으로써 영원한 연세인이 되었습니다. 연세대학교 한국어학당에서 생활했던 모든 일들이 아름다운 추억이 되어서 여러분의 인생에서 늘 행복한 기억으로 남기를 바랍니다. 여러분이 어디에 있든지 이곳에서 만났던 많은 친구들, 선생님들, 그리고 많은 소중한 인연은 영원할 것입니다. 오늘로써 연세대학교의 자랑스러운 동문이 되신 것을 다시 한 번 축하드리면서, 졸업생 여러분의 앞날에 항상 기쁨과 행복이 가득하고, 하나님의 크신 축복과 은혜가 언제나 함께하시길 기도드립니다. 감사합니다.

2012. 3. 26. 줄리아 길라드 호주 총리 특강

줄리아 길라드(Julia Eileen Gillard) 호주 총리가 3월 26일 오전 11시 연세·삼성학술정보관 장기원 국제회의실에서 우리 대학교 재학생들을 대상으로 특강을 했다. 길라드 총리는 '호주와 한국: 동반자이자 친구'라는 제목의 강연을 통해 양 국의 교육, 초고속 광대역 통신망, 경제 성장, 핵안보 문제 등에 대해 이야기를 했다.

2012년 5월 9일

2012. 3. 9.

제로에너지 복합그린빌딩 '포스코 그린빌딩' 기공

포스코 그린빌딩 기공식이 3월 9일 오전 11시 국제캠퍼스 그린빌딩 건립부지에서 열렸다. 기공식에는 정갑영 총장, 정준양 포스코 회장, 양수길 녹색성장위원장, 한만희 국토해양부 차관, 송영길 인천광역시장 등이 참석했다.

경륜과 지혜

제10회 '명예교수의 날' 환영사

선생님들, 안녕하십니까? 2012년도 제10회 명예교수의 날을 맞아, 오랫동안 연세대학교에서 교육과 연구, 봉사에 열과 성을 다하셨던 교수님들을 건강한 모습으로 다시 뵐 수 있게 되어 한없이 기쁘고 영광스럽게 생각하며, 진심으로 환영합니다.

저는 지난 2월, 제17대 총장으로 취임하면서 연세 '제3 창학'을 천명하였습니다. '제3 창학'은, 1885년 광혜원으로 시작한 '제1의 창학'과 1957년 연희와 세브란스가 하나의 연세로 탄생한 '제2의 창학'에 이어, 21세기의 시대적 변화와 도전 속에서 새로운 연세를 만들어 나가자는 비전을 담고 있습니다. 저는 '제3 창학'을 통해 대학의 기본사명인 교육과 연구를 발전·심화시키고, 소통과 섬김의 리더십이 발휘되는 연세 공동체를 건설하며, 세상의 소외된 곳을 밝힐 수 있는 글로벌 인재를 양성하고자 합니다. 또한, 대학 본연의 위엄과 자긍심을 지키면서 학문의 탁월성을 추구하여 대한민국의 명문사학을 뛰어 넘어 세계의 명문대학이 되고자 합니다. 제3 창학의 기치를 높이 올릴 수 있었던 것은 지난 세월 연세를 위해 눈물로 기도 하며 땀으로 초석을 놓으신 선각자들과 후학을 위해 열정을 불태우신 교수님들의 노고가 있었기 때문이기에 다시 한 번 감사의 말씀을 드립니다.

존경하는 교수님, '제3 창학'은 총장인 저 혼자의 힘으로 이룰 수 있는 일이 아닙니다. 연세가족 모두의 뜨거운 성원과 역사의 짐을 나누어 지고자 하는 동참의 정신이 있을 때에만 가능할 것입니다. 특히 풍부한 학덕, 경륜과 혜안을 지니신 교수님들의 관심과 지혜가 꼭 필요합니다. 지금까지 그래 오셨던 것처럼 연세에 대한 사랑과 격려를 아낌없이 보내주시고, 농축되어 있는 지혜가 담긴 좋은 의견을 기탄없이 들려주시기 바랍니다. 연세는 지난 127년간 아무도 가지 않은 길을 앞서가며 새 역사를 써 왔습니다. 연세가 앞으로 새로운 역사를 만들어 나가는 일은 우리 모두의 소명이고, 함께 지향해야 할 가슴 벅찬 미래입니다. 우리가 한마음으로 힘을 합할 때 연세의 새로운 역사가 창조되고 쓰여질 것이라 믿어 의심치 않으며, 교수님들의 혈관 속에 흐르는 푸른 피가 연세의 새로운 역사를 써 가는 데에 자양분이 되기를 소망합니다.

민태원 선생님은「청춘예찬」에서 '청춘은 인생의 황금시대'라 하였습니다. 가르침을 주었던 학생들은 교수님들의 분신이 되어 각처에서 제 본분을 다하고 있습니다. 그들 속에 교수님들의 가르침이 살아 움직임으로 오늘의 그들을 만들어 나가고 있음에 가슴 벅차리라 생각합니다. 인생의 황금시대에 있는 제자들의 마음속에 살아 숨 쉬는 교수님들 역시 모두 영원한 황금빛 청춘입니다.

오늘 이 시간은 선생님들의 시간입니다. 뜻깊은 나눔과 아름다운 교제가 있는 즐거운 시간이 되시길 바랍니다. '지혜의 오른손에는 長壽가 있고 그의 왼손에는 富貴가 있다'는 잠언의 말씀처럼 하나님의 전능하신 손 아래서 건강과 평강이 항상 함께 하시기를 기원합니다. 감사합니다.

2012년 5월 12일

연세, 새 역사를 만드는 현장

창립 127주년 기념식사

여러분 안녕하십니까? 오늘 우리 연세대학교의 창립 127주년을 축하하기 위해 참석해 주신 방우영 재단 이사장님과 이사님, 역대 총장님, 국내외에서 귀한 걸음을 해 주신 동문 여러분, 그리고 사랑하는 연세 교직원과 학생 여러분께 학교를 대표하여 깊은 감사의 말씀을 드립니다. 특별히 졸업 25주년과 50주년을 맞이하여 옛 정취가 서려있는 모교의 캠퍼스를 다시 찾아주신 동문 여러분의 재상봉 행사를 축하드립니다. 창립 127주년의 기쁨과 감동, 그리고 재학생들의 젊음의 열기가 가득한 이곳에서 오늘 하루만이라도 옛 추억과 낭만을 만끽하시기 바랍니다. 또한 오늘 연세학술상, 봉사상, 근속상을 받으시는 교수, 동문, 직원 선생님들께 진심으로 축하의 말씀을 드립니다.

존경하는 연세가족 여러분, 지난 127년 동안 연세는 하나님의 비전이 실천되어 온 약속의 장소였습니다. 우리의 위대한 스승과 선배들은 기독교 정신에 입각한 희생과 헌신으로 연세를 가꾸고 지켜왔습니다. 연세의 역사가 처음 시작된 제중원은 하나님의 사랑으로 질병을 고치기 위해 설립된 의료선교 사업의 첫 출발이었습니다. 이듬해 만들어진 언더우드학당 역시 가난한 고아들을 모아 교육하기 위한 배움의 터전이었습니다. 이를 통해 우리의 선배들은 한국 사회에 근대화의 씨앗을 심었고, 일제의 질곡 속에서도 민족 독립의 희망을 갖게 하는 역사를 만들어 왔습니다. 연세는 또한 통합과 상생의 정신이 살아있는 현장이었습니다. 연세의 교육과 의료 사업은 교파를 뛰어 넘어 언제나 '연합'의 정신으로 일관하였습니다. 일제시대에 연희와 세브란스의 교장을 겸하였던 에비슨이 두 학교를 통합하여, 종합대학 설립을 꿈꾸었던 것도 바로 이런 정신이 있었기 때문입니다. 1957년 하나의 연세로 다시 태어난 후에도 우리의 선배들은 융합과 상생의 정신을 꾸준히 실천하여 오늘의 위대한 연세를 만들었습니다.

연세가족 여러분, 현재 우리 대학교는 국내외 고등교육의 급변하는 환경 변화 가운데에서 새로운 도전에 직면하고 있습니다. 전 세계적으로 대학 간 경쟁이 치열하게 전개되고 있으며, 사회는 다양한 학문을 창의적으로 융합하여 총체적으로 사고할 수 있는 인재를 요구하고 있습니다. 대학에 입학하는 학령인구는 급속하게 감소하여 앞으로 10년 후에는 현재보다 30%이상이 감소하게 됩니다.

Residential College

이러한 대학 환경의 구조적 변화에 대응하여 저는 지난 2월, 제17대 총장으로 취임하면서 연세 '제3 창학'을 천명하였습니다. '제3 창학'은 1885년 제중원 창립의 '제1의 창학'과 1957년 연희와 세브란스가 하나의 연세로 탄생한 '제2의 창학'에 이어, 21세기의 시대적 변화와 도전 속에서 새로운 연세를 만들어 나가자는 비전을 담고 있습니다. 저는 '제3 창학'을 통해 대학의 기본 사명인 교육과 연구를 발전 심화시키고, 소통과 섬김의 리더십이 발휘되는 연세 공동체를 건설하며, 또한 세상의 소외된 곳을 밝힐 수 있는 글로벌 인재를 양성하자고 제안하였습니다. 대학 본연의 위엄과 자긍심을 지키면서 학

2012. 5. 12.

연세 창립 127주년 기념식 개최

5월의 신록이 짙어가는 교정에서 연세의 127돌 잔치가 열렸다. 창립기념일을 맞아 교내 곳곳에서는 127년 동안 연세가 이어온 푸르른 꿈과 믿음을 함께 나누는 창립기념식, 기 념 오찬, 동문 재상봉 행사가 이어졌다. 5월 12일, 경사스러운 이날을 축하하기 위해 동문, 교직원, 주한 외국대사를 비롯한 2천여 명이 행사장과 총장 공관 뜰, 광혜원 뜰, 노천극장을 비롯한 캠퍼스 곳곳에서 연세의 경사를 축하했다.

문의 탁월성Excellentia cum Dignitate, Excellence with Dignity도 추구하자고 말씀드렸습니다. 앞으로 연세는 '제3 창학'을 통해 이 시대가 대학에 요구하는 새로운 모습을 선도해 나갈 것입니다. 특히 내년부터 인천 국제캠퍼스에서 글로벌 명문교육의 확립을 위해 세계적인 명문 대학들이 시행해왔던 Residential College[RC] 프로그램을 신입생을 대상으로 진행할 계획입니다. 교수들이 학생들과 기숙사에서 함께 생활하면서 지성과 감성을 갖춘 창의적인 글로벌 인재를 양성할 것이며, 그 성과를 통해 연세 RC 프로그램은 한국의 대학 교육에 새로운 패러다임을 제시하게 될 것입니다.

우리 연세는 1917년에 존 T. 언더우드가 기부한 5만불로 당시 고양군 연희면 창천리 일대의 땅 약 20만평을 구입하였고, 이것이 곧 이 아름답고 웅장한 신촌캠퍼스의 터전을 마련하는 역사적 계기가 되었습니다. 그 후 한 세기 가까이 이 신촌캠퍼스는 고난과 시련으로 점철된 대한민국 근현대사에서 국가를 발전시키고 다양한 분야에서 선구자적 이정표를 세운 걸출한 인재들을 배출하는 고등교육기관으로서 그 역할을 탁월하게 수행해 왔습니다.

이제 우리는 모든 연세인의 뜻과 정성을 모아 인천 국제캠퍼스에서 알찬 RC 프로그램을 추진해 나갑니다. 연세가 2006년 인천시와 공동 서명한 '송도 국제화복합단지 조성 양해각서'의 근본 취지를 구현함으로써 명실상부한 글로벌 인재, 전인적 지도자를 길러내는 기념비적 사업에 착수하는 것입니다.

오늘 이 자리를 빌려 그동안 온갖 어려움에도 불구하고 인천 국제캠퍼스 조성에 진력을 다해 주신 역대 총장님, 그리고 2013년의 RC 프로그램 전면실시를 위해 적극 참여하고 협력해 주신 교수, 교직원, 학생 등 모든 연세 구성원에게 특별히 깊은 감사를 드립니다. 연세 구성원들의 신뢰와 기대 속에 펼쳐지는 연세 RC 프로그램은 연세의 역사, 나아가 우리나라 대학 역사의 새로운 전환점이 될 것입니다.

백양로 재창조 사업

'제3 창학' 시대를 엶으로써 연세는 한국 최초로 여러 캠퍼스를 갖춘, 멀티캠퍼스 체제에 진입하였습니다. 연세의 새로운 무대로 등장하고 있는 인천 국제캠퍼스의 경우 올해 연말까지 약 74,000평의 시설이 들어서고, 내년 중으로 도서관과 2차 기숙사를 완공하여 총 94,000여 평의 1단계 건설사업을 마칠 예정입니다. 앞으로 신촌·의료원·원주·인천 등 여러 캠퍼스 간에 긴밀한 관계 설정과 효율적 협력체제를 어떻게 수립하느냐에 따라 우리의 경쟁력이 좌우될 것입니다. 저는 이 문제를 '캠퍼스간 자율과 융합'의 원칙으로 풀어나가고자 합니다. 캠퍼스별로 특성화를 강화하면서, 다른 한편으로는 교육과 연구에서 융합의 시너지 효과를 극대화할 수 있도록 유도하겠습니다. 앞으로 연세가 펼쳐 나갈 멀티캠퍼스의 자율과 융합 정책은 복수의 캠퍼스를 가지고 있는 다른 대학들에게 모범적 사례가 될 것으로 확신합니다.

나아가 연세의 지속적인 발전을 위하여 캠퍼스의 인프

2012. 5. 24.

연세-게이오 전략적 파트너십 협정 체결

정갑영 총장과 우리 대학교 대표단은 지난 5월 24일 일본 게이오대학(총장 세이케 아츠시)을 방문하여'연세-게이오 전략적 파트너십 협정'을 체결했다. 이번 협정을 통해 양교는 보다 긴밀한 협력을 위해 매해 정기적인 총장 회의 개최 및 동아시아 지역 대학 교류를 주도할 새로운 컨소시엄을 구성하기로 합의했다.

라를 획기적으로 개선하고자 합니다. 우선 재정 구조를 튼튼히 하고 행정체계를 선진화하며, 쾌적하고 친환경적인 시설들을 하나씩 갖춰 나가겠습니다. 특별히 신촌캠퍼스에서는 '백양로 재창조' 사업을 추진하여, 우리 캠퍼스가 본연의 아름다움을 되찾고 명문대학의 교정으로 거듭날 수 있도록 최선을 다하겠습니다. 현재 백양로 재창조 사업은 이미 기술적 검토를 마친 상태입니다. 앞으로 연세 구성원들의 의견을 더욱 적극적으로 수렴하고 연세의 창립정신과 교풍이 구현될 수 있게 추진해 나가고자 합니다. 이 사업이 계획대로 진행된다면 창립 130주년을 모든 차량이 지하로 통행하고 지상에는 아름다운 잔디공간이 펼쳐지는 새로워진 교정에서 맞이할 것으로 기대합니다.

도전과 감동의 역사

사랑하는 연세인 여러분, 제가 총장 직무를 맡은 지 이제 석 달 남짓 되었습니다. 참으로 짧은 기간이었지만, 우리 연세가 능히 새 역사를 만들어 갈 수 있는 잠재력을 이미 구비하고 있음을 저는 확신할 수 있었습니다. 연구와 교육의 책무를 다하기 위해 밤늦게까지 연구실을 지키시는 여러 교수님들과 자신에게 맡겨진 일을 선한 청지기의 자세로 묵묵히 수행하는 많은 직원 선생님들이 계십니다. 또한 배움의 열정으로 눈망울을 반짝이는 수많은 학생들과 소리 없이 흐르는 강물처럼, 드러내지 않으면서도 물심양면으로 모교를 뜨겁게 사랑하시는 동문들을 만날 수 있었습니다. 저는 연세가족들의 이러한 모습에서 우리의 밝은 미래를 확신할 수 있었습니다.

끝으로 저는 오늘 연세 창립 127주년을 기념하여 다시 한 번 우리 모두 힘을 모아 연세의 새로운 역사를 함께 창조해나가기 위해 여러분에게 간곡히 당부하고자 합니다. 연세의 새 역사를 만들어 나가는 일은 우리 모두에게 부과된 엄숙한 사명이고, 우리 모두의 열정을 모아 함께 실천해야 할 가슴 벅찬 미래입니다. 오늘의 도전을 내일의 감동적인 역사로 전환시키는 사명은 우리[we]가 혼연일체가 되어 함께 수행해야 하는 과제인 것입니다. 연세는 바로 새로운 역사를 만드는 현장이 되어야 합니다. YONSEI, where we make *history*!

오늘 눈부시도록 아름다운 5월의 연세 동산에서 학교 창립의 기쁨을 함께 나누시기 바랍니다. 아울러 하나님의 가호와 은총이 앞으로도 온 연세가족에게 함께 하기를 간곡히 기원합니다. 감사합니다.

캠퍼스 중심축의 변신! 백양로 재창조 프로젝트

백양로가 확 달라진다. '백양로 재창조 프로젝트'를 통해 차 없는 백양로를 구현해 지상에는 보행자 중심의 친환경 공간을 마련하고, 지하에는 주차장과 문화복지공간을 확충할 예정이다. 백양로 재창조 프로젝트를 통해 보행자와 차량의 통행로를 분리함으로써 교내 교통안전을 확보할 수 있을 것으로 기대된다. 또한 친환경 지상 녹지를 마련하고 미래지향적 캠퍼스 환경을 조성할 계획이다. 앞으로 교내 구성원의 다양한 의견과 참여를 구하기 위하여 공청회, 설문조사 등을 실시하고, 빠르면 2012년 말에 착공해 2015년 완공을 목표로 사업을 추진할 예정이다.

2012년 6월 1일

우리가 어떻게 함께 살아갈 것인가

마이클 샌델 특별 초청 강연회 축사

여러분, 안녕하십니까? 녹음으로 우거진 아름다운 6월의 첫날에 연세대학교를 찾아 주신 여러분 모두를 환영합니다. 그리고 먼 나라에서 한국의 독자들과 소통하기 위해 방문해 주신 마이클 샌델 교수님께 깊이 감사드립니다.

인터넷이 발달하고 소셜미디어가 정치·경제·사회적으로 엄청난 영향력을 발휘하고 있지만, 이렇게 직접 만나서 대화를 나눌 수 있는 소통방식이 가장 강력한 힘을 가지고 있기에 오늘 이 자리가 큰 의미를 가지고 있다고 생각합니다.

마이클 샌델 교수의 최신작 〈돈으로 살 수 없는 것들〉은 단지 돈으로 '살 수 없는' 것들뿐만 아니라, 돈으로 '사서는 안 되는' 것들에 대하여 이야기함으로써 우리에게 많은 시사점을 던져주고 있습니다.

한국은 지난 수십 년간 빠른 경제성장을 이룩하며 세계에 모범사례를 보인 반면에 이로 인한 지나친 물질만능주의와 배금주의 속에서, 많은 사람들이 돈만 있으면 다 된다는 생각으로 살아가고 있습니다. 아울러, 우리의 전통적인 가족, 친구, 혈연관계가 무너지고, 첨단 기술의 발달로 인류가 왜소해지는 시대에, 그리고 경제적으로는 주체할 수 없을 만큼 대량 생산사회에서, 정치적으로는 무관심이 갈수록 심해지는 환경 속에 살고 있습니다.

이에 돈으로 살 수 없는 것에 대한 담론은 우리에게 중요한 화두를 던지고 있으며, 우리는 샌델 교수의 물음처럼, "지금 우리가 과연 이대로 살아도 좋을지?"를 자문해야 할 시점에 있습니다. 이 물음을 통하여 우리 스스로를 깨우쳐 모두가 함께하는 좀 더 나은 세상을 지향하고, 인생에 있어 최우선시 해야 할 가장 중요한 가치에 대해 깊게 생각해 보아야 할 것입니다. 저는 샌델 교수가 아주 시의적절하게 문제를 제기하고, 또 이를 많은 관중 앞에서 같이 생각해 볼 수 있는 기회를 연세대학교에서 갖게 된 것을 매우 기쁘게 생각합니다.

연세대학교는 한국 최고의 명문사학으로 올해로 창립 127주년을 맞이하였습니다. 저는 정확히 4개월 전 총장으로 취임하면서 인천 국제캠퍼스의 개교와 더불어 '제3 창학'을 선언하였습니다. 제3 창학을 통하여 저는 연세가 우리 학생들에게 뛰어난 학문적 지식뿐 아니라 진정으로 중요한 가치가 무엇인지를 깨닫게 해주는 대학의 역할을 제대로 감당하는 '아시아의 세계대학'이 되기를 소망하고 있습니다.

그러나 지금 우리나라 대학의 환경은 호락호락하지만은 않습니다. 사회는 대학에 우리 학생들이 가치관이 분명한 책임의식 있는 시민으로 성장할 수 있도록 최상의 교육을 제공할 것을, 그리고 강도 높은 국제화와 새로운 학문지식의 창출을 요구하고 있습니다. 반면에 이로 인한 비용 부담에 대하여는 누구도 책임지려 하지 않음은 물론, 급속한 정치·사회·경제 여건의 변화는 대학의 근간을 흔들며 존재 이유를 폄하하고 왜곡하고 있습니다.

어찌 보면 어느 때보다도 험난한 환경 속에서 연세대학

2012. 6. 8.

국제캠퍼스에 '유엔지속가능발전센터' 개소

환경 및 지속가능발전 분야 아시아 최초의 UN교육연구 기관인 유엔지속가능발전센터(United Nations Office for Sustainable Development, 이하 UNOSD)가 6월 8일 우리 대학교 국제캠퍼스에 문을 열었다. 2009년 5월, 인천광역시와 연세대학교가 환경부를 통해 공동유치 제안서를 제출한 지 3년만의 결실이다. UNOSD는 저에너지 친환경 실험동, 포스코 그린에너지 빌딩과 더불어 국제캠퍼스 친환경 교육·연구 클러스터를 구축할 것으로 기대된다.

교는 지금까지 성실하게 실천해온 진리와 자유의 설립이념을 계속 지켜 나가기 위해 최선의 노력을 경주해 갈 것입니다. 이를 통하여 연세는 우리나라 고등교육의 비전을 제시하고, 곳곳에 산재한 문제들을 뛰어넘는 새로운 담론을 던짐으로써, 우리 사회를 선한 방향으로 이끌어 가는 리더의 역할을 기꺼이 감당해 나갈 것입니다.

비록 샌델 교수는 정치철학자이고 저는 경제학자이지만 두 사람이 우리 사회에 있어 중요한 가치에 대해 같은 의견을 가지고 있으며 시장경제의 가능성뿐만 아니라 그 한계에 대해서도 연구하고 있음을 기쁘게 생각합니다. 부디 저와 함께 마이클 샌델 교수를 진심으로 환영해 주시기 바랍니다.

금번 강연회가 샌델 교수의 깊은 통찰의 산물을 나눔으로써 여러분에게 새로운 시각과 나아갈 길을 제시하게 될 것이라 생각하며, 강연회를 주관한 미래엔 김영진 대표님께 모두를 대신하여 감사의 말씀을 드립니다.

오늘, 지성의 전당 연세대학교에 모이신 모든 분들이 '우리가 어떻게 함께 살아갈 것인가'를 고민하고 토론하는 지성의 향연을 펼치시길 기대하면서 여러분 모두의 건승을 기원합니다. 감사합니다.

2012. 5. 17.

언더우드家 기념관 전시실 재개관

'언더우드家 기념관'의 전시실이 새단장 됐다. 5월 17일 진행된 기념식에는 정갑영 총장과 교무위원들이 참석했고, 호러스 그랜트 언더우드(원두우) 선교사의 증손자인 피터 언더우드 선생(원한석, 언더우드 4세), 원득한 선생의 딸이자 우리 대학교에 출강 중인 엘리자베스 언더우드 방문 교수(사회학과, 언더우드 4세), 원요한 선생의 아들 토마스 언더우드(언더우드 4세) 미국 대사관 정부 대표가 참석했다.

2012. 6. 1.

마이클 샌델 교수 특강 '돈으로 살 수 없는 것들'

베스트셀러 「정의란 무엇인가(Justice : What's the Right Thing to Do?)」의 저자인 하버드 대학교 마이클 샌델 교수의 특별 강연이 우리 대학교 경영대학과 아산정책연구원의 공동 주최로 6월 1일 우리 대학교 노천극장에서 열렸다. 샌델 교수의 신간 저서와 같은 제목인 '돈으로 살 수 없는 것들'을 주제로 한 이번 강연에는 고등학생부터 노인까지 1만5천여 명의 사람들이 노천극장을 채워 샌델 교수의 인기를 실감하게 했다.

2012년 8월 16일

지역과 세상을 바꾸는 선도적 대학

제15대 원주부총장 취임식 인사말

여러분, 안녕하십니까? 8월의 푸르른 날에 여러 내외 귀빈을 모시고 제15대 원주부총장 취임식을 은혜롭게 거행할 수 있게 되어 매우 기쁘게 생각합니다. 본 행사를 준비하느라 수고하신 분들과 이 자리에 참석해주신 모든 분들께 연세대학교를 대표하여 감사의 뜻을 전합니다. 특별히 권면사를 맡아주신 박영식 전 총장님과 윤형섭, 소화춘 재단이사님, 역대 원주부총장님, 그리고 김범일 가나안농군학교장님과 한승룡 청파장학회 이사장님을 비롯한 원주 지역의 귀빈들께 감사의 마음을 전합니다.

잘 아시는 바와 같이 저는 2006년 8월부터 2년간 원주부총장으로 재직한 바 있습니다. 당시 전혀 예기치 못한 상태에서 맡게 된 원주부총장직은 제게 새로운 도전이었고, 나름대로 열정을 다하여 원주캠퍼스와 연세대학교가 발전하는 데에 기여하고자 노력하였습니다. 물론 성과를 내기에는 다소 짧은 기간이었지만, 당시 원주캠퍼스 교내외 여러분들의 적극적인 성원 덕분에 RC의 도입을 비롯하여 몇 가지 일들을 성취할 수 있었고, 그 같은 성과는 늘 제 마음 속에 기쁨과 감사의 기억으로 남아 있습니다. 부총장직을 떠난 이후에도 원주캠퍼스에 대한 저의 특별한 애정은 변하지 않았고, 그래서인지 이곳에 올 때마다 고향에 오는 것처럼 편안한 느낌이 듭니다.

원주캠퍼스는 1978년 설립 이래 역대 부총장님들과 선배 교수님 그리고 직원 선생님들의 희생적 열정을 바탕으로 초기의 어려움을 잘 극복하고, 전국적 규모의 대학 캠퍼스로서 우뚝 서게 되었습니다. 2007년에 국내 최초로 RC[Residential College] 교육 체제를 도입하면서 원주캠퍼스는 교육에 강한 대학으로 발전하고 있고, 연구에 있어서도 지역적 특성과 자신만의 경쟁력을 잘 살린 특성화를 추진하여 좋은 성과를 내고 있습니다. 원주시와의 긴밀한 협력 속에 지역 거점대학의 역할도 훌륭하게 수행하고 있습니다. 특별히 전임 한기수 부총장의 재직 기간 중에는 RC 교육 체제가 2학년까지 확대되었고, 건물 시설 인프라가 확충되어 국내 최고 수준의 친환경 캠퍼스가 구축되었습니다.

원주캠퍼스는 이번에 부임하는 이인성 부총장의 리더십 하에 명실공히 연세대학교의 브랜드에 걸맞은 최고 사학의 명문으로 한 단계 더 도약할 것으로 굳게 믿고 있습니다. 신임 부총장은 원주교무처장, 정경대학장과 정경대학원장, 그리고 동아시아국제학부의 설립과 함께 학부장을 맡는 등 주요 보직을 성공적으로 완수하였으며, 종합적인 안목과 추진력을 갖춘 인재로서 이 시기에 원주캠퍼스를 이끌어나가기에 매우 적절한 인물이라 믿습니다.

마침 연세대학교 본부에서는 원주캠퍼스의 국제화를 뒷받침하고 지역사회에 대한 원주캠퍼스의 비중과 기여를 확대하고자 원주부총장의 대외직명을 원주캠퍼스 총장으로 변경하기로 하였습니다. 동시에 원주 기독병원의 명칭도 연세 의료원 시스템의 한 부분임을 강조하는 뜻에서 원주세브란스기독병원으로 변경하기로 결정하였

2012. 8. 14.

중곡동 할머니 100억원대 부동산 유증

흰 모시 저고리를 곱게 차려입은 90세의 김순전 할머니가 8월 14일 오전 정갑영 총장을 찾아왔다. 정 총장을 만난 할머니는 한 치의 망설임 없이 "제 이름을 딴 장학금을 만들어 달라"며 거의 전 재산을 우리 대학교에 기부하겠다고 밝혔다. 할머니는 정갑영 총장에게 "총장님 얼굴을 보니 맘이 놓인다"며 인사했다. 정 총장은 "얼마나 크고 소중한 돈인지 알고 있다. 한 푼도 허투루 쓰지 않고 어르신의 뜻대로 잘 쓰겠다. 정말 감사하다"며 할머니의 손을 잡았다.

2012. 8. 30.

연세비전 교직원 컨퍼런스 개최

2012년 두번째 '연세비전 교직원 컨퍼런스'가 8월 30일 서울 서대문구 홍은동 그랜드힐튼 컨벤션센터에서 열렸다. 정갑영 총장은 인사말을 통해 세계적 석학 초빙을 통한 연구 역량 제고, 재수강 제도 개선을 비롯한 교육 환경 개선, 전문화와 교육 강화를 통한 인사 제도 개선, 재정 구조의 건전성 확보 등을 추진하겠다고 밝혔다. 또한 "객관성 없고 공정하지 않은 일은 추진하지 않겠다"고 공언했다.

습니다. 이들 조치는 필요한 준비과정을 거치는 대로 바로 시행될 예정이므로, 이인성 부총장은 곧 초대 원주캠퍼스 총장으로서 활동하게 될 것입니다.

연세대학교는 '제3 창학'의 기치 아래 자율과 융합의 원칙으로 멀티캠퍼스 체제를 운영하고자 합니다. 이에 따라 원주캠퍼스도 '연세는 하나'라는 정신 속에 타 캠퍼스와 유기적 관계를 이루는 한편, 자율적으로 특성화를 추진하여 전국적인 경쟁력을 확보하기 바랍니다. '제3 창학'은 연세의 창립과 확장 과정이 진행되었던 제1, 2 창학에 이어 21세기의 새로운 환경에서 연세의 위엄성과 수월성을 회복하기 위한 우리의 비전이자 실천 목표입니다. 원주캠퍼스도 이제 이인성 부총장의 책임하에 연세 '제3 창학'의 실현에 적극 참여하고, 멀티캠퍼스 간의 협력과 특성화를 통하여 캠퍼스의 경쟁력을 획기적으로 향상시킬 것으로 기대합니다. 연세 공동체의 한 기둥이자 지역사회와 함께하는 지역 거점대학으로서 원주캠퍼스의 위상이 더욱 확고하게 정착되고, 지역과 세상을 바꾸는 선도적인 대학으로 발전하여 새로운 역사를 창조할 것임을 굳게 믿습니다.

오늘 이 자리에 참석하신 강원도와 원주 지역 사회를 대표하는 귀빈들과 역내 주요 기관 임직원들께 원주캠퍼스에 대한 각별한 관심과 성원을 부탁드립니다. 하나님의 은혜가 원주캠퍼스와 그를 아끼고 사랑하는 모든 이에게 함께 하시기를 간구합니다. 감사합니다.

2012. 8. 13.

윤동주 시인 육필원고 및 유품, 모교 품으로

민족시인 윤동주 동문의 체취가 그대로 남아있는 육필원고와 유품들이 우리 대학교로 영구 기증된다. 윤동주 시인의 유족(대표 윤인석 성균관대 건축학과 교수)은 윤동주 시인의 『하늘과 바람과 별과 시』 등 육필원고 및 유고(遺稿), 유품 등 일체를 시인의 모교이자 시인의 항일 민족 정신이 잉태한 연세대에 영구 기증하기로 결정하고 8월 13일 오전에 정갑영 연세대 총장을 방문하여 기증 의사를 전달하였다.

01 윤동주 시인 육필 원고
02 윤동주 시인 연희전문 졸업기념 허리띠 버클
03 윤동주 시인 육필 원고
04 윤동주 시인 유품에 관한 설명을 하는 윤인석 교수
05 윤동주 시인 유품 기증차 방문한 윤인석 교수와 정학성 교수

2012년 8월 31일

미래를 여는 새로운 패러다임의 창조

8월 학위수여식사

오늘 연세대학교에서 영예로운 학사, 석사, 박사 학위를 수여받는 여러분들의 졸업을 진심으로 축하드립니다. 또한 오늘의 이 졸업식을 축하하기 위해 우리 대학교를 찾아 주신 김병수 총장님, 소화춘 이사님, 내외 귀빈 여러분, 그리고 지금 이 자리에 서 있는 졸업생들을 위해 헌신과 열정으로 학문의 길을 열어 주시고, 연세 정신을 가르쳐주신 교수님들께도 깊은 감사를 드립니다.

사랑하는 졸업생 여러분, 여러분들은 이제 그동안 정들었던 교정을 떠나 더 큰 세상으로 나아가기 위해 새로운 출발점에 서게 되었습니다. 졸업은 학업의 한 과정을 마무리하는 것이면서, 동시에 새로운 여정을 향해 나아가는 시발점이기도 합니다. 지금 세계는 인류문명의 역사에서 커다란 격변기에 서 있습니다. 대 전환기에 직면한 인류세계는 지금까지와는 전혀 다른 새 패러다임을 요구하고 있습니다. "새 패러다임을 창조하고 이끌 것인가, 아니면 새 패러다임에서 낙오하고 퇴보할 것인가?" 여러분은 이제 졸업과 동시에 이러한 명제에 부딪히게 될 것입니다. 그러나 여러분, 자신감을 가지고 미래를 헤쳐나가시기 바랍니다. 스스로에 대한 확신은 모든 힘의 근원이자 모든 어려움을 풀어나가는 도구입니다. 그동안 연세대학교에서 배우고 느꼈던 모든 것들이 여러분들의 미래를 열어가는 커다란 힘이 될 것임을 저는 믿어 의심치 않습니다.

대학은 급변하는 세상의 변화에 적극적으로 대처하고 당당하게 헤쳐 나갈 능동적인 인재를 양성하는 곳입니다. 우리 연세대학교는 시대적 요구에 부응하여 사회가 필요로 하는 글로벌 인재를 육성하기 위하여 노력해왔습니다. 연세대학교는 여러분들이 우리사회를 이끌어 나가는데 필요한 지식과 용기, 그리고 섬김의 리더십을 가르치는 데 최선을 다해 왔습니다. 여러분들은 그동안 연세동산에서, 인생에서 가장 소중한 시기를 가장 보람 있게 보낸 사람들입니다. 저는 이제, 꿈을 마음껏 펼치기 위해 세상을 향한 첫걸음을 내딛으며, 새로운 도약을 꿈꾸는 졸업생 여러분들께 총장으로서 몇 가지 당부를 드리고자 합니다.

첫째, 우리 사회의 미래를 여는 역사의 긍정적 주인공들이 되시기를 바랍니다. 지금 한국은 새로운 사회로 도약을 모색하는 전환기에 처해 있습니다. 여러분의 부모와 선배들이 성취해 온 산업화와 민주화를 넘어서, 더욱 인간적이고 성숙한 사회로 나아가느냐, 아니면 생명과 사랑이 매몰된 황량하고 정체된 사회로 퇴보하느냐의 갈림길에 서 있는 것입니다. 창의적이고 풍요로운 사회는 저절로 열리는 것은 아닙니다. 사회 각 영역에서 활동하는 전문가들이 자기 분야에서 역동적 변화를 만들어 낼 때만 밝고 새로운 미래를 열어갈 수 있습니다. 아름다운 모든 창조가 고통의 산물이듯, 바람직한 모든 성취는 고난의 대가인 것입니다. 성숙하고 인간적인 우리사회를 건설하기 위해 '먼저 공의公義를 구하는' 연세정신의 표상이 되어주십시오. 나보다는 남을, 사익보다는 공익을 우선하는 진정한 리더가 되어주시기 바랍니다.

둘째, 실패를 두려워하지 않고 끊임없이 도전하는 용기와 강인한 의지가 필요합니다. 캠퍼스 밖의 세상이 항상 즐겁고 행복하지만은 않을 것입니다. 인생이란 긴 항로는 때로 풍랑을 맞을 수도 있고, 때로는 큰 암초를 만날

2012. 9. 10.

연세대 2012 QS 세계 대학평가에서 112위로 도약

연세대학교가 세계 112위를 기록했다. 영국의 글로벌 대학평가 기관 QS(Quacquarelli Symonds)가 9월 10일 발표한 '2012년 세계대학평가'에서 112위에 올랐다. 지난해보다 무려 17단계를 뛰어오른 결과다.

수도 있습니다. 실패를 경험하지 않는 사람은 이 세상에 아무도 없습니다. 삶의 질을 가르는 중요한 차이는 실패를 받아들이는 자세입니다. 끊임없는 도전 앞에 실패가 설 자리는 더 이상 없습니다. 인류의 위대한 성취들은 결코 '고난에도 불구하고' 얻어진 것들이 아니라, 바로 '고난 때문에' 얻어진 것들이었음을 기억하시기 바랍니다. 믿음과 용기를 가지고 끊임없이 도전하는 삶을 사시기 바랍니다. 새로운 변화에 대한 도전은 젊은 세대의 특권이기도 하지만, 우리 삶을 더 높은 곳으로 이끌 수 있는 원동력이기도 합니다. 어렵고 힘들 때마다 연세동산에 처음 발을 들여놓았을 때의 꿈과 패기, 그리고 오늘 이 순간 여러분들이 품고 있는 새로운 각오를 떠올리시기 바랍니다.

셋째, 연세의 동문으로서 자긍심을 지니고 모교에 대한 열정을 더욱 더 크게 키워 가시기 바랍니다. 여기 연세동산에는 지난 학창 시절 여러분들이 살아온 삶의 흔적들이 고스란히 남아 있습니다. 총총걸음으로 걷던 백양로, 사색에 잠기던 청송대, 뜨거운 토론의 열기가 가득 찼던 강의실, 밤늦게까지 공부에 열중했던 도서관, 그리고 소중한 친구들과 우정을 나누었던 아름다운 캠퍼스, 여러분들은 이제 젊은 시절의 소중한 추억을 간직한 채 우리 연세동산을 떠나려 하고 있습니다. 이곳 연세동산에서 우리가 만나 함께 배우고, 생활해온 지난 학창시절은 하나님의 은총이 있었기에 더욱 소중한 것이었습니다. 여러분들에게 연세가 자랑이듯이, 여러분은 우리 연세인 모두의 자랑입니다. 여러분이 바로 연세의 미래이고, 연세의 앞날은 여러분들의 모교에 대한 열정에 달려 있습니다. 졸업생 여러분들의 성취가 곧 연세의 성취이며 성장의 동력이라는 점을 잊지 말아 주시기 바랍니다.

여러분의 모교 연세대학교는 제3 창학을 통해 세계적인 대학으로 비약적인 발전을 하게 될 것입니다. 127년 전 이 땅에 최초의 근대 교육기관으로 첫 발을 내딛은 제1의 창학에 이어, 연희와 세브란스의 통합으로 제2의 창학이 시작되었습니다. 이제 송도 캠퍼스의 개교와 백양로의 재창조, 국내 최초의 Residential College 등 제3 창학을 통해 연세대학교가 연구와 교육 환경 등에서 세계적 변화를 선도하는 교육 기관으로 거듭나게 될 것입니다.

마지막으로 우리 대학교의 교훈인 "내 말에 거하면 진리를 알지니 진리가 너희를 자유케 하리라"요한복음 8:32**라는 하나님 말씀을 인용하고자 합니다.** 그동안 여기 연세동산에서 여러분들이 탐구한 것은 진정한 삶을 위한, 더 나은 사회를 위한, 자랑스러운 역사를 만들기 위한 진리의 추구였습니다. 이제 학창 시절의 열정을 바탕으로 교문을 힘차게 열고 나가 세상 앞에 당당히 맞서십시오. 이제 이 세상은 여러분의 것입니다. 저를 포함한 모든 연세 동문들이 여러분의 희망찬 앞날을 지켜보고 격려하고 또 성원할 것입니다.

다시 한 번 여러분들의 졸업을 진심으로 축하드립니다. 새로운 미래를 열어가는 위대한 도전이 계속되는 동안, 하나님의 은총이 여러분과 늘 함께 하시기를 기원합니다. 감사합니다.

그동안 여기 연세동산에서 여러분들이 탐구한 것은 진정한 삶을 위한, 더 나은 사회를 위한, 자랑스러운 역사를 만들기 위한 진리의 추구였습니다. 이제 학창 시절의 열정을 바탕으로 교문을 힘차게 열고 나가 세상 앞에 당당히 맞서십시오. '이제 이 세상은 여러분의 것입니다.' 지성인이 가져야 할 사회적 책임과 함께 생명과 진실과 정의의 세상을 향해 연세인의 힘찬 발걸음을 내딛기 바랍니다. 저를 포함한 모든 연세 동문들이 여러분의 희망찬 앞날을 지켜보고 격려하고 또 성원할 것입니다.

Your studies at Yonsei University focused on seeking the truth to find a fulfilling life, a better society, and a proud history. Leave these university gates and face the world with confidence based upon passion. The world is now yours. This is the time for you to step up as proud Yonseians and to take on your social duty to make a better world of truth and justice. All Yonsei alumni, including myself, will be watching over your bright future and giving you our full support.

2012년 8월 31일 | 2012년 8월 학위수여식사 | 미래를 여는 새로운 패러다임의 창조

2012년 9월 12일

모교의 자랑과 영예

박영식 학술원 회장 취임 축하연 축사

여러분, 안녕하십니까? 오늘은 참 기쁜 날입니다. 우리 대학교의 11대 총장으로 재직하시면서 연세의 발전에 큰 공헌을 하신 박영식 전 총장님께서 대한민국 학술계 최고의 명예인 학술원 회장으로 취임하신 것을 축하드리는 자리이니 얼마나 기쁜 모임입니까? 박 총장님의 학술원 회장 취임은 우리 연세대학교의 큰 자랑이며, 모든 동문들, 그리고 우리 대학교를 거쳐 간 수많은 교수님들, 현재 재직하고 계시는 4천여 명의 교수님들 모두에게 연세인으로서 큰 자부심을 느끼게 하는 일입니다. 실제로 우리 연세 캠퍼스에서 학문을 연마하고 인재를 길러오신 교수님이 학술원 회장에 선임된 것은 우리 127년의 역사에 처음 있는 일입니다. 저희 같은 보통의 평범한 교수들에게는 학술원 회원이 된 것만 해도 엄청나게 큰 영광인데, 145명의 회원을 대표하는 회장으로 선임되신 것은 어떤 표현으로도 부족할 만큼 모교의 자랑이자, 영예인 것입니다.

특히 박 총장님의 회장 선임은 여러 차원에서 큰 의미를 갖고 있다고 생각합니다. 우선은 학술원이 워낙 진입장벽이 높아서 전체 145명의 회원 중 모교 출신은 불과 7명뿐입니다. 또한 회장님께서는 연구와 강의에만 열정을 바치신 게 아니라 우리 대학의 총장으로서, 대한민국의 교육부 장관, 광운대 총장 등 막중한 책임을 지는 행정가로서의 역량도 유감없이 보여 주셨습니다. 연구와 강의, 행정 그리고 탁월한 학술적 업적까지 겸비하는 것이 얼마나 어려운지 저희들은 잘 알고 있습니다. 그럼에도 불구하고 총장님께서는 많은 장벽과 어려움을 극복하고, 대한민국의 학계와 교육계를 대표하는 기관의 최고의 수장으로 우뚝 서신 것입니다. 연세에 또 하나의 역사를 만드셨고, 후학들의 귀감이 되셨으며, 학자의 표상으로서 영원히 기록될 것입니다. 이런 의미에서 오늘 행사도 당연히 학교 차원에서 거교적으로 준비했어야 하는데, 문과대학을 중심으로 마련하게 된 것을 송구스럽게 생각합니다.

박 총장님께서는 지난 번 500여 명이 모였던 교직원 비전 컨퍼런스에서도 인문학은 인간을 신화적인 사고로부터 벗어나게 하여, 인간을 진정으로 자유롭게 하는 학문임을 강조하시면서 대학 교육에서 인문학적 소양을 고양하는 것이 중요하다 역설하셨습니다. 또한 이 시대의 지도자들이 인문학을 통해 철학적 비판력, 문학적 상상력, 그리고 역사적 해석력을 길러야만 인간의 정신세계가 발전하며, 나아가 우리 사회가 발전하게 된다고 강조하셨습니다. 이것은 인문학을 바탕으로 한 대학의 역할을 되새기게 하는 것으로서 "대학은 기술인을 만드는 곳이 아니라, 기술인을 진정한 인간으로 만드는 곳"임을 깨닫게 하는 소중한 말씀이라고 여겨집니다. 앞으로 저희 후학들이 총장님의 이러한 고귀한 뜻을 연세 교육에 반영하여, 오늘과 같이 영광된 제2, 제3의 새로운 역사를 만드는 연세가 되도록 최선의 노력을 다하겠습니다.

다시 한 번 총장님의 대한민국학술원 회장 취임을 축하드리오며, 그동안의 헌신과 노고에 깊은 경의를 표합니다. 오늘 행사를 준비해 주신 정구종 문과대 동창회장님께 깊이 감사드립니다. 오늘 이처럼 뜻깊은 축하

2012. 9. 12.

박영식 대한민국학술원 회장 취임 축하연 개최

박영식 전 총장의 대한민국 학술원장 취임을 축하하는 모임이 9월 12일 저녁 6시 알렌관 무악홀에서 개최되었다. 문과대학(학장 홍종화)과 문과대학 동창회(회장 정구종)가 공동으로 주최한 이 모임에는 정갑영 총장, 이중명 총동문회 수석부회장, 문과대학 전·현직 교수와 동창회 회장단 등 60여 명이 참석해 우리나라 교육 학술계의 수장 자리에 오른 박영식 회장의 쾌거를 축하했다.

의 자리에 함께 하신 내외 귀빈 여러분과 박영식 총장님 가족 여러분께 하나님의 한없는 축복이 가득하시길 기원합니다. 감사합니다.

"연세가 '역사를 만드는 대학'이 되기 위해서는 '꿈'이 있어야 하고, 지향점이 있어야 합니다. 특히 역사를 만드는 대학은 '감동'이 있어야 합니다."

대한민국 학술원 회장, 제11대 연세대 총장 박영식

박영식 대한민국 학술원 회장은 안타깝게도 2013년 11월 27일 숙환으로 별세하셨다.

2012. 9. 18. ~ 19. 제1차 '한-EU 포럼' 벨기에 브뤼셀에서 개최

연세-SERI EU 센터는 지난 9월 18~19일 벨기에 브뤼셀 유럽의회에서 제1차 한-EU 포럼을 개최했다. 2013년 한-EU 수교 50주년을 앞두고 출범한 이번 포럼은 한국교류재단(이사장 김우상), 로베르 슈망재단(Robert Schuman Foundation)과 공동주관으로 개최됐다. 이 포럼에서는 양 지역을 대표하는 고위 지도급 여론주도층 인사들이 한-EU 양 지역 간 주요 현안에 대하여 긴밀하고 개방적인 의견교환과 토론을 했다.

2012. 9. 20. 정갑영 총장, 옥스퍼드대 · 킹스칼리지런던 총장과 협력 논의

정갑영 총장은 9월 20일 영국 킹스칼리지런던(King's College London)의 리차드 트레이너 (Richard Trainor) 총장과 만나 학술 교류, 학생 교환, 인턴십 등 양교의 협력 방안과 전략적 동반자 관계 추진에 대해 논의했다. 21일 오전에는 영국 옥스퍼드대 엑시터 칼리지(Exeter College)의 프랜시스 케언크로스(Frances Cairncross) 학장을 만나 Residential College 교육 현장을 시찰하고 양교 협력 방안을 논의하였다.

2012. 9. 28. 에릭 슈미트 구글 회장 연세대 학생들과의 대화

"기다리지 마라. 계속 시도하라, 예스라고 하는 것은 강력한 방법이다. 거대한 어떤 일도 가능하게 한다." 에릭 슈미트 구글 회장이 9월 28일 백양관 대강당에서 열린 강연에서 학생들에게 강력한 메시지를 전달했다. 이날 「에릭 슈미트와의 대화(Morning Chat with Google's Eric Schmidt)」 강연은 구글이 운영하는 유튜브를 통해 전세계에 생중계됐다. MBC는 이날 뉴스데스크를 통해 슈미트 회장의 강연을 보도했다.

2012년 11월 12일

세계적 의료기관으로의 비상

2012년 세브란스 발전위원회 축사

오늘 세브란스를 아끼는 소중한 분들을 모시고, 사랑과 기쁨을 함께 나누는 뜻깊은 자리에서 여러분을 뵙게 되어 감사드립니다. 오늘 이 자리에 오신 여러분들은 저희 세브란스의 모든 구성원들이 가장 깊은 존경심과 경의를 표하는 아주 귀하신 분들이십니다. 연세 구성원들 모두는 여러분들께서 세브란스에 베풀어주신 뜨거운 열정에 대해 어떤 표현으로도 감사를 다 드릴 수 없고 어떤 행사로도 그 아름다운 마음을 모두 담을 수 없을 것입니다. 한 분 한 분 개별적으로 모두 모셔서 연세 사랑의 깊은 뜻을 헤아려야 하지만, 여러 사정으로 이렇게 한 자리에 오시게 한 것을 너그러이 양해해 주시기 바랍니다. 특별히 이 자리에는 세브란스 발전위원장을 맡고 계시는 이희범 회장님, 그리고 박삼구 동문회장님과 내외 귀빈 여러분께서 참석하셨고 의료원의 주요 보직 교수님들, 그리고 여러 위원님들과 특별한 인연을 맺고 계시는 선생님들이 모두 함께 하셔서 세브란스의 발전을 위한 열정과 단합이 이 자리에 가득찬 것 같습니다. 비록 바깥 날씨는 초겨울처럼 쌀쌀하지만, 지금 이곳은 여러분의 연세 사랑과 베풂의 온기로 인해 더없이 훈훈합니다.

그동안 여러 어려움에도 불구하고 세브란스가 캐피탈 캠페인을 성공적으로 이끌어 오는 데에는 여기 계신 발전위원 여러분들의 역할이 무엇보다도 더 소중했습니다. 다시 한 번 진심으로 감사드립니다. 또한, 오늘 새롭게 발전위원으로 위촉되는 분들께도 축하와 함께 환영의 인사를 드립니다.

연세대학교는 올해 부터 '제3 창학'의 기치를 높이 들고 아시아 최고의 세계대학Asia's World University으로 발돋움하기 위한 새 역사 창조의 힘찬 발걸음을 내딛고 있습니다. 다행히 우리의 이러한 노력이 조금씩 결실을 맺어, 국내외의 각종 평가에서 큰 성과를 거두고 있습니다. '2012년 QS 세계대학평가'에서는 지난해보다 17계단 상승한 112위에 랭크되었고, '2012 중앙일보 대학평가'에서는 우리 대학교가 국·공·사립을 막론하고 종합대학 1위를 차지하는 쾌거를 이룩하였습니다. 의과대학 역시 전국 41개 의과대학 중 연구 경쟁력 1위의 자리를 지키고 있습니다. 또한 세브란스는 각종 평가에서 국내최고의 자리를 지키고 있을뿐만 아니라 의료 서비스의 수출을 통해 세계 최고의 의료기관으로 발돋움하고 있습니다. 내년부터는 송도 캠퍼스에서 국내 최초로 실시하는 세계 명문형 교육제도와 신촌과 의료원, 원주, 송도 등 여러 캠퍼스 간의 융합을 확대하며 연세대학교의 잠재적인 역량을 더욱 더 높여 나갈 것입니다.

물론 연세 의료원이 가야할 길은 아직도 많이 남아 있습니다. 국내 최초, 국내 최고라는 전통적인 브랜드에서 과감히 탈피하여 세계적인 의료기관으로 비상해야 합니다. 이 과정에서 불가피하게도 엄청난 투자가 필요한 것도 사실입니다. 세브란스의 캐피탈 캠페인은 바로 그러한 노력의 일환인 것입니다. 세브란스는 앞으로도 한국 의료계를 이끌어 가는 선두주자로서 기부문화에서도 새로운 패러다임을 만들어 인류의 건강과 복지에 이바지할 수 있도록 최선의 노력을 기울일 것입니다.

2012. 11. 20.

연세대생과 인천 청소년, '연인(延仁)'이 된다

우리 대학교가 인천 지역 초·중·고교생의 방과 후 학습 및 체험 학습을 위해 두 팔을 걷어붙였다. 우리 대학교는 연간 4,000여 명의 재학생이 참여하는 대규모 학업 지원 및 멘토링 프로젝트인 '연인(延仁) 프로젝트'를 통해 지역 밀착형 사회 봉사의 새로운 모델을 제시한다. 우리 대학교(총장 정갑영)는 인천시(시장 송영길), 인천시 교육청(교육감 나근형)과 11월 20일 국제캠퍼스에서 '연인 프로젝트' 협약을 체결했다.

오늘 함께 하신 여러분들께서도 지속적으로 세브란스의 발전과 도약을 비켜봐 주시고 성원해 주시기를 부탁드립니다. 다시 한 번 발전위원 여러분의 연세 사랑에 감사드리고, 하나님의 크신 사랑과 은총이 발전 위원 여러분께 항상 함께 하시기를 기원합니다. 감사합니다.

"글로벌 역량과 공동체 의식, 리더십과 소통 능력, 창조적 감성을 두루 갖춘 인재 키운다"

정갑영 총장이 중앙일보 11월 5일자 '릴레이 총장 인터뷰'를 통해 국제캠퍼스 RC 프로그램을 비롯한 우리대학교의 역점 정책에 대한 비전을 밝혔다.

우리대학교는 학습과 생활의 통합 공동체인 RC를 내년부터 본격 시행한다. 2013학년도 신입생은 50%씩 나눠 한 학기씩, 2014학년도부터는 신입생 전원을 1년간 교육할 예정이다.

정갑영 총장은 RC에 대해 "학생이 교수와 함께 캠퍼스에서 24시간 생활하며 학업은 물론, 문화 · 예술 · 스포츠 · 봉사 등의 전인교육을 받는다"며 "전공 지도교수와 학사 지도교수, RC 지도교수가 삼중으로 맞춤형 · 밀착형으로 학생을 지도할 계획"이라고 말했다. 이를 통해 국제화 · 전인 · 창의 교육을 실현해 글로벌 인재의 핵심 역량인 '소통과 창의력, 융복합 능력, 문화적 다양성, 섬김의 리더십'을 두루 갖추도록 교육하겠다는 목표도 밝혔다.

더불어 정 총장은 제3의 창학, 서울 신촌캠퍼스-인천 국제캠퍼스-원주캠퍼스-의료원(세브란스병원)의 멀티캠퍼스 체계, 융합 학문 분야 등도 소개했다. 또한 섬김의 리더십을 바탕으로 한 장학제도에 대해 설명하면서 "경제적 어려움이 있는 사람도 학업에 전념할 수 있도록 돕는 것이 대학의 소명 중 하나다"라며 "기초 · 차상위 계층 학생에 4년 전액 장학 혜택을 주며, 기초 수급 계층은 장학금과 더불어 소정의 생활비도 지원된다"고 말했다.

마지막으로 정 총장은 "대한민국만이 아닌, 전 세계 누구라도 교육받고 싶어하는 대학이 되기 위해 도전에 도전을 거듭하고 있다"며 "불모지의 땅에 국제캠퍼스를 세우고 국내 대학 RC의 롤모델이 되었듯 재학생들을 위한 기적은 계속 이어질 것"이라고 포부를 전했다.

한편, 정갑영 총장은 매일경제 11월 16일자 '매경이 만난 사람' 기사를 통해 40년간 경제학을 연구해 온 자유시장주의자답게 정부의 정책 방향과 교육의 역할에 대해 뚜렷한 소신을 드러냈다.

캠퍼스

"국제캠퍼스, 학습생활공동체 도입 삼중으로 밀착 지도"

정갑영 총장, 인터뷰 통해 RC 비전 소개(중앙일보, 2013. 11. 5.)

2012년 11월 27일

함께 만드는 더 큰 세상

연세 여자동창회 송년 모임 인사말

2012. 12. 6.

이승만연구원, 우드로 윌슨센터와 양해각서 교환

우리 대학교 이승만연구원과 미국의 우드로 윌슨센터(Woodrow Wilson Center)는 연세대학교가 소장하고 있는 '이승만 대통령 재임기 문서'를 디지털화하여 국제적으로 보급하기 위한 사업을 공동으로 수행하기 위해 양해각서를 교환했다. 이 행사는 12월 6일 미국 워싱턴 소재 윌슨센터에서 정갑영 총장 및 미카엘 반두센(Michael Van Dusen) 부총재가 서명한 양해각서를 교환함으로써 이루어졌다. 앞으로 이승만 연구원은 이승만 대통령의 재임기 문서의 복사본을 윌슨센터에 제공하고, 윌슨센터는 역사 및 공공정책 프로그램을 통해 이 문서들을 2013년 1월 출범하는 디지털 기록보관소에서 연구자들에게 제공할 예정이다.

사랑하는 연세 여동문 여러분, 안녕하십니까? 꽃 피고 푸르던 5월에 총장 공관에서 여동문 여러분을 만났던 때가 어제 같은데, 계절이 두 번 바뀌고 벌써 함박눈이 기다려지는 초겨울의 길목에 왔습니다.

우리가 어느 별에서 (정호승)

우리가 어느 별에서 만났기에
이토록 서로 그리워하느냐
우리가 어느 별에서 그리워하였기에
이토록 서로 사랑하고 있느냐
사랑이 가난한 사람들이
등불을 들고 거리에 나가
꽃은 시들고 꽃은 지는데
우리가 어느 별에서 헤어졌기에
이토록 서로 별빛마다 빛나느냐

사랑하는 여동문 여러분, 우리가 어느 별에서 만났기에 이토록 반가워하고, 사랑합니까. 우리는 연세를 통해서 만났습니다. 송년의 아쉬움과 새해에 대한 기대로 설레임이 가득한 이맘때, "연세 여동문"이라는 이름으로 한 데 모여 동기간의 우애를 돈독히 하고 선후배간에 사랑을 나누는 송년 모임이 있다는 사실이 우리를 더욱 기쁘게 합니다. 이 좋은 자리에 함께 하신 여동문 모두를 진심으로 환영하며 감사드립니다. 여러분의 모교 연세는 2012년에도 비약적인 발전을 거듭하고 있습니다. 우리 연세에는 기쁜 소식이 있었습니다. 우리 대학교는 국제적인 평가는 물론 국내 중앙일보 종합평가에서 국공립과 사립을 통틀어 전국 종합대학 중 1위를 차지하였습니다. 우리 대학교의 미래는 앞으로 여동문회에 달려 있습니다. 현재 우리 대학교 재학생의 42.3%, 만 천사백여 명이 여학생입니다. 여동문의 수는 7만 6천여 명에 이르렀으며, 해마다 늘어나고 있습니다. 연세의 자랑스러운 여동문들이 사회의 각 분야에서 뛰어난 역량과 리더십으로써 세상을 이끌고 변화시키는 데 힘입어 연세는 발전해 나갈 것입니다.

모교는 '제3 창학'이라는 비전 아래 연세의 수월성과 위엄을 회복하고 새로운 대학 패러다임을 정립하여 '아시아의 세계대학'Asia's World University으로 도약하고자 노력하고 있습니다. 이를 위해서 선진 명문형 'RCResidential College프로그램'을 도입하여 글로벌 명문 교육을 확립하고, '백양로 재창조 사업'으로 캠퍼스 환경을 혁신하여 교육 및 연구 인프라를 선진화할 계획입니다. 'RC 프로그램'과 '백양로 재창조 사업'이 성공적으로 추진되어 연세가 '아시아의 세계대학'이 될 수 있도록 여동문 여러분의 애정과 관심을 부탁드립니다.

오늘 이렇게 즐겁고 유쾌한 자리를 마련하느라 애쓰신 백일수 여자동창회장님과 동창회 임원 여러분, 주관하신 음대 동문 여러분의 노고에 깊이 감사드립니다. 그리고 축하패를 받으시는 이연배 동문께 축하의 말씀을 드립니다. 여동문 모두가 힘을 합쳐 '함께 만드는 더 큰 세상'을 열어 가시기 바라며, 여러분과 가정에 행복과 평안이 늘 함께 하시기를 기원합니다.

2012년 12월 17일

연세의 새 역사를 여는 계기

기관장 송년회 인사말

여러분, 안녕하십니까? 일을 하다보면 하루하루가 길지만, 한 해는 너무 빨라서 12월이 되면 기차역의 플랫폼에 들어선 것처럼 유난히 숫자에 민감해집니다. 오늘 17일, 머지않아 24, 25, 그리고 31일! 달력에 시선을 많이 빼앗기는 것도 사실입니다. 하루하루를 조금 더 감사와 배려하는 자세로 보냈더라면, 연말을 보내는 우리의 마음이 이보다는 훨씬 가벼웠을 터인데 하는 아쉬움이 올해도 어김없이 남고 말았습니다.

오늘 이 자리에 모이신 학내 주요 보직을 맡고 계시는 기관장들께 감사의 인사가 늦었고, 특별히 동반하신 내외분들께 이제야 인사를 드리게 되어 무척 송구스럽게 생각합니다. 이제 한 해를 불과 며칠 남겨두지 않은 시점에서, 다사다난했던 올해의 긴 여정을 되돌아보며, 여러 가지 생각과 감회에 젖게 됩니다. 특별히 2012년은 그 어느 해보다도 저에게는 벅차고, 감격스러웠고, 때로는 고통스러웠던 시간이었습니다.

지난 2월에 17대 총장으로 취임한 이래, 연세의 역사를 또 한 번 새롭게 창조하자는 '제3 창학'이라는 비전을 향해 달려왔습니다만, 이를 실천해 나가는 발걸음 하나하나가 순탄치 만은 않았습니다. 때로는 눈보라 속을 비틀대며 달려온 것 같기도 하고, 가슴을 태우며 갈등과 혼란을 헤쳐 나오기도 했습니다. 그래도 연세는 2012년에 잘 해냈습니다. 경제 불황과 선거, 북한문제 등으로 어수선한 세상 속에서도 많은 것을 이룩하고, 많은 것을 쌓았던 것 같습니다. 출범 당시부터 유산으로 물려받은 용재관을 둘러싼 교내 갈등과 송도 국제캠퍼스의 미래에 대한 불안감도 순조롭게 해소되었고, 온 연세가족이 화합과 배려 속에 새로운 연세의 역사를 여는 계기가 만들어졌습니다. 이제 송도에는 한국 대학 교육의 새로운 모델을 세우는 세계 명문형 Residential College가 들어서게 되고, 신촌캠퍼스에는 백양로가 재창조되어 교육 및 연구 공간이 획기적으로 확충될 것입니다. 의료원과 원주캠퍼스도 새로이 정립되는 멀티캠퍼스라는 융합을 통해 각기 빛을 발하게 됨으로써, 21세기 연세는 명실공히 글로벌 수준의 명문 사학으로 도약할 것입니다.

돌이켜보면 고비 고비마다 연세의 주인 되신 하나님께서는 저희들을 버려두지 않으시고, 감당할 수 있는 모든 힘과 능력을 넘치게 부어주셨습니다. 이 과정에서 연세의 미래를 함께 공유하고, 공감의 한 울타리에서 지혜와 열정으로 2012년의 연세를 보람되고 아름답게 채색할 수 있게 해 주신 기관장 여러분께 다시 한 번 깊이 감사드립니다. 특별히 학교 보직의 어려움을 이해와 사랑으로, 때로는 희생으로 뒷받침해 주신 배우자분들께도 감사드립니다.

마지막으로 기관장 내외분들께 송년의 시 한 편을 소개해드리려고 합니다. 사실은 옆에 앉아계신 남편과 아내를 위한 시를 제가 대신 읽어 드리는 것입니다.

2012. 12. 7.

미 코넬대와 학술교류협정 체결

정갑영 총장은 12월 7일 미국의 아이비리그 명문 코넬대와 학술 교류 협정을 체결했다. 코넬대와의 교류 협정 체결로 연세대가 2012년 한 해에 새롭게 교류 협정을 체결한 세계 50위권 대학은 미국의 시카고대학, 영국의 에든버러대학, 킹스칼리지런던을 포함하여 4개 대학으로 늘어났다.

송년의 시 (오순화)

그대 올해도 수고 많으셨습니다.
그대 올해도 내 곁에 있어줘서 고맙습니다.
그대 올해도 사랑할 수 있어서 감사했습니다.
그대 올해도 내 눈물 받아 웃음 꽃 피워주고
밉다고 토라져도 하얀 미소로 달래주고
아플 때마다 그대의 따스한 손길은 마법이
되었습니다.
그대가 숨 쉬는 세상 안에
내 심장이 뛰고 희망이 있습니다.
그대 올해도 같이 살아 있음에 큰 행복 함께 합니다.

사랑하는 연세가족 여러분, 한 해를 마무리하면서 감사한 일, 행복한 일, 고마운 분들, 잘 이겨냈던 일, 다시 한 번 음미하시고, 올 한 해 시작부터 끝까지 인도하신 하나님께 감사드리며, 새해에는 온 가정에 하나님의 더 큰 축복이 있으시기를 기원합니다.

2012. 12. 10. 위스콘신대 동아시아학센터 주최 라운드 테이블 참석 및 David Ward 총장 면담

정갑영 총장은 12월10일 미국 위스콘신대(매디슨, 2012년 QS 대학평가 랭킹 38위) 동아시아학센터 주최의 라운드 테이블에 참석했다. 진 필립스(Gene Phillips) 소장의 사회로 진행된 이번 라운드 테이블에서 정 총장은 세계 명문 대학들과의 학술교류 네트워크 구축을 핵심으로 하는 Top 50/20 등 우리 대학교 국제화 전략과 2013년부터 전면적으로 시행하는 국제캠퍼스 레지덴셜 칼리지 등에 대해 자세히 설명하고 향후 양교가 동아시아학 교류와 협력에 적극적으로 나설 것을 제안했다.

연세대, 서울대 첫 추월 종합대학 1위

| 2012 중앙일보 대학평가 결과
| 연구 부문과 국제화 부문 발전이 종합 순위 견인
| 치열한 경쟁 속 순위 대변동 '연세대 〉 서울대 〉 성균관대 〉 고려대'

우리대학교가 서울대의 아성을 깼다.

2012 중앙일보 대학평가에서 우리대학교가 서울대를 앞서 KAIST, 포스텍에 이어 3위에 올랐다. 이공계 특성화 대학을 제외한 종합대학 중에서는 1위다.

지난해에 비해 우리대학교는 교수 1인당 국제논문 게재 수(3위), 국제논문 피인용 수(1위) 등 연구 실적 부문과 외국인 학생 비율(3위) 등 국제화 부문에서 경쟁력이 높아졌고, 이러한 차이가 종합 순위를 끌어올린 것으로 분석된다.

우리대학교의 부문별 순위는 교수연구 부문 5위, 교육여건 부문 6위, 평판 · 사회진출도 부문 1위, 국제화 부문 6위 등 평가 대상 전 영역에서 좋은 평가를 받았다.

이번 평가는 전국 4년제 대학 102곳을 대상으로 교수연구(100점), 교육여건(90점), 평판 · 사회진출도(60점), 국제화(50점) 등 4개 부문 점수를 합산(총 300점)했다.

한편, 이번 결과에서 성균관대가 지난해 공동 5위였던 고려대를 앞서며 단독 5위에 올라 상위권 대학 순위의 지각변동이 컸다.

● 2012 중앙일보 대학평가 순위

순위	대학명	총점 (300점 만점)
1	KAIST	241
2	포스텍	233
3	연세대 (서울)	229
4	서울대	226
5	성균관대	224
6	고려대(안암)	222
7	서강대	211
8	경희대	210
9	한양대	208
10	중앙대(서울)	206

연세소식 542호, 2012. 11. 1.

정갑영 총장, 미국 CSIS 주최 연설

CSIS | CENTER FOR STRATEGIC & INTERNATIONAL STUDIES

정갑영 총장은 12월 6일 미국 워싱턴 D.C. 소재 국제전략문제연구소(CSIS, Center for Strategic & International Studies)의 초청을 받아 '아시아대학의 부상과 과제'라는 주제로 연설했다. 이번 오찬 연설에는 로더릭 힐스 CSIS 힐스거버넌스프로그램 위원장 · 전 미국 증권거래위원회 위원장, 칼라 힐스 CSIS 고문 · 전 무역대표부 대표, 토머스 허바드 전 주한 미국대사, 도널드 그로스 전 국무부 차관보, 패티 피터슨 미국교육위원회 고문 · 전 사라로렌스 대학 총장, 데이비드 스타인버그 조지타운대 교수, 스코트 스나이더 미국외교협회 선임연구위원 등이 참석했다.

정 총장은 연설을 통해 연세대 등 아시아대학이 괄목할 만한 발전을 하고 있으며 동시에 연구와 교육의 수월성, 반값등록금, 3불 정책 등 새로운 사회적 요구에 직면하고 있음을 지적하고, 아시아대학이 세계적인 대학으로 성장을 위해서는 자율과 경쟁 및 국제협력이 절실함을 강조했다. 특히 정갑영 총장은 연설을 통해 각 대학들이 국내의 경쟁을 넘어, 세계적인 수준으로 나아가기 위한 다양한 노력을 경주하고 있음을 설명했다. 정갑영 총장은 '연세는 국내 최고를 넘어 세계적인 수준의 아시아 대학으로 우뚝설 것'임을 제시하고, 이를 위해 학교가 국제캠퍼스 설치, RC 프로그램 운영 및 교육 국제화를 위한 다양한 형태의 발전 방안 등을 추진하고 있음을 설명했다.

로더릭 힐스 위원장이 주재한 토론에서 참석자들은 글로벌 시대에서 한국의 역할과 책임, 아시아대학의 위상, 한국과 미국 대학 협력의 중요성 등 폭넓은 주제에 대해 상호 의견을 교환했다.

패티 피터슨 총장을 비롯한 참석자들은 세계경제 판도의 변화로 미국 등 많은 선진국 대학들이 한국 대학과의 협력을 확대할 것으로 예상하며 연세대도 이와 같은 추세에 대비해 우선 순위에 기초한 새로운 글로벌 협력 전략을 강구할 필요가 있음을 강조했다.

우리대학교와 CSIS 힐스거버넌스프로그램은 2002년부터 우리대학교 국제학대학원 산하 힐스거버넌스센터를 운영 중이며 양 기관은 향후 글로벌거버넌스, 고등교육의 국제협력 등으로 연구협력을 확대하는 방안을 논의했다.

연세소식 544호, 2013. 1. 1.

2013년

세계 명문을 지향하며

2013년 1월 4일
선도적 주체로서의 사명과 실천
신년사

2013년 2월 14일
학문과 연구를 향한 열정
신임교원 임명장 수여식 인사말

2013년 2월 20일
발전과 성장을 위한 지원과 협력
원주연세의료원장 취임식, 브랜드 선포식 축사

2013년 2월 25일
저 넓은 세상을 향한 새로운 항해
2월 학위수여식사

2013년 2월 26일
세계를 이끌어 갈 시대의 지성
대학원 입학식 축사

2013년 2월 27일
시인의 숨결, 사료적 가치
윤동주시인 유고·유품기증특별전 개막식 축사

2013년 2월 28일
길을 인도하고 세상을 밝히는 별
입학식 축사

2013년 3년 28일
다시 새로운 과학사를 기대하며
故이원철박사 50주기 추모행사 추모사

2013년 4월 10일
의생명 연구의 새로운 역사
에비슨의생명연구센터 봉헌식 축사

2013년 4월 15일
'사랑으로 가득한 집'
우정원(宇庭園) 건축 및 기부협약식 인사말

2013년 4월 17일
대학이 가야할 미래
미래융합연구원 개원식 인사말

2013년 4월 22일
세계를 선도할 인재 양성의 요람
국제캠퍼스 1-2A단계 봉헌식 인사말

2013년 5월 11일
아시아 최고의 세계대학을 향하여
창립 128주년 기념식사

2013년 5월 11일
자랑스러운 공간의 재창조
백양로 재창조 프로젝트 기공식 환영사

2013년 5월 24일
멀티캠퍼스의 자율과 융합
원주캠퍼스 창립35주년 기념식사

2013년 7월 4일
생명을 살리는 소중한 사업
원주세브란스기독병원 응급의료전용헬기 운항식 기념식사

2013년 8월 19일
좋은 인재를 기르는 방법
신임교원 임명장 수여식 인사말

2013년 9월 11일
창조경제와 미래사회 구현을 위한 융합형 리더
IT포럼 기조연설

2013년 10월 19일
보람과 긍지의 축제
대학원 재상봉행사 환영사

2013년 10월 25일
영성과 감성의 안식처
국제캠퍼스 크리스틴채플 봉헌예배 축사

2013년 11월 6일
더 나은 의료 서비스를 향하여
원주세브란스기독병원 외상센터 및 외래센터 증축 기공식 기념식사

2013년 11월 8일
역사의 재발견
도산 안창호선생 명예졸업증서 수여 기념식사

2013년 11월 19일
친환경 녹색 건축물의 확산
포스코 그린빌딩 준공식 기념식사

2013년 11월 30일
믿음과 성원의 동행
2013-2학기 페어런츠데이 축사

2013년 12월 18일
'등 뒤의 사랑'
2013년 기관장 송년회 인사말

2013년 1월 4일

선도적 주체로서의 사명과 실천

신년사

존경하는 연세가족 여러분, 2013년 새해 복 많이 받으십시오. 새해 아침의 밝은 빛이 온누리에 가득합니다. 새해 첫날의 찬란한 태양을 맞이할 때마다, 더 나은 미래를 향한 새로운 다짐에 우리 모두가 더욱 경건해 집니다.

돌이켜 보면 2012년은 그 어느 때보다도 보람찬 한 해였습니다. 취임 첫 해의 과정이 순탄치 만은 않았지만, 어려운 여건에도 불구하고 구성원 모두의 헌신적인 노력 덕분에 성공적인 '제3 창학'의 기반을 만들게 되었습니다. 건물 신축을 둘러싼 갈등, RC의 도입, 인천 국제캠퍼스의 활성화, 재수강 제도의 개편, 백양로 재창조 사업, 공과대학과 제중학사, 법현학사의 신·증축 등 수 년 동안 미제로 남아있던 과제들을 해결할 수 있었기 때문입니다. 그 결과, 우리 대학에 대한 대외적인 평가도 큰 폭으로 상승했습니다. 총장으로서 모든 연세가족 여러분께 다시 한 번 깊은 감사를 드립니다.

그러나 2013년 새해는 그 어느 때보다도 격동적인 변화가 예상됩니다. 새 정부의 출범과 함께 형평과 분배를 중시하는 시대이념이 대학 정책의 변화를 예고하고 있고, 학문과 교육의 수월성 추구라는 대학의 기본 가치와 사명도 도전받고 있습니다. 보편적 평등을 중시하는 국가의 대학정책 기조를 존중하면서도, 대학 본연의 자율성과 수월성도 지켜야 하는 어려운 과제에 직면해 있습니다. 이 같은 변화와 도전 속에 우리는 연세의 설립 정신과 역사적 교훈을 되새기며, 사회의 변화와 개혁의 방향을 선도하는 주체로서의 사명을 실천해 나가야 합니다.

특히 등록금 정책에 따른 재정 압박을 극복하면서, 세계 명문 대학에 필적할 수 있도록 교육과 연구 시스템을 재창조해야 합니다. 자율을 바탕으로 세계적인 명문을 지향하고, 동시에 사회적 책임을 다하는 명문 사학으로 위상을 확립해야 합니다. 물론 우리 연세는 창립이후 지속적으로 변화와 개혁을 선도하는 역사적 주체로서의 역할을 해 왔던, 전통을 이어 받아 우리 모두가 이루고자 하는 '제3 창학'이라는 꿈도 실현할 수 있을 것입니다.

Residential College의 역사적 출범

2013년은 이러한 꿈을 하나하나 실현시켜 나가는 매우 중요한 시기입니다. 올 4월에는 송도 캠퍼스에 새로 건설된 약 95,000평의 첨단 시설을 하나님께 봉헌하며 연세의 새로운 도약을 알리게 됩니다. 이것은 신촌캠퍼스의 60%에 달하는 엄청난 규모로서, 연세의 글로벌화를 선도하게 될 귀중한 자산이 될 것입니다. 당장 올해부터 이 시설을 활용하여 신입생 전원에게 RC 교육이 실시됩니다. 언더우드 선교사가 128년 전에 첫 발을 내딛은 인천에 명문형 학부교육의 역사가 새롭게 시작되는 것입니다. 학습과 생활 공동체인 RC 교육 환경에서 국제화, 전인, 창의교육의 실현을 통해 글로벌 역량과 공동체의식, 리더십과 소통 능력, 창조적 감성을 두루 갖춘 인재를 키울 것입니다. 불과 1년만에 연세의 RC 시스템은 이미 한국의 주요 대학에 벤치마크가 되고 있습니다. 송도 캠퍼스는 머지 않아 연세의 꿈과 비전을 실현시키는 약속의 땅으로, 연세를 아시아의 세계 대학으로 도약시키는 초

2013. 1. 9.

백양로 재창조를 위한 한마음과 큰 정성, '백양클럽' 발족

백양로 재창조 사업을 위해 큰 사랑을 표현하는 기부자들의 모임인 '백양클럽'이 발족됐다. '백양클럽'은 백양로 재창조 사업을 위해 1억원 이상을 기부한 기여자들의 모임이다. 1월 9일 '백양클럽'의 발기인인 (주)대창 조시영 회장, (주)하림기공 장두홍 대표이사, (주)타임즈코어 이덕수 회장, 하일전자(주) 윤장혁 사장, 장암칼스(주) 구연찬 회장이 학교를 방문했다.

석으로 탈바꿈하게 될 것입니다.

백양로 재창조 사업과 융합의 본격적 추진

또한 올해에는 신촌캠퍼스의 인프라 개선 사업이 본격적으로 추진될 것입니다. 우선, 백양로 재창조하는 사업이 시작됩니다. 30만 연세 동문의 추억과 낭만이 서린 백양로가 소통과 문화가 살아있는 친환경 녹지공간으로 탈바꿈하는 역사적인 사업입니다. 오랫동안 지체되었던 공과대학과 경영대학의 신, 증축 사업도 시작됩니다. 제중학사와 법현학사의 재건축 사업도 빛을 보게 될 것입니다. 의료원에서는 에비슨 연구동이 준공되고, 암센터 신축이 차질 없이 진행될 것입니다. 원주에서는 의료원의 외상센터와 외래진료센터가 착공될 것입니다. 또 하나의 기쁜 소식은 최근 이공계 연구 공간의 확충을 위한 자금이 확보되어, 약 5천 평 이상의 새로운 연구 공간의 신축이 가능하게 된 것입니다. 우선 새해에 이과대학의 1,200평 규모의 증축을 시작하고, 백양로 재창조 사업에 4,000평 이상의 연구공간을 확보할 예정입니다. 이렇게 되면 공과대학의 강의동 신축과 더불어 이공계의 극심한 공간부족을 문제가 올해를 고비로 크게 개선될 것으로 기대합니다. 실제로 백양로 재창조와 제중학사의 신축은 인프라 개선 이상의 큰 의미가 있습니다. 본교와 의료원의 실질적인 융합을 실현하는 역사적인 계기가 되는 사업입니다. 양 캠퍼스가 실질적으로 공간과 시설을 공유하여, 시너지를 극대화함으로써 연세 전체를 역동적으로 발전시키는 첫 사업이기도 합니다. 물론 여러 사업이 진행되는 많은 불편함도 있겠지만, 너그럽게 기다리는 여유를 가져 주셨으면 합니다.

캠퍼스 간 융합의 본격적 추진

시설의 융합뿐만 아니라 연구와 교육 분야에서도 멀티캠퍼스의 융합이 크게 확대될 것입니다. 새해 초 모든 캠퍼스가 참여하는 거교적인 융복합연구원이 설립되고, 연구자 지도research map를 완성하여 학제 간 연구가 활성화되며, 캠퍼스간 융합 추진위원회를 통해 교무, 학사, 연구 등 캠퍼스간의 융합을 촉진할 수 있는 정책들도 실현될 것입니다. 송도 캠퍼스에는 다양한 융합 전공을 언더우드국제대학UIC에 개설하여, 세계 명문으로 도약하기 위한 기반을 공고히 할 것입니다. RC 프로그램과 융합 교육을 접목하여 전문 지식을 갖춘 인재 양성을 넘어 지덕체를 겸비한 글로벌 인재를 배출하게 될 것입니다. 물론 멀티 캠퍼스의 운용에 따른 어려움도 극복해야 합니다. 특별히 신촌과 송도를 오가는 번거로움도 많고, 이과대학과 학부대학 등 많은 교수님들이 기초와 전공과목의 강의를 위해 많은 희생을 감수해야만 합니다. RC 교육의 성공을 위해 기숙사에 기거하는 교수님들도 계십니다. 이 자리를 빌려 송도 캠퍼스의 개설에 따른 불편을 기꺼이 감내해 주시고, 연세의 도약을 위해 헌신해 주시는 여러분께 깊이 감사드립니다.

대학의 자율성과 사회적 책임 확대

오늘날 한국 대학은 글로벌 경쟁의 심화, 학령인구의 감

2013. 1. 16.

故 손보기 교수 소장 국보급 삼국유사 고판본 기증

故 손보기 교수(사학과 교수, 박물관장 역임, 2010년 작고)의 유족이 손보기 교수가 소장하던 「삼국유사」 1책(왕력, 권1, 권2)을 1월 16일 우리 대학교에 기증했다. 「삼국유사」 조선 초기 간행의 고판 초간본의 전체 모습이 비로소 손보기 교수 기증본(파른본)에 의해서 전모를 드러내게 되었다.

2013. 1. 31.

세계적 연구자 '언더우드·에비슨 특훈교수' 임명식 개최

2012년 언더우드 특훈교수 및 에비슨 특훈교수(의료원) 6명을 선정했다. 백융기 대학원 융합오믹스의생명과학과 교수, 안종현 전기전자공학부 교수, 조재원 사회환경시스템공학부 교수, 함승주 화공생명공학부 교수, 김희웅 정보대학원 부교수, 이민구 의과대학 약리학교실 교수 등이다. 특훈교수에 대한 임명식은 1월 31일 교직원 수양회에서 열렸다.

소, 대학의 자율성 약화 등의 여러 악재가 겹친 '퍼펙트 스톰'perfect storm과 같은 상황에 처해 있습니다. 이러한 위기를 극복하기 위해 우리 연세는 온 힘을 다하여, 재정기반을 확립하고, 행정 전문화와 교육, 연구의 수월성을 추구하는 자율형 사립대학 모델을 발전시켜 나가야만 할 것입니다. 다행스럽게 지난해 송도가 교육국제화 특구로 지정되었고, 녹색기후기금GCF의 유치도 확정됨으로써, 우리 대학의 자율화와 국제화 역량을 크게 높일 수 있는 환경이 조성되었습니다.

또한 명문대학으로서의 공공성과 사회적 책임도 앞장서서 실천해야만 합니다. 작년에 장학제도를 개편하면서, 특히 소외 계층 학생에 대한 배려를 확대했습니다. 기초수급대상자와 차상위 계층 학생들에게 등록금 전액과 생활비 일부를 지원하는 장학제도를 국내 최초로 도입한 바 있습니다. 새해에도 입학과 장학제도, 재능기부, 사회교육 및 취업자 교육, 지역 밀착형 봉사 등 다양한 분야에서 대학의 사회적 책임을 적극 확대해 나갈 계획입니다. 특히 저소득계층을 대상으로 하는 한마음 전형에서는 수능 성적에 관계없이 역경을 극복하는 의지와 미래를 개척해 나갈 수 있는 잠재력을 고려하여 선발할 수 있는 제도를 도입할 예정입니다. 우리 사회가 선진화되려면 사회적 약자에 대한 대학의 문이 더욱 확대되어, 대학 교육을 통해 개인의 성장과 발전을 돕고, 사회가 역동적으로 변화할 수 있는 제도가 정립되어야 할 것입니다. 연세는 모든 분야에서 사회의 일원으로서 호흡하고, 소통하며, 섬김의 리더십을 이어가기 위한 노력을 계속 할 것입니다.

연세의 모든 구성원들이 행복한 캠퍼스 만들기

저는 총장에 취임하면서 "YONSEI, where we make *history*!"라는 슬로건을 발표했습니다. 이것은 연세의 무한한 가능성과 잠재력에 대한 확신이자, 존재 이유를 표현한 것입니다. 연세는 이제 과거와는 전혀 다른 새로운 경쟁의 무대에 올라섰습니다. 이제는 모든 역량을 결집하여 양적 팽창을 지양하고 질적 고도화를 통해 최고의 대학으로 도약해야 합니다.

사랑하는 연세가족 여러분, 연세의 미래는 행복한 사람들이 모여서 공동의 가치를 지향할 때 더욱 찬란하게 빛날 것입니다. 단기적인 성취와 평가를 넘어서서 한 사람 한 사람이 자유로운 환경에서 스스로 공동체의 목표를 공유하며, 함께 추구하는 행복한 캠퍼스를 만들어 나갑시다. 특별히 새해에는 외부의 어려운 여건을 극복하고 사학 명문으로서의 정체성을 지키며, 세계로 도약하는 새로운 역사를 만드는 데 우리 모두가 함께 마음을 모으고, 뜻을 모으며 내부 역량을 결집하는 한 해가 될 수 있기를 당부 드립니다. 우리 모두 진정한 한 가족으로서 서로를 이해하고 배려하며, 그리고 감사하는 한 해가 되기를 기원합니다. 올 한해도 하나님의 은총과 인도하심이 늘 함께 하시기를 기원합니다. 감사합니다.

변화와 도전 속에 우리는 연세의 설립 정신과 역사적 교훈을 되새기며, 사회의 변화와 개혁의 방향을 선도하는 주체로서의 사명을 실천해 나가야 합니다. 세계 명문 대학에 필적할 수 있도록 교육과 연구 시스템을 재창조해야 합니다. 자율을 바탕으로 세계적인 명문을 지향하고, 동시에 사회적 책임을 다하는 명문 사학으로 위상을 확립해야 합니다. 물론 우리 연세는 창립 이후 지속적으로 변화와 개혁을 선도하는 역사적 주체로서의 역할을 해 왔던 전통을 이어 받아 우리 모두가 이루고자 하는 '제3 창학'이라는 꿈도 실현할 수 있을 것입니다.

Even in the midst of changes and challenges, we must remember our calling to lead social development and reforms by keeping Yonsei's founding spirit and historical teachings close to heart. For this very purpose, Yonsei University must revamp its teaching and research system to exceed global standards. Based on autonomy, we shall strive to achieve academic excellence and fulfill our social responsibilities as a world-class university. Since Yonsei's founding, Yonsei has always accomplished its duty as a historical pioneer of change and reform despite challenges. Inheriting such a tradition is an important part of attaining our vision for the 'Third Founding'.

2013년 1월 4일 | 2013년 신년사 | 선도적 주체로서의 사명과 실천

RC 특집기사

2013학년도 신입생의

국제캠퍼스 Residential College 교육을 시작합니다

우리대학교는 이번 학기부터 국제캠퍼스에서 2013학년도 신입생을 대상으로 Residential College(RC) 교육을 전면적으로 시작한다. 문과대, 공과대, 교육학과, 자유전공, UIC, 의예과, 치의예과, 간호학과, 약학대 신입생은 2월 28일부터 사흘간 진행된 '국제캠퍼스 RC 오리엔테이션'을 시작으로 국제캠퍼스 RC 교육의 첫 걸음을 디디게 되었다.

아늑한 Avison,
역동적인 Baekyang,
지적인 Yun Dongju 등
개성 넘치는 8개 하우스

우리대학교 RC는 8개의 테마를 가진 하우스로 구성되는데 학생들은 입학 전에 관심 있는 하우스를 선택함으로써 한 학기 동안 같이 생활하고 교육받는 공동체를 결정하였다. 8개의 하우스에는 수도원같이 조용하고 아늑한 'Avison', 균형 잡힌 Good Life를 추구하는 'Aristotle Int'l', 다국적이고 친환경적인 'Allen Int'l', 주도적 개발을 중시하는 'Underwood', 역동적이고 창의적인 'Baekyang', 지적이고 실천적인 삶을 추구하는 'Yun Dongju', 배움과 도전, 하모니가 삶의 중심이 되는 'Muak', 진리, 자유, 화합을 추구하는 'Yongjae'가 있다. 학생들은 Meet-U-All Guard, Greener, Mural Painting, Bike Kitchen 등의 각 하우스에서 개발한 프로그램과 Performing Arts Series, 스포츠 리그전, 독서 프로젝트, RC 포럼, Best House 등의 RC 공통 프로그램에 참여하여 활동할 수 있다.

신입생들은 자신이 신청한 하우스에 함께 거주하며 이끌어주는 Residential Master(RM) 교수의 지도와 우수모범 Residential Assistant(RA) 선배의 도움으로 다양한 성장배경과 문화적 차이를 이해하며 서로를 인정하는 공동체 생활을 경험하게 된다. 특히 각 학생은 전공교수, 학사지도교수, RM 교수로부터 대학생활과 학업 및 진로에 관해 밀착형의 체계적인 삼중학생지도를 받을 수 있으며 한 층 강화된 튜터링제도와 학술정보원, 상담센터, CETS, 컴퓨터실습실 등의 지원도 받게 된다.

연세소식 546호, 2013. 3. 10.

'스무살,
동양고전을 만나다' 등
격조 높은 프로그램 개설

RC 교육은 강의실 이론을 방과 후 비교과활동과 연계함으로써 이론을 현실에 접목시키고 심화시킬 수 있는 교육 모델로서 글로벌 인재 역량인 소통능력, 창의력, 융복합 능력, 문화적다양성, 크리스천 리더십을 함양할 수 있는 내용을 목표로 개발되었다. RC 정규 교과목은 총 4개의 영역- HE1(사회기여), HE2(문화예술), HE3(체육)와 RC101로 구성되어 있으며, RC 비교과활동은 하우스 중심으로 이루어진다. 크리스천 리더십, 공동체의식과 올바른 시민의식을 함양할 수 있는 HE1(사회기여) 교과목, 다양한 학술 및 문화예술 활동을 통해 비판적 사고능력, 창의력, 협업능력과 미의식을 개발하고 자신감과 표현력을 향상시킬 수 있는 HE2(문화예술) 교과목, 기초체력 육성을 통해 전 생애에 걸친 건강한 삶의 기반을 확립할 수 있는 HE3(체육) 교과목, 연세의 비전을 공유하는 연세인으로서, 성공적인 대학생활과 미래를 위한 학업계획 설계하며 세계시민의식을 갖춘 미래 지도자로서의 자질을 함양하는 RC101 교과목이 있다.

특히 HE1(사회기여) 교과목은 국제캠퍼스가 위치한 인천이라는 지역사회를 거점으로 지역사회가 갖고 있는 사회 문제를 예방하고, 문제 해결에 기여하며 나아가 발전적인 변화를 가져올 수 있는 일종의 사회 투자(Social Investment) 프로그램이다. 인천시와 우리대학교와 함께 개발한 인천시 초-중-고교, 특수교육기관, 지역아동센터 학생들에게 방과 후 학습 지도뿐만 아니라 멘토링, 예체능 활동 지도를 하는 '연인 프로젝트'는 우리 학생이 인천지역 청소년에게 좋은 역할 모델이 되어 궁극적으로는 인천 지역의 인적 자본과 사회적 자본을 증진시키는데 기여할 수 있도록 설계하였다. 또한 HE2(문화예술) 교과목 중 하나인 '스무살, 동양고전을 만나다'는 플라톤 아카데미 재단의 지원으로 개발된 과목으로 동양고전 국내 최고 전문가와 함께 하는 강연과 독서 프로그램으로 구성되어 대학생으로서 합리적 선택, 윤리적 판단, 창조적 사고력 함양을 기대할 수 있다. 새로 개관한 YIC Center for Health and Wellness에서는 국제캠퍼스 내의 체육시설을 통합적으로 관리하며 HE3(체육) 교과목 개발과 교직원, 지역사회를 위한 건강증진 프로그램도 시행한다.

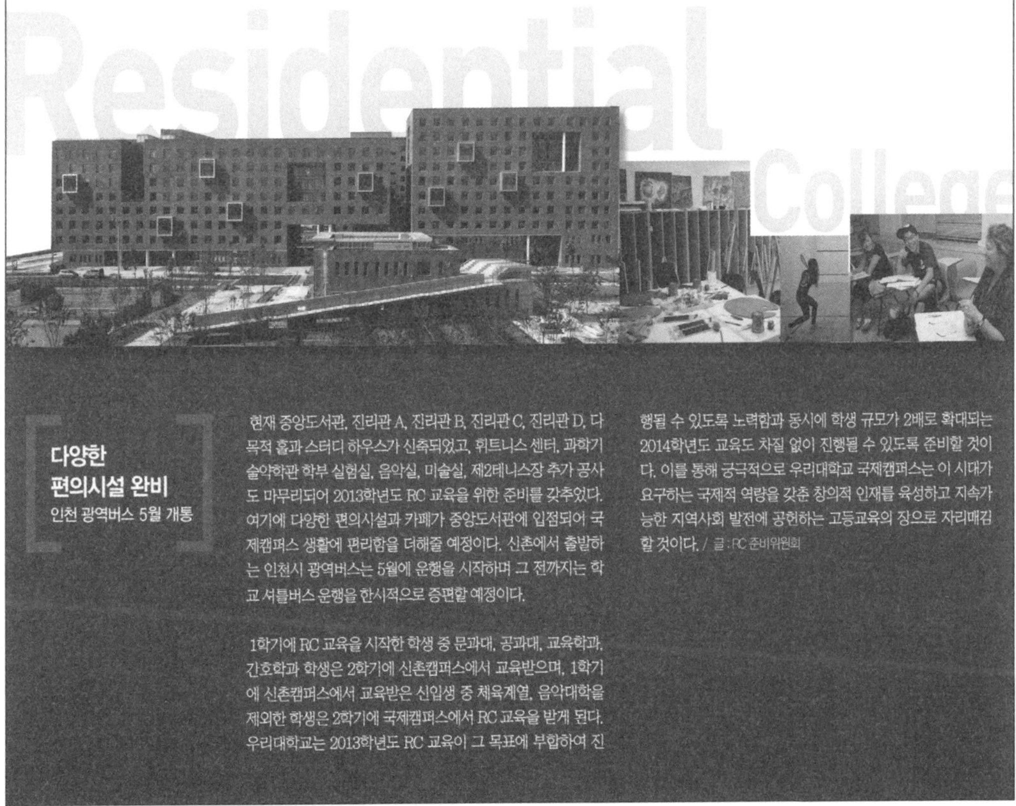

다양한 편의시설 완비
인천 광역버스 5월 개통

현재 중앙도서관, 진리관 A, 진리관 B, 진리관 C, 진리관 D, 다목적 홀과 스터디 하우스가 신축되었고, 휘트니스 센터, 과학기술악학관 학부 실험실, 음악실, 미술실, 제2테니스장 추가 공사도 마무리되어 2013학년도 RC 교육을 위한 준비를 갖추었다. 여기에 다양한 편의시설과 카페가 중앙도서관에 입점되어 국제캠퍼스 생활에 편리함을 더해줄 예정이다. 신촌에서 출발하는 인천시 광역버스는 5월에 운행을 시작하며 그 전까지는 학교 셔틀버스 운행을 한시적으로 증편할 예정이다.

1학기에 RC 교육을 시작한 학생 중 문과대, 공과대, 교육학과, 간호학과 학생은 2학기에 신촌캠퍼스에서 교육받으며, 1학기에 신촌캠퍼스에서 교육받은 신입생 중 체육계열, 음악대학을 제외한 학생은 2학기에 국제캠퍼스에서 RC 교육을 받게 된다. 우리대학교는 2013학년도 RC 교육이 그 목표에 부합하여 진행될 수 있도록 노력함과 동시에 학생 규모가 2배로 확대되는 2014학년도 교육도 차질 없이 진행될 수 있도록 준비할 것이다. 이를 통해 궁극적으로 우리대학교 국제캠퍼스는 이 시대가 요구하는 국제적 역량을 갖춘 창의적 인재를 육성하고 지속가능한 지역사회 발전에 공헌하는 고등교육의 장으로 자리매김할 것이다. / 글 : RC 준비위원회

2013년 2월 14일

학문과 연구를 향한 열정

신임교원 임명장 수여식 인사말

2013. 2.

연세한마음전형 모집인원 40%, 수능기준 폐지

우리 대학교는 '연세한마음전형' 전체 모집인원(약 100명)의 40% 가량의 학생들에게 수능 최저 자격기준을 폐지한다. 이후에도 합격생들의 입학 후 학업성취도를 관찰하여 최저 자격기준 폐지 인원을 점차 확대할 계획이다. 아울러 지원자의 경제적 환경과 이를 극복하기 위한 노력과 인성 등을 적극 반영해 선발 방법을 획기적으로 변화시킬 계획이다. 또한 소외 계층을 돕기 위해 장학제도를 개설하여 소득하위 30%이하 학생들에 대한 전액 장학금을 지급하기로 했다.(신촌캠퍼스)

여러분, 안녕하십니까? 새 학기부터 연세와 함께하실 자랑스러운 신임교원 여러분을 진심으로 환영합니다.

여러분이 지금까지 각고의 노력으로 쌓아온 학문적 기초를 바탕으로 새로운 비상의 날개를 펼칠 연세대학교는 1885년 창학 이후 민족의 시련기에는 겨레와 그 아픔을 같이하며 이 땅에 고등교육의 기틀을 세웠으며, 연희와 세브란스가 하나 되어 제2의 창학기를 맞은 1957년 이후 산업화시대에는 한국 사회의 발전을 선도하는 사명을 다하며 종합 명문 사학으로서의 위상을 굳건히 해 왔습니다. 작년 2월 취임한 저는 2010년 인천 국제캠퍼스의 개교를 시작점으로 글로벌 연세의 미래를 위한 '제3 창학'을 선언하였습니다. 제3 창학은 연세가 이제 명실상부한 아시아의 세계대학으로 도약하겠다는 우리의 선언이며, 결의입니다. 이의 실현을 위하여 무엇보다도 대학의 기본 사명인 교육을 강화할 것입니다. 올해부터 1학년을 대상으로 국제캠퍼스에서 시작하는 RC 교육이 교육 강화의 핵심 역할을 할 것입니다. 아울러, 우리 대학교에 맡겨진 시대적 사명을 구현하기 위해 연세가 추구해야 할 핵심 가치는 "Excellentia cum dignitate", 곧 "위엄을 갖춘 탁월함의 추구"입니다. 우리는 학문과 교육의 '탁월성'을 위해 최선의 노력을 경주해야 하며, 나아가 이를 실현하는 과정에서 대학의 '위엄'을 견지해 나가야 합니다.

연세대학교는 작년도 QS의 세계 대학 종합 순위에서는 세계 112위로 전년도에 비해 17위가 상승하였습니다. 또한, 지난 10월 발표된 중앙일보 국내 대학평가에서는 국립과 사립을 망라하여 종합대학으로서는 1위를 함으로써 명실공히 한국 최고의 사학으로 확인되었습니다. 이러한 연세의 발전은 항상 열과 성을 다하여 연구와 교육에 매진하여 주신 최고의 교수님들이 계셨기 때문입니다. 여기에 여러분의 학문과 연구에 관한 열정과 도전, 성취가 더해진다면 앞으로 더 큰 발전이 있으리라 믿어 의심치 않습니다.

우리 대학교는 이번 학기에도 빼어난 연구 역량을 갖춘 여러분을 새로운 연세가족으로 맞아들였습니다. 특히 공과대학 토목환경공학과에는 Water Reuse 분야의 세계적 스타급 교수인 조재원 교수님을, 전기전자공학부에는 논문 피인용 횟수가 국가과학자 수준인 4,000번을 넘어선 그래핀 전자소자 분야의 전문가 안종현 교수님을 특별채용을 통해 초빙하였습니다. 시간상 일일이 거명을 못하지만 여러분 모두가 각자의 분야에서 풍부한 현장, 연구, 교육 경험을 쌓으신 전문가이기에 신임교원 여러분께 거는 연세의 기대가 매우 큽니다. 여러분 한 분 한 분이 연세에서 마음과 뜻을 다해 연구실의 불을 밝히며 정진하셔서 크나큰 학문적 성취를 이루시기를 소망하며, 또한 우리에게 맡겨진 우리나라 최고의 인재들을 더욱 훌륭하게 다듬어 내어 인류와 사회에 이바지할 큰 그릇으로 키워주시기를 당부 드립니다.

연세가 지금까지 새로운 역사를 써 왔듯이 여러분도 저와 함께 자신과 연세의 새로운 역사를 만들어 나아가기를 바랍니다. 다시 한 번 한 가족이 됨을 진심으로 환영합니다. 감사합니다.

東亞日報

2013년 06월 24일 월요일 a28면 오피니언

"대학도 반값등록금 규제 안받는 자율형 사립대 허용해야"

"반값등록금 정책은 대학의 경쟁력을 높이는 데 걸림돌이 될 수 있습니다." 경제학자 출신인 정갑영 연세대 총장은 정부가 대학들을 옥죄고 있는 규제와 역차별을 풀어준다면 우리나라 대학들도 세계의 명문대학들과 충분히 경쟁할 수 있다고 자신감을 내비쳤다.

박경모 기자 momo@donga.com

논설위원이 만난 사람
정 성 희 shchung@donga.com

연세대학교 정 갑 영 총장

오랜만에 찾은 연세대는 젊은이들 특유의 활기와 낭만으로 가득 차 있었다. 1970년 백양로에 세운 독수리상은 여전히 창공을 향해 힘찬 날갯짓을 하고 있었고, 핀슨관 앞 작은 언덕의 윤동주 시비(詩碑)는 조용히 방문객을 맞았다. 그러나 이런 목가적 풍경과는 달리 연세대는 제3 창학(創學) 선언, 인천 국제캠퍼스(송도캠퍼스) 개막, 레지덴셜 칼리지(RC·Residential College) 프로그램 도입, 백양로 재창조, 언더우드국제대(UIC) 학제 개편으로 부산하다. 정갑영 연세대 총장을 만나 변화의 저변을 들여다봤다.

–2013학번 새내기부터 송도캠퍼스에서 기숙사 생활을 한다는데….

"그렇긴 한데 아직 기숙사를 다 짓지 못해 한 학기만 하고 있다. 내년부터는 신입생 전원이 송도캠퍼스에서 1년간 기숙사 생활을 한다. RC의 목표는 학습과 생활공동체를 통해 5C, 즉 창의력(Creativity) 소통능력(Communication) 융·복합능력(Convergence) 문화적 다양성(Cultural Diversity) 크리스천 리더십(Christian Leadership)을 지닌 글로벌 인재를 길러내자는 것이다."

언더우드국제대가 연세의 기함 될것

지금은 학생과 학부모의 만족도가 높고 "RC를 연장해주면 안 되겠느냐"는 문의도 많지만 처음부터 그런 것은 아니었다. 작년만 해도 '송도캠퍼스에는 못 가겠다'고 하는 플래카드가 백양로를 뒤덮었다. 교수들도 "우리 단과대만은 못 가겠다"고 버텼다.

–RC 프로그램은 어떻게 운영하나.

"현재 8개의 하우스(기숙사를 이렇게 부른다)가 있다. 각각의 하우스마다 레지덴셜 마스터(RM)가 있고 학생 20명당 한 명의 조교가 함께 생활한다. RM을 맡은 교수들이 하우스마다 특색 있는 테마를 내걸면 학생들이 그 테마를 보고 마음에 드는 기숙사를 택한다. 비슷한 성향을 가진 학생끼리 생활하는 것이다. RC 학생들은 전공에 상관없이 예술체육, 사회기여, 대학윤리 등에서 최소한 12학점을 이수한다. 전인교육을 목표로 하는 HE(Holistic Education) 과목 중에는 인천 지역 청소년들의 방과 후 학습을 도와주는 '연인(연세-인천) 프로젝트'도 있다. 공동체 생활과 지역사회와의 소통을 통해 학생들은 자연스럽게 이해심과 리더십을 기르게 된다."

–최근 자유전공학부 폐지를 둘러싼 갈등을 보면 모든 게 순조롭지만은 않은 것 같다.

"자유전공학부는 법학전문대학원을 도입하면서 기존 법대 정원을 가져온 것이다. 그런데 학문 간 융합이라는 본래 취지를 살리지 못하고 한두 개의 인기전공으로 가는 징검다리가 되어버렸다. 자유전공학부를 UIC 글로벌 융합학부로 통폐합한 것은 자유전공학부를 죽이려는 것이 아니라 오히려 확대한 것이다. UIC야말로 진정한 리버럴아츠(인문교양) 교육을 지향하기 때문이다. UIC는 입학정원이 450명으로 매우 큰 단과대다. 강의는 100% 영어로 하고, 58개국 출신이 공부하는 명실상부한 한국형 글로벌 프로그램이다. 교수진도 최고 수준이다. 나는 UIC가 연세대의 플래그십(기함·旗艦)이 될 것이라 확신한다. UIC를 통해 송도캠퍼스를 세계적 대학으로 육성할 것이다."

–목표를 이루려면 아무래도 돈이 많이 들 텐데 내년부터 반값등록금 정책이 시행된다.

"돈 쓸 곳은 많은데 재정이 어렵다. 연세대 등록금은 4년째 동결됐다. 대학등록금이 정말 높은 수준인가를 따져보고 싶다. 의무교육인 초등학교 교육비용이 연간 600만 원이고 일부 사립유치원의 수업료도 1000만 원을 넘는다. 자율고 자사고 등의 수업료가 1000만 원대에 이르는데 사립대 평균 등록금은 800만 원이 되지 않는다. 정부 생각은 대학등록금이 연간 14조 원에 이르니까 절반인 7조 원을 투자하면 '반값등록금'이 실현된다고 생각하는데 그렇게 단순하지 않다."

경제학을 전공한 정 총장은 꼼꼼하게 근거를 제시하며 오스트리아 빈 대학을 사례로 들었다. 합스부르크 왕가의 영광이 숨쉬는 빈 대학은 1365년 설립된 유럽에서 가장 오래된 명문대의 하나다. 몇 년 전 오스트리아 사회당이 집권해 대학 정책을 바꾸면서 문제가 시작됐다. 사회당 정부는 대학등록금, 학생 정원, 시험 등 3가지를 없애버렸다. 그러자 자국 대학에서 떨어진 외국 학생들이 몰려오기 시작하면서 학생 수가 9만 명으로 불어났다. 유서 깊은 명문대가 바닥으로 추락하는 데는 긴 시간이 필요치 않았다. 그러나 정 총장은 반값등록금을 무조건 반대하지는 않았다.

규제 풀어야 창조경제 베이스캠프 돼

"등록금상한제법이 있는 걸 아느냐. 등록금을 인상할 경우 학생지원 장학금이 불이익을 받도록 되어 있어 올리고 싶어도 올릴 수가 없다. 그것까지는 괜찮다. 사립대가 등록금 인상 범위를 준수하고 그 안에서 인상할 경우에는 정부가 최소한 페널티는 주지 말아야 한다. (평준화 제도 안에 있는) 고교 중에도 일반고보다 등록금을 많이 받을 수 있는 자율고 자사고가 있지 않은가. 대학 중에도 반값등록금에서 자유로운 자율형 사립대를 만들면 어떨까 제안해 본다." 대신 자율형 대학으로 지정되면 저소득층을 일정 비율 뽑고, 그들에게 전액 장학금을 줘서 사회적 책무를 다하도록 하면 어떠냐는 것이다.

–박근혜 정부가 창조경제를 주장하면서도 대학 경쟁력에는 관심이 없는 것 같은데….

"최근 에베레스트 정상 등반에 성공하는 사람들의 수가 엄청나게 늘었다고 한다. 그 이유는 과거 해발 2000m 부근에 있던 베이스캠프를 6000m 부근으로 옮겼기 때문이다. 나는 대학 경쟁력이 창조경제라는 정상을 향한 베이스캠프라고 생각한다. 미국 스탠퍼드대 출신이 세운 기업들의 연매출 합계가 2조7000억 달러(약 3000조 원)에 이른다는 보고서가 작년에 나왔다. 1930년대부터 스탠퍼드대 동문이 세운 기업이 4만 개, 이들이 창출한 일자리가 540만 개나 된다. 정부가 대학등록금이나 입시 등에서 규제를 조금만 풀어주면 우리 대학들도 그렇게 할 수 있다고 확신한다."

동아일보, 2013. 6. 24.

朝鮮日報

2013년 02월 12일 화요일 A08면 종합

"반값등록금, 대학교육 수준낮춰 오히려 교육 사다리 없애는 셈"

정갑영 연세대 총장 취임1년

연세대 정갑영(62) 총장은 박근혜 대통령 당선인의 '반값 등록금' 정책에 대해 "이 정책으로 질 낮은 대학 교육이 보편화할 우려가 있다"며 "대학 수준이 떨어지면 능력 있는 인재를 키울 수 없고 경제성장이 정체돼 5~6년 후 우리 사회에 부메랑으로 되돌아올 것"이라고 말했다. '반값 등록금' 정책은 전체 등록금 규모(14조원)의 절반 수준인 7조원을 국가 장학금과 교내외 장학금 등으로 지원하는 것이다.

정 총장은 11일 취임 1주년을 즈음해 본지와 가진 인터뷰에서 "모든 대학생에게 등록금 부담을 줄여주는 반값 등록금의 부작용은 이미 나타나기 시작했다"며 이같이 말했다. 그는 산업 인력을 키우는 전문대학 진학생이 오히려 줄어들고 있고, 재정 부족으로 대학의 연구개발(R&D)은 감소하는 것을 구체적인 예로 들었다.

질 낮은 대학교육 보편화돼 능력인재 못키워 '사회 부메랑'

'자율형 사립대' 모델 도입해 세계적인 명문대로 키우고 소외계층 특례입학 허용해야

정 총장은 "지난 대선 이후 교육과 의료 분야 보편적 복지가 시대정신이 됐는데, 정말 이대로 된다면 국가 미래를 위해 바람직하지 않다"며 "등록금 정부 지원 정책이 단기적으로는 인기 있고 괜찮아 보이지만, 장기적으로는 산업 인력 양성 실패 등 우리 사회에 부작용을 낳게 될 것"이라고 말했다. 그는 "소외계층 학생이 좋은 교육을 받고 계층 이동이 가능해지는 게 바람직한 사회"라며 "하지만 반값 등록금으로 대학이 재정 압박을 받으면 교육수준이 떨어지고 오히려 우리 사회 '교육 사다리'가 사라지는 결과를 낳을 것"이라고 말했다. 대학이 우수 교수를 초빙하고 연구비에 투입할 여유가 없어 교육질이 떨어질 수밖에 없다는 것이다.

그는 지금이라도 정부가 대학을 선별적으로 지원하고 구조조정을 동시에 추진해야 한다고 주장했다. 그가 제안하는 학교 모델은 '자율형 사립대'다. 우수한 대학에는 (등록금 인상 등) 자율권을 허용하되, 소외 계층 특례 입학과 등록금 감면 등 사회적 책임도 다하도록 하자는 것이다.

정 총장은 "우리 경제 규모라면 세계 100대 대학에 10개쯤은 포함돼야 한다"며 "삼성·현대와 같은 브랜드 파워를 가진 대학이 우리나라에서 이제 나와야 한다"고 말했다. 그는 자율형 사립대가 도입되면 국내 우수 대학들이 세계적 대학으로 성장할 수 있고, 소외 계층에게는 명문대에서 교육받을 기회를 줄 것이라고 말했다. 그는 "예컨대 미국 아이비리그(동부 명문 8개 사립대)는 부모 연봉이 6만달러 이하면 등록금을 받지 않는데, 자율형 사립대를 도입하면 우리도 그런 제도를 실시할 수 있다"고 말했다.

정 총장은 대학이 성장하려면 정부 규제는 더 줄어들어야 한다고 했다. 그는 "입시가 복잡해진다고 하는데 정부의 규제가 심하다 보니 대학들이 이를 피해가면서 점점 복잡해지는 것"이라며 "짜장면을 규제하면, 간짜장과 삼선짜장이 생기게 된다"고 했다.

경제학자인 정 총장은 연세대 경제학과 졸업 후 미국 코넬대에서 박사 학위를 받았다. 2012년 2월부터 연세대 총장으로 재직 중이다. 정 총장은 올해부터 연세대 신입생 3400명 전원이 송도캠퍼스 기숙사에서 생활하는 것을 의무화하는 제도를 도입하기도 했다.

이태경 기자

연세대 정갑영 총장은 "우리 경제가 지금 도약할지, 소득 2만달러에 머물지, 장기침체기로 갈지 갈림길에 서 있는데 한국 대학 교육이 경쟁력을 잃으면 이를 돌파하기 힘들 것"이라고 말했다.

그는 "연세대는 미국 프린스턴대, 영국 킹스칼리지 등 세계 명문대와 학생·교수 교류를 확대해 조만간 세계 50위 안에 들어가는 것이 목표"라고 말했다. 안석배·김효인 기자

조선일보, 2013. 2. 12.

2013년 2월 20일

발전과 성장을 위한 지원과 협력

원주연세의료원장 취임식, 브랜드 선포식 축사

2013. 2. 20.

새로운 시작, 원주세브란스기독병원 브랜드 선포식, 의료원장 취임식 동시에 열려

원주세브란스기독병원은 2월 20일 원주 의과대학 루가홀에서 원주세브란스기독병원 브랜드 선포식과 제2대 원주 연세의료원장 겸 제18대 원주세브란스기독병원장 취임식을 진행했다. 이번 브랜드 선포식은 50년 넘게 사용하던 병원 명칭을 새로운 미래 백년을 위한 명칭으로 변경하는 행사로, 이를 통해 국내 최고 의료브랜드인 세브란스의 의료서비스를 지역 주민에게 제공하게 될 뿐 아니라 지역의 위상도 높아질 것으로 기대하고 있다.

여러분, 안녕하십니까? 오늘 제2대 윤여승 원주연세의료원장님의 취임식과 원주세브란스기독병원 브랜드 선포식의 뜻깊은 자리에 참석하여 주신 내외 귀빈 여러분과 연세가족 여러분께 감사드립니다.

연세대학교 원주의과대학과 원주세브란스기독병원은 지난 2011년에 행정체계를 하나로 통합하여 운영하는 의료원 시스템을 도입함으로써 양 기관이 한 단계 더 도약할 수 있는 발판을 마련하였습니다. 의료원 체제를 도입하고 초대 원주연세의료원장으로서 의료원 시스템의 기틀을 확립하여 발전시키느라 그동안 많은 수고를 해 주신 송재만 전임 의료원장님께 이 자리를 빌려 깊이 감사드립니다. 그리고 오늘 제2대 원주연세의료원장으로 취임하시는 윤여승 교수님께 모든 연세가족과 더불어 진심으로 축하드립니다. 원주연세의료원은 "미래 의료를 선도하며, 하나님의 사랑을 실천하는 병원"으로 반세기 넘게 중부지역 최고의 의료기관으로서 자리매김하였습니다. 윤여승 신임 의료원장님과 의료원 가족 모두는 한마음으로 합력하여 원주연세의료원의 발전을 위해 열과 성을 다하여 줄 것을 부탁드리고, 연세의 한 지체로서 창학 이념인 기독교 정신에 입각하여 한 단계 업그레이드된 의료와 선교의 사명을 잘 감당하여 주실 것을 당부 드립니다.

다행스럽게도 최근에 원주연세의료원이 발전할 수 있는 제반 여건이 조성됨은 매우 기쁜 일이라 하겠습니다. 작년에는 전 국민의 관심이 집중되었던 닥터헬기 도입과 권역외상센터 사업에서 수많은 경쟁 병원들을 이기고 당당히 사업유치에 성공하였습니다. 또한 원주세브란스기독병원의 노후된 환경과 교직원 근무 여건의 개선을 위한 외래특성화센터 건립을 올해 시작합니다. 이 모든 사업이 계획대로 잘 진행되어 소정의 결실을 맺어야 하는 중요한 시점에 윤여승 의료원장께서 취임하셨습니다. 신임 윤여승 의료원장님의 리더십과 일산캠퍼스 구성원 모두의 연세 사랑의 열정이 든든한 밑거름이 되어 빠른 시일 내에 결실을 맺을 수 있기를 소망합니다. 저와 연세의 모든 구성원들도 원주연세의료원의 발전과 성장을 위해 최선을 다해 지원하고 협력해 나갈 것입니다.

아울러 오늘은 원주기독병원이 '원주세브란스기독병원'으로 다시 태어나는 뜻깊은 날입니다. 우리나라를 대표하는 세계적인 의료 브랜드인 세브란스는 1885년 알렌을 비롯한 선교사들의 희생과 노력으로 시작하여 많은 사람들에게 의술을 베풀고 하나님의 사랑을 전하는 거목으로 성장하였습니다. 원주기독병원 역시 선교사들의 헌신과 피땀으로 세워져 중부권 주민들의 건강을 지키며 우리에게 맡겨진 하늘의 사명을 충실히 수행하여 왔습니다. 지금까지 원주기독병원이 원주를 비롯한 중부권의 의료 선진화를 이끌어 왔던 것처럼, 세브란스라는 최고의 브랜드를 더하여 새롭게 태어나는 '원주세브란스기독병원'이 이제부터 더욱 빛나는 역사를 만들어 나갈 것임을 믿어 의심치 않습니다. 이번 원주 세브란스의 출범을 계기로 신촌 세브란스와의 협력과 연계를 더욱 강화하여 원주 세브란스의 경쟁력을 더욱 높여 나갈 수 있을 것입니다. 새로운 출발을 다짐하는 원주세브란스기독병원 위에 연세의 주인이 되시어 선한 길로 이끌어 주시는 하나님의 크신 은총이 항상 함께 하여 주시기를 기원합니다.

바쁘신 가운데에서도 윤여승 신임 원주연세의료원장의 취임과 원주세브란스기독병원의 새 출발을 격려하기 위해 참석하여 주신 모든 분들께 다시 한 번 깊이 감사드리며, 하나님의 축복이 늘 함께 하시기를 소망합니다.

2013년 2월 25일

저 넓은 세상을 향한 새로운 항해

2월 학위수여식사

오늘은 여러분의 삶에서 가장 뜻깊은 시간을 함께 했던 연세 교정을 뒤로 하고, 영예로운 졸업식을 하는 날입니다. 오늘 이 자리에서 학사, 석사, 박사 학위를 받게 되신 5,204명의 졸업생 여러분, 여러분의 졸업을 진심으로 축하드립니다. 그동안 학부와 대학원 과정에서, 열정을 바쳐 오늘의 성과를 이룩한 여러분의 노고를 치하합니다. 사랑하는 자녀를 희생과 정성으로 뒷바라지 해 오시고, 오늘 졸업의 영광을 함께 나누게 되신 가족과 친지 여러분께도 축하와 감사의 말씀을 올립니다. 또한 이 졸업식을 빛내기 위해 연세 캠퍼스를 찾아 주신 내외 귀빈과, 열성과 헌신으로 제자들을 지도해주신 교수님들께도 깊은 감사의 말씀을 드립니다.

오늘은 지난 수년간 연세에서 젊음을 불태웠던 시간을 추억으로 남기고 서로 가야할 길을 찾아서 떠나는 졸업식 날입니다. 대부분의 졸업생들은 학부 4년의 긴 여정을 마무리하고 새로운 삶을 시작하게 될 것입니다. 대학원 과정을 마치며 더 높은 학문의 길을 추구하는 분들도 있고, 중년의 직장인으로서 졸업을 맞이하여 감회가 새로운 분들도 있을 것입니다. 그러나 모두에게 공통적인 사실은 이제 저 넓은 세상을 향하여 새로운 항해를 시작한다는 것입니다. 시작은 언제나 설렘과 기대로 가득하지만, 때로는 두려움과 떨림이 함께하기도 합니다. 여러분이 연세인으로서의 삶을 처음 시작할 때도 그러했듯이, 오늘 역시 졸업이라는 새로운 출발 앞에서 또 다른 설렘과 두려움과 기쁨이 함께 교차하리라 생각합니다. 캠퍼스를 떠나 더 거친 세상을 향해, 험한 파도와 비바람을 헤치고 나가야 할 여러분에게는 더욱 더 결연한 각오와 의지가 필요할 것입니다.

사랑하는 졸업생 여러분, 이제 연세는 여러분의 과거인 동시에 미래입니다. 여러분은 학교라는 울타리를 벗어나 스스로 판단하고 결정해야 합니다. 이제 캠퍼스를 떠나 미지의 세계에서 새로운 꿈을 펼쳐 나갈 졸업생 여러분에게 총장으로서 몇 가지 당부의 말씀을 드리고자 합니다.

첫째, 시대정신을 선도하며 큰 꿈을 실현하는 자랑스런 연세인이 되기를 바랍니다. 옛 선현들은 인생을 '위대하고도 긴 여정'Magnae et Longae Viae이라고 했습니다. 여러분은 이 '위대하고도 긴 여정'에서 꼭 승리자가 되시기를 바랍니다. 그렇다면 무엇이 삶의 진정한 승리입니까? 그것은 바로 자신이 설정한 삶의 목표를 통해 개인도 발전하고, 자신이 속한 공동체도 함께 발전하는 것입니다. 자기 사랑과 공동체 사랑, 사적 성공과 공적 성취의 일치가 바로 삶의 최고 경지이며, 이것이 곧 21세기의 시대 정신이라고 할 수 있습니다. 연세정신의 핵심도 바로 여기에 있습니다. 연세는 여러분의 미래를 준비하기 위해 최선을 다해 왔고, 여러분을 통해 나라와 세계 공동체를 함께 발전시키려 노력해왔습니다. 세상의 빛이 되고, 소금이 되기 위해서는 내면윤리의 사회적 실천을 통해 '개인의 도덕성'과 '사회윤리'의 통합이 이루어져야 합니다. 이것이 곧 인간존재의 최고 덕목이요 가치이기 때문입니다.

그러나 이런 덕목은 우리 사회의 과제와 시대정신을 먼저 인식하고 공감하는 바른 심부름꾼, 즉 참된 종이 되려는 자만이 누릴 수 있는 특권이기도 합니다. 오늘날 우

2013. 2. 25.

2013년 2월 학위수여식 개최

2013년 2월 학위수여식이 2월 20, 21, 22, 25일에 각 단과 대학, 각 대학원별로 교내 곳곳에서 개최됐다. 이번 학위수여식에서는 학사 2,988명, 석사 1,895명, 박사 321명, 연구 과정 10명 등 모두 5,204명(신촌캠퍼스 기준)이 학위를 받았다.

리 사회에서 대학의 권위와 명예가 도전받고, 일반적인 스펙의 일환으로 전락하게 된 것도 대학의 지성이 오히려 시대정신을 거슬러왔기 때문입니다. 연세는 창립 이래 줄곧 기독교 정신에 바탕을 둔 섬김의 리더십을 교육의 중요한 이념으로 삼아 왔습니다. 섬김의 리더십을 통해 자신의 역량을 사회발전을 위해 발휘하면서 글로벌 리더가 되자는 시대정신이 그대로 반영된 것입니다. 우리 사회가 선진화될수록 우리 연세대학교가 더 주목받고 있는 이유도 바로 여기에 있는 것입니다.

둘째, 믿음과 용기를 갖고 끊임없이 도전하는 삶을 살아가기 바랍니다. 누구에게나 처음부터 완벽하게 이루어지는 인생은 없습니다. 하나를 성취하기 위해서는 수없이 많은 실패와 좌절을 겪으며, 끊임없이 도전하는 과정이 있어야만 가능합니다. 새들은 바람이 가장 강하게 부는 날 집을 짓는다고 합니다. 시련은 좌절이 아니라 새로운 용기를 보일 수 있는 계기일 뿐입니다. "어둠이 지나면 빛이 오리라."Post Tenebras Lux는 성경말씀을 떠올리며, 어떤 고난도 회피하지 마십시오. 크고 결연한 의지로 맞선다면, 고난은 결국 축복이 될 것입니다. 인류의 모든 위대한 스승들은 고난에도 불구하고 승리한 것이 아니라, 고난 때문에 승리한 것입니다. 어떤 난관도 극복할 수 있고, 인내를 통해 결실을 맺을 수 있는 준비된 인재가 바로 연세인임을 잊지 마시기 바랍니다.

셋째, 여러분은 이제 글로벌 시대의 덕목을 갖추어야만 합니다. 저는 여러분이 한국인을 넘어 동아시아인으로, 그리고 나아가 세계시민으로서의 덕목과 윤리를 실현하는 글로벌 리더로 우뚝 서기를 기원합니다. 다양한 문화와 복합적 가치들을 엮어 전혀 새로운 공존과 소통의 표준, 융합과 통섭의 신지평을 창출하는 세계시민이 되기 바랍니다. 옛것과 새것, 동과 서, 안과 밖, 물질과 정신, 내면과 외면이 아름답게 통합된 큰 사람, 깨우친 세계시민으로 우뚝 서기를 바랍니다. 이제 연세를 딛고 세계로, 미래로, 우주로 나아가십시오. 연세는 여러분이 걸어갈 위대한 발걸음으로 인해 더욱 풍요로워지고 더욱 발전할 것입니다. 여러분 한 사람 한 사람이 연세의 얼굴이며, 연세의 자랑입니다. 작고 아름다운 일부터 실천해 나가는 여러분 한 사람 한 사람이 곧 역사를 만들어가는 주인공인 것입니다. 여러분이 헤쳐 나가는 길이 곧 연세의 역사가 될 것입니다. 연세가 여러분 삶의 한 역사이듯, 여러분 모두는 연세 역사의 한 장章인 것입니다.

자랑스러운 연세가족 여러분, 국가의 미래는 대학의 역할에 달려 있다 해도 과언이 아닙니다. 연세는 제3 창학을 통해 교육과 연구는 물론 대학의 새로운 문화를 구축하고, 아시아의 세계대학으로 발전하기 위해 모든 노력을 다할 것입니다. 여러분이 연세의 자랑이듯이, 연세 또한 여러분의 영원한 보배가 될 수 있도록 온 연세가족이 모든 노력을 다할 것입니다. 연세 교정을 떠난 이후에도 모교의 지속적인 발전을 위해 끊임없는 사랑을 보내주시기를 당부 드립니다.

다시 한 번, 형설의 공을 쌓아 오늘 졸업의 영광을 안은 여러분과 가족들께 축하를 드립니다. 많은 장학금을 쾌척하여 이들의 학업을 후원해주신 동문과 정부 기관, 사회 유지와 기업들에게도 깊은 사의를 표합니다. 여러분의 앞길에 늘 하나님의 가호가 함께 하실 것을 믿고 기도드리는 바입니다. 감사합니다.

이제 연세를 딛고 세계로, 미래로, 우주로 나아가십시오.
연세는 여러분이 걸어갈 위대한 발걸음으로 인해 더욱 풍요로워지고 더욱 발전할 것입니다. 여러분 한 사람 한 사람이 연세의 얼굴이며, 연세의 자랑입니다. 작고 아름다운 일부터 실천해 나가는 여러분 한 사람 한 사람이 곧 역사를 만들어가는 주인공인 것입니다. 여러분이 헤쳐 나가는 길이 곧 연세의 역사가 될 것입니다. 연세가 여러분 삶의 한 역사이듯, 여러분 모두는 연세 역사의 한 장(章)인 것입니다.

Use Yonsei as a stepping stone to reach the top of the world, the future, and the universe. Through your great footsteps, Yonsei will flourish and become more advanced. Each one of you represents the face of Yonsei, and we take great pride in you all. Each person here is a hero who makes history. Your pathway will become Yonsei's history. Just as Yonsei constitutes a part of your life history, you will create a proud chapter of Yonsei's history.

2013년 2월 25일 | 2013년 2월 학위수여식사 | 저 넓은 세상을 향한 새로운 항해

2013년 2월 26일

세계를 이끌어 갈 시대의 지성

대학원 입학식 축사

오늘 입학하는 1,509분의 석사과정, 박사과정, 그리고 통합과정 입학생 여러분께 모든 연세가족을 대표해서 진심으로 축하드립니다. 그리고 오늘 여러분들이 이 자리에 오기까지 후원해 주신 가족들과, 궂은 날씨에도 불구하고, 이 자리에 함께해 주신 내외 귀빈 여러분께도 진심으로 감사드립니다.

대학원 신입생 여러분, 새로운 출발점에 서면 누구나 많은 설렘과 꿈을 갖게 됩니다. 학부 입학생들에게 꿈을 물어보면 다양한 대답을 합니다. 취업해서 기업이나 공공기관에서 일익을 담당하겠다는 친구, 자기 사업을 하겠다는 친구, 또 어떤 친구는 요즘 초등학생들이 가장 좋아한다는 연예인이 되겠다고 이야기하기도 합니다. 그러나 오늘 이 자리에 계신 대학원 입학생 여러분들은 한 가지 공통된 꿈을 가지고 계실 것이라 믿습니다. 자신이 선택한 학문과 연구 분야에서 최고의 전문인이 되겠다는 꿈일 것입니다. 혹여 학문과 연구가 자신의 직업과 직접적인 관계가 없다고 하더라도, 적어도 학문에 대한 흠모의 마음만은 모두 같이 나눠가졌다고 믿습니다. 연세대학교 대학원에 입학하면서 그런 마음으로 학문에 열정을 갖는다면, 여러분은 오늘부터 새로운 경지에 들어선 것입니다. 연세의 학풍, 연세의 연구열, 그리고 진리를 추구하는 연세정신에 몰입하게 된 것입니다. 여러분은 바로 진정한 연세 학파學派의 일원이 된 것입니다. 연세학파의 일원이 된다는 의미를 '연'과 '세'라는 두 글자로 말씀을 드리고자 합니다.

'연', 연세인은 연인을 사랑하듯이 학문을 사랑하는 사람입니다. 사랑에 빠지면 사랑에 눈이 멀어, 그 사랑에 자신의 모든 것을 바치면서도 오히려 기쁨과 열정이 넘칩니다. 학문을 사랑하는 사람은 단순히 열심히 공부하는 사람이 아닙니다. 결과나 보상에 연연하지 않고, 궁금한 것이 있으면 자신이 만족할만한 답을 얻을 때까지 끈질기게 매달리고, 진리를 찾는 일이라면 모든 것을 던지고, 희생하고, 열정을 다 쏟아 붓는 것이 학문에 대한 사랑입니다. 저도 이 연세에서 지금의 아내와 경제학이라는 두 친구와 동시에 사랑에 빠졌고, 그 사랑은 지금까지도 제게 변함없이 가장 소중한 두 동반자가 되어 주고 있습니다. 다행히 이 둘은 서로에게 연적의 감정을 갖거나 질투를 하지 않아서, 저한테는 큰 행운입니다. 이제 대학원 생활을 시작하는 여러분들은 학문과 열렬히 사랑에 빠질 준비가 된 사람들이라고 믿습니다. 나중에 후회하지 않을 뜨거운 사랑을 연세에서 불태워 보시기 바랍니다.

'세'는 세상을 위하여 봉사하고 베푸는 사람입니다. 일제 강점 암흑기의 조선에 최초의 근대식 고등교육기관을 설립한 언더우드 선교사가 소명을 받아 우리나라에 온 것은 그의 나이 26세, 지금 여러분과 비슷하거나 더 어린 나이였던 때입니다. 이후 언더우드 선교사는 30년 이상을 조선에서 교육을 통한 봉사에 생애를 바쳤습니다. 128년의 역사 가운데 연세는 일제 강점의 어려운 시기에 최현배, 김윤경 선생 등의 국학자를 중심으로 우리의 얼을 지키고 민족 지도자를 길러

2013. 2.

연세대, '네이처(Nature)' 게재율 국내 1위 기록

우리 대학교가 세계 최고 권위의 과학 전문지 네이처(Nature)지와 자매 학술지들에 국내 대학 중 가장 높은 게재율을 기록했다. 2012년 우리 대학교 교수들이 네이처와 자매지에 발표한 논문은 총 14편이며, 이를 공저자 기여도에 따라 환산한 CC(Corrected Count)는 5.46으로 나타났다.

냈습니다. 여러분이 너무도 사랑하는 윤동주 시인도 연세 교정에서 한 점 부끄러움 없는 삶을 소망하며 소중한 젊은 시절을 보냈습니다. 이들 선배들은 각기 시대가 가장 필요로 하는 것이 무엇인지에 대하여 끊임없이 고민하는 지성인이었으며, 그 시대의 문제를 해결하기 위해서 자신의 목숨까지도 기꺼이 내어놓는 희생과 봉사의 정신을 갖춘 '섬김의 리더'들이었습니다. 연세는 이러한 선배들의 희생과 봉사 정신 위에 기초하여 세워진 대학이며, 연세인이라면 누구나 이들 선배들에게서 '섬김의 리더'라는 DNA를 물려받았다고 자부합니다. 연세에서 동료, 선후배, 교수님들과 만나는 동안 여러분도 자신 속에 잠재된 이 섬김의 DNA를 찾게 되시리라 믿습니다.

자랑스러운 신입생 여러분, 지금 세계는 기후 변화와 환경 오염, 경제 위기, 북한 핵실험과 안보 위협 등 수많은 어려운 문제를 안고 있습니다. 이 문제들 외에도 지금까지 생각지도 않았던 여러 가지 과제들이 곧 이 시대를 이끌어갈 주역인 여러분 자신의 문제로 닥쳐오게 될 것입니다. 여러분들은 앞으로 연세대학교에서 주어진 시간 동안 새롭게 부딪히게 될 문제들에 현명하게 대처해 나갈 자질을 길러야만 합니다.

먼저 **다양한 사람들과 여러 가지 방법으로 소통할 수 있는 능력을 갖추어야 합니다.** 대학은 배우고 가르치는 곳입니다. 그러나 교수는 가르치고 학생은 배우는 것이 아니라 교수와 학생, 학생과 학생 서로가 가르치고 배워야 합니다. 같은 전공의 동료와 선후배, 교수님들과는 물론이고, 다른 전공, 다른 대학에 계신 분들과도 기회가 되는대로, 아니 일부러 기회를 만들어서, 될수록 많이 의견을 나누고 토론하고 논쟁하십시오. 이렇게 서로 다른 생각들이 만나야 창의력도 커지고, 분야 간 융복합의 기반도 마련될 수 있습니다. 길을 닦는 문명은 흥하고 벽을 쌓는 문명은 망한다는 격언을 잊지 말아야 합니다.

다음으로 **글로벌 시대의 리더로서의 덕목을 갖추어야 합니다.** 연세延世라는 한문을 풀면 세상을 이끈다는 뜻이 됩니다. 이처럼 연세는 세계화, 지구화라는 개념이 생기기 이전부터 지역과 국가를 넘어 세계에 대하여 관심을 가져왔습니다. 저는 여러분들이 서로의 다름을 인정하고, 다양한 문화와 가치를 수용하여 새로운 융합과 통섭의 가치를 만들어가는 세계의 시민으로 우뚝 서기를 바랍니다. 그 시작은 상대를 알려고 하는 노력에서 출발해야 한다고 생각합니다. 알면 사랑한다고 하지요? 사랑하는 이를 위해서는 내 것을 나누어 주어도 아깝지 않은 것이 자연스러운 마음입니다. 고작 천 원짜리 백신을 구할 돈이 없어서 매년 1백만명 이상이 말라리아로 죽어간다는 아프리카의 아픈 현실을 알게 되면, 5천원짜리 음료수를 마시면서 망설이지 않을 사람은 없을 것입니다. 개인의 발전과 인류 공동체의 번영을 함께 생각하고, 사적인 성취와 공적인 발전을 조화시킬 수 있는 지성인의 모습이 이 시대의 시대정신이며, 우리 연세인들이 가야할 길이라 믿습니다.

마지막으로 **여러분께 자신의 능력을 믿고, 시련을 만났을 때 좌절하지 말고, 마지막까지 최선을 다하라는 말씀을 드리고 싶습니다.** 여러분은 연세가 선택한 인재입니다. 여러분 한 분 한 분에게는 최고를 만들어낼 수 있는 자질이 있습니다. 제게 있어서 최고는 결과가 아니라 과정을 뜻합니다. 대학원에서의 학문은 자신과의 싸움일 때가 많습니다. 자신의 선택이 옳았는지 자신을 의심하게 되고, 끝까지 싸우지 못하고 중간쯤 적당히 타협하고 포기하고 싶어질 것입니다. 그래서 자신과의 싸움은 훨씬 강한 정신력과 인내를 필요로 합니다. 우수함, 뛰어남, 탁월함, 이런 것들은 더 나은 것을 위하여 부단히 고민하고 최선을 다하는 과정에서 부수적으로 얻어지는 것들이며, 실패는 포기의 다른 이름입니다. 포기하지 않고 계속 노력하는 한 그것은 과정이며, 그 끝에는 늘 성공이 기다리고 있다는 믿음을 가지시기 바랍니다.

사랑하는 신입생 여러분, 여러분이 곧 대한민국과 세계를 이끌어갈 이 시대의 지성입니다. 여러분은 이 세상의 빛이 될 것이며 여러분이 지나간 자리는 뒷사람에게 길이 된다는 책임감을 늘 기억해 주시기를 바랍니다. 연세대학교도 여러분과 함께 제3 창학을 통해 교육과 연구는 물론 대학의 새로운 문화를 구축하고 아시아의 세계대학으로 발전하기 위해 모든 노력을 다할 것입니다.

연세대학교 대학원에 입학하신 신입생 여러분과 가족들께 다시 한 번 축하를 드립니다. 그리고 오늘 입학식을 축하하기 위해 참석해 주신 내외 귀빈들께도 거듭 감사드립니다. 오늘 이 자리에 참석하신 모든 분들의 가정에 하나님의 은총이 늘 함께 하시기를 기원합니다. 감사합니다.

[강연] 2013. 2. 27. Johnston 캐나다 총독 연세대에서 특강

데이비드 존스턴(David L. Johnston) 캐나다 총독(72세)은 2월 25일 오후 3시 40분 우리 대학교 본관에 들어서자마자, "졸업식이 있는 멋진 날에 연세대를 방문하게 돼 기쁘다"며 소감을 밝혔다. 그는 세브란스 의학교를 설립하고 연희전문학교 교장을 겸한 캐나다인 에비슨 박사도 예로 들면서 캐나다와 한국의 인연을 강조했다. 또한 양국 수교 50주년을 맞아 자유무역협정(FTA)체결도 눈앞에 두고 있다며 기대감을 표했다. 대학에서 교수와 총장 등의 보직을 맡으면서 50년을 보낸 베테랑답게 존스턴 총독은 강연장의 학생들이 이해하기 쉽게 적절한 실화를 예로 들고 활발한 제스처로 학생들의 눈과 귀를 잡아끌었다.

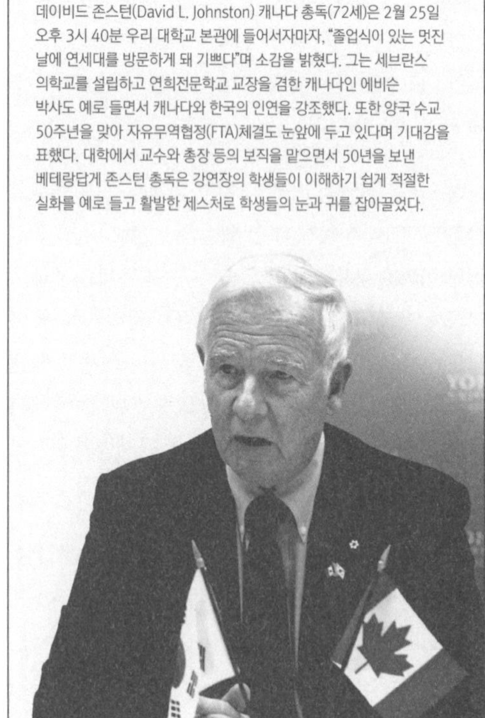

2013년 2월 27일

시인의 숨결, 사료적 가치

윤동주 시인 유고•유품 기증 특별전 개막식 축사

2013. 2. 25.

'윤동주 시인 유고·유품 기증 특별전'개막식 열려

2월 27일 오전 10시 총장실에서 '윤동주 시인 유고·유품 기증식'이 열렸다. 이 자리에서 유족을 대표하여 윤동주 시인의 장조카인 윤인석 성균관대 건축학과 교수가 기증서에 서명하고 이를 정갑영 총장에게 전달했다.

사랑하는 연세가족 여러분, 그리고 윤동주 시인의 가족 및 친지 여러분, 또한 윤동주 정신 함양 시·산문 특별 공모전 수상자 및 가족 여러분, 오늘은 윤동주 시인이 남긴 '하늘과 바람과 별과 시' 등 육필 원고 및 유고遺稿, 유품 등 일체가 시인의 모교이자 시인의 항일 민족 정신이 잉태된 우리 연세대학교의 품에 영구히 안기게 되는 뜻깊은 날입니다. 또 오늘 시인의 손때가 묻은 책과 유품들을 통해 인간 윤동주의 모습을 직접 볼 수 있는 소중한 기회를 가지게 되었음을 기쁘게 생각합니다.

윤동주 시인의 유고에는 자선시고집 '하늘과 바람과 별과 시'를 직접 퇴고한 기록을 볼 수 있으며, 시인이 남긴 약 129편의 주옥같은 작품을 통해 시인의 항일 민족 정신, 시인이 꿈꾸어 왔던 민족독립의 염원을 엿볼 수 있어 더욱 감동으로 다가옵니다. 이번에 기증되는 유품은 원고 외에도 1940-50년대에 처음 한국어로 발행된 윤동주시집과 영어, 프랑스어, 일본어, 중국어 등으로 번역된 윤동주 번역시집, 그리고 윤동주 시인이 당시에 직접 읽고 참조했을 소장도서 등도 모두 포함되어 있습니다. 시인의 유품들은 시인의 손때가 닿은 물건들로 시인의 숨결을 가까이서 느낄 수 있어 큰 감동을 줄뿐만 아니라, 당시의 시대적 사료로서도 큰 가치를 가지는 귀중한 자료입니다. 이번에 함께 기증된 윤동주 시인이 직접 소장했던 도서는 당시 윤동주 시인의 시적 세계를 가늠할 수 있는 학술적 자료로서 높은 가치를 지닌 것이라 하겠습니다. 이제 이 모든 자료들의 공개를 통해 윤동주의 시에 대한 연구를 넘어서서 인간 윤동주 자체를 조망할 수 있는 새로운 학술 연구를 가능하게 할 것으로 보입니다.

오늘 연세대학교 '윤동주 기념식사업회'는 윤동주 시인의 유고 및 유품이 67년간 머물렀던 유족 품을 떠나 모교로 안착하는 것을 기념하고, 민족시인 윤동주의 조국 사랑과 문학 정신을 기리고 계승하기 위해 윤동주 시인 유고·유품 기증식, 윤동주기념관 현판식, 윤동주 유고·유품 특별전, 윤동주 기념코너 제막식, 윤동주 시 정신 함양「시·산문 특별 공모전」시상식 및 특강 등의 다양한 행사를 마련하였습니다.

윤동주 시인의 염백한 구도자적 자세는 우리의 옷깃을 매번 다시 여미게 합니다. 오늘의 행사를 축하하고, 유고 인수의 의미를 되새기기 위해 참석해 주신 유족분들과 내외 귀빈 여러분께도 깊은 감사를 드립니다. 오늘 행사는 윤동주의 정신의 의미를 다시금 되새기게 하는 좋은 계기가 되어 주리라 믿습니다. 저희가 행하는 윤동주 기념식사업이 항상 진실되고 나날이 새로워지도록 늘 살피고 가꿀 것을 약속드립니다. 감사합니다.

별은 스스로 빛을 발하기에 아름답기도 하지만,
누군가에게 길을 인도해 주고
세상을 밝히므로 더 고귀하게 여겨집니다.
아름다운 연세 동산에서 여러분 모두가 창의적인 글로벌 인재로서
세상을 이끌어가는 별이 될 수 있기를 기대합니다.

Stars are beautiful partly because they are self-luminous, but also because they shed light on the world to guide those who are lost. On the blessed grounds of Yonsei, I wish that you will become stars to lead the world.

2013년 2월 28일 | 2013학년도 입학식 축사 | 길을 인도하고 세상을 밝히는 별

2013년 2월 28일

길을 인도하고 세상을 밝히는 별

입학식 축사

입학식이 열리는 날은 우리 연세대학교의 잔칫날입니다. 매해 치르는 행사이지만 새 식구를 맞이하는 기쁨에 저를 비롯한 모든 연세인은 또다시 즐거움에 기분이 들뜨고 가슴이 벅차오름을 느낍니다.

사랑하는 신입생 여러분, 길고 고된 수험생활을 희망과 인내로써 이겨내고 당당히 우리 연세대학교에 입학한 신입생 여러분을 모든 연세가족을 대표하여 진심으로 축하하고 환영합니다. 여러분은 지금 이 순간 그리고 앞으로 영원히, 자랑스러운 연세인이 될 것입니다.

존경하는 학부모님, 그간 고생 많으셨습니다. 사랑과 희생으로써 소중한 자녀를 이토록 훌륭하게 키워내신 학부모님께 깊이 감사드리며 축하의 박수를 보냅니다. 오늘만큼은 사랑스런 자녀와 함께 학부모님 또한 자랑스러운 연세인이십니다.

자랑스러운 신입생 여러분, 연세대학교는 1885년 우리나라 최초의 근대 고등 교육기관으로 출범한 이래 지금까지 이 땅에 새로운 역사를 만드는 사명을 수행해 왔습니다. 연세가 내딛는 발걸음은 곧 대한민국 고등교육의 역사가 되었고, 연세인이 가는 길은 곧 한국의 역사를 새롭게 쓰는 현장이었습니다. 지난 128년 동안 연세는 최고의 명문사학으로서, 우리나라의 산업화와 민주화, 선진화를 주도하는 역사적 사명을 다해 왔습니다. 연세인은 끊임없이 역사에 질문을 던지고, 역사가 던지는 질문에 답함으로써, '연세에 맡기어진 하늘의 사명'을 수행해 왔던 것입니다. 지금 신입생 여러분이 무심코 딛고 서 있는 이 교정에 지난 128년간의 질문과 그에 대한 답이 켜켜이 쌓여있습니다.

제가 연세대학교에 입학한 것은 1971년이었습니다. 저는 아직도 합격통지서를 받던 그 순간의 기쁨을 잊지 않고 있습니다. 4년 동안 백양로를 오르내리며 꿈을 키웠던 평범한 경제학과 학생이었던 저는 그로부터 15년 후 모교의 교수로 부임하여 제자들에게 꿈을 가르치는 소임을 맡게 되었고, 이제는 총장으로서 '제3 창학'이라는 엄중한 책무를 담당하고 있습니다. 도대체 무엇이 제 삶을 여기까지 이끌었을까를 생각해보면 여러 가지가 있겠습니다만, 저는 무엇보다도 '꿈'과 '질문'이라고 말하고 싶습니다.

여러분은 지금 어떤 미래를 꿈꾸고 있습니까? 저는 여러분이 이 곳 연세대학교에서 평생을 걸고 추구할 질문을 찾아내야 한다고 생각합니다. 그 질문은 자기 자신만을 위한 것이 아니라, 세상을 변화시키고 사람을 끌어안을 수 있으며 역사에 당당할 수 있는 질문이 되어야 할 것입니다. 연세대학교는 훌륭한 친구들과 교수님들과의 인격적 만남을 통해 자신만의 질문을 찾아갈 수 있는 최상의 장소입니다. 이 소중한 기회를 갖게 되는 여러분은 역사와 세상 앞에 책임감을 느껴야 합니다. 여러분은 어떤 인생을 만들어 갈 것인지 생각해 보시기 바랍니다. 그리고 결연한 의지와 각오로 목표와 꿈을 그려 보시기 바랍니다. 연세는 여러분들의 그 꿈을 실현시켜 새로운 역사를 만드는 현장이 될 것입니다.

신입생 여러분, 이제 여러분은 인생이라는 긴 마라톤의 출발점에 섰습니다. 우리 대학교에 입학하는 학생은 누

2013. 2. 28.

새내기 연세인의 힘찬 첫 걸음 '2013 입학식' 개최

128년 연세 역사의 새로운 주인공인 2013학번 새내기들이 입학했다. '리듬체조 요정' 손연재 선수를 비롯해 저마다의 뛰어난 실력을 가진 인재들이 '연세인'이라는 자랑스러운 이름을 갖게 됐다. 2월 28일 노천극장에서 열린 입학식에는 5천여 명의 신입생들과 학부모를 비롯한 축하객들이 참석했다.

구나 무한한 잠재력을 지니고 있습니다. 이상의 실현은 자신의 잠재적 역량에 대한 믿음에서부터 시작됩니다. 믿음과 확신이 있어야만, 미래가 희망으로 가득차고 긍정적인 변화가 시작되는 것입니다. 바람은 결코 목적지가 없는 배를 밀어주지 않습니다. 스스로 목표를 설정하고, 작은 일부터 실천해 나가며, 삶의 의미와 존재의 이유를 깨달으며, 젊음의 열정을 캠퍼스에서 불태울 때 여러분의 역사가 연세에서 장엄하게 쓰여질 것입니다.

커다란 성취는 결코 하루 아침에 이루어지는 것이 아닙니다. 새로운 역사는 작은 변화에서부터 시작됩니다. 실패와 좌절이 함께할 때도 있습니다. 하나의 성취를 위해 얼마나 많이 절망하고, 상처 받고, 시련을 겪어야 할지는 아무도 모릅니다. 항상 어떤 것을 시작하기에 충분할 만큼 완벽한 여건은 존재하지 않습니다. 특히 신입생 여러분에게 강조하고 싶은 것은, 대학 1학년은 대학생활의 4분의 1이 아니라, 전체 대학생활의 성공을 좌우하는 중요한 시기라는 사실입니다. 그러므로 저는 신입생 여러분이 자신의 목표를 명확하게 설정하고 조직적으로 시간을 관리하면서 대학생활을 시작할 것을 당부합니다.

특별히 올해 신입생 여러분은 선배들이 체험해 보지 못했던, 획기적인 1학년 생활을 경험하게 될 것입니다. 송도 국제캠퍼스에서 그동안 우리 연세대학교가 정성들여 준비한 Residential College 교육 프로그램이 본격적으로 시작되기 때문입니다. 연세는 대학 교육의 세계화와 선진화를 위해 세계 명문형 RC를 국내 최초로 도입했습니다. RC는 단순히 기숙사 생활만을 의미하는 것이 아닙니다. 여러분들은 RC를 통해 창의적인 학습뿐만 아니라 생활 공동체를 통해 문화 예술과 체육 프로그램, 사회봉사와 전인 교육 등 다양한 체험을 즐길 수 있게 될 것입니다. 남을 배려하고, 다양한 문화를 함께 공유하며, 스스로 생각하고 자율적으로 행동할 수 있게 될 것입니다. 기숙사에 함께 상주하는 Residential Master 교수님과 같이 연구하고 고민하고 생활하고 더불어 성장하는 환경을 RC가 가능하게 해 줄 것입니다.

자랑스러운 신입생 여러분, 인생의 가장 중요한 전환기에 여러분이 연세 동산에서 RC 교육을 받으며 새로운 도약을 준비하게 된 것은 커다란 축복입니다. 별은 스스로 빛을 발하기에 아름답기도 하지만, 누군가에게 길을 인도해 주고 세상을 밝히므로 더 고귀하게 여겨집니다. 아름다운 연세 동산에서 여러분 모두가 창의적인 글로벌 인재로서 세상을 이끌어가는 별이 될 수 있기를 기대합니다. 소중한 자녀들을 훌륭하게 키워 이 자리에 함께 해주신 학부모님과 친지들의 노고와 헌신에 다시 한 번 감사드립니다. 연세에서의 대학생활을 통해 자녀들이 탁월한 학업적 성취를 이루고, 사회에 공헌하는 미래의 큰 재목으로 성장할 수 있도록 연세의 모든 구성원은 최선의 노력을 다하겠습니다. 부모님들께서도 세계적인 명문으로 발전하는 연세의 모습을 눈여겨 봐주시고 연세가족의 일원으로서 학교의 많은 사업에 적극적인 성원을 부탁드립니다.

오늘 입학식을 축하하기 위해 참석해주신 내외 귀빈과 신입생 여러분, 가족, 친지 여러분의 가정에 행복과 행운이 가득하시기를 기원합니다. 감사합니다.

2013년 3월 28일

다시 새로운 과학사를 기대하며

故이원철 박사 50주기 추모행사 추모사

2013. 4. 4.

연세대–옥스퍼드대 양교 간 공동 선언문 채택

우리 대학교와 영국 옥스퍼드 대학교(총장 앤드류 해밀튼)는 4월 4일 양교 간 공동 선언문을 채택했다. 양교는 공동 선언문 채택을 계기로 2014년 국제 하계대학 프로그램을 공동 개발하여 운영하는 것과 우리 대학교가 중심이 되어 구성된 동아시아학 3-캠퍼스 프로그램 컨소시엄에 옥스퍼드대가 참여하는 방안을 논의하여 진행하기로 했다.

중국의 요堯임금은 해가 처음으로 떠오르는 마을인 양곡暘谷에 일관日官을 두어 떠오르는 태양을 절하며 경건하게 맞이하고 지는 해를 공손하게 배웅하게 했다고 합니다. 하夏나라 우禹왕은 황하강 치수 공사에 신명을 바치느라 장딴지와 정강이 털이 다 닳아 없어졌다고도 합니다. 천문학과 기상학은 고대로부터 한 나라의 경제적 풍요를 좌우하는 중요한 분야였고, 성군으로 존경을 받는 통치자들은 그 신비를 조금이라도 더 알아내어 백성을 부강하게하려는 노력을 아끼지 않았으며, 사람의 능력으로 풀지 못하는 문제에 대해서는 신의 힘을 빌리는 것도 주저하지 않았습니다. 천문학과 기상학 영역의 광활함과 인간의 예측을 뛰어넘는 복잡다단함은 오늘날에도 끊임없이 우리 인간들의 호기심을 자극하고 있습니다.

이원철 박사는 연희전문학교 제1회 입학생으로, 3·1운동으로 민족자존에 대한 열망이 높았던 1919년 수물과를 졸업하고, 모교에서 수학강사로 봉직하다, 이후 지도교수의 추천과 후원으로 미국으로 유학하여 우리나라 최초로 이학박사 학위를 취득합니다. 독수리자리 에타별이 주기적으로 팽창과 수축을 반복하면서 밝기에 변화가 생기는 것을 관찰하여 맥동설의 근거를 제공한 그의 박사논문은 미국에서도 매우 주목받은 논문이었다고 합니다. 그러나, 이원철 박사는 모국의 후학양성을 위해 귀국하여, 일제의 탄압으로 강단을 떠나게 될 때까지 연희전문학교 교수로 후학양성에 전력을 다합니다. 이원철 박사는 해방 후에는 초대 관상대장으로서, 우리나라 기상 및 천문기관 과학회를 창설·발전시킴은 물론, 관상대 실습학교를 개설하여 관상인력을 양성하는 데 생애를 바쳤습니다. 이원철 박사의 영향으로 지금도 연세대학교 천문우주학과는 항성천문학, 항성진화론, 천체물리학, 은하천문학 및 관측우주론 등의 분야에서 활발한 연구가 진행되고 있습니다. 또한 교육과학기술부가 추진하고 있는 창의적연구진흥사업에서도 연세대학교가 제출한 자외선우주망원경 계획이 최우선 과제로 선정되어, 우리나라 최초의 우주망원경을 개발하고 있습니다.

알렉산더 포프는 뉴턴 경의 묘비문에 "자연과 자연법칙은 모두 어둠 속에 있었다. 하나님께서 '뉴턴이 있어라' 하심에 모든 것이 빛이 되었다."라고 적고 있습니다. 이원철 선생님도 우리 과학사에서 뉴턴경과 같은 분이라 생각합니다. 선생님 이전의 하늘과 바람은 우리한테 시청視聽, 그저 보이고 들리는 대상이었다면, 선생님 이후에 비로소 견문見聞, 즉 보고 듣고 이해하고 예측할 수 있는 대상으로 바뀌었다고 할 수 있을 것 같습니다.

오늘 이원철 박사 추모 50주기를 맞아, 우리 대학뿐만 아니라 천문연구원, 기상청 등 여러 기관을 통해 이원철 박사의 뜻이 면면히 이어지고 있음을 확인할 수 있어서 매우 흐뭇합니다. 앞으로도 천문우주학과 대기과학 분야 연구가 더욱 활성화되어 박사님의 업적을 훌쩍 뛰어넘는 새로운 업적들이 우리 과학사에 쓰여지기를 기대합니다. 감사합니다.

2013년 4월 10일

의생명 연구의 새로운 역사

에비슨의생명연구센터 봉헌식 축사

30개월의 역사役事를 무사히 마치고 오늘 이렇게 웅장한 연구센터를 하나님 앞에 봉헌할 수 있게 되어 참으로 감사합니다. 이 자리를 빌려 그동안 에비슨센터 건축을 위해 혼신의 노력을 아끼지 않으신 이철 의료원장님을 비롯한 모든 교직원과 관계자 여러분께도 감사드립니다.

연세의 토대를 일구신 분들에 대한 이야기를 조금씩 알아갈 때마다, 우리가 이런 분들의 후배라는 것이 가슴이 먹먹할 정도로 자랑스럽습니다. 에비슨 박사를 생각할 때 특히 더 그렇습니다. 에비슨 박사는 캐나다에서 매우 명성 높은, 요즘말로 잘나가는 개업의이자 의학교수였습니다. 그가 캐나다에서의 풍요로운 생활을 버리고 조선에 들어온 것은 지금으로부터 120년 전, 그의 나이 33세 때입니다. 박사님은 의료 혜택을 받지 못하고 죽어가는 조선인들을 위하여 의학교를 만들어 의료인을 양성하겠다는 사명만으로 조선에 왔습니다. 42년 동안을 제중원의 운영을 공고히 하고, 서울역 앞에 세브란스병원을 건축하여 의료보급에 선도적 역할을 했습니다. 그리고 모두 불가능할 것이라고 만류했던 의학교육을 실시해 우리나라에서 처음으로 면허를 가진 의사를 길러냈습니다. 에비슨박사가 안계셨다면 오늘날과 같은 세브란스가 있을 수 있었을까요? 박사님은 연희전문학교의 전신인 조선기독대학 2대 교장으로 연희의 시작과 성장에도 크게 공헌하셨습니다. 73세의 에비슨 박사는 세브란스와 연희에서 쌓아온 모든 공과 업적을 조선에 두고 표표히 캐나다로 돌아가 일생을 마감하셨습니다.

이렇게 의학, 교육, 행정 등 많은 분야에서 에비슨 박사가 업적을 남길 수 있었던 것은, 방직공장노동자, 초등학교 교사, 약방 조수, 약리학자, 의학자 등 다양한 경험을 통한 지혜와 함께, 종파를 가리지 않는 그의 연합정신, 기독교적 사랑의 실천, 그리고 조선인도 할 수 있다는 강한 믿음 덕택이었습니다. 오늘 에비슨의생명연구센터를 봉헌하면서 에비슨 박사의 연합정신과 사랑, 그리고 어떤 어려움에도 꺾이지 않는 의지를 되새겨봅니다. 최근 화두가 되고 있는 중개연구, 융합연구, Team Research 등은 자신의 분야가 아닌 다른 분야 연구자와의 협력과 연합이 중요합니다. 자신의 이기적인 욕심이 아니라 공동의 목표를 위해 자신을 희생할 줄 아는 희생정신이 필요합니다. 모두가 불가능하다고 말하는 일이라도 옳다는 믿음이 있으면 끝까지 포기하지 않는 끈질긴 의지도 버려서는 안 될 것입니다.

이 에비슨의생명센터에는 우리나라에서 가장 앞서 기업의 사회적 책임을 몸소 실천하신 유일한 박사의 얼이 함께 새겨져 있습니다. 지금 우리가 있는 이 강당의 이름을 주신 유일한 박사님께서는 젊어서는 나라의 독립을 위해 독립 후에는 기업을 통해 국민을 질병으로부터 해방시키기 위해 헌신하셨으며, 돌아가시면서는 자신의 모든 재산을 사회를 위해 되돌려주셨습니다. 박사님께서는 상장된 유한양행의 12,000주를 우리 의과대학에 기부하시어 연세의 의료인들을 통해 당신의 뜻이 면면히 이어지게 하셨습니다.

2013. 4. 4.

풍부한 음향과 아름다운 인테리어 갖춘 '백양콘서트홀' 개관

백주년기념관 콘서트홀이 대대적인 리모델링 공사를 거쳐 '백양콘서트홀'로 재탄생했다. 백양콘서트홀은 콘서트나 음악행사뿐만 아니라 강연, 세미나 등 각종 행사를 개최할 수 있는 국내 최고 수준의 다목적홀로 꾸며졌다. 특히 품격 있는 클래식 콘서트에 적합한 자연스럽고 풍부한 음향이 구현될 수 있도록 건축 구조, 마감재, 각종 음향 시설이 구비됐다.

에비슨의생명연구센터에서 연구에 매진할 연구자 여러 분들께서는 두 분의 뜻을 늘 마음에 새겨 주십시오. 인류애와 협력, 희생, 그리고 불굴의 의지로 우리나라 의생명 연구의 새 장을 열어 주십시오. 두 분은 우리보다 백년 또는 반백년을 앞서 사셨지만, 지금의 우리보다 훨씬 먼 미래를 내다보셨습니다. 에비슨 박사와 유일한 박사처럼 여러 선생님들께서도 우리나라의 미래를 개척할 새로운 성장동력인 의과학 연구를 통해, YONSEI, where we make *history*!에 걸맞는 새 역사를 만들어 주십시오. 두 분의 정신은 세브란스의 역사를 이어온 수많은 선배들과 지금의 교직원들에게 이어져 내려와 오늘날 세브란스는 우리나라 의료계의 아름드리 거목이 되었습니다. 이제 에비슨의생명연구센터를 통해 우리나라 의과학 연구가 세브란스의 가지 아래서 더욱 더 넓은 교류와 융합을 통해 획기적인 성과를 창출해 내기를 기대합니다.

오늘의 자리를 준비하신 이 철 의료원장님을 비롯한 관계자 여러분께 다시 한 번 감사드리며, 참석해주신 모든 분들에게 하나님의 은총이 함께 하시기를 바랍니다. 감사합니다.

2013. 4. 10. 에비슨의생명연구센터 개소

의료원은 4월 10일 오전 11시 에비슨 의생명연구센터(ABMRC) 봉헌식을 개최했다. ABMRC는 중대형 동물 실험실과 이미징센터를 갖춘 국내 최대 규모의 의생명 연구기관이다. '국제적 의과학 연구센터', '의학 기술을 선도하는 연구센터', '아시아 유수의 실험 동물 센터'를 비전으로 하고 있다.ABMRC는 세브란스의 연구 인프라를 확충하고 연수 시설을 첨단화하기 위해 2010년 8월에 공사를 시작하여 30개월간의 공사를 거쳐 지하 5층, 지상 6층, 연면적 40,829㎡ 규모로 건축되었다.

2013. 3. 15. 반기문 UN 사무총장과 현안 논의

정갑영 총장은 3월 15일 반기문 UN 사무총장과 오찬을 함께 하고, 우리 대학교와의 협력 방안을 논의했다. 또한 바바툰데 오소티메힌 UNFPA(UN인구기금) 총재, 김숙 주 UN 대사 등과도 만났다. 우리 대학교는 향후 UN과 협력하여 송도 국제캠퍼스에 UN, 녹색기후기금 등과 연계된 글로벌 이슈 연구와 교육 프로그램을 신설할 예정이다. 지난 2010년 우리 대학교가 송도 국제캠퍼스에 유치한 UN 지속가능개발연구소(OSD)의 기능도 확대할 계획이다.

2013년 4월 15일

'사랑으로 가득한 집'

우정원(宇庭園) 건축 및 기부협약식 인사말

2013. 4. 15.

부영그룹과 우정원(宇庭園) 건립·기증 협약 체결

부영그룹이 우리 대학교에 학생 기숙사를 신축해 기부하기로 했다. 우리 대학교와 부영그룹은 4월 15일 오전 11시 30분 본관 교무위원 회의실에서 학생 기숙사 '우정원(宇庭園)' 건립 및 기증에 관한 협약을 체결했다.

존경하는 우정宇庭 이중근 회장님을 비롯한 부영가족 여러분께 연세를 대표해서 진심으로 감사드립니다. 교육계에 몸담고 있는 사람들은 이중근 회장님과 부영에 대하여 비슷한 경외감을 가지고 있다고 생각합니다. 부영을 설립하기 전부터 시작된 이중근 회장님의 교육 지원 사업은 부영 설립 이후 우정학사 기증 릴레이로 본격화 되었습니다. 화순 능주고 기숙사 기증에서 시작하여 지금까지 100여건에 이르는 우정관 또는 우정학사를 교육기관에 기증하신 것으로 알고 있습니다. 부영의 기업 이익 사회 환원 사업은 2004년부터는 해외까지 확장되어, 베트남, 캄보디아, 라오스, 동티모르, 태국 등 아시아 지역 저개발국에 600여 곳 이상의 학교를 건축 기증하셨다고 들었습니다. "교육재화는 한번 쓰고 사라지는 것이 아니라 계속해서 재생산되는 미래를 위한 투자"라는 회장님의 신념은 교육의 본질을 누구보다 잘 이해하고 계심을 말해 줍니다.

우리 연세대학을 세우신 선각자들의 뜻이 바로 회장님의 뜻과 다르지 않습니다. 언더우드와 알렌을 비롯한 설립자들은 암울한 처지에 있는 우리 민족에게 희망을 전할 가장 효과적인 방법이 교육임을 믿어 의심치 않았습니다. 그 때문에 일제치하의 어려운 현실 속에서도 전혀 들어보지도 못했던 한국어를 직접 배워가면서 우리나라에 고등교육과 의학을 보급하는데 평생을 바쳤습니다. 이런 선각자들이 계셨기에 오늘날 세계 100대 대학과 어깨를 견주는 연세가 있을 수 있습니다. 교육환경이 날로 좋아지고는 있지만, 신입생의 60%가 지방 유학생인 우리 대학 학생들 중에는 주거 문제로 어려움을 겪는 학생들이 아직 많습니다. 이 때문에 지난 2011년부터 우리 대학 총학생회를 주축으로 '민달팽이 유니온'이 결성되어 '대학생 연합기숙사' 설립 추진을 이끌어내기도 했습니다만, 학생들이 가장 안심하고 생활할 수 있는 곳으로는 역시 기숙사만한 곳이 없습니다. 우리 대학은 무악학사 4개동1,975명, 국제학사 2개동857명, 그리고 국제캠퍼스 송도학사2,578명까지 5,400명 이상의 수용 능력을 가지고 있지만, 수요에 비해서는 아직도 부족하고, 신촌캠퍼스가 특히 어려운 형편입니다. 이러한 때에 부영에서 415인이 거주할 수 있는 기숙사를 신촌캠퍼스에 지어주겠다고 결심해 주셔서 우리 학생들에게 큰 희망을 주셨습니다. 부영과 함께 우리 대학은 현재 무악학사와 같은 수용규모인 2,000명이 거주할 수 있는 새로운 기숙사단지를 조성할 계획입니다. 동시에 2014년에는 약 2,300인을 수용할 수 있는 제2 송도학사도 완공되어 우리 학생들의 주거 고민은 상당 부분 해결될 것으로 기대합니다.

부영의 모토처럼 '사랑으로 지어 주신 집'이 '사랑으로 가득한 집'이 되도록 학생들이 안심하고 생활할 수 있는 기숙사를 만들기 위해 학교도 많은 관심과 노력을 기울이겠습니다. 우리 교육의 진일보를 위한 큰 결단으로 기숙사를 기부해 주신 우정 이중근 회장님과 부영의 모든 식구들께, 연세의 교직원과 학교를 대표하여 다시 한 번 마음 깊이 감사드립니다.

2013년 4월 17일

대학이 가야할 미래

미래융합연구원 개원식 인사말

2013. 4. 17.

미래융합연구원 개원식

우리 대학교에 융합연구의 중추기구가 탄생했다. 4월 17일 오전 11시 연세·삼성 학술정보관에서 미래융합연구원(ICONS, Institute of Convergence Science) 개원식이 열렸다. 이날 개원식에서 박태선 연구처장이 연구원 설립 경과 보고를 한 데 이어 김은경 초대 부원장이 미래융합연구원에 속한 38개 연구센터(그룹)를 하나하나 소개했다.

오늘 미래융합연구원 개원식을 찾아주신 내외 귀빈 여러분께 진심으로 감사드립니다. 기조연설을 맡아 주신 이성열 IBM Korea GBS 대표께 특별히 감사드리며, 세션 토론에 참여해 주시는 여러 교수님께도 고마움을 전합니다.

저는 128년의 역사 위에 서 있는 우리 연세대학교가 100년, 혹은 50년 후에는 어떤 모습일까, 매일 고민합니다. 미래융합연구원은 이런 고민에서 출발했습니다. 기초과학, 응용과학, 의학, 인문학, 사회과학 등, 다양한 분야 연구자들이 학문분과를 넘어 새로운 논점을 만들어 가는 가운데서, 대학이 가야할 미래를 찾을 수 있을 것이라고 기대합니다. 오늘 개원에 맞추어 38개 연구센터가 구성되어, 408분의 교수님께서 연구에 참여하고 계십니다. 의과대학의 86분, 공과대학의 68분, 문과대학의 50분을 비롯하여 거의 모든 단과대학의 교수님들이 참여하였습니다. 감사드리고 또 축하드립니다. 우리 대학교의 신촌, 원주, 의료원, 국제캠퍼스에는 약 2,000여분의 전임교수가 계십니다. 미래융합연구원을 매개로 촉발된 연구자 사이의 자발적 소통은, 우리 대학의 연구생태계에 큰 변화를 가져올 것입니다. 미래융합연구원은 모든 교수님께 열려 있습니다. 그리고 교수님들의 적극적 만남을 희망하고 있습니다. 이러한 점이 연세대학교 미래융합연구원이 국내외의 다른 융복합연구원과의 차이입니다. 미래융합연구원은 교수님들 각자가 가지고 있는 융합연구의 무궁한 잠재력을 중시하고 있습니다.

이제 시작되는 미래융합연구원에 대해 몇 가지 기대를 해봅니다. 우선 많은 교수님들의 자발적인 참여입니다. 미래융합연구원은 융합 연구를 조직하고 네트워크를 지속하기 위한 공간입니다. 38개의 '연구센터'는 연구원의 핵심조직입니다. 각 '연구센터'는 스스로 궤도를 결정하고, 수정하면서 지속가능한 발전을 도모해야 할 것입니다. 둘째는 기존연구와 융합연구의 시너지입니다. 기존연구와 융합연구의 만남은 사실 다양한 사고와 인식의 만남입니다. 분석력과 상상력의 만남, 분화적 사고와 통합적 사고의 만남, 거시적 인식과 미시적 인식의 만남입니다. 우리가 설레는 마음으로 그 만남의 결과를 기다릴 수밖에 없는 이유는 그 다양성 때문입니다. 마지막으로 인류사회에 대한 공헌입니다. 환경, 대기오염, 자원고갈, 인종갈등, 노령화 등, 현대사회, 그리고 다가올 미래사회에 도래하는 많은 문제는 분과화된 지식이 아니라 창조적이면서 통합적인 접근을 요구하고 있습니다. 인문학, 사회과학, 자연과학, 공학, 의학이 어우러진 미래융합연구원이 이러한 미래사회의 문제에 대한 최적의 대안을 찾는 데 선도적인 역할을 하게 될 것입니다.

어느 역사나 어느 사회에서도 비약적 발전은 점진적이기보다는 '도약'이라는 단계를 거쳤습니다. 우리 학교가 추진하는 제3 창학은 도약을 위한 노력입니다. 미래융합연구원은 연구생태계에 있어서 연세의 비전을 구현해 나갈 것입니다. 미래융합연구원을 통해 새로운 시도에 도전하시는 408분의 연구자 모두의 앞날에 하나님의 은혜가 늘 가득하시기를 기원합니다.

2013년 4월 22일

세계를 선도할 인재 양성의 요람

국제캠퍼스 1-2A단계 봉헌식 인사말

2013. 4. 22.

국제캠퍼스 1-2A단계 봉헌식 개최

국제캠퍼스에 속속 새로운 시설들이 들어서면서 '아시아의 교육 허브'다운 위용을 갖춰 가고 있다. 최근 완공된 7개의 대규모 건축물들의 완공을 기념하는 '국제캠퍼스 1-2A단계 봉헌식'이 4월 22일 오전 11시 언더우드 기념 도서관 7층 국제회의실에서 열렸다.

존경하는 내외 귀빈 여러분, 그리고 연세가족 여러분, 우리는 오늘, 글로벌 시대를 선도하고 연세를 아시아의 세계적 대학으로 발전시키는 새로운 역사를 시작하게 될 이 곳, 국제캠퍼스 1-2A 단계 봉헌을 축하하기 위해 여기에 모여 있습니다. 먼저 그동안 국제캠퍼스 건축을 위해 고생하신 서승환 전 총괄본부장을 비롯하여 참석해 주신 법인 이사 및 내외 귀빈께 진심으로 감사의 인사를 전합니다.

인천은 우리 연세대학교와 각별한 인연을 가지고 있습니다. 1885년 4월, 언더우드 박사가 제물포를 통해 우리나라에 입국하여, 오늘의 연세가 있게 된 출발점이 된 곳이기 때문입니다. 그동안 국제캠퍼스 조성을 위해 참으로 많은 노력이 있었습니다. 2006년 1월, 연세대와 인천광역시 간의 〈캠퍼스 건립 협약〉 체결을 출발점으로 하여, 올해 2월 1-2A단계 28,235평까지, 국제캠퍼스는 7만2천평에 이르는 공사가 완료되었으며, 내년 2월까지 총 92,856평의 교육 연구 공간이 조성될 예정입니다. 장기적으로 국제캠퍼스는 의료원을 포함한 전체 신촌캠퍼스의 2/3에 달하는 엄청난 규모가 될 것입니다. 첨단 시설을 갖춘 교육과 연구 공간의 새로운 조성은 우리 대학의 경쟁력을 제고시키고 연세의 새로운 도약을 가능하게 할 것으로 믿습니다. 올해는 언더우드 도서관, 강의동 등 8개 건물이 완성되어, 3월에는 신입생 대상의 RC 교육이 실시되고 있습니다. 현재는 단과대학별로 한 학기의 RC 교육이 이루어지고 있지만, 2014년부터는 신입생 전원이 1년간의 국제캠퍼스 RC 교육의 혜택을 받게 될 것입니다.

이제 우리는 송도 국제캠퍼스의 본격적인 시작을 알리는 출발점에 있습니다. 국제캠퍼스의 새로운 출발은 갯벌을 메운 천지개벽의 터전 위에 디지털 문명을 창조적으로 수용하고 글로벌 시대를 선도적으로 이끌어, 연세를 아시아의 세계적 대학으로 발전시키기 위한 새로운 역사를 만드는 신호탄이 될 것입니다.

우선 새롭게 도약한 국제캠퍼스는 '제3 창학'의 전진 기지라는 중요한 의미를 가지고 있습니다. 연세는 창립 이후 지속적으로 변화와 개혁을 선도하는 역사적 주체로서의 역할을 해 왔던 전통을 이어받아 이제 '제3 창학'이라는 새로운 계기를 맞고 있습니다. 고등교육의 기반을 마련한 '제1의 창학기'가 제중원과 세브란스, 연희전문의 설립에 뿌리를 두었다면, 민주화와 근대화를 주도한 '제2의 창학기'는 연희와 세브란스의 통합으로 이룬 연세대학교 출범이라 할 수 있습니다. 새롭게 시작하는 '제3 창학'은 연세가 새로운 고등교육의 패러다임을 만들어 학문과 교육의 수월성을 완성하는 일이며, 바로 이곳 국제캠퍼스의 출범이 그 시작이라 하겠습니다. 또한 국제캠퍼스는 세계적 명문 사학을 지향하는 전인 교육의 산실이 될 것입니다. 명문형 학부 교육의 역사를 새롭게 시작하는 일, 이것은 언더우드의 정신을 찾아서 기본으로 돌아가는Back to the Basics 여정의 첫걸음이기도 하며, 대학의 기본 사명인 교육을 강화하여 명문 사학으로서의 연세의 세계적 위상을 재정립하는 기회가 될 것입니다. 최

근 지식 사회에 불고 있는 변혁에의 요구, 융합적 요구는 교육에의 근본적 변화를 촉구하고 있으며, 이는 미래형 인재를 양성하기 위해 융합적 사고를 지향하는 Liberal Arts & Humanities의 교육이 기반이 되는 학부 교육에서 그 해답을 찾을 수 있을 것입니다.

특히 하버드, 예일 등의 세계 명문대학이 학부 교육에 도입하고 있는 RC 시스템의 채택을 통해, 학문적 수월성 추구에만 머물지 않고 지성과 덕성, 영성이 조화된 전인 교육 시스템을 지향하는 일은 선진 명문형 교육 모델로서 한국의 주요 대학의 벤치마크가 될 것입니다. 남을 배려하고 존중하며, 사회의 어두운 곳을 비추고, 세상을 섬기는 인재를 양성하는 것이 대학 본연의 의무이자 꿈입니다. 학습과 생활 공동체인 RC 교육 환경은 공동체 의식과 리더십, 창조적 감성을 갖춘 미래 인재의 양성을 가능하게 할 것입니다. 이곳 국제캠퍼스에서 펼쳐질, 미래를 여는 상상과 통찰의 능력과 비판적 사고력, 창의력을 갖춘 인재 양성 교육은 머지않아 연세의 꿈과 비전을 실현시키는 약속이 되어 연세를 아시아의 세계적 대학으로 도약시키는 초석이 되리라 믿습니다.

국제캠퍼스는 연세의 글로벌화를 선도할 귀중한 자산이 될 것입니다. 송도는 교육 국제화 특구로 지정되었고 녹색기후기금 GCF의 유치가 확정되어 연세의 국제화 역량을 크게 높일 수 있는 환경이 마련된 곳입니다. 이곳은 다양한 성장 배경과 문화적 차이를 지닌 학생들이 공동체 생활을 통해 서로의 같음과 다름을 이해하고 소통과 협력의 중요성을 체득하여, 글로벌 인재로서의 리더십을 배우는 교육의 현장이자 글로벌 역량을 키우는 국제화의 터전이 될 것입니다. 타인과 소통하고 주도하는 기술과 자질, 리더십의 함양은 미래 인재의 새로운 경쟁력이 될 것입니다.

향후 교육 경쟁력 제고를 통해 해외의 인재들이 '찾아오는 대학'으로 만들어 국제 학생 비율을 30%까지 높일 계획이며, 캠퍼스의 글로벌화를 통해 전문 지식을 갖춘 인재 양성을 넘어서 글로벌 마인드를 가진 인재를 양성하는 요람이 될 것입니다.

국제캠퍼스는 융합 학문을 선도하는 학제 간 연구의 산실이 될 것입니다. 변화의 시대를 준비하는 새로운 학문, 학문간의 연계, 학문과 실질 세계의 연계성을 인지하고 조망할 수 있는 능력을 배양하게 될 것입니다. 융합 학문의 산실은 시설의 융합뿐만 아니라 연구와 교육 분야에서도 멀티 캠퍼스의 융합으로 확대될 것입니다. 언더우드국제대학을 통해 2014년에는 7개 융복합 전공을 신규 개설할 예정이며, 전통적인 학문보다는 융복합 교육을 지향하고 기존의 학제 간의 경계 허물기를 통해 다양한 가치와 지식을 포괄하는 통섭 교육을 실현하게 될 것입니다.

하지만 대학의 역할은 결코 교육에만 한정되지는 않습니다. 이곳 국제캠퍼스의 첨단 환경을 활용하여 대학 내 연구 생태계를 활성화시키고 연구 역량을 극대화할 수 있는 최고의 기회를 마련하여, 세계의 융합 학문 연구를 선

2013. 4.

2014년 송도 국제캠퍼스에 2개의 융합학부 신설

우리 대학교는 2014년부터 언더우드국제대학(UIC) 내에 융합사회과학부 (ISSD)와 융합과학공학부(ISTD)를 송도 국제캠퍼스에 신설한다. 융합사회과학부(ISSD)에는 과학기술정책, 지속가능 개발 협력 등의 전공이 개설되며 70명 내외의 인원을 선발할 계획이다. 융합과학공학부(ISTD)에는 나노 테크놀로지, 에너지 환경 융합 등 과학 기술 분야의 첨단 융합과정이 개설된다.

도할 기반을 마련할 것입니다. 또한 연구에 머물지 않고 연구 성과의 산업화를 활성화하기 위해 노력할 것입니다. 집적한 지역 단위의 혁신클러스터에 적극 참여하여 지역의 발전에 기여하며, 지역과 밀착하여 기초 및 원천 기술을 개발하는 혁신형 산학 협력 클러스터를 구축할 것입니다. 융합학문 교육, 연구, 산학의 활성화를 위해, 의료원과 신촌캠퍼스, 국제캠퍼스의 교육자원을 공유하고 융합하여 향후 4개 캠퍼스의 교육 융합의 장으로 발전할 것이며, 캠퍼스 간의 융합 추진 위원회를 통해 교무, 학사, 연구의 융합을 촉진하는 다양한 정책들이 실현될 것입니다.

지금 연세는 연세의 창립 정신과 역사적 교훈을 되새기며 사회의 변화와 개혁의 방향을 선도하는 주체로서의 사명을 실천해 나아가야 할 소명을 받들 중요한 시간에 서 있습니다. 국제캠퍼스의 완공으로 교육과 연구에서의 경쟁력을 확보하고 글로벌 경쟁력을 제고시킬 기회를 맞고 있기 때문입니다. 이제 우리가 새로운 땅, 기회의 환경에서 모든 역량을 결집하여 최고의 대학으로 도약하는 새로운 터전을 마련한다면, 머지않아 연세는 세계의 Top 50 대학으로 진입하게 될 것입니다. 연세는 사회적 책임을 다하는 명문 사학으로서의 위상을 지켜, 공공성과 사회적 책임의 실천에 앞장서며, 항상 사회와 호흡하고 소통하면서 섬김의 리더십을 이어가기 위한 노력을 계속할 것입니다.

오늘 이 자리가 창립 당시의 선각자의 소명 의식을 본받아 마음과 뜻을 모아 우리의 역량을 결집하는 새로운 계기가 되기를 희망합니다. 아울러 국제캠퍼스에서 강의하는 교원들과 교육을 받는 학생 모두가 국제캠퍼스에서의 생활을 행복한 기억으로 간직할 수 있게 되기를 희망하면서 여기 모인 참석자 모두에게 하나님의 축복이 가득하시길 바랍니다.

2013. 4. 22. 국제캠퍼스 1-2A단계 봉헌식 개최

국제캠퍼스에 새로운 시설들이 들어서면서 '아시아의 교육 허브'다운 위용을 갖춰가고 있다. 최근 완공된 7개의 대규모 건축물들의 완공을 기념하는 '국제캠퍼스 1-2A단계 봉헌식'이 4월 22일 언더우드기념도서관 7층 국제회의실에서 열렸다. 정갑영 총장은 봉헌식에서 "국제캠퍼스의 새로운 출발은 갯벌을 메운 천지개벽의 터전 위에 디지털 문명을 창조적으로 수용하고 글로벌 시대를 선도적으로 이끌어, 연세를 아시아의 세계적 대학으로 발전시키기 위한 새로운 역사를 만드는 신호탄이 될 것이다."라고 밝혔다. 이날 봉헌식에는 방우영 이사장, 정갑영 총장, 박삼구 총동문회장, 안세희·박영식·송자·정창영·김한중 전 총장과 법인 이사진을 비롯한 축하객 200여 명이 참석했다.

2013년 5월 11일

아시아 최고의 세계대학(Asia's World University)을 향하여

창립 128주년 기념식사

존경하는 김석수 신임 재단 이사장님과 내외 귀빈 여러분, 졸업 25주년과 50주년 재상봉을 맞아 모교를 다시 찾아주신 자랑스러운 동문 여러분, 그리고 오늘 우리 연세대학교의 창립 128주년을 축하하기 위해 연세 캠퍼스를 찾아주신 모든 연세가족 여러분께 깊은 감사의 말씀을 드립니다. 특별히 오늘 장기근속상, 사회봉사상, 의학대상 및 학술상을 받으시는 교직원 여러분께 진심으로 축하의 말씀을 드립니다.

존경하는 연세가족 여러분, 오늘 우리는 5월의 아름다운 신록이 가득한 연세 캠퍼스에서 창립 128주년을 축하하고, 연세의 설립 정신과 사명을 되새기며, 명문 사학의 전통을 계승하여 미래에 더욱 찬란한 연세의 역사를 다짐하기 위해 이 자리에 함께 모였습니다. 128년 전, 우리의 선각자들이 눈물을 흘리며 뿌렸던 씨앗이 이제 30배, 100배의 결실을 맺고 있는 것을 목도하면서, 우리 연세를 향한 하나님의 놀라운 섭리와 인도하심에 감사를 드립니다. 지난 128년 동안 우리가 걸어 온 길은 한국의 근대 고등교육의 역사였으며, 지금도 세계와 미래를 이끌어갈 인재들이 연세의 품 안에서 양성되고 있습니다. 저는 이러한 연세의 전통을 계승하고, 우리에게 맡겨진 시대적 사명을 성공적으로 수행하기 위해, 지난 해 제17대 총장에 취임하면서 '제3 창학'의 비전을 제시한 바 있습니다. '제3 창학'은 지난 130년 가까이 축적된 연세의 전통을 기반으로, 이제는 세계적 명문대학으로 도약하자는 우리 모두의 다짐이었습니다. 우리 연세는 '제1의 창학'으로 한국 고등교육의 개척자가 되었고, '제2의 창학'으로 이 땅의 산업화와 민주화를 이끌었습니다. 이제 연세는 '제3 창학'을 통해 한국을 넘어 아시아와 세계를 향하고, 역동적이고 창조적인 변화를 선도하는 세계적 명문대학으로 도약해야만 한다는 것이 저의 간절한 소망이었습니다. 아시아 최고의 세계대학 Asia's World University으로 웅비하기 위해 연구와 교육의 탁월함을 지향하되, 대학으로서의 위엄을 잃지 않겠다는 것excellentia cum dignitate이 제가 가진 미래의 꿈이었습니다.

지난 일 년의 노력을 통해 우리 연세가 새로운 역사를 만들어 갈 수 있는 무한한 가능성과 잠재력을 갖고 있음을 확인할 수 있었습니다. 실제로 지난 일 년 동안에는 '제3 창학'이 실현되는 원년이라고 불릴 수 있을 만큼 큰 변화가 일어났습니다. 우리 대학이 세계적인 명문대학으로 도약할 수 있는 기반을 마련한 벅차고, 감격스러웠던 한 해였습니다. 국내외의 평가에서 국내 최고 대학으로서의 성과를 유감없이 나타냈을 뿐만 아니라, 온 연세가족의 화합과 배려 속에 여러 가지 갈등과 정체를 극복하고, 캠퍼스의 오랜 숙원들을 하나씩 해결할 수 있었기 때문입니다.

첫 번째 변화는 하나님의 크신 축복과 은혜로 송도 국제캠퍼스를 봉헌하는 벅찬 감동이 시작된 것입니다. 송도 국제캠퍼스는 2006년 이후 지난 7년간의 각고의 노력 끝에 올해 초 7만 2천여 평의 교육 시설과 더불어 전면 개교하게 되었고, 내년 초까지 총 9만 3천 평의 첨단 교육·연구 시설이 준공될 예정입니다. 여러분이 기억

2013. 5. 11.

연세 창립 128주년 기념식 개최

5월의 아름다운 신록이 가득한 교정에서 연세의 128돌 잔치가 열렸다. 5월 11일, 창립 기념일을 맞아 교내 곳곳에서는 128년 동안 연세가 이어온 설립 정신과 사명을 되새기며 더욱 찬란한 내일을 다짐하는 창립기념식, 백양로 재창조 프로젝트 기공식, 기념 오찬, 동문 재상봉 행사가 이어졌다.

하시는 대로 그곳은 인천의 바닷가 갯벌을 간척하여 만든 곳입니다. 물이 변하여 땅이 되는 천지개벽의 터전 위에 디지털 문명을 창조적으로 수용하고, 글로벌 시대를 선도적으로 이끌어 갈 새로운 연세의 터전이 확보된 것입니다. 이미 올해부터 세계적인 명문대학의 상징인 Residential College[RC] 시스템을 성공적으로 도입하여, 모든 신입생을 대상으로 한 학기의 RC 교육이 이루어지고 있고, 내년 신입생부터는 1년간의 RC 교육의 혜택이 모든 학생들에게 돌아가게 됩니다. 다양한 성장배경과 문화적 차이를 지닌 학생들이, 학습과 생활이 통합된 RC환경을 통해 타인과의 소통과 협력의 중요성을 체득하며, 공동체의 의미와 사회적 책임을 깨닫게 될 것입니다. 남을 배려하고 존중하며, 사회의 어두운 곳을 비추고, 세상을 섬기는 인재를 양성하는 것이 대학 본연의 의무이자 꿈입니다. 우리의 이런 노력들이 한국 고등교육의 패러다임 전환을 불러일으킬 것이라고 확신합니다.

두 번째 변화는 융합을 기반으로 하는 미래지향적 교육과 연구의 활성화입니다. 우리가 송도 국제캠퍼스에서 시도하고 있는 새로운 교육은 기본으로 돌아가는[Back to the Basics] 대학 본질의 회복입니다. 서양 중세의 길드 시스템에서 출발한 '대학'은 처음부터 'Universitas'라는 라틴어로 불렸습니다. 이것은 다른 생각과 다른 연구 분야에 속한 사람들이 함께 모여 이룬 이질적인 집단을 의미했습니다. 내년부터는 이런 대학의 본질을 회복하고 최근 지식 사회에 불고 있는 변화의 추세에 부응하여, 융합적 사고를 지향하는 미래형 인재를 양성하기 위한 새로운 시도를 하게 됩니다. 국내 최초로 인문·사회·과학의 융합교육을 지향하는 학부 프로그램을 시작하기 위해 언더우드국제대학[UIC] 내에 HASS[Humanities, Arts and Social Sciences]와 SED[Science and Engineering Division] 계열에 7개의 융복합 전공을 신규로 개설하게 됩니다. 이를 통해 우리는 학과와 전공 중심의 한계를 넘어 인문·예술·문화의 기본적 소양과 융합적 사고력을 갖춘 글로벌 리더를 길러내는 교육을 실시하게 될 것입니다. 이렇게 되면 송도 국제캠퍼스의 UIC는 머지않아 2천여 명이 넘는 세계적인 Arts & Sciences College로 발전하게 되고, 국제캠퍼스는 1학년 전체의 RC, UIC, 약학대학, IT 명품 등 5천 명 이상이 상주하는 캠퍼스로 변모하게 될 것입니다.

또한 인문, 사회, 의생명, 이공분야 등 모든 학문 분야에서 융합연구를 활성화시키기 위해 본교와 의료원, 원주, 송도 등 모든 캠퍼스에서 400여 명의 교수가 참여하여 38개의 연구센터로 구성되는 미래융합연구원을 지난 4월에 발족시켰습니다. 연구자 지도[research map]를 완성하여, 연구자 상호 간 융합 연구 참여 인력 정보를 확인하게 함으로써 손쉽게 학문 간의 네트워크를 만들어갈 수 있게 하였습니다. 나아가 세계적인 수준을 자랑하는 의·생명 분야의 잠재적 역량을 극대화하고, 의·생명 분야의 융합 연구와 교육을 적극적으로 뒷받침하기 위해 의·생명과학 콤플렉스를 추진할 계획입니다. 이것은 의료원과 본교가 인접해 있는 천혜의 장점을 활용하고, 첨단 시설과 연구 역량을 공유하여 의학과 생명과학의 위상을 세계적 수준으로 높이는 계기가 될 것입니다.

연세의 글로벌 위상을 높이기 위해 세계 명문대학과 글로벌 네트워크를 형성하는 G10 프로젝트를 추진하고 있습니다. 이미 우리 대학이 주도하여, 게이오대학, 홍콩대학과 함께 3-캠퍼스 글로벌 컨소시엄3-campus consortium을 구성하였고, 세계 최고의 명문인 프린스턴, 코넬, 킹스컬리지 런던 등이 3-캠퍼스 동아시아 공동 교육 프로그램에 참여하기로 합의하였습니다. 세계 명문대학들의 공통된 과제는 '학문 간의 개방과 융합, 글로벌 네트워크의 협력과 확대 등을 통해 변화를 선도하는 글로벌 리더를 양성'하는 것이었습니다.

To expand Yonsei's global presence and influence, we are in the process of launching the G10 Project to create a global network of world-class universities. Yonsei has already initiated and established the 3-Campus Consortium in partnership with Keio University and The University of Hong Kong, and Princeton University, Cornell University, and King's College London have agreed to participate in the 3-Campus Program for Comparative East Asian Studies. The common challenge for all world-class universities was 'to raise global leaders to lead change by opening and converging different areas of academia, as well as cooperating and expanding global networks'.

2013. 5. 7.

'3-캠퍼스 동아시아학 컨소시엄' 협약 체결

우리 대학교와 글로벌 명문 대학들이 공동 교육 프로그램을 통해 혁신적인 네트워크를 구축한다. 우리 대학교는 5월 7일 일본 게이오대(Keio Univ.), 중국 홍콩대(Univ. of Hong Kong)와 함께 '3-캠퍼스 동아시아학 컨소시엄'을 구성하고, 이 컨소시엄이 개발한 동아시아 공동 교육 프로그램에 학생을 파견하는 협약을 미국의 프린스턴대(Princeton Univ.), 코넬대(Cornell Univ.), 영국의 킹스칼리지런던(King's College London)과 체결했다.

세 번째 큰 변화는 새롭게 단장될 신촌캠퍼스의 모습에서 찾을 수 있습니다. 올해부터 백양로 재창조 사업을 비롯하여 캠퍼스의 인프라를 선진화하는 작업이 본격적으로 추진됩니다. 잠시 후 기공식을 갖게 될 '백양로 재창조 사업'은 캠퍼스를 드나들던 차량통행과 주차를 지하화하고, 지상에는 친환경 녹지와 광장을 조성하여, 백양로를 'Under the Wood', 즉 '도심 속의 숲'으로, 연세인 모두를 위한 교류와 소통, 문화의 장으로 되돌리는 큰 작업입니다. 신촌캠퍼스의 얼굴을 바꾸는 백양로 재창조 사업에 참여하시어 여러분의 이름을 백양로에 영원히 남기시기를 바랍니다.

경영관 신축, 공과대학 증축도 예정대로 진행될 것입니다. 대학원 기숙사의 신축과 제중학사와 법현학사의 재건축 등으로, 향후 신촌캠퍼스 학생들의 주거고민은 상당부분 해결될 것입니다. 암병원 건립도 마무리 단계에 있으며, 이로써 세브란스는 세계 최고의 의료시설로 더 큰 명성을 쌓아나갈 수 있을 것입니다. 원주세브란스기독병원으로 명칭을 변경한 원주의료원은 외상센터 신축, 응급의료 구조헬기 도입 등을 통해 경기·강원권역의 의료안전망과 의료수준을 획기적으로 향상시킬 것입니다.

네 번째 변화는 글로벌 환경에서 성장을 거듭하고 있는 우리 대학교의 국제적 위상입니다. 우리는 연세의 글로벌 위상을 높이기 위해 세계 명문대학과 글로벌 네트워크를 형성하는 G10 프로젝트를 추진하고 있습니다. 이미 우리 대학이 주도하여, 게이오대학, 홍콩대학과 함께 3-캠퍼스 글로벌 컨소시엄3-campus consortium을 구성하였고, 세계 최고의 명문인 프린스턴, 코넬, 킹스컬리지 런던 등이 3-캠퍼스 동아시아 공동 교육 프로그램에 참여하기로 합의하였습니다. 지난 2012년 2월 이후 우리 대학교는 미국의 시카고, 프린스턴, 코넬, 영국의 에딘버러와 킹스컬리지 런던의 5개의 세계 50위권 대학과 새로운 협력 사업을 위한 협정을 체결했습니다. 내년부터는 summer school을 옥스퍼드 대학과 공동으로 개발할 것입니다. 이러한 성과를 바탕으로 우리 대학교는 세계 명문대학들과 교육과정, 학생, 교수의 교환과 공동연구를 활성화하는 G10 프로젝트를 완성할 것입니다. 지난 3월 중순에는 UN이 주관하는 세계 25대학 총장회의에 한국대학으로서는 유일하게 초청을 받아, UN이 설정한 새천년 개발 목표Millenium Development Goals의 달성을 위해 대학이 담당해야 할 역할과 공공정책 및 교육방향을 논의하였습니다. 세계 명문대학들의 공통된 과제는 '학문 간의 개방과 융합, 글로벌 네트워크의 협력과 확대 등을 통해 변화를 선도하는 글로벌 리더를 양성'하는 것이었습니다.

사랑하는 연세가족 여러분, 2013년 올 한해도 대학을 둘러싼 교육환경은 많은 도전을 요구하고 있습니다. 급변하는 국제정세와 글로벌 경제 환경의 변화는 대학 경쟁을 더욱 심화시키고, 학령인구 감소와 반값등록금 요구에 따른 대학 재정압박 또한 더욱 가속화되고 있습니다. 이러한 대내외 변화 속에서 우리 연세는 글로벌 경쟁력을 갖춘 명문 대학으로서의 탁월함excellence과 위엄dignity을 함께 지니고 변화를 선도하는 대학으로서의 역할을 수행해야 할 것입니다. 연세는 이제 2년 후에 창립 130주년을 맞게 됩니다. 우리 모두가 힘을 모아 선각자들이 세운 연세 정신의 토대 위에 지금까지 이룩한 전통과 명성을 한 단계 드높이는 역사를 만드는 일에 매진해야 할 것입니다. 그것이 바로 오늘 우리에게 주어진 시대적 소명이며, '제3 창학'을 성공시키는 첩경이 될 것입니다.

마지막으로 저는 우리학교의 설립자이신 언더우드 선교사의 옛 편지를 하나 인용하고자 합니다. 1915년 8월 26일, 언더우드 선교사가 송도 국제캠퍼스가 멀지 않은 인천 소래에서, 미국 뉴욕의 해외 선교본부의 책임자이신 아서 제이 브라운 박사에게 쓴 편지입니다. 이 편지 속에는 험난한 여건 속에서 '제1의 창학'을 이끄셨던 그분의 지혜와 노력이 담겨 있습니다. 당시 일본 식민 정부와 선교사들의 관계는 극도로 악화되고 있었다고 합니다. 한 선교사가 조선인에 대한 일본 경찰의 잔혹한 고문을 공개적으로 비판했기 때문이었습니다. 서울에 기독교 대학을 설립하는 것도 총독부는 용납하지 않았습니다. 평양에 이미 기독교 대학이 있었기 때문에, 언더우드 선교사는 내부의 반대에도 직면했습니다. 그러나 언더우드 선교사는 이런 대내외적인 시련과 방해를 극복하고 마침내 연희전문이라는 기독교 대학의 '제1 창학'을 성공하게 됩니다. 그러자 일본 총독부는 장학사를 파견해서 사사건건 시비를 걸었고, 윤리학을 가르칠 때 종교에 대한 내용은 강의하지 말라는 요구도 합니다. 이런 총독부의 감시를 보고하면서, 언더우드 선교사는 교육의 본질에 대해서 이런 글을 남겼습니다.

"종교를 가르칠 때 선교사가 주는 커다란 도움은, 입에서 나오는 말에 의한 강의에서가 아니라, 그가 사는 삶에서 나옵니다."

사랑하는 연세가족 여러분, 오늘 눈부시도록 아름답고 젊음의 열기가 가득한 이 연세 동산에서 학교 창립 128주년의 기쁨과 감동, 그리고 옛 추억과 낭만을 한껏 느끼시는 하루가 되길 바랍니다. 우리 대학은 대한민국에 있는 수많은 대학 중의 평범한 한 대학이 아닙니다. '제1의 창학'을 위해 애쓰고 땀 흘리셨던 선각자들의 희생적인 삶의 정신이 지금도 우리 캠퍼스에 도도히 흐르고 있고, 그 흐름은 원주캠퍼스를 거쳐 이제 송도 국제캠퍼스에까지 도달했습니다. 입에서 나오는 말에 의한 강의가 아니라, 우리가 사는 헌신의 삶을 통해, 우리에게 맡겨주신 하늘의 사명을 다하게 될 것입니다. 하나님의 크신 가호와 은총이 앞으로도 온 연세가족에게 함께 하시기를 기원합니다.

2013년 5월 11일

자랑스러운 공간의 재창조

백양로 재창조 프로젝트 기공식 환영사

안녕하십니까? 오늘 창립 128주년을 기념하는 기쁜 날에, 우리 연세의 역사에 또 한 번 큰 변화를 가져 올 백양로 재창조 사업 기공식을 여러분과 함께 갖게 되어 대단히 영광스럽고, 감격스럽습니다. 이번 사업을 통해 지난 한 세기 가까이 학교의 상징이었던 백양로는 녹색의 낭만과 추억이 넘치고, 문화가 살아 있는 연세의 자랑스러운 공간으로 재창조될 것입니다.

원래 백양로는 화학과 교수였던 밀러박사가 설계한 것으로, 1921년 농과 학생들이 실습으로 백양목을 심으면서부터 백양로라는 이름을 갖게 되었습니다. 이 때 심어진 백양목은 1960년 그 수명이 다해 단목되었고, 1968년 백양로 확장공사와 1970년 백양로 평탄화 작업을 거치면서 현재 백양로의 모습을 갖게 되었습니다. 연세의 동문이면 누구나 백양로에 많은 추억을 가지고 계실 것입니다. 봄, 여름, 가을 그리고 겨울, 철마다 다른 얼굴을 가진 백양로는 풍운의 꿈을 키우고 동료, 선후배 및 교수님들과 만나는 교류와 소통의 장이었으며, 때로는 우리나라의 민주화의 성소이기도 했습니다. 그러나 지금의 백양로는 많은 이동 인구와 차량으로, 생명력을 잃은 지 오래고, 환경은커녕 안전까지 위협받는 처지에 이르게 되었습니다. 1965년 전임교원 246명, 학부생 5,560명에 불과하던 백양로 이용인구는, 2012년 현재 교원 1,558명, 재학생 31,200여명으로 약 6배가 증가하였습니다. 차량 통행 역시 비교할 수 없을 정도로 크게 늘어나, 현재의 백양로는 검은 아스팔트와 차량, 모터사이클, 보행인이 서로 뒤얽혀 보행자의 안전까지 걱정해야 하는 상황입니다.

이러한 이유로 백양로의 개선은 우리 대학의 오랜 숙원사업이었습니다. 가깝게는 2008년에도 이사회에서 백양로 프로젝트를 승인했으나, 당시 국제캠퍼스 건설이 워낙 시급한 사안이었기 때문에 백양로사업은 결국 유보할 수밖에 없었습니다.

저는 17대 총장 선임과정에서부터 수차례의 공청회를 통해 백양로 사업의 중요성을 강조해왔으며, 취임 직후부터 본격적인 사업 준비를 진행하여 왔습니다. 이미 작년 4월 이사회에서 사업보고를 드렸고, 그동안 연세 구성원들을 대상으로 사업에 대한 설명회와 설문조사 및 아이디어 공모전을 실시하여 백양로 재창조사업에 대한 의견을 광범위하게 모았습니다. 또한 지난해 12월에는 사업에 대한 신촌지역 주민들의 오해를 불식시키기 위한 주민설명회를 열고, 신촌지역 주민들과 상생협약서를 체결하기도 하였습니다. 이 밖에도 그동안 도시계획과 교통영향 평가 등 관계기관의 인·허가 과정을 거쳐, 연세 구성원들의 의견을 최대한 반영하여 실시설계를 완료하고 오늘부터 본격적인 공사를 시작하게 된 것입니다. 현재 예정으로는 창립 130주년인 2015년 5월까지는 사업을 완료할 수 있을 것 같습니다.

존경하는 연세가족 여러분, 오늘 우리는 92년 전 우리 선배들이 한 그루, 한 그루 백양나무를 직접 심었던 그 정성을 되새기고, 백양로에 다시 녹색의 생명을 불어넣는 사업을 시작합니다. 이것은 교통 공해와 회색 시멘트

2013. 5. 11.

백양로 재창조 프로젝트 기공식 개최

백양로 재창조 프로젝트 기공식이 5월 11일 오전 11시 50분 백양로 한글탑 앞에서 거행됐다. 창립 128주년 기념일의 첫 삽 뜨기를 시작으로 '도심 속의 숲(Under the Wood)'이 될 보행자 중심의 지상 공간 개발, 차량 통행과 주차의 지하화, 소통과 문화의 장 조성 등 대대적인 공사가 진행될 예정이다.

로 가득한 이 공간을 새로운 모습으로 재창조하여 연세인들의 낭만과 꿈이 숨 쉬는 아름다운 환경으로 재창조하는 사업입니다. 이제 백양로에는 문화와 편의 시설, 교육과 연구 공간이 새롭게 조성되어, 연세의 얼이 살아 있는 품격있는 모습으로 다시 태어나게 될 것입니다. 특히 백양로 재창조 사업은 학교의 교비 부담 없이 기부금과 외부의 재원으로 완성하는 것이 저희의 계획입니다. 이미 이런 취지에 공감하여 많은 동문과 교직원, 학부모들께서 동참해 주고 계십니다만, 오늘 여기 모이신 여러분들께도 적극적인 성원을 부탁드립니다. 백양로에 벤치 하나, 벽돌 하나라도 꼭 동문 여러분의 이름을 남겨 주시기를 당부 드립니다. 또한 앞으로 2년여의 공사기간 중에 소음과, 먼지, 교통통제 등 여러 가지 불편이 있더라도, 연세가족 여러분께서 넓은 마음으로 이해해 주시기를 부탁드립니다.

오늘 남은 창립기념일 행사에도 많이 참석하셔서 기쁨을 함께 나눠주시고, 다시 한 번, 오늘 기공식에 참석해 주신 모든 분들께 감사드립니다. 그리고, 하나님의 은총이 오늘 참석해 주신 모든 분들과 항상 함께하시기를 기원합니다. 감사합니다.

백양로 조감도

2013년 5월 24일

멀티캠퍼스의 자율과 융합

원주캠퍼스 창립 35주년 기념식사

여러분 안녕하십니까. 오늘 아름다운 5월의 말미에 한국에서 제일 아름다운 우리 원주캠퍼스에서 여러분과 함께 창립 35주년을 축하하게 되어서 대단히 기쁘고 또 하나님께 감사드립니다. 바쁘신 중에도 이 자리를 빛내 주시기 위해서 참석해 주신 안세희 총장님과 박영식 총장님, 소화춘 이사님, 전임 부총장님들, 그리고 퇴임 교직원 선생님들, 한승룡 이사장님, 너무나 많은 분들이 오셔서 정말 감사드립니다. 오늘 우리는 창립 35주년을 맞으면서 원주캠퍼스의 성장 과정을 되돌아보고 설립 정신을 되새기며, 앞으로 우리의 미래를 다시 한 번 다짐하는 자리에 모두 와 있습니다. 돌이켜보면 우리 원주캠퍼스의 성장은 참으로 많은 분들의 희생과 열정과 봉사가 있었기 때문에 가능했던 것이라고 생각합니다. 저희보다 앞서서 젊음의 열정을 이곳에서 바치면서 원주캠퍼스의 발전을 위해서 수고하신 그 많은 분들을 우리가 일일이 다 언급할 수는 없습니다만, 그분들의 열정을 저희가 본받아서 우리 원주캠퍼스의 미래를 위해서 헌신할 것을 다시 한 번 다짐하는 자리가 되어야 하겠습니다.

특별히 원주캠퍼스의 부지 선정과 매입은 물론 캠퍼스의 조성을 위해서 건물을 기공하고 봉헌하기까지 모든 정성과 노력으로 원주캠퍼스 조성 사업을 추진해 주셨던 안세희 전 총장님의 노고에 깊이 감사드립니다. 그리고 원주대학을 일산동에서 매지로 이전하고 원주캠퍼스가 대학다운 면모를 갖출 수 있도록 원주대학을 문리대학과 경법대학으로 분리하고 보건과학대학을 신설하였을 뿐만 아니라, 입학정원의 증원과 학과 증설을 통해서 재정 자립 기반의 초석을 놓아 주신 박영식 전 총장님께도 깊이 감사드립니다. 그동안 우리 원주캠퍼스는 연세대학교의 중요한 지체로서 연세 창립정신인 기독교 정신을 바탕으로 특성화 전략을 추진함으로써 괄목할만한 성장과 발전을 거듭해 왔습니다. 특히 2007년도부터는 국내 최초로 Residential College 프로그램을 도입해서 교육의 수월성이 획기적으로 높아졌습니다. 우리 원주캠퍼스의 RC 모델은 그대로 국내 대학에 새로운 교육 패러다임으로 정립되었고, 신촌캠퍼스 1학년 전체 학생이 송도캠퍼스에서 RC 프로그램을 실시하는데 가장 중요한 자료가 되었고 그 초석이 되었습니다. 지금 연세대학교와 같이 전체 입학생 중에 신촌 원주 합하여 5000여명에 이르는 학생 규모로 RC 프로그램을 운영하는 대학은 세계에서도 유례를 찾아보기 힘들 것입니다. 대부분 RC 프로그램은 입학정원이 아주 적은 미국이나 영국의 사립대학을 중심으로 실시되어 왔는데, 이러한 전인교육의 정신을 저희는 기숙사 여건이 완비된 원주와 송도캠퍼스에서 실시함으로써 우리 연세대학교가 우리나라의 대학 교육의 새로운 패러다임을 제시하게 될 것입니다.

또한 최근 수년 동안 원주캠퍼스는 첨단 교육 연구 공간도 지속적으로 확충하여 교육과 연구 분야에서도 비약적인 발전을 위한 초석을 다져 왔습니다. 특히 지난해에는 연구 수주액이 500억원을 돌파함으로써 원주캠퍼스가 새롭게 도약하는 전기가 되었고, LINC 사업 등을 통해서 전국의 최우수 대학으로 선정됨으로써 앞으로 지역에 기반을 둔 새로운 원주캠퍼스의 발전된 모습을 내다볼 수 있는 전기가 된 것 같습니다.

2013. 5. 24.

원주캠퍼스 창립 35주년 기념식 개최

원주캠퍼스 창립 35주년 기념식이 5월 24일 대학교회 대예배실에서 열렸다. 이 자리에는 정갑영 총장, 한승룡 청파장학회 이사장, 역대 전임 부총장, 전·현직 교직원들이 참석했다. 이날 행사에서는 캠퍼스 부지 선정과 캠퍼스 발전을 위해 노력한 안세희 전 총장과 보건과학대학을 신설하고 입학 정원 증원과 학과 증설을 위해 노력한 박영식 전 총장에게 감사패를 수여했다.

최근 우리 대학뿐만 아니라 모든 한국의 대학들을 둘러싼 외부 환경이 크게 악화되고 있는 게 사실입니다. 그러나 되돌아보면 우리 대학교는 1885년 창립 이후 지금까지 한 번도 호의적인 환경 속에서 성장해 온 것은 아니었던 것 같습니다. 언더우드 선교사의 표현처럼 풀 한포기 나무 한그루 제대로 자라지 못하는 척박한 땅에서 우리 연세대학교가 출범하였고, 원주캠퍼스가 시작되었으며, 송도캠퍼스 역시 갯벌을 메우며 시작되었습니다. 이러한 개척 정신과 불굴의 정신 그리고 기독교 정신을 바탕으로 우리는 세계로 도약할 수 있는 '제3 창학'을 준비하고 있습니다. '제3 창학'은 원주캠퍼스는 물론 연세의 모든 지체들이 참여해서 우리 연세대학교가 아시아의 최고 대학으로, 글로벌 교육을 선도하는 중요한 아시아의 거점대학으로 새롭게 도약하자는 다짐입니다.

또한 '제3 창학'의 가장 중요한 핵심적인 요소 중의 하나는 멀티캠퍼스의 자율과 융합입니다. 저는 연세대학교가 4개의 캠퍼스를 운영하고 있는 국내 유일한 사립대학으로서 4개 캠퍼스의 잠재력과 역량을 합해서 시너지를 극대화할 수 있는 기반을 만드는 데 최선을 다하고 있습니다. 우선 캠퍼스간의 융합을 위해서 캠퍼스 간 융합 발전을 위한 추진위원회를 구성해서 계속해서 정책을 개발하고 있으며, 다음 달에는 캠퍼스 간의 발전적인 융합전략을 토의하기 위한 전략회의를 개최하여 학사와 교무, 연구 등 모든 면에서 다음 학기부터 가시적으로 캠퍼스간의 융합이 나타날 수 있는 정책들을 실시하게 될 것입니다. 또한 송도를 바탕으로 하여 원주캠퍼스의 일부도 같이 융합교육을 할 수 있는 전략도 모색하고 있습니다.

원주캠퍼스에서도 매지와 일산이 융합을 통해서 더 적극적으로 역량을 개발하고 극대화 할 수 있는 전략을 추진하고 있습니다. 그 일환으로 이미 올해부터 원주의과대학의 1학년 학생들이 매지에서 교육을 받고 있습니다. 또한 우리 연세대학교 전체에서 시설이 가장 낙후되어 있는 일산 원주의료원의 인프라 개선도 이번 하반기부터 본격적으로 추진이 됩니다. 외상센터는 물론이고 외래 진료센터가 곧 착공될 수 있는 여건이 마련되어 있어서 연세원주의료원도 2,3년 내에 새로운 시설로 면모를 일신하게 될 것입니다.

대학의 경쟁력은 교육과 연구 그리고 의료서비스 시설 등이 뒷받침 되어서 이루어집니다. 연세대학교는 앞으로 교육에 있어서는 RC 프로그램을 지속적으로 더 발전시키고, 연구 분야는 연세대학교 전체가 가지고 있는 캠퍼스 간의 역량을 더욱 극대화 하고, 이러한 모든 노력을 통해서 앞으로 다가오는 30년, 50년은 우리 연세대학교가 한국의 차원을 넘어서 아시아의 최고 대학으로 우뚝 설 수 있게 모든 노력을 다 경주하게 될 것입니다. 그동안 어려운 여건 속에서도 우리 원주캠퍼스의 모든 구성원들이 부단한 연구와 혁신을 통해서 개인의 역량을 높이고 동시에 원주캠퍼스의 경쟁력을 증진하기 위해 노력해 주신 것에 대해서 다시 한 번 깊은 감사를 드립니다. 이제 오늘 창립 35주년을 맞으면서 원주캠퍼스의 새로운 역사를 위하여 우리의 정체성과 비전을 다시 한 번 점검하고 우리 모두가 협력하여 새롭게 미래를 다짐하는 기념식이 되기를 간절히 바랍니다. 여러분 대단히 감사합니다.

2013년 7월 4일

생명을 살리는 소중한 사업

원주세브란스기독병원 응급의료전용헬기 운항식 기념식사

연세세브란스기독병원의 응급의료전용헬기 운항식에 참석하여 주신 내외 귀빈 여러분께 연세대학교를 대표하여 깊은 감사의 말씀을 드립니다. 특히 바쁘신 일정에도 불구하고 격려차 참석해주신 최문순 강원도지사님과 박상수 강원도의회 의장님, 원창묵 원주시장님 및 김기선 국회의원님께 감사의 말씀을 드립니다. 1959년 캐나다 연합선교부와 미국 감리교선교부에 의해 50개 병상을 갖춘 원주연합기독병원으로 개원한 우리 병원은, 1976년 기독교 이념을 공유한 연세대학교와의 합병을 거쳐 800여 병상을 갖춘 중부권 최대의 대학병원으로 성장하였습니다. 올해 초 원주세브란스기독병원으로 이름을 변경하면서 중부지역 주민들을 위한 의료서비스를 한 차원 더 높여가고 있습니다.

오늘은 우리나라 의료서비스, 특히 응급이송 체계에 있어서 한 획을 그을 응급의료 전용헬기 운항을 개시하는 날입니다. 2011년부터 도서지역 주민을 위한 응급의료헬기 운영이 시작되었지만, 강원·충청지역과 같은 산간지역을 위해 응급의료헬기를 운항하는 것은 우리 병원이 처음입니다. 응급치료의 적정 시간을 놓치게 되어 소중한 생명을 잃는 일들을 접할 때마다 무척 마음이 아팠는데, 닥터헬기 도입으로 이런 일들이 대폭 줄어들 수 있게 되어 참으로 다행이 아닐 수 없습니다. 특히 강원도는 거주민 외에도 한해 8천900만 명의 관광객이 찾는 곳이지만, 험한 산악 지형의 특성상 접근성이 열악하여 예방 가능한 외상 사망률이 39%가 넘는 응급의료 분야의 취약 지역이었습니다. 이제 닥터헬기 취항으로 "Total Express Care"를 실현함으로써, 예방 가능한 외상 사망률을 10% 이하로 낮추고, 강원도를 응급의료 분야의 선진 지역으로 발전시키게 될 것입니다.

우리나라의 닥터헬기 사업은 여러 의료 선진국에 비해 다소 늦게 시작되었지만, 머지않아 세계 응급의료 이송체계를 이끌어 나갈 최고의 시스템으로 발전할 것이라고 믿습니다. 우리나라 응급의료이송체계의 선진화에 원주세브란스기독병원이 앞장설 것임을 믿어 의심치 않습니다. 특히 우리 연세대학교는 국내를 넘어서 세계 의료계에서도 빠지지 않을 우수한 의료 인프라를 갖추고 있습니다. 오늘의 닥터헬기 취항에 이어, 내년 권역외상센터까지 완료되면 우리 병원은 가히 국내 최고의 응급의학분야 의료시설을 갖추게 되며, 이를 통해 위험에 처한 생명을 살리는 소중한 사업을 성실히 수행할 수 있을 것입니다. 원주세브란스기독병원에서 힘차게 날아오르는 닥터헬기가 소중한 생명을 살리는 데 귀하게 쓰이기를 바랍니다. 여러분들의 애정과 관심에 보답하여 원주세브란스기독병원은 지역민을 위해 항상 연구하고 봉사하는 의료기관이 될 것입니다.

이 자리를 빌려 보건복지부 장관님과 강원도지사님을 비롯한 관계자 여러분, 헬기장 건설에 많은 도움을 주신 원주시장님과 원주시 관계자들께도 감사의 뜻을 표합니다. 앞으로 닥터헬기 사업이 계속 발전할 수 있도록 지속적인 관심과 격려를 부탁드립니다. 내외 귀빈 여러분께 하나님의 축복이 늘 충만하시기를 간구합니다. 감사합니다.

2013년 8월 19일

좋은 인재를 기르는 방법

신임교원 임명장 수여식 인사말

2013. 7. 10.

연세대-스위스 제네바대 전략적 동반자 협약 체결

우리 대학교 정갑영 총장과 스위스 제네바 대학교 장 도미니끄 바쌀리(Jean-Dominique Vassalli) 총장은 7월 10일 우리 대학교 국제캠퍼스에서 양교 간 상호 해외사무소 설치, 공동 연구기금 설립 등 전략적 동반자 협약을 체결했다.

올 여름 한국은 20년 만의 기록적인 더위에 모두들 많이 힘들었는데, 다들 어떻게 지내셨는지요? 건강하게 만나 뵙게 되어 반갑습니다. 이번에 특별히 더 유능한 교수님들을 새로운 연세가족으로 모시게 되어 매우 감사하고 있습니다. 오리엔테이션 통해서 학교의 비전과 역사, 현황, 교수법의 중요성 등에 대해서는 다 말씀을 하셨을테니까 제가 다시 말씀을 드리지 않겠습니다.

그래서 저는 편하게 제 이야기를 드리겠습니다. 27년 전 저 또한 지금 여러분이 계신 자리에 있었는데, 어느새 연세를 떠날 준비를 해야 할 시기가 가까웠다는 것이 별로 실감이 나지 않습니다. 신임교수님들을 만나 뵐 때마다 저는 처음 연세대학교 교수가 되었을 때의 제 마음을 기억하려고 애씁니다. 당시에는 연세대학교 교수가 된다는 사실만으로도 큰 감격이었죠. 언더우드나, 알렌, 에비슨 등의 학교 창립자나 최현배, 정인보, 김윤경, 백낙준, 백남운 같은 큰 스승들은 너무 멀다고 하더라도, 가깝게 제가 재학하던 때 민청학련 사건에서 문교부와 당당하게 맞서시던 박대선 총장, 김찬국, 김동길 교수님 같은 분들처럼 역사 앞에서 부끄럽지 않을 수 있을 지 걱정스러웠습니다.

다음으로 제가 하는 연구를 통해 한참 산업화에 가속도가 붙고 있던 우리나라의 경제발전과 민주화에 어떻게 기여할 수 있을까에 대한 고민을 했었습니다. 저는 한국전 중인 51년에 태어나서 전쟁에 대한 기억은 없지만, 전쟁의 폐허 위에서 '한강의 기적'이라는 경제성장기와, 2007년 금융위기 이후의 위축기를 모두 보아 왔습니다. 이런 사건들은 산업조직과 국제경제가 주 관심사인 저에게는 모두 중요한 숙제였고, 제가 할 수 있는 일이 무엇인지에 대하여 늘 고민해왔습니다. 이렇게 직접적으로 우리 현실에 대하여 고민하고 토론하는 일은 힘들고도 즐거운 일입니다. 요즘에는 정교수가 되기까지 대부분의 교수님이 연구 업적 강박에서 벗어나지 못합니다. 쉽지 않겠지만, 연구 편수를 늘이기 위한 연구보다는 자신이 진짜 하고 싶은 연구를 할 수 있었으면 합니다. 그리고 주변 교수님들과도 자주 교류하면서 다른 분야와의 융합연구에 대해서도 많은 관심을 가진다면 여러분의 연구 생활의 의미가 더 커질 것이라 장담합니다. 특별히 지난 4월 개원한 미래융합연구원ICONS을 이용하시면 여러 분야 동료들과 만나는 데 도움이 될 것입니다.

마지막으로 학생들에게 좋은 스승이 될 수 있을까가 걱정이었습니다. 대학이 고등지식을 독점하던 시절은 이미 옛날이야기이고, 지금은 자본이 집중된 정부산하 혹은 기업의 연구소들이 대학보다 더 뛰어난 성과를 내고 있습니다. 이러한 때에 대학이 있어야 하는 이유는 우수한 후학을 키워내는 것입니다. 뛰어난 인재가 어떤 인재인지에 대해서는 우리 한 사람 한 사람의 생각이 모두 다를 수밖에 없습니다. 그러나 저는 여러분께 '연세인'을 길러 달라는 부탁을 드리고 싶습니다. 연세인은 지식뿐만 아니라, 언더우드나, 알렌, 에비슨, 최현배, 정인보, 김윤경, 백낙준, 윤동주, 이런 스승과 선배들의 정신을 함께 나누는 사람입니다. 이웃들과 공감하고 이웃을 위해 일

2013. 7. 25.

장 마크 애로 프랑스 총리 방문

장-마크 애로 프랑스 총리가 프랑스 장관, 국회의원, 기업인 그리고 프랑스 언론인들과 함께 7월 25일 오후 3시 우리 대학교 내 에어리퀴드 한국 연구소를 방문했다. 우리 대학교 공과대한 전기전자공학부는 프랑스의 대규모 화학기업인 에어리퀴드사와 협력하여 에어리퀴드 한국 연구소 분원과 에어리퀴드 연세산학협력센터를 2012년 4월 설립한 바 있다.

할 수 있는 사람입니다. "영혼이 없는 몸이 죽은 것 같이, 행함이 없는 믿음은 죽은 것이니라." 하신 성서의 말씀을 기억했으면 합니다.

좋은 인재를 기르는 가장 효과적인 방법은 그 사람을 믿고 지켜봐 주는 것입니다. 사람들은 누군가 지켜봐주는 사람이 있을 때, 그 사람을 위해서 열심히 해보자는 마음이 생기게 마련입니다. 학생들이 열심히 해야지 하는 마음을 갖도록 지켜봐 주는 선생님이 되어 주십시오. 정호승 시인은 중학교 시절 김영랑 시인에 대한 수업에서 숙제로 제출한, '자갈밭에서'라는 시에 대해서 선생님이 칭찬해 주시고 이후 백일장에서 나가 장원했을 때, 교장선생님께서 '열심히 쓰면 좋은 시인이 되겠다'고 말씀해 주신 데 힘입어 시인이 되었다고 하죠. 정호승 시인의 시 중에 「고래를 위하여」란 시를 잠깐 소개하겠습니다. 시인은 우리들에게 고래를 키우는 바다가 되라고 이야기합니다.

고래를 위하여 (정호승)

푸른 바다에 고래가 없으면
푸른 바다가 아니지
마음속에 푸른 바다의
고래 한 마리를 키우지 않으면
청년이 아니지
푸른 바다가 고래를 위하여
푸르다는 걸 아직 모르는 사람은
아직 사랑을 모르지
고래도 가끔 수평선 위로 치솟아 올라
별을 바라본다
나도 가끔 내 마음 속의 고래를 위하여
밤하늘 별들을 본다

우리 학생 각자가 큰 고래 한 마리씩을 품은 큰 바다가 될 수 있도록 많이 격려해 주십시오. 물론 여러분의 고래가 자유롭게 헤엄칠 수 있도록 여러분의 바다도 잘 지켜 주시기 바랍니다.

지금 우리는 새로운 목표를 향한 출발점에 함께 서 있습니다. 어떤 계기가 있을 때 잘하는 것은 비교적 쉽지만, 초심을 잃지 않고 매일 한결같음을 유지하는 데는 훨씬 큰 의지가 필요합니다. 이런 때 고민을 나눌 수 있는 동료들이 있다는 것, 큰 축복입니다. 오늘 여러분 옆에 계신 분들과의 인연을 소중히 이어나가시기 바랍니다. 128년 역사의 연세가족이 되신 여러분을 다시 한 번 진심으로 환영합니다. 남은 오리엔테이션 즐겁게 잘 마치고, 9월에 좋은 동료로 다시 만나 뵙겠습니다. 감사합니다.

2013년 9월 11일

창조경제와 미래사회 구현을 위한 융합형 리더

IT포럼 기조연설

먼저 귀한 시간을 할애하여 저희 대학교가 공동 주관하는 포럼에 참석해주신 최문기 미래창조과학부 장관님, 정준양 포스코 회장님, 김용민 포스텍 총장님을 비롯한 내외 귀빈 여러분께 진심으로 감사드립니다.

오늘 저희는 창조경제를 통한 미래 사회 구현의 핵심이 될 융합형 리더를 어떻게 양성할 수 있을까를 논의하기 위해 이 자리에 모였습니다. 많은 미래학자들이 예견했던 대로 지금 세계는 산업사회에서 지식기반 사회로 빠르게 전환하고 있습니다. 자본과 노동이 경제발전의 원동력이 되었던 전통적인 산업사회에서 이제는 지식과 정보가 경쟁력과 부를 창출하는 시대로 발전하고 있습니다. 전 세계의 경제도 이러한 흐름을 그대로 반영하고 있습니다. 글로벌 금융위기에서 회복의 기미를 보이고 있는 선진국은 물론 부침을 거듭하고 있는 이머징 마켓에서도 새로운 패러다임의 변화가 가시화되고 있습니다. 최고의 기술과 자원을 보유한 기업도 산업사회의 효율과 기술만으로는 더 이상 경쟁하기 어려운 시대가 됐습니다. 우리 대학도 이제 이러한 패러다임의 변화에 부응하여 글로벌 리더를 양성해야 하는 과제를 안고 있습니다. 그동안 한국의 대학은 산업사회가 필요로 하는 인재를 배출해냄으로써 사회발전에 크게 기여해 왔습니다. 70년대의 건설업, 80년대의 자동차산업, 90년대의 전자산업, 그리고 2000년대의 정보통신기술ICT 산업의 눈부신 발전의 이면에는 놀라운 교육열과 사회에 필요한 산업 인력을 배출해 낸 교육의 역할이 있었습니다.

그러나 2000년대 한국 산업의 발전을 견인해온 주력산업의 경쟁력은 주춤거리고 있고, 이미 한국사회는 저출산, 노령화, 저성장으로 이어지는 구조적인 현안을 우려해야 하는 상황입니다. 거의 모든 산업 분야에서 새로운 먹거리 찾기에 나서고 있지만, 새로운 성장 동력의 확보는 여전히 큰 과제로 남아있습니다. 이러한 변화 속에서 우리 경제는 잠재적 성장기반을 지속적으로 강화하고 세계적인 변화를 앞서 갈 수 있는 성장 동력을 확충해야 하는 절실한 과제를 안고 있습니다. 우리 경제의 구조적 현안을 극복하기 위해 새 정부는 창조경제를 새로운 국정의 목표로 삼고 있고, 우리 사회 전 분야에 창조경제의 실현을 위한 정책과제를 발굴하고 있습니다.

창조경제는 과학기술과 산업이 융합하고, 문화와 산업이 융합하고, 산업 간의 벽을 허문 자리에 새로운 가치를 만들어내는 것입니다. 개인, 기업, 정부, 시민사회가 주체가 되어 문화예술에 대한 감수성과 상상력과 창의력, 과학기술과 정보통신기술을 기반으로 창의적 자산을 축적하는 일입니다. 궁극적으로 저는 창조경제의 핵심가치가 곧 높은 부가가치의 창출과 새로운 일자리 만들기에 있다고 생각합니다. 이러한 창조경제의 목표를 달성하기 위해서는 물론 융합 기술을 개발하고 혁신적이고 창의적인 아이디어를 효율적으로 활용하는 것이 매우 중요합니다. 그러나 이보다 더 우선적으로 추진되어야 할 과제는 바로 창조 경제를 수행할 수 있는 융합형 인재의 양성입니다. 특히 지식 정보화 사회에서 경제가 지속적으로 성장하기 위해서는 단순한 인적 물적 자원의 확보가 문제가 아니라 창의적이고, 전문성이 있으며 동시에 여러 분야를 아우를 수 있는 융합형 인재가 절

2013. 9. 18.

아시아태평양 지역 선도대학 협력 기구, APRU(환태평양 대학 협회) 가입

우리 대학교는 9월 18일 아시아태평양 지역의 대표적인 대학 협력 기구인 '환태평양 대학 협회(Association of Pacific Rim Universities: 이하 APRU)'에 가입했다. APRU에 가입함으로써 우리 대학교는 세계적 명문 대학과 다차원적 국제 협력 사업을 추진하는 새로운 발판을 마련했다. APRU는 1997년에 설립된 태평양 연안에 위치한 세계 명문대학의 협력체다. 스탠포드대, 캘리포니아공대, UC 버클리, 도쿄대 등 총 45개의 선도적인 대학이 회원으로 활동하고 있다.

2013. 9. 23.

음악대학 A동, 최신 시설로 새 단장하고 재개관

9월 23일 오후 2시, 최신 교육 시설과 안락한 휴식공간을 겸비하여 새롭게 태어난 음악대학 A동의 재개관식이 개최됐다. 음악대학 재학생들의 쾌적한 교육환경 조성을 목표로 시작된 이번 리모델링 공사는 지난 6월부터 약 3개월간 진행됐다. 이를 통해 학생들의 충분한 휴식 및 편의 공간을 확보함은 물론 연습실과 교수 연구실 등에 대한 전면 개·보수 등이 이뤄졌다.

실히 필요합니다.

기존 교육 체제의 전통적 교육으로는 미래 사회가 요구하는 창의력을 갖춘 융합형 인재의 양성은 기대할 수 없습니다. 더 이상 과거와 같은 학원식의 대량생산 교육 체제로는 밝은 미래사회를 보증하기 어려워졌습니다. 산업사회 때 주효했던 전통적인 교수법이나 전공과 학과 중심의 편향된 스펙 교육만으로는 우리의 학생들이 현재를 헤쳐 나갈 실력을 쌓기가 힘들어졌습니다. 앞으로는 융합적 사고를 바탕으로 창의적 감성까지 갖춘 인재를 양성해야 하며, 이공계도 기초과학이나 공학교육에 머물지 않고 상상력과 창의력을 높이는 인문학으로 교육범위를 넓혀 나가야 합니다. 대학은 창의적이고 자유로운 사고를 기반으로 산업계 현장에서는 시도하기 어려운 학문 간의 융합이 가능한 곳입니다. 특히, 21세기 지식경제의 씨앗인 '지식'과 '상상력'을 융합하여 새로운 과학기술과 산업을 일으킬 수 있는 창의적 글로벌 리더를 양성해야 한다는 점에서 대학의 역할이 더 중요해지고 있습니다. 국가 성장을 견인할 창의적 인재와 융합형 리더를 배출하는 것이 오늘날의 대학에 주어진 새로운 역할인 것입니다.

연세대학교는 인문사회과학과 자연과학, 공학 그리고 의학에 이르기까지 거의 모든 학문 분야를 망라하는 종합대학으로서, 융합형 교육과 창의적 연구에 매우 적합한 터전이 되어왔습니다. 한편, 연세대학교는 최근 제3 창학을 선포하면서, 하버드, 예일 등의 세계 명문대학이 학부교육에 도입하고 있는 레지던셜 칼리지[RC] 시스템을 채택하여, 학문적 수월성 추구에만 머물지 않고 지성과 덕성, 영성이 조화된 전인 교육 시스템 구현을 지향하고 있습니다. 대학 내 기숙사 생활을 전제로 하는 레지던셜 칼리지[RC]는 다양한 성장 배경과 문화적 차이를 지닌 학생들이 공동체 생활을 통해 서로의 같음과 다름을 이해하고 소통과 협력의 중요성을 체득하여, 글로벌 인재로서의 리더십을 배우는 융합교육의 현장이 되고 있습니다.

여러분은 미국 명문가 출신의 정치인 앨 고어와 헐리우드의 연기파 배우 토미 리 존스가 하버드 대학 시절 기숙사 룸메이트였다는 사실을 알고 계십니까? 전형적인 엘리트인 앨 고어는 하버드를 우등으로 졸업하고 부통령을 거쳐 환경 운동에 기여한 공로로 2007년 노벨평화상을 수상했고, 다소 거친 스타일의 토미 리 존스는 지성적인 연기력을 인정받아 아카데미 남우주연상을 받은 실력파 배우입니다. 두 사람은 대학시절 룸메이트로서 출신 배경도 관심사도 달랐지만, 서로에게 자극을 주고 활기를 불러일으켜 각자의 분야에서 최고가 될 수 있도록 긍정적인 영향을 미쳤습니다. 우리 학생들은 레지던셜 칼리지[RC] 경험을 통해, 다양성을 이해하고 타인과 소통하고 주도하는 기술과 자질, 그리고 리더십을 함양함으로써, 창의적 융합형 인재의 새로운 경쟁력을 갖추어 나갈 것입니다. 구체적으로 융합형 인재를 양성하는 여러 프로그램도 운영하고 있습니다. 예컨대 연세대 원주캠퍼스에서는 진작부터 메디치형 인재양성 시스템을 운영해 왔습니다. '메디치형 융합연계전공', 즉 의료경영, BT융합 등 신규 전공을 개설하고 각 단과대학의 융복합교육을 통해 통합지식형 인재를 양성함으로써 다변화되는 산업체 수요에 부응하고 있습니다. 또한 금년 4월에는

2013. 10. 12. ~ 14.

정갑영 총장, 미 예일대 제23대 총장 취임식 참석

정갑영 총장은 10월 12일부터 14일까지 미국 예일대 초청으로 피터 샐로비(Peter Salovey) 제23대 예일대 총장 취임식에 참석하여 예일대와의 협력 관계를 강화했다. 정 총장은 지난 3월 미국 뉴욕대에서 열린 '글로벌 콜로키엄 2013'에 참석하여 피터 샐로비 총장과 처음 만난 후 양교간 교류협력 방안을 지속적으로 논의해왔다. 정 총장은 앤드류 해밀튼(Andrew Hamilton) 옥스퍼드 대학 총장, 탄춰취엔 (Tan Chorh Chuan) 싱가포르 국립대학 총장 등 30여 개 대학의 총장들과 교류하면서 세계 속의 연세 네트워크를 강화했다.

2013. 10. 15.

국내 대학 최초 스위스 제네바대에 협력센터 개소

우리 대학교는 10월 15일 유럽의 세계적인 명문대학인 스위스의 제네바 대학 내에 '연세제네바센터(Yonsei Geneva Center)'를 개소했다. 우리 대학교는 일본의 게이오 대학에 이어 스위스의 제네바 대학에 협력센터를 한국 대학 최초로 구축함으로써 유럽 대학과의 연구교류, 교육교류, 인적교류 등을 강화할 계획이다. 우리 대학교와 제네바 대학은 또한 제네바대학이 '3-캠퍼스 동아시아학 프로그램(3-Campus Comparative East Asian Studies Program)'에 참여한다는 의향서에 서명했다.

연세대 내 융합연구의 중추기구의 역할을 하고 있는 미래융합연구원을 개원한 바 있습니다. 이 연구원은 신촌, 의료원, 원주, 국제 등 네 개 캠퍼스, 400여명의 교수들이 구성한 38개의 연구센터를 수용하여 기초과학과 응용과학, 인문사회과학, 자연과학 등의 다양한 학문 분야를 아우르고 있습니다. '인문학의학융합연구센터', '기술경영연구센터', '미래상상콘텐츠연구센터' 등 다양한 전공으로 복합 구성된 연구센터에서 연구자들은 정보를 교류하며 연구 주제를 발굴하기도 하고 공동 융합연구도 수행하고 있습니다. 연구원은 보다 광범위한 분야의 연구를 촉진하기 위해 점진적으로 산하 센터를 확대할 예정입니다.

이와 같이 연세대학교는 창조경제와 미래사회를 구현하는 시대적 사명감으로 창의교육과 융합연구에 다각적인 노력을 경주하고 있습니다. 특히 우리 학교는 3년 전 미래창조과학부가 주도하는 IT명품인재양성사업의 첫 번째 주관 대학으로 선정되어 송도의 국제캠퍼스에서 융합 교육의 씨를 뿌리기 시작했습니다. 창조경제를 선도해 나갈 글로벌 인재양성을 목표로 다학제적인multidisciplinary 교육과 연구 풍토를 조성해 가고 있고, 융합 연구 중심의 인재양성 부분에서 점차 가시적인 성과를 보이고 있습니다.

저희는 IT명품인재양성사업을 통해 다음의 세 가지를 갖춘 창의적 융합형 인재를 길러내고자 노력하고 있습니다. 즉 IT를 중심으로 공학 분야에 대한 융합적 지식, 둘째, 공학·디자인·인문학 간의 융합을 기반으로, 사용자의 욕구와 편의성을 담아내는 디자인 능력, 셋째 새로운 기술적 결과물에 대한 경제성을 분석하고 시장과 소통하는 능력 등이 그것입니다.

우리 대학의 이러한 융합교육의 성과라 할 수 있는 사례 하나만 소개하겠습니다. 학부에서 화학공학을 전공한 대학원생이 통신네트워크를 전공한 지도교수와 공동연구를 진행하게 되었습니다. 처음엔 과연 둘이서 무엇을 할 수 있을까 하고 막막한 심정이었다고 합니다. 하지만 함께 머리를 맞대고 고민한 결과, 분자를 이용한 인체 내 통신 시스템 기술을 개발하는 데 성공했습니다. 이 결과는 최고 수준의 국제학술지에 게재되었고 국내외의 큰 상도 받았습니다. 현재의 공학교육은 지나치게 세분화되어 있어서, 이렇게 벽을 허물고 융합형 연구와 교육을 촉진하려는 노력이 필요합니다. 이 팀 외에도, 공학적 지식을 갖춘 엔지니어들이 사용자 경험이나 사용자 인터페이스에 대한 심도 있는 연구를 통해서 융합적인 연구 결과물들을 만들어 내고 있습니다. IT명품인재양성사업은 MIT Media Lab을 능가하는 수준의 학자와 인재를 배출한다는 목표를 향해 성공적으로 진행되고 있으며, 우리 대학은 고도로 전문화된 사회에서 제 역할을 충분히 할 수 있는 창조적 전문가를 양성하는 데 최선을 다하고 있습니다.

저희 연세대학교는 융합형 창의 인재를 양성하기 위해 학생과 교직원의 다양성을 확보하고, 다양한 구성원의 경험과 능력이 창조적으로 융합될 수 있도록 대학의 교육과 환경을 바꾸어가고 있습니다. 인문학적 소양과 예술적인 감수성, 공학적인 이해를 고루 갖춘 르네상스형 인재들이 머지않아 우리나라의 경쟁력을 선도해 나가는 모습을 기대해 주십시오. 감사합니다.

2013년 10월 19일

보람과 긍지의 축제

대학원 재상봉행사 환영사

2013. 10. 16.

정갑영 총장, 스위스 교육부 장관 주재 회의 참석

정갑영 총장은 10월 16일 마우로 델 암브로지오 (Mauro Dell'Ambrogio) 스위스 연방정부 교육부 장관을 단장으로 하는 스위스 교육계 주요 인사들과 오찬 회의에 참석했다. 이 자리에서는 스위스 교육부의 스위스 고등교육의 현황과 변화에 대한 브리핑이 있었고, 정 총장도 우리 대학교의 국제화 의지와 수준 높은 교육 프로그램 등을 소개하며 제네바 대학과의 새로운 협력을 계기로 향후 적극적인 교류 협력을 약속했다.

자랑스러운 대학원 재상봉 동문 여러분! 졸업 10년 혹은 20년 만에 연세 동산을 다시 찾아주신 대학원 재상봉 동문 여러분을 진심으로 환영합니다. 그동안 잠시 중단되었던 대학원 재상봉행사를 새롭게 시작하게 되어 더욱 감회가 새롭습니다. 우리 대학교는 제중원과 연희전문을 중심으로 학부교육을 전담하는 최초의 근대고등교육기관으로 출범하였지만, 대학원 교육에서도 선도적인 역할을 담당해 왔습니다. 특히 '대학원' 동문 재상봉 행사는 우리 대학만의 독특한 축제로, 학교는 물론 많은 동문들이 이를 큰 보람과 긍지로 여기며, 자랑스러운 학교 전통의 하나로 만들어나가고자 합니다.

연세대학교가 진리와 자유의 이념 아래 이 땅에 세워진 후 지난 128년간 연세는 대한민국의 근현대사와 역사를 함께해 왔습니다. 1885년, 국내 최초의 근대 고등교육기관으로 개교한 우리 대학은 혹독한 일제의 탄압 아래서도 우리말과 역사를 지켰으며, 연희와 세브란스가 연세로 하나가 된 이후에는 최고의 명문사학으로서 우리나라의 발전을 선도하여 왔습니다. 글로벌 시대에 선도적으로 대응하고 아시아에 위치한 세계대학Asia's World University으로서의 입지를 굳건히 하기 위해, 우리 대학은 지금 '제3 창학'의 각오로 새로운 역사를 만들어 나가고 있습니다. 글로벌 명문의 면모에 걸맞는 Residential College 교육 시스템을 개발하고 정착시켜 한국 고등교육의 패러다임을 바꾸고 있습니다. 또한 연세 정신의 상징인 백양로를 인간 중심의 사색과 문화의 공간으로 부활시키는 '백양로 재창조' 사업도 힘찬 걸음을 시작하였습니다. 학문간 융합과 신 학문분야 발굴을 통해 새로운 미래 가치를 창조하는 노력도 더욱 가속화하고 있습니다.

자랑스러운 재상봉 동문 여러분, 현장에서 다년간 경력을 쌓고 나서 새로운 분야에 대한 지극한 호기심과 더 넓은 네트워크에 대한 필요성을 절감하면서 대학원을 찾는 분이 많습니다. 그래서 대학원 강의실에는 학부와는 또 다른 열정이 넘치고, 동문들 간의 유대감도 못지않게 강합니다. 여기 계신 여러분들께서도 밤을 잊고 새로운 논문을 탐독하고, 또 다양한 배경을 갖춘 동기들과 만남에 시간을 잊었던 뿌듯한 기억들을 가지고 계실 것입니다. 특히 올해 재상봉 동문들은 97년의 외환위기 이후의 우울함과 새천년을 맞는 불안과 기대를 이기고, 새로운 도전으로 21세기를 준비했던 분들이라, 대학원 생활의 의미를 더욱 각별하게 느끼셨으리라 생각됩니다. 지금 우리 사회는 부분과 함께 전체를 조망하는 통찰력과, 분야 간 경계를 두지 않는 유연함과 예술적인 감수성까지를 더한 창조적인 융합형 인재를 절실히 필요로 하고 있습니다. 저는 대학원에서 이런 인재들, 즉 학부 전공과는 전혀 다른 분야에서도 특출한 능력을 발휘하면서 인생에 대한 자신만의 심미안까지 갖춘 분들을 많이 만나 뵈었습니다. 이 때문에 우리 대학은 사회 각 분야에서 중추적인 역할을 담당하고 계시는 대학원 동문 여러분들을 자랑스럽게 여기며 여러분께 커다란 기대를 걸고 있습니다.

2013. 10.

연세대, 국내 최초 '한국학 국제동계대학' 프로그램 개설

우리 대학교는 국내 대학 최초로 해외 대학 재학생을 대상으로 '국제동계대학(Winter Abroad at Yonsei)' 프로그램을 운영한다. 국제동계대학 프로그램은 특별히 우리나라에 관심 있는 외국인에게 한국학 관련 분야를 다양한 관점으로 학습할 수 있는 기회를 제공할 예정이다.

지난 10년 혹은 20년 동안 우리 연세는 많은 변화와 발전을 거쳐 왔습니다. 하지만 여러분의 고민과 사색을 함께 나누던 교정에 담긴 여러분의 기억은 예전 그대로 아름다울 것입니다. 특히, 백양로 재창조 공사가 마무리되어 우리 캠퍼스가 조금 더 인간 중심적인 모습으로 바뀌고 나면 모교를 자주 찾으셔서 더 많은 추억들을 만들어 가시길 바랍니다.

친애하는 재상봉 동문 여러분, 오늘 재상봉 행사를 통해 잠시나마 번잡한 근심을 접어두고 학창시절로 돌아가서 그리웠던 동문과 은사님들과 정담도 나누면서 소중한 추억을 만드시기를 바랍니다. 감사합니다.

2013년 10월 25일

2013. 10. 25.

국제캠퍼스 학원 선교의 터전, '크리스틴 채플' 봉헌

국제캠퍼스의 대학 교회인 '크리스틴채플'이 문을 열었다. 지난 10월 25일 금요일 오전 11시, 국제캠퍼스 크리스틴 채플이 완공되어 예배소로 사용하기 위한 봉헌식 행사가 있었다. 크리스틴 채플은 간호학과 67학번 강정숙(Christine Kang) 동문의 기부금으로 완공됐다.

영성과 감성의 안식처

국제캠퍼스 크리스틴채플 봉헌예배 축사

여러분, 안녕하십니까? 오늘은 우리 대학교에 또 하나의 역사를 만드는 날입니다. 1885년 4월 언더우드 선교사가 첫 발을 내딛은 이곳 제물포항에 우리 연세가 또 하나의 교회를 세우는 날이기 때문입니다. 지난 4월의 봉헌식에서 국제캠퍼스를 연세 '제3 창학'의 기반으로 삼아 아시아의 세계적 명문으로 도약하자고 천명한 바 있습니다. 오늘 우리는 연세가 국제캠퍼스를 통해 실현하고자 하는 모든 소망과 비전이 하나님의 위대한 섭리 속에 이루어지기를 염원하면서 이 성전의 봉헌 예배를 드리게 되었습니다. 또한 128년 전에 척박하고 어려웠던 조선 땅에 고난을 무릅쓰고 연세의 씨앗을 뿌린 설립자들의 고귀한 정신과 영혼이 우리와 함께 하기를 기원하면서 이 봉헌 예배를 드립니다.

언더우드 선교사의 초창기 고백처럼 이곳 송도 캠퍼스도 아직은 "메마르고 척박해서 나무 한 그루 시원하게 자라 오르지 못하고" 있습니다. 그러나 국제캠퍼스는 Residential College의 토대로, 융복합교육의 메카로, 또한 글로벌 연세를 위한 새로운 도약의 발판으로 입지를 굳건히 해 가고 있습니다. 언더우드 선교사를 통해 하나님의 뜻으로 세워진 우리 연세대학교는 지난 128년간 우리나라의 산업화와 민주화, 복음화를 앞서 이끌어 왔습니다. 그리고 '제3 창학기'에 들어선 연세에게 이곳 국제캠퍼스는 꿈과 비전을 실현시키는 약속의 땅이 되어 연세를 세계적 명문으로 도약시키는 초석이 되리라 확신합니다. 크리스틴 채플은 하나님께 예배를 드리는 성소이면서 동시에 음악, 연극 등의 문화 활동을 탄력적으로 수용할 수 있게 다목적으로 설계되었습니다. 따라서 연세인들의 영성과 문화적 감성을 함께 길러주는 안식의 장소로서 국제캠퍼스의 명문 교육에 크게 기여하게 될 것입니다.

오늘 이 아름다운 성전을 하나님 앞에 삼가 헌당하는 예배를 드리기까지, 온갖 열의와 정성을 쏟아 주신 건축관계자 여러분과, 김문겸 국제캠퍼스 총괄본부장을 비롯한 교직원 여러분께 깊이 감사드립니다. 특별히, 이렇게 아름다운 인테리어를 갖출 수 있도록 연세에 큰 선물을 보내주신 뉴욕의 강정숙 크리스틴 동문과 부군 최형용존 사장님께 진심으로 감사드리며, 하나님께서 두 분의 마음을 따뜻하게 위로하시고 어려움을 이길 수 있는 용기를 듬뿍 채워주시기를 기원합니다. 오늘 채플 봉헌 예배를 드리면서, 우리 모두가 마음과 뜻을 모아 연세 정신을 실천하는 데 헌신하고, 연세의 역량을 결집하는 새로운 계기가 되기를 희망합니다. 감사합니다.

예배당 본연의 성스러움과 실용성이 조화된 크리스틴채플

2013년 11월 6일

더 나은 의료 서비스를 향하여

원주세브란스기독병원 외상센터 및 외래센터 증축 기공식 기념식사

여러분 안녕하세요? 쌀쌀한 날씨에도 불구하고 바쁜 시간을 쪼개서 원주세브란스기독병원 외상센터와 외래센터 증축 기공식에 참석해 주신 원주시의회 채병두 의장님과 이봉관 서희건설 회장님을 비롯하여 참석하신 모든 분들께 감사드립니다.

연세는 우리나라 최초의 서양식 의료서비스기관이자 의료교육기관으로, 지난 128년 간 우리나라 의료계를 이끌어 왔습니다. 1959년에 50개 병상으로 출발한 원주세브란스기독병원은 1976년 연세대학교와 합병을 거치면서 중부지역 최고의 의료기관으로 성장하였으며, 올해 2월에는 세브란스병원과의 브랜드통합을 계기로 세브란스의 명성에 어울리는 의료서비스를 제공하기 위해 혼신의 노력을 다하고 있습니다. 권역외상센터와 외래센터의 증축으로 원주세브란스기독병원의 의료서비스는 세브란스라는 이름에 어울리게 국내 최고 수준으로 도약할 것을 믿어 의심치 않습니다. 지난 7월 닥터헬기 출항에 이은 외상센터 증축으로 우리 대학은, 최첨단 응급의료시스템을 기반으로 중증외상환자의 구조 및 치료에 결정적인 역할을 할 골든타임체제를 구축, 운영할 수 있게 되었습니다. 외래센터의 증개축을 통해 지역주민들에게 더욱 더 만족스러운 진료환경을 제공할 수 있게 되었으며, 더불어 교직원들의 근무 환경도 크게 향상될 것이라 기대합니다.

병원의 이러한 외형적 성장에 맞추어 우리 대학은 내실을 다지는 데도 최선을 다하고 있습니다. 올해부터 의예과 신입생들도 매지캠퍼스의 RC 교육에 참여하여, 다양한 동료 및 교수님들과 학문과 문화예술을 함께 탐구하면서 사고와 경험의 폭을 넓힘은 물론 봉사와 배려를 실천하는 의료인으로 성장해가고 있습니다. 이는 매지와 일산의 협력과 융합을 향한 작은 걸음이면서, 동시에 우리나라 의료계를 이끌어나갈 인재를 섬김의 리더십을 갖춘 통섭형 인재로 기르고자하는 우리 대학의 노력입니다. 학생 교육뿐만 아니라 연구 영역에서도 일산과 매지는 협력과 융합을 통한 비약적인 발전방안을 모색해 나가고 있습니다. 보건 및 의료분야 특화캠퍼스로 발전해온 원주캠퍼스는 지난 8월 보건, 의료, 의료기기 및 의료복지 분야를 기반으로 하여 Wellness 산업 전반에 대한 융합연구를 추진할 바이오메디컬웰니스 융합연구원, 즉, iBMW를 개원하였습니다. iBMW의 개원은 시설 및 인적 자원의 공유와 협력을 통해 연구경쟁력을 획기적으로 높이는 계기가 될 것이며, 앞으로 iBMW를 통해 인간 삶의 본질적 가치인 건강과 행복 증진에 기여하는 많은 성과들을 얻게 될 것이라고 기대합니다.

지금 우리 현실은 저의 이런 큰 기대 앞에 많은 난관이 있음을 말하고 있습니다. 포괄수가제와 같은 의료정책은 우리 대학처럼 최첨단의료기기와 최고의 전문성을 갖춘 의료진을 바탕으로 의료서비스를 제공하는 병원의 경영에 큰 부담을 지우고, 의료기술 발전과 의료서비스의 질 향상을 위한 노력의지를 무참하게 꺾고 있습니다. 그럼에도 불구하고 우리는 더 나은 의료서비스를 향한 걸음을 늦출 수 없습니다. 외상센터와 외래센터를 비

2013. 11. 6.

원주세브란스기독병원, 권역외상센터 및 외래센터 건축 기공식

지난해 권역외상센터로 선정된 원주 세브란스기독병원(병원장 윤여승)은 11월 6일 권역외상센터와 외래센터 등 증축 공사 기공식을 개최했다. 원주 세브란스기독병원은 이번 증축 공사를 통해 병원의 외형뿐만 아니라 환자의 동선과 병원의 규모, 진료 환경 등 병원 전반에 대한 변화를 추진하고 있어 '재창조 사업'이라는 명칭으로 공사를 추진하고 있다.

롯한 시설 개선 사업이 우리 원주세브란스기독병원에도 한동안 큰 부담이 될 것이며, 가까운 시일 내에 병원경영 여건이 호전되리가 기대하기는 매우 어렵습니다. 그러나, 원주세브란스기독병원이 한 단계 도약하기 위해서는 이 고비를 반드시 넘어야 합니다. 모든 연세인들께 저와 한마음으로 이 어려움을 지혜롭게 이겨 주십사 간곡하게 부탁드립니다. 우리 한 사람 한 사람 모두가 연세의 주인입니다. 내 가족을 돌보는 마음으로 비용을 낮추고 경영을 효율화하며, 새로운 수익원을 찾을 수 있도록 함께 힘써 주십시오. 여러분의 노력으로 더 많은 환자들이 고통에서 벗어나 건강과 행복을 찾게 될 것이며, 동시에 우리 원주세브란스기독병원의 역량도 한층 더 성장하게 될 것입니다.

마지막으로 외상센터 및 외래센터의 증개축을 위해 물심양면으로 지원해 주신 교직원과 동문 선후배 여러분, 지역 사업체 대표와 시민 여러분께 이 기회를 빌려 진심으로 감사드립니다.

원주세브란스기독병원, 권역외상센터 및 외래센터 조감도

2013년 11월 8일

역사의 재발견

도산 안창호 선생 명예졸업증서 수여 기념식사

여러분, 안녕하십니까? 바쁘신 가운데서도 도산 안창호 선생님에 대한 명예졸업증서 수여를 축하하기 위하여 자리를 함께 해 주신 도산 안창호 기념식사업회와 흥사단 관계자 여러분을 비롯한 여러 내외 귀빈 여러분께 깊이 감사드립니다. 특별히 오늘 명예 졸업증서 수여식과 '도산과 연세' 기념 전시회를 위해 큰 도움을 주신 도산 안창호 선생님의 첫째 따님 수잔 안 커디 여사와 외손 필립 안 커디 선생님을 비롯한 유족 여러분께 깊이 감사드립니다. 오늘은 우리 연세대학교 온 가족에게 매우 뜻깊은 날입니다. 연세의 역사를 재발견하여 우리의 전통과 자긍심을 다시 한 번 드높이는 날이기도 합니다. 20세기 초 일본의 혹독했던 무력통치 아래서 조국의 자주독립을 위해 생애를 바친 민족의 영웅 도산 안창호 선생이 연세의 가족이었다는 사실을 대내외에 널리 알리는 날이기 때문입니다.

도산선생께서는 17살의 나이에 외세열강끼리 한반도에서 이익을 다투는 청일전쟁이 발발하는 것을 보시고, 나라를 구할 방법을 찾기 위해 서울로 왔습니다. 언더우드 선교사가 세운 구세학당, 즉 언더우드학당에 입학하여, 3년간 이곳에서 한글, 한문, 영어와, 서양학문 등을 배웠습니다. 이 구세학당이 후에 경신학교, 조선 크리스천 컬리지, 연희전문학교로 발전하여 오늘의 연세가 된 것입니다. 도산선생이 교육학을 공부하기 위해 미국유학을 준비할 때, 언더우드 선교사는 결혼해서 부인과 함께 유학할 것을 권유합니다. 이 권유를 받아들여 도산선생께서는 제중원에서 당시 교목이셨던 밀러목사의 주례로 이혜련 여사와 결혼식을 올렸습니다. 도산과 연세의 이런 특별한 인연을 기려, 내일 도산 탄신 135주년을 앞두고 안창호 선생께 연세대학교의 명예졸업증서를 수여하고, 대한민국 독립의 영웅이신 도산 선생이 연세인임을 널리 알리게 되어 참으로 자랑스럽습니다.

연세는 우리나라 최초의 서양식 대학으로 우리나라에 근대학문을 알리는 데 큰 역할을 하였습니다. 그와 함께 동서학문의 화충和衷을 목표로 대한민국의 얼과 정신을 갈고 닦으며 민족의 지도자를 길러 내어 우리나라의 기틀을 공고히 하는 데도 큰 업적을 남겼습니다. 도산선생과 함께 수학한 김규식 선생 외에도, 최현배, 김윤경, 정인보, 백낙준, 손진태, 백남운 선생 등 수많은 스승들이 일본의 한국어 말살정책과 일제식민사관에 맞서 한국학을 지키고 발전시켜 왔습니다. 또한, 김필순, 김창세, 이태준, 백낙준, 조병옥, 이윤재 등 많은 연세의 교수와 학생들이 국내외에서 도산선생과 함께 항일 독립운동에 헌신하였습니다. 이 같은 연세의 민족애는 해방 후에는 우리나라의 근대화와 민주화에 대한 헌신으로 이어져 왔습니다. 이제 연세는 그 지평을 넓혀 한국을 넘어 인류와 세계의 발전을 위해 자신을 바치는 인재를 기르고 있으며, 세계 곳곳의 도움이 필요한 곳을 찾아 봉사하고 있습니다. 연세는 지금 90여 개국의 학생들이 지원하고 있는 글로벌 명문으로 발전하였고, 세계 사립대학 순위에서도 20위권에 진입하였습니다.

도산 서거 75주년을 맞아, 우리 대학교가 도산 안창호

2013. 11. 8.

도산 안창호 선생에게 연세대 명예 졸업증서 수여

도산 안창호 선생은 오늘날 우리 대학교의 전신인 언더우드 학당에서 2년 동안 수학하고 졸업하였기에 명예 졸업생으로 선정될 만한 충분한 자격을 갖추고 있다. 언더우드 학당 재학 당시에 보여준 도산 안창호 선생의 성실한 학업 자세와 명예로운 삶의 업적을 기리며, 그의 유족들이 참여한 가운데 명예 졸업증서를 수여했다.

선생께 명예졸업장을 수여하면서, 도산의 성실했던 학업자세와 명예로운 삶의 업적을 다시 한 번 되새기게 됨을 매우 기쁘게 생각합니다. 이 명예졸업장 수여식 이후에 있을 '연세와 도산' 기념전시에서 도산선생님의 행적을 직접 만나보시고, 그분의 신실하고 강직했던 삶을 통해서 우리의 삶의 자세를 가다듬는 기회가 되었으면 합니다. 오늘 기념전시에 안창호 선생님께서 옥중에서 손수 만드신 지승공예품을 오늘 전시회 관람자들께 선보일 수 있도록 특별히 배려해 주신 흥사단의 반재철 이사장님께 감사드립니다. 그리고 오늘 참석해 자리를 빛내주신 모든 분들께 다시 한 번 진심으로 감사드립니다.

마지막으로 하나님께서 도산선생님의 후손들을 더욱 더 축복하시고, 수잔 안 커디 여사가 앞으로 더욱 건강하시어, 내년에는 가족들과 함께 행복한 상수 생신을 맞으시길 빕니다. 감사합니다.

도산의 외손자 필립 안 커디 선생

도산 선생의 명예졸업증서를 받기 위해 우리 대학교를 방문한 커디 선생(도산 선생의 외손자)은 "명예졸업장을 받게 되어 정말 행복하다. 외할아버지가 무척이나 자랑스럽다! 지금은 존경할 만한 영웅이 없고, 서로에 대한 믿음도 점차 사라져가는 시대이다. 이러한 때 섬기는 리더(service leader)와 진정성(sincerity)을 보여준 도산 선생의 삶이 젊은이들의 마음속에 깊은 감동과 교훈으로 새겨지길 바란다."고 소감을 전했다.

2013년 11월 19일

친환경 녹색 건축물의 확산

포스코 그린빌딩 준공식 기념식사

안녕하십니까? 바쁘신 가운데서도 오늘 '포스코 그린빌딩' 개막식에 참석해 주신 권오준 사장님과 포스코 임직원 여러분, 조정식 국회의원님, 이화순 국장님을 비롯한 국토교통부 및 국토교통과학기술진흥원 임직원 여러분, 이 외 모든 내외 귀빈 여러분께 진심으로 감사드립니다.

오늘 송도 캠퍼스에 포스코 그린빌딩을 준공하게 됨으로써 연세 국제캠퍼스는 또 한번 큰 도약의 발판을 마련하게 되었습니다. 그동안 송도 캠퍼스는 주로 교육과 주거 공간을 중심으로 건설되어 왔습니다만 이번 그린빌딩을 계기로 본격적인 R&D Park의 건설에 나서게 되었습니다. 전체 가용 면적의 40% 이상을 최첨단의 연구시설과 국제기관, 의료시설 등에 투자할 계획입니다. R&D Park에 '저에너지 친환경 실험주택'인 '그린홈 플러스'를 건축하여 주거분야 에너지 효율을 극대화하고 온실가스 배출을 줄이기 위한 연구도 활성화하고 있습니다. 포스코 그린빌딩도 세계 최고의 에너지 사용을 최소화하는 친환경 건축 기술을 개발하는 첨단 연구센터의 역할을 담당하게 될 것입니다.

이미 송도 캠퍼스는 '유엔의 지속가능발전센터'UNOSD 본부를 유치하여 지속가능성 분야의 연구와 교육의 중심지로 발돋움하고 있습니다. 또한 송도 자체가 탈산업의 '지속가능한 녹색 성장'을 겨냥한 친환경 계획도시이기 때문에 저희 캠퍼스 또한 저탄소 친환경의 캠퍼스로 건축·운영되고 있습니다. 오늘 연세대학교와 포스코, 국토교통부의 학·연·산·관 협력의 결과물인 '포스코 그린빌딩'은 녹색 성장에 대한 정부의 의지와 연세대학교의 우수한 연구인력, 그리고 이를 뒷받침한 포스코 기술력의 트리오의 조화로 만들어진 결정체라고 생각합니다.

최근 필리핀의 하이옌 태풍 참상도 온실가스와 지구 온난화가 인류에게 얼마나 큰 위협인지를 다시 한 번 일깨워주고 있습니다. 환경과 대기의 문제는 그 혼란을 초래한 원인 제공자가 누구냐에 관계없이 온 세계가 함께 협력하여 해결해야만 하는 심각한 과제입니다. 그 해결 노력이 늦어지면 늦어질수록 인류가 감당해야 하는 비용은 눈덩이처럼 불어날 것이라고 많은 전문가들이 경고하고 있습니다. 예를 들어, 로버트 스턴 경은 2050년까지 기온이 2℃ 상승하면 세계 GDP의 5~20%가 감소하는 반면, 적절한 완화 노력을 기울인다면 손실을 GDP의 1~2%까지 완화할 수 있다고 말합니다. 코펜하겐 기후회의에서 2100년까지 지구의 평균기온 상승을 2℃로 제한하려는 의지를 보였지만 이 목표를 달성하려면 온실 기체 배출량을 2020년까지 1990년 대비 절반까지, 2050년까지는 80%까지 줄여야 합니다. 지금 전 세계 에너지 생산량의 75%는 도시에서 소비하고 있으며 특히 선진국 도시들은 주거부문에 가장 많은 에너지를 소비하고 있습니다. 이 때문에 온실가스 감축을 위해서는 주택과 사무실의 에너지 효율을 획기적으로 개선한 친환경 녹색 건축물의 확산이 매우 시급하지 않을 수 없습니다.

2013. 11. 19.

세계 최초 친환경 복합 '그린빌딩' 건립

세계 최초의 친환경 복합 그린빌딩인 '포스코 그린빌딩'이 우리 대학교 국제캠퍼스에 들어섰다. 우리 대학교와 포스코가 함께 건립한 이 빌딩은 단순히 에너지 절약만을 고려한 건물이 아니다. 설계, 시공, 운영, 폐기의 모든 과정에 친환경 개념을 구현했다는 점에서 우리나라 최첨단 친환경 건축 기술을 집약시켜 만든 명품 건축물로 평가된다.

연세대학교는 이번 프로젝트를 통해 지속가능한 발전을 위한 에너지·환경 분야의 교육 및 연구에 더욱 박차를 가할 것이며, 그린 건축물에 대한 사회적 인식을 확산하는 데에도 더욱 많은 노력을 기울여나갈 것입니다. 포스코 그린빌딩은 정부와 대학, 산업계가 공동으로 기후변화에 적극적으로 대응하고 동시에 창조경제를 실현시키는 대표적인 프로젝트로서 선도적인 역할을 하게 될 것입니다.

그동안 '포스코 그린빌딩' 건축을 위해 많은 성원을 보내 주신 국토교통부와 국토교통과학기술진흥원 관계자 여러분들, 정준양 포스코 회장님과 임직원 여러분, 이승복 교수님을 비롯한 연세대학교와 포스코의 산학연 연구원들께 진심으로 감사드립니다. 다시 한 번 '포스코 그린빌딩'의 건축을 시발점으로 녹색 건축물의 보급이 더욱 활성화되고, 지속가능한 사회로의 이행이 한층 가속화되기를 기원합니다. 대단히 감사합니다.

2013. 11. 19. 세계 최초 친환경 복합 '그린빌딩' 건립 _ 우리 대학교와 포스코가 최첨단 친환경 기술로 만든 미래형 건축물

2013년 11월 30일

믿음과 성원의 동행

2013년 2학기 페어런츠데이 축사

2013. 11. 30.

학부모 초청 행사 '제3회 페어런츠데이' 개최

11월 30일에는 RC OPEN DAYS의 하이라이트인 학부모 초청행사 '제3회 페어런츠데이(Parents day)'가 개최됐다. 페어런츠데이는 국제캠퍼스에서 한 학기 동안 생활해 온 자녀들의 학교생활 모습을 소개하고 RC 프로그램 참여에 따른 결실을 학부모들에게 선보이고자 마련된 행사이다. 행사에는 총 580여 명의 학부모들의 뜨거운 관심 속에서 진행됐다.

존경하는 학부모 여러분, 귀하게 키운 자녀를 저희 연세대학교에 맡겨 앞으로 대한민국을 이끌어갈 든든한 인재로 성장하도록 해 주신 학부모님께 감사드립니다. 자녀들을 학교에 맡기신 후 자녀들의 생활과 활동 모습을 직접 보시고 안심하셨으면 하는 마음에 오늘 이 자리를 준비하였습니다.

영국의 케임브리지나 옥스퍼드, 그리고 미국의 아이비리그와 같은 영미권의 유수 대학들은 모두 RC 교육을 실시하고 있습니다. 성년기의 문턱에 접어든 학생들이 기숙사에서 동무, 교수님들과 함께 생활하면서 책임감 있는 리더가 어떤 모습이어야 하는지를 생활을 통해 자연스럽게 체험하게 되는 것입니다. 우리 학생들도 이곳에서 학업 뿐 아니라 문화예술, 체육, 자치활동은 물론 지역사회와 연계한 봉사활동까지, 다양한 경험을 함께 나누고 있습니다. 이런 생활을 통해 공동체 속에서 남을 배려하는 것이 무엇인지, 함께 산다는 것이 어떠한 것인지 스스로 경험하며 배워가고 있습니다.

요즘 대학에 다니는 학생들을 '밀레니얼 세대'라고 한답니다. 이 세대는 부모와 매우 친밀한 관계를 유지하며 심하게 표현해서 '유사 이래 부모에게 최대의 보호를 받는 세대'라고 부를 정도입니다. 좋은 점도 있지만, 이들은 독립적인 역할 수행과 의사결정의 기회를 많이 갖지 못하여, 성년이 되서도 독립하지 못하는 문제를 낳기도 합니다. 요즘 학생들의 경우 상당수가 그동안 누구와도 방을 공유한 적이 없이 자라다보니 함께 더불어 사는 삶을 별로 체험해 보지 못한 경우가 많을 것입니다. 학생들에게 자율적이지만 이기적이지 않고, 독립적이지만 남을 배려할 줄 아는 품성을 기를 수 있는 환경이 필요합니다. 학생들의 부족함을 보완하고 잠재력을 높이는데 Residential College[RC] 교육은 좋은 해답이 된다고 믿습니다. RC에서는 지적인 탐구에 전념하면서 창의적 활동을 경험할 수 있습니다. 또한 RC에서는 동료들과 공동의 공간을 사용하며 함께 더불어 사는 경험을 통해 나눔과 배려의 정신을 체화하고 건전한 대인관계를 맺을 수 있습니다. 부모님의 보살핌에서 벗어나, 자율적이고 독립적 생활을 통하여 스스로 의사결정하는 방법도 익혀가고 있습니다.

대학은 학생의 특징을 이해하고, 이들의 성장을 도모하는데 최적화된 교육환경을 만들어가야 합니다. RC 교육을 통해 우리는 한국 대학 교육의 문제와 한계를 극복하고, 연세가 추구하는 '섬김의 정신을 실천하는 창의적 글로벌 인재'를 양성해 나갈 것입니다. 성공적인 RC 교육 모델을 보여줌으로써, 앞으로 한국 대학 교육의 패러다임이 바뀔 것이라 믿습니다. 학부모님들께서는 자녀의 대학 생활에 대한 이해를 넓히고, 동시에 연세가족으로서의 자긍심도 한층 높아졌으면 하는 바램입니다. 앞으로도 자녀를 믿고 성장을 응원하는 든든한 친구로 끝까지 동행하여 주십시오. 자녀들은 믿는 만큼 성장합니다. 더불어, 앞으로 세계적인 명문으로 발전하는 연세의 모습을 눈여겨 봐주시고 성원해 주시기를 부탁드립니다.

2013년 12월 18일

'등 뒤의 사랑'

2013년 기관장 송년회 인사말

여러분 안녕하세요? 벌써 또 한 해가 지나가네요. 12월은 뒤를 돌아보는 계절입니다. 어느 시인은 12월의 첫 숫자 '1'은 당당하게 서있는 절대자, 그리고 '2'는 절대자의 등 뒤에 날개 접은 한 마리의 작은 새처럼 무릎 꿇고 기도하며 세상의 그늘 진 곳, 낮고 어둡고 쓸쓸한 곳의 사랑을 위해 간구하는 계절이라고 말합니다. 저 역시 앞만 보고 숨 가쁘게 달려 온 12월에 당도해서야 문득 그동안 많은 후원을 해 주신 '등 뒤의 사랑'을 되돌아보게 됩니다. 지금이 바로 앞만 보고 온 몸으로 달려 온 우리의 등 뒤에서 보이지 않는 곳에 숨어서 때로는 아픔으로 때로는 마냥 기다리며 우리를 도와주었던 분들에 대한 감사와 사랑을 뒤돌아보는 순간입니다.

기관장 여러분들, 한 해 동안 학교의 어려운 살림을 잘 꾸려 오시느라 수고 많으셨습니다. 참 감사합니다. 그리고 이렇게 열심히 일할 수 있도록 등 뒤에서 모든 것을 살피고 돌보아 주신 배우자 여러분, 더더욱 감사합니다. 우리 대학교 기관장은 명예 봉사직이라서 감당해야 하는 업무는 너무나 많은데 비해 별다른 보상이 없습니다. 그럼에도 불구하고 맡겨진 직무에서 묵묵히, 기대 이상으로 훌륭한 성과를 만들어 내시는 분들을 뵈면서 매일 매일 고마움을 잊을 수 없습니다. 오늘 이렇게 모든 캠퍼스 보직자 내외분들이 함께 모이는 자리를 빌려 여러분께 다시 한 번 깊은 감사를 드립니다.

실제로 2013년 한 해도 저희 연세는 정말 숨가쁘게 달려오며 '제3 창학'의 역사의 한 페이지를 알차게 장식했습니다. 송도 국제캠퍼스에 레지덴셜 컬리지를 안착시키며, 대학 교육의 선도적 모형을 제시하였고, 명문대학의 연합체인 APRU의 가입과 프린스턴, 코넬, 킹스 컬리지 등 10개 선진명문대학과 G10 교류 프로젝트도 완성을 눈앞에 두고 있습니다. 또한 윤동주 시인의 육필 원고와 손보기 선생님께서 소장하셨던 국보급 삼국유사가 우리 대학교의 품에 안기었고, 민족의 스승 안창호 선생도 연세 동문임을 확인하면서 연세의 설립정신과 소명을 다시 한 번 대내외에 널리 알렸습니다. 2013년에는 각 캠퍼스별로 첨단의 교육·연구·문화시설을 확충하여 연세 '제3 창학'의 기반을 착실하게 다져왔습니다. 국제캠퍼스에 언더우드 기념도서관을 비롯하여, 진리관, 크리스틴 채플, 포스코 그린빌딩, 의료원에서는 에비슨 의생명연구센터가 봉헌되었고, 암센터의 준공도 곧 이루어질 것입니다. 원주에서는 응급의료헬기가 국내 처음으로 출항했고, 오랜 숙원 사업이었던 외래진료소와 외상센터가 착공되었습니다.

신촌에서도 우정원 기숙사와 공과대학 및 경영대학의 신·증축이 막 시작되었고, 연세의 숙원 사업이던 백양로 재창조 사업이 시작되어 연세의 얼굴인 백양로를 자연 속에서 연세인이 함께 교류하고 소통하는 문화공간으로 재탄생 시키는 큰 歷史가 이루어지고 있습니다. 그동안 여러분을 포함하여 7,800여 동문, 학부모, 사회 유지 등이 250억 원 이상을 이 사업을 위해 보내주셨습니다. 기획실과 백양로 건설 사업단, 학생처, 교무처, 대외협력처, 이 외에도 이 사업 추진을 위해 도움을 주신 모

2013. 12. 6.

조 바이든 미 부통령 특별 강연 개최

조 바이든(Joe Biden) 미국 부통령이 '한미 파트너십과 공동 번영의 60주년'을 기념해 12월 6일 오후 2시 30분 우리 대학교에서 정책 연설을 했다. 이번 행사는 바이든 부통령의 한·중·일 순방 프로그램의 일환으로 기획됐으며, 특별히 미 국무부에서 우리 대학교를 지정해 행사 개최를 요청해 성사됐다. 미국 부통령이 한국에서 대중을 대상으로 정책 연설을 한 것은 이번이 처음이다.

든 분들께 진심으로 감사드립니다.

특별히 이 기회를 빌려 어려운 여건에도 불구하고 RC 교육이 성공적으로 출발할 수 있도록 모든 지원을 해 주신 김문겸 국제캠퍼스 총괄본부장님과 학부대학장님을 비롯하여, 국제캠퍼스에서 수고하신 모든 분들께 깊이 감사드립니다. 여러분이 안계셨다면 우리 대학의 RC 교육은 오늘의 성공을 장담할 수 없었을 것입니다. 날로 어려워지는 경영 환경에서도 위축되지 않고 긴축 경영의 고통을 함께 감내하면서 의료원의 새 역사를 써나가고 계신 이철 원장님을 비롯한 의료원의 모든 가족들께도 더없는 고마움을 전합니다. 개교 35주년을 맞아 진일보한 RC 3.0의 정착과 의료 기술 및 디자인 분야 특성화를 통해, 원주캠퍼스가 더 높이 도약할 수 있도록 아이디어와 힘을 모아주신 이인성 부총장님을 비롯한 원주캠퍼스 기관장님들의 수고도 늘 잊지 않고 기억하고 있습니다. 강원지역 의료 수준을 눈부시게 발전시켜 나가시는 원주세브란스기독병원 기관장들께도 늘 큰 마음의 짐을 지고 있습니다. 미처 다 언급하지 못한 모든 기관장님들의 노고에 대해서도 제 짧은 말로는 차마 그 고마움을 다 표현할 수 없습니다. 다만, 여러분의 헌신이 연세 제3 창학의 밑거름이 되어, 머지않은 장래에 연세가 세계적인 명문과 어깨를 나란히 하게 될 것을 믿어 의심하지 않습니다. 혹시 지난 한 해, 제 부족함으로 섭섭하셨거나 소원함을 느끼셨던 분들께도 이해인 수녀님의 '송년엽서'라는 시를 빌려 이해를 구하고자 합니다.

나이 들수록 / 시간은 더 빨리 간다고 내게 말했던 벗이여 / 어서 잊을 것은 잊고 용서할 것은 용서하며... / 눈길은 고요하게 마음은 뜨겁게... / 오늘이 마지막인 듯이 / 아름다운 삶을 / 충실히 살다보면 / 첫새벽의 기쁨이 / 새해에도 항상 / 우리 길을 밝혀 주겠지요.

올 한 해 시작부터 끝까지 인도해 주신 하나님께 감사드리며, 새해에는 여러분 가정에 하나님의 더 큰 축복이 함께 하시기를 기원합니다. 감사합니다.

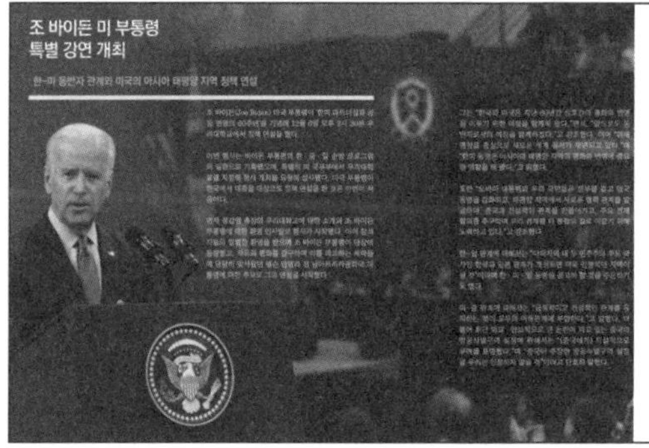

2013. 12. 6.

조 바이든 미 부통령, 한-미 동반자 관계와 미국의 아시아 태평양 지역 정책 연설

그는 "한국과 미국은 지난 60년간 상호간의 평화와 번영을 이루기 위한 여정을 함께해 왔다."면서, "앞으로도 동반자로서의 여정을 함께하겠다."고 강조했다. 이어 "환태평양을 중심으로 새로운 세계 질서가 재편되고 있다."며 "한미 동맹은 아시아와 태평양 지역의 평화와 번영에 중요한 역할을 해 왔다."고 밝혔다. 행사장에는 한덕수·정운찬 전 국무총리, 성 김 주한 미국대사, 한국 주재 각국 대사를 비롯한 내외 귀빈과 내외신 기자, 우리 대학교 학생과 교직원 등 1,500여 명이 체육관을 발 디딜 틈 없이 가득 메웠다.

2014년

새로운 역사를 이루기 위한 도약

2014년 1월 1일
신뢰와 행복의 공동체를 향하여
신년사

2014년 1월 15일
대를 이은 사랑과 헌신
원일한 박사 10주기 추모예배 인사말

2014년 2월 24일
세계로 미래로
2월 학위수여식사

2014년 2월 27일
신뢰받는 지성인의 길
입학식 축사

2014년 3월 18일
축복의 열매
송도 G.I.T. 설립추진위원회 발족예배 축사

2014년 4월 3일
개척의 정신과 소명 의식
국제캠퍼스 1-2B단계 봉헌식 축사

2014년 4월 25일
순교의 씨앗
연세창립 129주년 기념 전시,「언더우드와 아펜젤러」축사

2014년 4월 30일
희망, 생명, 은총
연세암병원 봉헌식사

2014년 5월 10일
새로운 역사를 이루기 위한 도약
창립 129주년 기념식사

2014년 5월 10일
거대한 시너지의 역사적 징표
제중학사·법현학사 기공식사

2014년 5월 24일
연세가족의 자긍심과 유대감
국제캠퍼스 페어런츠데이 축사

2014년 5월 28일
사회적 인식 변화의 계기
'한국 기금자산운용 대상' 대학기금 부문 수상소감

2014년 9월 4일
시온에 놓인 견고한 주춧돌
금호아트홀 착공식사

2014년 9월 24일
나눔과 섬김
연세대학교 재활학교 개교 50주년 기념 축사

2014년 10월 6일
사랑의 씨앗과 결실
언더우드선교상 시상식 축사

2014년 11월 11일
글로벌 인재들을 위한 공간
우정원 준공·기증식 인사말

2014년 11월 11일
국학 연구 요람의 저력
석장리유물 발굴 50주년 기념 학술회의 축사

2014년 1월 1일

신뢰와 행복의 공동체를 향하여

신년사

존경하는 연세가족 여러분, 2014년 갑오년의 새 아침이 밝았습니다. 어둠을 뚫고 힘차게 솟아오르는 찬란한 태양을 보며, 경건하고 설레는 마음으로 새해의 소망을 염원하게 됩니다. 이제 지난해의 모든 영욕榮辱과 작별하고, 새롭게 다가오는 한 해를 아름답고 풍성하게 가꾸겠다고 다짐하는 첫 출발의 시간입니다.

제3 창학의 초석을 다진 2013년

돌이켜보면 2013년에도 연세는 숨 가쁘게 먼 길을 달려왔습니다. 많은 분들의 노력과 열정으로 '제3 창학'의 초석을 다지는 역사의 한 장을 알차게 장식했습니다. 저는 우리 연세가 '제3 창학'을 통해 글로벌 명문으로 도약하기 위해 교육과 연구의 수월성을 높이고, 대학 본연의 위엄을 갖추어야 한다고 강조한 바 있습니다. 연세는 2013년 QS의 세계대학평가에서 세계 사립대학 중 21위, 아시아 최고의 종합 사립대학교로 선정되어 글로벌 명문으로서의 위상을 확고히 정립하였습니다. 특히 어려운 여건에도 불구하고 송도 국제캠퍼스에 Residential College[RC]를 성공적으로 도입하여 한국 대학 교육의 선도적 모형을 정착시켰습니다. 또한 환태평양 지역 명문대학의 연합체인 APRU 가입에 성공하였고, 우리 대학교 주도로 프린스턴, 코넬, 킹스 컬리지 등 10개 선진 명문대학과 새로운 차원의 다자간 교육을 실시하기 위한 G10 컨소시엄의 완성도 눈앞에 두고 있습니다. 나아가 옥스퍼드와 계절학기 공동 운영에 합의하고, 연세제네바센터를 개설하는 등 연세의 글로벌 역량을 크게 강화하였습니다.

2013년에는 각 캠퍼스에 첨단 교육·연구·문화시설을 대폭 확충하여, 글로벌 명문으로 비상하기 위한 기반을 다지는 데도 큰 성과를 거두었습니다. 송도 국제캠퍼스에 언더우드 기념도서관을 비롯하여 진리관, 크리스틴 채플, 포스코 그린빌딩이 완공되었고, 의료원에도 에비슨의생명연구센터가 봉헌되었을 뿐만 아니라 암센터의 준공을 눈앞에 두고 있습니다. 원주캠퍼스에서는 응급의료헬기가 처음 출항했고, 오랜 숙원 사업이었던 외래진료소와 외상센터도 착공되었습니다. 신촌캠퍼스에서는 십여 년 간 여러 사정으로 지체되었던 경영대학과 공과대학의 신증축 사업이 시작되었고, 부영그룹의 기부로 우정원 기숙사 공사가 시작되었습니다. 연세의 상징인 백양로를 친환경 융합과 교류, 문화의 공간으로 재탄생시키는 대 역사도 이루어지고 있습니다. 지금까지 감사하게도 7,800여 동문, 학부모, 교직원 등 연세를 사랑하는 많은 분들이 백양로 사업을 위해 250여억 원을 보내주셨습니다. 그러나 안타깝게도 사업 진행 과정에서 연세가족 여러분께 심려를 끼쳐드린 것에 대해서는 매우 송구스럽게 생각합니다. 그동안 제시되었던 여러 제안들은 기술적 분석을 거쳐 백양로 재창조 사업의 완성도를 높이는데 적극 활용할 계획입니다. 특히 백양로의 지상 조경은 공모를 통해 폭넓게 의견을 수렴하고 전문가들의 자문을 거쳐 연세의 역사에 길이 남을 걸작품이 되도록 혼신의 힘을 다하겠습니다. 이 외에도 새롭게 개원한 미래융합연구원에 50개 센터·팀 500여 교수들이 참여함으로써 융합연구 역량을 강화하였으며, 의과대학에서는 상대평가 위주의 성적평가를 절대평가제도로 전환을 선언함으로써 의학 교육에서의 개혁을 선도하고 있습니다. 더불어 2013년에 윤동주 시인의 육필원고와 손보기 선생님께서 소장하셨던 국보급 삼국유사가 우리 대학교의 품에 안기었고, 민족의 스승 안창호 선생도 연세 동문이었음을 확인하면서 연세의 설립 정신과 소명을 다시 한 번 일깨우는 소중한 시간을 가졌습니다.

새로운 희망과 도전의 2014년

사랑하는 연세가족 여러분, 새해에도 연세를 둘러싼 대내외 여건은 결코 만만치 않습니다. 대학 교육과 의료서비스 부문에 대한 획일적인 규제와 보편적 복지 중심의 경제민주화 정책으로 사학의 정체성과 자율성이 크게 제약받고 있습니다. 그러나 우리 연세는 이러한 환경을 극복하면서 교육 경쟁력을 높이고, 연구 역량을 극대화하며, 의료 서비스와 사회봉사의 질적 수준을 높임으로써 글로벌 명문으로 도약해야 하는 사명을 안고 있습니다.

글로벌 명문다운 교육 역량

세계적인 명문교육의 기본적인 공통점은 Residential College 프로그램과 기초 인문학 소양 교육, 그리고 학문 간의 장벽을 뛰어 넘는 융합교육입니다. 새해 연세는 이 세 가지 요소를 모두 반영하는 교육 시스템을 더욱 강화할 계획입니다. 우선 2014년은 4천여 명의 신입생이 1년 동안 송도 캠퍼스에서 선진명문형 RC를 체험하는 역사적인 해가 될 것입니다. RC를 통한 교육 역량의 강화는 이미 모든 지표를 통해서 그 성과가 증명되었으며, 작년 한 해 송도의 RC 모델을 파악하기 위해 방문한 국내외 인사만 해도 무려 2,400여 명에 달했습니다. 그리고 이번 입시에서 과거 어느 때보다 우수한 학생들이 RC를 실시하는 연세를 선택하였습니다. 올해 송도 국제캠퍼스의 RC 교육체제가 완성되면, 2007년 국내 최초로 RC를 시작한 원주캠퍼스와 더불어 연세의 모든 캠퍼스에서 진리와 자유의 이념을 바탕으로 사회적 책임을 다하는 글로벌 인재를 양성하는 RC 교육이 이루어지게 될 것입니다. 이와 함께 Liberal Arts 융합프로그램인 UIC의 HASS Humanities, Arts and Social Sciences와 ISE Integrated Sciences and Engineering가 올해 국내 최초로 송도 국제캠퍼스에서 실시됩니다. 두 학부 모두 치열한 경쟁 과정을 통해 우수한 신입생을 선발함으로써 성황리에 출범하게 되었습니다. UIC는 2017년이 되면 전 세계에서 모인 2,000여 명의 학생이 어우러진 대표적인 글로벌 명문 Liberal Arts College로 발전하게 될 것입니다. 이와 별도로 신설되는 글로벌인재학부는 비영어권의 우수 외국학생 유치와 교육, 학사지도에 본격적으로 나서게 될 것입니다. 2014년에는 국제교육 특구로 지정된 송도캠퍼스의 특성을 잘 활용하여 '아시아 최고의 대학'Asia's World University으로, '아시아 대학 교육의 허브'로 발전시키기 위한 노력을 더욱 강화해 나갈 것입니다. 이것은 결코 환상적인 꿈이 아닙니다. APRU와 G10 컨소시엄으로 글로벌 네트워크가 크게 강화되었을 뿐만 아니라, 정부가 이미 국제교육 특구를 중심으로 대학의 자율성을 확대해 나가고 있기 때문입니다. 작년에 94개국 학생들이 지원을 해왔으

2014. 1. 2.

2014년 교직원 새해 인사

2014년 갑오년 새해가 밝았다. 희망찬 새해를 맞이하여 1월 2일 오전 10시 백양 콘서트홀에서 '2014년 교직원 새해 인사' 행사가 열렸다. 새해 인사에는 총장, 부총장, 교무위원, 실처장을 비롯한 350여 명의 교직원이 함께했다

며, 새해에는 100개 국가를 넘을 것으로 예상되며, 머지않아 120개 국가를 넘어 아이비리그에 필적하는 글로벌 명문으로 정착하게 될 것입니다.

연구 역량 강화와 대학원 경쟁력 제고

2014년 새해는 그 어느 때보다 우리 대학의 연구 역량 강화가 절실히 필요한 시기입니다. 연구의 수월성은 다른 대학과의 경쟁 여부를 떠나서 연세가 명문 사학으로서 갖추어야 할 가장 중요한 기본 사명입니다. 그러나 안타깝게도 우리 대학이 지니고 있는 잠재적 역량에 비해 실제 연구 성과는 상대적으로 저조한 수준에 머물러 있습니다. 새해에는 연구 역량의 지속적인 강화를 위해 기초분야의 연구기금 확대와 함께 인사와 보상, 연구 지원 시스템, 융합연구의 활성화 등 모든 분야의 제도 개선을 지속적으로 추진해나갈 계획입니다. 이미 명예특임교수제와 석학급 교수의 특별채용, 그리고 훨씬 강화된 연구 인센티브 제도가 도입되었고, 앞으로 연구시설의 확충도 적극적으로 이루어질 것입니다. 융합연구의 활성화를 위해 겸직교수제를 확대하고, 학과와 대학 및 캠퍼스 간의 장벽을 낮추기 위한 노력을 다할 것입니다. 특히 암병원 개원을 계기로 암 분야의 임상과 연구 역량을 대폭 확대하고, 신촌캠퍼스의 생명시스템, 원주의 보건의료 등을 융합하여, 연세의 가장 큰 핵심역량인 의·생명 분야에서 세계적인 성과를 이룰 수 있도록 힘을 모을 것입니다.

이와 함께 미래를 선도하는 연구 산출의 원동력인 대학원의 경쟁력 강화를 위한 제도 개선도 추진하겠습니다. 우리 대학교의 가치 창출을 위한 교육공동체 구축은 학부뿐만 아니라 대학원을 통해서도 이루어져야 합니다. 연구의 수월성이 교육 역량으로 연결되는 시스템을 구축하고, 자율적 창의적 융합연구를 통한 미래지향적 학풍을 조성하여, 연세 공동체의 문화를 주도하고 사회에 공헌할 수 있도록 뒷받침할 예정입니다. 그 일환으로 신축하는 우정원 기숙사에 대학원생들의 입주를 적극 배려함으로써 연구 역량의 강화에 기여하도록 할 계획입니다.

스마트캠퍼스SCN와 오픈캠퍼스OCX 추진

최근 급격한 ICT정보통신기술, information and communications technology의 발전으로 대학 교육의 생태계가 변화함에 따라 모든 인적 자원과 공간 및 자산 등을 ICT로 연결 융합하고, 시간과 공간의 제약이 없는 개별적 학습의 장을 마련해야 할 시점입니다. 새해 연세는 교육, 문화, 행정, 학술정보 서비스 등 모든 분야에 걸쳐 스마트캠퍼스의 인프라와 차세대 네트워크를 도입하고, 4개 캠퍼스 통합 모바일 정보시스템을 구축하여, 시범 서비스를 시작할 계획입니다. 130주년이 되는 2015년에는 전체 캠퍼스에 걸쳐 세계 최고 수준의 Smart Campus NetworkSCN가 구축될 것입니다. 연세 Smart Campus는 미래 교육의 핵심 기반인 집단 지성, 적시 학습, 체험 학습을 가능하게 할 뿐만 아니라 캠퍼스 간 융복합의 촉진제가 될 것입니다.

최근 대학 교육의 지형을 뒤바꾸는 또 다른 요인은 세계 명문을 중심으로 급속히 확산되고 있는 온라인 공개

2014. 1. 21~25.

정갑영 총장, 싱가포르 대학 방문

정갑영 총장이 싱가포르를 방문해 해외 대학과의 네트워크를 다졌다. 정갑영 총장은 1월 21일부터 25일까지 싱가포르 국립대학(National University of Singapore, NUS) 및 Yale-NUS College, 난양공과대학(Nanyang Technological University, NTU), 싱가포르 경영대학(Singapore Management University, SMU) 등 싱가포르 소재 주요 대학들을 방문해 다각적인 협력 방안을 모색했다. 언더우드국제대학 모델을 따라 지난해 싱가포르에 새롭게 만들어진 Yale-NUS와, 아시아 지역에서의 Residential College(RC)형 Liberal Arts 교육의 발전 및 확대 가능성에 대하여 의견을 교환했다.

강좌MOOC: Massive Open Online Course입니다. 이러한 새로운 도전에 직면하여 연세의 '교육·문화 역량 통합 프로젝트'인 Yonsei-OCXOpen Campus eXperience 사업을 준비하고 있습니다. 이 사업은 기존 YSCEC과 상호보완적 기능을 수행하며, 오픈강의 플랫폼을 도입하여 양질의 콘텐츠를 공개하고, 동시에 교내 각 기관에서 진행하는 다양한 학술, 문화, 예술 프로그램을 통합하여 모든 연세인이 공유할 수 있게 할 것입니다. 나아가 OCX 사업은 연세가족의 문화예술적 감성을 고취시키고, 연세의 학문적 성과와 사회적 리더십을 확산하는 좋은 계기가 될 것입니다. 아울러 지난 6년여 간 13,000명 이상의 외국인이 방문한 학술정보관의 U-라운지를 융복합 문화공간으로 업그레이드하여, 국제적 명성을 이어나감과 동시에 OCX의 물리적인 실현공간이자 연세 교육·문화 공동체의 구심점으로 발전시킬 계획입니다.

캠퍼스 공간 인프라의 개선

2014년은 캠퍼스의 인프라 개선을 위한 많은 공사가 본격적으로 진행되는 해입니다. 우선 이번 달에는 송도캠퍼스에 2,500여 명을 수용하는 제2기숙사가 완공되고, 4월에는 의료원의 암센터 건물이 완공됩니다. 학생들의 오랜 숙원 사업이었던 우정원 기숙사도 올해 2학기에 완공되어 입주가 가능하게 될 것입니다. 백양로 재창조 사업과 경영대학, 공과대학의 신·증축 모두 창립 130주년에 준공될 수 있도록 차질 없이 진행될 예정입니다. 이 밖에 이과대학의 증축이 새롭게 시작되고, 하반기에는 제중학사와 법현학사의 재건축 착공이 가능할 것입니다.

그리고 새해에는 의대, 치대, 생명시스템대학 간의 융합연구를 활성화하기 위해 약 2만여 평에 달하는 '의생명과학 콤플렉스' 사업이 본격적으로 추진됩니다. 이 사업은 캠퍼스 간의 융합을 상징할 뿐만 아니라 우리 대학교의 큰 자산인 의생명 관련 대학들이 함께 연구하고 교육하는 기회를 제공하게 될 것입니다. 2015년 창립기념일에 착공이 가능하도록 교내외 의견 수렴과 인허가 절차 등이 진행될 예정입니다.

연세의 사회적 리더십 재정립

21세기 한국 대학은 지성의 전당으로서 학문적 자율성과 사회적 책임의 두 가지 가치를 조화롭게 실현해야 할 위치에 있습니다. 대학은 학문의 연구와 교육이 이루어지는 현장이면서 동시에 문화적 다양성, 윤리의식, 공동체 정신을 바탕으로 사회적 책임을 실천하는 포용과 나눔의 공간이기도 합니다. 우리 연세는 129년의 전통과 역사에 빛나는 사학의 명문으로서 학문적 리더십과 함께 한국 사회를 이끌어 나갈 미래의 담론을 지속적으로 창출하는 원천이 되어야 합니다. 우리 대학은 한국에서 가장 존경받는 지성의 공동체로서 시대의 아픔을 함께 나누고, 우리 사회가 나아가야 할 비전을 세우며, 조국 선진화를 위한 여러 방안을 제시할 수 있어야 합니다. 저는 우리 연세가 사회적 책임을 다함으로써 학문적 수월성과 함께 사회적 존경을 받으며, 대학의 위엄을 공고히 할 수 있도록 여러분과 함께 모든 노력을 다할 것입니다.

신뢰와 행복의 연세 공동체

새해 저의 가장 큰 희망은 모든 연세인이 지난해보다 조금 더 행복한 해가 되었으면 하는 것입니다. 실제로 지난해는 대외적으로 제반 상황이 좋지 못했고, 교내에서도 어려움이 많았던 것이 사실입니다. 그러나 모든 어려움에는 끝이 있고, 고통에도 의미가 있음을 믿습니다. 지난해 우리가 힘들었던 만큼 우리의 미래는 더 아름다울 것으로 믿습니다.

존경하는 연세가족 여러분, 저는 임기동안 제가 주창했던 '제3 창학'의 기틀을 쌓고, 약속했던 공약들을 빈틈없이 추진하여 신뢰받는 책임자의 역할을 다하고자 합니다. 초심으로 돌아가 모든 약속을 실천하고, 대학의 수월성과 위엄을 확립하는데 혼신의 힘을 다하여 연세를 글로벌 명문으로 도약시키고자 합니다. 이러한 일에 우리 모두가 힘을 모으고, 서로에 대한 신뢰를 깊이 쌓아가는 한 해가 되었으면 합니다. 새해에는 '사람의 헤아림을 뛰어넘는 하나님의 평화가 우리 모두의 마음과 생각을 그리스도 예수 안에서 지켜줄 것'[빌립보서 4:7]으로 굳게 믿으며, 하나님의 크신 축복이 모든 연세가족 위에 함께 하시기를 기원합니다.

한국 대학교육의 새로운 국제화 패러다임, 「글로벌인재학부」 신설

우리대학교는 2015년 창립 130주년을 맞이하여 「제3의 창학」 비전 실행의 일환으로 글로벌인재학부(Global Leadership Division)를 신설한다. 이는 우수 외국인과 재외교포 학생을 유치하여 한국어를 기반으로 하는 연세 특성화 명문교육 프로그램이다.

이 프로그램은 한국의 언어, 문화, 사회 등 한국적인 것에 대한 심화된 이해를 바탕으로 한국적 가치를 국제무대에서 승화시킬 글로벌 인재 양성을 목표로 한다. 또한 집단 간 소통 활성화와 문화적 다양성에 이바지하고 섬김의 리더십(Servant Leadership)을 실천할 전인적 인재, 분과 학문 간 연계와 융합을 통해 미래사회 핵심가치 창출에 기여할 융복합 창의형 인재를 양성하기 위해 만들어졌다.

교육과정의 특징은 글로벌인재학부 「기본과정」에서 우수 외국인과 재외동포 학생을 대상으로 한국적 가치에 뿌리를 둔 국제화 교육을, 「심화과정」에서 인문사회분야 전반에 걸친 융복합 교육을 실시한다는 점이다.

학부생은 기본적으로 한국문화 · 통상 전공을 취득할 수 있으며, 기본과정 및 심화과정을 일정 수준 이상 이수하면 전원 학부과정에 개설되어 있는 전공을 추가로 취득할 수 있는 특전도 제공된다. 특히 이 과정은 명문형 학사와 행정서비스를 제공한다는 면에서 특화되어 있다.

강의 수강인원 규모를 대폭 축소하여 일대일 토론 세션, 소그룹 세미나, 연구지도 등 소규모 특화 교육과정과 특별 학사지도와 상담 프로그램을 운영하고, 학생 개개인에게 초점을 둔 맞춤형 커리큘럼 설계도 이 과정만이 갖는 특장점이다. 이외에도 외국인을 위한 전용 원스톱 행정 서비스, 대학 강의에 특화된 심화 한국어 어학강좌, 특별 교환학생 프로그램, 우수학생 한국기업 인턴십 및 문화탐방기회를 제공한다. YS

2014년 1월 15일

대를 이은 사랑과 헌신

원일한 박사 10주기 추모예배 인사말

여러분 안녕하십니까? 오늘 추운 날씨에도 불구하고 원일한 박사님의 10주기 추모예배에 귀중한 시간을 할애해 함께 해 주신 모든 분들께 진심으로 감사드립니다. 윤형섭 선생님을 비롯한 전현직 이사님들, 여러 선배 총장님, 그리고 새문안교회 이수영 목사님을 비롯한 교계 대표님들, 이 외에도 특별히 이곳까지 찾아주신 모든 분들께 깊은 감사를 드립니다.

원일한 박사님께서는 서울에서 태어나서 일제의 박해 속에 연세대학교에서 교육에 헌신하였고, 태평양전쟁과 한국전쟁의 어려움도 우리와 함께 겪으셨습니다. 인천상륙작전 당시에는 미국 해군의 정보부에서 활동하였고, 국제연합군 수석통역관으로서 정전협정을 이끌어 내는데도 크게 공헌하셨습니다. 특별히 전후 연세대학교의 복구와 교육계 및 교회의 발전을 위해 평생을 바치셨습니다. 가까운 친지도 타계한 지 10년 쯤 지나면 주위 사람들의 기억에서 많이 희미해지고, 가족들마저도 가신 분에 대한 허전함이 아련해지기 마련입니다. 그래서 어느 작가는 아버지의 묘 앞에서, '30년이 지난 무덤가에서는 사별과 부재의 슬픔이 슬프지 않고, 슬픔조차도 시간 속에서 바래지는 또 다른 슬픔이 진실로 슬프다'고 고백했습니다. 그러나 원일한 박사님과 그 부친 원한경 선생님, 그리고 조부 원두우 선교사님에 대한 기억과 업적은 10년이 아니라 100년이 지나도, 대한민국의 교회와 연세대학교와 함께 영원히 살아남을 것입니다. 역사를 새롭게 쓰신 선각자의 기록은 누구도 지울 수 없기 때문입니다. 연세대학교가 창립된 지 129년을 맞으면서도 우리가 언더우드 가문을 회상하는 이유도 바로 여기에 있습니다.

26세의 나이로 개항기 혼란스러운 조선에 선교사로 입국하여, 27년의 반평생을 복음을 전하고 교육을 통해 이 땅의 사람들을 조금이라도 더 잘살게 하고자 했던 1대 언더우드 선교사의 큰 헌신을 한국이 어떻게 잊겠습니까. 그의 장남 원한경 박사님 역시 1890년 서울에서 나셔서 1951년 부산에서 소천하시는 날까지 평생을 선교사로, 교사로, 미군정청 고문으로 대한민국과 이 땅의 교회와 연세를 위해 평생을 바쳤습니다. 그리고 3대 원일한 박사님, 4대 원한광 교수, 원한석 이사까지 언더우드 가의 한국에 대한 사랑과 헌신은 지난 130년 가까운 시간 동안 한순간도 퇴색함이 없이 면면히 이어지고 있습니다.

오늘 원일한 박사님의 10주기 추도예배를 드리면서, 연세는 언더우드가의 4대에 걸친 헌신이 더욱 풍성하게 결실을 맺을 수 있도록 혼신의 힘을 다할 것을 다짐합니다. 기독교 정신을 구현하여, 좋은 전통을 계승하고, 새로운 전통을 창조하면서 글로벌 명문으로서 섬김의 리더십을 가진 인재를 양성하는 연세의 사명을 다시 한 번 되새겨 봅니다. 추운 날씨에도 함께해 주신 모든 분들께 다시 한 번 진심으로 감사합니다. 하나님의 가호가 늘 여러분과 가정에 함께 하시길 기원합니다.

2014년 2월 24일

세계로 미래로

2월 학위수여식사

오늘 학위수여식을 축하하기 위해 이 자리에 참석해 주신 모든 분들께 감사의 말씀을 드립니다. 먼저, 정든 연세 교정을 뒤로하고 이제 세상을 향해 첫 발을 내딛는 학사, 석사 및 박사 학위를 수여받는 졸업생 여러분들께 진심으로 축하의 말씀을 드립니다. 오랫동안 애정을 아끼지 않으시고 졸업생들을 뒷바라지하며 헌신하신 부모님과 친지들께도 감사와 축하의 말씀을 올립니다. 또한 졸업생들의 학문적 성취와 인간적 성숙을 위해 강의실 안팎에서 모든 노고를 아끼지 않으셨던 우리 교수님들께도 감사드리며, 영예로운 졸업식을 빛내주시기 위해 참석해 주신 존경하는 김석수 이사장님과 여러 이사님들, 전임 총장님을 비롯한 모든 연세인과 연세가족여러분들께 깊이 감사드립니다.

자랑스러운 졸업생 여러분, 여러분은 이제 지적으로 충만했던 시간들을 한 단계 마무리하고, 연세를 떠나게 됩니다. 여러분이 몸담았던 연세는 민족이 어두웠던 시절에 빛의 역할을 하였고, 혼미한 세상에서 소금의 역할을 해 왔습니다. 돌이켜보면, 지난 세기 우리 사회는 식민과 전쟁, 그리고 빈곤과 혼돈으로 점철되었습니다. 하지만 그러한 역경들은 모두의 끊임없는 노력에 힘입어 이제는 지나간 과거의 일이 되었습니다. 우리는 유래 없는 짧은 기간에 근대화, 산업화, 민주화를 이룩하였으며 우리의 문화는 세계적으로 창달되기에 이르렀습니다. 이 크나큰 역사의 진보 과정에서 연세의 이름은 언제나 새벽별 같이 빛을 발해왔습니다. 근대를 여는 여명의 시대에 연세의 선교사들은 이 땅이 새 땅이 되어야한다는 믿음으로 생명을 구하는 의술을 전파하였고, 시대를 위한 인재를 준비하였습니다. 캄캄한 식민의 시대에 연세의 학자들은 끝까지 한글을 놓지 않았습니다. 산업의 시대에 연세의 졸업생들은 사회를 설계하고 기업을 일으켰습니다. 그리고 민주화의 시대에 연세의 학생들은 자유를 위한 고결한 함성을 드높였습니다. 여러분이 오늘 서 있는 이 자리가 바로 그 자리인 것입니다. 이제 연세의 동문으로 거듭나게 되는 여러분 또한 연세의 역사에 무한한 자긍심을 지니고, 연세의 빛나는 전통을 이어 한국의 새로운 미래를 이끌어 나가게 될 것임을 믿습니다.

사랑하는 졸업생 여러분, 미국 대학에서는 졸업식을 'commencement'라고 부릅니다. 직역하면 '시작' 내지는 '출발'이라는 뜻이 됩니다. 그렇습니다. 졸업식의 참된 의미는 끝이라기보다는 새로운 출발에 있습니다. 떠나는 사람에게도 떠나보내는 사람에게도, 새 출발은 무한한 가능성을 품은 미래에 대한 꿈과 기대로 가득 찬 가슴 벅찬 순간일 수밖에 없습니다. 그러나 오늘 새로운 출발선 상에 선 여러분을 떠나보내는 마음이 마냥 설레고 희망찬 것만은 아닙니다. 그것은 바로 여러분 앞에 놓인 현실이 언제나 순탄하지만은 않을 것이기 때문입니다. 저는 오늘 캠퍼스를 떠나 험한 세상을 향해 긴 여정을 떠나는 여러분들에게 총장으로서 몇 가지 당부의 말씀을 드리고자 합니다.

첫째, 지성과 지식을 겸비한 연세인으로서 항상 시대정신을 선도하는 길을 걸어가기를 부탁드립니다. 인류사에서 지성과 지식은 인간의 내면을 변화시키고, 사회의 체제를 변혁하는 원천이었습니다. 혁신적 지식은 지난 세기 서구 문명의 발전을 가능케 하였습니다. 선진국 지식에 대한 부지런한 '학습'은 최근 동아시아의 괄목할 만한 발전을 가져다 주었습니다. 하지만 우리는 과거 수준의 성공에만 안주해서는 안 될 것입니다. 우리에게는 과거를 넘어, 인류를 위한 새로운 가치를 만들어가야 하는 사명이 있기 때문입니다. 이제 여러분들이 쌓은 지성과 지식은 '성장'을 넘어서 인간과 공동체의 '성숙'을 위한 밑거름이 되어 다양한 시대의 문제를 해결해야 합니다. 형식과 제도의 민주화를 넘어서 존중과 배려, 그리고 이성과 합리가 실질적으로 작동하는 성숙하고 안정된 민주사회를 모색해야합니다. 이제껏 경험해 본 적이 없는 노령화 시대에 고용, 성장, 복지, 의료의 난제를 슬기롭게 풀어가기 위해 지혜를 모아야 합니다. 기존 지식의 틀을 넘어서 융합과 창의적 사고로 인본주의에 바탕을 둔 과학 기술의 새로운 패러다임을 찾아내야 합니다. 시대 정신은 주어지는 것이 아니라 여러분이 만들어가는 것입니다. 시류를 추종하는 것이 아니라 새로운 시대의 첫 장을 열어가는 '소명 의식'을 가져야 합니다. 미래의 불확실성을 극복하는 가장 확실한 방법은 자신이 스스로 미래를 창조해 나가는 것이라고 했습니다. 여러분이 스스로 선도자가 되고, 새로운 패러다임을 만들어나가야만 합니다. 그것이 바로 연세정신인 것입니다.

둘째, 언제 어느 곳에서나 역사를 만들어가는 글로벌 리더의 역할을 다해 주실 것을 당부 드립니다. 여러분이 이끌어갈 이 21세기는 공간적으로는 경계가 사라지고, 시간적으로는 모든 것들이 빛의 속도로 빠르게 변화하는 세기입니다. 국가 간 경계나, 경제의 장벽, 사회의 구획이 가지는 의미는 점차 쇠퇴하고 있습니다. 여러분의 활동무대는 한국과 동아시아를 넘어, 세계로 열려 있으며, 여러분의 정체성 또한 한국인을 넘어, 동아시아인, 나아가 세계시민으로 확장될 것입니다. 여러분들은 다양한 가치를 수용할 수 있는 문화적 소양, 이질적 지식을 융합할 수 있는 전문적 능력, 세계인들과 소통하며 공감할 수 있는 도덕적 자부심 등, 글로벌 시대에 걸맞은 덕목과 통찰력을 갖추어야할 것입니다. 단순한 지식과 맹목적 인간관계로는 리더가 될 수 없으며, 성공 또한 보장할 수 없습니다. 리더십을 발휘한다는 것은 단순히 다른 사람의 위에 서는 것을 의미하지 않습니다. 남보다 앞장서지만, 다양한 덕목으로 남을 배려하는 것이 '열린 리더'가 해야 할 몫입니다. 상황에 따라 위로와 염려, 용기와 결단, 열정과 몰입이 필요합니다. 리더가 된다는 것은 이러한 분별력과 감성을 갖춘 인격체가 된다는 것을 의미합니다. 이것이 바로 연세가 강조하고 교육해온 '섬김의 리더십'입니다.

셋째, 어떤 도전과 역경에도 포기하지 말고 여러분의 꿈을 실현해 나가시기를 당부합니다. 캠퍼스를 떠나면 다양한 인생의 길목에서 예견치 못한 많은 어려움에 직면하게 될 것입니다. 고난을 앞에 두고 절대 좌절하거나 포기하지 마십시오. 성경은 우리에게 "환난 중에서도 즐거워하니, 이는 환난이 인내를, 인내는

2014. 2. 19. ~ 21.

제46회 교직원 수양회

제46회 교직원 수양회가 2월 19일부터 21일까지 세계박람회 개최 도시 여수에서 열렸다. 600여 명의 교직원은 2박 3일간 엠블(MVL)호텔에서 '대학의 리더십과 사회적 책임'을 주제로 진지한 성찰과 토론의 시간을 가졌다. 우리 대학교는 이번 교직원 수양회를 통해 여수 시장을 비롯한 전남 지역의 주요 인사들과 교류를 갖게 되었다.

연단鍊鍛을, 연단은 소망을 이루는 줄 앎이로다."롬 5:3~4 라고 전합니다. 찬송가는 "큰 물결 일어나지만, 이 풍랑 인연하여 더욱 빨리 갑니다."찬송 '고요한 바다로'라고 노래합니다. 어려움을 당하였을 때일수록 인생의 큰 그림을 생각하고, 자신 속 내면의 용기가 가지는 힘을 믿기를 바랍니다. 원대한 소망과 결연한 의지를 가지고 고난에 대처할 때 여러분의 인생은 한층 더 성숙하여 빛을 발할 것입니다.

자랑스러운 연세가족 여러분, 연세는 '제3 창학'을 통해 세계 속의 '글로벌 명문'으로의 도약을 준비하고 있습니다. RC 교육은 성공적으로 정착되어 한국의 고등교육에 또 하나의 큰 획을 그었으며, 신촌캠퍼스를 녹지와 문화의 융합공간으로 바꾸는 백양로 재창조 사업도 차질 없이 진행되고 있습니다. 우리는 교육과 연구, 학생복지, 국제화는 물론 새로운 대학 문화를 구축하고 아시아의 세계대학으로 발전하기 위해 모든 노력을 다하고 있습니다. 졸업생 여러분이 꼭 기억해야 할 것이 하나 있습니다. 연세의 위상은 이제 여러분이 어디서 무엇을 어떻게 할 것인가에 달려 있습니다. 연세에 대한 여러분의 성원이 미래의 연세를 만들어 갈 것입니다. 연세의 지난 129년의 역사는 선배 동문들의 헌신과 모교에 대한 사랑이 만들어 낸 결과입니다. 이제 여러분 한 분 한 분이 세계 곳곳에서, 크고 작은 모든 과정에서, 연세의 별이 되어 세상을 비추어 주십시오. 그리고 자랑스러운 연세 동문으로서 모교의 발전을 함께 성원해 주십시오. 연세가 발전할수록 연세의 별은 더욱 찬란하게 빛날 것이며, 그 찬란함은 다시 연세 발전의 원동력으로 거듭나게 될 것입니다.

졸업생 여러분, 이제 연세의 이름으로, 세계로 미래로 나아가십시오. 연세는 여러분이 걸어갈 위대한 발걸음으로 더욱 풍요로워지고, 여러분이 이룩한 성공으로 더욱 빛을 발할 것입니다. 태산과 험곡을 넘어 여러분이 헤쳐 나가는 길이 바로 연세의 새로운 역사가 될 것입니다. 부디 "진리와 자유의 정신에 따라 겨레와 인류 사회에 이바지할 지도자"가 되시기를 바랍니다. 무엇보다 한 세기 너머 전 언더우드 선교사를 보내시어, 혼동과 암흑으로 가득했던 이 땅에 연세라는 한 알의 밀알을 심으시고 위대한 역사를 이룩하신 하나님의 사랑과 은총이 여러분과 함께할 것이라고 믿습니다.

다시 한 번 형설의 공으로 오늘 졸업의 영광을 안은 여러분과 가족들께 축하를 드립니다. 많은 장학금을 쾌척하여 이들의 학업을 후원해주신 동문과 정부기관, 사회유지와 기업들에게도 깊은 사의를 표합니다. 여러분의 앞길에 늘 하나님의 가호가 함께 하실 것을 믿고 기도드립니다. 감사합니다.

2014년 2월 27일

신뢰받는 지성인의 길

입학식 축사

자랑스러운 신입생 여러분, 오늘 얼마나 감격스러우십니까? 이 자리에 오기까지 매시간 힘겨운 자신과의 싸움을 이겨 낸 신입생 여러분들의 노고와 인고의 아픔, 그리고 가족들의 희생과 헌신은 제가 너무나도 잘 알고 있습니다. 이것은 연세대학교의 총장으로서의 인사가 아니라 제 자신이 바로 43년 전에 이 자리에 서 있었고, 저의 세 아이를 모두 연세인으로 만들면서 그 힘든 과정을 너무나도 잘 체험했기 때문에 드리는 말씀입니다. 그 인고의 시간들을 넘어 드디어 오늘 연세인이 되신 여러분 모두에게 진심으로 축하의 말씀을 전하고 싶습니다. 그러나 저는 모든 신입생 가족 여러분에게 자신 있게 말할 수 있습니다. 연세를 선택한 여러분의 결정이 인생에서 가장 보람 있는 선택이라는 것을 체험으로 알게 될 것입니다. 저희들이 가끔 농담으로 '국제화 시대에 국적은 쉽게 바꿔도, 학적은 절대 못 바꾼다'라는 말을 합니다만, 여러분은 정말 탁월한 선택을 하셨습니다. 연세를 통해 여러분의 잠재력은 더욱 더 찬란하게 빛을 발할 것입니다. 연세 129년의 역사와 전통이 바로 산 증거가 될 것이며, 여러분이 주역이 되어 이끌어갈 '제3 창학'이 우리의 미래에 또 하나의 빛나는 전통을 만들어 나갈 것이기 때문입니다.

연세는 1885년 광혜원[제중원]의 설립으로 한국 땅에 최초로 근대 의학과 고등교육을 도입하여 '제1 창학'의 문을 열었습니다. 제중원은 세브란스 병원과 의학전문학교, 의과대학으로 발전되었습니다. 또 다른 한 줄기는 언더우드 선교사가 세운 언더우드학당, 연희전문학교, 연희대학교로 뻗어나갔습니다. 드디어 1957년에 "연희"와 "세브란스"가 합병되어 하나의 연세가 탄생하면서 '제2 창학'을 맞이하였습니다. 그리고, 연세는 지금 대학의 기본적인 소명인 교육과 연구 분야에서 획기적인 도약을 통해 글로벌 명문으로 굳건히 서는 날을 꿈꾸며 '제3 창학'의 역사를 만들어 가고 있습니다. 우리 연세는 창립 이후 한국의 고등교육과 의료서비스를 개척하였으며, 식민지 하의 민족문화 연구의 본원지가 되었고, 해방 후에는 한국의 산업화와 민주화를 이끌어 왔습니다. 이제 연세는, 축적된 연세의 정신, 공동체 의식, 학풍을 계승·발전시켜, 한국 고등교육의 패러다임을 선도하고 아시아, 더 나아가 전 세계를 생명과 사랑이 함께 하는 더욱 인간적이고 성숙한 공동체로 변화시키는 데 앞장서야 합니다.

사랑하는 신입생 여러분, 연세 '제3 창학'의 역사의 주인공은 바로 여러분입니다. 글로벌 명문을 목표로 하는 연세가 나아가야할 방향은 교육과 연구에서 수월성을 확보하고, 이를 바탕으로 사회를 위해 헌신하는 데 있습니다. 우리 대학은 생활과 교육이 통합된 Residential College[RC]라는 창의적인 공동체를 통해, 미래 사회를 위한 섬기는 지도자에게 요구되는 전인적인 인격을 배양하는 데 최선의 환경과 교육프로그램을 만들어가고 있습니다. RC는 기숙사 공간을 함께 나누는 것보다 훨씬 큰 의미가 있습니다. 여러분이 잘 알고 있는 영국의 옥스퍼드나 캠브리지, 미국의 Ivy League 대학들은 대부분 RC 교육 시스템을 채택하고

2014. 2.

연세대학교, 아시아 사립대학 1위

우리 대학교는 英대학 평가 기관 Times Higher Education (이하 THE)이 발표한 2014년 세계대학 '명성도 순위(Reputation Ranking)'에서 역사상 처음으로 80위권에 랭크되었다. 이는 사립대학 세계 20위, 아시아 사립대학 1위에 해당한다.

있습니다. 이들 선진 명문대학의 학생들처럼 여러분도 RC라는 공동체에서 RC Master 교수님, RA선배, 그리고 동료들과 학문과, 미래와, 사회의 문제에 대한 의견을 함께 나누는 동안, 혹은 갈등하고 혹은 이해하면서, 차이를 존중하고 남을 배려하며, 공감하고 소통하며 융합하는 방법을 자연스럽게 익히게 될 것입니다.

교육학자들은 대학 1학년을 인생의 전환기conversion year라고 말합니다. 대학 1학년을 어떻게 보내느냐에 따라 여러분의 일생이 좌우된다는 것입니다. 우리 대학은 10년 전부터 RC 교육을 연구하고 도입을 준비하여, 2007년 원주캠퍼스를 출발점으로 그 효과를 확인하였으며, 이제 연세의 모든 신입생들이 RC 교육에 참여하는, 국내 어느 대학도 모방할 수 없는, 우수한 환경을 갖추기에 이르렀습니다. 저는 RC공동체를 통해 성장한 여러분이 만들어내는 미래는 우리가 이제껏 경험했던 것보다 훨씬 인간을 존중하는 아름다운 세상이 될 것을 확신합니다. 우리 대학의 RC 교육 모델은 이미 아시아의 다른 대학들이 벤치마킹하는 성공한 프로그램으로 자리해 가고 있으며, 연세를 선진명문대학으로 도약하게 하는 굳건한 기반이 될 것을 믿어 의심하지 않습니다.

사랑하는 신입생 여러분, 오늘 연세인으로 대망의 첫발을 내딛는 여러분들에게 개인으로서, 연세인으로서, 그리고 한국의 지식인으로서 꼭 기억해 주었으면 하는 것을 몇 가지만 당부 드리고자 합니다.

첫째로 오늘의 기쁨과 감동을 오랫동안 기억하시기 바랍니다. 그리고 그 기쁨의 추억을 새로운 각오로 승화시켜 주십시오. 여러분은 모두 대한민국 1%, 그 중에서도 특별히 뛰어난 인재로 선택받은 사람들입니다. 때문에 그에 어울리는 큰 인생을 만들어갈 큰 꿈을 가져야 합니다. 어부 시몬 베드로가 하루 종일 아무것도 잡지 못해 실망해 있을 때, 예수께서는 그에게 "깊은 데로 가서 그물을 내려 고기를 잡으라."누가복음 5:4하고 말씀하셨습니다. 예수님의 말씀을 따라 깊은 곳에 던진 그물에는 찢어질 만큼 많은 고기가 들어 있었습니다. 깊은 물에 그물을 던지라는 주님의 말씀은, 큰 인재가 될 사람들에게 큰 꿈을 가지라는 질타입니다. Bernard Shaw는 "한 번도 이루어지지 않은 것을 생각하며, '왜 안 되지?' 하고 반문한다."고 했습니다.

지금 여러분에게 부족한 것이 무엇입니까? 여러분처럼 모든 것을 갖춘 인재가 세상에 어디 있습니까? 행여 가정적인 어려움이나 다양한 연유로 부족함을 느낀다면 그것이야말로 사치에 불과할 것입니다. 여러분은 오늘의 각오와 소망을 모두 실현시킬 수 있는 잠재력을 갖고 있습니다. 연세는 그러한 잠재력을 현실로 승화시키는 동력이 될 것입니다. 지금 여러분에게 부족한 게 있습니까? 부족하다고 생각한다면, 꿈과 그것을 실행하려고하는 의지와 노력이 부족할 따름입니다. 성경에도 "영혼이 없는 믿음이 죽은 것 같이, 행함이 없는 믿음은 죽은 것이니라"야고보서 2:26라고 말합니다. 오늘 바로 큰 꿈을 갖고, 연세 캠퍼스에서 모든 열정을 다해 그 여러분은 연세가 세상에 내보내는 편지와 같습니다.
여러분의 말과 행동이 세상에서 신뢰받고
다른 사람의 가슴에 기억되는 연세인이 되어 주십시오.
오늘 바로 큰 꿈을 갖고, 연세 캠퍼스에서 모든 열정을 다해
그 꿈을 실현해 나가십시오. 혼신을 다해 쏜 화살이
바위를 뚫었다는 이광의 일화와 같이, 여러분이 가진 능력은
굳은 의지를 통해 실현될 때 참된 가치를 발할 것입니다.

You are Yonsei's letter to the world. Become Yonseians whose words and actions can be trusted by the world and remembered by others' hearts. Starting today, start dreaming big and bring it to life with all your efforts at Yonsei. Remembering the story of Li Guang, who pierced a rock with an arrow by shooting with all his soul and might, your abilities will reveal its true worth when they are brought to life through firm determination.

2014년 2월 27일 | 2014년 입학식 | 신뢰받는 지성인의 길

2014. 2. 27.

새내기 연세인 5,400여 명의 기운찬 첫 걸음

새로운 '연세의 별'을 맞이하는 2014년 입학식이 2월 27일 오전 10시 노천극장에서 열렸다. 2014년에는 서울 3,891명, 원주 1,528명, 외국인 및 재외국민 280여 명을 포함해 총 5,419명의 우수한 인재들이 연세인이 됐다.

꿈을 실현해 나가십시오. 혼신을 다해 쏜 화살이 바위를 뚫었다는 이광의 일화와 같이, 여러분이 가진 능력은 굳은 의지를 통해 실현될 때 참된 가치를 발할 것입니다. 연세인이 될 수 있는 지적 잠재력과, 큰 꿈을 갖고 실천해 나가는 의지력과, 열정을 다 바쳐 집중한다면 무엇을 이루지 못하겠습니까?

둘째로, 무엇이 연세 정신인가를 배우라는 부탁을 드립니다. 우리 대학의 설립자 언더우드 선교사는 약관 26세에 하나님의 부름에 응답하여 가족과 친지를 떠나, '암흑과 어둠의 척박한 땅, 나무 하나 풀포기 하나 제대로 자라지 못하는 조선'으로 건너와 연세대학교를 열었습니다. 알렌 선교사 역시 26세의 나이에 의료선교에 헌신하였으며, 세브란스의학전문학교 1대 교장 에비슨 박사는 33세에 한국을 찾아 42년 동안 세브란스와 연희, 그리고 조선의 환자들을 위하여 봉사하였습니다. 이런 선각자들을 생각할 때마다 이 분들의 경외롭고 존경스러운 행적에, 가슴이 뭉클하고 자신이 한없이 작고 부끄러워집니다. 선배들께서 뿌린 씨앗 하나가 썩어서 이룩한 창대한 기적의 땅 위에서, 오늘 여러분은 새로운 미래를 그리고 있는 것입니다. 이 놀라운 결과의 출발은, 하나님의 부름에 주저없이 "주여 내가 여기 있나이다."라고 응답한 소명 의식에 있습니다. 우리는 왜 그렇지 못합니까? 이 시대의 청년들은 왜 그런 꿈을 갖지 못할까요? 언더우드 선교사와 지금의 우리는 너무나 격차가 커서 비교의 대상이 아닐 수도 있습니다. 그러나 이 시대의 젊은이들은 왜 작은 부름에도 응답하지 못하고, 작은 꿈도 갖지 못하고, 왜 그렇게 쉽게 세속적인 굴레에 얽매어 나약한 존재로 전락해 버립니까? 이는 연세정신이 아닙니다. 연세의 정신은 모든 어려움을 극복하고, 시대의 흐름을 선도하는 인물을 만들어 냈습니다. 시류를 추종하지 않고 새로운 시대의 첫 장을 여는 '소명'에 응답해 왔습니다.

그렇기 때문에 연세 정신은 어려울 때마다 더 찬란한 빛을 발휘할 수 있었습니다. 안창호, 윤동주 등 연세를 거쳐간 수많은 선각자들이 우리에게 보여준 연세정신은, 어떠한 난관에도 불구하고, 어둠을 뚫고 장벽을 넘어 반드시 목표를 달성하라는 것입니다. 여러분의 앞날은 항상 불확실하고, 빠르게 변하며, 나아가야 할 길을 몰라 불안한 때가 더욱 더 많아집니다. 그런 어려움이 있을 때마다 불굴의 연세정신을 기억해 주십시오.

셋째로 세상을 바꾸는 빛이 되라는 것입니다. 연세인은 세상에서 가장 신뢰받는 사람이 되어야 합니다. 지금 한국 사회는 서로를 믿지 못하고, 갈등과 반목이 심화되는 신뢰의 위기에 빠져 있습니다. 갈등으로 인한 사회 비용이 급격히 증가하고, 양극화와 빈부격차로 인한 계층 간 위화감도 더욱 커지고 있습니다. 우리사회가 신뢰의 위기에서 탈피하여 선진화하려면, 하루빨리 신뢰기반을 확충해 나가야 합니다. 연세인 여러분이 굳건한 믿음을 바탕으로, 갈등으로 깊어 진 골을 잇는 다리가 되어야 합니다.

친애하는 신입생 여러분, 연세의 교훈이 무엇입니까? "진리가 너희를 자유케 하리라."입니다. 연세인은 진리를 배우고, 진리만을 전파하는 사람이어야 합니다. 그래야만 신뢰받는 지성인이 될 수 있으며, 연세의 명예와 전통도 여기에서 시작됩니다. 과학적 합리성에 기반한 지식과 함께 인류애를 바탕으로 한 믿음과 배려의 덕을 갖춘 지성인, 그것이 바로 "진리가 너희를 자유케 하리라."는 하나님의 가르침의 참뜻입니다. 연세인은 믿음이 약한 사회를 신뢰의 사회로 바꾸는 사자가 되어야 합니다. 오늘부터 여러분은 연세가 세상에 내보내는 편지와 같습니다. 재능은 머리가 기억하고, 배려는 가슴이 간직한다고 합니다. 여러분의 말과 행동이 세상에서 신뢰받고 다른 사람의 가슴에 기억되는 연세인이 되어 주십시오. 여러분은 오늘부터 영원토록 연세의 표상이며, 연세의 별입니다. 신뢰의 위기에 빠진 한국에 여러분 한 사람 한 사람이 빛을 더하는 별이 되어 주십시오.

쌀쌀한 날씨에 야외에서 진행되는 입학식에 함께해 주신 입학생과 학부모, 그리고 가족 여러분께 다시 한 번 감사드립니다. 신입생 여러분, 오늘의 기쁨과 결연한 의지를 항상 되새기며, 연세캠퍼스에서 큰 꿈을 실현하시기 바랍니다. 이제 4년 동안 걸어가는 여러분의 길이 바로 연세의 길, 대한민국의 역사, 그리고 인류의 꿈이 될 것입니다. 감사합니다.

우리대학교는 英 대학평가 기관 Times Higher Education (이하 THE)이 발표한 2014년 세계대학 '명성도 순위(Reputation Ranking)'에서 80위권에 랭크되었다. 이는 사립대학 세계 20위, 아시아 사립대학 1위에 해당한다.

전체 사립대학 유명도 순서는 하버드, MIT, 스탠퍼드가 각각 1, 2, 3위이다. 세계 20위 이내 사립대학은 대부분 아이비리그 중심의 미국 대학들이 차지하였다. 아시아 최고의 사립대학으로 자리매김한 우리대학교는 명실공히 일본, 중국, 홍콩 등지에서 부상하고 있는 수많은 사립대학의 본보기가 된 것이다.

지난 10년 동안 THE는 매년 '세계대학순위(World University Raking)'를 발표해 오고 있다. 13개 항목을 중심으로 채점하고 그 종합점수로 세계대학 순위를 매긴 것이다. 2010년부터 THE의 편집자들은 어느 대학이 얼마큼 유명한가가 사람들이 진짜 알고 싶어 하는 것이라는 항목이라고 판단하고, '세계적으로 가장 저명한 대학(The World's Most Reputable Universities)'의 순위를 내겼다.

우리대학교는 비서구권의 사립대학으로 분전, "아시아 최고 사립대학으로 등극"

서구권 사립대학과 달리 우리대학교의 경우 국가의 지원과 사회적 기부가 불충분하다. 열악한 한국의 사립대학 성장환경에서 우리대학교는 세계 사립대학 가운데서 스무 번째, 그리고 아시아에서 최고의 저명 사립대학으로 이름을 올린 것이다. 우리대학교는 최근 아시아 최초로 세계 명문대학들이 실시하는 레지덴셜 칼리지(Residential College)를 전면 도입하였다. 프린스턴, 코넬, 킹스 칼리지 등 세계 명문 10개 대학과 G10 컨소시엄을 구성하였다. 옥스퍼드 대학과의 계절학기 공동 운영, 아시아 태평양 저명대학 연합(APRU)에 가입함으로써 교육 프로그램의 글로벌 경쟁력 강화와 함께, 세계 명문과의 글로벌 네트워크 강화를 지속해서 추진했다. YS

아시아 사립대학 1위

사립대학 순위	전체 순위	대학명	국가
1	1	Harvard University	United States
2	2	Massachusetts Institute of Technology (MIT)	United States
3	3	Stanford University	United States
4	7	Princeton University	United States
5	8	Yale University	United States
6	9	California Institute of Technology (Caltech)	United States
7	12	Columbia University	United States
8	14	University of Chicago	United States
9	17	Cornell University	United States
10	18	Johns Hopkins University	United States
11	22	University of Pennsylvania	United States
12	27	New York University (NYU)	United States
13	29	Carnegie Mellon University	United States
14	30	Duke University	United States
15	37	Northwestern University	United States
16	61–70	University of Southern California	United States
17	71–80	KU Leuven	Belgium
18	71–80	Boston University	United States
19	71–80	Washington University in St Louis	United States
20	81–90	Yonsei University	Republic of Korea

2014년 3월 18일

2014. 3. 18.

송도 G.I.T. (Global Institute of Theology) 설립

송도 G.I.T. 발족 감사 예배가 열렸다. 지난 3월 18일(화) 오후 3시에 연합신학대학원 예배실은 교육을 통한 해외 선교의 열정과 열기로 가득찼다. 송도 G.I.T.는 신입생 정원을 매년 30명으로 총 100명으로 유지할 계획이다. 석사 과정(Th.M., M.Div.)과 박사 과정(Th.D., Ph.D.)의 학위 과정과 함께 현역 기독교 지도자들을 위한 연장 교육 과정도 제공할 예정이다.

축복의 열매

송도 G.I.T. 설립추진위원회 발족예배 축사

안녕하십니까? 연세 송도 G.I.T. 설립추진위원회의 발족을 하나님께 고하는 감사 예배에 참여해주신 내외 귀빈 여러분께 깊이 감사드립니다. 특히 바쁘신 가운데도 고문위원으로, 또 자문위원, 운영위원, 커리큘럼위원으로 G.I.T. 설립에 큰 힘을 보태주시며, 오늘 자리를 빛내 주신 모든 분들께 다시 한 번 감사의 말씀을 드립니다.

세계교회협의회WCC 신학교육기금의 도움과 한국교회협의회 산하 유수의 신학대학들의 협력으로 연세동산에 개원한 한국 최초의 신학대학원인 연합신학대학원이 올해로 설립 반백년을 맞았습니다. 50년이라는 짧지 않은 세월 동안 저희 연신원은 학문적인 수월성과 하나님의 진리를 향한 뜨거운 사랑을 기반으로, 훌륭한 목회자들과 신학자들을 길러내고, 동시에 성실한 평신도 지도자들을 교육함으로써 한국교회의 부흥과 발전에 중요한 역할을 담당해왔습니다. 내년은 신과대학 설립 100주년이자, 한국교회와 역사를 함께해 온 연세가 창립 130주년을 맞는 해입니다. 이 뜻깊은 해를 준비하며, 저희는 오늘 연신원 개원, 신과대학 개교에 버금가는 또 하나의 중요한 역사를 만들려고 합니다. 이 모든 역사를 주관하신 하나님의 특별하신 은총에 감사하며 우리 연세대학교는 한국교회와 힘을 합하여 그 축복의 열매를 세계와 함께 나누고자 합니다. 언더우드 선교사가 한국에 첫 발을 디딘 그 은총의 자리에 세워질 G.I.T.는, 한국 교회와 연세의 역사 속에서 빛을 발하고 있는 하나님의 크신 축복과 그 열매를 세계와 함께 나누기 위한, 한국 기독교 국제화의 든든한 전초기지가 될 것입니다.

존경하는 내외 귀빈 여러분, G.I.T. 설립추진위원회는 우리가 받은 하나님의 수많은 축복의 결실을 복음과 진리가 필요한 곳, 특별히 신학교육 소외 지역인 아시아 및 아프리카 지역의 보은의 사역을 담당하게 될 것입니다. 아울러 전 세계에 제2, 제3의 언더우드와 같은 기독교 지도자, 그리고 연세대학교와 같은 기독교 대학, 한국 교회의 뜨거운 열정과 선교 열망을 나누어 가진 교회를 키워나갈 것입니다. G.I.T.는 한국교회 공동체와 연세대학교 그리고 세계교회 공동체가 함께 이루어 나가야 할 공동의 역사입니다. 오늘의 한국 기독교계를 이끌고 계신 여러분께서 이 사업을 먼저 제안하신 것은 여러분 모두가 한국 기독교의 성취에 대하여 하나님께 감사하는 마음과, 그 감사를 세계 교회와 신학교육에서 소외된 이들과 나누어야 한다는 사명감을 느끼고 있기 때문이라 믿습니다. 그 순수한 마음과 연세의 진리와 자유의 정신이 만나 G.I.T.라는 아름다운 결실로 나타나게 될 것입니다.

존경하는 한국 교회 목회자 여러분, G.I.T.의 구심점이 되어주십시오. 여러분의 협력을 바탕으로 한국의 모든 교회가 교파와 교리를 초월하여 함께 G.I.T.를 만들어 나간다면 단합된 그 힘이 전 세계를 향해 뻗어 나가 땅 끝까지 살아있는 하나님을 증거하게 될 것입니다. 여러분들의 격려와 도움과 기여로 G.I.T.는 더욱 찬란하게 빛을 발하여 온 세상에 하나님의 사랑과 영광을 전할 것입니다. 함께 성원하고 기도해 주십시오. G.I.T와 함께 걸어가실 여러분의 앞날에 하나님의 풍성한 축복이 늘 함께하시길 기원합니다. 감사합니다.

2014년 4월 3일

개척의 정신과 소명 의식

국제캠퍼스 1-2B단계 봉헌식 축사

안녕하십니까? 오늘 봉헌식을 위해 국제캠퍼스까지 귀한 걸음 해 주신 모든 분들께 진심으로 감사드립니다. 특별히 2006년 1월에 송도 캠퍼스의 건립을 위한 양해각서 체결에 직접 서명해 주신 안상수 전 인천시장님과 정창영 총장님이 이 자리에 함께 하셔서 더욱 감회가 새롭습니다.

그 계약이 체결된 지 8년이 지난 현재까지 국제캠퍼스는 총 18만6천평의 부지에 연면적 9만 3천 평의 건축이 이루어졌습니다. 부지는 의료원을 포함한 신촌캠퍼스의 약 2/3에 해당하며, 건축 연면적으로는 의료원을 제외한 신촌캠퍼스의 1/6에 해당하는 규모입니다. 오늘 봉헌하는 제2기숙사와 지혜관C동, 그리고 데크주차장을 끝으로, 1-2단계까지 건축이 마감되지만, R&D 파크를 비롯한 1-3단계 조성사업 또한 지속적으로 추진될 것입니다.

지금 우리 눈앞에는 8년 전에는 미처 상상하기 어려웠던 국제캠퍼스가 기적처럼 서 있습니다. 인천시와 경제자유구역청에서 허허벌판의 간척지에 입주할 기관을 열심히 찾아 헤매던 2006년 당시에는, 누구도 선뜻 이곳으로 오겠다고 지원하지 않았습니다. 연세는 다음 세기를 내다보는 긴 안목으로 국제캠퍼스를 세우겠노라 자원했고, 하나님의 뜻이 우리와 함께 하셔서 오늘의 큰 축복을 누리게 된 것입니다. "부름 받은 사람은 많으나, 뽑힌 사람은 적다."[마 22:14]라는 성경의 말씀처럼, 하나님께서 큰 기회를 열어 주셔도, 그 뜻을 알고 이를 붙잡는 것은 쉬운 일이 아닙니다. 우리 연세와 같이 항상 깨어 있고, 백년 앞 미래를 고심하고 준비하는 자에게만 돌아갈 수 있는 기회인 것입니다.

연세는 설립부터 지금까지 현재와 함께 미래를 계획하고 예비하는 곳이었습니다. 그리고 시대를 앞서서 이끌어 온 연세의 그 전통은, 오늘의 국제캠퍼스 봉헌을 통해서 더욱 공고해졌습니다. 많은 분들의 피와 땀, 정성과 응원으로 만들어 주신 국제캠퍼스는 '연세 제3 창학'의 전진기지로서, 학문과 교육의 수월성을 추구하고 새로운 고등교육의 패러다임을 완성하는 기반이 될 것입니다. 이곳 국제캠퍼스를 기반으로 이루어지는 Residential College[RC] 교육은 연세인을 공동체 의식과 리더십, 창조적 감성을 갖춘 미래 인재로 길러내어, 연세의 교육을 바꾸고, 나아가 우리나라 대학 교육에 새로운 패러다임을 가져올 것입니다. 언더우드국제대학과 글로벌인재학부를 통한 국제화 및 융합교육 또한 우리나라 대학 교육의 역사를 새롭게 쓰게 될 것입니다. 동시에, 국제캠퍼스는 연세의 글로벌화를 선도할 귀중한 자산이 될 것입니다. 녹색기후기금[GCF]의 유치와 국제교육 특구 지정 등을 발판으로 연세의 국제화 역량을 크게 높여, 해외의 인재들이 '찾아오는 대학'으로 만들 것입니다. 오늘 봉헌식을 계기로 온 연세공동체가 마음과 뜻을 한데 모아 우리의 역량을 결집하고 잠재력을 유감없이 발휘할 것을 다짐합니다.

어려운 대내외 환경 속에서도 어렵고 힘든 결정을 내려 주신 방우영 이사장님을 비롯한 교내외의 관계자 여러분께 깊은 감사를 드립니다. 그 분들께서 뿌린 그 씨앗을 이렇게 창대한 성과를 거두도록 이끌어 주신 하나님의 은혜가 오늘 참석하신 여러분 모두에게 함께 하시기를 기원합니다.

2014년 4월 25일

순교의 씨앗

연세창립 129주년 기념 전시, 「언더우드와 아펜젤러」 축사

여러분, 안녕하십니까? 연세 창립 129주년을 앞두고 우리 대학과 대한민국 교회의 기틀을 놓으신 '언더우드'와 '아펜젤러' 선교사를 기억하는 전시회를 개최하게 되어 참으로 감격스럽습니다. 바쁘신 가운데서도 오늘 개막식에 참석해 주신 모든 분들께 진심으로 감사드립니다. 하지만 지난 고난 주간에 진도 앞바다에서 있었던 참사로 인해 고통 받고 있는 이들의 아픔이 너무 커서, 온전히 기뻐할 여유가 없습니다. 하나님의 따뜻한 위로와 돌보심이 아픈 이들을 보듬으시어 그 마음을 평안하게 하시고, 희생된 모든 이들이 육신의 죽음을 넘어 영원한 생명의 안식을 맞이하기를 기도합니다.

우연히도 아펜젤러 선교사님도 성경번역자 모임을 위해 목포로 가시던 중, 고작 44세의 나이에 군산 앞바다에서 불의의 선박 충돌사고로 순교하셨습니다. 언더우드 선교사 또한 조선기독교대학Chosen Christian College을 세운 이듬해 병때문에 57세의 나이로 소천하셨습니다. 두 분 모두 이 땅에서 꿈을 미처 다 이루지 못하셨지만, 그 순교의 씨앗이 있었기에 오늘의 연세가 있는 것이라 믿습니다. 두 분 선교사께서 '은둔의 나라' 조선에 첫 발자국을 내디딘 것은 1885년 4월 5일, 부활절 주일이었습니다. "사망의 빗장을 산산이 깨뜨리시고 부활하신 주님께서 이 나라의 백성들이 얽매어 있는 굴레를 끊으사, 그들에게 하나님의 자녀가 누리는 빛과 자유를 허락해 주옵소서."라는 아펜젤러 선교사의 기도가 실현되었듯이, 두 분 선교사께서도 부활의 특권을 부여받고 오늘 이 자리에 저희와 함께 하고 계시다고 믿습니다.

두 분께 장로교와 감리교라는 소속 교파의 차이는 아무런 문제가 되지 않았습니다. 두 분은 한국에서의 기독교 선교활동과 교육활동 중 늘 서로 도왔습니다. 교회가 만들어지기 전에는 서로 집을 오가며 함께 예배를 드렸고, 한국인들에 대한 세례나 성찬식에서도 서로 도움을 주었으며, 성경번역, YMCA 청년운동, 강의까지 많은 일들을 함께 했습니다. 여러분께서는 오늘 정동제일교회와 새문안교회, 배재학당과 경신학원, 그리고 우리 연세가 지나온 발자취를 통해, 두 분의 헌신과 희생이 어떻게 열매를 맺었는지를 확인하게 될 것입니다. 이번 전시를 위해 기꺼이 귀중한 유물과 기록자료를 내어주신 정동제일교회와 새문안교회, 배재학당과 경신학원에 깊이 감사를 드립니다.

연세는 경신과 배재를 일구시면서 대학 설립의 필요를 역설하셨던 두 분의 기도 덕택으로 세워진 대학입니다. 두 분을 이어, 장로교와 감리교 두 교파로부터 파송된 여러 이사님들과 교수님들께서 이 학교를 키웠습니다. 그리고 두 분 선교사의 후손들 또한 선대의 소명을 이어갔습니다. 언더우드 선교사로부터 원한경 박사와 원일한 이사, 원한광 이사, 그리고 현재 학교법인 이사를 맡고 계신 원한석 이사에 이르기까지, 그간 우리 연세의 역사에 남기신 언더우드 가문의 족적은 짧은 말로는 다 설명할 수 없습니다. 아펜젤러 선교사의 후손들 또한 이화의 자랑이신 앨리스 아펜젤러 여사, 그리고 배재의 영원한 스승 헨리 닷지 아펜젤러 선생님을 포함하여, 많은 분들이 역시 한국의 교육을 위해 헌신하였으며, 한국인들로부터 큰 존경을 받고 있습니다. 마침 두 가문의 사진 자료들도 함께 전시되고 있으니, 두 가문 후손들의 교류 흔적을 찾아내는 것도 이 전시회를 보시는 데 소소한 재미를 더해 줄 것입니다.

오늘의 연세와, 경신학원, 배재학원, 정동제일교회와 새문안교회의 이 창대한 역사는 두 분 선교사께서 함께 올린 간절한 기도에서 비롯되었습니다. 그 유산을 받은 우리들 또한 두 분의 간절한 꿈을 잊어서는 안되겠습니다. 우리 연세가 지금 합심해서 추진하고 있는 모든 일들도 연세의 소명을 잇는 것이라 자신합니다. 연세는 두 분 선교사께서 우리나라에 첫발을 디디신 인천에 국제캠퍼스를 세우고, 미래의 세계를 이끌어갈 수 있는 섬김의 정신을 갖춘 창의적인 글로벌 리더를 키워내기 위한 Residential College 교육을 다져가고 있습니다. 연구분야에서도 우리 학자들의 아이디어를 모으고 역량을 강화하여, 미래세계의 산적한 문제들을 풀어나가겠습니다. 두 선교사의 뜻을 이어, G.I.T.를 통해 저개발국 젊은이들을 글로벌 기독교 리더로 길러내어, 세계 교회의 부흥을 위해 앞장서 나갈 것입니다. 언더우드와 아펜젤러 선교사의 간절한 기도를 계승하고 더욱 발전시키기 위한 연세의 발걸음에, 오늘 참석해 주신 여러분이 함께 동참하시고, 응원해 주시면 감사하겠습니다.

오늘 연세창립 129주년 기념 전시「언더우드와 아펜젤러: 1885 부활절의 기도」개막식에 참석해 주신 모든 분들께 다시 한 번 진심으로 감사드립니다. 하나님의 평화와 은혜가 늘 여러분과 함께 하시길 기원합니다. 감사합니다.

2014. 4. 20.

정갑영 총장, 대만 교육부 초청으로 대만 방문

정갑영 총장이 대만 교육부의 초청을 받아 4월 20일부터 23일까지 대만을 방문했다. 정갑영 총장은 이번 방문에서 대만 교육부와 고등 교육 전반의 협력·발전 방안에 대해 논의하고, 국립 대만대학, 대만 사범대학, 칭화대학, 중앙 연구원을 비롯한 대만의 주요 대학 및 연구 기관과 교류협력 관계를 공고히 했다.

2014년 4월 30일

희망, 생명, 은총

연세암병원 봉헌식사

오늘 연세암병원 봉헌식에 참석해주신 존경하는 김석수 재단 이사장님과, 방우영 전 이사장님, 여러 이사님, 그리고 바쁘신 일정에도 불구하고 오늘의 자리를 축하하기 위해 어렵사리 시간을 할애해주신 오제세 국회 보건복지위 위원장님을 비롯한 내외 귀빈께 깊이 감사드립니다. 또한 연세암병원과 자매결연을 맺고 있는 미국 MD앤더슨암센터 로널드 디피뇨 원장님과 홍완기 교수님을 비롯한, 해외에서 오신 귀빈께도 진심으로 감사드립니다. 영상으로 축하메시지를 전해주신 박근혜 대통령께도 감사드립니다. 오늘 연세의 발전을 위해 큰 사랑과 후원을 아끼지 않으시는 동문 및 의료원의 모든 교직원 선생님들과 함께 암병원 봉헌식을 갖게 되어 매우 기쁩니다.

세브란스는 우리나라 의료의 역사이자, 오늘날 한국 의학계의 눈부신 발전을 이루게 한 의학교육과 연구의 요람입니다. 129년 전 하나님의 부름에 응답한 선교사들의 손으로 처음 세워진 세브란스는, 이제 국내 최고의 의료진과 시설을 갖춘 한국의학을 대표하는 '글로벌 세브란스'로 성장하였습니다. 우리 대학교는 이미 1969년에 국내 최초로 암전문 진료기관인 연세암센터를 설립하여 현대 의료계의 가장 큰 난제인 암의 치료와 예방 등 난치병의 종합적인 관리를 위하여 새로운 시술과 치료법의 개발 등 선구적인 역할을 해 왔습니다. 오늘 연세암센터는 지난 45년간 이룩한 성과를 바탕으로, 한국과 아시아를 넘어 세계적인 암 전문 기관으로 도약하기 위해 이렇게 웅대한 모습을 갖춘 "연세 암병원"으로 거듭나게 되었습니다. 새 건물의 대표적인 상징물인 "노아의 방주"와 "빛의 기둥"은 불안과 공포에 사로잡힌 어려운 환우들이, 노아의 방주에서 구원의 희망을 갖고, 빛의 기둥에서 생명의 소망을 기원하며, 최고의 의료 시설에서 최고의 의료진으로부터 쾌유의 은총을 받는 염원을 담고 있습니다. 또한 새 암병원에는 15개의 암 전문센터를 두고 있으며, 암의 예방과 완화의료, 지식정보 등 특성화 센터를 두어, 암의 예방에서부터 완치까지, 모든 분들에게 도움을 줄 수 있는 전문인력을 배치하였습니다.

존경하는 내외 귀빈 여러분, 새 암병원의 건립과정에는 우리 연세대학교가 129년 이어온 도전과 희생과 섬김, 그리고 기부의 전통이 그대로 살아 숨 쉬고 있습니다. 암병원의 건립을 위해 큰 기부와 격려를 아끼지 않으신 2,000여분의 후원자들께서 연세대학교에 또 하나의 역사를 만든 것입니다. 이 자리에 함께 해 주신 여러분의 고귀한 사랑과 정성이 없었으면 결코 이루어질 수 없었던 역사였습니다. 하나님의 뜻으로 세워진 연세대학교가 암병원을 통해 또 한 번 은혜와 축복을 넘치는 역사를 만들게 된 것입니다. 여러분의 고귀한 뜻을 마음에 새겨 연세의료원의 모든 구성원들은 암환우의 곁에서 몸과 마음을 치유하는 데 더욱 온 힘을 다하겠습니다. 여러분의 기도와 격려를 바탕으로 세브란스와 연세암병원의 모든 교직원들은, 우리 모두의 꿈인 암 정복을 반드시 이루어, 인류의 건강증진에 기여하고 한국 의학의 명예를 세계에 드높이도록 모든 노력을 다

2014. 4. 30.

연세암병원 봉헌식, 암 정복을 향한 힘찬 새 걸음

치료와 암 정복의 새 희망이 될 연세암병원이 4월 30일 병원 3층 광장에서 성대하게 봉헌됐다. 이날 봉헌식에는 미국 MD앤더슨 암센터 로날드 드피뇨 원장 등 세계 22개국 29명의 주요 암병원장들과 우리 대학교 전·현직 이사 및 기관장, 명예교수, 홍영재 의대 총동창회장을 비롯한 의대 동창 다수가 참석했다.

하겠습니다.

친애하는 세브란스 가족 여러분, 그동안 암병원이 봉헌되기까지 건축 기획부터 완공에 이르는 모든 과정에서 수고해주신 전임 총장님과 의료원장님, 그리고 이철 의료원장님을 비롯한 의료원 모든 교직원 여러분, 모교 사랑이 극진하신 동문 여러분, 여러분의 값진 노고와 헌신에 존경과 감사의 말씀을 드립니다. 또한 우리에게 훌륭한 연세 암병원을 건축해주신 롯데건설과 동우건축 관계자 여러분께도 치하의 말씀을 올립니다.

오늘 귀한 시간을 할애하시어 함께 해 주신 내외 귀빈 여러분께 다시 한 번 감사드립니다. 연세 의료원 모두는 하나님의 사랑으로 인류를 질병으로부터 자유롭게 한다는 세브란스의 사명이 실현될 그 날까지, 연구와 진료에 더욱 더 매진하겠습니다. 대단히 감사합니다.

2014년 4월 14일 연세암병원 개원, 국내 최초의 '암센터'가 국내 최고의 '암병원'으로 태어나

신속한 진료 프로세스 구축 | '환자 중심'의 쾌적하고 편안한 공간 | 암의 예방과 완화, 정보까지 제공 | 3저(低) 3고(高)로 암환자들에게 새로운 경험 제공

연세암병원은 지하 7층, 지상 15층, 연면적 105,800㎡ (32,000평) 규모로 510병상의 입원시설과 15대 암 환자를 팀별로 진료할 수 있는 64개의 진료실, 100병상의 외래항암 약물치료센터로 구성되어 있다. 43개월 공사기간 동안 2,530여 억 원의 건축비가 투입됐으며, 이 중 430억 원은 1,930명의 기부로 마련됐다.

이제 우리 연세대학교는 더 이상 수혜자로만 머물러 있는 것이 아니라 창립자들이 보여주었던 희생과 사랑의 정신을 이어받고 확장시켜 나갈 것입니다. 세계를 향한 발걸음에 더욱 박차를 가할 뿐만 아니라, 세계를 향해 문을 활짝 열고, 세계의 지성을 교육시키는 학문의 전당으로 발전시켜 나갈 것입니다.

Now Yonsei will further magnify and pass on the spirit of the love and sacrifice we have received for so many years. We will accelerate our footsteps towards the world, while opening our doors and developing our university into a sanctuary of learning that teaches intellectuals from around the world.

2014년 5월 10일 | 연세 129주년 창립기념식사 | 새로운 역사를 이루기 위한 도약

2014년 5월 10일

새로운 역사를 이루기 위한 도약

창립 129주년 기념식사

존경하는 김석수 재단 이사장님과 박삼구 동문회장님, 내외 귀빈 여러분, 졸업 25주년과 50주년의 뜻깊은 재상봉 행사를 위해 모교를 찾아주신 자랑스러운 동문 여러분, 그리고 오늘 우리 대학의 창립 129주년을 축하해 주시기 위해 자리를 빛내 주신 모든 재학생, 교직원, 동문 여러분께 깊은 감사의 말씀을 드립니다. 특별히 오늘 장기근속상, 사회봉사상, 의학대상 및 학술상을 받으시는 여러분께 진심으로 축하의 말씀을 드립니다.

존경하는 연세가족 여러분, 오늘은 129주년의 창립기념식사를 시작하면서, 먼저 학교의 여러 공사로 인해 불편을 드려 송구스럽다는 말씀부터 드려야겠습니다. 매년 5월의 아름다운 신록이 가득한 연세 캠퍼스에서 창립 기념일 행사가 개최되었는데, 올해는 신촌캠퍼스 전체에서 대대적인 공사가 진행되고 있습니다. 우리 백양로를 지켜왔던 늠름한 독수리상을 비롯한 여러 상징물들도 백양로 재창조 사업을 위해 지금은 잠시 다른 곳으로 옮겨서 보관하고 있습니다. 오랜만에 모교를 찾아오신 동문 여러분은 옛 추억의 캠퍼스가 잠시나마 사라진 것 같아 많이 아쉬우셨을 것입니다. 그러나 지금 우리 대학은 새로운 역사를 이루기 위해 큰 도약을 준비하고 있습니다. 소중한 전통을 가슴에 간직한 채, 가슴 벅찬 연세의 미래를 개척하기 위해 혼신의 힘을 경주하고 있습니다. 제가 총장으로 취임하면서 목표로 내걸었던 '제3 창학'은 우리 학교가 창립 130주년을 맞게 될 내년에 그 구체적인 모습을 드러내게 될 것입니다. 환골탈태換骨奪胎를 넘어서는 천지개벽天地開闢의 새 역사를 만들기 위해 지금 여러분의 모교, 자랑스러운 연세대학교, 그리고 옛 추억의 백양로가 새롭게 변화하고 있습니다. 매년 용재관 앞 언덕에 흐드러지게 피어올라 캠퍼스에 봄이 왔음을 알려주던 진달래도 올해에는 볼 수 없어 아쉬우셨을 줄 압니다. 그러나 저는 올해에 진정한 생명의 봄이 우리 연세 캠퍼스에 찾아왔다고 생각합니다. 겨우내 얼어 있던 땅을 뚫고 봄의 새싹이 대지를 솟아오르듯이, 신촌캠퍼스에서 새로운 생명이, 새로운 역사의 물줄기가 솟구쳐 오르고 있기 때문입니다. 신촌캠퍼스의 숙원 사업이었던 백양로 재창조, 경영대학, 제중학사와 법현학사, 우정원 등 기숙사, 공과대학, 이과대학 등의 신증축 공사가 동시에 본격적으로 시행되고 있기 때문입니다.

자랑스러운 연세가족 여러분, 지금 우리 연세대학교에서는 백양로 재창조와 같은 하드웨어적인 면에서만 새로운 역사가 쓰여지고 있는 것이 아닙니다. 명실공히 대한민국 최고의 사립대학을 넘어서 아시아 최고의 사립대학으로 인정받는 낭보가 계속 들려오고 있습니다. 세계적인 QS 대학평가에서 우리 대학은 110위권, Times 대학평가에서는 연세 역사상 처음으로 세계 100대 대학으로 올라와 당당히 80위권의 저명대학으로 올라섰습니다. 국공립 대학을 제외한 사립대학만의 평가에서는 모든 평가에서 우리 대학이 전 세계 20위, 아시아 최고의 사립대학으로 자리매김하였습니다. 국내 최고 사립대학의 자리를 지켰다는 것은 당연한 일이지만, 우리 대학이 아시아 최고의 사립대학으로 자리잡았다는 것은 감격스러운 일이 아닐 수 없습니다. 우리 학생들의 우수성도 이제 더 이상의 검증이 필요 없을 만큼 확고부동해졌습니다. 올해 변호사 시험에서는 우리 대학이 합격률은 물론 합격자 수에 있어서도 역사상 처음으로 정원이 우리보다 많은 경쟁 대학들을 누르고 전국 최고를 기록함으로써, 법학전문대학원의 비약적 발전과 우수성이 여실히 증명되었습니다. 이제 우리 연세대학교는 국내 경쟁에 머무르지 않고 아시아 최고 대학으로서, 진정으로 인류의 역사와 미래에 공헌하는 세계적 명문이 되기 위한 노력을 더욱 경주하겠습니다. 이런 눈부신 연세의 발전 뒤에는 재단, 교직원 여러분, 동문, 그리고 재학생 여러분의 각고의 노력이 숨어 있습니다. 고등교육의 위기 징후가 한국 사회 곳곳에서 나타나고 있고, 교육과 의료 정책의 여건이 열악함에도 불구하고, 우리 연세가족들은 일치단결하여 새로운 도전을 통해 역사를 창조해 나가고 있습니다.

특별히 송도 캠퍼스의 RC 교육 정착은 한 대학의 성공적인 학사 운영 사례를 넘어, 한국 대학 교육의 새로운 가능성을 연 것으로 국제적인 평가를 받고 있습니다. 7년 만에 바다를 최첨단 시설의 캠퍼스로 바꾸는 기적을 이루었고, 많은 이들의 우려에도 불구하고 1학년 신입생 전원이 RC 교육의 혜택을 누리게 하겠다는 야심찬 계획을 이루어 내고야 말았습니다. 송도 캠퍼스의 외연은 계속 확장되고 있습니다. 미래 대학의 모델을 구축하기 위한 마스터플랜에 따라 국제캠퍼스 1-2단계 조성사업이 완료되었고, 지난 한 해에도 기숙사와 채플, 포스코 그린빌딩 등이 새롭게 준공되어 이제는 연면적 9만 3천여 평의 첨단시설과 연구 장비를 갖추게 되었습니다.

캠퍼스 재창조 사업은 의료원에서도 활기차게 진행되고 있습니다. 지난 4월 30일 연세 암병원의 봉헌은 이미 한국의학사의 새로운 이정표가 되었습니다. 인류의 난치질환을 치료하는 임상 시설의 탁월함과 병상 규모도 놀라울 정도이지만 암으로 투병하고 있는 환자들에게 노아의 방주와 같은 구원의 희망을 심어주는 아름다운 신축 병원 건물은 우리 연세가 추구하는 기독교 정신의 미학을 아름답게 드러내고 있습니다.

신촌캠퍼스에 새로운 기숙사 공간을 제공할 우정원도 올해 8월 말에 450명을 수용할 준비를 완료하게 될 것입니다. 의과대학의 제중학사와 법학전문대학원의 법현학사를 통합 개발하여 약 1천명의 학생을 수용할 수 있는 기숙사와 100여 가구가 생활할 수 있는 외국인 교원 아파트 신축하는 사업도 오늘 착공식을 가졌습니다. 백양로 재창조 사업과 경영대학 건물은 내년 8월말에 완료되어 신촌캠퍼스의 지형도를 완전히 새롭게 할 것입니다. 원주캠퍼스에서도 오랜 숙원이었던 원주 의료원의 권역외상센터 및 외래센터의 건축이 순조롭게 진행되고 있습니다. 우리 대학의 정보통신 기반시설을 확충하기 위한 스마트 캠퍼스Smart Campus 사업도 연내에 완성하여 교육자원의 효율적 공유를 위한 OCXOpen Campus eXperience 구축을 완료토록 하겠습니다.

존경하는 연세가족 여러분, 연세 제3 창학의 역사는 캠퍼스 인프라의 확충만으로 완성되지 않습니다. 캠퍼스 인프라는 우리 대학이 세계적 명문으로 도약하기 위한 필요조건에 불과합니다. 우리 대학은 지금 대학의 기본사명인 교육과 연구, 의료, 사회봉사, 네 가지 중에서 연구를 제외한 3개 부문에서 어떤 기준으로 평가해도 국내에서 최정상을 유지하고 있습니다. 따라서 앞으로 상대적으로 뒤쳐져 있는 연구 역량을 높여 나간다면 130년 역사의 연세는 더욱 화려하게 그 사명을 달성하게 될 것입니다. 연세는 앞으로 확충된 첨단 인프라를 기반으로 대학의 기본 소명인 교육과 연구의 수준을 글로벌 명문으로 높여 나가기 위해 모든 노력을 다해야 할 것입니다. 올해부터는 교육과 연구의 특성화를 통해 세계대학과 경쟁할 수 있는 연세의 브랜드를 만들기 위해 매진할 계획입니다. 이미 국제적 명성을 확보한 언더우드국제대학UIC과 같은 특성화 프로그램을 여러 형태로 확대하여, 대학의 구조조정과 교육과정의 질적 향상을 동시에 추구할 계획입니다.

언더우드 선교사가 129년 전 우리 대학에 하나님과 근대교육이라는 두 가지 값진 선물을 주신 뜻을 되새기며, 글로벌신학원Global Institute of Theology, GIT을 설립하여 소외된 저개발국 학생들을 초청하여 무상 신학교육을 실시함으로써 우리가 받은 것을 세계의 어려운 이웃과 함께 나누는 데 앞장서겠습니다. 이와 함께, 지난해 환태평양대학연합회Association of Pacific Rim Universities, APRU 가입을 계기로 세계유수의 명문대학들과의 다자간 교육 및 연구협력을 더욱 강화하며, 대학의 국제 인지도를 높여가고 있습니다. 또한 우리 대학이 주관하여 프린스턴, 코넬, 킹스 칼리지 등 세계 10대 명문과의 전략적 협력 관계를 형성하는 G10 컨소시엄도 완성을 눈앞에 두고 있습니다. 대학의 기본적인 사명인 연구 분야 경쟁력 강화를 위하여, 지난해에는 미래융합연구원을 설립한 바 있습니다. 앞으로 이를 통해 새로운 연구 아이디어를 창출할 수 있는 환경을 조성함과 아울러, 기초 및 융합연구, 그리고 국제연구협력을 위한 지원을 더욱 확대함으로써 연구 역량을 강화해나갈 것입니다. 이를 위해 매년 30억 원의 연세연구진흥기금을 새롭게 확보하여 획기적인 연구 지원제도를 도입할 예정입니다. 또한 의생명분야의 융합연구와 교육 경쟁력을 높이기 위하여 의생명 과학단지의 건축을 적극 추진할 계획입니다.

사랑하는 연세인 여러분, 지금으로부터 129년 전에 벽안碧眼의 미국 선교사들이 이 땅에 복음과 서구식 대학 교육의 씨앗을 뿌림으로써 우리 연세대학교의 위대한 역사가 시작되었습니다. 우리는 그분들의 희생과 사랑의 수혜자였습니다. 이제 우리 연세대학교는 더 이상 수혜자로만 머물러 있는 것이 아니라 창립자들이 보여주었던 희생과 사랑의 정신을 이어받고 확장시켜 나갈 것입니다. 세계를 향한 발걸음에 더욱 박차를 가할 뿐만 아니라 세계를 향해 문을 활짝 열고, 세계의 지성을 교육시키는 학문의 전당으로 발전시켜 나갈 것입니다.

지금까지 우리는 연세대학교라는 교명의 '연세延世'를 '세상을 향해世 뻗어가는延' 대학의 의미로 해석하여 왔습니다. 그러나 연세의 연延 자에는 뻗어 나간다는 의미만이 있는 것이 아닙니다. '끌어 당긴다'는 의미도 있고, '서로 통하게 만든다'는 의미도 함께 가지고 있습니다. 이제 우리 연세는 세계를 향해 문을 활짝 열고, 천하 인재를 끌어당기고 이끌어가는 대학이 되어야 할 것입니다. 중국의 고전 한서漢書 권 58에 '개동각이연현인'開東閣以延賢人이란 표현이 있습니다. 이는 우대優待하여 천하의 현명한 사람을 불러들임을 의미합니다. 보통 사용한 문門 외에 동쪽의 작은 문마저 열어 놓고, 천하제일의 영재를 불러 교육시키고 세상을 변화시켜 나간다는 뜻입니다. 이 문장에서도 연延 자가 사용되고 있습니다. 여기서도 우리는 새로운 '연세'의 미래를 발견하게 됩니다. 힘찬 발걸음으로 세계를 향해 나아가고 있는 우리는 '동쪽의 작은 문'마저 열어놓고 천하 인재를 불러 모아, 세계 최고의 대학이 되어야 할 것입니다. 세계를 서로 통하게 하는 연세가 되어야 할 것입니다. 이미 아시아 최고의 사립대학으로 굳건히 자리매김한 우리에게 이는 불가능한 일이 아니라고 저는 믿습니다.

존경하는 연세가족 여러분, 매년 창립기념일마다 우리가 함께 힘차게 노래 부르는 「연세 찬가」 1절 가사는 이렇게 이어지고 있습니다. "한 세기 지켜온 민족의 얼/ 진리와 자유 심어온 모습/ 뒤안에 우뚝한 무악같이/ 굳세고 슬기에 영원하여라!" 연세가 지켜온 민족의 얼은 이미 한 세기를 훌쩍 넘겼고, 굳세고 슬기에 영원했던 우리 연세는 올해로 벌써 129번째 창립을 기념하고 있습니다. 그동안 우리 모든 연세가족들은 민족의 역사와 함께 호흡하면서 숨 가쁜 개척자의 길을 걸어왔고, 이제 아시아 최고의 사립대학이라는 위상을 자랑스럽게 천명할 수 있는 위치에 올랐습니다. 그러나 이것이 우리의 최종 목표는 아닐 것입니다. 서양 인문학의 고전으로 꼽히는 호메로스의 〈오디세이아〉는 트로이 전쟁을 마치고 고향 이타카로 귀향하던 주인공 오디세우스와 그의 동료들의 이야기를 담고 있습니다. 그들은 고향으로 돌아가기 위해 함께 힘차게 노를 저었습니다. 높은 파도가 그들을 위협했고 괴물들이 그들의 앞길을 가로막았으며 요정들이 유혹하기도 했습니다. 그러나 오디세우스와 그의 동료들은 이런 시련에 굴하지 않고 열심히 노를 저어 고향으로 돌아왔습니다. 10년 동안 치러진 트로이 전쟁과 다시 10년간 이어졌던 긴 방랑의 항해를 마치고 마침내 고향으로 돌아온 오디세우스는 이렇게 말합니다.

"우리는 아직 모든 고난의 끝에 도달한 것이 아니오.앞으로도 헤아릴 수 없이 많은 노고가 있을 것이고, 그것이 아무리 많고 힘들더라도, 나는 그것을 모두 완수해야만 하오!"

사랑하는 연세가족 여러분, 저는 3년 전에 "YONSEI, where we make *history*!"란 슬로건을 들고 총장으로 취임했습니다. 저에게는 우리가 역사를 만들지 못한다면, 오히려 우리가 역사의 한 줄로 축약될지도 모른다는 절박함이 있었습니다. 그 슬로건은 지난 129년 동안 찬란하게 이어져 온 연세의 자랑스러운 역사를 '제3 창학'으로 새롭게 도약시키겠다는 저의 다짐이었습니다. 앞으로도 우리에게는 헤아릴 수 없는 많은 노고가 요구될 것이고, 그것이 아무리 벅차고 힘들더라도 저는 여러분과 함께 '제3 창학'이라는 새로운 역사를 써내려갈 것입니다. 지난 129년의 연세의 역사는, 언제나 새로운 도전과 창조적 극복의 역사였습니다. 로마서 8장에는 "그 뜻대로 부르심을 입은 자들에게는 모든 것이 합력하여 선을 이룬다."고 기록되어 있습니다. 지난 129년 전에 그 부르심에 따라 머나먼 이국만리[異國萬里]를 찾아와 복음의 씨앗과 연세의 터전을 마련했던 존경하는 우리 대학의 설립자들도 그 부르심을 입었습니다. 이제 우리도 그 부르심을 함께 입고, 협력하여 선을 이루며, 새로운 연세의 역사를 창조하는 일에 함께 동참해야 할 것입니다.

이제 우리 연세는 세계를 향한 발걸음을 힘차게 내디딜 뿐만 아니라 '동쪽의 작은 문'마저 열어놓고 천하 인재를 끌어 모아[延] 그들을 가르치는 세계 최고의 대학이 될 것입니다. 그리하여 연세를 통하여 세계가 '서로 통하게 되는'[延] 새 역사를 창조해 나갈 것입니다. 지난 129년 동안 우리와 함께 했던 하나님의 크신 사랑과 인도하심이 우리의 가슴 벅찬 미래에도 늘 함께 하시기를 간절히 기원합니다. 감사합니다.

2014. 5. 새 U.I. 디자인 시행

2015년 개교 130주년을 앞두고 자율과 융합의 글로벌 명문사학으로서, 하나된 연세의 정체성 확립을 위하여 새로운 U.I.(University Identity) 시스템을 구축했다. 연세대학교의 역사가 담겨 있는 기존 심벌 마크의 기본 형태는 그대로 유지하되, 개선이 필요한 시인성(visibility)과 디지털 매체에 적합한 형태로의 발전에 중점을 두고 디자인 작업을 진행하였다. 연세대의 기상과 역사, 그리고 품위를 함께 상징하는 독수리 엠블렘은 연세의 진취적인 모습을 나타내기 위하여 기존의 색 조합을 변경해 조금 더 활기찬 컬러 조합으로 구성하였다.

2014년 5월 10일

거대한 시너지의 역사적 징표

제중학사·법현학사 기공식사

오늘 창립기념일인데 날씨가 정말 좋습니다. 금아琴兒 피천득 선생께서 5월은 '금방 찬물로 세수를 한 스물한 살 청신한 얼굴'같다고 노래했는데, 바로 오늘처럼 청아한 아침을 말하는 것 같습니다. 연세 129주년을 축하하는 창립기념식에 앞서, 제중학사·법현학사 기공식을 갖게 되어 기쁨을 감출 수 없습니다. 특별히 이 자리에 함께 해주신 김석수 이사장님과 여러 이사님, 안세희 전 총장님과 송자, 김병수, 김한중 총장님을 비롯한 모든 내외 귀빈 여러분께 감사드립니다. 올해는 특별히 변호사시험에서 우리 대학 법학전문대학원이 사상 처음으로 합격률과 합격자수에서 모두 전국에서 가장 우수한 성적을 거두었습니다. 이 같은 경사에 때를 맞추어, 우리나라 최고의 의료인을 양성하는 의과대학의 제중학사와, 대한민국의 대표적인 법조인력을 길러내는 법현학사를 융합하여 신축하게 되어 여러분과 함께 매우 기쁘게 생각합니다.

오늘 제중학사·법현학사의 기공식은 여러 관점에서 우리 연세 발전에도 매우 중요한 의미를 갖고 있습니다. 두 건물이 세워진 지 약 40년 만에 연세라는 이름에 걸맞는 첨단의 기숙사를 신축한다는 평범한 행사의 의미를 뛰어 넘는 역사적 배경이 있기 때문입니다. 여러분께서 보시는 대로 이 두 기숙사는 우리 대학교에서 그 많은 시설 중에서 보전상태가 가장 열악한 건물입니다. 따라서 그동안 두 기숙사의 재건축이 의료원과 본교에서 여러 차례 논의되어 왔고, 두 기숙사를 통합해서 새롭게 건축하자는 제안도 몇 차례 검토되었지만 그동안 빛을 보지 못하고 오늘에 이르렀습니다. 그런 제안들이 쉽게 실현되지 못한 가장 중요한 이유는 안타깝게도 신촌캠퍼스와 의료원 사이의 보이지 않는 높은 장벽 때문이었습니다. 세브란스와 연희가, 세상을 이끌어가는 연세延世로 한 가족이 된 지, 벌써 57년이 되었습니다. 그러나 유감스럽게도 하나로 통합된 이후 지금까지도, 때로는 2인3각의 불안정한 체제처럼, 불편함과 부자연스러움이 부분적으로 남아있었던 것이 사실입니다. 그런데 오늘의 제중학사·법현학사의 신축은 오랫동안 남아있던 마지막 장벽을 허물고, 두 건물을 통합적으로 연결하고, 시설을 대폭 확충하여 '연세'가 두 다리를 든든하게 딛고 융합하는 하나임을 다시 확인하는, 상징적인 사업으로서 큰 의미가 있는 것입니다. 우리가 추진하고 있는 연세 제3창학의 가장 중요한 요소의 하나는 캠퍼스간의 융합을 가장 가시적으로 보여주는 대표적인 사업인 것입니다.

신축 건물에는 당연히 융합의 시너지 효과가 그대로 반영되었습니다. 기숙사 건축면적은 4배 가까이 확장되었으며, 연면적으로는 무려 10배가 확대되었습니다. 두 기숙사를 모두 합해 300명 정도를 겨우 수용하던 제중학사·법현학사는, 1천명 가까운 학생을 수용할 수 있는 기숙사와, 약 100여 세대가 생활할 수 있는 외국인교원 기숙사와 함께, 체력 단련실, 세미나실, 스터디룸 등 다양한 편의시설까지 갖춘 현대식 기숙사로 탈바꿈하게 되었습니다. 또한 국제학사와 SK국제학사에 이어 제중학사·법현학사가 신축됨으로써, 동문 주변은 우리 대학의 주요한 주거지역으로 자리하게 되었습니다.

2014. 5. 10.

제중학사·법현학사 재건축 기공식

제중학사·법현학사의 재건축 기공식이 창립 129주년 기념일인 5월 10일에 열렸다. 제중학사·법현학사 기공식은 첨단시설을 갖춘 기숙사를 새로 짓는다는 의미를 넘어 의대생 기숙사인 제중학사와 법대생 기숙사인 법현학사가 통합적으로 재건축됨으로써 캠퍼스 간의 융합을 상징한다.

오늘 제중학사·법현학사기공식은 물리적인 인프라 확충을 넘어, 의생명과학단지, 백양로 재창조, 융합연구의 확대 등 앞으로 신촌캠퍼스와 의료원이 공동으로 추진해나갈 많은 융합 프로그램의 모범이 될 것이며, 두 기관의 협력이 이루어낸 거대한 시너지의 역사적인 징표가 될 것입니다. 앞으로 제중학사·법현학사에서 우리나라의 의료계와 법조계를 이끌어갈 동량들이 안심하고 학업과 수련에 전념하여, 우리나라와 이웃들을 위해 더더욱 크게 기여할 수 있게 되기를 희망합니다.

다시 한 번 오늘 제중학사·법현학사 기공식에 참여해 주신 모든 분들께 진심으로 감사드립니다. 이후에 있을 창립기념식과 오찬, 그리고 재상봉행사까지 모두 즐겁게 함께해 주십시오. 대단히 감사합니다.

2014년 5월 24일

연세가족의 자긍심과 유대감

국제캠퍼스 페어런츠데이 축사

존경하는 학부모 여러분, 안녕하십니까? 바쁜 주말의 귀한 시간을 할애하시어 페어런츠데이 행사에 참석해 주신 부모님들께 진심으로 감사드립니다.

계절은 봄을 지나 여름에 성큼 다가서 있지만, 세월호 참사의 아픔은 계절의 변화마저도 느낄 수 없게 우리 마음을 얼려 버렸습니다. 지난 한 달 반 가까운 시간동안 자녀를 잃은 부모의 심정을 함께 나누면서, 교육의 책임에 대해 깊이 반성하는 시간을 가졌습니다. 믿고 싶지 않은 이 사고는 그동안 우리사회가 공동체에 대한 책임감, 타인에 대한 배려, 섬김의 리더십과 같은 전인교육을 소홀히 한 결과라고 생각합니다. 기본 원칙을 지키고, 올바른 윤리 의식을 지닌 '제대로 된 사람'을 키우는 것이 얼마나 중요한 일인지 다시 한 번 뼈저리게 깨달았습니다.

친애하는 학부모님, 연세에 입학한 여러분의 소중한 자녀들은 한 명 한 명이 모두 의심할 바 없이 훌륭한 학문적인 자질을 가지고 있는 재원입니다. 이 친구들이 냉철한 지성과 더불어서, 배려와 책임감, 인류를 위한 소명 의식을 가진, 미래를 이끌어 갈 지도자로 커 나가도록 지켜봐 주는 것이 저희 학교와 여러 학부모님의 역할일 것입니다. 오늘 자녀들의 생활공간과 활동 모습을 보시면서 자녀분들에 대한 이해의 장을 넓히고 또한 우리 대학교의 교육 철학을 함께 나누는 시간이 되길 바랍니다. 짧은 시간이지만 자녀를 지도하시는 교수님과 대화도 하시고 자녀들이 공부하고 생활하는 공간도 둘러보시고 학생들이 참여하고 있는 교육프로그램에 대한 소개를 들으시면서 자녀들을 폭넓게 이해할 수 있는 시간이 되길 바랍니다. 이 곳 국제캠퍼스는 연세를 세우신 언더우드 선교사가 129년 전 한국 땅에 첫 발을 내디딘 곳입니다. 7년 전까지만 해도 바다였던 이곳이, 지금 연세의 새로운 역사의 장이 되었습니다. 세계 어느 대학과 비교해도 뒤지지 않을 첨단 시설에서, 우리나라 최고의 전인교육 프로그램을 통해 여러분의 자녀는 연세 역사의 주인공으로 성장하고 있습니다.

연구, 사회에 대한 봉사, 의료 등 우리 대학이 감당해야 할 많은 책무 가운데서, 핵심은 제대로 된 인재를 길러내는 것입니다. 우리 대학은 지난해부터 모든 신입생을 대상으로 RC 교육을 실시하고 있습니다. 많이 아시겠지만, RC 교육은 영국의 케임브리지나 옥스퍼드, 그리고 미국의 아이비리그 대학들과 같은 유서 깊은 대학들이 채택하고 있는 교육프로그램입니다. RC 교육에서 기숙사는 먹고 자는 곳의 의미를 넘어서 각종 교육활동이 통합된 창의적인 배움 공동체이며, 특히 미래의 지도자에게 요구되는 전인적인 인격을 길러주는 최선의 환경입니다. 학생들은 RC라는 한 공간에서 자신과는 다른 생활패턴과 성격을 가진 동료들과 함께 생활하면서 공동체 생활에서 지켜야 할 규율과 에티켓을 배우고 인성과 리더십을 익힐 수 있습니다. 자율적이지만 이기적이지 않고, 독립적이지만 남을 배려할 줄 아는 그러한 품성을 기를 수 있는 교육이 RC를 통해 제공될 것입니다. 이미 자세히 안내를 받으셨겠지만, 자신의 목표를 세우고 그를 이루어 가는 방법을 고민해보는 RC101이라는 프로그램과, 사

2014. 5. 24.

학부대학-RC 교육원, '페어런츠데이 행사' 개최

5월 24일 국제캠퍼스에서 우리 대학교 학부모들의 축제인 페어런츠데이(Parent's Day) 행사가 열렸다. 이날 행사는 학부대학(학장 최강식)과 RC 교육원(원장 장수철)이 준비한 행사로, 학부모들에게 신입생들이 살고 있는 캠퍼스와 Residential College를 소개하려는 취지에서 기획됐다.

회봉사, 문화예술, 체육 등이 우리 대학의 핵심적인 RC 프로그램입니다. '연인延仁 프로젝트'라는 사회봉사 프로그램을 통해 우리 학생들은 인천 지역 저소득층 가정 학생들에게 학업지도와 함께 꿈과 희망을 심어주는 멘토로 참여하면서, 지식을 전하는 것 이상으로 스스로 성장하는 기회를 만들어 가고 있습니다. 동시에, 문화예술 및 체육 프로그램은 창의성 기르는 토대가 되고 있습니다. RC에서 갈고 닦은 인격과 역량을 기반으로, 장차 우리 자녀들이 미래사회가 요구하는 핵심역량을 갖춘 신뢰받는 지도자로서, 세상의 변화를 이끌어가는 빛이 되어줄 것이라 기대합니다. 우리 대학의 RC 교육은, 대학이 취업 준비의 장이 되어버린 우리나라 고등교육의 현실에 새로운 패러다임으로 자리하게 될 것입니다.

오늘 이 자리를 통해 학부모님들께서 자녀의 대학생활을 더욱 깊이 이해하고, 연세의 새로운 가족으로 자긍심과 유대감을 갖게 되는 계기가 되었으면 합니다. 아울러 세계적인 명문으로 발전하는 연세의 모습을 눈여겨 봐주시고 연세가족으로서 성원해 주시기를 부탁드립니다. 오늘 함께해 주신 학부모님과 여러분 가정 위에 하나님의 크신 축복이 늘 함께 하시기를 기원합니다. 감사합니다.

2014. 6. 10.

우리 대학교, 세계 100대 미국특허 보유 대학에 선정

미국 국립발명가학회(National Academy of Inventors ; NAI)와 지적재산권자협회(Intellectual Property Owners Association ; IPO)는 우리 대학교가 2013년 미국특허를 보유한 세계 100대 대학에 포함되었다고 지난 6월 10일 발표했다. 이는 우리 대학교가 산학협력과 특허분야에서 세계 100위권 대학에 진입했음을 의미한다. 이번에 발표한 특허 보유 세계 100대 대학은 미국 특허청(U.S. Patent and Trademark Office)이 제공한 자료를 바탕으로 선정되었다.

2014. 6. 11.

UN 지속가능발전센터(UNOSD) 현판 제막

UN 지속가능발전센터(United Nations Office for Sustainable Development, 이하 UNOSD) 현판 제막식이 지난 6월 11일 우리 대학교 국제캠퍼스에서 개최되었다. UNOSD는 환경 및 지속가능발전분야 아시아 최초의 UN교육연구기관으로서, 전 세계 개발도상국들을 대상으로 환경 및 지속가능발전 분야의 지식확산(Knowledge Proliferation) 역할을 담당하고 있다.

2014년 5월 28일

사회적 인식 변화의 계기

'한국 기금자산운용 대상' 대학기금 부문 수상소감

2014. 5. 28.

우리 대학교 기금 운용, 국내 대학 중 가장 우수해

우리 대학교가 기금 운용 면에서 국내 대학 중 최고의 평가를 받았다. 5월 28일 한국경제신문사 다산홀에서 열린 '한국기금·자산운용대상' 시상식에서 정갑영 총장은 최고상인 교육부장관상(대학부문 대상)을 받았다. 한국경제신문사는 교육부 등과 공동으로 이 상을 올해 처음으로 제정했다.

안녕하십니까? 그저께 한국경제신문으로부터 갑작스럽게 교육부문 수상자로 선정되었으니 시상식에 참석해 달라는 요청을 받고 적잖이 놀랐습니다. 우리 대학이 충분히 자료를 준비하고 제출할 시간이 없어서, 주요한 몇가지 제도만 챙겨서 알려드렸다고 했는데 1회 수상자로 선정되었다는 소식을 들으니, 우리 대학이 평소에 아주 잘 하고 있으며, 좋은 시스템을 갖추고 있음을 있는 그대로 인정해 주신 것이라서 무엇보다 뿌듯합니다. 상은 역시 사람을 기쁘게 하는 동시에, 더욱 힘을 내서 일할 수 있게 기운을 북돋우는 힘이 있는 것 같습니다. 때문에, 한국경제신문이 「자산기금운용대상」 제도를 만들어 대학과 보험사, 주요 기금 등의 자산운용 우수기관을 시상한다는 소식을 듣고 매우 반가웠습니다. 앞으로도 이런 시상제도들이 많이 생겨서, 일선에서 일하는 이들을 많이 격려해주시고 더욱 신나게 일할 수 있는 환경이 만들어졌으면 하는 기대를 가져봅니다.

이윤추구를 목적으로 하지 않는 대학은 본연의 기능인 교육, 연구, 의료를 통해 수익을 창출할 수 없음은 물론이고, 오히려 이러한 기능을 제대로 수행하기 위해 등록금 등의 고정 수익보다 훨씬 큰 투자를 필요로 합니다. 저희 대학만 해도 등록금 환원율이 220%를 웃돌기 때문에 이 비용을 충당하는 것이 큰 고민이 아닐 수 없습니다. 제가 말씀드릴 필요도 없겠지만, 세계에서 등록금이 제일 비싸다는 미국 대학들의 전체 수입에서 등록금이 차지하는 비율은 20~30%에 불과합니다. 2012년 6월 기준으로 하버드 대학의 기금규모는 약 320억 달러, 즉 32조원 규모에 이르며, 기금규모 상위 10개 대학의 기금 평균액은 130억 달러, 미 대학의 평균 기금 규모도 3억3천만 달러, 약 3500억 원이라고 합니다. 반면 우리나라 대학들 중 누적적립금이 1천억 원을 넘는 대학은 고작 10개를 넘지 않고 있습니다.

대학들이 큰 기금을 운용하여 그 수익으로 교육에 재투자하는 것은 당연시하고 권장하는 미국과 달리, 우리나라는 대학이 큰 기금을 가지고 있는 것을 못마땅하게 여기는 것을 넘어 죄악시 하는 분위기가 팽배합니다. 이뿐만 아니라 우리나라는 사립학교법으로 대학은 학생들이 낸 등록금에서는 감가삼각비를 제외하고는 적립금을 적립할 수 없도록 엄격하게 제한하고 있습니다. 결국 대학의 적립금은 동문들, 학부모들, 그리고 사회 유지들께서 대학의 발전을 건축, 연구, 장학기금으로 출연해 주신 것인데, 이를 사립대학이 학생들의 등록금 중 일부를 재단의 사욕을 위해 축적하는 것처럼 매도하는 것을 볼 때마다 사립대학교 총장으로서 너무나 가슴이 아픕니다. 이 시상제도를 계기로 사립대학 적립금에 대한 사회의 인식이 변화될 수 있다면 더없이 기쁠 것 같습니다. 오늘 좋은 상을 주셔서 저희 대학의 노력을 격려해 주신 한국경제신문의 김기웅 사장님을 비롯한 임직원 여러분, 그리고 심사에 수고하신 한완선 교수님과 모든 심사위원들께 깊이 감사드립니다. 그리고, 이 상을 받을 수 있도록 수고해 준 박진배 자금운영위원회 위원장님과 위원들, 그리고 총무처 식구들을 비롯한 모든 교직원들께 진심으로 감사를 드립니다.

2014. 5. 28.

'오월의 별 헤는 밤', 성황리에 마쳐

오월의 마지막 날 저녁 6시. 우리 대학교 노천극장에서는 수많은 '연세의 별'들이 모여 감동적인 음악회를 열었다. 연세가 배출한 스타 뮤지션들과 이들의 공연을 보기 위해 모인 8천여 동문이 노천극장을 가득 메웠다. 노천극장에 다함께 모인 8천여 '연세의 별'들은 뜨겁고 진한 모교 사랑을 노래했다.

동문 음악회

오월의 별 헤는 밤

동문 출신 가수와 문화예술인 한자리에 모이다.

오는 2014년 5월 31일 토요일 저녁 6시 우리대학교 노천극장에서는 연세의 발전과 동문들의 대동단결을 위하여 '오월의 별 헤는 밤' 음악회가 열린다.

이번 음악회는 동문 인기가수들과 우리대학교에서 청춘 시기를 보낸 문화예술계 인사들이 총출동한다. 출연하는 가수는 윤형주(의예과 66학번)와 이장희(생물학과 66학번), 조진원(생물학과 77학번), 김광진(경영학과 82학번), 윤종신(국어국문학과 88학번), 박진영(지질학과 90학번), 호란(심리학과 98학번), 스윗소로우(화학공학과 95학번 인호진, 영문학과 96학번 김영우, 정보산업공학과 96학번 송우진, 경제학과 99학번 성진환), 차여울밴드(작곡과 07학번)등인데, 이들 동문 문화예술인들이 최초로 한자리에 모인다는 점에서 큰 의미가 있다.

특별히 이번 음악회는 모교인 연세대학교의 발전을 기원하는 마음을 담아 참가자 전원이 보수를 받지 않는 재능기부(talent donation)로 출연하기로 해 더욱 큰 의미가 있다.

| 연세의 별(Star)을 만나다

이번 음악회의 이름인 '오월의 별 헤는 밤'은 동문 시인인 윤동주의 시 '별 헤는 밤'에서 따왔는데, 일 년 중 가장 좋은 계절인 오월에 우리대학교가 배출한 문화예술계의 별(Star)을 만난다는 의미도 담고 있다.

이번 콘서트의 사회는 오상진(경영학과 98학번), 엄지인(식품영양학과 02학번) 아나운서가 맡아 진행할 예정이다. 콘서트는 유명 가수들과 문화예술계 동문들이 관객에게 인사를 하는 것으로 시작된다. 사전 행사로 "세상의 모든 별 이야기" 우수 영상으로 선정된 작품이 상영되고, 이어서 총장님 인사 말씀과 모교 홍보 영상이 상영될 예정이다.

본 행사는 청년 윤동주 시인이 다녔던 1940년대 연희전문 시절의 캠퍼스를 추억하며 공연을 시작한다. 윤동주 시인의 육촌 동생이자 가수인 윤형주 동문이 등단하여 윤동주의 대표시를 낭송한다. 이어서 윤형주, 이장희, 조진원,

'오월의 별 헤는 밤' (연세소식, 2014. 5. 28.)

2014년 9월 4일

시온에 놓인 견고한 주춧돌

금호아트홀 착공식사

2014. 9. 1.

제16대 의료원장에 정남식 교수 취임

의과대학 정남식 교수(내과학)가 제16대 의무부총장 겸 의료원장으로 취임했다. 정남식 의료원장은 1976년 의과대학을 졸업한 심장내과 전문의로 의과대학장과 세브란스병원장을 역임한 교육과 병원행정 분야의 전문가다. 정 의료원장은 한국심초음파학회 이사장과 한국항공우주의학협회 회장, 대한심장학회 이사장, 아시아태평양 심장학회 부회장 등을 지내고 현재 재난대응의료안전망사업단 단장으로 다양한 분야에서 활동하고 있다.

여러분 안녕하십니까? 오늘, 경사스러운 「금호아트홀 착공식」을 축하하기 위하여 귀한 시간을 할애해 주신 김석수 이사장님, 방우영 전 이사장님과, 송자 전 총장님, 김병수 전 총장님, 정창영 전 총장님과, 박삼구 회장님을 비롯한 금호아시아나 임직원 여러분, 그리고 존경하는 내외 귀빈여러분께 깊이 감사드립니다. 어제까지 내리던 비도 오늘을 말끔하게 그쳐 크게 부조하는 것을 보면 오늘 착공식이 큰 경사임에 틀림없는 것 같습니다. 보시는 것처럼 우리 대학교에서는 창립 130주년을 앞두고, 연세가 신촌에 둥지를 튼 이래 가장 큰 사업인 "백양로 재창조"의 역사가 한창입니다. 캠퍼스의 정중앙을 가로 지르는 백양로를 차량으로부터 해방시켜 보행자에게 되돌려 주고 친환경의 녹색거리로 탈바꿈시키기 위한 사업입니다. 지금 당장은 통행에 불편함이 있습니다만, 이 사업이 마무리되는 내년 8월이 되면, 하루에 1만 5천대가 넘는 차량으로 인해 캠퍼스를 동서로 분단시켰던 백양로는, 푸른 자연의 공간으로 연세인들에게 생명을 전하는 교류와 소통과 문화의 장으로 거듭나게 될 것입니다.

오늘 착공하는 「연세 금호아트홀」은 백양로의 지하 공간에 설치되는 최고 수준의 문화공간으로서 백양로 재창조 사업의 백미에 해당되는 시설입니다. 특별히 「금호아트홀」은 박삼구 동문회장께서 작년에 백양로 재창조 사업에 대해 들으시고 어려운 여건에도 불구하고 쾌척해주셔서 빛을 보게 되었습니다. 단순히 시설을 기증해 주신 것 뿐 만이 아니라 설계와 내부 시설 등 세밀한 사항까지 직접 챙겨가며 최고 수준의 아트홀로 만들어 주신데 대해, 또 한 번 학교를 대표해서 깊은 감사를 드립니다. 시온에 놓인 견고한 주춧돌처럼 연세 백양로에 들어서는 「금호아트홀」은 영재를 기르고 문화를 가꾸는 데 지원을 아끼지 않는 금호아시아나의 예술 사랑을 오래 오래 전하게 될 것입니다. 특히 「연세 금호아트홀」은 캠퍼스의 정중앙에 자리하여 중앙도서관과 학술정보원, 체육관, 대강당, 학생회관, 백주년기념관 등 문화체육 시설이 집중된 연세의 문화예술 콤플렉스로, 연세 문화를 융성하게 꽃 피우는 핵심 공간이 될 것입니다.

「금호아트홀」은 2000년 광화문에 최초로 만들어져, 지난 15년간 실내악과 독주회를 위한 최적의 공연장으로 찬사를 받아왔습니다. 백양로에 만들어지는 「연세 금호아트홀」 역시 동일한 규모와 최상의 음향시설을 완비한 고품격 실내악 공연장으로 탄생합니다. 앞으로 기존의 「금호아트홀」과 협력하여 두 예술공간을 통해 재능 있는 많은 젊은 음악가들이 역량을 마음껏 펼쳐 보일 수 있는 기회가 크게 넓어지도록 최선을 다하겠습니다. 더불어 세계적으로 명성을 떨치고 있는 중견 음악인들도 우리 캠퍼스에서 더 많은 독주회 무대를 갖게 함으로써, 연세 캠퍼스에 영혼을 감동시키는 음악이 항상 가득하기를 기원합니다.

우리 연세는 이미 RC를 통해 전인교육을 실시하고 있습니다만, 공자께서도 시는 인간의 감흥을 일으키고, 예의를 가지고 있어야 인간답게 자신을 세울 수 있지만, 그래도 인격은 음악으로 완성에 이르고, 위대한 음악은 천지우주와 더불어 조화를 이루는 것이라 하였습니다. 이러한 성인의 혜안에 의지해 볼 때, 지성인으로서 인격을 닦는 연세의 터전에서, 그 중에서도 자연을 회복하는 상징적인 백양로의 중심에 음악의 전당 「금호아트홀」이 들어서게 된 것은 최고의 조합이라 할 것입니다.

어려운 여건에서도 연세를 위해 큰 선물을 주신 박삼구 회장님을 비롯한 금호아시아나에 진심으로 깊이 감사드립니다. 여러분, 내년 이 즈음에는 백양로 재창조 사업이 완공되고, 「금호아트홀」 개관기념 콘서트가 성대하게 열리고 있을 것으로 기대합니다. 「금호아트홀」 건축과 함께 진행되고 있는 「백양로 재창조 사업」에 계속해서 관심을 가져 주시고, 역사적인 사업이 성공적으로 마무리 될 수 있도록 많이 후원해 주십시오. 오늘 「금호아트홀」 착공식에 함께해 주신 모든 내외 귀빈들께 다시 한 번 진심으로 감사드립니다. 대단히 감사합니다.

금호아트홀 착공식(2014. 9. 4.)

정갑영 총장을 비롯하여 김석수 재단 이사장, 방우영 전 재단이사장, 송자 전 총장, 김병수 전 총장, 정창영 전 총장, 박삼구 총동문회장, 서중석 이사, 소화춘 전 이사, 박춘화 전 이사, 금호건설 원일우 사장, 간삼건축 김태집 사장과 교무위원 등 100여 명이 참석했다.

2014년 9월 24일

나눔과 섬김

연세대학교 재활학교 개교 50주년 기념 축사

친애하는 재활학교 재학생 여러분, 학부모님, 그리고 여러 교직원 선생님, 연세대학교가 지체장애 아동에 대한 재활치료와 교육을 위해 우리나라 최초로 설립한 재활학교가 오늘 개교 50주년을 맞게 됨을 여러분 모두와 함께 큰 축하를 드립니다.

연세대학교 재활학교는 우리나라 최초의 지체장애 특수학교로서 장애 아동들을 포용하는 나눔과 섬김에 앞장서 왔으며, 이 아동들이 우리 사회에서 당당한 시민으로 함께 설 수 있도록 깜깜한 어둠 속에서 한 줄기 빛을 밝히는 개척의 역사를 써 왔습니다. 재활학교 50주년의 역사는 재활학교의 역사이자 동시에 우리나라 특수교육이 성장해 온 발자취라 할 것입니다. 지난 50년 동안 연세대학교 재활학교는, 교육을 받을 기회가 거의 없어서 힘들어 하던 이 땅의 지체장애 아동들에게, 인간다운 삶을 누리며 삶의 목표를 키워나갈 수 있는 소망을 심어 왔습니다. 세브란스 소아재활원에서 출발한 작고 여린 싹이 이같이 독립된 학교로 크게 발전할 수 있었던 것은 하나님의 특별한 은혜 덕분이라 하겠습니다. 그동안 어려운 여건 속에서도 연세대학교 재활학교는 많은 분들의 열정과 희생으로 큰 발전을 이룩하여 왔습니다. 이와 같은 성과는 특별히 교장 선생님을 비롯한 모든 교직원 선생님들께서, 언더우드 선교사로부터 연세에 면면히 이어져온 섬김과 나눔의 정신을 본받아, 아동들에 대한 이해와 깊은 사랑과 헌신으로 수준 높은 특별한 교육을 베풀어주신 결과입니다. 이 자리를 빌려 깊은 감사의 말씀을 드립니다.

오늘 기념식에 도착하기 직전에 재활학교 고등학교 3학년 과정에 재학 중인 차민호 학생의 시집을 보게 되었습니다. 「살아있음을」이라는 시에 “나무가 잎을 세운다는 건/ 단지, 이 세상 살아있음을 보이는 것이다.”라는 구절이 눈에 띄었습니다. 나뭇잎이 돋아나는 것은, 제 아름다움을 뽐내기 위해서도 아니고, 열매를 만들기 위한 것도 아니고, 다만 자신이 살아있음을 보여주기 위함이라는 이 구절을 보면서 우리가 항상 간과해 버리고, 깨우치지 못하는 엄염한 사실을 다시 한 번 확인 할 수 있었습니다. 우리의 삶이 ‘무엇 때문에’가 아니라 ‘그냥 살아있음’으로써 얼마나 귀하고 중한 것인가를 다시 한 번 생각하고, 모든 이들이 있는 그대로의 모습으로 존중받고 사랑받을 자격이 있다는 것을 새삼 깨달았습니다. 오늘 귀한 깨우침을 준 민호군과 학생 여러분에게 진심으로 감사합니다.

끝으로 지난 50년간 재활학교를 올바른 방향으로 이끌어 주신 교직원 선생님들께 다시 한 번 깊이 감사드립니다. 또한 재학생과 학부모, 그리고 그동안 재활학교를 거쳐 간 여러 학생과 학부모님께도 고마움을 전합니다. 연세대학교 재활학교 50주년을 계기로 우리나라의 장애학생 교육이 더욱 튼실해지기를 기원하며, 연세대학교 재활학교와, 이 학교에서 새로운 앞날을 준비하는 모든 아동의 앞날에 하나님의 축복이 가득하기를 기원합니다. 감사합니다.

2014년 10월 6일

사랑의 씨앗과 결실

언더우드선교상 시상식 축사

안녕하십니까? 오늘 열네 번째 맞는 언더우드 선교상 시상식과 기념 강좌에 참석해주신 내외 귀빈 여러분께 학교를 대표해서 깊은 감사를 드립니다. 특별히, 오늘 언더우드 선교상을 수상하시는 최광규 선교사님과 선교비 지원대상자로 선정되신 정경택 선교사님, 그리고 오랜 시간 선교사님들과 함께 고생하신 가족들께 축하와 함께, 그동안의 노고에 진심으로 감사드립니다. 오늘과 같은 뜻깊은 행사를 통해 언더우드의 정신을 면면히 이어갈 수 있도록 지속적으로 후원해 주시는 제경오 회장님께도 이 기회를 빌려 다시 한 번 깊이 감사드립니다.

언더우드 선교사는 1885년 4월, 26세의 청년으로, 생면부지의 땅, 조선에 첫발을 내디뎠습니다. "아무것도 보이지 않는 암흑의 땅"에 뿌리를 내리고, 광혜원에서 물리와 화학을 기르치면서 교육봉사를 처음 시작하셨고, 고아학교를 만들어 부모가 없는 아이들을 보살피고, 한국어 문법서와 한영사전을 간행하는 등 이 땅에 처음으로 씨를 뿌리신 일들이 너무나 많습니다. 또한 교회를 세우시고, 그리스도신문을 발간하였으며, 기독교 청년회를 조직하는 등 미지의 조선 땅에 믿음의 씨앗을 뿌리는 선교사업도 병행하셨습니다. 그리고 근대 고등교육기관인 대학을 만들어, 조선 사람을 계몽하고 교육하며 나라 발전의 기틀을 쌓으셨습니다. '양귀', 서양에서 온 귀신이라고 놀림 받던 한 선교사가 129년 전에 뿌린 씨앗 하나가 오늘의 연세를 있게 만든 것입니다. 그가 세운 꽃의 향기가 온 세상에 진리와 자유의 영혼을 불러 일으켰고, 세계 20대 사립대학으로 큰 열매를 맺게 된 것입니다. 언더우드 선교사께서 하신 일을 하나하나 되새겨 볼 때마다 경외심에 저절로 고개가 숙여지고, 옷깃을 여미게 됩니다.

언더우드 선교사의 정신과 업적을 기리기 위해 연세대학교는 「기념식사업회」를 만들어, 언더우드 선교사가 한국과 한국인들을 위해 심은 사랑과 씨앗의 결실을 전 세계의 어려운 이웃들과 함께 나누어 왔습니다. 언더우드 선교상을 제정하여, 언더우드 선교사의 사랑과 선교정신을 기리고, 먼 오지에서 묵묵히 선교 사역을 감당하고 있는 선교사를 발굴하여, 그 분들의 감동적인 업적을 표창하고 있습니다. 또한 언더우드의 섬김의 정신을 몸소 실천하고 있는 선교사들을 찾아내어 알리고, 문명의 손길이 미치지 못하는 지구촌 숨은 곳에서 도움을 필요로 하는 이들을 위해 봉사하고 있는 선교단체에 선교비를 지원하고 있습니다.

특별히 오늘 수상하시는 최광규 선교사께서는, 도미니카공화국에 진출한 첫 한국인 선교사로, 선교 불모지인 도미니카에 7개의 교회를 개척하셨으며, 도미니카 정부로부터 부지를 기증받아 임마누엘신학교와 '한도 초·중·고등학교'를 설립하였습니다. 그뿐만 아니라 도미니카 국가기도성회를 개최하였으며, 지상파 방송을 통해 '국가의 기도시간'을 생방송으로 진행하고 있습니다. 또한 선교비 지원을 받게 되시는 정경택 선교사님은 케냐 나이로비에서 마사이 부족 청년들을 대상으로 '컴퓨터 직원 훈련원 설립'을 계획하고 있습니다. 언더우드가 조선 땅에 와서 학교를 설립하여 근대 교육에 큰 공을 세운 것처럼, 정경택 선교사님이 계획 중인 선교사업도 언더우드의 정신을 계승하는 숭고한 선교라 할 수 있습니다.

2014. 10.

세계 최대 무크(MOOC) '코세라(Coursera)'와 협약 체결

'우리 대학교는 세계 최대 무크(MOOC) 사이트인 코세라 (Coursera, 대표 다프네 콜러)와 콘텐츠 제공 협약을 지난 9월 16일 체결했다. 무크(MOOC)는 'Massive Open Online Course'의 약자로서 대규모 온라인 공개강좌이다. 최근 전 세계적으로 큰 관심을 끌고 있는 무크(MOOC)는 우리나라 교육환경에도 커다란 영향을 미칠 것으로 보인다. 세계적으로 무크 시장은 코세라, 퓨처런(FutureLearn), 에덱스(edX) 세 개의 사이트가 주도하고 있다. 우리 대학교는 지난 6월 2일 퓨처런과 협약을 체결한데 이어 이번에 코세라와 협약을 체결함에 따라 '빅 3' 무크 사이트 중 2개에 동시 가입했다. '빅 3' 무크 중 2개 이상의 사이트에 가입한 국내 대학은 우리 대학교뿐이다.

2014. 10. 6.

제14회 언더우드 선교상 시상식 개최

제14회 언더우드 선교상 시상식 및 기념 강좌가 10월 6일 오후 3시 루스채플 예배실에서 개최되었다. 올해 언더우드 선교상은 도미니카공화국에서 28년 동안 사역하고 있는 최광규 선교사(59세)가 수상했다.

윤동주 시인께서 「십자가」란 시에서 '행복한 예수 그리스도에게처럼/ 십자가가 허락된다면/ 모가지를 드리우고/ 꽃처럼 피어나는 피를/ 어두워가는 하늘 밑에/ 조용히 흘리겠습니다.' 라고 다짐한 것처럼, 두 분의 선교사님이야말로 순교적 신앙으로 오지에서 예수님처럼 선한 사역을 감당해 오셨습니다. 두 분께서 뿌린 씨앗이 많은 영혼들을 일깨우고, 지구촌 구석구석에 하나님의 사랑과 은혜가 널리 전파되는데 크게 기여할 것임을 믿어 의심치 않습니다. 앞으로 연세대학교는 언더우드 선교사의 뜻을 더욱 숭고히 기리고 발전시켜 나가기 위해 최선을 다할 것입니다.

끝으로, 오늘 시상식 후에 「연세와 존 토마스 언더우드」를 주제로 기념강좌를 맡아주신 김학은 명예교수님께 깊이 감사드립니다. 그리고 오늘의 수상자이신 최광규 선교사님과 가족들께 다시 한 번 감사와 함께 축하를 드립니다. 오늘 이 뜻깊은 자리에 함께 해 주신 여러분께 하나님의 크신 은총과 평화가 늘 함께 하시기를 기원합니다.

2014. 9. 11.

김병철 고려대 총장에게 명예경영학박사 학위 수여

우리 대학교는 김병철 고려대학교 총장에게 우리나라의 학문과 대학의 발전에 이바지한 공로를 인정해 명예 경영학박사 학위를 수여했다. 학위수여식은 9월 11일 오후 4시 연세·삼성학술정보관 7층 장기원 국제회의실에서 열렸다.

2014. 9.

대학발전을 위한 '상생합의'의 혁신으로 '성과연동 직원급여체계' 도입

학교본부와 노동조합은 2014년 9월 학기부터 행정시스템 선진화와 재정운용의 효율화를 위해 40년 이상 적용된 경직된 제도를 대폭 개편하고 새로운 '성과연동 직원급여체계' 도입에 합의했다. 학교의 생존과 발전을 위한 자구적 노력이 절실한 상황에서 이같이 협약을 체결함으로써, 행정시스템의 선진화와 조직문화 발전에 획기적인 전기를 마련하게 되었다.

2014년 11월 11일

글로벌 인재들을 위한 공간

우정원 준공·기증식 인사말

안녕하십니까? 오늘 우정원 준공기증식에 참석해 주신 (주)부영의 이중근 회장님과 임직원 여러분, 김석수 이사장님과 박삼구 동문회장님, 김병수 전 총장님, 한승수, 설준희 이사님, 여러 교직원 선생님, 그리고 내외 귀빈 여러분 감사합니다.

오늘은 연세 129년 역사에 매우 중요한 한 페이지를 여는 날입니다. 역사상 처음으로 우리 대학교가 기숙사를 기증받는 날이기 때문입니다. 또한 연면적 2천 여 평에 달하는 큰 규모의 대학원 학생들을 위한 기숙사를 갖게 된 것도 이번이 처음입니다. 오늘의 역사는 물론 부영그룹 이중근 회장님께서 고귀한 후의를 저희 학생들을 위해서 연세에 베풀어 주셨기 때문에 가능하게 된 것입니다.

저는 지금도 2년 전에 초면으로 회장님을 찾아뵈러 갔었을 때, 차 한 잔을 마시면서 불과 몇 분 만에 선뜻 이렇게 큰 기숙사를 지어주시겠다고 말씀하시던 순간을 잊을 수가 없습니다. 오늘 늦가을의 청명한 하늘과 아름다운 단풍을 배경으로 숲 속에 우뚝 선 우정원의 완공된 모습을 보니, 다시 한 번 2년 전의 그 모습이 떠오르고, 연세 젊은 후학들의 발전가능성을 믿고 기숙사를 선물해 주신 (주)부영의 이중근 회장님과 모든 임직원들께 진심으로 감사드리지 않을 수 없습니다.

"교육 재화는 한번 쓰고 사라지는 것이 아니라 계속해서 재생산되는 미래를 위한 투자"라는 신념으로, 회장님께서는 교육 지원을 통해 노블리스 오블리주를 실천해 오셨고, 저희 학교처럼 이중근 회장님과 부영으로부터 이와 같은 선물을 받은 곳이 국내에만도 이미 100여 기관이 훨씬 넘었으며, 해외 저개발지역 국가에서도 600여 곳이 넘는다고 알고 있습니다. 교육 백년대계를 걱정하는 이중근 회장님의 깊은 관심과 뜨거운 사랑에 존경을 표하지 않을 수가 없습니다.

연세의 역사에는 조선이라는 나라에 대학 교육의 터전을 닦을 수 있도록 도움의 손길을 보내주신 언더우드, 세브란스, 스팀슨 등 여러 기부자들의 아름다운 이름이, 시간이 흐를수록 더욱 찬란하게 빛을 발하고 있습니다. 이중근 회장님의 고마운 뜻과 성함 역시, 연세의 역사와 함께 영원히 기억되어 후학들의 흠모와 감사의 대상이 될 것입니다. 집은 추위와 더위를 막아주는 구조물의 의미를 넘어, "인간의 일그러진 본성을 바로 잡아주고, 일 때문에 희생해버린 감정들을 되살려주는" 공간이라고 했습니다. 이제 우리 학생들도 이 회장님의 깊은 뜻을 바탕으로 머지않아 세상을 아름답게 만드는 글로벌 인재로 다시 태어나게 될 것입니다. 우정원 기숙사를 건축하면서 (주)부영과 저희 대학은, 학생들이 사계절에 따라 변화하는 자연을 바라보며 사색의 깊이를 더할 수 있도록 조망을 확보하고, 지열을 활용하고, LED 조명을 설치하는 등, 지속가능한 친환경 건축이 되도록 특별히 관심을 기울였습니다. 잠시 뒤 기숙사를 직접 보시면서 이런 특징을 직접 확인하시는 것도 오늘 준공식의 작은 즐거움입니다.

다시 한 번 우정원 기숙사를 건축·기부해 주신 (주)부영의 이중근 회장님과 임직원 여러분께 깊은 감사의 말씀을 올립니다. 그리고 오늘의 준공·기증식에 함께 해주신 모든 분들께도 감사드리며, 하나님의 가호가 늘 여러분과 함께 하시길 기원합니다. 감사합니다.

'우정원' 기숙사는 전면부에 커튼월을 설치하여 안산이 보이도록 시원한 조망감을 주었다. 각 사생실은 개별 화장실과 샤워실을 두고, 자동으로 온도가 조절되는 바닥형 복사 난방과 천정형 냉방시스템이 설치되었으며, 신재생에너지인 지열을 이용하여 100% 냉난방을 시행하였다.

'우정원' 기숙사는 부영그룹 이중근 회장이 연세 젊은 후학들의 발전 가능성을 믿고 우리 대학교에 기부한 학생 기숙사이다. 이중근 회장의 아호인 '우정(宇庭)'에서 이름을 따온 '우정원' 기숙사는 연면적 6,600㎡에 지하 2층, 지상 5층 규모로 건립되었다. 내부에는 총 379명을 수용할 수 있는 174실의 사생실과 스터디룸, 세탁실, 체력단련실 등 다목적 교육·편의 시설을 갖췄다. 부영그룹에서 100억 원 상당의 기숙사 건물을 건립, 기증하였으며, 학교에서는 각종 기반시설과 조경, 토목공사를 시행하였다. 우정원은 대학원 기숙사로 사용될 예정인데, 이처럼 큰 규모의 대학원 기숙사를 가지게 된 것도 이번이 처음이다.

2014년 11월 11일

국학 연구 요람의 저력

석장리유물 발굴 50주년 기념 학술회의 축사

2014. 11. 17.

인도네시아 前 대통령 수실로 밤방 유도요노 특강

인도네시아의 전임 대통령인 수실로 밤방 유도요노(Susilo Bambang Yudhoyono)가 11월 17일(월) 원주캠퍼스를 방문해 특강을 했다. 특강에는 교수와 직원, 학생을 포함해 400여 명이 참석했다. 유도요노 前 대통령의 특강 주제는 'Strengthening International Development Cooperation to Support National Development Agenda'로 민주주의에 대한 소견과 한국과 인도네시아의 밀접한 관계 등을 밝혔다.

한국 구석기유적 발굴 50년! 지금으로부터 50년 전 연세대학교는 우리 역사의 새로운 문을 열었습니다. 1964년 11월 11일, 사학과 손보기 교수님을 발굴단장으로 충청남도 공주시 석장마을에서 우리나라에서는 처음으로 구석기 유적을 발굴하기 시작한 것입니다. 1974년까지 이어진 유적 발굴 사업을 통해 이 땅에서도 구석기시대부터 사람들이 살아왔다는 사실이 뚜렷이 밝혀졌습니다.

1964년 11월, 석장리 구석기 유적의 첫 발굴 소식은 역사학계를 넘어 온 국민의 관심사였으며, 당시 백낙준 총장님을 비롯한 많은 학교 집행부와 학자들이 깊은 관심을 갖고 수차례씩 현장을 방문하여 발굴단을 격려하고 현장에서 몸소 발굴에 참여하기도 했습니다. 전쟁의 후유증이 채 가라앉지 않은 어려운 재정 환경에서도 학교는 10년이라는 발굴기간 동안 발굴사업을 지원했습니다. 창립 초기부터 연세가 지녀온 국학연구 요람으로서의 저력이 국가에서 할 일을 대신하여 이루게 했다고 믿습니다. 10년에 걸친 장기 발굴은 한국 구석기를 제대로 밝히겠다는 파른 손보기 교수님의 굳은 의지가 없었다면 이처럼 성과를 거둘 수 없었을 것이었습니다. 손보기 교수님께서는 10차례의 발굴 동안, 많은 어려움을 이겨내며, 유적 발굴과 구석기 유물 연구에 다양한 자연과학적 방법을 도입하였고, 구석기 용어의 한글화를 꾀하여 어린아이부터 누구나 쉽게 구석기에 다가가고 구석기를 이해하도록 하였습니다. 용어의 한글화는 김석득 교수님을 비롯한 국어학자들의 도움이, 자연과학적인 방법의 적용은 각 분야 전문 학자들과의 공동 연구가 있었기에 가능했습니다. 이 같은 성과의 배경에는 창립 이래 국학과 과학을 함께 교육하고 연구한 동서화충의 연세 전통이 있었습니다. 최근 손보기 교수님 댁에서 국보급 삼국유사를 비롯하여 귀중한 유물들과 많은 선사학 관련 장서들을 우리 대학에 기증하셨습니다. 연세대학교와 학문발전을 위한 손보기 선생님의 기여는 아직도 현재진행형인 것입니다.

오늘날 우리 연세대학교는 제3 창학을 맞아 커다란 변화의 물결 속에 있습니다. 제3 창학은 고등교육의 선도자로서 연세 정신을 이어받아, 그 터 위에 연세를 세계 최고의 명문대학으로 굳건히 세우겠다는 다짐입니다. 이번 학기 '파른 손보기 기념교수'로 초빙된 사학과의 한창균 교수님이 신임 박물관장으로 취임하였습니다. 손보기 교수님의 뜻을 이은 연세대학교 박물관과 사학과가 지금까지 이룩한 전통과 명성을 이어, 다시금 구석기학 연구의 전당으로 우뚝 서고 비약적 발전을 이룰 것을 기대합니다. 또한 제3 창학의 비전에 발맞추어 우리박물관이 연세공동체의 문화 융성을 주도하고 지역 사회에도 기여하며 새 역사를 만들어 주시기를 부탁드립니다.

석장리 구석기유적 발굴 50주년 기념 학술회의 개최를 깊이 축하드리며, 이 학술회의가 유종의 미를 거두기를 기원합니다. 감사합니다.

2014. 11. 20.

연세대, 동아시아연구중심대학협의회 가입

우리 대학교는 2014년 11월 20일 '동아시아연구중심대학협의회(The Association of East Asian Research Universities, 이하 AEARU)'에 가입했다. AEARU는 동아시아 지역의 고등교육 교류와 연구를 선도하고자 홍콩과학기술대학을 중심으로 1996년에 설립된 컨소시엄이다. 중국 북경대, 후단대, 칭화대, 일본 도쿄대, 오사카대, 대만 칭화대 등 5개국의 17개 회원교로 구성되어 있으며, 우리 대학교는 18번째 회원교가 됐다. 우리나라에서는 서울대, 포항공대, KAIST가 회원교로 활동하고 있다.

[강연] 2014. 11. 11.

정갑영 총장, '열정樂서'에서 강연

11월 11일 잠실 실내체육관, 1만 2,000여 명의 인파 속에서 정갑영 총장의 강연이 울려 퍼졌다. 정 총장은 '열정樂서' 최종회 강연의 첫번째 순서로 강연했다. '열정樂서'는 삼성의 CEO를 비롯하여 다양한 분야를 대표하는 이 시대 최고의 멘토들이 청춘들을 직접 만나 열정과 희망을 전하는 토크 콘서트이다. 정 총장은 꾸준히 열정을 가질 수 있는 원동력을 설명하며, 청춘의 꿈을 응원했다.

강연에서 정 총장은 "사람들이 양귀(洋鬼)라고 비난하며, 끝없는 박해 속에서도 조선 땅에 대학을 세우기 위해 노력한 언더우드의 정신을 잊지 말아야 한다"고 강조했다. 설립자의 확고한 의지와 신념이 129년의 역사를 가진 연세대학교를 탄생시켰다고 했다.정갑영 총장은 꾸준히 열정을 가질 수 있는 원동력을 설명하며, 청춘의 꿈을 응원했다. 주옥같은 어록도 탄생했다.

"영화 '브루스 올마이티'에 이런 대사가 나옵니다. '아들아, 너 기적을 보고 싶니? 그럼 스스로 기적이 되라.' 여러분은 제 어린 시절보다도 훨씬 더 좋은 환경에 있습니다. 저는 시골에서자랐어요. 초등학교 다닐 때는 매일 3~4km를 걸어 다녔어요. 영어학원도 거의 없던 그 옛날에 영어공부를 어떻게 했느냐? 새벽에 FM라디오에서 하는 영어방송을 듣는 거예요. 지금과 참 다르죠? 세상에 기회가 너무 많아졌어요. 그런데 사람들에게는 저마다 고비가 있어요. 늦게 피는 꽃도 많아요. 그걸 'Late Bloomer'라고 불러요. 그게 안 되면 'Later Bloomer', 'The Latest Bloomer'가 되면 되죠. 처음부터 꽃피울 수 없어요. 우리 인생에 엄청나게 많은 기회가 있습니다."

"경제는 불확실합니다. 위기도 계속됩니다. 새를 한번 보세요.새가 엄청나게 부지런해요. 새는 바람이 쌩쌩 부는 날에 집을 짓습니다. 새집은 절대 안 무너져요. 바람이 부는 날 가장 안전한 곳에 집을 짓기 때문이에요. 시련과 소망 없이는 아무것도이룩할 수 없어요. 꿈과 비전을 가지십시오!"

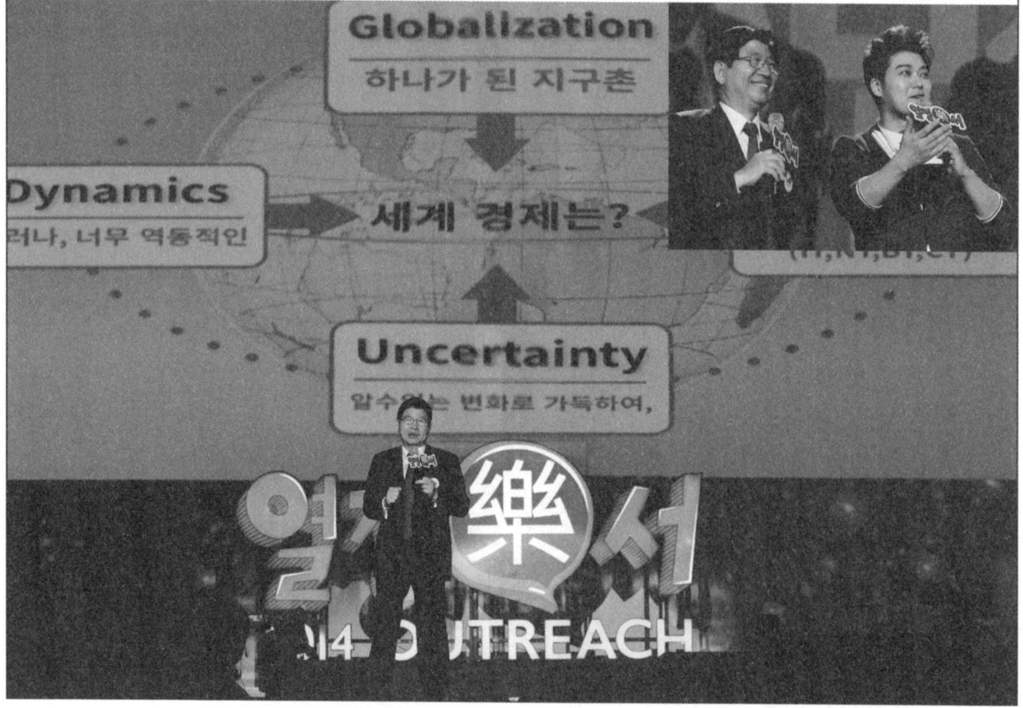

2014. 11. 26.

연세 스마트 교육을 선도할 Open & Smart Education센터 오픈

우리 대학교는 고등교육 패러다임의 변화에 선제적으로 대응하기 위해 오픈 스마트 에듀케이션 센터(Open & SmartEducation Center, 이하 OSE 센터)를 신설했다. 백양관 N208호에 공간을 마련하고 지난 11월 26일 정식 개소식을가졌다. 개소식에는 정갑영 총장과 OSE 위원회 및 센터 직원뿐만 아니라 글로벌 MOOC 강의 교원이 함께 참석하여 공식 출범을 축하했다.

2014. 12. 1.

알렉산데르 스투브 핀란드 총리 특강

알렉산데르 스투브(Prime Minister Alexander Stubb) 핀란드 총리가 지난 11월 20일 우리 대학교를 방문하여 특강을 했다. 이날 특강에는 정갑영 총장, 황우여 교육부 장관 겸 부총리, 마띠 하이모넨 주한 핀란드 대사, 장동희 주핀란드 대사를 비롯해 교수와 직원, 언더우드국제대학 재학생 등 총 200여 명이 참석했다. 주제는 '창조경제 발전을 위한 교육과 혁신(Education and Innovation - Building Blocks of Growth in Creative Economy)' 였다.

스투브 총리는 이날 특강에서 "핀란드 창조경제의 중심에 교육이 있다"라고 전제한 뒤, 먼저 교육에서 '개인(individuals)의 중요성'을 언급했다. "휴식, 식습관, 운동, 이 세 가지에 개인이 유념해야 하며, 각 개인에게 이 같은 요소가 충족이 되면 교육의 질은 더 높아지며, 궁극적인 목표인 성공적인 창조경제에 더욱 가까이 다가갈 수 있게 된다."라고 말했다. 또한, "교육의 중심에 있는 학교는 틀에 박힌 교육방식 대신, 학생이 자유롭게 사고하도록 그 방법을 알려주고 훈련해야 한다"라고 강조했다. 아울러, "이 같은 교육의 본질은 개인뿐 아니라 사회 전체로서의 발전에 이바지할 수 있게 된다."라고 전했다.

2015년~2016년

다가올 100년을 준비하며

2015년 1월 1일
세계적 명문으로의 비상과 도약
신년사

2015년 1월
내 인생의 플러스: 신앙촌 기고문
코넬 한인교회와 로날드 플레이스 목사

2015년 2월 23일
축복 속의 새로운 길
2월 학위수여식사

2015년 2월 25일
연세의 표상과 얼
교원 퇴임식 인사말

2015년 2월 27일
더 넓은 시각으로 바라보는 세계
입학식 축사

2015년 4월 30일
도전과 개척의 연세정신
IBS-연세대학교 학연협력 협약식 환영사

2015년 5월 9일
다가올 100년을 준비하며
창립 130주년 기념식사

2015년 5월 22일
준엄하고 고결한 정신
문과대학 백주년 기념식 축사

2015년 5월 30일
한국 고등고육의 새 역사
상경·경영대학 100주년 기념식사

2015년 6월 10일
중국학 연구의 통합적 발전을 기대하며
중국연구원 현판식 축사

2015년 7월 29일
기다림의 결실
제1 공학관 확장공사 봉헌식 인사말

2015년 8월 28일
꿈을 이루는 연세의 별들
8월 학위수여식사

2015년 8월 31일
기독교 정신의 보루
연세 신학 백주년 기념 선교대회 축사

2015년 9월 17일
헌신과 사랑의 실천
원주세브란스기독병원 외래센터 증축 봉헌식사

2015년 9월 21일
세계 경영학의 중심을 지향하며
경영관 봉헌식 인사말

2015년 10월 7일
연세의 도약을 위한 견고한 디딤돌
백양로 봉헌식 인사말

2015년 10월 8일
인류의 미래를 위한 기여
연세융합이니셔티브 컨퍼런스 개막인사

2015년 11월 9일
대학 문화의 창달과 민족 정신의 고취
연세춘추 창간 80주년 기념 축사

2015년 12월 1일
이웃에 내미는 따뜻한 손길
크리스마스트리 점등식 인사

2015년 12월 18일
의회민주주의를 위한 헌신
故이만섭 국회의장 영결식 조사

2016년 1월 4일
도전과 결실, 그리고 희망
신년사

2016년 1월 6일
대학교육의 새로운 지표
명예교육학박사 학위수여식사, 염재호 고려대학교 총장

2016년 1월 6일
대학의 위엄과 수월성의 회복
명예교육학박사 학위수여식 답사

2016년 1월 29일
역사를 만들어 가며
이임 인사

모든 의사 결정과 행동 규범에서 학문적 수월성의
추구가 핵심적인 가치가 되어야하며,
그러한 목표의 실현을 위해 서로가 서로를 배려하고
격려하는 건강한 학문·연구 공동체를 만드는 노력이 필요합니다.
본부 역시 이러한 캠퍼스 문화를 조성하기 위해 적극적으로 노력할 것이며,
행정과 인사·보상 제도에서도 수월성과 위엄을
존중하는 대학의 가치를 지켜나갈 것입니다.

For all decision-making and codes of behaviors, the pursuit of academic excellence should become the core value. To actualize this objective, we need to make conscious efforts to create a thoughtful, encouraging and healthy academic and research community. We will proactively strive to foster such campus culture, while maintaining our value of respecting excellence and dignity in administration, human resources and compensation.

2015년 1월 1일 | 2015년 신년사 | 세계적 명문으로의 비상과 도약

2015년 1월 1일

세계적 명문으로의 비상과 도약

신년사

존경하는 연세가족 여러분, 2015년 새해가 밝았습니다. 올 한 해에도 온 가정이 두루 평안하시고, 신년의 소망을 모두 이루시기 바랍니다. 묵은 한 해를 보내고 밝아오는 희망의 신년을 또 다시 맞으며, "이전 것은 지나가고 새것이 되는"고후 5:17 인생의 의미를 또 한 번 깨닫게 됩니다. 특별히 올해는 창립 130주년의 기쁨을 함께 나누며, 연세에서 시작된 근대 고등교육 100주년을 기념하는 뜻깊은 해가 될 것입니다. 이 땅에 근대 의학과 고등교육을 처음 도입했던 우리 대학교가 이제 한 세기의 역사를 넘어, 글로벌 명문으로 새롭게 비상하는 도약의 해가 되기를 간절히 소망합니다.

고등교육의 새로운 패러다임을 제시했던 2014년

해마다 연말연시가 되면 교수 사회는 한 해를 결산하는 고사성어를 발표하곤 합니다. 제게 그런 기회가 주어진다면, 저는 개인적으로 2014년 한 해를 '금석지감'今昔之感이라는 고사성어로 마무리하고 싶습니다. 제가 총장으로 취임하던 2012년과 지금을 비교해 보면, 그야말로 '금석지감'을 고백하지 않을 수 없습니다. '제3 창학'이라는 새로운 연세의 비전을 제시하면서, 저는 절체절명絶體絶命의 위기감 속에서 총장의 업무를 시작했습니다. 한국의 대학 사회와 고등교육 자체에 불어오던 변화의 바람과 우리 학교가 직면하고 있는 내부적 고충들 때문에 숱한 고뇌의 시간을 보내야만 했습니다.

저는 우리 대학의 가장 큰 현안이었던 국제캠퍼스를 감당하기 힘든 부채에서 연세의 미래를 이끄는 잠재적 자산으로 바꾸겠다고 감히 약속드렸습니다. 당시 모든 것이 불투명한 상태에서, 우리가 논의했던 것은 새 캠퍼스에서 시행할 교육 커리큘럼에 대한 기초적인 토론이었습니다. 그런데 이제 3년이 지난 지금, 국제캠퍼스는 산고의 아픔을 견뎌내고, 명실공히 아시아의 고등교육의 새로운 패러다임을 선도하는 모델로서 기반을 갖추었을 뿐만 아니라, 한 해 5,200여 명의 내방객이 찾아오는 '아시아의 교육 허브'로 자리매김하였습니다. RC를 성공적으로 정착시켰던 2014년의 쾌거는 모두 송도 국제캠퍼스에서 불철주야 노력해 주신 교직원 선생님들과 4천 명의 신입생들이 혼연일체가 되어 이룬 놀라운 업적이었습니다. 불과 8년 만에 인천 송도 앞 바다를 간척한 28만 평에 달하는 부지에 상업용지를 개발하여, 연면적 9만 3천 평의 건물을 완공하고, 5천여 명의 학생이 생활과 학습을 함께하는 거대한 캠퍼스로 탈바꿈시킨 것은, 세계 어디에서도 찾아보기 힘든 기적과 같은 사례입니다. 저는 이 감격스러운 '금석지감'의 소회를 하나님의 은총이라 부르고 싶습니다. 그리고 이 기적은 한 사람 한 사람의 정성과 성실함이 모여서 이루어진 소망의 결실입니다. 머지않아 RC를 통해 연세정신을 체득하고, 함께 생활하고 배우며, 다양한 교육과 문화 활동으로 빚어진 연세의 동량들이, 사람을 품고, 섬기며, 세상을 움직이게 되리라 믿습니다. 그동안 헌신적인 노력을 기울여주신 국제캠퍼스 총괄본부와 학부대학, UIC를 비롯한 여러 기관의 교직원 여러분께 다시 한 번 진심으로 감사드립니다.

2015. 1. 2.

2015년 교직원 새해인사

우리 대학교는 지난 1월 2일 오전 10시, 백주년기념관 백양 콘서트홀에서 '2015년 교직원 새해인사'를 개최했다. '연세의 기도'로 시작한 새해 인사에는 정갑영 총장을 비롯한 300여 명의 교직원이 참석했다.

2014년의 또 다른 쾌거! 세계 20위의 명문사학으로 도약한 연세

제3 창학을 통한 연세의 비약적인 발전은 국제기관의 대학 평가에서도 그대로 반영되었습니다. 2014년 우리 대학은 THE[Times Higher Education]의 평가에서 역사상 최초로 세계 80위권의 저명한 대학으로 평가받았으며, 사립대학 중에서는 세계 20위, 그리고 아시아에서는 최고의 사립대학으로 선정된 바 있습니다. 가장 폭넓게 인용되는 QS의 대학평가에서도 2011년 세계 129위에서 2014년 106위로 뛰어 올라, 100위권 진입을 앞두고 있습니다. 나아가 우리 대학은, 태평양연안 명문대학의 협의체인 APRU에 이어서, 동아시아 지역 연구중심대학 네트워크인 AEARU[Association of East Asian Research Universities]에 가입함으로써, 글로벌 명문대학들과 다자 협력을 더욱 강화하였습니다. 또한 프린스턴, 코넬, 킹스컬리지 런던, 제네바대학 등과 G10 컨소시엄을 구축하여, 동아시아학을 중심으로 교육과 학생 교류 및 국제연구협력에 획기적인 진전을 보였습니다.

글로벌 명문으로서 연세의 위상은 세계 각국에서 찾아오는 유학생들의 다양성으로 실현되고 있습니다. 2014년 우리 대학에는 103개국의 외국 학생이 등록하여 연세 역사상 최초로 100개국을 넘는 다양성을 성취하게 되었고, 머지않아 아이비리그 수준인 120개국을 돌파하는 글로벌 명문대학으로 자리매김할 것입니다. 근대 고등교육 100주년을 맞이하는 연세는 입증된 교육의 수월성과 보편성으로 세계의 인재를 육성할 시점이 된 것입니다. 한편 연세 의료원의 주축인 신촌 세브란스 병원은 4년 연속 국가고객만족도[NCSI] 1위를 달성하여 병원 부문 평가에서 새로운 기록을 세웠으며, 글로벌 기준에서도 의료와 서비스의 질을 최고 수준으로 유지하기 위해, 모든 교직원들이 최선을 다하고 있습니다.

2015년의 새로운 변화: 연구 부문의 리더십 제고

창립 130주년을 맞는 새해에도 '제3 창학'을 위한 연세의 도전은 계속될 것입니다. 특히 연구 활동을 통해 지식을 창출하는 대학의 가치와 책임은 그 어느 때보다도 막중해지고 있습니다. 연세는 대학의 기본 사명인 연구의 수월성을 제고하고, 연구 부문의 리더십을 확립하기 위해 다양한 연구 지원정책과 인센티브 제도를 도입하고, 이를 위한 안정적인 연구기금의 확충에 전력을 기울일 것입니다. 특히 선도적인 연구 분야를 확대 발전시키고, 도전적이고 창의적인 연구를 지속적으로 발굴하여 지원할 계획입니다. 학교는 작년부터 5년간 250억 원의 교내 연구비를 지원하여 사상 최대 규모의 미래선도연구사업과 국제협력 연구를 시행하고 있습니다. 또한 서울대, 제네바대학 등과 사회적 난제의 해결을 위한 공동 연구 프로젝트도 새롭게 시작하였습니다. 새해에도 저술을 포함한 기초학문과 인문사회분야의 지원을 확대하고, 교책 연구원의 연구 활동을 적극 지원하며, 연구 공간 등 인프라 확충과 연구행정지원 시스템의 선진화에 박차를 가하겠습니다. 또한 새해 6인의 노벨 수상자를 초청

2015. 1.

세브란스병원, 4년 연속 국가고객만족도(NCSI) 1위 달성

최근 국가고객만족도조사(NCSI)에서 세브란스병원은 81점의 높은 점수를 받아 병원 부문 단독 1위를 달성했다. 세브란스의 독특한 환자 중심 문화를 인정받았다는 평가다.

하여 학술 연구 교류의 지평을 크게 확대할 것입니다. 이 밖에도 대표적인 석학의 유치는 물론, 수준 높은 연구윤리 체제 구축, 안전한 연구 환경 조성, 창의적인 산학협력, 그리고 국제적인 연구 리더십의 확보를 위해 최선의 노력을 다할 것입니다.

새해에는 연구 역량을 강화하기 위한 외부와의 산학협력도 더욱 확대될 것입니다. 그 첫 사례로 SK텔레콤으로부터 5년간 총 100억원의 연구기금을 지원받아 ICT의 확산에 따른 사회적 부작용을 연구하고, 바람직한 사회적 가치 창출에 기여할 수 있는 정책 대안을 제시하는 '바른 ICT 연구원'을 개원할 예정입니다. 또한 유진그룹의 재정지원을 바탕으로 중국의 정치, 경제, 사회, 문화에 대한 인문-사회과학적인 체계적 융합연구를 시행하게 될 '중국연구원'을 국제캠퍼스에 설립할 예정입니다. 또한 지구의 미래를 위해 가장 중요한 이슈로 부상하고 있는 지속가능성sustainability을 체계적으로 연구하기 위해 '지속가능발전연구원'GISS: Global Institute for Sustainability Studies을 설립하게 됩니다. GISS는 다학제 간 융합연구를 통해 지속가능 개발과 자연 재해와 환경, 청정 기술 등을 연구하게 되며, 이미 송도 국제캠퍼스에 설립된 UN의 OSDOffice of Sustainable Development와 주변의 녹색기후기금GCF 등 국제기구와 협력하여 아시아 최고의 지속가능성 연구기관으로 발전시켜 나갈 것입니다. 또한 연구 중심 병원으로서 연세 의료원의 연구 기능을 강화하고, 캠퍼스 간, 학제 간 융합연구의 활성화를 위한 노력을 지속적으로 펼쳐 나갈 것입니다. 원주캠퍼스에서도 생명·보건·의공분야가 결집된 의·생명분야, 그리고 환경공학, 근대 한국학, 빈곤과 국제개발 등의 융합분야를 더욱 견실하게 키워가겠습니다.

명문 교육의 확대: 글로벌인재학부와 GIT의 개설

연세는 RC와 UIC, 융합교육 등의 성과를 바탕으로 새해 '글로벌인재학부'와 '글로벌신학원'GIT 을 개설하는 등 아시아 최고의 대학Asia's World University을 지향하는 명문 교육을 실현하기 위해 모든 역량을 결집할 것입니다. 이번 3월에 개설하는 글로벌인재학부는 한국어를 기반으로 한국의 언어와 문화, 사회, 경제 등 여러 분야의 현상을 심층적으로 이해하고, 한국적 가치를 국제 무대에서 승화시킬 전문가를 양성하게 됩니다. 글로벌인재학부는 우수한 외국인과 재외 교포를 대상으로 하는 국내 최초의 특성화 명문 교육 프로그램으로, 영어기반의 UIC와 더불어 연세의 외국인 유학생 교육을 체계화하고, 한국 관련 전문가를 배출하는 또 하나의 명문 교육프로그램으로 발전하게 될 것입니다.

송도에 신설되는 GIT는, 국내 최초의 외국인 학생들을 위한 신학대학원 과정으로, 아시아와 아프리카 등 신학교육 소외 지역 학생들을 종교지도자로 양성하기 위해 우리 대학교와 교계가 협력하여 30여명의 전체 학생들에게 전액 장학금을 지원하는 신학 및 선교 교육프로그램입니다. 언더우드 선교사의 헌신과 나눔으로 세워진 연세대학교는 GIT를 통해 제2, 제3의 언더우드를 세계로 배출하기 위한 보은의 교육 사역을 펼치게 될 것입니

2015. 1. 22.

130주년 엠블럼 소개

우리 대학교는 올해 창립 130주년을 맞이하여 '130주년 엠블럼'을 제정했다. 130주년 엠블럼은 제3창학을 향해 역동적으로 비상하는 독수리를 형상화하였다. 엠블럼의 색상은 연세블루와 골드를 사용하여 연세의 역사와 전통을 표현하고 미래 지향적인 의미를 담았다. 우리 대학교는 2014년 3월 31일 연세 창립 130주년 기념 사업회를 구성하고, 4차에 거친 회의를 거친 후 2015년 1월 22일 최종 엠블럼을 확정했다.

130주년 엠블럼

연세대학교의 대내외 공식적 행사에 사용
130주년 엠블럼은 제 3의 창학을 향해 역동적으로 비상하는 독수리를 형상화 하였다.
엠블럼의 주조색으로 연세블루와 골드를 사용하여 연세의 역사를 표현하고 미래지향적인 의미를 담았다.

Sub 130주년 엠블럼

130주년 어플리케이션 엠블럼은 130주년의 숫자를 강조하여 축제 분위기를 형상화 하였다. 어플리케이션 엠블럼은 연세구성원의 자유로운 활용이 가능하다.

다. 이를 위해 교파를 초월하여 여러 국제기구와 많은 교회로부터 적극적인 지원이 쇄도하고 있습니다.

획기적으로 변모할 연세의 교육 인프라

2015년에도 계속될 '제3 창학'은 각종 교육 프로그램과 커리큘럼의 혁신과 더불어, 교육 인프라 개선을 위한 획기적인 사업을 지속적으로 추진하게 됩니다. 특별히 창립 130주년을 맞게 될 2015년에는 캠퍼스 곳곳에서 교육과 의료, 문화의 공간이 새롭게 태어나게 됩니다. 전 연세인의 관심 속에 진행되고 있는 백양로 재창조 사업은 올해 2학기가 시작되면서부터 친환경 녹색 공간으로 그 첫 모습을 드러낼 것입니다. 지상에는 은행나무길과 독수리상, 진달래 동산 등 연세인에게 오랜 사랑을 받아 온 전통적인 상징을 유지하면서, 사계절에 적합한 녹색 공원이 조성되고, 지하에는 금호아트홀과 이글플라자Eagle Plaza 등 4천여 평의 최첨단의 학술·문화공간이 새롭게 조성되어 온고지신의 인프라 혁신이 이루어지는 새로운 역사로 자리하게 될 것입니다. 또한 공학원과 백양로, 병원의 주차장이 상호 연결되고, 지하 530m의 지열을 이용한 냉난방 시스템이 도입됨으로써, 신촌캠퍼스는 그야말로 상전벽해桑田碧海의 변화를 경험하게 될 것입니다. 특별히 백양로 재창조 사업에 참여하여 지금까지 380여억 원을 기부해 주신 1만 4천 분의 동문, 학부모, 그리고 연세를 사랑하는 모든 분들께 진심으로 감사드립니다. 백양로 사업 모금은 이미 참여 인원은 물론 금액 면에서도 연세의 모금 역사에 새로운 기록을 세웠습니다. 앞으로 전체 동문의 10%인 3만 명이 모금에 참여하는 대역사가 이루어져, 연세 공동체가 함께 이루어 내는 아름다운 사례가 되기를 간절히 소망합니다.

백양로 이외에도 각 캠퍼스에서는 교육 및 의료 환경 개선을 위한 각종 공사가 진행되고 있습니다. 원주 세브란스기독병원은 외래진료센터와 외상센터 등의 완공으로 진료환경과 재정건전성이 획기적으로 개선될 것입니다. 십여 년 이상 지체되었던 경영대학의 신축은 물론, 이과대학과 공과대학의 증축 및 시설개선 역시 올 상반기에 완료됩니다. 이밖에 제중원과 법현학사, 외국인 교원 숙소, 공과대학의 중앙 타워동, 4천명 수용의 국제캠퍼스의 노천극장 등이 곧 착공하게 되며, 인허가 절차로 지연된 의생명과학단지의 신속한 착공도 노력 중에 있습니다. 여러 교내 공사들이 성공적으로 종료되고, 지난 학기부터 준비해 온 공간의 공용 활용 시스템이 가동되면, 오랜 숙원이었던 연구와 교육 공간의 부족 문제는 대부분 해소될 것으로 예상됩니다.

새해에는 교육 환경의 인프라 개선을 위한 스마트 캠퍼스 네트워크Smart Campus Network 구축도 완료될 예정입니다. 새로 도입되는 ICT 인프라는 효율적인 교육과 연구를 뒷받침하고 연세의 문화를 풍요롭게 변화시킬 것입니다. 모든 학술, 문화, 예술 활동을 공유할 수 있는 플랫폼인 OCXOpen Campus eXperience가 도입되어, 언제 어디서나 교내 학술·문화활동 동영상에 접근할 수 있으며, 네트워크 인프라의 고도화, 새 학술정보시스템의 도입은 물론, 전근대적 수강신청 시스템도 획기적으로 개선됩니다. 나아가 우리 대학은 국내최초로 세계적인 글로벌 MOOC^Massive Open Online Courses^ 플랫폼인 코세라와 퓨처런에 동시에 가입하여, 새해부터 세계 명문들과 함께 전 세계에 우리 대학의 강의를 온라인으로 공급하는, 연세 교육의 세계화에 새 장을 열게 됩니다.

새로운 캠퍼스 문화의 조성

연세가 글로벌 명문으로 도약하기 위해 필요한 또 하나의 조건은 사회적 공헌과 기독교적 사랑을 존중하는 공동체 문화의 창달입니다. 저는 '제3 창학'을 주창하면서 우리가 추구해야할 가장 중요한 가치로 '위엄을 갖춘 수월성의 추구'Excellentia cum Dignitate를 제시한 바 있습니다. 우리 대학이 아시아의 최고대학으로 계속 자리매김하기 위해서는 당연히 학문적인 수월성Academic Excellence이 최고의 존재가치가 되어야 하고, 이를 중시하고 또 실현하는 학문 공동체의 문화와 생태계가 반드시 구축되어야만 합니다. 모든 의사결정과 행동 규범에서 학문적 수월성의 추구가 핵심적인 가치가 되어야하며, 그러한 목표의 실현을 위해 서로가 서로를 배려하고 격려하는 건강한 학문 연구공동체를 만드는 노력이 필요합니다. 본부 역시 이러한 캠퍼스 문화를 조성하기 위해 적극적으로 노력할 것이며, 행정과 인사·보상제도에서도 수월성과 위엄을 존중하는 대학의 가치를 지켜나갈 것입니다.

존경하는 연세가족 여러분, 우리 연세는 지난 130년 동안 진리와 자유를 향한 길고 먼 여정을 묵묵히 걸어왔습니다. 밝아오는 2015년 을미년 새해에도 새로운 역사를 써내려가는 연세의 도전YONSEI, where we make *history*은 계속될 것입니다. 그러나 역사를 만드는 일은 결코 쉬운 일이 아닙니다. 제중원과 연희를 만들었던 당시의 선각자들 역시 국권을 잃고 혼란을 거듭하던 민족의 수난기에, 어느 시대의 지식인들보다 더 뼈저린 아픔과 반성을 통해 서구의 지식과 사상, 복음을 도입하며, 오직 이 민족과 연세의 발전을 위한 일념으로 모든 것을 희생했던 분들입니다. 불타버린 트로이 성을 뒤로 하고 로마를 창건했던 아이네아스Aeneas의 전설도 널리 알려진 도전의 역사입니다. 그는 전쟁터에서 큰 부상을 입고, 자신을 지켜보던 아들을 향해 "아들아, 너는 용기와 진정한 탁월함은 나에게서 배우고, 행운은 다른 사람에게서 배워라."하고 외치며 다시 달려 나갔습니다. 그리고 아이네아스는 용기와 탁월함을 가진 거인의 모습으로 로마의 새로운 역사를 시작하였습니다.

우리가 '제3 창학'이라는 새로운 역사를 만들기 위해서는 우리 모두가 연세를 세운 선각자들과 같은 통찰력과 희생정신으로 역경을 극복해 나가야 합니다. 아이네아스가 보여 준 모습처럼 행운에 기대지 않고, 용기와 탁월함으로 우리 앞에 놓여있는 난관들을 풀어나가야 합니다. 그리하여 연세 150년, 200년을 이끌어갈 다음 세대들에게 밝아오는 2015년이 새로운 역사를 함께 만든 '연세 거인들의 해'Year of Yonsei Giants로 기록되기를 기원합니다. 연세의 역사를 새롭게 만드는 큰 소망을 이룩하기 위해 모든 공동체가 협력해서 선을 이루는 한 해가 되기를 간절히 바라면서, 사랑하는 연세가족 여러분께 신년 인사를 드립니다. 새해 복 많이 받으십시오.

내 인생의 플러스: 신앙촌 기고문

코넬 한인교회와 로날드 플레이스 목사

내가 뉴욕주의 이타카Ithaca에 있는 코넬대학교로 가게 된 것은 1981년 여름이었다. 당시에는 한국인 유학생이 그렇게 많지 않아서 유학생이 처음 도착하면 먼저 온 선배들이 정착을 도와주곤 했었다. 그런데 우리가족이 사는 기숙사에 가장 먼저 심방을 온 것은 놀랍게도 학부 학생 몇이었다. 나는 당시 박사과정의 대학원생으로, 직장을 다니다 뒤늦게 유학을 갔는데, 훨씬 어린 학부 학생들로부터 심방을 받으니, 대견스럽고 기특하기도 했다. 당시 코넬대학에는 한인교회가 없고, 학부생들이 모여서 예배를 보고, 대학원생들 몇이서 성경 공부를 하는 모임이 있었다. 교회가 없으니 학부생들이 교회의 역할을 하겠다고 나선 것이다.

이 일이 계기가 되어 나는 코넬 한인교회를 세우는 일에 나서게 되었다. 이때 교회를 설립하자는 제안에서부터, 실질적으로 가장 큰 역할을 해 준 분이 바로 로날드 플레이스 목사님이었다. 목사님은 코넬대학에서 막 은퇴한 후, 우리 모임에서 한두 번 설교를 해 주신 게 계기가 되어 나와 인연이 되었다. 중학생 시절에 자전거를 타다 넘어진 이후 한 다리를 잃으신 장애의 몸으로 한인학생들을 아끼고 배려하며, 유학생활의 외로움과 어려움을 극복하는데 큰 믿음의 기반을 주는 모습이 지금도 눈에 선하다. 처음 설립할 때 직분이 있는 교인이 없었으므로, 나는 당시 코넬 한인교회의 초대 대표로서 여러 일들을 맡게 되었다. 플레이스 목사님은 한국어를 전혀 하지 못했으므로, 한국 학생들과 많은 언어와 문화적 장벽이 있었지만, 60여 명 학생과 가족으로 구성된 한인교회의 목회활동에 온 정성을 쏟았다. 유학생들의 작은 일상에서부터 큰 어려움에 이르기까지 모든 사역을 담당하며 선교에 정성을 다해 주셨다. 이 시절 나는 플레이스 목사님과 아주 가까이 지내며 한인교회의 부흥에 심혈을 기울였다. 지금 생각해도 그 때처럼 교회에 몰입하여 봉사했던 적이 없었던 것 같다. 일부에서는 내 학업이 언제 끝날지 모르겠다고 걱정하는 분도 있었다고 한다.

플레이스 목사님과 함께 했던 코넬 한인교회 시절은 내 인생의 귀중한 전기를 만드는 '플러스'가 되었다. 목사님을 통한 종교적 감화뿐만 아니라 교회 생활에 심취하면서 남을 배려하고 사랑하며, 건강한 사회를 만들기 위해 우리가 무엇을 해야 한다는 의식을 갖게 된 계기가 되었다. 모든 걸 처음 시작해야 하는 과정에서 시련과 도전에도 익숙하게 되었고, 신앙의 큰 힘은 물론 하나님의 사랑과 은혜를 체험하는 계기도 많았다. 여러 기회에 목사님을 통해 작은 일에도 감사하는 삶의 자세를 배웠다. 나는 덕분에 코넬에서의 유학 생활을 성공적으로 마치고 모교의 교수로 부임하였고, 29년 전 이타카를 떠나면서 "코넬을 잊어도 코넬 한인교회는 잊지 못할 것"이란 인사말을 했다. 플레이스 목사 내외분은 나의 초청으로 한국도 두 차례 방문했었지만, 지금은 모두 소천하셨다. 그러나 그 교회는 지금 교인이 200여 명이 넘는 건실한 교회로 성장했다고 한다. 플레이스 목사님이 뿌린 밀알이 먼 이국에서 학문에 몰입하는 수많은 학생들에게 깊은 믿음의 씨앗을 심어주고, 따뜻하고 아름다운 영혼을 만들어 주고 있는 것이다.

2015년 2월 23일

축복 속의 새로운 길

2월 학위수여식사

오늘 학위수여식에 자리를 함께해 주신 내외 귀빈 여러분, 대단히 감사합니다. 무엇보다 오늘 학사, 석사, 박사 학위를 받는 모든 졸업생 여러분, 그동안 학부와 대학원 과정에서, 열정을 바쳐 오늘의 성과를 이룩한 여러분의 노고를 진심으로 치하합니다. 또한 졸업생들이 이 자리에 서기까지 헌신과 희생을 아끼지 않으신 부모님과 가족, 친지들께도 감사와 축하의 말씀을 올립니다. 특별히 오늘 자리를 빛내기 위해 참석해 주신 존경하는 김석수 이사장님과 여러 이사님들, 박삼구 동문회장님, 그리고 전임 총장님들을 비롯한 모든 연세인과 연세의 가족 여러분께 깊은 감사의 말씀을 드립니다.

사랑하는 졸업생 여러분, 오늘의 영광스러운 졸업이 있기까지 여러분 정말 수고 많으셨습니다. 그동안 캠퍼스에서 수많은 인고의 시간을 보내며, 크고 작은 어려움과 좌절을 극복하고, 오늘 이 자리에 선 여러분이 너무나 자랑스럽습니다. 이제 여러분은 130년의 유구한 전통에 빛나는 세계 20대 사학명문인 연세의 동문이 되셨습니다. 오늘은 그동안 연세에서 쌓아 온 전문적인 지식과 연세의 문화, 연세의 정신을 바탕으로 험한 세상을 향해, 거친 대양을 넘어, 높은 창공으로 비상을 시작하는 날입니다. 수많은 사람들의 축복을 받으며 연세대학교를 졸업하는 오늘의 이 성취감과 자신감이 앞으로 여러분의 삶에 큰 동력이 되리라 생각합니다. 저는 오늘 여러분을 정든 연세 교정에서 떠나보내며, 다시 한 번 연세의 정신을 새겨봅니다. "너희가 내 말에 거하면 참 내 제자가 되고 진리를 알지니 진리가 너희를 자유케 하리라." 요 8:32 라는 우리 대학의 교육 이념은 연세동산에서의 진리 탐구가 참된 삶을 위하고, 더 나은 사회를 위하며, 자랑스러운 역사를 만들기 위한 신성한 과업임을 말해주고 있습니다.

올해로 130주년을 맞는 연세는 창립 이후 현재까지 도전과 개척 정신으로 살아 숨 쉬는 새 역사를 만들어 왔습니다. 기독교의 가르침을 바탕으로 진리와 자유의 정신에 따라 민족과 인류의 발전에 이바지할 지도자를 기르는 배움터로서의 역할을 충실하게 해 왔습니다. 연세가 오늘날 세상에 그 이름을 드높일 수 있게 된 것은 결코 우연의 결과가 아니라, 적지 않은 선각자들의 노력과 도전과 헌신의 결과라는 사실을 기억해야 할 것입니다. 어두운 식민의 시대에 연세의 선각자들은 조국 광복을 위해 헌신하였고, 끝까지 한글을 놓지 않으며 민족의 기상과 얼을 지켰습니다. 개발의 시대에 연세의 선배들은 조국 근대화의 역군이 되어 산업화를 주도하였고, 민주화 시대에 연세의 학생들은 자유를 위한 고결한 함성을 드높였습니다. 이제는 여러분이 연세의 빛나는 전통을 이어 대한민국과 인류 사회의 새로운 미래를 열어 갈 주역이 될 것을 믿어 의심치 않습니다.

친애하는 졸업생 여러분, 어느 시대에나 어려움은 항상 있었지만, 지금 한국사회는 경제적 침체 속에 사회적 불안이 증폭되어, 갈등과 대립이 심화되고, 크고 작은 정치 사회적 현안이 끊이지 않고 있습니다. 특히 젊은 세대들에게는 미래에 대한 불안과 취업난 등으로 절망감과 냉

2015. 2. 23.

2015년 2월 학위수여식 개최

2015년 2월 학위수여식이 지난 2월 23일 각 단과대학과 대학원별로 개최되었다. 이번 학위수여식에서는 학사 3,101명, 석사 718명, 박사 361명 등 총 4,180명 (신촌캠퍼스 기준)이 그동안 갈고 닦은 학문의 결실로 영광스러운 학위를 받았다.

소주의가 팽배해 있습니다. 더욱이 한반도를 둘러싼 강대국의 이해가 얽혀 마치 19세기말의 한반도처럼 복잡한 상황이 전개되고 있습니다. 저는 오늘 캠퍼스를 떠나 불확실하고 혼돈이 계속되는 미지의 세계를 향해 원대한 꿈을 품고 나아가는 졸업생 여러분에게 총장으로서 몇 가지 당부의 말씀을 드리고자 합니다.

첫째, 지성과 지식을 겸비한 연세인으로서 항상 시대정신을 선도해 나가기 바랍니다. 시대정신은 주어지는 것이 아니라, 만들어가는 것입니다. 졸업생 여러분은 시류를 추종하기보다 새로운 시대의 서장을 여는 '소명 의식'을 가져야 합니다. 옛 선현들이 말하기를, "눈 내린 들판을 걸어갈 때에는 모름지기 그 발걸음을 어지러이 하지 말라. 오늘 걷는 나의 발자국은 반드시 뒷사람의 이정표가 되리니."踏雪野中去 不須胡亂行 今日我行跡 遂作後人程라고 하였습니다. 장차 나라의 기둥과 들보가 될 동량지재棟梁之材인 여러분은 실로 막중한 사명을 갖고 있습니다. 여러분은 과거를 넘어, 인류를 위한 새로운 가치를 만들어가야 할 사명이 있습니다. 여러분이 스스로 선도자가 되어, 새로운 패러다임을 만들어 나가십시오. 오늘 여러분이 걷는 발자국은 훗날 여러분의 흔적을 뒤따르는 다른 수많은 이들에게 소중한 이정표가 될 것입니다.

둘째, 어떤 도전과 역경에도 포기하지 말고 여러분의 꿈을 실현해 나가시기를 당부합니다. 오늘 교정을 떠나 세상을 향해 항해를 시작하는 여러분들 앞에는 예상치 못한 어려움이 기다릴 수 있습니다. 때로 풍랑을 맞을 수도 있고, 큰 암초를 만날 수도 있습니다. 그러나 여러분, "나는 한 평생 선한 싸움을 싸웠고 달려올 길을 달렸고 믿음을 지켰다."고 고백한 사도 바울처럼 어떤 고난도 회피하지 마십시오. 역경과 고난이 없는 삶은 없습니다. 성공한 삶이란 역경과 고난을 피해 안주하는 삶이 아니라, 오히려 역경과 고난에 맞서 이를 극복하고 그 과정에서 지혜를 얻어가는 삶입니다. 크고 결연한 의지로 맞선다면, 고난은 결국 여러분에게 축복이 될 것입니다. 윌리엄 블레이크는 "바쁜 벌은 슬퍼할 시간이 없다."The busy bee has no time for sorrow고 했습니다. 위기의 시대에는 오히려 어려움을 기회로 승화시켜 미래를 긍정적으로 개척해야 합니다. 연세인의 몸과 마음에는 위대한 창립자들의 불굴의 의지와 강인한 도전정신이 자라고 있음을 기억하시기 바랍니다. 언제, 어디에서 무슨 일을 하든지 항상 연세인으로서의 긍지를 가지고 연세 동산에서 가졌던 꿈과 패기, 그리고 오늘 이 순간의 각오를 잊지 마시기 바랍니다.

셋째, 타인을 향한 나눔과 배려를 잊지 마시기를 당부 드립니다. 나눔과 배려의 마음은 자기 비움에서부터 출발합니다. 비움은 자기를 극복하고 타인과의 원숙한 관계를 이루며 사랑을 실천하기 위한 첫걸음입니다. 성경 말씀에 "자기 목숨을 얻는 자는 잃을 것이요, 나를 위하여 자기 목숨을 잃는 자는 얻으리라."마 10:39고 하였습니다. 저는 여러분이 자신을 비워 타인을 포용하는 지성인, 배움을 나누고 실천하는 지성인이 되기를 바랍니다. 여러분이 쌓은 지식을 나눔과 배려를 통해 베풀 때, 지성의 빛은 더욱 찬란하게 빛나고, 우리 사회의 갈등과 분열도

해소될 수 있을 것입니다. 이것이 바로 연세가 강조하고 교육해 온 '섬김의 리더십'입니다. 섬김의 리더십에는 자기 보존과 이기적 본능으로부터 우리 자신을 해방시켜 타인을 향해 관심을 갖게 하고, 사랑하게 하며, 존중하고 배려하게 하는 힘이 있습니다. 연세의 선각자들은 지금과는 비교할 수 없는 어려운 시대 속에서도 민족과 역사의 요청에 응답하였습니다. 오늘 연세의 비약적인 발전도 언제나 섬김의 리더십으로 사회적 책임을 우선하였기에 가능한 것입니다.

자랑스러운 졸업생 여러분, 오늘날 연세는 제3 창학을 통해 '글로벌 명문'으로서 발전을 거듭하고 있습니다. 송도 국제캠퍼스에서 최첨단의 시설을 바탕으로 아시아 최초로 시행된 RC 교육은 성공적으로 정착되어, 전인교육을 지향하는 새로운 대학 교육의 패러다임을 제시하고 있습니다. 신촌캠퍼스에는 백양로를 녹지와 문화의 융합 공간으로 바꾸는 백양로 재창조 사업이 차질 없이 진행되고 있습니다. 그리고 새로운 기숙사 우정원이 준공되었으며, 경영대학, 공과대학 등의 신증축도 완공을 눈앞에 두고 있습니다. 의료원은 암병원의 신축을 계기로 아시아 최고의 위상을 더욱 공고히 하고 있고, 원주캠퍼스 또한 비약적으로 발전하고 있습니다. 연세의 발전은 단지 시설의 현대화에서만 이루어지고 있는 것이 아닙니다. 연세는 교육과 연구, 봉사는 물론, 새로운 대학 문화를 구축하고, 세계적 변화를 선도하는 교육기관으로 거듭나기 위해 모든 노력을 다하고 있습니다. 최근 Times 대학평가에서는 연세 역사상 처음으로 세계 80위권의 저명대학에 이름을 올렸습니다. 사립대학으로는 세계 20위, 아시아 최고의 사립종합대학의 입지를 확고히 한 것입니다. Princeton, Yale, Cornell, King's College London 등 세계적 명문들과 G10 컨소시엄을 만들어 교육과 연구의 전략적 협력 관계가 크게 확대되었으며, APRU에 가입하여 명실공히 세계적인 대학의 반열에 올라가게 되었습니다. 정치, 경제, 금융 등 사회 각 부문에서의 동문들의 활약도 최근 들어 더욱 두드러지고 있습니다.

앞으로도 연세는 창의성과 경쟁력을 바탕으로 새로운 지식을 창출하고 사회 발전을 선도하는 데 앞장설 것입니다. 여러분의 선배들이 근대화와 산업화, 민주화의 새 역사를 만들어 간 것처럼, 지금 여러분 역시 자신의 변화를 통해 새로운 선진화의 역사를 이끌어 나가길 바랍니다. 제3 창학이 바로 "YONSEI, where we make *history*!"라고 주창하는 것도 바로 여러분이 역사의 선도자들이기 때문입니다. 우리의 길은 지나온 역사의 길 위에서 시작하는 새로운 길이며, 하나님이 우리 대학에 부여한 소명을 다시 미래 속에 실현하는 길입니다. 그 날에 또 한 명의 위대한 연세인이, 또 한 명의 언더우드가, 세상을 변화시켰다는 평가를 받으시기 바랍니다. 특히 연세인 여러분은 오늘 비록 학업의 한 과정을 마쳤지만, 학창시절 작은 진리 하나를 깨우치기 위해 무수히 밤을 새우던 그 열정과 과학적 진리를 발견했을 때의 지적 성취감, 환희의 순간을 잊지 마시기 바랍니다. 지속적인 배움의 열정과 자세가 바로 여러분을 글로벌 리더로 성장시키는 원동력이 될 것입니다. 세상이 복잡해지고, 미래가 불안정할수록 끊임없는 지적 열정을 가진 '공부하는 인간'Homo Academicus의 자세가 더욱 더 절실하게 필요합니다. 연세는 앞으로도 그러한 여러분의 지적 성장을 위해 다양한 배움의 기회를 제공할 것입니다.

사랑하는 졸업생 여러분, 마지막으로 여러분이 꼭 기억해야 할 것이 하나 있습니다. 연세 130년의 역사는 선배 동문들의 헌신과 모교에 대한 사랑이 만들어 낸 결과입니다. 세계적인 명문 사학 연세의 미래는 바로 여러분의 손에 달려 있습니다. 자랑스러운 연세 동문으로서 모교의 발전을 함께 성원해 주십시오. 연세가 발전할수록 연세의 별은 더욱 찬란하게 빛날 것이며, 그 찬란함은 다시 연세 발전의 원동력으로 거듭나게 될 것입니다. 그리고 여러분 한 분 한 분이 세계 곳곳에서, 크고 작은 모든 과정에서, 연세의 별이 되어 세상을 비추어 주십시오. 연세가 여러분의 자랑이듯, 여러분 또한 연세의 자랑입니다. 동문 여러분의 뜨거운 사랑과 열정, 성원이 있을 때 연세는 세계적인 명문으로서 성장을 계속해 갈 수 있을 것입니다.

여러분은 이제 정든 연세 동산을 뒤로 하고 각자 새로운 길을 향해 나가려는 출발점에 서 있습니다. "내를 건너서 숲으로/ 고개를 넘어서 마을로/ 어제도 가고 오늘도 갈/ 나의 길 새로운 길"이라는 윤동주 선배의 유명한 시구처럼 여러분만의 새로운 길을 걸어 나가야 합니다. 여러분들이 앞으로 걸어가게 될 도전과 모험의 새로운 길에 하나님의 크신 은혜와 축복이 늘 함께 하시리라 굳게 믿고 있습니다. 귀한 시간을 내어 졸업식에 참석해 주신 내외 귀빈과 하객 여러분들께 다시 한 번 하나님의 크신 은총이 함께 하시기를 기원합니다. 대단히 감사합니다.

2015. 3. 피터 틸 초청 특별 강연회

경영대학(학장 김동훈)은 2015년 100주년을 맞이하며 피터 틸(Peter Thiel) 초청 강연회를 개최하였다. 피터 틸은 스탠퍼드대학교 철학과와 로스쿨을 졸업하고, 1998년 전자결재시스템회사인 '페이팔(PayPal)'을 공동 창업했다. 그는 실리콘밸리 파워 그룹 '페이팔 마피아'의 대부로 불리며, 페이스북 이사회 의장도 역임했다. 이번 강연은 지난 2월 24일 백양콘서트홀에서 진행되었으며, 강연 주제는 "더 나은 미래 ZERO to ONE이 돼라!"였다.

2015년 2월 25일

연세의 표상과 얼

2월 교원 퇴임식 인사말

존경하는 연세가족 여러분, 그리고 내외 귀빈여러분,오늘 정년을 맞이하신 교수님들을 축하하기 위하여 바쁘신 가운데에도 함께 자리해 주신 모든 분들께 진심으로 감사드립니다. 이 자리에 오기 전에 오늘 퇴임을 맞이하신 교수님들의 그동안의 업적을 다시 한 번 되짚어 보았습니다. 교수님들께서 쌓아놓으신 크나큰 학문적 성취에 절로 고개가 숙여지고, 또한 평생을 바친 극진한 제자사랑에 가슴이 따뜻해졌습니다.

"일생을 바쳐 학문을 좋아하고 목숨을 걸고 실천을 중시한다."고 했던 공자는 "논어"에서 스스로 자신을 "학문에 대한 의욕이 생기면 먹는 것도 잊고, 도를 즐기느라 근심을 잊고, 늙음이 다가오는 것도 알지 못하는 사람"發憤忘食 樂以忘憂 不知老之將至云爾이라고 평하였다고 합니다. 오늘 정년을 맞으신 스물세 분의 교수님 모두가 제게는 이런 공자의 모습 그대로입니다. 학생들 앞에서는 항상 열정이 흘러넘치고, 연구를 시작하면 밤낮의 바뀜을 깨닫지 못하며, 환자들의 아픔을 가족처럼 함께하며 치료에 혼신을 다하는 모습은 아직도 청년의 모습 그대로인데, 벌써 정년을 맞이하셨다는 것이 차마 믿어지지 않습니다. 가족보다 학교를 앞세우고, 멸사봉공滅私奉公의 마음으로 가장 소중하고 아름다운 젊음을 연세대학교에 바치신 선배 교수님들께, 학교를 대표하여 진심으로 감사드리고 깊은 존경을 바칩니다. 그리고 교수님들께서 교육과 연구에 전념할 수 있도록 보이지 않는 곳에서 늘 최선을 다해 뒷바라지해 주신 배우자와 가족들께도 깊이 감사드립니다.

존경하는 선배 교수님, 오늘 퇴임을 계기로 긴 세월동안 하루도 빠짐없이 출퇴근 하셨던 교정을 찾는 일이 앞으로는 줄어들게 될지 모르겠습니다. 하지만, 선생님은 한 분 한 분이 모두 고린도후서의 말씀처럼 '하나님의 영으로 마음 판에 쓰신'고후 3:3 연세의 편지입니다. 비록 법규로 메어진 제도 때문에 학교를 떠나셔도, 언제 어디에 계시던 간에, 교수님이 바로 연세의 표상이며, 살아계신 연세의 얼이십니다. 선생님께서 오랫동안 가장 소중하게 길러온 후학들과 학교에 대한 사랑과 애정도 영원히 변치 않으실 것이며, 오히려 더욱 뜨거워질 것으로 확신하고 있습니다. 그 큰 사랑으로 앞으로도 항상 연세 발전의 든든한 버팀목이 되어주시고, 혹시 저희들이 잘못된 길을 갈 때에는 준엄한 꾸지람도 아끼지 말아 주십시오. 선배님들의 학문 연구에 대한 크나큰 열정과, 후학들에 대한 무한한 사랑, 그리고 우리 사회를 향한 투철한 책임의식을 본받아, 저희 후학들은 '제3 창학'의 사명을 꾸준히 추진해 나가겠습니다. 세계 80위권의 저명대학, 세계 20위의 사립대학의 입지를 확고히 한 우리 대학이 하루속히 '글로벌 명문'의 반열에 설 수 있도록, 혼신의 노력을 기울이겠습니다. 더불어 언더우드와 알렌의 창립정신이 세세년년 이어지도록 낮은 곳, 어두운 곳의 소외된 이웃들에게 우리의 관심과 배려를 나누는 일에도 더욱 노력을 기울일 것입니다.

우리 대학은 올해 창립 130주년과 함께 본격적인 고등교육 시작 100돌을 맞아, 축하할 일이 참 많습니다. 10년 전인 2005년 말, 우리 대학이 처음 인천에 국제캠퍼스를 개설한다는 논의를 시작할 때는 많은 우려가 있었습니다. 하지만, 10년이 지난 지금 송도 국제캠퍼스는 RC 교육의 장으로, 연세의 학생들을 공동체에 대한 투철한 책임감과 탁월한 문화적 소양을 지닌 전인적 글로벌 리더로 기르는 데 없어서는 안 될 소중한 자산이 되었습니다. 지금 한창 진행되고 있는 백양로 재창조 사업과 경영관 신축 등 주요한 공사들도 올 여름을 기점으로 대부분 완료되어, 2학기부터는 친환경 그린캠퍼스로 탈바꿈한 교정에서 연세인들이 자유롭게 교육과 연구를 수행할 수 있게 되었습니다. 더불어, 창립 130주년이자 고등교육 100주년을 축하하기 위한, 노벨상 수상자 초청 특강들과, 세계대학 총장포럼, 다양한 축하공연 등, 수많은 축하행사들도 계획되어 있습니다. 여러 선배교수님들께서도 이 축제에 꼭 함께 하셔서 자리를 빛내주시기를, 이 자리를 빌려 부탁드립니다.

"여호와께서 너의 출입을 지금부터 영원까지 지키시리로다."시 121:8 하신 시편의 약속처럼 영광스럽게 은퇴하시는 교수님과 모든 가족이 항상 건강하고 화평하실 것을 믿습니다. 대단히 감사합니다.

2015년 2월 27일

더 넓은 시각으로 바라보는 세계

입학식 축사

오늘 입학식에 참석하신 내외 귀빈 여러분, 대단히 감사합니다. 특별히 자랑스러운 연세인이 된 새내기 신입생 여러분, 온 연세가족과 함께 여러분을 진심으로 환영하고 축하드립니다. 새내기 신입생들이 연세에 입학하기까지 오랫동안 온갖 희생과 사랑으로 뒷바라지 해주신 학부모님께도 깊은 감사와 뜨거운 축하의 말씀을 드립니다.

사랑하는 신입생 여러분, 우리 연세대학교로부터 합격 통보를 받고 얼마나 기뻤습니까? 학부모님들께서도 그날의 기쁨과 환희를 영원히 잊지 못하실 것이라 믿습니다. 여러분은 치열한 경쟁을 뚫고 정말 바늘귀와 같은 좁은 관문을 어렵게 통과했습니다. 여러분이 연세대학교를 선택하신 것은 일생 중 가장 탁월한 결정이었고, 이는 여러분의 인생에서 어떤 말로도 표현하기 어려운 커다란 축복으로 결실을 맺게 될 것입니다. 우리 대학교가 학문적 수월성과 대학의 위엄을 유지하며 사학의 최고 명문으로서의 위상을 확고하게 지키고 있는 것은 결코 우연한 결과가 아닙니다. 연세대학교에는 이 땅의 그 어느 대학과도 비교할 수 없는 위대한 정신과 전통, 영예가 살아 숨 쉬고 있습니다. 저는 먼저 다음과 같은 세 가지 이유를 들어 신입생 여러분들의 입학을 환영하고자 합니다.

첫째로 우리 대학교는 1885년 고통과 무지와 질병으로 시름하는 척박한 조선 땅에 최초로 설립된 고등교육기관으로, 올해 창립 130주년을 맞기까지, 한국의 대학교육을 이끌어 왔습니다. 연세는 지금 Times가 선정한 세계 20위, 아시아 최고의 명문 사립대학으로, 전 세계 103개국의 학생들이 찾아오고 있는 글로벌 대학으로, 세계를 향해 힘차게 웅비하고 있습니다.

둘째, 우리 대학교는 고풍과 현대가 조화를 이루고 있는 신촌캠퍼스와, 한국 최고의 의술을 자랑하는 세브란스병원을 포함하는 의료원, 명실상부하게 "오라 연세로, 가자 세계로"의 교육 목표를 구현하고 있는 송도 국제캠퍼스, 지역 사회와 함께 호흡하는 친환경 원주캠퍼스 등, 4개의 캠퍼스가 하나의 대학교를 이루고 있는 융·복합 시너지가 무한한 대학입니다.

셋째로 우리 대학교는 국내 어느 대학도 감히 흉내 낼 수 없는 선진명문형 RC 교육을 도입하여 전인교육을 실현함으로써, 아시아 대학 교육의 새로운 패러다임을 선도하고 있습니다. 이미 RC는 학생뿐만 아니라 학부모, 교직원, 지역사회로부터 대단히 만족스러운 평가를 받고 있습니다. 연세에 자녀를 보내는 학부모님들은 이제 날마다 늦게 귀가하는 신입생 자녀들과 입씨름할 필요가 없습니다. 학생들도 부모로부터 독립하여 캠퍼스에서 친구들과 즐겁게 창의적인 학습과 생활 공동체를 꾸려나갈 수 있습니다.

이런 여러 이유로 우리 대학교는 대한민국 고등학생들이 가장 오고 싶어 하는, 선호도 1위의 대학으로 오랫동안 자리매김하였으며, 여러분이 이제 그 꿈을 이룬 주인공이 되었습니다. 오늘 입학하는 신입생 여러분은 제가 환영하는 세 가지 이유를 아직 체감하지 못할 것이라 생각합니다. 그러나 채 한 학기도 지나지 않아서 여러분 스스로 연세에 대한 사랑과 자긍심이 마음 속 깊은 곳에서 저절로 우러남을 느끼게 될 것입니다.

새내기 연세인 여러분, 연세대학교는 창립 이후 지금까지 130년 동안 "진리가 너희를 자유케 하리라."는 성경의 말씀을 교훈으로 삼아 명문 사학으로서의 위대한 역사와 전통을 지켜왔습니다. 반상의 구분이 엄격했던 시대에도 연세는 모든 차별을 거부하고 평등한 교육을 실시하였습니다. 남녀유별의 관념에 갇혀 여성은 고등교육을 꿈꿀 수 없었던 가부장적 사회에서도 연세는 국내 최초로 남녀공학을 실시하였습니다. 일제 치하에서 연세는 민족 교육과 독립 운동을 이끄는 애국자들을 배출하였고, 군사독재 하에서는 인권을 수호하며 민주화를 선도하였으며, 21세기에는 민족의 평화통일을 지향하며 사회발전을 선도하고, 나눔과 배려를 실천하고 있습니다. 이처럼 시대를 앞서서 나라와 국민을 이끌어온 연세 캠퍼스에서 신입생 여러분이 대학생활을 시작하게 된 것은 어떻게 보아도 대단히 특별한 축복임에 틀림없습니다. 이제 신입생 여러분들은 이 축복의 기회를 가장 멋지게 활용하여 자신의 잠재력을 계발하고, 일생을 바꾸는 전환기로 만들어야 할 것입니다. 저는 연세대학교의 총장으로서, 44년 전 여러분과 똑같은 신입생으로 이 자리에 섰던 선배로서, 그리고 저의 세 아이를 모두 연세대학교 졸업생으로 만든 학부모로서, 여러분이 4년의 대학생활을 어떻게 꾸려야 할 지 몇 가지 당부를 드리려고 합니다.

무엇보다도 먼저 여러분은 원대한 꿈과 비전을 가져야만 합니다. 여러분, 연세에 입학하기 위해 그동안 얼마나 많은 고생을 하셨습니까. 여러분이 이 자리에 서기까지 끝없는 희생과 노력으로 여러분을 후원해 준 부모, 형제, 가족 여러분을 생각해 보십시오. 그 긴 인고의 시간을 거쳐 얻은 합격의 기쁨과 환희를 오늘 입학식을 전기로 새로운 각오와 결단으로 승화시켜, 이제 여러분이 꿈꾸어왔던 소망을 대학생활을 통해 실현해 나가야 합니다. 입학식과 가장 잘 어울리는 낱말은 아마도 '희망'과 '기대'일 것입니다. 희망과 기대는 성취와 발전이라는 결과가 있기에 의미가 있습니다. 오늘 함께 자리한 신입생들은 앞으로 연세동산에서의 학업과 생활을 통해 자신의 희망과 기대를 실현시키는 것은 물론, 우리 사회가 연세인들에게 거는 기대와 소망까지 충족시킬 수 있는 책임감 있는 인재로 성장해 나갈 것이라 믿습니다. 전 세계 어디서나 대학 교육은 일생을 좌우하고, 대학생활의 성패는 1학년에 결정된다고 합니다. 그래서 대학에서의 첫 1년을 일생의 전환기라고 합니다. 1학년을 어떻게 보내느냐에 따라 여러분의 일생이 달라지는 것입니다. 그런 의미에서 여러분은 매우 행복한 조건 속에서 대학생활을 시작한다고 장담할 수 있습니다. 연세대학교는 국내에서 유일하게 그 첫 1년을 성공으로 인도할 선진명문형 RC프로그램을 실시하고 있기 때문입니다.

대학 생활에서 진정한 자기를 발견하고, 자신의 잠재력을 찾아 자신의 꿈을 가꾸고, 그 꿈을 이룩하는 계기를

2015. 2. 27.

"연세 노벨포럼" 개최

우리 대학교는 올해 창립 130주년을 맞이하여 노벨상을 수상한 거물급 석학 6명을 연이어 초청하는 "연세 노벨포럼"을 개최한다. 동북아를 대표하는 연구중심대학 연세대학교가 노벨상 수상자들과 함께 오늘의 세계를 진단하고 내일의 꿈을 모색한다.

만들어야 합니다. 이 시대를 살아가는 적지 않은 젊은이들이 자신의 재능이나 관심과 상관없이 너무나 쉽게 남이 좋다고 하는 길을 따라가는 경향이 있습니다. 무사안일한 길, 하루하루 급급한 일차원적인 길, 아니면 별 생각 없이 앞 사람만 따라가는 길은 우리 연세인이 걸어갈 길이 아닙니다. 리처드 바크가 쓴 소설 '갈매기 조나단'을 보면, 보통의 갈매기들은 해변에서 그물에 걸린 생선 한 조각이라도 더 먹어보겠다고 경쟁하며 살지만, 조나단은 하늘 높이 날아올라 비행술을 훈련하는 것을 볼 수 있습니다. 다른 갈매기들과 비교하면 다소 엉뚱해 보이는 행동을 했던 조나단이지만, 그에게는 자기가 하고 싶은 것을 하는 즐거움과 다른 갈매기들이 가보지 못한 새로운 길을 가는 설렘이 있었을 것입니다. 갈매기 조나단과 같은 창조적인 소수자들만이 사회를 새롭게 변화시키고, 개혁과 발전을 통해 새로운 역사를 쓸 수 있다는 사실을 기억해야 할 것입니다.

사랑하는 신입생 여러분, 여러분은 지금 자신이 어떤 사람인지 알고 있습니까? 자신이 가장 잘 할 수 있는 것이 무엇인지, 자신이 가장 좋아하는 것이 무엇인지, 자신이 진정 후회 없이 평생 지속적으로 하고 싶은 것이 무엇인지 알고 있습니까? 여러분은 대학생활을 하는 동안 이러한 질문에 대해 스스로 답을 찾아내야 합니다. 이 대답은 다른 사람이 대신 해줄 수 있는 것이 아니라, 오직 자기만이 할 수 있습니다. 창조주 하나님께서는 세상의 모든 사람이 태어날 때, 오직 그 사람에게만 기대하는 일을 맡겨 세상으로 보낸다고 합니다. 모든 사람은 다른 사람이 할 수 없는 오직 자기만의 일을 위해 태어났기 때문에 남의 길을 흉내 낼 필요가 없습니다. 우리 연세의 신입생 여러분 한 사람 한 사람은 타인의 길을 따라 가려 하지 말고, 나의 길을 찾아 감으로써 세상에 희망을 줄 수 있어야 할 것입니다.

둘째로, 여러분은 대학생활을 통해 자기 분야에서 최고 전문가로서의 능력을 발휘할 수 있도록 철저히 준비하여야 합니다. 이 세상에서 저절로 이루어지는 것은 하나도 없습니다. 훌륭한 선수가 되기 위해서는 피눈물 나는 연습이 필요합니다. 대장장이는 단단한 쇠를 만들기 위해서 수도 없이 두들겨야 합니다. 준비하지 않고 누구나 할 수 있는 일은 전문가의 영역이 아닙니다. 구약성경 시편에도 "눈물을 흘리며 씨를 뿌리는 자는 기쁨으로 단을 거두리라."[시 126:5]라는 구절이 있습니다. 우리가 어느 특정 분야의 전문가가 되기 위해서는 수많은 시간을 인내하고, 노력하며, 갈고 닦는 극기克己와 인고忍苦의 과정이 필요합니다. 때로는 견디기 힘든 고난도 따르고, 시험에 빠지기도 하며, 자신의 능력에 대해 회의를 품게 될 때도 있을 것입니다. 그러나 여러분, 바람개비도 역풍을 만나야 돌아갑니다. 대학은 여러분의 무한한 잠재력을 현실의 세계로 인도해 주는 사다리입니다. 꿈과 소망을 갖고 일생에서 가장 귀중한 시간을 그 꿈을 이루기 위해 몰입한다면, 여러분의 잠재적 역량이 그 넓은 세상을 여러분의 무대로 만들어 줄 것입니다.

자랑스러운 신입생 여러분, 많은 이들이 지금 우리가 사

2015. 3. 5.

송도 GIT 제1회 입학식

지난 3월 3일, 인천 국제캠퍼스 크리스틴 채플에서는 한국교회와 연세대학교가 손을 맞잡고 세계 선교의 새로운 장을 열었다. 아시아와 아프리카 지역의 차세대 목회자 및 신학자를 양성하기 위해 설립된 송도 GIT(GlobalInstitute of Theology)가 첫 번째 신입생을 맞이하는 입학식을 개최했다. 송도 GIT는 신학전문교육이 부족한 아시아와 아프리카, 남미와 같은 제3세계 국가의 학생들에게 전액 장학금과 숙식까지 지원하여 글로벌 세계를 책임질 차세대 크리스천 리더들을 양성하는 한국 최초의 외국인을 위한 신학대학원이다.

2015. 4. 27.

국내 최초로 퓨처런을 통해 전 세계에 한국학 MOOC 강좌 개설

우리 대학교는 4월 27일 국내 최초로 글로벌 MOOC(Massive Open Online Course) 플랫폼인 퓨처런(FutureLearn)에 온라인 공개 강좌를 개설했다. MOOC는 수강 인원의 제한 없이(Massive) 모든 사람이(Open) 온라인(Online) 환경에서 학습할 수 있는 고등 교육 강좌(Course)다. 단순한 강의 공개를 넘어 질의응답, 퀴즈, 토론 등의 학습관리를 제공하고, 학습 커뮤니티, 스터디그룹 활동 등 쌍방향 커뮤니케이션 학습이 가능하다는 점이 특징이다.

는 시대가 아주 어렵다고 말합니다. 젊은이들에게 특히 어렵다고 합니다. 괄목할 만한 경제성장이 지속되던 산업화시대에 비하면, 오늘의 현실이 힘든 것은 사실입니다. 그러나 아무리 좋은 시절이라도, 준비하지 않은 사람에게는 결코 기회가 주어지지 않습니다. 진흙 속에서도 진주는 빛을 발합니다. 어려운 여건에도 불구하고, 자신의 잠재력을 충분히 발휘할 수 있는 사람이 곧 세상을 이끌어 가는 리더입니다. 우리 연세의 신입생 여러분은 희망찬 내일을 위해서 오늘 철저히 준비하는 사람이 되어야 할 것입니다.

셋째로, 여러분의 대학생활이 나눔과 섬김을 적극적으로 준비하는 기간이 되기를 바랍니다. 적지 않은 사람들이 부富를 축적하거나, 권력을 누리는 일에만 관심이 있습니다. 자신의 것을 나누기보다 자신이 독점하고 남의 것을 자기 것으로 만드는 일에 관심이 크다는 것입니다. 그러나 성경에는 "주는 것이 받는 것보다 복되다."행 20:35고 했습니다. 나누고 섬기는 사람들 덕분에 아름다운 세상, 살만한 세상, 함께하는 세상이 만들어집니다. 1900년부터 우리 세브란스병원의 설립에 결정적인 거금을 기부한 세브란스 씨는 큰 성원에 감사해하는 에비슨 박사에게 "받는 여러분의 행복보다 주는 나의 행복이 더 큽니다."라고 말했습니다. 여러분은 자기 하나를 위해서 수많은 사람을 희생시키는 사람이 아니라, 수많은 사람들을 행복하게 하는 사람이 되어야 할 것입니다.

사랑하는 신입생 여러분, 여러분은 당장 눈앞에 있는 이익보다는 10년 후, 20년 후 먼 미래를 보는 혜안을 길러 나가야 합니다. 10년, 20년 뒤의 자신의 모습을 그려보고, 그 모습에 가까운 멘토를 주변에서부터 찾아보시기 바랍니다. 여러분들은 나 자신을 초월하여 사회와 나라, 나아가 인류를 고려하는 삶을 그려 보시기 바랍니다. 글로벌 리더가 되기 위해서는 넓은 시각으로 세계를 바라볼 수 있어야 합니다. 순자荀子는 '不登高山 不知天之高也무등고산 부지천지고야 不臨深谿 不知地之厚也불림심계 부지지지후야' 즉 높은 산에 오르지 않으면 하늘이 높은 것을 알지 못하고, 깊은 골짜기에 가지 않으면 땅의 두터움을 알지 못한다고 했습니다. 연세 캠퍼스에서 깊고 넓은 시야를 길러 나가시기 바랍니다. 연세는 여러분이 자기를 찾아, 자신만의 길을 당당하게 걸어갈 수 있도록 최선을 다해 도울 것입니다. 연세는 신입생 여러분이 전문가로서 능력을 넉넉히 갖추도록 훈련하는 효율적인 산실이 될 것입니다. 우리 연세는 신입생 여러분이 나눔과 섬김의 지도자로 기여하도록 끊임없이 도전하는 인격도야의 장을 다양하게 제공할 것입니다. 신입생 여러분도 이 시간 소망을 이룩하는 대학생활을 다시 한 번 굳게 다짐하면서 축복된 대학생활의 첫 출발을 시작하기 바랍니다.

오늘 참석해 주신 신입생과 학부모 여러분, 그리고 내외귀빈 여러분께 하나님의 크신 은총과 인도하심이 늘 함께 하기를 기원합니다. 감사합니다.

[강연] 2015. 3. 18.

상경대학, 노벨경제학상 수상자 에릭 매스킨(Eric Maskin) 교수 초청

상경대학(학장 홍성찬)은 창립 100주년을 기념하여 2007년도 노벨경제학상 수상자인 하버드대학의 에릭 매스킨(Eric Maskin) 교수를 초청해 '연세창립 130주년 기념 연세 노벨포럼 강연'과 '연세 경제학 100년 제1차 국제학술대회'를 개최했다. 에릭 매스킨 교수는 게임이론과 메커니즘 디자인 분야의 세계적인 권위자이다. 공공재 부분에서 부담금을 어떻게 효과적으로 설계할 수 있는지, 효율성과 형평성을 동시에 달성할 수 있는 정책설계 방안은 무엇인지 등 기존에 해결하기 어려웠던 질문들을 메커니즘 디자인이라는 도구를 통해 분석했다.

"백양로가 새롭게 태어납니다"

순조롭게 진행 중인 백양로 재창조 사업

백양로 재창조 사업이 순조롭게 진행되고 있다. 백양로 재창조 프로젝트의 목적은 차 없는 백양로를 만드는 것이다. 차량통행과 주차를 지하화하고, 지상에는 친환경 녹지와 보행로와 광장을 조성함으로써 연세의 상징인 백양로를 되살리는 사업이다.

백양로 재창조에서 '재창조'의 의미는 다음 두 가지로 생각해 볼 수 있다. 첫째 지상 공간은 '재'구성하고, 둘째, 지하 공간은 '창조'하는 것이다. 이번 백양로 재창조 사업의 전체 개발 면적은 3만 8천여 평이다. 그중 1만 8천여 평이 지상 공간 면적이며, 나머지 2만 평이 지하 공간의 면적이다.

지상 공간은 친환경 에코 공간으로 탈바꿈

백양로 재창조 사업이 완성되면 지상 공간은 하루 1만 8천 대의 차량 통행으로 혼잡하던 거리가 자연과 사람이 중심이 되는 친환경 에코 백양로로 바뀌게 된다. 지금처럼 곧게 뻗은 백양로 주변에는 은행나무가 두 줄로 들어선다. 주변에는 진달래, 개나리, 단풍나무, 벚꽃, 느티나무, 메타세쿼이어로 채워진다. 마음껏 휴식하며 산책할 수 있는 공원처럼 꾸며지게 된다. 백양로에는 실개천이 흐르고, 야외 강의실에서는 자연을 누리며 수업을 받는다.

현재 5%에 불과한 조경 비율이 42%로 많이 늘어난다. 아스팔트 포장비율은 현재 56%에서 15%로 대폭 줄어든다.

이에 따라 나무 아래에서 쉴 수 있는 면적이 현재 11%에서 42%로 많이 늘어나 많은 연세인이 도심의 숲 아래에서(Under the Wood) 사색과 대화를 할 수 있게 된다.

지하 공간은 '연세 스퀘어', '금호아트홀', '선큰가든' 조성

지하 공간은 크게 교통 공간과 지하 입체 공간으로 나뉜다. 교통 공간에는 '연세 스퀘어'라는 교통광장이 들어선다. 이는 셔틀버스와 승용차, 택시 등이 이용하는 호텔 로비를 연상하면 이해하기 쉽다. 연세 스퀘어는 지상과 연결되어 환기가 되고 빛도 들어오며, 지상 분수대 물이 지하로 떨어지게 꾸며져 연세의 새로운 랜드마크가 될 것으로 기대한다.

지하 입체공간에는 약 4천7백 평의 공간에 교육, 연구, 문화, 복지 등 다양한 시설이 들어선다. 특히, 전문 클래식 음악 공연도 가능한 금호아트홀이 박삼구 총동문회장의 기부로 만들어진다. 총 390석 규모로 국제 학술회의도 개최할 수 있다. 금호 아트홀은 주중에는 교내 행사 위주로 사용하고, 주말에는 외부공연도 유치하면서 연세의 문화를 키우는 공간이 될 것이다. 또한, 분할이 가능한 3백석의 볼룸, 70석의 세션룸 다수, 전시공간, 휴게실 등 다양한 수요를 충족시킬 복합 문화공간도 들어선다. 이 외에도 바닥 면적의 약 12%는 '지상 같은 지하를 만들자'는 모토로 선큰 가든(지하공간의 상부를 개방한 정원)을 만든다. 자연 채광과 환기가 이루어지고, 수목도 감상할 수 있는 공간이다.

금호 아트홀

2015년 8월 완공 목표

백양로 재창조 사업은 본래 내년 창립 130주년을 맞이하여 2015년 5월까지 완공하고자 계획하였다. 현재는 문화재 조사 등으로 연기되어 2015년 8월 말까지 완공하는 것을 목표로 하고 있다.

지금 한창 터파기 공사가 진행 중이다. 경영대학 신축을 위한 공사도 한창이다. 오는 6월이나 7월까지는 터파기 공사로 통행이 불편하겠지만, 그 이후에는 지하에서 공사가 진행되기 때문에 불편이 덜할 것이다.

나무는 봄과 가을이 심기에 좋은 계절이기 때문에 내년 봄에는 백양로에 본격적으로 조경을 시작할 예정이다. 지상 공간인 1만 8천여 평의 조경계획에 대하여는 아직도 많은 시간이 남아 있어 의견을 수렴하고 있다. 박진배 행정대외부총장이 건설사업본부장을 맡으면서 조경자문위원회를 가동할 예정이다.

백양클럽, "당신의 사랑으로 백양로가 새롭게 태어납니다."

백양로 재창조 프로젝트는 백양로를 생명이 넘치는 도심 속의 숲, 휴식과 소통, 교류와 문화의 친환경 녹지 공간으로 되돌려 놓는 사업이다. 이 사업에 연세인의 후원을 기다리고 있다. 발전기금에 대한 안내는 대외협력처 홈페이지 (https://fund.yonsei.ac.kr)를, 후원 문의는 대외협력처 (전화 02 2123-2248~49)로 연락하면 된다.

한편, 백양클럽은 백양로 재창조 사업에 1억 원 이상을 후원한 회원들로 구성된다. 현재 회원은 총동문회장 박삼구 금호아시아나그룹 회장, 백양클럽 회장 조시영 (주)대창 회장, 구학서 (주)신세계 회장을 비롯해 총 70명이다.

지난 2월 10일 오후 6시에 총장공관 영빈관에서 백양클럽 회원 초청 만찬을 개최한 바 있다. 이 날 행사에서 정갑영 총장은 "백양로를 사색과 낭만, 문화가 있는 친환경 녹지 공간으로 바꾸는 사업에 보내주신 여러분들의 정성에 감사드리며, 기대에 부응하도록 모든 노력을 다하고 있다."고 말했다. 정갑영 총장은 이 자리에서 심재웅, 이종흡, 조락교 동문 등 14명에게 감사패를 전달했다. 이어 회원들은 백양로 재창조 사업이 성공적으로 진행될 수 있도록 모두 홍보대사가 되어 신규 회원 발굴과 추가 후원에 적극적으로 나서기로 의견을 모았다. YS

공학원 앞 느티나무

백양클럽 회원 초청 만찬

연세소식 559호, 2014. 4. 1.

2015년 4월 30일

2015. 4. 30.

연세-IBS원 설립

우리 대학교와 IBS는 지난 4월 30일 'IBS와 연세대학교의 운영지원 협약(MOU)'을 체결하였으며, 연세-IBS원의 설립과 동시에 우리 대학은 매년 최대 100억 원의 연구비를 지원받게 된다.

도전과 개척의 연세정신

IBS-연세대학교 학연협력 협약식 환영사

「기초과학연구원과 연세대학교 간의 학·연 협력 협약」을 위해 연세를 찾아주신 기초과학연구원의 김두철 원장님을 비롯한 임직원 여러분을 진심으로 환영합니다.

지난 3월말 연세대학교는 화학과 천진우 교수님을 단장으로 하는 'IBS 외부 연구단'을 유치하게 되었습니다. 짧지 않은 기간 동안 수고하신 천진우 교수님께 감사와 축하를 드리며, 천진우 교수님과 연세를 믿고 좋은 결정을 내려주신 IBS 측에 깊이 감사드립니다. IBS 연구단 선정 소식을 듣고 큰 기쁨과 함께 무거운 책임감을 느끼며 새로운 각오를 다지게 되었습니다. IBS는 수월성을 지닌 연구자가 실용적 연구성과에 대한 부담 없는 안정적인 환경 속에서 창의적인 연구주제에 대하여 자율적으로 연구활동을 할 수 있도록 말 그대로 아낌없는 지원을 하고 있습니다. 이러한 실험적인 모델을 통해 우리나라의 기초과학 내실을 강화함으로써, 인류의 행복을 증진시키고 사회를 발전시킬 수 있는 새로운 돌파구를 찾게 되리라는 IBS의 믿음에 우리나라의 모든 과학기술인들이 공감하며 지지를 보내고 있습니다.

130년 전 우리나라에 서구식 의료와 고등교육을 처음 소개한 이래 우리 대학은 교육과 연구, 의료에서 항상 대한민국의 첨단에 서 있었다고 자부합니다. 우리 대학교의 초대 총장인 백낙준 박사님도 대학은 학문과 기술의 발전에 선봉에 있어야 함을 강조하며 취임식에서 이렇게 말씀하셨습니다, "대학이 존재하는 목적은 진리를 위한 것이며…, 대학교의 기능은 진리를 가르치고, 알지 못하는 바를 연구하며, 선대에서 이어받은 문화를 보전보호하며, 그것을 후대에 전해주는 것입니다. 한걸음 나아가 대학이 사회를 지도하여 올바르게 변천 진보하도록 선구先驅적인 역할을 하는 것입니다." 최근 교육비용, 특히 과학기술 및 의료분야의 교육 및 연구비용이 급격히 높아지면서, 국가의 지원이 미약한 사립대학들은 이 분야에서 고전을 면치 못하고 경쟁력을 잃어가고 있습니다. 대한민국이 산업화의 시기를 넘어 선진국 초입에 도달하기까지 과학기술인 저변 확대와 과학기술발전에 중요한 일익을 담당하던 사립대학의 고급인력들이 이러한 외부적 환경 때문에 그 경쟁력을 잃어가는 것은 참으로 안타까운 일이 아닐 수 없습니다. 저희 연세대학교도 이러한 외부환경의 영향에서 예외일 수 없었지만, IBS 연구단 유치를 기화로, 대한민국 제1호 이학박사를 배출한 대학의 저력을 되찾고 연구경쟁력을 다시 한 번 크게 신장시키는 모멘텀을 찾게 될 것이라 기대합니다.

도전과 개척정신으로 새로운 가능성을 열어 온 지난 130년의 역사를 바탕으로, 우리 대학은 변화를 창조적으로 수용하고 글로벌 시대의 도전에 선도적으로 대응하며 '제3 창학'을 이루어가고 있습니다. 천진우 교수께서 이끄는 연세 IBS연구단은, 도전과 개척의 연세정신의 상징으로, 연세와 우리나라 연구력을 세계 첨단으로 이끄는 선구자가 되어 주시리라 믿습니다. 천진우 교수님과 연세 IBS 연구단에 무한한 발전이 있기를 기원합니다.

바쁘신 중에도 오늘 협정식을 위해 저희 대학을 방문해 주신 김두철 기초과학연구원 원장님과 임직원 여러분께 다시 한 번 감사를 드립니다.

2015년 5월 9일

다가올 100년을 준비하며

창립 130주년 기념식사

연세 창립 130주년의 기쁨을 함께 나누기 위해 귀한 걸음 해 주신 방우영 명예이사장님과 김석수 이사장님, 박삼구 동문회장님, 여러 이사님과 전임 총장님, 그리고 내외 귀빈 여러분, 재상봉 동문 여러분, 그리고 모든 재학생과 교직원 여러분께 깊은 감사의 말씀을 드립니다. 더불어, 각 방면에서 수고하시며 연세의 이름을 빛내신 공로로 오늘 장기근속상, 사회봉사상, 의학대상 및 학술상을 받으신 여러분께 진심으로 축하드립니다. 특별히 오늘 명예경영학박사 학위를 받으시는 박삼구 금호아시아나그룹 회장님께 축하와 감사의 인사를 전합니다.

오늘은 정말 역사적이고 감동적인 날입니다. 글로벌 100대 기업의 평균수명도 고작 30년에 불과하다고 하는데, 한국처럼 격변하는 사회에서 우리 연세는 130주년을 맞았습니다. 창립 130주년을 맞는 오늘, 저는 연세의 창립정신과 발자취를 더듬어 보며 다가올 100년의 미래를 준비하는 우리의 각오를 다짐하는 자리로 삼고자 합니다.

연세 제1의 창학과 연세정신의 출발

연세 130년의 숭고한 정신과 사명은 척박한 조선 땅에 선교와 의료, 교육의 씨앗을 뿌린 선각자들의 굳은 믿음에서부터 출발하였습니다. 알렌 선교사는 제중원을 시작하며 "고통 속에 있는 국민들이 적절하게 치료받는 기쁨"을 선사하겠다고 다짐했습니다. 언더우드 선교사 역시 "예배당도 학교도 없는, 경계와 의심과 천대가 가득한 이곳이, 머지않아 은총의 땅이 되리라."는 굳건한 믿음으로 숱한 갈등과 반목과 역경을 이겨내며 연세의 씨앗을 심었습니다. 연세의 첫 졸업생인 제중원 의학교의 박서양은 연세 창립 정신과 교육이념의 산 증인입니다. 연세는 당시에 교육의 기회를 꿈꿀 수조차 없을 만큼 소외된 삶을 살던 천민인 그를 받아들여 한국 최초의 외과의사로, 간도 땅에 병원을 세우고 항일운동에 앞장 선 독립지사로 길러냈습니다. 호적조차 부여되지 않았던 그의 이름을 연세 교적부의 첫 줄에 기록한 것은, 그를 고귀한 인간으로, 그리고 자유로운 사람으로 바라보았음을 의미합니다. 1908년 첫 졸업식장에 울려 퍼진 진리와 자유의 찬가는 고통과 좌절을 운명이라고 여기던 수많은 백성들에게, 새 역사의 개막을 알리는 희망의 찬가였습니다. 그때 그곳에서 울려 퍼진 희망의 노래가 오늘도 이 자리에서 우리를 통해 퍼져나가고 있습니다.

연세는 1910년에 최초의 여성 졸업생, 김배세 간호사를 배출한 역사적 기록도 갖고 있습니다. 연세는 미국의 명문사학인 예일대보다 무려 59년이나 앞서 여성교육을 시작하였습니다. 김규식 선생과 도산 안창호 선생 같은 우국지사들도 언더우드 선교사가 고아를 돌보기 위해 세운 언더우드학당에서 민족애를 배우며 성장하였습니다. 연세의 역사에는 사회적 억압과 편견, 차별과 냉대를 넘어 인간을 자유롭게 하고 진리를 가르치며 시대를 선도한 인물들이 즐비하게 기록되어 있습니다. 올해 100주년을 맞는 문과, 이과, 상과, 신과 역시 한국 최초의 고등교육기관으로서의 역할을 충실히 수행해 왔습니다. 연세는 국내 최초의 천문학자 이원철 선생을 비롯하

현재 우리가 추구하고 있는 제3 창학이 단순히 몇 개의 과제를 통해 달성할 수 있는 목표가 아니라는 것을 잘 알고 있습니다. 이러한 다양한 사업들은 작은 시작에 불과합니다. 우리를 둘러싼 모든 제약과 난관을 극복하고, 보다 더 멀리 50년, 100년 후, 최고의 글로벌 명문으로 도약하기 위해, 지금부터 우리의 모습을 함께 그려나가야 합니다. 창립 150주년, 200주년을 지향하며 연세의 미래를 담은 새로운 비전과 사명을 마련해야 할 것입니다.

I am fully aware that the Third Founding cannot simply be achieved with a few projects. We need to overcome all restrictions and challenges surrounding us, and begin shaping our future to become the world's best university over the next 50 and 100 years. We shall prepare for a new vision and mission for Yonsei's future as Yonsei celebrates the 150th and 200th anniversary.

2015년 5월 9일 | 연세 창립 130주년 기념식사 | 다가올 100년을 준비하며

2015. 5. 9.

연세 창립 130주년 기념식 개최

5월의 신록이 가득한 교정에서 연세 창립 130주년을 기념하는 행사가 열렸다. 지난 5월 9일, 창립 기념일을 맞아 130년을 이어온 연세의 설립 정신과 사명을 되새기며 더욱 찬란한 내일을 다짐하는 기념식과 오찬, 동문 재상봉 행사가 이어졌다.

여 수없이 많은 큰 스승들과 윤동주 시인과 같은 젊은이들을 통해, 우리의 문화와 역사를 아우른 국학의 융성을 가져왔고, 개방과 융합을 통해 동서고근東西古近의 화충和衷을 이루며 세상과 사람을 변화시키는 동력으로 발전해 왔습니다.

제2의 창학과 대학의 확장

1957년 연희와 세브란스의 통합으로 연세대학교 제2 창학의 대역사를 이룩하신 백낙준 총장님은 초대 총장 취임사에서 연세의 교육 이념을 이렇게 강조하셨습니다. "대학이 존재하는 목적은 진리를 위한 것이며…, 대학교의 기능은 진리를 가르치고, 알지 못하는 바를 연구하며, 선대에서 이어받은 문화를 보전보호하며, 그것을 후대에 전해주는 것입니다. 한걸음 나아가 대학이 사회를 지도하여 올바르게 변천 진보하도록 선구先驅적인 역할을 하는 것입니다."

그 뜻대로 지난 130년 동안 연세는 발전과 성장을 거듭하며 수많은 인재들을 길러냈습니다. 연세는 지속적으로 한국의 근대화, 산업화와 민주화, 그리고 문화의 융성을 앞장서 이끌어 왔고, 특별히 1978년에는 원주캠퍼스를 새롭게 출범시켰습니다. 오늘날 연세는 30만 명에 이르는 동문과, 4,800여명의 교원, 신촌, 의료원, 원주, 국제캠퍼스의 4개 캠퍼스라는 외형적 성장을 이루었으며, 내실에서도 세계 20위의 명문 사립대학으로 평가되고 있습니다.

존경하는 연세인 여러분, 이제 연세는 창립 130년, 연세 통합 58주년을 맞으며, 도전과 개척, 진리와 자유, 그리고 개방과 융합의 정신을 바탕으로 한 걸음 더 나아가야 합니다. 연세를 글로벌 명문대학으로 도약시키는 제3 창학의 역사를 만들어 나가기 위해 새롭게 힘을 모아야 할 것입니다.

새로운 도약을 위한 제3 창학

제가 제3 창학을 주창한 이래 지난 3년간 이미 여러 분야에서 연세의 자랑스러운 새 역사가 쓰여 지고 있습니다. 푸른 바다를 메워 만들어진 기적의 송도캠퍼스는 아시아 최고의 RC Residential College 요람으로 부상하였습니다. 신촌캠퍼스에서는 경영대학 신축, 이과대학 및 공과대학 증축 등 대대적인 인프라 혁신 사업이 마무리되어 가고 있습니다. 백양로 재창조의 대역사도 이번 학기 내 완성을 앞두고 있습니다. 의료원에는 아시아 최고의 암병원이 들어섰고, 원주 의료원에서도 설립 이래 최대 규모의 시설개선 사업이 준공을 앞두고 있습니다. 원주캠퍼스 또한 교육과 연구에서 특성화된 캠퍼스를 지향하며 계속 성장해 나가고 있습니다. 교육과 의료정책의 압박에도 불구하고, 연세는 세계 20위의 사학명문으로 명성을 확고히 하였고, 언더우드국제대학과 글로벌인재학부 등 특성화 교육 프로그램을 통해 대학 교육의 글로벌 경쟁력도 크게 높였습니다. APRU Association of Pacific Rim Universities, AEARU Association of East Asian Research Universities 등 세계적인 명문대학 간 교류 네트워크 참여를 통해, 학생 중심의 교류를 넘어 교육 과정 공동개발 및 운영, 연구협력 등 전략적 제휴로 확대해 나가고 있습니다.

130주년을 맞으며 모든 연세 캠퍼스는 세계 최초의 Smart Campus Network를 통해 교육과 연구, 행정 시스템을 획기적으로 개선하게 됩니다. 특히 학술과 문화, 예술 활동을 공유할 수 있는 플랫폼인 연세공감, OCXOpen Campus eXperience를 통해, 교육과 문화가 공존하는 품격 있는 공간으로 변화하게 될 것입니다. 국내 최초로 Future Learn, Coursera 등을 통해 세계 명문 대학들과 함께 전 세계에 우리 대학의 강의를 온라인으로 공급하게 되어, 연세 교육의 세계화에도 새 장을 열었습니다. 또한 미래선도연구사업은 물론 연구 지원 시스템과 인사·보상제도를 획기적으로 개선하여 학문의 수월성을 존중하는 대학의 가치를 확립해 나가고 있습니다.

다가올 100년을 준비하는 연세

저는 현재 우리가 추구하고 있는 제3 창학이 단순히 몇 개의 과제를 통해 달성할 수 있는 목표가 아니라는 것을 잘 알고 있습니다. 이러한 다양한 사업들은 작은 시작에 불과합니다. 우리를 둘러싼 모든 제약과 난관을 극복하고, 보다 더 멀리 50년, 100년 후, 최고의 글로벌 명문으로 도약하기 위해, 지금부터 우리의 모습을 함께 그려나가야 합니다. 창립 150주년, 200주년을 지향하며 연세의 미래를 담은 새로운 비전과 사명을 마련해야 할 것입니다. 지금의 교육과 의료 환경은 급격하게 변화하고 있습니다. 학령인구 감소와 대학의 구조조정, 교육비 인하 압박이 계속되고 있는 가운데, 교육시장의 세계화로 경쟁은 더욱 치열해지고 있습니다. ICTInformation and Communication Technology의 발달과 MOOCsMassive Open Online Courses 등 온라인 교육의 세계적인 확대로 전통적인 고등교육의 개념이 뿌리에서부터 뒤흔들리고 있습니다. 복지지향적인 의료정책은 의료원 경영에 큰 부담이 되고 있습니다. 다른 한편으로 연세는 세계적 명문으로서 학문적 수월성academic excellence을 추구하고, 연구와 교육은 물론 기술 개발을 통해 환경과 건강, 자연 재해 등 각종 사회적 난제를 해결하는데 선도적인 역할을 해야 합니다. 또한 지속적으로 악화되고 있는 사회적 형평의 개선을 위해서도 앞장서야 할 사회적 책무가 있습니다. 특히 제3 창학을 선도하면서 추진해 온 인프라 확충 사업이 마무리 되면서, 이제는 초심으로 돌아가 '사람'에 주목하고, 그들을 미래의 리더로 길러내는 일에 최선을 다해야 할 것입니다.

소외 계층에 대한 문호를 적극적으로 확대

세계적으로 대학은 고급 지식과 정보의 전수를 통해 신분이동을 촉진하는 매개체가 되어 왔습니다. 그러나 고도 산업화 사회로 발전하면서 오히려 우수한 대학 교육을 통해 부와 신분이 고착화되는 현상들이 최근 두드러지게 발견되고 있습니다. 우리나라에서도 소외 계층의 명문대학으로의 진입 장벽이 너무 높아 "개천에서 용 난다."는 속담이 설득력을 잃어가고 있습니다. 이에 우리 연세는 설립 당시의 초심으로 돌아가 기개가 높고 역량 있는 젊은이들이 자신의 꿈을 이루어가는 도량으로 거듭나기 위해, 소외 계층에 대한 문호를 적극적으로 확대해 나가야 합니다. 신분적 제약 속에서 소외된 삶을 살던 인물을 외과의사로 길러낸 제중원의 정신, 고아들

2015. 5.

안전한 캠퍼스 구현과 행정시스템 선진화

우리 대학교는 '안전한 캠퍼스'를 만들기 위해 지난 1월 교내 통합 보안관리 업체인 케이티텔레캅(kt telecop)과 '안전한 캠퍼스 환경 조성을 위한 MOU'를 체결하고, 최첨단 안전관리시스템을 대학 캠퍼스에 설치 및 구현하고 있다. 캠퍼스 내의 각종 재난과 위험 및 학생들의 신변 위협 등으로부터 구성원을 안전하게 보호함으로써, 백양로 재창조 등 물리적인 캠퍼스 인프라 선진화와 함께 캠퍼스 통합안전시스템의 선진화도 아울러 달성하게 되었다.

[Care Call Process]

을 교육하고 애국지사를 길러냈던 언더우드학당의 정신을 기억해야 할 것입니다. 잠재력과 창의성은 크지만 현실적 제약으로 연세에 입학하지 못하는 소외 계층에게, 더욱 적극적으로 문호를 개방해야 합니다. 소외 계층에 대한 교육의 기회를 점진적으로 10%까지 확대하고, 가계 소득 하위 30% 학생들에 대한 장학제도를 더욱 확대하여, 사회적 불균형을 개선하는데 적극적으로 나설 계획입니다.

창립 130주년을 계기로 올해부터 시작된 신학대학원의 GIT[Global Institute of Theology] 프로그램도 우리 대학의 글로벌 교육 역량을 보여 줄 수 있는 시험대인 동시에, 연세가 초심으로 돌아가겠다는 강력한 의지의 표현입니다. 130년 전에 언더우드 선교사가 이 땅에 복음과 대학 교육의 씨앗을 뿌렸다면, 이제 우리가 다시 제2, 제3의 언더우드 선교사를 세계로 배출하기 위해, 제3 세계의 기독교 지도자들이 재정적 부담 없이 선교사 수업을 할 수 있도록 계속 지원할 것입니다.

Yonsei Nobel Initiative 수립, 학문적 수월성 획기적 제고

향후 100년을 준비하며 연세가 세계적 명문으로서 학문적 수월성을 드러내기 위해 추진해야 할 또 하나의 과제는 연구와 교육 역량을 획기적으로 제고하여 연세의 리더십을 확립하고, 적어도 20년 후인 창립 150주년에는 연세의 석학들이 노벨 기념식 연단에 설 수 있게 하는 것입니다. 이를 위해 130주년을 계기로 "Yonsei Nobel Initiative"를 수립하여, 우리 캠퍼스에서 패러다임의 전환이 가능한 새로운 분야를 개척할 수 있는 연구 문화를 진작시키고, 지속적으로 우수한 연구가 창출될 수 있는 안정적 연구 환경을 정착시켜 나가야 합니다. 특히 전반적으로 연구력이 획기적으로 양자 도약[quantum jump]할 수 있도록 고등과학원[Institute for Advanced Study]의 설립 등을 포함한 체계적인 연구력 강화 전략을 수립하여, 소기의 목표를 달성할 수 있도록 지혜를 모아 나가야 합니다. 「미래융합연구원」[ICONS], 「바른 ICT 연구소」, 「지속가능개발연구원」, 「재난연구원」 등을 통해 캠퍼스와 학문간 융합과 협력의 시너지를 극대화하고, 국제적 연구 네트워크를 구축하여 창의적 연구 기반 환경을 활성화함으로써 연세인이 노벨상급 석학의 반열에 오를 수 있어야 합니다.

연세에게 주어진 또 다른 사명은 교육의 수월성을 세계적 수준으로 드높이는 것입니다. 지난 130년 동안 한국의 고등교육을 선도해 온 정신을 이어 받아, 이제는 글로벌 명문과 대등한 수준에서 당당히 경쟁할 수 있도록 연세 교육의 특성화를 실현해 나가야만 합니다. 우리 대학은 이미 언더우드국제대학과 글로벌인재학부, G10 대학과의 공동 프로그램 등, 특성화된 교육 프로그램을 성공적으로 정착시켰습니다. 또한 국제적인 네트워크의 확산에도 성과를 거두어 지금은 103개국에서 학생들이 찾아오는 세계적인 대학으로 도약하였습니다. 앞으로도 연세는 특성화된 교육 프로그램을 더욱 적극적으로 개발하고 확산시켜, 사회 변화를 선도하는 글로벌 인재를 육성해 나가야 합니다. RC 교육 또한 한층 심화 발전시

2015. 5. 21.

최첨단 안전 캠퍼스 보안시스템 'Y-Safe' 개통

우리 대학교는 학생들의 안전을 위한 최첨단 보안시스템 'Y-Safe' 구축을 완료하고 신(新)통합관제센터를 개소했다. 'Y-Safe'는 지능형 영상감시, 긴급 호출 기능, 스마트폰 기반의 신변 보호 기능, 긴급 재난 상황 알림 기능을 갖춘 국내 대학 최초의 보안시스템이다.

켜, 글로벌 리더에게 요구되는 학문적 자질과 함께 융합적 창의력과 문화적인 감수성을 갖춘 인재로 학생들이 성장할 수 있도록 할 것입니다.

문화와 감동이 살아 있는 캠퍼스 라이프

백양로 재창조 사업의 완성으로 다음 학기부터 신촌캠퍼스는 자연과 융합, 문화가 살아 숨 쉬는 캠퍼스로 새롭게 탄생합니다. 다양한 문화와 공연, 담론, 학술행사가 이루어지는 소통과 융합의 공간이 새롭게 생겨나고, 학교 정문에서부터 연세로는 차 없는 보행자 전용의 문화 거리로 탈바꿈합니다. 학생들은 문화가 살아 숨 쉬는 교육의 핵심공간에서 젊음을 만끽하면서, 서로가 소통하며 진리와 자유를 추구하는 글로벌 인재로 성장해 나갈 것입니다. 이는 RC 교육과 더불어 연세인의 DNA를 새롭게 하는 제3 창학의 모티브가 될 것으로 확신합니다. 이러한 환경 속에서 교직원은 물론 연세의 모든 동문과 학부모님도 연세가 글로벌 명문으로 도약할 수 있도록 새로운 학교 사랑의 문화를 선도해 나갈 것을 믿어 의심치 않습니다. 연세가 사학의 명문으로서 세계 명문의 수준으로 도약하기 위해서는 아이비리그에 버금가는 동문과 연세 공동체의 학교 사랑도 절실히 필요합니다. 작년에 백양로 재창조 사업을 계기로 기부자가 5만여 명이 넘는 기록을 달성했습니다. 동문들의 학교 사랑의 문화에도 새로운 역사가 쓰여 진 것입니다. 저는 앞으로 교직원과 학생, 동문이 모두 참여하는 새로운 캠퍼스 문화의 변화가 연세 제3 창학을 이끌어 갈 원동력이 될 것임을 확신합니다.

존경하는 연세인 여러분, 지난 130년간 연세는 하나님의 역사가 살아 숨 쉬는 기적의 현장이었습니다. 모든 캠퍼스가 기부와 헌신, 개척 정신으로 세워진 대학, 세계 어디에서도 유례를 찾아보기 힘든 기적의 현장이 바로 여러분이 서 계시는 연세대학교입니다. 130년이 지난 지금, 알렌과 언더우드 같은 인물을 어디에서 찾을 수 있겠습니까? 세브란스와 존 언더우드와 같은 기부자를 만나는 일 또한 결코 쉽지 않을 것입니다. 200명의 학생을 위해 30여 만 평의 교지를 확보한 그 원대한 꿈을 누가 흉내 낼 수 있겠습니까? 원주와 인천 국제캠퍼스 역시 모두 헌신과 개척정신으로 이루어 낸 결과입니다. 우리는 그 분들의 헌신으로 놀라운 축복을 얻었고, 연세의 이름을 세계에 떨치게 된 것입니다. 오늘 창립 130주년을 축하하면서 우리 모두의 어깨 위에 빛나는 연세의 숭고한 사명을 다시 한 번 되새겨 보게 됩니다. 이제 연세대학교의 미래는 우리 손에 달려 있습니다. 우리의 선각자들이 보여 주신 도전과 개척, 그리고 헌신의 정신으로 새로운 100년을 향해 모든 연세인이 온 힘을 모아 제3 창학의 역사에 새로운 빛을 밝히기를 여러분과 함께 다짐합니다.

연세 창립 130주년의 경하스러운 자리에 참석하시어 함께 기쁨을 나누어 주신 모든 연세인과 내외 귀빈 여러분께 다시 한 번 진심으로 감사드리며, 하나님의 영광과 가호가 늘 연세와 함께 하고, 여러분의 앞날도 우리 연세와 함께 찬란하게 빛나기를 기원합니다. 대단히 감사합니다.

창립 130주년을 맞아 정갑영 총장 주요언론 인터뷰

정갑영 "등록금·입시 규제 없는 자율형 사립대 허용해야"

ⓙ 중앙일보

5월 6일자 16면

정갑영 "등록금 · 입시 규제 없는 자율형 사립대 허용해야"

창립 130돌 맞는 연세대 총장
고교에도 자율형 사립고 있는데 대학에만 정부의 규제 · 간섭 심해
소외계층 선발 점차 늘려나갈 것 … 송도캠퍼스 창의 · 융합 교육 활발

● 자율형 사립대는 어떤 시스템을 염두에 둔 건가.

"정부가 일부 대학을 자율형 사립대로 지정해 등록금과 입시에서 자율성을 주되 소외계층을 뽑아 교육시키는 사회적 책무를 부여하자는 거다. 지금은 우수한 학생을 뽑으려 해도 정부가 규제해 어렵고 등록금도 수년째 동결하거나 내린 상황이다. 고등학교에도 자율형 사립고가 있는데 대학에 없다. 유럽은 정부가 지원해 주니 사립대가 거의 없고 등록금도 싸다. 미국의 경우 주립대는 등록금이 싸지만 사립은 우리의 네댓 배다. 정부가 재정을 지원하지 않으면서 등록금을 현 상태로 유지하도록 하면 어떻게 세계적인 대학을 만들 수 있겠는가."

● 입시 등에서 어떤 자율성이 필요한가.

"학문적 수월성도 중요한 가치다. 이를 위해서는 대학이 여러 가지 기준을 적용해 학생을 뽑을 수 있어야 한다. 80~90%는 아주 우수한 학생을 뽑고 그 나머지는 소외계층에 기회를 주는 방식이 필요하다."

● 정부의 대학 구조 개혁 작업은 어떻게 보나.

인구가 줄기 때문에 대학 정원을 줄여야 하는 건 맞다. 하지만 수퍼마켓에 상품을 진열해 놨다가 뭔가 빼야 한다면 고객이 안 찾는 것부터 빼야 하지 않겠나. 기존 정원을 채우지 못하는 대학이 많다. 그런데도 인위적으로 모든 대학에 몇 %씩 줄이라고 하면 결국 소비자만 피해를 보게 된다. 지방대가 타격을 입을 것이란 우려와 관련해선 정부가 개입해 지방의 거점 대학을 육성해줘야 한다. 자율형 사립대는 정원을 알아서 하게하고 지방엔 거점 대학을 육성하는 정책을 정부가 폈으면 한다."

● 소외계층 학생에게 입학 문호를 넓히려는 취지는.

"학문적 수월성과 사회적 형평 추구 두 가지가 세계 모든 대학의 사명이다. 과거엔 소외계층 학생들이 대학을 신분 상승의 사다리로 삼았지만 요즘은 오히려 신분을 고착시키는 수단이 됐다. 좋은 대학일수록 저소득층 학생의 비율이 낮다. 연세대는 창립정신에 맞춰 특히 사회 공헌을 해야 한다. 그래야 사회도 안정된다."

국민일보

5월 9일자 7면

"130년 연세대, 하나님의 뜻이 살아있는 기적의 현장"

오늘 창립 130주년 기념행사…
기부 · 헌신 · 도전 · 개척의 역사

● 기독교적인 창립 정신이 130년이 지난 지금까지 잘 유지되고 있나.

"그동안의 연세대 역사를 보면 정말 하나님의 뜻이 살아있는 기적의 현장이다. 130년 전 알렌과 언더우드 선교사가 26세의 나이에 척박한 조선 땅에 왔다. 우리로 치면 군대 막 갔다 온 대학생 나이다. 이곳에서 서양 귀신이라고 손가락질을 받으면서 씨앗을 심었다. 알렌 선교사는 제중원을 시작하며 '고통 속에 있는 백성들이 치료받는 기쁨을 선사하겠다'고 다짐했다. 언더우드 선교사는 '예배당도 학교도 없는, 경계와 의심과 천대가 가득한 이곳이 머지않아 은총의 땅이 되리라'며 숱한 역경을 이겨냈다. 이런 헌신과 기부, 도전과 개척의 역사가 있었다."

"130년 연세대, 하나님의 뜻이 살아있는 기적의 현장"

매일경제

5월 9일자 A29면

연대 '노벨 프로젝트' 가동…"20년내 수상자 낼것"

창립 130주년 연세대, 정갑영 총장의 비전
"고등과학원 만들어 연구만 전념토록 지원"

"향후 20년 내 국내 대학 최초로 노벨상 수상자를 배출하는 '연세 노벨 이니셔티브'를 발족할 계획입니다. 이를 위해 연세대가 대학 연구환경의 혁신을 선도할 것입니다."

연대 '노벨 프로젝트' 가동…"20년내 수상자 낼것"
창립 130주년 연세대, 정갑영 총장의 비전
"고등과학원 만들어 연구만 전념토록 지원"

9일로 창립 130주년을 맞는 연세대가 노벨상 도전을 선언했다. 정갑영 연세대 총장은 "국내 대학에서 가장 장구한 역사를 지닌 만큼 노벨상 수상자를 배출해야 한다는 사명감을 안고 있다"면서 "미래융합연구원(ICONS)과 신(新)백양로사업 등을 통해 학과 · 대학 · 캠퍼스 간 '보이지 않는 장벽'을 허무는 것에서 출발하겠다"고 말했다. 그는 "대학의 사명인 교육 · 연구 · 임상 · 사회공헌 가운데 우리에게 상대적으로 열악한 것이 연구"라며 "이 연구의 수월성을 위해 '연세 노벨 이니셔티브'를 강화하려는 것"이라고 설명했다.

5월 11일 아침 8시 25분 방영

창립 130주년을 맞아 정갑영 총장 주요언론 인터뷰(2015. 5. 11.)

2015년 5월 22일

준엄하고 고결한 정신

문과대학 백주년 기념식 축사

연문인 여러분 안녕하십니까? 올해는 연세가 창립 130주년을 맞는 해이면서 동시에 1915년 Chosen Christian College의 설립으로 시작된 문과대학이 창립 100주년을 맞는 매우 경축스러운 해입니다.

지난 100년간 우리 민족은 거대한 격동의 소용돌이를 지나왔습니다. 이러한 격동의 시간 속에서, 우리가 기적적인 성장을 이룩하게 된 것은 배움과 가르침을 향한 무한한 열망 덕분이며, 그동안 연세는 우리 국민들의 교육열망에 가장 성실히 부응해 왔습니다. 특별히 우리 문과대학은 민족의식을 고취시키는 근간이자, 서구의 근대학문을 주체적으로 받아들이는 관문이었으며, 학문 연구와 실용의 조화를 선도하는 고등교육의 선구자였습니다. 서로 다른 동서 학문의 융합을 적극적으로 실천하는 '통섭'과 이론과 현장의 조화를 강조하는 실사구시의 정신은 연세 학풍의 전통으로 이어져 오고 있습니다. 그 중심에 외솔 최현배, 위당 정인보, 용재 백낙준, 한결 김윤경, 홍이섭, 그리고 윤동주로 대표되는 준엄하면서도 고결한 연문인의 정신이 항상 자리하고 있습니다. 문과대학이 앞장서 연세 정신을 세워왔듯이, 다가오는 새로운 100년을 이끌어 나갈 연세 정신을 바로 세우는 데에도 연문인들께서 앞장서 이끌어 주시리라 믿습니다. 나아가 한국 인문학이 나가야할 방향을 제시해 주시길 기대합니다. 존재와 삶, 역사와 언어에 대한 통찰을 바탕으로 인간다움의 참뜻을 고민하는 연문인들께서 대학을 넘어 사회와 나라, 세계가 나아가야 할 방향과 이상과 전망을 밝혀 주시기를 기대합니다.

올해 창립 130주년을 맞는 우리 대학교 역시 연문인과 더불어 '제3 창학'의 성공을 위해 혼신의 힘을 다하고 있습니다. 앞으로 다가올 새로운 100년, 200년을 향해 연세에게 주어질 시대적 사명과 사회적 책임을 감당하며, 세계 명문으로서의 학문적 수월성을 달성할 수 있는 비전과 시스템을 새롭게 정립하기 위해 모든 노력을 다하고 있습니다. 특별히 지난 130년 동안 쌓아 온 선배들의 유산과 업적을 창조적으로 계승하고, 학문과 문화와 예술이 함께 공존하는 캠퍼스 환경을 조성하고, 사회적 책임을 다하는 미래의 지도자를 길러내는데 최선을 다할 것입니다. 이를 위해 RC 교육과 언더우드국제대학, 글로벌인재학부 등 특성화 프로그램을 더욱 발전시켜 교육의 수월성을 신장시키는 동시에 연구 역량을 획기적으로 제고시켜 세계적 석학이 연세 캠퍼스에서 탄생할 수 있도록 할 것입니다. 이제 여름 방학이 끝나면 백양로 재창조 사업 등의 완공을 계기로 온 연세 캠퍼스는 친환경 녹지 문화 공간으로 새롭게 태어날 것이며, 온 연세인의 인문학적 소양을 고취시키는데도 크게 기여하게 될 것입니다.

문과대학 창립 100주년을 거듭 축하드리며, 연문인을 비롯한 모든 연세인들이 자신의 전공과 함께 인문학적 소양을 더욱 충실하게 함양하도록 하는 융합교육과, 더불어 실용성을 높이는 병합교육이 더욱 발전할 수 있도록 문과대학이 나서서 이끌어 주시기를 기대합니다. 앞으로도 우리 문과대학이 연세의 얼굴이 되고, 연세의 얼을 지키며, 연세의 빛을 밝히는 인문학의 산실이 되어주시기를 소망합니다. 문과대학의 앞날에 큰 발전을 기원합니다. 감사합니다.

2015년 5월 30일

한국 고등교육의 새 역사

상경·경영대학 100주년 기념식사

2015. 5. 30.

상경 · 경영대학 창립 100주년 기념식

우리 대학교 상경대학과 경영대학이 국내 최초로 설립 100주년을 맞아 기념식을 개최했다. 지난 5월 30일 대우관 각당헌에서 열린 상경 · 경영대학 창립 100주년 기념식에는 사회 각계에서 활약하는 상경·경영대학 동문들이 대거 참석하여 창립 100주년을 축하했다.

존경하는 상경·경영인 여러분, 안녕하세요? 먼저 오늘 상경·경영대학 100주년을 축하해 주시기 위해 귀한 걸음을 해 주신 여러분 모두에게 깊은 감사의 말씀을 드립니다. 특별히 바쁘신 일정 가운데 오늘 창립 100주년 기념식에 참석해 주신 박삼구 총동문회장님, 최경환 부총리님, 서경배 상경·경영대학 동창회장님을 비롯하여 모든 상경·경영대학 동문과 학생, 그리고 교직원들께 감사드립니다. 올해는 학교 전체가 창립 130주년을 축하하는 많은 행사가 있지만, 그 중에서도 오늘 열리는 상경·경영 100주년 행사는 우리나라 고등교육의 역사에 큰 의미를 부여할 수 있는 매우 뜻깊은 행사입니다. 무엇보다도 상경·경영대학의 탄생의 역사가 우리나라는 물론 세계 유명대학과 비교해도 매우 획기적이고, 진취적이기 때문입니다.

상경·경영대학을 설립한 언더우드 선교사는 1885년 약관 26세의 나이로 우리나라를 처음 찾아와 알렌을 도와 제중원에서 학생들을 가르치며, 한편으로는 고아들을 위한 언더우드학당을 만들어 김규식, 안창호와 같은 민족지도자들을 길러냈습니다. 이후 일본의 계속된 방해에도 불구하고, 1915년에는 상과를 포함한 5개 학부로 이루어진 조선기독교대학을 설립하였고, 이로써 우리나라에 경제·경영 분야 고등교육이 시작되었습니다. 이는 동경대학 경제학부보다 4년이나 빠르며, 미국 하버드 경영대학 설립과 비교해도 불과 7년 뒤늦은 것입니다. 설립 이후 연전 상과는 이순탁, 백남운 선생과 같이 탁월한 학문적 역량과 함께 굳건한 민족의식을 갖춘 스승들을 통해 일제의 압제에도 굴함이 없이 학문과 민족애를 가르쳐 왔습니다. 또한 개방과 융합을 통해 동서고근東西古近의 화충和衷을 이루며 실사구시實事求是를 추구하는 연세의 학풍을 세워 왔습니다. 1958년에는 워싱턴 프로젝트를 통해 세계적으로도 매우 이례적으로 일찍 경영학 교육을 도입하여, 워싱턴 대학 교수들이 직접 우리 대학에서 영어로 강의를 진행하면서 우리나라 경영학교육의 틀을 만들었습니다. 지난 100년 동안 진리와 자유의 기독교 정신과 동서화충, 실사구시를 추구하는 학풍 속에서 성장한 상경·경영인들은 경제발전을 통해 국민들의 삶을 풍요롭게 함과 동시에, 민주화와 정치발전, 문화융성에 크나큰 기여를 해 왔습니다. 실제로, 상학과 초창기 교수님들은 해방 후 건국의 주역으로, 김도연 교수는 초대 재무부장관으로, 최순주 교수는 초대 조선은행 총재로, 이순탁 교수는 초대 기획처장으로 우리나라 경제의 틀을 세웠습니다.

우리 상경·경영인들은, 또한, 모교와 후배들의 발전을 위해 자신이 가진 것을 기꺼이 나누는 데 앞장서는 아름다운 전통도 만들어 왔습니다. 1969년 건축된 현재의 백양관은 물론, 지금 우리가 행사를 하고 있는 대우관 역시 동문들의 정성으로 지어진 건물이며, 이제 건축이 거의 마무리되어 가는 신경영관 또한 동문들의 모금으로 이루어낸 결실입니다. 연세대학교 하면 상경대학 또 상경대학 하면 연세를 떠올릴 만큼 상경·경영대학이 연세의 대표 브랜드로 자리한 것은 모두 이 같은 동문들의 뜨거운 모교 사랑과 헌신 덕택입니다. 1919년 첫 상과 졸

2015. 6. 4.

제중학사, 법현학사 착공식

제중학사·법현학사의 재건축 착공식이 6월 4일 신축부지에서 열렸다. 제중학사·법현학사 착공식은 약 40년 만에 노후화된 기숙사를 허물고 그 자리에 첨단시설을 갖춘 기숙사를 새로 짓는다는 것 이상의 특별한 의미를 담고 있다.

업생 10명을 배출한 이래 지난 100년 동안 우리의 졸업생 수는 34,712명에 이르렀습니다. 연상 100년의 역사를 써 오신 선배들의 고마움을 마음에 새기며, 오늘 상경·경영대학 100주년을 맞아, 다가올 100년 후의 상경·경영대학의 모습에 대하여 함께 진지하게 고민하고 성찰해 주시길 부탁드립니다. 지난 100년 우리 선배들이 이룩해 놓은 빛나는 업적과 전통을 바탕으로, 교육과 연구 역량, 그리고 사회에 대한 지도력을 더욱 확장하여, 후학들에게는 세계 속에 우뚝한 상경·경영대학의 위상을 물려주어야 할 것입니다. 연세 역사의 핵심에 선 상경·경영대학의 모든 동문과 학생, 그리고 교직원이 마음을 모아, 새로운 100년에는 상경·경영대학이 연세에서의 리더십을 더욱 굳건히 세움은 물론, 연세가 세계적 명문대학으로 리더십을 확고히 할 수 있도록, 상경·경영대학과 연세를 키우고 가꾸는 데 앞장서 주십사 부탁드립니다.

하나님의 영광과 가호가 늘 함께 하길 기원합니다. 대단히 감사합니다.

상경 · 경영대학 창립 100주년 기념식(2015. 5. 22.) 최경환 부총리 겸 기획재정부 장관(경제 75학번), 임종룡 금융위원장(경제 78학번), 박삼구 금호아시아나그룹 회장(경제 63학번), 서경배 아모레퍼시픽그룹 회장(경영 81학번)을 비롯한 수많은 동문들과 그 가족들이 참석해 각당헌을 가득 메웠다.

제중학사, 법현학사 착공식(2015. 6. 4.) 제중학사·법현학사가 통합하여 재건축됨으로써 신축 건물에는 융합의 시너지 효과가 그대로 반영되었다. 기숙사 건축면적은 4배 가까이 확장되었으며, 연면적은 무려 10배로 확대된다. 수용 인원 또한 1천 명의 학생을 수용할 수 있다. 또한, 약 100여 세대가 생활할 수 있는 외국인 교원(faculty) 숙소도 추가로 마련되어 학교의 경쟁력을 크게 확장시킬 수 있게 되었다.

2015년 6월 10일

중국학 연구의 통합적 발전을 기대하며

중국연구원 현판식 축사

2015. 6. 10.

연세대학교 중국연구원 현판식

연세대학교 중국연구원(원장: 김현철)은 지난 6월 10일 송도 국제캠퍼스 송도학사 D동 로비에서 정갑영 총장, 오세조 총괄본부장, 유경선 유진그룹 회장, 전인초 명예교수, 도올 김용옥 선생, 애광가 중국대사관 교육 참사 등이 참여한 가운데 현판식을 가졌다.

안녕하십니까? 존경하는 유진그룹 유경선 회장님과 연세대학교 가족 여러분, 그리고 연세대학교를 찾아 주신 내외 귀빈 여러분을 진심으로 환영합니다. 1885년, 연세의 모태인 제중원이 개원한 이래 지난 130년간, 연세대학교는 진리와 자유의 정신에 따라 겨레와 인류 사회에 이바지할 지도자를 기르고 새로운 지식을 생산하고 확산시키며, 또 사회적 약자들이 고등교육을 통해 우리 사회의 어엿한 일원으로 활동할 수 있도록 하는 데 온 힘을 기울여 왔습니다. 연세는 특히, 초기 스승들로부터 동서와 고근의 학문의 화충과 실사구시를 중시하는 학풍을 이어왔습니다. 오늘 중국연구원을 발족하면서, 130년간 이어진 연세의 학풍이 새롭게 꽃피우는 장을 마련하게 된 것 같아 흐뭇함을 감출 수가 없습니다.

거스를 수 없는 국제화, 세계화의 흐름 속에서 우리에게 '중국'이라는 두 글자는 그 어느 때보다도 중요한 의미를 지니고 있습니다. 국경이 맞닿아 있다는 지리적인 조건 이외에도, 유구한 역사에서 비롯한 거대한 문화적 역량과, 광대한 국토와 자원, 국민에게서 우러나는 잠재력 등 중국의 무한히 열린 가능성은 우리로 하여금 중국의 언어, 문학, 사회, 경제, 문화 등 전 분야에 관한 심층적이고도 융합적인 연구를 요구하고 있습니다. 이 같은 중국의 중요성을 너무나 잘 알고 계신 유진그룹 회장이자 중어중문학과 동문회 회장이신, 유경선 동문께서 5억 원의 기금을 쾌척해 주셔서, 오늘 중국연구원이 발족할 수 있었습니다. 유경선 회장께서는 중국 연구를 뒷받침하기 위해 매년 일정액의 운영비까지 지원을 약속해 주셨습니다. 그동안 중국 대학들과의 긴밀한 협력이나 중국관련 본격적인 연구가 충분치 못했던 우리 대학으로서는 오랜 가뭄 후의 단비 같은 반가운 소식이 아닐 수 없습니다.

중국연구원은 우리학교 최초로 특정 국가의 이름을 따서 설립된 연구원으로, 앞으로 중국 관련 전 분야에 걸친 종합적이고 융합적인 연구의 기반으로, 국내 중국학 연구의 균형 잡힌 발전은 물론, 나아가 바람직한 한중관계의 구축 및 발전을 촉진하게 될 것이라 기대하고 있습니다. 지난해 우리 대학은 중국 사천사범대학과 협력하여 공자학원을 개원하여, 연세인들이 중국에 조금 더 가까이 다가갈 수 있는 길을 열었습니다. 오늘 중국연구원이 개원함으로써, 앞으로 우리 대학교는 중국을 더욱 심층적이고 종합적으로 연구하여 그 성과를 사회적으로 확산함은 물론, 인문학과 사회과학 분야의 학제 간 연구를 바탕으로 국내 중국학 연구의 통합적 발전을 이끌어 갈 것입니다.

오늘 바쁘신 가운데서도 연세대학교 중국연구원 현판식에 참여해 주신 모든 분께 하나님의 축복이 늘 함께하시기를 기원합니다.

2015년 7월 29일

기다림의 결실

제1 공학관 확장공사 봉헌식 인사말

2015. 6. 28.

정갑영 총장, APRU 총장회의 및 게이오대학 국제자문위원회의 참석

정갑영 총장은 6월 28일 게이오 대학의 국제자문위원회에 참석했다. 국제자문위원회는 일본 문부과학성이 주관하는 'Global Top University Project'에 게이오대학이 우수 연구 중심 대학으로 선정되어 추진하는 국제 전략 사업에 대해 자문하는 기구이다.

궂은 날씨에도 불구하고 제1 공학관 확장공사 봉헌식을 축하하기 위해 함께 해 주신 분들께 깊이 감사드립니다. 오늘은 10여 년 넘게 끌어 온 공과대학의 숙원 사업이 큰 결실을 맺는 날입니다. 그동안 공과대학의 모든 교수님과 학생 여러분들께서 교육과 연구 공간의 부족으로 얼마나 어려운 시간들을 보냈습니까. 여러 사정으로 공과대학의 신증축이 오랫동안 지연되면서 학교 당국에 대한 실망과 좌절도 감당하기 어려울 정도로 컸고, 본부에 대한 신뢰도 많이 실추되었던 것이 사실입니다. 그러나 오늘을 계기로 오랫동안 풀지 못했던 매듭이 풀리고 결실을 거두어, 더 크게 도약할 수 있는 전기를 만들게 되었습니다. 그동안 부족한 공간으로 인해 연구에 어려움을 겪으셨던 공과대학 교수님과 학생 여러분께, 증축 공간이 숨통을 틔우는 계기가 되기를 기대합니다.

오늘은 비록 1천8백여 평이라는 공과대학의 수요에는 흡족하지 않은 공간이 증축을 통해 새롭게 마련되었지만, 곧 착공하게 될 중앙 타워동까지 완공되면 공과대학의 건축 수요는 웬만큼 충족할 수 있을 것으로 기대합니다. 오늘 착공식도 같이 거행할 계획이었지만, 시행사 측의 사정으로 부득이 착공식은 다음 달에 하게 되었습니다. 혹시 착공식이 연기되어 공사 자체가 또 연기되는 것은 아닌지 걱정하시는 분도 있다고 들었습니다만, 이번 증축은 한화건설에서 시공을 했고, 신축 타워동은 두산건설에서 담당하기 때문에, 실무적인 문제로 동시에 진행할 수 없게 되었을 뿐입니다. 이미 모든 인허가는 물론 시행사 선정까지 마쳐 수일 내로 착공할 준비를 갖추고 있다는 것을 말씀 드립니다.

공과대학 증축 기공식과 봉헌식을 보면서, 저는 공과대학 분들은 정말 뜨거운 열정과 냉철한 지성을 골고루 지닌 분들이라는 걸 실감하게 됩니다. 왜냐하면 2013년 11월의 쌀쌀한 날에 여러분과 함께 공과대학 1단계 증축공사 기공식을 올렸는데, 오늘 한여름의 무더위 속에서 봉헌식을 갖게 되었기 때문입니다. 어떤 어려운 조건에도 굴하지 않고 인류를 더욱 평안하고 행복하게 하는 데 앞장서겠다는 연세 공학인들의 뜨거운 열정은 태풍이나 더위, 추위 따위에는 전혀 흔들리지 않음을 실감할 수 있어서 가슴 뿌듯합니다.

특별히 2학기 수업 시작 전에 어려운 공사가 마무리 되어, 새학기부터는 편리하고 쾌적한 환경에서 수업과 연구를 할 수 있게 되어 무엇보다 다행입니다. 대체 공간 부족으로 부득이 공사가 진행되는 열악한 조건에서 온갖 먼지와 소음을 참아가며 수업과 연구에 더욱 매진하며 모든 불편함을 참고 포용해 주신 공과대학의 모든 교수님과 학생, 그리고 교직원 선생님들께 진심으로 감사드립니다. 그리고 앞으로 진행될 강의동 신축 공사에도 연세 공학인 여러분의 너그러운 이해와 함께 협조를 부탁드립니다. 공과대학의 증축공사와 함께 진행되던 백양로 재창조 공사도 대단원의 막바지에 접어들어, 10월 7일이면 대망의 백양로 봉헌식을 올리게 됩니다. 백양로 재창조 사업이 완성되면 공과대학 앞에 입체적인 수공간과 휴게공간이 어우러진 계류정원이 들어서고, 느

2015. 7. 29.

제1 공학관 남북윙 봉헌식 개최

제1 공학관 남북윙(확장공사) 봉헌식이 지난 7월 29일 오후 2시 제1 공학관 정문에서 개최됐다. 이날 봉헌식에는 정갑영 총장, 신현윤 교학부총장, 박진배 행정대외부총장, 교무위원, 공대교수 등 100여 명이 참석해 증축을 축하하고 공과대학의 발전을 기원했다.

티나무와 더불어 대왕참나무, 느릅나무, 회화나무가 어우러진 조경이 계절별로 특색 있는 경치를 선사하게 됩니다. 정문을 들어서 처음 접하게 되는 연세의 얼굴이라 할 공과대학이 그동안 어딘가 퇴색한 인상을 주는 듯해서 마음이 무거웠는데, 이제는 교육과 연구에 지친 공학인 여러분들이 심신의 위안을 얻는 연세의 명소가 될 것입니다.

공사 초기, 백양로 재창조 공사와 함께 진행되는 공과대학 증축 공사에 대해 안전을 염려하는 분들도 계셨습니다. 저는 건축이나 토목 분야 전문가는 아닙니다만, 이 공사를 거치며 공과대학의 기초가 보강되어 더욱 안전한 건물로 거듭났다는 점만은 자신 있게 말씀드릴 수 있습니다. 두 공사 모두 안전원칙을 철저히 지키며 오차 없이 계획대로 순탄하게 추진해 주신 모든 건축 관계자들께 이 자리를 빌려 감사의 말씀을 전합니다.

끝으로, 무더운 날씨에도 불구하고 봉헌식에 참석해 주신 분들께 다시 한 번 감사드립니다. 하나님께서 여러분과 항상 함께 하시기를 기원합니다.

공학관

경쟁대학에 비해 상대적으로 가장 취약하다는 평가를 받고 있는 연구 및 교육 공간 부족은 공과대학의 만성적인 약점이었다. 남북윙과 내년에 완공 예정인 타워동 증축으로 약 6,300여 평의 공간이 추가 확보될 것으로 기대된다. 특히 1, 2, 3공학관 건물 중심에 들어설 타워동 증축을 통해 공과대학을 하나의 공간으로 통합함으로써 소통과 창의적 융합 연구 및 교육의 장을 마련할 예정이다. 남북윙 증축공사로 제1 공학관 전면 좌우에 41개의 교수연구실과 57개의 연구실이 신설됐다. 내부 냉·난방은 지열시스템을 이용한 천정형 FCU시스템이며 승강기 2대가 추가 설치됨에 따라 수직이동의 편리성이 대폭 향상될 것으로 보인다.

새로운 길을 만든다는 것은 말은 쉽지만 실천하기는 매우 어려운 일입니다. 많은 장애를 넘어야 합니다. 가보지 않은 앞길에는 무엇이 있을지, 가시밭길인지, 자갈밭길인지, 혹은 맹수가 기다리고 있을지 알지 못하기 때문에 불안합니다. 하지만 여러분에게 남다른 꿈이 있다면 자신의 꿈을 믿고, 그리고 지난 130년간 연세를 지켜주신 하나님과 30만 연세의 동문이 여러분을 응원한다는 것을 믿고 묵묵히, 그러나 담대하게 자신의 길을 열어가기 바랍니다.

It is easy to talk about paving a new path but very difficult to execute. It requires overcoming many challenges. You can get anxious when walking towards a new path, since you do not know what is waiting for you ahead: a thorny path, gravelly field or a savage beast. However, if you have a special dream, believe in yourself. Believe in God who has been protecting Yonsei over the past 130 years and our 300,000 Yonsei alumni who are supporting you, and make your own path with quiet but strong footsteps.

2015년 8월 28일 | 2015년 8월 학위수여식사 | 꿈을 이루는 연세의 별들

2015년 8월 28일

꿈을 이루는 연세의 별들

8월 학위수여식사

오늘 연세동산을 떠나 새로운 여정을 시작하는 졸업생 여러분들에게 진심으로 축하를 드립니다. 그동안 학사와 석사, 박사 과정을 마치기까지 아낌없는 희생과 성원을 보내주신 가족과 친지 여러분들께, 그리고 학문의 길을 이끌어 주신 교수님들께도 진심으로 감사의 뜻을 전합니다. 오늘 학위를 받으시는 여러분은 여느 졸업생들과 달리 특별한 축복을 받았습니다. 바로 올해가 1885년 제중원으로부터 시작된 연세 창립 130주년이자, 연희의 전신인 조선기독교대학이 우리나라 최초로 고등교육을 시작한지 100년째를 맞이하는 기념비적인 해이기 때문입니다. 국가적으로도 광복 70주년을 맞아 새로운 도약을 다짐하는 때이기도 합니다.

이와 같이 뜻깊은 해에 학업을 마치고, 넓은 세상을 향해 떠나는 여러분들에게 저는 다시 한 번 연세의 창립 정신에 담겨 있는 특별한 메시지를 강조하려고 합니다. 단순히 연세의 역사를 여러분에게 다시 한 번 말씀드리고 싶어서가 아닙니다. 130년 전 연세를 세우고 발전시킨 선각자들의 삶 속에 오늘의 젊은이들이 자신들의 미래를 투영해 볼만한 원대한 꿈과 비전, 그리고 숱한 역경을 딛고 기적의 역사를 만든 성공 스토리가 담겨 있기 때문입니다.

사랑하는 졸업생 여러분, 앞으로 여러분이 꼭 이루고 싶은 소망이 무엇입니까? 여러분은 어떻게 그 꿈과 비전을 실현시키려고 합니까? 저는 그 질문에 대한 해답을 우선 연세의 선각자들의 삶에서부터 찾아보라고 권유하고 싶습니다. 연세가 창립되던 19세기 말 서구의 열강들은 산업혁명의 성과를 바탕으로 기술과 생산력을 앞세워 전 세계로 세력을 확대해 나갔습니다. 그러나 불행히도 우리의 조국 조선은 헤어날 수 없는 가난과 개방을 둘러싼 국론 분열로 혼돈에 빠졌고, 근대 문물을 먼저 받아들인 일본을 비롯한 열강들의 개국 압력으로 위기에 처하게 됩니다. 이런 혼란기에 가난하고 위험한 조선을 찾아와 연세의 기틀을 놓은 알렌 선교사와 언더우드 선교사는 지금 여러분의 나이와 크게 다르지 않은 약관 26세의 청년들이었습니다.

연세를 세운 도전과 개척, 배려의 창립정신

갑신정변 사건을 계기로 왕실과 연결된 알렌 선교사는 조선 땅에 변변한 의료시설이 없음을 안타까워하고 고종을 설득하여 제중원을 세웠고, 나아가 의학교를 열어 조선인들 스스로 질병을 치료할 수 있는 능력을 기르게 하였습니다. 제중원에서 학생들을 가르치던 언더우드 선교사는 언더우드학당을 세워 고아들에게 안전하게 생활할 수 있는 집과 배움의 기회를 열어주었습니다. 이것이 바로 우리 연세대학교의 시작이었습니다. 세브란스의학교 1회 졸업생의 학적부에는, 당시 엄격한 신분제 아래 배움의 기회를 꿈꿀 수조차 없었던 천민의 자제인 박서양의 이름이 기록되어 있습니다. 그가 바로 조선 최초의 외과의사였습니다. 형편이 어려웠던 김규식과 안창호와 같은 민족의 지도자들이 모두 언더

2015. 8. 28.

2015학년도 8월 학위수여식 개최

2015학년도 8월 학위수여식이 지난 8월 28일 오전 11시 대강당에서 개최됐다. 졸업생과 축하객 등 3,500여 명이 참석한 가운데 학사 1,301명, 석사 1,384명, 박사 304명, 연구과정 8명이 가슴에 졸업장을 안았다.

우드학당을 통해 길러졌습니다. 1907년에는 오랜 세월 조선 사회에 만연했던 여성 천대의 관습을 깨고 최초의 여성 간호사를 길러내기도 했습니다.

연세는 이처럼 소외된 이들에게 인간의 존엄성을 되찾게 하고 자유와 희망을 불어넣는 성공의 도구이자 축복의 손길이었습니다. 연세의 설립자들은, 인종도 언어도 문화도 전혀 다른 이역만리의 타국에서, 특별히 소외된 곳에서 고통 받는 이들이 인간의 존엄성을 인정받으며 자유와 행복을 누릴 수 있는 세상을 만들기 위하여, 자신의 생애를 바쳤습니다. 하나님으로부터 받은 소명에 대한 굳건한 믿음으로, 낮은 곳에 있는 이들에 대한 한없는 배려와 희생정신, 어떤 난관에도 굴하지 않는 도전과 개척정신으로 연세를 세우고 소중하게 키워나갔습니다. 설립자들에게서 비롯된 이 창립정신은 지난 연세 130년의 역사 동안 연세인들의 DNA에 스며들어 오늘까지 면면히 이어져 왔습니다. 1957년 백낙준 박사는 연희대학교와 세브란스의과대학을 통합함으로써 연세 제2의 창학의 기틀을 세웠고, 延世대학교는 명실공히 세상世을 이끌어 나가는延 고등교육기관으로 성장할 수 있는 틀을 갖추었습니다. 참담한 6·25 전쟁의 폐허 위에서도 연세는 고등학문의 융성을 통해 조국의 산업발전과 근대화를 가속화하고, 동시에 민주화 과업의 달성에도 많은 기여를 해왔습니다. 1978년에는 중부권인 원주 지역에 제2캠퍼스를 개교하여 국가 균형 발전에 기여해오고 있습니다.

제3 창학을 통한 글로벌 명문으로의 도전

130년의 역사를 통해 연세는 현재 30만 명에 이르는 동문과 4,800여 명의 교원, 그리고 신촌, 의료원, 원주, 인천 국제캠퍼스의 4개 캠퍼스를 가진 세계 20위의 명문 사학으로 평가되고 있습니다. 식민지배 시절의 가혹한 탄압과, 동족간의 참담한 내전, 가난과 독재의 어려운 시절을 지나오면서도 연세는 이처럼 놀랄만한 발전을 이루었습니다. 이는 선각자들의 원대한 꿈과 강인한 정신 위에서 연세의 비전과 이상을 향해 흔들림 없이 전진해온 연세인들의 사명감, 그리고 연세를 향한 하나님의 사랑이 만들어 낸 기적이 아닐 수 없습니다. 개교 당시 200명의 학생들을 위해 30여만 평의 캠퍼스 부지를 확보했던 연세 선각자들의 원대한 비전과 계획, 열정과 도전정신을 누가 감히 흉내 낼 수 있겠습니까? 오늘 연세는 지난 130년의 한없는 축복에 감사하며, 세계 명문대학으로의 도약이라는 새로운 기적을 이루기 위해 '제3 창학'의 시대를 만들어가고 있습니다. 우리 연세는 누구도 선뜻 발을 내디디려 하지 않던 서해바다 간척지에 캠퍼스를 세우고 Residential College 교육 모델을 성공적으로 정착시켜, 아시아 고등교육의 패러다임을 바꾸어 가고 있습니다. 100년 후를 내다보며, 백양로 재창조 사업과 경영관 신축, 원주의료원 외래센터와 이과대학 및 공과대학의 증축, 우정원 기숙사와 제중학사·법현학사 신축 등 21세기에 걸맞는 첨단 시설 인프라를 완성해가고 있습니다.

사랑하는 졸업생 여러분, 이제 여러분들의 인생과 미래의 삶 속에 연세 선각자들이 간직했던 도전과 개척 정신, 그리고 원대한 비전과 불굴의 실천 의지, 나라의 발전을 선도했던 시대정신과 소명 의식을 투영해 보시기 바랍니다. Robert Frost는 「가지 못한 길」The Road Not Taken이라는 시에서 자신은 'less traveled by,' 즉 많은 사람들이 가지 않는 길을 선택했다고 했습니다. 우리 연세인들이 가야할 길도 많은 사람들이 가려 하지 않는 길일 것입니다. 사람들이 다니지 않던 곳에 길을 만들어, 많은 이들을 새로운 꿈의 땅으로 인도하는 것이 연세 졸업생 여러분들에게 맡겨진 소명입니다.

개인적인 경험을 잠시 이야기한다면, 대학을 졸업한 후 저는 한국은행에 입사를 했습니다. 지금도 그렇지만, 당시에도 한국은행은 평생 안정을 보장하는 직장이었습니다. 저는 채 2년이 못되어 이 안정적인 직장을 버리고 다른 이들이 선뜻 가려고 하지 않던 연구소로 직장을 옮겼습니다. 그곳이 대한민국의 경제 발전에 기여하고 싶다는 제 꿈을 더 잘 실현시킬 수 있는 곳이라 생각되었기 때문입니다. 처우는 열악해졌지만, 업무는 제가 희망하던 일에 더 가까워졌고, 거기서 유학이라는 당시로서는 쉽지 않은 기회를 잡는 행운도 얻게 되었으며, 그로 인해 지금의 제가 있게 되었습니다.

시대를 선도하며 꿈을 이루어가는 신뢰받는 연세인

새로운 길을 만든다는 것은 말은 쉽지만 실천하기는 매우 어려운 일입니다. 많은 장애를 넘어야 합니다. 가보지 않은 앞길에는 무엇이 있을지, 가시밭길인지, 자갈밭길인지, 혹은 맹수가 기다리고 있을지 알지 못하기 때문에 불안합니다. 그리고 주위 사람들은 계속해서 쉽고 평탄한 대로로 가야한다고 말할 것입니다. 하지만 여러분에게 남다른 꿈이 있다면 자신의 꿈을 믿고, 그리고 지난 130년 간 연세를 지켜주신 하나님과 30만 연세의 동문이 여러분을 응원한다는 것을 믿고 묵묵히, 그러나 담대하게 자신의 길을 열어가기 바랍니다. 여러분이 열어가는 길이 다른 많은 이들을 희망으로 인도하는 길이 될 것으로 기대합니다.

고린도후서 3장3절 말씀에 "너희는 …… 그리스도의 편지니 이는 잉크로 쓴 것이 아니요, 오직 살아 계신 하나님의 영으로 쓴 것이며, 또 돌 판에 쓴 것이 아니요, 오직 육의 마음 판에 쓴 것이라."고 했습니다. 우리 기독교인 하나하나가 하나님께서 세상에 보내신 편지인 것처럼, 연세의 DNA를 받은 졸업생 여러분은 연세가 세상을 향해 보내는 '편지'입니다. 편지는 읽는 사람에게 감동을 주어야만 편지로서의 가치가 있습니다. 세상은 여러분을 보면서 연세를 알고 기억하게 될 것입니다. 여러분의 말과 행동이 곧 세상이 연세를 평가하는 잣대가 됩니다. 과거 130년간 그러했던 것처럼 연세가 우리 사회로부터 존경받는 대학이 될 수 있도록 여러분 한 사람 한 사람이 신뢰받고 또 신뢰하는 사람이 되어 주십시오.

우리 한국 사회는 지금 신뢰의 위기에 빠져 있습니다.

사회 도처에서 근거 없는 주장과 풍문이 판을 치고 교묘하게 왜곡된 거짓 내용들을 무책임하게 유포하여 구성원들을 혼란시키는 사례가 빈번합니다. 최근에는 사회적 신뢰 수준이 급격히 하락하여 이웃을 신뢰한다는 사람은 고작 30%에 불과할 정도입니다. 우리가 선진 사회로 진입하기 위해서는 사회적 신뢰 증대가 반드시 필요합니다. 세계은행에서도 사회적 신뢰도가 10% 상승할 때 경제성장률이 0.8% 증가한다는 분석을 내놓기도 했습니다. 프랑스의 소설가 발자크는 "아무 것도 변하지 않는다 할지라도, 내가 먼저 변하면 모든 것이 변한다."고 하였습니다. 신뢰가 무너져 서로가 서로를 불신하는 믿음 없는 사회로 변하고 있지만, 우선 우리 연세인 한 사람 한 사람부터 책임 있는 행동으로 신뢰받는 사람이 되어야 합니다. 여러분이 앞장서서 건강한 공동체를 만드는 소금의 역할을 하면 머지않아 우리 사회도 곧 아름다운 변화를 보게 될 것이라 믿습니다.

배려와 긍정의 바이러스

28세에 하버드 로스쿨 역사상 최연소 교수가 된 법학자 앨런 더쇼비츠가 자기 인생의 전환점이 되었던 일화를 소개한 글을 읽은 적이 있습니다. 고교 시절 그는 수학과 물리학에서 낙제점을, 그리고 히브리어와 역사에서는 겨우 65점을 받아 간신히 통과한 부진아였고, 선생님들은 그를 대학에 갈 재목이 아니라고 평가하였습니다. 그는 뉴욕 시민에게 등록금을 면제해 주는 브루클린대학에 진학하기 직전, 유대교회의 여름 캠프에 참여했고, 그것이 인생을 바꾸는 계기가 되었다고 합니다. 캠프에 참가하는 동안 그는 운동과 다른 활동 등을 통해 여러 사람들로부터 똑똑하다는 칭찬을 받았다고 합니다. 그 덕분에 자신의 잠재력과 성공 가능성에 대한 자신감을 얻게 되었고, 낙제생이었던 그는 11년 후 하버드 로스쿨 역사상 최연소 교수가 되었습니다. 오늘 함께한 졸업생 여러분 중에도 더쇼비츠와 같은 인물이 있을 것입니다. 또 앞으로 여러분이 만나는 사람들 중에도 분명히 더쇼비츠가 있을 것입니다. 여러분의 작은 배려와 긍정의 말이 이웃의 잠재력을 일깨우는 계기가 될 것입니다. 언더우드 선교사처럼, 연세인은 세상의 소금이 되고 어두운 곳을 밝히는 빛입니다. 상대에 대한 여러분의 작은 배려가 우리 사회를 건강하게 변화시키고 발전시키는 긍정의 바이러스가 될 것입니다.

동문의 사랑으로 성장하는 연세

연세를 떠나 새로운 모험을 향해 먼 길을 떠나는 졸업생 여러분, 여러분은 연세의 현재인 동시에 과거이며 미래입니다. 여러분 모두에게는 연세의 DNA가 심어져 있습니다. 생물학적인 DNA보다 교육의 DNA가 더 강력하다는 사실을 잊지 마시기 바랍니다. 흔히들 글로벌 시대에 국적은 마음대로 바꿔도 학적은 못 바꾼다고 합니다. 연세의 이름이 빛날수록 여러분도 더욱 더 자랑스러운 연세의 빛을 누리게 될 것입니다.

2015. 9.

백양클럽, 백양로 재창조 사업의 중추적 역할 수행

완공을 앞두고 있는 백양로 재창조 사업 모금에 2만 명이 넘는 사람들이 참여해 기부액 5백억 원을 돌파했다. 그 가운데서도 2012년 9월 발족한 '백양클럽'은 백양로 재창조 사업 고액 기부자 유치에 핵심적인 역할을 수행하며 선진적인 기부 문화를 정착하는 데 크게 기여했다. 백양클럽은 백양로 재창조 사업을 후원하기 위해 결성된 고액기부자 클럽으로, 1억 원 이상 기부한 후원자들로 구성됐다. 정갑영 총장은 백양로 재창조 사업을 시작함과 동시에 주요 인사들의 자문을 받으면서 효과적인 모금을 위해 고액 기부자들의 모임을 구상했다.

2015. 9.

새로운 수강신청 제도(Y-CES) 성공적 시행

우리 대학교는 2015학년도 2학기부터 새로운 수강신청제도 Y-CES(Yonsei Course Enrollment System)를 도입했다. 기존 선착순 수강신청 시스템에서는 개별 학생의 입장에서 과목의 중요성이나 필요성보다는 마우스 클릭 속도에 의존했던 셈이다. 새로운 시스템은 교과목 선호도를 가중치 점수로 반영하여 수강 과목을 보다 전략적으로 선택할 수 있게 하고 있다.

끝으로 졸업생 여러분의 학교 사랑에 대해 한 말씀 드리고자 합니다. 여느 조직과 마찬가지로 학교도 졸업생들의 사랑을 받을 때 더욱 빨리 성장합니다. 그 사랑은 마음뿐만 아니라 재정 후원과 같은 구체적 행동이 있을 때 완성이 되고 힘도 발휘합니다. 130년의 연세 역사가 만들어지기까지 수많은 독지가들의 소중한 후원이 있었습니다. 루이스 세브란스와, 신촌캠퍼스 설립을 후원해 주신 언더우드 선교사의 친형 존 T. 언더우드, 드넓은 원주캠퍼스를 마련해 주신 분 등, 수많은 동문들이 모교의 일을 자신의 일처럼 여기고 도움을 주셨습니다. 가까운 사례로는, 10월 7일 봉헌하게 될 백양로 재창조 사업에 참으로 감사하게도 2만여 분 이상이 후원을 하셔서, 연세 모금 역사에 최대 인원 참여의 새로운 기록이 만들어졌습니다. 여기서 한 걸음 더 나아가서 연세 30만 동문의 10%인 3만 명이 백양로 재창조 사업에 참여하는 역사가 꼭 이루어졌으면 하는 것이 저의 바람입니다.

졸업생 여러분, 모교 연세가 세계 명문대학들과 당당히 경쟁할 수 있도록, 세계 명문대학의 동문으로 여러분의 긍지와 자부심이 더욱 높아질 수 있도록, 여러분의 사랑을 적극 표현해 주십시오. 여러분의 성원을 바탕으로 연세는 130년의 전통을 이어 "역사를 만들어 가는 아시아 최고의 세계적 명문"으로 발전하게 될 것입니다. 연세와 함께 졸업생 여러분도 어떠한 역경도 슬기롭게 극복하고, 꿈을 이루는 연세의 별이 되기를 기원합니다.

무더운 여름날 학위수여식에 참여해 주신 졸업생과 가족과 친지 분들께 다시 한 번 감사드리며, 주님의 큰 은혜가 여러분과 늘 함께하시기를 기원합니다. 대단히 감사합니다.

2015. 8. '2015 CWUR 세계대학평가'에서 세계 98위 기록

우리 대학교가 세계대학랭킹센터(Center for WorldUniversity Rankings)가 선정한 '2015 CWUR 세계대학평가'에서 세계 98위를 기록했다. 세계 1위는 하버드대가 차지했으며, 2위는 스탠퍼드대, 3위는 MIT, 4위는 캠브리지대, 5위는 옥스퍼드대였다. 국내에서는 서울대(세계 24위)와 연세대(세계 98위)가 세계 100위 안에 들었다.우리 대학교는 2014년 '타임스고등교육(Times HigherEducation, THE)'이 발표한 평판도 조사에서 처음으로세계 100위권에 진입하였으며, 최근 발표된 세계대학랭킹센터(CWUR) 평가에서도 전년 대비 9단계 상승한 세계 98위를 기록했다.

2015 CWUR 세계대학 순위

세계 순위	대학	지역
1	하버드대	미국
2	스탠포드대	미국
3	MIT	미국
4	캠브리지대	영국
5	옥스퍼드대	영국
6	콜럼비아대	미국
7	UC버클리	미국
8	시카고대	미국
9	프린스턴대	미국
10	코넬대	미국
⋮	⋮	
98	연세대	한국

2015 CWUR 국내대학 순위

국내 순위	대학	세계 순위
1	서울대	24
2	연세대	98
3	고려대	115
4	KAIST	144
5	포스텍	165
6	한양대	192
7	성균관대	211
8	경북대	307
9	GIST	310
10	전남대	384

2015년 8월 31일

기독교 정신의 보루

연세 신학 백주년 기념 선교대회 축사

오늘 만장滿場하신 여러분과 함께 신과대학의 백주년을 함께 축하하게 되어 정말 기쁩니다. 무엇보다도 먼저 우리 신과대학에 큰 축복을 주신 하나님께 감사드립니다. 또한 귀한 걸음을 해 주신 학교법인의 전·현직 이사님들과, 교계를 이끌어 주고 계시는 존경하는 목사님들, 그리고 모든 내외 귀빈 여러분께 감사드립니다.

올해 연세대학교가 창립 130년을 맞고 있습니다. 1885년 설립된 광혜원으로부터 시작되는 연세대학교의 역사는 우리 대학교의 설립자인 한국 최초의 선교사, 언더우드로 인해, 한국 개신교의 선교역사와 완전히 일치하게 되었습니다. 언더우드는 선교사는 알렌과 협력하여 함께 광혜원을 설립했고, 얼마 후 제중원으로 이름을 바꾼 병원 사역과 제중원 의학부 사역에서, 교수와 약제사로서 동행했습니다. 알렌이 3년간의 병원 사역 후에 외교관으로 자리를 옮긴 뒤, 병원 행정과 의료 선교 업무의 부실 등으로 위기에 처했던 제중원을 지켜낸 사람이 바로 언더우드 선교사였습니다. 또한 1893년 캐나다 토론토 의과대학의 교수이자 개업의였던 에비슨을 한국으로 초청하여, 제중원 원장에 안착하고 42년간 봉사할 수 있도록 힘을 기울였던 인물도 언더우드 선교사였습니다. 일제의 무단통치가 강화되어 가던 1915년에 언더우드 선교사는 연세대학교의 전신이요 모체인 '조선기독교대학'을 설립했습니다. 지금으로부터 정확하게 100년 전의 일입니다. 조선기독교대학은 '연희전문학교'가 기독교연합재단법인으로 조선총독부의 인가를 받기 전까지 사용했던 국문 이름인 동시에, 1957년 연세대학교로 통합될 당시까지 사용했던 영문 이름이기도 합니다.

이 과정에서 주목해야 할 중요한 사항이 하나있는데, 1915년 조선총독부는 '개정 사립학교규칙'을 발표하면서, 사립학교에서 성경교육과 채플의식을 정규 교과과정으로 수행할 수 없다고 금지한 것입니다. 이에 언더우드 선교사는 조선기독교대학 내에 '신과'神科를 설치함으로써 전교생이 신과의 과목을 선택 수강하는 방식으로 성경교육을 합법적으로 수행했고, 이에 따라 연희전문학교가 기독교연합 재단법인으로 정식 인가를 받을 수 있었던 것입니다. 그러니까 교명에 '기독교'Christian라는 글자를 넣고, 1917년에 '사립 연희전문학교 기독교연합재단법인'으로 인가받을 수 있었던 것은 순전히 신과神科를 'Biblical Course'라는 이름으로 등록시켰기 때문이었습니다. 언더우드가 연세대학교의 모체인 조선기독교대학을 설립할 당시 연세대학교의 창립자 언더우드는 이런 목적을 달성하기 위해서 연세대학교 신과대학 초대 학장으로 봉직하였습니다. 이와 같이 연세대학교 신과대학은 언더우드 선교사에 의해 직접 설립되었고 전교생을 대상으로 하는 신과 교육 역시 언더우드가 직접 창안하고 실현시켰던 묘책이었습니다. 신과대학 자체의 교육이 아닌 연세대학교 학생 전체를 대상으로 하는 성경교육이 바로 우리 신과대학의 최초 설립 목적이었던 것입니다.

신과대학은 설립 때부터 연세대학교의 창립정신인 기독교 정신의 보루堡壘였고 거점據點이었으며, 연세의 심장이

2015. 8. 31.

제3 창학의 연세, 새로운 100년을 모색하다

2015년도 '연세비전 컨퍼런스'가 지난 8월 31일 서울 홍은동 그랜드힐튼호텔 컨벤션센터에서 성황리에 개최됐다. 지난해에 이어 올해에도 연세 구성원들이 한 자리에 모여 소통하고 교류하며 다양한 교내외 현안을 논의할 수 있었다. 교무처 주관으로 열린 본 행사에는 600여 명의 연세 교직원들이 참석해 캠퍼스 간 융합과 제3 창학에 대한 실천 의지를 확인하며 연세의 미래를 함께 모색했다.

었습니다. 바로 이런 이유 때문에 신과대학 초대 학장 언더우드1915-1916, 3대 원한경1932-1945, 7대 백낙준1953-1956, 10대 윤인구1962-1963 등, 연희전문학교 교장, 연희대학교와 연세대학교의 역대 총장들이 때마다 신과대학장을 겸직했던 것입니다. 연세대학교의 창립정신인 기독교 정신의 기조基調가 신과대학을 통해서 유지될 수 있었기 때문에, 연희에서 연세로 이어지는 학교의 수장들은 언제나 신과대학을 채널로 하는 전교생의 창립정신, 즉 기독교 정신 고취에 주도면밀하게 다가섰던 것입니다. 그런 의미에서 연세대학교 130주년 그리고 신과대학 100주년이 되는 올해 3월, 인천 송도에 위치한 우리 연세대학교 국제캠퍼스에서 G.I.T.가 출범하게 된 것은 참으로 뜻깊은 역사적인 사건이라 하겠습니다. GIT를 통해 연세대학교의 창립자이자 신과대학 초대 학장인 언더우드의 비전이, 그리고 우리 연세대학교의 창립정신인 기독교 정신이, 우리 대학의 이름처럼 세상을 향해世 뻗어 나가게延 될 것입니다.

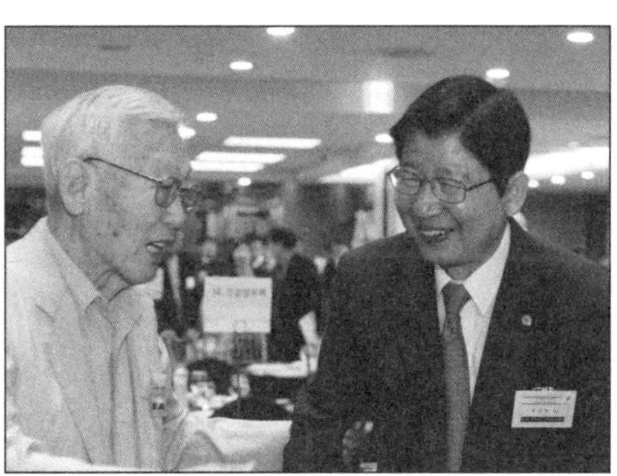

다시 한 번 연세 신학 100주년을 함께 기뻐하고 축하합니다. 동시에, 신과대학 구성원 모두가 맡겨진 연세의 심장 역할을 성실히 수행하여, 초대 신과대학 학장이었던 언더우드 선교사의 비전이 여러분을 통해 더욱 창대히 실현되기를 바라며, 오늘 100주년 기념식이 하나님께 받은 우리의 소명에 헌신하겠다는 결의를 굳건히 다지는 장이 되기를 소망합니다. 대단히 감사합니다.

2015. 8. 우리 대학, 지난해 대학교 기부금 1위

우리 대학교가 작년 한 해 가장 많은 기부금을 모금한 대학으로 조사됐다. 2,3위는 성균관대와 고려대가 각각 차지했다.대학알리미가 발표한 자료에 따르면 우리 대학은 지난해 509억 2,477만원을 모금해 4년제 대학 중 가장 많은 기부금을 모았다. 이는 2014년 3월 1일부터 2015년 2월 28일까지 본교, 의료원, 원주캠퍼스, 원주의료원, 법인, 산학협력단의 기부금을 합한 금액(입금액 기준)으로 전년 427억 9,729만원에 비해 20%가량(81억원) 늘어난 수치다.

지난해 대학 기부금 순위

순위	학교	기부금 (억원)
1	연세대	509
2	성균관대	383
3	고려대	368
4	가톨릭대	319
5	동국대	236
6	한양대	161
7	서강대	160
8	경희대	157
9	울산대	126
10	가천대	116
11	대진대	113
12	중앙대	110
13	이화여대	110
14	영남대	108
15	선문대	101

*2014회계연도(2014년 2월~2015년 2월)기준.
취업률은 건강보험공단DB기준. 자료: 대학알리미

2015년 9월 17일

헌신과 사랑의 실천

원주세브란스기독병원 외래센터 증축 봉헌식사

2015. 9. 17.

원주세브란스기독병원 외래센터 봉헌식 개최

원주 세브란스기독병원(병원장 윤여승)이 지난 9월 17일 원주 의과대학 '루가홀'에서 외래센터 봉헌식(이하 봉헌식)을 개최했다.

연세대학교를 사랑하고 격려해주시는 연세 동문 여러분, 원주시민과 단체, 교회를 비롯한 모든 내외 귀빈 여러분과 교직원을 모시고 연세대학교 원주세브란스기독병원 외래센터 봉헌식을 갖게 된 것을 매우 기쁘게 생각하며, 하나님께 무한한 감사를 드립니다.

102년 전 앤더슨 선교사는 이 지역 최초의 서양식 의료기관인 '서미감병원'을 설립하고 의술을 통해 이 땅에 하나님의 사랑을 전하였습니다. 이후 1959년 쥬디, 모레리 선교사와 문창모 초대 병원장이 '원주연합기독병원'을 설립하면서, '진리와 생명의 빛으로 고통 받는 이들에게 의술을 통한 치유의 참된 자유를 전하는' 사업을 본격적으로 시작하게 되었습니다. 진리와 자유라는 기독교 정신 위에 세워진 연세대학교의 찬란한 역사와 전통을 기반으로 "미래의료를 선도하며 하나님의 사랑을 실천한다."는 사명에 충실해 온 우리 원주세브란스기독병원은 강원을 비롯한 중부권 의료 중심으로 성장해 왔습니다.

2006년부터 2년간 원주 부총장으로 봉직하면서 저는 원주기독병원 시설 현대화의 필요성을 절감하였고, 현대화된 안락한 시설과 첨단 장비로 중부권 환자들에게 더욱 질 높은 의료서비스를 제공하기 위하여, 지난 2007년 재창조 기금 모금운동을 시작하였습니다. 재임기간 중 시설 현대화 사업을 실시하기 위해 많은 노력을 기울였지만 당시 사정이 허락지 않아 마음이 무거웠습니다만, 다행히도 2013년, 병원 설립 이래 가장 큰 건축공사로, 외상센터 신축과 외래센터 확장을 포함하는, 원주세브란스기독병원의 미래 100년을 위한 재창조사업을 시작하게 되었습니다. 오늘 봉헌하는 외래센터는 내원객들의 편의를 위하여 훨씬 넓어진 주차장과 각종 편의시설 및 휴게공간을 갖추고 있습니다. 2년 전부터 운영하고 있는 닥터헬기와 지난 2월 개소한 권역외상센터에, 오늘 봉헌하는 외래센터가 더해짐으로써 우리 병원은 우리가 그토록 바라고 기도하던 우리기관의 미래 청사진을 현실화하였습니다.

새롭게 변모된 외래센터를 찾으시는 내원객 모두 치유의 은혜를 입고 건강한 삶을 누리시기를 소망합니다. 또한 첨단화된 시설만큼 우리 병원의 의료의 질과 서비스도 한층 도약하여, 우리 병원이 어려울 때 가장 먼저 떠오르는 좋은 이웃, 좋은 병원으로 더욱 굳건히 자리하기를 희망합니다. 이곳이 여러분들께 위안과 휴식의 장이 될 수 있기를 기원합니다. 연세 역사에 또 하나의 중요한 발자취가 될 원주세브란스기독병원 외래센터의 건축과, 봉헌을 위해 오랫동안 수고해 주신 설계사 및 시공사 관계자 여러분께 진심으로 감사를 드립니다. 그리고 무엇보다 외상센터와 외래센터를 비롯한 시설 개선 사업으로 인한 병원 경영의 어려움을 가족의 입장에서 이해해 주시고, 비용절감과 경영 효율화를 위해 협조해 주신 원주세브란스기독병원의 모든 가족 여러분께도 다시 한 번 감사의 인사를 드립니다.

이제 저는 연세대학교를 대표하여 원주세브란스 기독병원 외래센터를 성부와 성자와 성령이신 하나님 앞에 봉헌합니다. 그리고 이 시설물이 합당하게 사용되기를 당부하면서, 이 운영 책임을 위임하는 증표인 열쇠를 윤여승 연세원주의료원장에게 전합니다.

2015년 9월 21일

세계 경영학의 중심을 지향하며

경영관 봉헌식 인사말

2015. 9. 21.

경영관 신축 봉헌식

백양로에 새로이 터를 잡은 경영관이 신축을 완료하고 지난 9월 21일 오전 10시 30분 경영관 '용재홀'에서 봉헌식을 개최했다.

안녕하세요? 경영관 봉헌식을 축하하기 위해 오늘 자리를 함께해 주신 송자, 김병수, 정창영, 김한중 총장님과, 박삼구 동문회장님, 여러 이사님, 서경배 상경·경영대학 동창회장님과, 건축에 큰 도움을 주신 동문 선배 여러분, 그리고 교수님과 재학생 여러분, 진심으로 감사합니다.

오늘 연세 경영을 사랑하고 성원해 주시는 많은 분들을 모시고, 경영관의 봉헌식을 올리게 되어 참으로 감회가 새롭습니다. 경영대학은 지금부터 12년 전인 2003년에 처음으로 건축 기획안이 만들어지고, 2005년에 이사회에서 승인을 얻은 후 오랜 진통 끝에 10여년이 지난 오늘에야 봉헌식을 갖게 되었습니다. 경영대학의 건물 신축이 여러 사정으로 오랫동안 지체되어 학교 본부로서는 매우 송구스러웠는데 오늘 드디어 준공을 보게 매우 기쁘게 생각합니다. 참석하신 많은 분들께서도 기억하고 계시겠지만, 제가 2012년 총장의 업무를 처음 시작했을 때, 경영관 신축은 우리 대학의 가장 큰 현안과제였습니다. 현재 이 자리에 있었던 용재관의 보존 여부와 경영관의 신축 장소 등을 놓고 학교가 큰 갈등을 겪었습니다만, 다행히 연세 구성원들의 너그러운 이해와 협력으로 많은 어려움을 극복하고, 오늘 이렇게 훌륭한 경영관을 건축하게 되었습니다. 또한 공간이 부족하여 새 경영관에는 주차장을 만들지 않고 백양로 재창조 사업에 포함시킴으로써 경영관 신축이 효율적으로 이루어질 수 있게 되었고 다행히 백양로 재창조 사업도 지난 주에 모든 준공검사를 마쳤습니다. 그동안 경영관 신축과 관련해서 여러 대안을 제시해 주셨던 많은 분들께도 감사드립니다. 물론 모든 분들이 원하시는 내용을 다 수용하지는 못하였지만, 오늘 이렇게 신촌캠퍼스에서 가장 현대적이고 친환경적이며, ICT 인프라가 잘 갖추어진 최첨단의 경영관을 봉헌하게 되었습니다.

여러분도 보시는 바와 같이, 이 건물은 언더우드관을 비롯한 고전적인 건축물들과 대강당 아래쪽의 현대적 건물들 사이에 위치한 근대와 현대의 접점으로 두 시대를 잘 아우를 수 있는 외관으로 설계되었습니다. 건물 내부에도 옥외 광장과 같은 밝은 분위기와 자연미를 느낄 수 있는 넓은 아트리움을 두어, 교수와 학생이 자연스럽게 함께할 수 있는 융합의 공간을 마련했습니다. 새 경영관은 분명 연경인 여러분의 긍지와 자랑이 될 것이라 확신합니다. 앞으로 이 아름다운 경영관을 바탕으로 경영인 여러분이 더욱 더 서로 협력하고 힘을 합하여 연세 경영의 자긍심을 가지고 교육과 연구에 매진하시기를 희망하며, 더불어 우리 연세 경영이 하루 빨리 한국을 넘어 세계 경영학의 중심으로 도약하기를 소망합니다.

연세는 올해 130주년을 맞으며 여러 기관에서 세계 100대 명문, 사립대학으로는 20대 명문으로 발돋움하였습니다. 며칠 전 로이터에서 발표한 가장 최근의 자료에서도 우리 대학이 과학과 혁신의 분야에서 전세계 36위를 차지하여, 국내의 경쟁대학들과는 비교

2015. 9.

정총장, 지난 수년간 신촌캠퍼스, 원주캠퍼스, 의료원 등에 3억여 원 기부

평소 경제학 보급에 힘써온 정 총장은 그동안 경제학 전문서적 이외에, '카론의 동전 한 닢', '명화 경제토크', '알콩달콩 경제학', '열보다 더 큰 아홉', '나무 뒤에 숨은 사람' 등의 베스트셀러를 출간하며 해당 인세 등을 모두 학교에 기부하기도 했다. 본교에 1억 4천만 원, 원주에 1억 2천 4백만 원, 의료원과 원주 세브란스에 각각 2천만 원 등 총 3억 5백만 원을 기부했다. 또한 백양클럽에 1억여 원, 각종 장학금, 학교 발전기금, 의료원 건축·발전·선교 기금, 원주캠퍼스 교회건축 등으로 1996년부터 매년 수차례에 걸쳐 힘을 보탰다.

가 안 될 정도로 비약적인 발전을 거듭하고 있습니다. 새로운 100년을 준비하는 연세는 이제 뼈를 깎는 노력으로 선진 명문대학들의 높은 장벽을 넘어야하는 도전에 직면해 있습니다. 저는 이 과정에서 연세 경영이 앞장서서 연세의 새로운 100년에 어울리는 위상을 만들어 나갈 것으로 확신합니다. 특히 경영대학의 교수 및 동문, 학생 여러분들의 적극적인 협조와 성원을 바탕으로, 교육과 연구는 물론 모교 사랑과 후학들을 위한 열정에서도 연세 경영의 자긍심을 더욱 더 북돋워 나가시기를 바랍니다.

특별히 서경배 회장님과, 이병무, 장홍선, 고병헌, 김정수, 김영진 회장님, 이종화, 이홍기, 김승제회장님, 이재범, 김효준님 등, 오랫동안 인내하며 경영관 신축을 아낌없이 후원해 주신 상경 경영대학 동문여러분께 다시 한 번 감사드립니다. 박영렬 학장님과 김동훈 학장님을 비롯한 전임 학장님들, 경영대학 건축위원회 여러 교수님들, 그리고 롯데건설 및 삼우씨엠건축사무소 임직원 여러분들께도 깊이 감사드립니다.

끝으로, 바쁜 일정에도 오늘 봉헌식을 축하하기 위해 자리를 함께 해 주신 내외 귀빈 여러분께 다시 한 번 진심으로 감사드리며, 하나님의 은혜가 늘 함께 하시기를 기원하겠습니다. 대단히 감사합니다.

우리 대학교, 로이터 선정 '세계혁신대학' 36위 올라

우리 대학교가 로이터가 선정한 '가장 혁신적인 세계 대학 순위 톱 100'에서 세계 대학 36위, 국내 대학 4위에 올랐다.1위를 차지한 미국 스탠퍼드대를 비롯해 상위권에는 MIT(2위), 하버드대(3위) 등 미국 대학들이 우위를 보였다. 미국은 100위 안에 50개의 대학이 자리해 가장 많은 대학이 순위에 오른 국가로 꼽혔다. 이어 일본이 9개교, 한국과 프랑스가 각 8개교를 100위 내에 위치시켰다.

2015 로이터 혁신대학 순위(국내)

대학명	국내순위	세계순위
KAIST	1	10
포스텍	2	12
서울대	3	31
연세대	4	36
한양대	5	62
성균관대	6	66
고려대	7	84
GIST	8	86

2015 로이터 혁신대학 순위(아시아)

대학명	국가	아시아순위	세계순위
KAIST	한국	1	10
포스텍	한국	2	12
오사카대	일본	3	18
교토대	일본	4	22
도쿄대	일본	5	24
서울대	한국	6	31
연세대	한국	7	36
도호쿠대	일본	8	39
도쿄공대	일본	9	51
게이오대	일본	10	58
한양대	한국	11	62
성균관대	한국	12	66
칭화대	중국	13	72
규슈대	일본	14	81
고려대	한국	15	84
GIST	한국	16	86
나고야대	일본	17	89
싱가포르국립대	싱가포르	18	94
홋카이도대	일본	19	98

2015. 9. 21.

공과대학 타워동 착공식 열려

공과대학의 새로운 교육·연구 인프라로 거듭날 1공학관 타워동 착공식이 지난 9월 21일 열렸다. 타워동은 1공학관 중앙부에 위치하던 일부 건물을 철거하고 연면적 4,861평 규모(지하 1층, 지상 10층)로 건설된다. 교수실 48실, 연구실 46실, 강의실 16실, 홀, 라운지, 스튜던트 챔버, 컴퓨터실, 스터디룸 등이 갖춰질 예정이다. 또한 에너지 절감을 위한 자연채광과 환기를 최대한 반영하고, 친환경에너지인 지열시스템을 이용해 효율적인 에너지 운영이 가능하도록 할 계획이다.

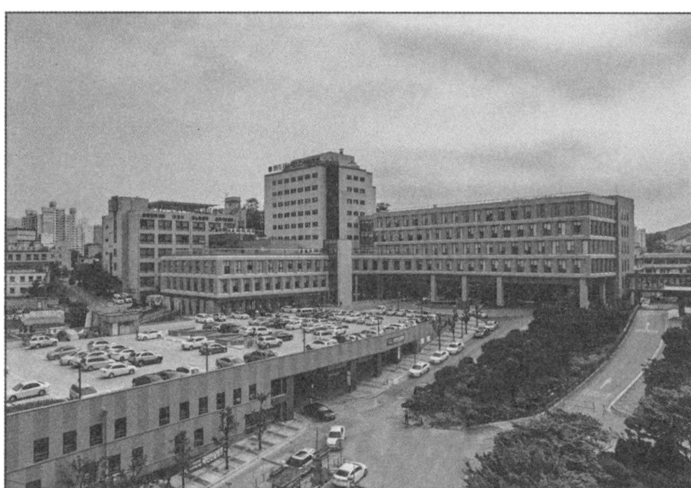

원주세브란스기독병원

외래센터는 각 진료과와 검사실 등을 한 건물에 집중시킴으로써 그동안 복잡한 동선으로 어려움을 겪었던 내원객들의 진료 편의를 높이고 첨단 의료서비스를 제공하기 위해 병원 중앙에 신축한 건물이다. 총면적 34,972㎡(10,579평, 지하 1층, 지상 6층)의 외래센터에는 19개 진료과와 2개의 검사실을 집중 배치했으며 예배실, 회의실, 고객만족센터 등도 갖춰져 있다.

경영관

지하3층, 지상 6층으로 구성됐다. 건축면적 835평, 연면적 6,090평의 규모로 내부에는 21개의 강의실과 MBA라운지 및 컴퓨터실이 갖춰졌다. 신축건물은 우리 학교 동문들의 용재관에 대한 소중한 추억을 이어 가고자 용재관 타워를 외관 디자인에 반영했다.

백양로 재창조 프로젝트는 이러한 현안을 해결하기 위해
중앙의 차도를 지하화하고, 보행자 중심의 공간으로 재창조하며,
교육과 문화 시설을 확충하여, 연세가 글로벌 명문으로 도약하는
제3 창학의 기틀을 마련하기 위해 추진된 것입니다.
캠퍼스를 동서로 단절시키는 백양로를 홀로 사색하고,
둘이 마주하며, 여럿이 함께 어울리는 사람 중심의 문화와 소통,
융합의 마당으로 재창조하여 창립 130주년을 맞는 올해,
연세 제3 창학의 자랑스러운 상징으로 완성시킨 것입니다.

The Baekyang-ro Reconstruction Project was an initiative that acted as a stepping stone for Yonsei's Third Founding, taking a leap to become a global institution recognized for its prestige. It transformed Yonsei's main road into a place for pedestrians, and expanded educational and cultural facilities by directing main traffic underground. Baekyang-ro, which used to divide the campus by east and west, was reborn into a human-centered hub for culture, communication, and cohesion where Yonseians can muse alone, walk with and mingle with others. Baekyang-ro was completed as the centerpiece of Yonsei's Third Founding this year in celebration of the 130th year anniversary of Yonsei University.

2015년 10월 7일

연세의 도약을 위한 견고한 디딤돌

백양로 봉헌식 인사말

오늘은 참으로 감격적인 날입니다. 우리 대학교 제3 창학의 일환으로 시작된 백양로 재창조 사업이 수많은 난관을 극복하고, 드디어 3년여의 진통 끝에 오늘의 화창한 날씨처럼 아름답고 연세다운 모습으로 하나님께 봉헌을 하게 되었습니다. 오늘 이 역사적인 날에 자리를 함께 하신 방우영 명예 이사장님, 김석수 이사장님, 박삼구 동문회장님과 여러 이사님들, 그리고 전임 총장님, 염재호 총장님, 최경희 총장님을 비롯한 내외 귀빈, 3,500여 분의 기부자, 동문, 학생, 학부모 여러분, 그리고 존경하는 코로 베쇼 일본대사님을 비롯한 주한 외교사절 여러분, 학교를 대표해서 진심으로 감사드립니다.

사람이 걸어간 발자취는 길이 되고, 많은 이들이 그 길을 가면, 역사가 된다고 했습니다. 백양로는 그대로 연세의 역사였습니다. 창립 130 주년을 맞는 연세의 역사와 전통을 이어오며, 그 오랜 시간의 기억을 담아왔습니다. 백양로는 설립자 호러스 언더우드 선교사와 그의 형 존 언더우드의 꿈을 담아, 1917년 화학과의 밀러교수가 설계하고, 농과대학 학생들이 실습용 백양나무를 심으면서 탄생했습니다. 처음에는 단출한 오솔길이었지만, 한 세기 가까운 시간이 흐르면서, 백양로는 하루에 3만 5천 명의 인파와 1만 5천여 대의 차량이 무질서하게 혼재하여, 캠퍼스를 양분하고 보행자의 안전까지 위협하는 불안한 공간으로 변모하였습니다. 백양로 재창조 프로젝트는 이러한 현안을 해결하기 위해 중앙의 차도를 지하화하고 지상은 보행자 중심의 공간으로 재창조하며, 교육과 문화시설을 확충하여, 연세가 글로벌 명문으로 도약하는 제3 창학의 기틀을 마련하기 위해 추진된 것입니다. 캠퍼스를 동서로 단절시키는 백양로를, 홀로 사색하고, 둘이 마주하며, 여럿이 함께 어울리는 사람 중심의 문화와 소통, 융합의 마당으로 재창조하여, 창립 130주년을 맞는 올해에 연세 제3 창학의 자랑스러운 상징으로 완성시킨 것입니다. 실제로 새로운 백양로에는 자랑거리가 너무나 많습니다. 지상의 면적 만해도 축구장 8배에 달하고, 지하의 교육, 문화, 편의 시설은 신촌캠퍼스 전체의 12.7%에 이르는 방대한 규모입니다. 지상은 수많은 수목과 잔디광장이 어우러져 그린캠퍼스로 탈바꿈하였고, 문화와 융합의 다양한 공간이 새롭게 창조된 백양로는, 명실상부한 연세의 심장이며, 연세의 도약을 위한 견고한 디딤돌이 될 것입니다.

공사를 처음 시작할 때 황량해진 백양로를 보며 '독수리도 떠난 빈 둥지'라고 어떤 학생이 인터넷에 아쉬운 마음을 적은 걸 보았습니다만, 새로 탄생한 백양로는 벌써 갖가지 새들이 찾아오는 친환경, 문화와 융합의 공간으로 변모하였습니다. 백양로는 캠퍼스에서 한동안 잊혀져 왔던 시간의 기억을 되살리고, 연세의 자부심을 한층 더 빛내줄 공간이 될 것으로 확신합니다. 특별히 백양로 재창조 사업은 동서로 나누어져 있던 신촌캠퍼스와 연세 의료원을 하나로 융합하고 소통하며 연세의 잠재력을 한층 배가시키는 계기가 될 것입니다. 본교와 의료원의 지하 주차장이 모두 연결되어 통합 운영되고, 백주년기념관과 암병원 사이에 연희전문학교와 세브란스 의전의 교장으로 오랫동안 봉사하신 에비슨 박사를 기

2015. 10.

백양로 공사 현장에 해외 방문객 행렬 이어져

백양로 재창조 프로젝트 공사 현장에 교직원, 동문, 기부자의 방문이 이어지는 가운데 해외에서도 방문객들이 계속 찾아오고 있다. 지난 9월 7일에는 미국 건축사협회(American Institute of Architects, AIA) 회장, 9월 10일에는 스웨덴 룰레오 공대(Lulea University of Technology) 토목공학과 대학원생 41명이 백양로 현장을 찾았다. 10월에는 싱가포르 국립대학교(National University of Singapore, NUS)가 백양로 현장을 방문하였다.

리는 에비슨가든을 조성하여, 하나의 연세로서의 역량을 한층 키우는 데 중요한 전환점이 될 것이라 믿습니다.

존경하는 연세가족 여러분, 어느 시인은 가을 나무에 달린 대추 한 알을 보며 이렇게 노래했습니다. “저게 저절로 붉어질 리는 없다 / 저 안에 태풍 몇 개 / 저 안에 천둥 몇 개 / 저 안에 벼락 몇 개…” 대추 한 알에도 그렇게 크고 묵직한 울림이 있다는데, 저는 오늘 백양로 재창조 사업을 마무리하면서 그 몇 백배, 몇 천배의 크고 묵직한 울림을 느낍니다. 그동안 이 사업의 기획단계에서부터, 도시계획과 환경 영향, 교통, 환경 보전, 건축 등의 복잡한 인허가 과정, 설계와 건축, 문화재 조사 등 외부의 절차는 물론 교내의 숱한 곡절曲折을 거치면서도 성공적으로 공사를 마무리하게 되어 정말 감개무량하고, 하나님께 감사드립니다. 2012년 3월부터 오늘까지 밤낮없이 노심초사하며, 벽돌하나, 나무하나, 잔디 하나에도 온 마음을 다해 혼신을 힘을 기울였던 것을 고백하지 않을 수 없습니다. 이 과정에서 소리 없이 성원해 주신 수많은 분들께 깊이 감사드립니다.

특별히 어려운 경제여건에도 불구하고, 이 사업에 큰 도움을 주신 2만2천 기부자 여러분께 머리 숙여 감사드립니다. 또한 지난 2년 반 동안 밤낮 현장을 떠나지 않고 사업 진행을 세세히 감독하고 살펴주신 백양로사업본부 임홍철 단장님과 직원 선생님들, 건설사와 설계·감리사의 임직원 여러분들께도 심심한 감사의 말씀을 전합니다. 특별히 사업의 처음부터 끝까지 지원을 아끼지 않으신 방우영 명예이사장님과 김석수 이사장님, 박삼구 회장님께 깊이 감사드립니다. 그리고, 2년이 넘는 긴 공사기간의 불편을 너그러운 이해와 양보로 참아주신 연세의 교직원과 학생, 그리고 학교 주변 점포 상인들과 주민 여러분께도 진심으로 감사드립니다. 여러분의 인내와 응원이 오늘 이렇게 멋진 백양로를 만드는 원동력이 되었습니다. 백양로 공사와 관련해 많은 방안이 제시되었지만, 행여 채택되지 못해 서운한 마음을 가지셨던 분들도, 오늘을 계기로 더욱 더 협력하여 선을 이루는 건강한 캠퍼스 문화를 만들어 가며 연세가 세계적 명문으로 도약하는데 힘을 모아주시기를 소망합니다.

다시 한 번 오늘 행사에 함께해 주신 모든 분들께 진심으로 감사를 드리며, 하나님의 은혜가 늘 여러분과 함께 하시길 기원합니다. 감사합니다.

백양로 재창조 봉헌식(2015. 10. 7.)

2015년 10월 8일

인류의 미래를 위한 기여

연세융합이니셔티브 컨퍼런스 개막인사

2015. 10. 27.

금호아트홀 연세, 클래식 향연의 문을 열다

실내악 전용 공연장 '금호아트홀 연세'가 지난 10월 27일, 첫 번째 무대를 선보였다. 백양로를 풍성한 클래식 선율로 물들일 '금호아트홀 연세'는 개관을 기념해 11월 18일까지 3주간 8회에 걸쳐 개관 음악제를 연다. 27, 28일에 열린 오픈닝 공연에는 피아노의 젊은 거장 손열음과 올해 퀸 엘리자베스 콩쿠르 바이올린 부문 한국인 최초·최연소 우승자 임지영이 무대에 올랐다.

존경하는 연세가족 여러분과 내외 귀빈 여러분, 연세대학교의 '제3 창학'을 기념하며 백양로를 새롭게 단장한 후 첫 번째로 열리는 학술 행사인 「연세 융합 이니셔티브 컨퍼런스」에 참석하신 분들을 진심으로 환영합니다. 특별히 오늘 컨퍼런스의 기조강연을 위해 귀한 시간을 할애해 주신 예일대학교 Marvin Chun 교수님과, IBS의 신희섭 단장님께 진심으로 감사드립니다.

연세대학교는 지난 2013년 4월 미래융합연구원ICONS을 설립하여, 인문, 사회, 자연을 망라하고, 기초와 응용을 아우르는 다양한 학문의 융합을 통해 지식의 새로운 지평을 열어나가고 있습니다. ICONS는 또한 신촌, 의료원, 원주, 국제캠퍼스 간 멀티캠퍼스 네트워크를 강화하며, 연구자들의 거리를 좁히는 소통의 공간으로 자리해 나가고 있습니다. 우리 대학교는 지금까지의 연세를 뛰어넘어 새로운 연세로 거듭나기 위해, "YONSEI, where we make *history*!"라는 비전을 가지고 '제3 창학'을 위한 창조적 연구 패러다임을 구현하고 있습니다. 이러한 대학의 비전에 발맞추어 우리 미래융합연구원은 연세의 모든 연구자들과 함께 세계적 융·복합 연구를 선도하고 미래 신지식과 가치를 창출하는 융합 연구를 통해 다가올 아시아태평양 시대를 선도해 나갈 것입니다.

미래융합연구원에는, 인문학과 의학, 한국학, 미디어아트, 과학의 대중화, 공존과 협력 등 다양한 분야의 연구자들이 모여, 창조적이고 국제적 경쟁력을 갖춘 융합형 연구를 창출해내기 위해 모든 역량을 결집시키고 있습니다. 현재는 신촌과 원주, 그리고 국제캠퍼스 간 네트워크로 45개 연구센터가 모여 정보를 교류하고 공동 연구를 수행하고 있습니다. 이번 연세 융합 이니셔티브 컨퍼런스를 통해 연세대학교와 미래융합연구원은 융합 연구의 새로운 패러다임을 찾고자 합니다. 특별히 융합 분야를 선도하고 계신 45개 연구센터 및 그룹의 교수님들과 연구원 여러분께서 융합연구의 주역으로서, 연구의 미래 방향성에 대한 좋은 아이디어들을 제시해 주시기를 기대하겠습니다.

지난 9월 중순에 로이터사에서 가장 혁신적인 세계 100대 대학을 발표했는데, 우리 대학이 36위에 올랐습니다. 이는 우리 대학이 순수 연구와 함께 특허 출원 등 연구결과의 실용화에도 많은 관심을 기울여 온 결과라 생각합니다. ICONS를 통해 논의되고 있는 주제들도 많은 난제를 해결하고 인류의 복지를 증진하는 데 큰 힘이 되기를 기대하며, 우리 대학도 미래융합연구원과 각 연구센터의 발전을 위해 모든 역량을 모아나갈 수 있도록 노력하겠습니다. 여러분께서도 연세 미래융합연구원의 도전을 더욱 뜨겁게 응원하고, 성공을 위해 격려해 주시면 감사하겠습니다.

오늘 「연세융합연구 이니셔티브 컨퍼런스」의 성공적인 개최를 위해 수고하신 김동호 원장님과, 송인한 부원장님을 비롯한 연구원 식구들과, 45개 연구센터 및 그룹 참여 교수님들의 노고에 감사드립니다. 내외 귀빈과 연세가족 가족 여러분의 앞날에 항상 하나님의 크신 가호와 축복이 함께하시기를 기원합니다. 감사합니다.

2015. 10. 28.

언더우드국제대학 10주년 기념행사 개최

언더우드국제대학이 지난 10월 28일 설립 10주년을 기념해 학술 행사와 만찬을 개최했다. 전 수업이 영어로 진행되는 아시아 최초의 교양학부 중심 대학(LiberalArts College)으로의 도약을 시작한 지 10년. 2005년 5개 전공, 58명의 신입생으로 구성된 단일 학부에서 출발한 언더우드국제대학은 10년이 지난 지금 16개 전공, 50여 개 국가에서 온 1,700명 규모의 단과대학으로 성장했다.

2015. 11. 2.

민진당 대표 만나 양국 대학 간 교류 협정 논의해

11월 2일 정갑영 총장은 대만 여성 정치인의 대표 주자 차이잉웬 민진당 대표(현 대만 총통)를 만났다. 이밖에도 이날 회담에는 첸팅페이 민진당 의원과 전 미국대사이자 현 차이 주석 비서장인 우자우쉬에 등이 배석했다. 양측은 회담에서 긴급조난문제 등 한국과 대만과의 국가적 상호협력과 바이오테크, 녹색에너지, 친환경산업화 등의 분야에서 서로 협력할 수 있는 방안을 모색하기로 하였다.

2015. 10. 30. ~ 11. 2. **정갑영 총장, 마잉주 대만 총통과 협력관계 논의**

우리 대학교와 대만과의 협력관계가 강화될 전망이다. 정갑영 총장은 지난 10월 30일부터 11월 2일까지 대만 타이베이를 방문해 마잉주 총통을 비롯한 여러 정치 지도자들을 만나 우리 대학과 대만과의 파트너십을 논의했다. 먼저 30일 오후 정 총장은 정남식 부총장, 김상준 대외협력처장 등과 함께 타이베이의 총독부에서 마잉주 총통을 만났다.(위) 이후 2일에는 차이잉웬 민진당 대표이자 차기 타이베이 총통을 만나 양국간 교류·협력 방안을 논의했다.(아래)

2015년 11월 9일

대학 문화의 창달과 민족 정신의 고취

연세춘추 창간 80주년 기념 축사

연세춘추 창간 80주년을 맞는 큰 기쁨을, 연세춘추의 역대 편집인들과 주간, 춘추 동인 및 학생기자 여러분과 함께 나누고자 합니다. 특별히 오늘의 기쁨을 함께 나누기 위해 귀한 걸음 해 주신 존경하는 김형석 선생님과 김우식 총장님, 윤형섭, 최기준 이사님, 오인환, 송복, 정진위 선생님을 비롯한, 원로 편집인 및 주간, 춘추 동인들과 여러 내외 귀빈께 진심으로 감사드립니다.

연세춘추는 1935년 우리나라 최초의 대학신문인 '연전 타임스'로 탄생하여, 전란이 끝나던 해인 1953년에는 '연희춘추'로, 그리고 연희와 세브란스가 통합된 1957년 '연세춘추'로 개명하여 오늘에 이르고 있습니다. 지난 80년 동안 연세춘추는 연세 역사의 현장에서 항상 함께해 온 연세의 동반자이며 우리 모두의 자랑입니다. 연세춘추의 효시인 '연전타임스'는 순 우리말 신문으로 겨레의 얼과 나랏말을 지켜왔습니다. 당시 어려운 환경 속에서도 대학 문화의 창달과 민족 정신의 고취라는 자랑스러운 전통을 세웠습니다. 1957년부터 우리나라 근현대 역사의 현장에 함께 해 온 '연세춘추'는 진리와 자유의 정신을 바탕으로 학문 발전과 문화 창달에 크게 기여하여 왔습니다. 시대의 전환점마다 "정론직필"의 사명을 실천하는 대학신문의 선구자라는 긍지와 열정을 지닌 여러 선배님들의 값진 헌신으로, 지난 80년의 영광스러운 역사를 이루어 올 수 있었습니다.

그런데 80년 전통을 꿋꿋이 이어온 '연세춘추'도 최근에는 인터넷 등 통신수단의 발달과 언론 매체의 다양화로 인하여 심각한 도전에 직면하고 있습니다. 오늘 아침 춘추에 보도된 것처럼 지난 한 달간 춘추를 한 번도 보지 않았다는 학생이 무려 77.8%에 이르고, 고작 12.8%의 학생만이 춘추를 이용한다고 합니다. 이 같은 상황을 타개하기 위하여, 연세춘추는 콘텐츠를 다양화하고, 디자인과 판형을 개선하는 한편, 다양한 웹 미디어 기반을 최대한 활용하는 등, 더 많은 독자를 확보하기 위해 최선의 노력을 기울이고 있습니다. '연세춘추'의 발전을 위해 밤낮없이 고민하고 수고하시는 편집인과 연세춘추 가족들께 이 자리를 빌려 진심으로 고마움의 인사를 전합니다. 선배 동인들의 헌신으로 만들어진 연세춘추의 이름을 더욱 빛내기 위하여, 학업으로 바쁜 가운데도, 촌음을 아껴 연세춘추의 발전을 위해 백방으로 뛰어다니는 학생 기자 여러분의 노고에도 특별히 감사를 드립니다.

정관의 치貞觀之治로 널리 알려진 당태종 이세민은 "구리를 거울로 삼으면 의관을 바로잡을 수 있고, 옛일을 거울로 삼으면 흥망성쇠를 알 수 있으며, 사람을 거울로 삼으면 옳고 그름을 알 수 있다."고 했습니다. 언론은 역사의 흥망성쇠와 사회의 옳고 그름을 왜곡歪曲 없이 보여주는 거울이 되어야 합니다. 앞으로도 연세춘추를 만드는 학생기자 여러분께서는, 세상을 폭넓게, 긍정적으로 바라보는 시야를 기르고, 주변의 크고 작은 풍파에 흔들리지 않고 내일의 큰 흐름을 읽을 줄 아는 통찰력과 신념을 기르는 데 더욱 정진해 주시기를 부탁드립니다.

연세춘추 창간 80주년을 모든 춘추동인들과 함께 다시 한 번 축하하며, 모든 분들의 앞날에 하나님의 축복이 항상 함께 하시기를 기원합니다. 대단히 감사합니다.

엘리너 루스벨트는 **"Great minds discuss ideas; average minds discuss events; small minds discuss people."** 이라고 했습니다. 지금 연세는 창립 130년의 전통 위에 새로운 역사를 만들어 나가야하는 중요한 전환점에 있습니다. 우리 모두 대인의 마음으로 미래를 향한 아이디어를 공유하며, 그 꿈을 실현하기 위해 서로 힘을 합한다면, 머지않아 아시아를 넘어 세계를 선도하는 연세로 우뚝 서게 될 것입니다. 다가올 100년을 선도할 캠퍼스 문화를 가꾸고 제3 창학의 새 역사를 만들어 가는 일에 연세인 여러분이 함께 해 주십시오.

Eleanor Roosevelt once said, "Great minds discuss ideas; average minds discuss events; small minds discuss people." Yonsei is now at a compelling time where it will write a new history atop its 130-year tradition. If we share ideas for the future and put our hands together to fulfill those dreams with the heart of a great mind, we will soon stand as a leading institution, not just in Asia, but in the world. Please join us in cultivating a campus culture that will determine the next hundred years and writing a new history for the Third Founding.

2015년 12월 1일

이웃에 내미는 따뜻한 손길

크리스마스트리 점등식 인사

연세가족 여러분, 안녕하세요? 예수께서 사랑하는 인간들의 죄를 대신하고 새로운 생명을 선물하기 위해 이 땅에 오심을 감사하고 축하하며, 함께 크리스마스트리에 빛을 밝혔습니다. 예수께서는, "너희는 세상의 빛이라." 하시며 환하게 빛나고 있는 크리스마스트리의 전구들처럼 어둠을 물리치고 세상을 빛으로 채울 책임이 우리에게 있음을 가르치셨습니다. 연세의 지난 130년의 역사 또한, 어둠의 땅을 빛으로 채우기 위해 자신을 불태운 알렌과 언더우드 선교사를 비롯한 수많은 선각자들의 헌신으로 만들어져 왔습니다. 고은 선생님께서는 「길」이라는 시에 이렇게 노래합니다.

길이 없다! / 여기서부터 희망이다 ……
길이 없으면 / 길을 만들며 간다 / 여기서부터
역사이다 / 역사란 과거가 아니라 ……
내가 가는 현재 전체와 / 그 뒤의 미지까지 /
그 뒤의 어둠까지이다 / 어둠이란 / 빛의 결핍일 뿐 /
여기서부터 희망이다

이 시처럼, 우리 선각자들은 길이 없는 곳, 빛이 없는 곳에서 미래를 향한 새로운 희망을 보고 새롭게 길을 만들며 빛을 밝혀왔습니다. 자주독립과 근대화, 산업화와 민주화의 빛을 밝혀온 연세는, 앞으로도 세상을 바꿀 새로운 지식을 만들고 전파함으로써, 나눔과 섬김, 상생과 평화의 빛을 더 멀리 더 밝게 비추어야 나갈 것입니다.

창립 130년을 기념하는 올 한해는 연세에게 축복이 넘치는 해였습니다. 여러분께서 오랫동안 인내하고 기다려주신 덕택에 "백양로 재창조 사업"이 성공적으로 완료되었습니다. 나무와 화초, 잔디광장과 휴식 공간, 연세 상징 조형물이 어우러진 백양로는 연세의 새로운 자긍심이 되었습니다. 다양한 문화 및 학술교류 행사를 유치할 수 있는 백양누리는 연세의 학문적 역량을 대외에 알리는 발판이 되고 있으며, 국내 정상의 실내악 연주장「금호아트홀 연세」는 연세의 문화적 소양을 한층 도약시킬 자산입니다. 여러 편의시설들 역시 연세가족들이 자유로이 만나서 교류하는 장으로 발전해 가고 있습니다. 백양누리가 연세 문화를 꽃피우는 장으로 커나갈 수 있도록 연세인 여러분의 지속적인 관심과 성원을 부탁드립니다. 경영관 신축과 이과대학 및 공과대학의 증축도 계획대로 완료되었으며, 정보통신 인프라 또한 획기적으로 개선되어, 하드웨어 안정화는 물론, S-Campus의 본격적인 가동으로 학사와 행정, 교육과 문화 활동까지 다양한 지원을 더욱 효과적으로 수행할 수 있게 되었습니다.

2015년 CWUR 세계 대학 평가에서는 98위, 로이터의 '가장 혁신적인 대학' 평가에서는 36위를 기록하는 등 우리 대학의 성장은 여러 대외 평가에서도 확인되었으며, 사법고시 합격자수에서도 처음으로 서울대를 제치고 1위를 차지하였습니다. 연세의 성장을 위해 자신의 자리에서 흔들림 없이 소명을 받들어가는 연세인 여러분들께 이 시간을 빌려 진심으로 감사드립니다. 더

2015. 12. 1.

언더우드국제대학 국내 대학 최초 Common Application 가입

언더우드국제대학이 국내 대학 최초로 Common Application에 가입해 올해 처음으로 입학전형을 실시했다. Common Application은 미국지역 수험생들에게 간소화된 대학지원 서비스를 제공하는 비영리 기관으로 하버드, 예일, 프린스턴 등 유수의 대학교가 소속돼있다. 언더우드국제대학은 Common Application 가입으로 다양한 우수 외국인 학생들이 보다 쉽게 대학에 지원할 수 있는 기반을 마련했다.

불어, 앞으로도 연세가 교육과 연구, 의료 역량을 더욱 길러 세계 명문대학들과 어깨를 나란히 할 수 있도록 연세가족 모두 각자 최선을 다해 최고를 성취함으로써 미지의 미래를 밝혀주시기를 부탁드립니다.

이제 크리스마스트리의 불빛을 보면서 혹시 내 곁에는 어둠에 갇혀 외로워하고 있는 이웃은 없는지 다시 한 번 돌아보며 어려운 이웃들에게 따뜻한 손길을 내미는 시간이 되었으면 합니다. 학생 여러분들은 학기말 시험 잘 보시고 2015년 마지막 한 달, 예수님의 사랑과 은혜로 가득한 시간 되시길 기원합니다. 여러분, 대단히 감사합니다.

2015. 10. 27. 세계명문대학 총장 한 자리에 '연세글로벌서밋 2015' 개최

세계 명문대학 총장들과 국제대학협력기구 대표자들이 지난 10월 27일 백양누리 그랜드볼룸에 모였다. '아시아 시대의 인문학'을 주제로 열린 '연세글로벌서밋(Yonsei Global Summit) 2015'는 창립 130주년과 백양로 재창조 사업을 기념하기 위한 국제회의로 주요 협력기관의 총장 및 리더를 초청해 우리 대학의 미래 비전을 공유하고 아시아의 고등교육 발전을 위한 협력관계를 도모하는 자리다.

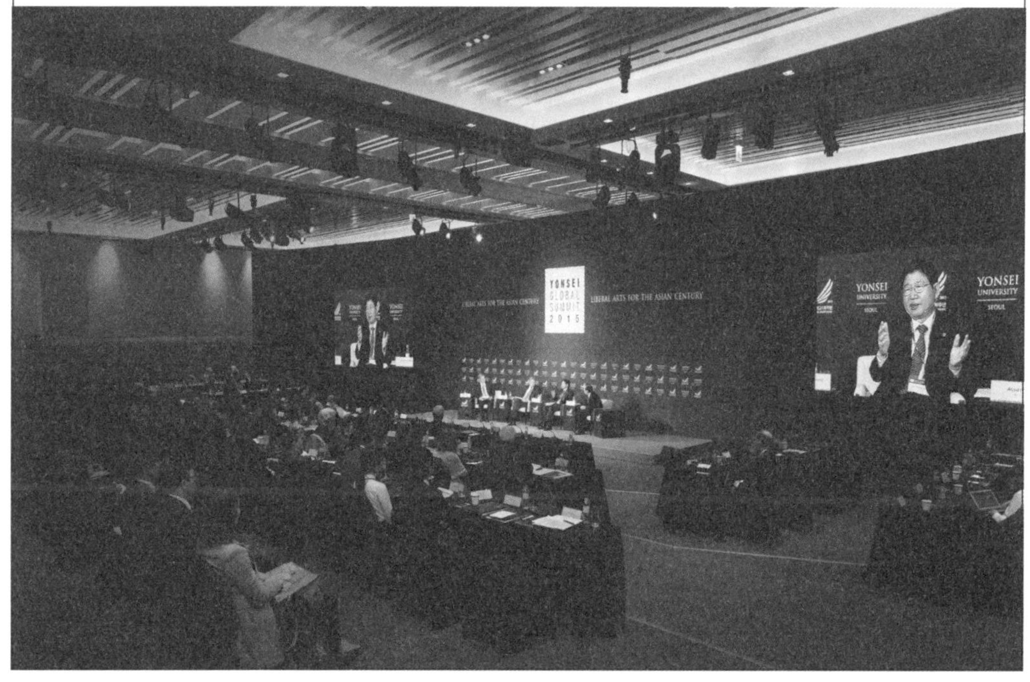

2015년 12월 18일

의회민주주의를 위한 헌신

故이만섭 국회의장 영결식 조사

오늘 저희 모두는 누구보다도 더 이 나라와 국민을 사랑하고, 누구보다 더 모교 연세대학교를 사랑하셨던 의장님께 애통한 마음으로 영원한 결별의 인사를 드립니다.

의장님께서는 일제의 압제가 이 땅을 뒤덮었던 암울한 시대에 태어나 지배국 출신 교사의 잔혹한 폭력에 어린 동생을 잃는 아픔을 겪으며 소년시절을 보냈습니다. 조국이 광복을 맞은 후 청운의 꿈을 품고 대학에 진학했지만, 입학 1개월도 채 못 되어 조국의 온 산하가 포연에 뒤덮이는 전쟁의 참화 속에서 공군사관생으로 지원하여 이 땅을 지키는데 헌신했습니다. 전쟁 후 궁핍과 절망이 가득한 시절에 연세대학교에 복적한 의장님은 아직도 전설로 남아있는 그 유명한 연세대 털보 응원단장이 되어, 학도들에게 어려움을 극복하는 젊음의 패기와 용기, 희망을 북돋우셨습니다. 한윤복 사모님께서도 기자시절 털보 응원단장에 대한 궁금증 때문에 만나 커피 한 잔 사신 인연으로 의장님과 평생을 함께하시는 동반자가 되셨다고, 의장님께서는 당신은 커피 한 잔에 팔렸다고 가끔 농을 하곤 하셨습니다.

의장님께서는 학창시절을 생각하면 지금도 가슴이 뛴다고 하셨습니다. 동문회 자리에서는 20대 응원단장의 모습 그대로 젊고 활력 넘치는 모습으로 응원 구호 '아카라카'를 외치고 목청껏 응원가를 부르며 모든 동문들을 감탄케 하곤 하셨습니다. 그런데 소망하셨던 회혼回婚을 얼마 남겨 두지 않고, 하나님께서 먼저 부르시니 어리석은 저희로서는 안타까움을 금할 수 없습니다. 이제 수없이 많은 어려움을 헤쳐 온 의장님의 기백을 영원히 기억하는 것이 저희들의 몫이 되었습니다. 의장님은 한 생애 대한민국의 정치 발전을 위해 헌신하셨고, 시행착오가 유난히 많았던 성장기 한국 정치에서 의장님의 소신은 늘 높이 쳐든 횃불이었습니다. 의장님은 중요한 정치적 사안에서 늘 신념을 지키는 강직한 정치인의 전형을 보여주셨습니다. 허스키하면서도 카랑카랑하여, 에두름이 없이 곧이곧대로 쏟아지는 말씀은 듣는 이들의 가슴 속에서 더욱 크게 울렸습니다. 한국 의회민주주의를 위한 의장님의 헌신은 천고불후의 공적이라 아니할 수 없습니다.

6년 전 우리 대학교 사회과학대학은 평생 의회주의 원칙을 지키며 강직한 정치인의 본을 보이신 의장님의 행적을 후배들에게 전하기 위하여 국제회의실을 〈이만섭홀〉로 명명하였습니다. 의장님은 그 때 "학교를 졸업하고 60년 만에 이런 홀을 헌정 받아서 일생일대의 영광"이라고 하시면서 "여야 국회의원들이 계파와 정당보다 나라와 국민을 더 중요하게 생각하면서 생산적이고 민주적인 국회를 만들어야 이 홀의 가치가 더 올라가지 않을까 생각한다."고 말씀하셨습니다. 한 평생 '선한 싸움을 싸우고 달려갈 길을 마치고 믿음을 지킨'딤후 4:7 의장님의 공적에 비해 〈이만섭홀〉은 너무 작지만, 주께서 의장님을 위해 의의 면류관을 마련해 두셨음을 믿습니다.

후배로서 의장님께 진심을 담아 존경한다는 인사를 드리고 싶어도 쑥스러움에 하루하루 미뤘던 것이 이렇게 영면을 마주해서야 여쭙게 되리라고는 미처 생각지 못하였습니다. 얼마 전 뵈었을 때도 학교에 대해 이것저것 물으시며, 요즘에는 인천 송도캠퍼스에 레지덴셜 컬리지가 생겨서 신입생들이 공부만 하는 것이 아니라 함께 생활하며 여러 가지 체험도 같이 하고 정답게 커가는 모습이 보시기에 흐뭇하다 하시고, 고민을 여쭐 때면 모든 일은 순리대로 풀리니까 걱정할 필요 없다고 격려해 주셨던 모습을 이제 다시 뵐 수 없다는 것이 너무 안타깝습니다.

의장님, 평생 조국과 국민을 사랑하며 올곧게 한뜻을 지키는 본을 보여 주셔서 감사하고 존경합니다. 선배님께서 행동으로 보여주신 것처럼 저희 후학들도 나라와 국민들을 위해 우리가 해야 할 일을 하며, 이 땅을 더 정의롭고 살기 좋은 곳으로 만들어 가겠습니다. 부디 평화로이 쉬십시오.

우리에게 주어진 제3 창학의 사명은
특정한 기간에 한정해서만 이루어나갈 것은 아니라고 생각합니다.
연세인 모두가 다시 한 번 연세의 비전을 가다듬고 사명을 되새겨,
긴 안목으로 현재의 난관을 돌파해 나갔으면 합니다.
요즘처럼 교육환경이 급변할수록 우리 연세는 글로벌 명문을 향한
목표를 일관되게 추진하고, 아시아 고등교육을 선도하는
명문 사학으로서의 위엄과 학문적 수월성을 높여 나가야 할 것입니다.

I believe that our mission of the Third Founding will continue on. I sincerely hope that all Yonseians will remember the vision and mission of Yonsei and take on today's challenges to move forward towards the future. As conditions of today's educational environment changes rapidly, Yonsei University must stay on its path to become a world-class university and strive for academic excellence as Asia's leading educational institution.

2016년 1월 4일 | 2016년 신년사 | 도전과 결실, 그리고 희망

2016년 1월 4일

도전과 결실, 그리고 희망

신년사

존경하는 연세가족 여러분, 안녕하십니까? 근본을 바로 잡고 근원을 맑게 한다는 정본청원正本清源 의 소망으로 출발했던 을미년 한 해가 저물고, 이제 병신년丙申年 의 희망찬 새 아침이 밝았습니다. 저는 지난 해 신년사에서 '불타버린 트로이 폐허 위에 로마를 세운 아이네아스라는 거인처럼 연세인 역시 새로운 역사를 만들어가는 도전에 앞장서주시기'를 부탁드리며 창립 130주년을 맞는 '2015년이 거인들의 해로 기억되었으면' 하는 새해 소망을 연세인 여러분께 말씀드린 바 있습니다. 하지만 지난 한 해 그렇게 소망했던 거인의 모습에 비추어 볼 때 저 자신부터 많이 미흡했고, 특히 협력해서 선을 이루는 공동체 문화를 만들어가는 데에 어려움이 많았음을 느끼게 됩니다.

그런 가운데에서도 연세가족 여러분의 큰 성원 덕분에 지난 한 해 연세 제3 창학을 향한 도전이 많은 결실을 맺을 수 있게 되어 깊이 감사드립니다. 2015년, 연세 창립 130주년과 문과대학, 상경대학, 경영대학, 이과대학, 신과대학 및 치과대학의 설립 100주년을 맞이하여 연세 제3 창학을 향한 괄목할만한 성과를 이룸으로써, 우리 연세 역사에 또 하나의 큰 발자취가 만들어졌습니다. 어려운 여건 속에서도 연세 제3 창학을 함께 열어주신 연세의 교수님과, 직원선생님, 그리고 존경하는 동문님과 학생 및 학부모 여러분께 깊이 감사드립니다.

먼저, 연세 창립 130주년을 축하하는 Yonsei Global Summit은 지난 4년간 우리와 동반자적 협력관계를 확대해 온 게이오, 프린스턴, 코넬 등 세계 30여 저명 대학 총장과 학교 대표들이 참석하여, 21세기 아시아를 선도할 대학 교육의 발전방안에 대해 심도 깊은 의견을 나누는 자리가 되었고, 우리 대학의 높아진 국제적 위상을 확인시켜주었습니다. 언더우드국제대학UIC 설립 10주년을 기념하는 국제 심포지엄도 우리 대학의 UIC가 아시아 Liberal Arts 교육의 중심임을 다시 한 번 확인하는 자리였습니다.

2015년에는 제3 창학을 위해 추진했던 사업들도 대부분 성공적으로 마무리할 수 있었습니다. 특별히 캠퍼스 인프라의 선진화 측면에서는 연세 130주년이 큰 전기가 되었습니다. 우선 약 3년에 걸쳐 진행된 "백양로 재창조 사업"이 2만 2천여 분의 뜨거운 후원으로 성공적으로 완성되어, 지난 10월, 4천여 연세가족이 참석한 가운데 성대한 봉헌식을 올렸습니다. 오랜만에 연세교정을 찾아오신 동문들은 모두 시원스럽게 열린 백양로를 보며 백양로가 이렇게 넓은 줄 몰랐다면서 감탄사를 연발합니다. 백양로는 이제 아름다운 경관 속에서 여유롭게 산책을 즐기고, 문화와 예술의 향기를 함께 나누는 지성과 감성의 공간으로 돌아왔습니다. 국내 최고의 설비와 품격을 갖춘 실내악 공연장인 금호아트홀은 연세의 문화적 역량을 한 차원 도약시킬 것이며, 대형 국제행사를 유치할 수 있는 백양누리는 연세의 학문적 역량을 대내외에 알리는 무대인 동시에, 모든 연세인들이 편하게 만나고 소통하는 융합의 마당으로 발전해 나갈 것입니다.

10년 이상 진통을 거듭해 온 경영대학의 신축도 마침내 결실을 맺어, 고전미와 현대미가 조화롭게 어우러진 첨단의 경영관은 새로운 연세의 상징으로 부상하였습니다. 제1 공학관과 과학관을 확장하고 외벽을 새롭게 단장함으로써 이공계열의 열악한 공간문제도 상당히 해소되었습니다. 음악대학을 시작으로 여러 건물들을 새롭게 단장하고 신·증축하면서, 신촌캠퍼스의 컬러 코드를 조화시키는 계획도 함께 추진하여, 지금은 백양로를 중심으로 모든 건물들이 중앙도서관의 외벽과 같은 은회색의 자연석 색상으로 아름답게 조화를 이루게 되었습니다. 제중학사-법현학사의 재건축 사업도 주민들과 원만한 협의를 통해 계획대로 진행하고 있습니다. 원주세브란스기독병원은 1978년 개원 이래 처음으로 권역외상센터를 신축하고 외래센터를 대규모로 확장하여 내원객들이 더욱 편리하고 쾌적하게 병원을 이용하게 하였을 뿐 아니라, 의료의 질과 서비스도 한층 높였습니다. 지난 한 해 동안 캠퍼스 곳곳에서 진행된 여러 건축 사업들이 한 건의 안전사고 없이 성공적으로 완공되기까지 밤낮없이 수고를 아끼지 않으신 공사 관계자 여러분과, 또 공사에 따른 불편을 넓은 아량으로 인내해 주신 연세인들께 진심으로 감사드립니다.

친애하는 연세인 여러분, 2015년에는 연세 교육의 내실을 다지는 데에도 몇 가지 중요한 성과가 있었습니다. 2년차를 맞은 국제캠퍼스의 Residential College RC 교육은 시행 초기의 일부 미숙함을 벗어나 더욱 발전되었으며, RC 학술제와 공연, 체육제 행사는 이제 연세 신입생들의 정체성과 유대감을 형성시키는 중요한 이벤트로 자리하였습니다. 짧은 기간에도 연세의 RC는 아시아의 대학 교육을 선도하는 새로운 패러다임을 만들어 냈습니다. 새해를 기점으로 인문사회 분야와 이공계를 아우르는 융합전공의 확대를 완료한 언더우드국제대학 UIC 은 1,700여 명 규모의 아시아의 대표적 Liberal Arts 프로그램으로 성장하였으며, 지난해에는 세계 여섯 번째의 Design Factory를 UIC 내에 설립하여 새로운 산학협력 모델을 만들어가고 있습니다. 지난해 새롭게 출범한 글로벌인재학부는 우수한 외국인과 재외국민 학생들에게 한국어와 한국의 사회·문화·경제에 대한 통합 교육을 제공하며 한국지역전문가를 길러내고 있습니다. 지난해에는 또한 연세 창립 130주년과 신과대학 설립 100주년을 맞아 연세 설립정신을 실천하고 어둡고 힘든 세상에서 고통 받는 이웃들을 섬길 선교사들을 길러낼 G.I.T Global Institute of Theology가 문을 열었습니다. 지난 1년간 18명의 석사학위과정 학생들이 G.I.T.에서 연세의 창립정신을 익혔으며, 벌써 세계 각지에서 G.I.T. 입학에 대한 문의가 줄을 이을 만큼 선교 소외지역의 학생들에게 좋은 소식이 되고 있습니다.

연구 역량의 강화를 위한 노력과 성과도 계속 이어졌습니다. 미래선도연구사업 등 교내연구비를 연 50억으로 획기적으로 증액하였고, Y-IBS 연구단을 유치하는 데 성공함으로써 대형연구과제 유치의 물꼬를 텄으며, 바른 ICT 연구소와 중국연구원 등이 외부 기업체로부터 연구비를 유치하는 성과도 있었습니다. 지속가능발전연

2016. 1. 4.

2016년 교직원 새해인사

지난 1월 4일 오전 11시, 금호아트홀 연세에서 '2016년 교직원 새해인사' 행사가 열렸다. 그 어느 때보다 성스럽고 거룩한 분위기 속에서 400여 명의 교직원들이 함께 '연세의 기도'를 낭독하며 연세의 발전을 기원했다.

2016. 1.

우리 대학 글로벌 MOOC 세계적 호평 잇따라

우리 대학이 세계인을 대상으로 개설한 글로벌 무크(MOOC·개방형 온라인 강좌)의 인기가 뜨겁다. 현재까지 전 세계 20만 명이 넘는 학습자가 강좌 사이트를 방문했으며 10만 명 이상이 수강 등록했다. 우리 대학 강의가 세계 유수 명문 대학들과 어깨를 나란히 하며 전 세계인들로부터 호평을 받고 있다는 점에서 의의가 크다.

구원 Institute for Global Sustainability 을 설립하여, UN의 OSD Office of Sustainable Development 와 녹색기후기금 GCF 등의 국제기구와 협력하여 지속가능성에 대한 최고의 연구기관으로 성장시키도록 노력하고 있습니다. 더불어 연세의료원이 연구중심병원으로 발전할 수 있도록 연구 기능을 강화하고, 캠퍼스간 학제 간 융합연구를 활성화하기 위한 노력도 지속적으로 강화해왔습니다. 또한 우리 대학교와 서울대와의 공동 연구사업을 추진하여 국내 최초로 대학 간 공동연구를 체계화하였고, 해외 주요대학과의 국제협력 연구도 구체적으로 진척되었습니다.

정보통신 인프라도 놀랄 만큼 개선되어 세계 최고 수준으로 업그레이드되었습니다. 서버를 확장하여 데이터웨어하우스를 안정화시켰고, 많은 연세인이 상시 이용하는 메일 용량도 확장할 수 있게 하였습니다. Smart Campus 구축이 완료되어 수업 지원기능이 훨씬 강화되었고, OCX Open Campus eXperience 시스템을 구축하여 언제 어디서나 연세의 모든 학술, 문화, 예술 활동을 공유할 수 있게 하였습니다. 고도화된 ICT환경을 기반으로 MOOCs Massive Open Online Courses 를 활성화하여, 세계 명문대학들과 함께 우리 대학의 강의를 전 세계에 온라인으로 공급함으로써 연세 교육의 세계화를 위한 새로운 전기를 만들었습니다.

연세 멀티캠퍼스의 시너지를 확대하기 위하여 캠퍼스간 교류를 활성화하고, 겸직 확대를 포함하여 자원을 효과적으로 공유할 수 있는 사업들을 지속적으로 추진하였습니다. 제중학사와 법현학사의 통합 건축이 순조롭게 진행되고, 백양로 재창조 사업을 계기로 본교와 의료원의 지하 주차장이 연결되었습니다. 백주년기념관과 암병원 사이에 오랫동안 연희전문과 세브란스의전을 함께 이끌었던 에비슨 박사를 기리는 에비슨가든을 조성함으로써 내년 연희와 세브란스의 통합 60년을 앞두고, 연세의 진정한 통합을 위한 중요한 전환점이 마련되었다고 믿습니다. 또한 스마트 캠퍼스 시스템을 기반으로 신촌, 의료원, 원주, 국제캠퍼스의 이메일 시스템이 통합됨으로써 캠퍼스간 교류와 융합이 더욱 촉진될 것으로 기대됩니다. 행정시스템도 더욱 체계화하여 행정직군을 다양화하고 성과연동시스템을 도입하였으며, 결과적으로 학교의 재정부담은 낮추면서도 직원의 전문성을 높이는 제도적 장치를 마련하였습니다. 교내의 상근 계약직원들에게는 공정한 평가를 통해 운영직으로 전환할 수 있는 기회를 제공함으로써 계약직원의 처우 개선 방안도 마련되었습니다. 연세공동체 문화를 활성화하기 위해서도 많은 노력을 기울였던 한 해였습니다. 대학교의 각종 소식을 모든 건물에 설치된 모니터를 통해서 전달하는 YNN 서비스를 새롭게 도입하여, 연세의 소식을 더욱 신속하고 효과적으로 공유할 수 있게 하였습니다. 2014년에 이어 개최된 동문과 함께 하는 5월의 별 헤는 밤 행사를 더욱 확대하여, 수많은 동문들이 흥겹게 문화공연을 즐기면서 대학을 위해 기부하는 문화를 정착시킴과 동시에 재능기부의 새로운 모델을 정착시켰습니다.

지난 4년 사이에 우리 대학은 130년 역사상 처음으로

2016. 1.

세브란스 병원 NCSI 5년 연속 1위 쾌거

세브란스 병원이 국가고객만족도(NCSI) 5년 연속 1위를 달성하며 국민이 뽑은 한국 최고의 의료서비스 병원으로 자리를 굳건히 했다.

세계대학종합평가에서 100위권에 진입하였고, 세계 사립대학 가운데 20대 명문의 위치를 확고히 하였습니다. 톰슨 로이터는 우리 대학의 개혁 노력을 높이 사서 세계에서 가장 혁신적인 대학들 가운데 우리 대학을 36위로 선정하였습니다. 2010년에는 140위권에 맴돌던 QS세계대학평가였지만 이제는 100위권에 안정되게 정착하는 역사를 이루었습니다.

사랑하는 연세가족 여러분, 이처럼 많은 성과 뒤에는 힘든 고뇌와 갈등의 과정 또한 적지 않았음을 고백하지 않을 수 없습니다. 경영관 신축과 백양로 재창조 사업을 추진하는 과정에서 일부 오해와 갈등으로 인하여 연세가족 여러분의 우려를 낳게 해드린 데 대해서는 지금도 안타까운 마음을 금할 수 없습니다. 이와 함께 국제캠퍼스 기숙사의 용역노동자들과 재단빌딩 용역노동자들의 시위와 농성 등 교내의 여러 일들을 겪으면서 저는 법과 원칙을 지키면서 갈등을 극복하고 협력해서 선을 이루는 과정이 얼마나 힘든 것인가를 깊이 실감하였습니다. 동시에 연세 공동체 안에서 공통의 가치를 공유하고, 선진화된 연세 문화를 정립하는 것이 얼마나 중요한가를 절감하였지만, 저의 역량과 비전만으로는 만족할만한 성과를 거두기 어려웠음은 아직도 많은 아쉬움으로 남아 있습니다. 이번 총장 선임과정에서도 저는 원칙을 지키며 공정한 과정을 준수하려고 노력했지만, 학교의 더 큰 화합과 연세의 미래를 위한 거버넌스의 선진화를 위한 계기가 되기를 바라면서, 최종 선임 직전에 사의를 표명했습니다. 이 자리를 빌려, 그동안 저를 아껴주시고 부족함을 일깨워 주셨던 많은 분들께 진심으로 감사의 인사를 올립니다.

2016년 새해에는 우리 연세 공동체가 새로운 집행부를 중심으로 모두 협력하여 선을 이루며, 새로운 각오로 더욱 높이 도약하는 한해를 만들어 가기를 진심으로 소망합니다.

마지막으로, 우리에게 주어진 제3 창학의 사명은 특정한 기간에 한정해서만 이루어나갈 것은 아니라고 생각합니다. 연세인 모두가 다시 한 번 연세의 비전을 가다듬고 사명을 되새겨, 긴 안목으로 현재의 난관을 돌파해 나갔으면 합니다. 요즘처럼 교육환경이 급변할수록 우리 연세는 글로벌 명문을 향한 목표를 일관되게 추진하고, 아시아 고등교육을 선도하는 명문 사학으로서의 위엄과 학문적 수월성을 높여 나가야 할 것입니다.

오늘 아침에 새로운 해가 솟아올랐듯이, 연세는 새해에도 새로운 리더십을 통해 새로운 희망과 성취의 역사를 일구어가게 될 것입니다. 앞으로 4년간 신임 총장을 중심으로 연세인들이 뜻을 합하여 자랑스러운 글로벌 명문 연세로 도약하게 되기를 소망합니다. 연세가족 여러분 모두 새해 복 많이 받으시고, 형통 가운데 계획한 일들을 성취하시는 결실의 해가 되기를 기원합니다. 대단히 감사합니다.

2016년 1월 6일

대학 교육의 새로운 지표

정갑영 총장 명예박사 학위수여사, 염재호 고려대학교 총장

존경하는 정갑영 연세대학교 총장님, 친히 고려대학교를 방문해주신 연세대학교 관계자분들과 내외 귀빈여러분!우리는 부푼 희망과 혁신의 열망을 안고 2016년을 맞이하였습니다. 무엇보다 올해는 미래를 이끌어가는 대학의 변화가 기대되는 한 해입니다. 그 한 해의 시작과 함께, 한국 대학가의 큰 지성이자 존경받는 교육자이신 정갑영 연세대학교 총장님께 명예교육학 박사학위를 수여하게 된 것을 매우 기쁘게 생각합니다.

더욱이 이 학위수여가 두 세기를 이어온 고려대학교의 우정과 친선의 상대인 연세대학교의 총장님이기에 의미가 깊기만 합니다. 이 뜻 깊은 자리에 바쁘신 가운데에도 함께 해주신 고려대, 연세대 교무위원님들, 그리고 여러 내외귀빈께 깊은 감사드립니다.

오늘 명예교육학 박사학위를 받으시는 정갑영 총장님은 2012년에 제17대 연세대 총장으로 취임하여 과감한 리더십과 원대한 비전으로 연세대학교의 제3 창학을 주도하셨습니다. 대한민국을 대표하는 경제학자이자 대학행정가로서 대학교육의 새로운 지표를 제시하면서, 혁신과 국제화를 향한 치밀한 대학행정으로 글로벌 시대를 선도하는 세계대학으로 연세대학교를 이끌어 오셨습니다. 봉사와 헌신, 세계정신으로 창립된 130년의 연세대 전통과 '진리가 너희를 자유케 하리라'는 건학정신을 21세기에 되살리며, 새로운 역사를 써 나가는 연세대학교 비전 완수를 위해 포용력 있는 실천을 해오셨습니다.

여러분께서도 잘 아시다시피, 정갑영 총장님은 비전을 구현하는 대학행정가이십니다. 2010년에 개교한 송도국제캠퍼스에 Residential College[RC] 교육을 성공적으로 안착시켜 국내 대학교육에서 벤치마킹의 대상이 되었고, 백양로 재창조를 포함해 대대적인 인프라 혁신 사업으로 신촌캠퍼스를 학문과 문화가 융합하는 최첨단의 교육공간으로 재탄생시키셨습니다. 신촌과 원주, 송도를 잇는 체계적인 캠퍼스를 구축한 연세대학교의 진취는 한국 대학이 나아갈 바를 명확히 보여주었습니다.

그리고 정갑영 총장님은 화합을 추구하는 대학경영자이십니다. 여러 난관을 뛰어넘어 백양로 프로젝트를 완수하여 연세대학교의 신촌캠퍼스의 새로운 역사를 만들어 내셨습니다. 이 과정에서 2만 2000여 명의 동문들과 독지가들이 참여하여 연세대학교의 발전을 향한 전 국민적인 열망과 동참을 모아내셨습니다. 다양한 구성원의 요구와 욕망이 분출하는 대학사회에서 구성원간의 화합을 일구며 학교발전에 동참하도록 공감대를 넓히었습니다.

또 정갑영 총장님은 용기 있는 대학교육자이십니다. 대학 자율성과 재정 건전성을 위한 대학의 목소리를 강직하게 밝히면서, 사회적 책무의 실천방안을 먼저 이행하셨습니다.

그리하여 대학의 국제화와 동시에 지역사회와 함께하는 공공성을 구현하셨습니다. 다양한 교육프로그램의 추진으로 봉사와 섬김의 자세를 갖춘 글로벌 리더상을 연세인의 가슴에 심어놓으셨습니다.

정갑영 총장님은 대한민국이 내세우는 지성이십니다. 2009년에 편집인으로서 발행하던 경제학 학술지 'Global Economic Review'를 SSCI 학술지로 등재시킬 만큼 학문적 역량이 깊으시고, 이러한 경제학 지식을 대중적으로 교육하시는데 신실하였습니다. 정갑영 총장님께서 펴낸 경제학 서적은 베스트셀러가 되면서 국민의 경제 인식을 높이며 중등 교과서에 실렸고, 텔레비전을 통해 방송된 인문학 경제특강인 '열보다 큰 아홉'은 아직도 많은 이들의 가슴에 남아있습니다.

정갑영 총장님께서 대학을 책임져온 시대에 대한민국의 대학이 마주한 현실은 녹록지 않습니다. 학령인구 감소와 규제위주의 교육정책, 글로벌 대학경쟁은 더욱 치열해지고 있습니다. ICT의 발달과 온라인 교육의 보급으로 고등교육의 방식은 새롭게 바뀌고 있습니다. 정갑영 총장님은 불타버린 트로이 폐허 위에 로마를 세운 아이네아스를 모범으로 자주 말씀하신 것처럼 용기와 헌신으로 총장직을 수행하셨습니다.

이제 한국 사회와 시대의 책무를 완성하는 데 연세대학교와 고려대학교가 함께 나가야 합니다. 연세대학교와 고려대학교는 21세기 개척하는 지성의 원천지입니다. 연세인과 고대인은 글로벌 시대의 지성으로서 화합하고 협력하면서 인류공영을 주도해야 합니다. 창의성과 개척정신을 바탕으로 디지털 시대의 새로운 교육 패러다임을 만들어 냄과 동시에 대학교육 본연의 모습을 함께 모색해야 합니다. 그래서 연세대는 더욱 연세대답게, 고려대는 더욱 고려대다운 웅비를 이뤄낼 것입니다.

지난해 제가 고려대학교 19대 총장으로 취임한 이후, 정기전을 포함해 대학교육의 여러 현장에서 함께 하고, 총장으로서 모범과 영감을 남겨주셔서 감사합니다. 모든 고대인은 연세대학교가 정갑영 총장님이 일구신 토대위에 더욱 앞으로 나아가기를 소망합니다. 고려대학교 명예교육학 박사 학위가 제가 고려대학교 총장으로서 취임 후 수여하는 첫 번째 명예박사학위이기에 더욱 영광입니다. 앞으로도 정갑영 총장님이 한국 대학사회의 거인으로서 큰 역할을 해주시기를 기대합니다. 오늘 영광스런 식전에 참석하셔서 축하해주신 모든 내외귀빈께 고려대학교를 대표하여 진심으로 감사드립니다.

양교의 무궁한 번영과 빛나는 우정을 위하여 이 시간을 꼭 기억해 주십시오. 긍지와 기쁨으로 시작된 2016년에 소망하신 모든 바를 이루시기 바랍니다. 새해 복 많이 받으십시오. 감사합니다.

2016년 1월 6일

대학의 위엄과 수월성의 회복

명예교육학 박사학위수여식 답사

존경하는 고려대학교 염재호 총장님, 박길성 대학원장님, 그리고 대학원위원회 위원 여러분, 오늘 부족한 저에게 명예교육학박사 학위의 영예를 주셔서 진심으로 감사드립니다. 또한 고려대학교 교우로 받아들여 주신 주선회 교우회장님과, 오늘의 기쁨을 함께 나누기 위해 귀한 시간을 할애해 주신 사랑하는 연세대학교 교직원 선생님들과 내외 귀빈 여러분께도 깊이 감사드립니다. 오늘 명예박사학위는 제가 지난 30여년 간 경제학자로서, 그리고 교육행정가로 지내온 시간들에 대한 격려의 뜻인 것 같아서, 개인적으로는 다른 어떤 표창과도 비교할 수 없는 큰 영광으로 생각합니다. 또한 이 자리는 고려대학교와 연세대학교의 전통적인 협력과 우의를 다시 한 번 확인하는 자리라고 생각됩니다.

그동안 대학에 봉직하면서 제자들과 더없이 즐거운 시간도 많았고, 때로는 어려운 과정도 있었지만, 특별히 연세의 제3 창학을 주창하면서 행정책임자로서 추진했던 여러 사업들은 앞으로도 영원히 잊지 못할 것 같습니다. 10년 전 언더우드국제대학을 설립하여 지금은 1,700여명의 정원을 가진 아시아의 대표적인 Liberal Arts College로 키운 일이나, 8년 전 원주캠퍼스에 처음으로 Residential College를 도입하고, 그 경험을 바탕으로 새롭게 문을 연 송도 국제캠퍼스에 신입생을 모두 보내 5천여 명이 학습과 생활의 창의적 공동체를 정착시킨 것은 지금 생각하면 대단한 모험이었습니다. 모두가 한국은 물론 아시아 대학의 교육 패러다임을 바꾸는 쉽지 않은 도전이었지만, 저희가 뿌린 씨앗을 정성으로 가꾸며 튼튼한 묘목으로 커가는 모습을 보는 것은 큰 감동이 아닐 수 없었습니다. 또한 3만8천여 평에 달하는 "백양로 재창조 사업"을 완성시켜 신촌캠퍼스를 자연과 문화가 함께 하고, 연세를 하나로 만드는 융합의 공간으로 탈바꿈시킨 것 또한 큰 보람으로 기억하게 될 것입니다. 저는 이러한 사업들이 대학사회에서 전형적으로 불거지는 여러 논란에도 불구하고, 모두 성공적으로 이루어진 것은 하나님께서 주신 기적과 같은 은혜라 생각하고 있고, 이 과정에서 많은 도움을 주신 연세 공동체 여러분께 항상 감사하고 있습니다. 그런데 2016년 새해 벽두에 제가 17대 총장의 임기를 마무리하는 시점에서 고려대학교에서 저에게 이런 자리를 배려해주셔서 더욱 큰 감사를 드립니다.

존경하는 양교의 교무위원과 내외 귀빈 여러분, 저는 오늘 이 자리를 빌려 고려대학교와 연세대학교가 모두 공통으로 직면하고 있는 어려운 정책여건과 사립대학이 나아가야 할 방향에 대해 평소에 생각하고 있던 몇 가지 소견을 말씀드리려고 합니다. 지금 우리 경제는 세계 10위권으로 성장하였지만, 안타깝게도 고등교육의 국제경쟁력은 크게 저하되어 있습니다. 특별히 고등교육의 80%를 담당하고 있는 사립대학들은 재정의 75%를 학생 등록금에 의존하고 있지만, 반값등록금과 구조조정의 압력으로 존립자체가 큰 위협을 받고 있습니다. 고려대나 연세대와 같은 명문 사학은 걱정할 필요가 없다고들 하지만, 저는 오히려 명문이 직면하고 있는 위기감이 더욱 절실하다고 생각합니다. 반값 등록금과 획일적인 명문사학이 지속적으로 명성을 유지할 수 있는 유일한 길은 대학이 먼저 바로 서서, 대학의 위엄과 수월성을 회복하는 일부터 시작해야 한다고 생각합니다. 무엇보다도 대학 내부의 인사, 행정은 물론 조직의 문화와 거버넌스가 학문적 수월성[academic excellence]을 가장 중시하는 시스템으로 정착되어야 합니다. 또한 아무리 개인의 전문성을 중시하는 지성의 집단이라 할지라도, 구성원 간에 대학이 추구하는 목표와 핵심가치[core value]를 공유할 수 있어야 합니다.

The only way that prestigious universities sustain their reputation is to recover from unavoidable adversity and stand firm with dignity and academic excellence. The pursuit of academic excellence should be the first priority in all areas of academic communities including human resources management, governance, culture and environment that cherish and actualize such values. Academic community members should share the common core values, alongside the notion that a university is a place where the professionalism of each individuals is most honored.

2016년 1월 6일 | 명예교육학 박사학위수여식 답사 | 대학의 위엄과 수월성의 회복

2016. 1. 6.

정갑영 총장, 고려대서 명예박사학위 받아

정갑영 총장이 고려대학교가 수여하는 명예 교육학박사 학위를 받았다. 학위수여식은 지난 1월 6일 오후 4시 정갑영 총장, 고려대 염재호 총장을 비롯한 양교 교무위원과 내외 관계자 150여 명이 참석한 가운데 고려대 백주년 기념 삼성관 국제원격 회의실에서 개최됐다.

대학정책으로 특성화된 명문교육의 프리미엄이 점차 퇴색하고 있으며, 정부와 기업의 재정지원을 받는 일부 대학들의 도전 또한 거세지고 있기 때문입니다. 모든 대학에 획일적인 규제가 적용되는 환경에서 어떻게 명문 사학다운 차별화된 특성화 교육을 실시할 수 있겠습니까? 입학에서부터 교육과정, 재정, 학사 행정 등 모든 단계에서 국공립대학과의 차별성은 차치하고라도 명문사학의 특성을 지탱해 나갈 수 있는 자율성과 교육, 연구의 역량이 지속적으로 훼손되어가고 있습니다. 교육정책이 정치적 이해관계와 대중의 정서에 편승하여 평준화를 앞세우기 때문에 명문 사학의 수월성 교육은 갈수록 힘들어 지고 있습니다. 시장에서는 창의적이고 융합적인 미래형 인재를 요구하고 있지만, 대학이 스스로 차별화된 전략을 추구할 수 있는 여지는 갈수록 줄어들고 있습니다. 정부의 규제뿐만 아니라 대학 내부의 컨센서스 부족, 거버넌스의 취약성으로 개혁을 추진하는 것도 매우 어려운 것이 우리 대학의 현실입니다.

저는 이런 환경에서 명문사학이 지속적으로 명성을 유지할 수 있는 유일한 길은 대학이 먼저 바로 서서, 대학의 위엄과 수월성을 회복하는 일부터 시작해야 한다고 생각합니다. 무엇보다도 대학 내부의 인사, 행정은 물론 조직의 문화와 거버넌스가 학문적 수월성academic excellence을 가장 중시하는 시스템으로 정착되어야 합니다. 또한 아무리 개인의 전문성을 중시하는 지성의 집단이라 할지라도, 구성원 간에 대학이 추구하는 목표와 핵심가치core value를 공유할 수 있어야 합니다. 이처럼 내부의 조직문화를 혁신하고, 아울러 우리 모두가 힘을 합하여 정부의 대학정책을 획기적으로 바꾸는 일에 적극 나서야 합니다. 우리와 같은 경제 규모에서는 세계 100대 대학에 이름을 올리는 대학이 적어도 10곳 이상은 되어야만 대학도 살고, 경제도 선진화될 수 있습니다. 이런 목표가 실현되려면 무엇보다도 먼저 자율형 사립대학을 허용해야 합니다. 유치원부터 고등학교까지 모두 자율형 학교가 엄연히 존재하는데 정작 자율성이 가장 많이 부여되어야 할 대학에는 자율형 대학이 없습니다. 최소한 일부 대학만이라도 "자율형 사립대학"을 허용하여 정부의 획일적 규제에서 벗어나게 해야만, 글로벌 경쟁력을 갖출 수 있습니다. 고려대, 연세대와 같은 유수의 대학이 세계 시장을 향해 달려가는 데 자꾸 다리에 납덩어리를 채워서 뒤쳐진 대학들과 페이스를 맞추게 할 것이 아니라, 정원과 등록금 책정, 학생선발권에 자율권을 주어 글로벌 명문대학들과 전력으로 겨룰 수 있게 해야 합니다. 이렇게 해야 우리나라에도, Ivy League나 Oxbridge와 경쟁할 수 있는 대학들이 나오지 않겠습니까?

미국이 아직도 세계 경제질서를 좌우할 수 있는 것은, 정부가 대학에 엄청난 연구비를 지원하고 그 결과로 대학들이 세계적 연구성과들을 지속적으로 창출해 내기 때문입니다. 실제로 2012년 미 대학 중 연구비를 가장 많이 받은 존스홉킨스, 미시건, 워싱턴 3개 대학이 연방정부로부터 받은 3조5700억원은, 우리나라 전체 대학이 2013년에 중앙정부로부터 지원받은 연구비 총액과 맞먹습니다. 1930년대 이후 스탠포드대학 출신이 운영하는 기업은 4만개를 넘고, 이들 기업들의 2012년 매출액 합계는 우리나라 GDP의 2배를 넘는다고 하지 않습니까? 우리 정부는 사학에 자율성을 부여하여 이런 대학들을 만들려고 하지 않고, 오히려 프로크루테스처럼 모든 대학을 같은 침대 크기에 맞춰 재단하려고만 합니다.

우리 캠퍼스가 있는 송도를 살펴보면, 정부의 차별적인 대학정책을 잘 알 수 있습니다. 정부는 수년전부터 송도에 약 6천억 원을 투자하여 7개 외국대학에 5천 명의 학생을 유치하겠다고 계획했지만, 현재 송도 글로벌캠퍼스는 수백 명의 학생정원조차 채우지 못하고 있을 뿐 아니라, 재학생 중 외국인 비율도 5%대에 머물러 있습니다. 반면, 정부로부터 어떤 지원도 받지 못하고, 규제에 얽매여 있는 우리 대학교의 언더우드국제대학에는 2학기 현재 1100여 명의 학생이 재학하고 있고, 이 중 외국인 학생이 25%에 이르러, 아시아의 대표적인 Liberal Arts College로 성장하고 있습니다. 프린스턴, 코넬 등 저명 11개 대학이 참여하는 공동 교육 프로그램도 운영되고 있습니다. 외국대학 분교를 유치하느라 자원을 낭비할 것이 아니라, 우리 두 대학과 같은 명문대학들을 지원하고, 자율성을 부여하는 것이 훨씬 더 가치 있는 투자가 될 것이라 확신합니다. 우리 대학의 경쟁력을 높이려면, 자율형 사립대학의 모델을 도입하고, 명문 사학이 글로벌 경쟁력을 갖출 수 있게 도와주어야 합니다. 이렇게만 된다면 저는 고대와 연대가 세계적 명문으로 도약할 수 있고, 우리나라가 아시아의 고등교육의 허브로 거듭날 수 있다고 확신합니다. 이미 여러분들께서 모두 공유하고 계시는 내용을 중언부언하였습니다만, 앞으로 우리가 앞장서서 정책을 바꾸고, 고려와 연세가 세계적 명문으로 도약하는 그 날까지 양교가 힘을 합해 협력해 나갈 것을 다시 한 번 다짐하면서 인사를 마치려고 합니다.

다시 한 번 부족한 저에게 명예교육학박사의 영예를 주신 고려대학교와, 오늘 행사에 함께 참석해서 축하해 주신 모든 분들께 깊은 고마움을 전합니다. 대단히 감사합니다.

2016년 1월 29일

역사를 만들어 가며(YONSEI, where we make *history*!)

이임 인사

존경하는 연세가족 여러분, 취임 인사를 드린 게 바로 엊그제 같은데, 오늘 총장으로서 마지막 인사를 드리게 되었습니다. 지난 4년간 총장으로 재임하면서 공식행사에서 6백 번쯤 인사를 드렸는데 오늘은 여느 때와는 무척이나 다른 느낌입니다. 홀가분하면서도 감회가 새롭고, 만감이 교차하며, 목소리도 왠지 떨리는 것 같습니다. 무엇보다 저희에게 기적 같은 은혜를 주시어 계획했던 사업들을 성취할 수 있게 인도해주신 하나님께 감사드리고, 그 과정에서 보내주신 여러분들의 큰 성원을 잊지 못할 것입니다.

제가 2012년 2월 "연세의 제3 창학"을 주창하며 17대 총장에 취임했을 때만 해도 제3 창학이라는 표현은 너무 거창하고, 당찬 비전이라서, 생경한 느낌도 없지 않았습니다. 그러나 저는 제3 창학이 연세에게 너무나 절실하고 급박하며 현 세대 연세인에게 주어진 시대적 사명이라고 생각했습니다. 130년의 역사를 지닌 연세가 급변하는 국내외 교육환경에도 불구하고 우물 안 개구리처럼 좁은 굴레에서 벗어나지 못한 채, 폐쇄적이고 경직된 조직 문화에 머물고 있었기 때문입니다. 오랫동안 2등에 안주해 온 second-tier syndrome에서 벗어나지 못하고, 스스로가 먼저 혁신 하지 않으면 연세의 미래를 담보하기 어렵다고 믿었습니다. 저는 연세가 창립 정신 에 걸맞게 새로운 "역사를 만들어 가며YONSEI, where we make *history*!" 아시아 의 고등교육을 선도하는 사명을 실천해야 한다는 신념을 갖고 있었습니다. 이러한 비전을 실천하기 위해 송도 캠퍼스의 활성화를 계기로 글로벌 명문교육과 연구력을 강화하고, 인프라 혁신과 제도개혁 등을 통해, 학문적 수월성과 위엄을 갖춘 세계적 대학으로 도약해야겠다는 다짐을 제3 창학의 비전에 담게 된 것입니다.

하지만 돌이켜 보면 2012년 취임 당시 연세는 제가 감당하기에 벅찰 정도로 너무 많은 현안들이 복잡하게 얽혀 있었습니다. 송도 캠퍼스에 교육 시설이 준비되었음에도 불구하고, 어느 단과대학 하나 가겠다고 선뜻 나서지 않는 상황이었습니다. 학생이 오지 않는 송도 캠퍼스에 대한 지역 여론도 크게 악화된 상태였고, 교내 일부에서는 연세의 운명을 가름한다는 주장도 제기되었습니다. 당시 송도 캠퍼스는 바다를 메워 겨우 건물만 세웠을 뿐, 연세공동체 누구에게도 달갑지 않은 큰 부담이었으며, 누구도 손대기 싫어하는 뜨거운 감자였습니다. 그곳에 RC 과정을 통해 글 로벌 명문교육을 실시한다고 발표했을 때, 한동안 온 캠퍼스가 저를 비난하는 현수막으로 도배되었던 것을 기억하실 것입니다. 당시 국내에서는 RC의 개념조차 생소했습니다. 신촌캠퍼스 역시 용재관 철거와 경영관 신축을 둘러싼 갈등으로 긴장이 고조된 상태였습니다. 저는 기존 상경대학 부지를 보다 효율적이고 전향적으로 활용하기 위한 증개축 계획을 수립하여 경영대학은 물론 사회과학대학 등의 공간문제를 획기적으로 해결할 수 있는 대안을 제시했지만, 경영대학과 이사회에서 받아들이지 않아 실천에 옮기지 못하였습니다. 결국 오랜 진통 끝에 경영대학 주차장을 백양로 주차장에 포함시키는 방식으로 논란을 겨우 잠재우고 10여 년을 끌어온 난제를 해결할 수 있었습니다. 그러나 그것도 잠시, 이번에는 전혀 다른 이유로 일부에서 백양로 재창조 사업에 대한 불만과 반대의 불길을 다시 키웠습니다.

사실 우리 대학교에 건물 하나 지을 때마다 복잡한 사연이 없었던 적이 없었습니다. 다람쥐 논쟁에서부터 역사 보전과 환경, 안전, 그리고 백양로의 은행나무 등 수없이 많은 이슈가 제기되었습니다. 저는 진리와 자유가 교훈인 우리 대학에서 자유로운 토론과 문제 제기는 자연스러운 현상이라 생각하지만, 때로는 논란의 순수성에 대한 의구심이 생길 때도 없지 않았습니다.

사랑하는 연세가족 여러분, 이러한 와중에 3만 8천여 평에 달하는 백양로 재창조 사업을 완성하게 된 것은 정말 기적 같은 은혜라고 생각합니다. 무려 2만 2천여 분이 모금에 참여함으로써 한국 대학의 기부 역사를 바꾸었습니다. 760일 동안 12만 3천여 명의 인력이 투입되고, 암반 발파량만 50만 톤, 25톤 트럭으로 2만 2천 대 분량이나 되는 거대한 공사가 한 건의 안전사고 없이, 우천으로 공사를 중단한 날이 불과 며칠밖에 없었으니 어찌 기적이라고 하지 않을 수 있겠습니까? 그러나 저에게는 백양로 사업보다는 송도에 RC를 정착시키는 것이 더욱 큰 현안이었습니다. 5천여 명의 학생을 신촌에서 송도로 이전시켜 국내에서 처음으로 RC를 실시한다는 건 지금 생각해도 엄청난 모험이 아닐 수 없었습니다. 물론 원주의 경험과 30여 개 세계 명문사학의 RC 전통에 대한 확신을 갖고 있었지만, 그 많은 반대를 무릅쓰고, 짧은 기간에 송도에 제2기숙사를 새로 짓고, RC 교육을 성공시킬 수 있었던 것은, 정말 학부대학과 국제캠퍼스의 여러 선생님들 덕분입니다. 정말 수고 많으셨습니다.

10년 전 제가 교무처장 시절에 주도해서 설립한 언더우드국제대학UIC을 지난 4년 지속적으로 확대하여 1,700여 명 정원의 아시아의 대표적인 Liberal Arts College로 안정시킨 것 역시 큰 보람입니다. UIC가 이제 세계 저명대학들과 함께 입학 원서를 동일한 플랫폼common application platform에서 접수 받게 된 것은 대단한 발전이 아닐 수 없습니다. 이는 Yale-NUS와 함께 아시아 대학 최초로 만들어 낸 또 하나의 역사입니다.

경영대학과 공과대학, 이과대학, 원주 의료원 등에서 10여 년 이상 현안이었던 대형 건축사업들이 지난 4년 사이에 모두 기적과 같이 완성되어 큰 기쁨이 아닐 수없습니다. 원주부총장 시절 개교 30여 년 만에 대학교회와 행정동, 미래관, 청연학사 등을 건축한 데 이어, 지난해 원주 세브란스 병원 개원 이래 처음으로 50여 년만에 외래센터 등을 대폭 확장·현대화하여 새로운 도약의 전기를 만든 것 또한, 가슴 뿌듯한 성과였습니다. 제중학사·법현학사의 건축을 계기로 본교와 의료원을 가르는 마지막 철조망을 거둬 버리고 "하나의 연세"를 향한 실질적 협력을 구체화한 것도 연세 통합 60주년을 바라보며 이룩한 뜻깊은 진전이었습니다. 교내 행정조직의 슬림화와 성과연동제를 상생협약을 통해 도입한 것도 우리 사회 어디에서도 찾아보기 힘든 성과라 생각되며, 연세인의 자긍심을 높이는 역사라 자부합니다. 신촌에서는 정규 직원의 숫자가 20% 이상 감소되었음에도 불구하고, 연세의 미래를 위해 협조해 주신 여러분께 깊은 감사를 드립니다. 이것은 제 공이 아니라 연세를 사랑하는 직원선생님들의 자긍심이 만들어 낸 연세의 새로운 역사입니다.

2016. 1. 29.

정갑영 총장 이임 예배 개최

정갑영 총장이 이임 예배를 끝으로 임기를 마무리하게 됐다. 지난 29일 오후 3시 금호아트홀 연세에서 열린 이임 예배에는 김석수 이사장, 오연천 울산대 총장(전 서울대 총장)을 비롯한 실처장 및 교내외 관계자 400여 명이 참석해 마지막 인사를 나눴다.

임기 초기에는 꿈을 그리면서 정책공약을 담은 제3 창학 홍보자료를 만들었지만, 그 내용 하나하나가 실현되어 어느덧 마지막 장에 이른 것을 보며 정말 큰 보람을 느끼며, 떠나는 제 마음도 홀가분합니다. 그동안 성원해 주신 여러분께 다시 한 번 진심으로 감사드립니다.

물론 이 모든 일이 결코 평온한 가운데 쉽게 이루어진 것은 아닙니다. 얼마 전 어느 대학 총장에게 안부를 묻자 "캠퍼스가 모두 지뢰밭"이라고 표현하시던데, 연세 또한 이에 못지않습니다. 저는 그동안 academic leadership을 모든 행정이 추구해야 할 최고의 목표로 삼았고, 이 원칙을 양보하거나 타협하는 것은 결코 수용할 수 없었습니다. 연세가 글로벌 명문으로 도약하기 위해서는 학문적 수월성academic excellence을 확보해야 하고, 획일적인 규제와 반값 등록금과 같은 인기영합적인 정책 환경에서 명문사학의 전통을 지속적으로 유지할 수 있는 유일한 길은, 연세가 먼저 바로 서서 대학의 위엄과 수월성을 회복하는 것이었습니다. 대학 내부의 인사, 행정은 물론이고 대학의 조직과 문화가 학문적 수월성을 가장 중시하는 시스템으로 정착되어야 하고, 또한 아무리 개인의 전문성을 중시하는지성의 집단이라 할지라도, 구성원 간에 대학이 추구하는 목표와 핵심가치core value를 공유할 수 있어야 합니다. 어렵고 힘들 때마다 이 원칙을 되새기며 글로벌 명문을 지향하는 연세의 모습을 생각했습니다. 제 자신부터 신뢰받고, 책임을 지는 총장이 되기 위해 말을 아끼고, 일의 성과를 통해 소통하는 모습을 보여주고 싶었습니다. 그동안 외부의 다른 유혹에도 불구하고 임기를 반드시 지켜야겠다고 결심한 것도 이런 이유에서였습니다. 근시안적으로 문제를 해결하기 위해 쉬운 선택을 하는 것은 어렵지 않습니다. 그러나 멀리 보고 어려운 결단을 하는 것은 결코 쉬운 일이 아닙니다.

존경하는 연세가족 여러분, 지난 4년, 1461일은 저에게는 긴장과 고뇌의 연속이었으며, 모두가 퇴근한 시간에도 외롭게 학교를 지키며, 아침에 이 메일을 여는 순간부터 온 종일, 언론보도에서 시민연대의 "연"자만 보아도 머리끝이 쭈뼛해지는 나날이 많았습니다. 그중에서도 가장 힘들었던 시간은 역시 연세공동체의 신뢰가 훼손되는 순간들이었습니다. 최고의 지성을 자랑하는 연세 구성원들 사이에 기본적인 윤리가 무너지고, 때로는 저속한 언어와 무책임한 비방과 왜곡으로 연세공동체의 정신과 품위가 손상되는 것을 볼 때에는 연세의 한계가 보이는 것 같아 너무 안타까웠습니다. 그러나 깊은 고뇌의 와중에서도 진한 감동이 있었기에 4년을 지탱할 수 있었습니다. 그러나 이런 와중에서도 어쩌다 찾아 오는 벅찬 감동의 순간이 있었기에 항상 밝은 미소로 그 감동을 되새기며 4년을 지탱할 수 있었습니다. 130년 역사상 처음으로 세계 80위권, 20대 사학명문에 진입하던 날, 90대의 고 김순전 할머니께서 총장실을 방문하여 100억 원 상당의 전 재산을 기부하시던 일, 초면에 차 한 잔을 나누며 흔쾌히 우정원 기숙사 기부 약속을 해주신 이중근 회장님을 만난 일, 국제캠퍼스에 언더우드선교사의 뜻을 잇는 교회를 선뜻 기부해 주신 뉴욕의 강정숙 동문과의 만남, UN의 35개 대학 총장 회의에 아시아에서 유일하게 초청받아 UN 사무총장과 세계 저명대학의 총장들과 함께 한 일, 천진우 교수의 IBS를 유치한 일, 바이든 미국 부통령이 연세에서 연설하고, 피습 당한 리퍼트대사를 성심성의껏 치료하는 우리 의료원의 모습이 며칠 동안 전 세계에 방영되던 일, 그리고 많은 분들이 보내 주신 따뜻하고 정감어린 격려의 서신과 이메일을 읽을 때, 그 모든 순간의 감동이 지난 4년 동안 저를 지켜 주었습니다.

사랑하는 연세가족여러분, 이제 총장으로서 마지막 인사를 드려야 할 시간입니다. 그동안 여러 일들을 추진하면서 저는 항상 실패 가능성을 염두에 두지 않았던 적이 없습니다. 그러나 연세를 글로벌 명문으로 만들기 위해 반드시 해야 할 일에서는, 모든 역량을 동원해서 성공의 역사를 만들어 왔습니다. 행여 실패한 부분이 있었다면 그에 대한 책임은 당연히 제가 져야 할 것입니다. 비록 저는 떠나지만, "내가 네게 허락한 것을 다 이루기까지 너를 떠나지 아니하리라" 창28:15 하신 약속처럼, 연세가 제3 창학의 사명을 다 이루기까지 하나님께서 연세와 함께 하실 것을 믿습니다. 바위 위에 버려진 씨앗도 가꾸는 사람을 만나면 열매를 맺을 수 있지만, 옥토 위에 뿌려진 씨앗이라도 가꾸지 않으면 시들고 맙니다. 잡초를 뽑고 잔디를 가꾸어야 녹색의 잔디밭을 만들 수 있습니다. 학교도 마찬가지입니다. 연세의 한계가 보일 때마다 바로 여러분께서 리더십을 발휘해 그 한계를 극복하고 지평을 넓혀 나가야 합니다. 침묵만으로 그 지평이 넓혀지지 않습니다. 함께 고민하고 실천하시는 여러분이 바로 연세의 미래입니다. 글로벌 명문을 지향해야 하고, 모든 의사결정 과정에서 근시안적으로 문제를 해결하기 위해 쉬운 선택을 해서는 안 됩니다. 어렵더라도 과거로 회귀하지 말고, 멀리 보고 어려운 결단을 해야 합니다.

사랑하는 연세가족여러분, 저는 지난번 이사회에서 연세의 더 큰 화합을 위해 총장후보직에서 사퇴를 표명하며, 연세가 글로벌 명문으로 도약하기 위해서는 반드시 우리 대학교의 거버넌스governance가 선진화되어야 한다고 지적했습니다. 이번과 같은 방식은 우리 대학교의 거버넌스를 20년 이상 후퇴시키는 결과를 가져올 것입니다.
저는 이제 제3 창학의 꿈과 비전을 연세가족 여러분께 맡기고 홀연히 떠나갑니다. 특별히 지난 수년간 제가 처음 씨를 뿌린 언더우드국제대학, 정보대학원, 글로벌인재학부, GIT, 원주의 동아시아국제학부 등 여러 프로그램들이 성장하는 과정을 지켜보며, 간절한 기도로 응원할 계획입니다. 평교수로서 마지막 학기가 되는 3월에는 송도에서 강의하며 제가 시작한 RC 프로그램을 도울 작정입니다. 그리고 때로는 학생들과 함께 백양로를 산책하며 존 레논의 "Imagine"도 불러보고 싶습니다.

> "You may say I'm a dreamer
> but I'm not the only one.
> I hope some day you'll join us,
> and the world will live as one."

여러분, 지난 4년은 저에게 축복과 은혜가 넘치는 감동의 시간이었고, 제가 떠나는 것을 아쉬워해 주시는 여러분을 만나서 너무나 행복했습니다. 저를 아껴주시고 사랑해주신 여러분께 다시 한 번 감사드립니다.

저는 이제 제3 창학의 꿈과 비전을 연세가족 여러분께 맡기고 홀연히 떠나갑니다. 특별히 지난 수년간 제가 처음 씨를 뿌린 언더우드국제대학, 정보대학원, 글로벌인재학부, GIT, 원주의 동아시아국제학부 등 여러 프로그램들이 성장하는 과정을 지켜보며, 간절한 기도로 응원할 계획입니다. 평교수로서 마지막 학기가 되는 3월에는 송도에서 강의하며 제가 시작한 RC 프로그램을 도울 작정입니다. 여러분, 지난 4년은 저에게 축복과 은혜가 넘치는 감동의 시간이었고, 제가 떠나는 것을 아쉬워해 주시는 여러분을 만나서 너무나 행복했습니다. 저를 아껴주시고 사랑해주신 여러분께 다시 한 번 감사드립니다.

I now entrust the dream and vision of the Third Founding to the Yonsei family and will embark on a new journey. I will especially pay close attention to the programs whose seeds I first planted for the past several years including Underwood International College, Graduate School of Information, Global Leadership Division, GIT, and EastAsia International College in Wonju, and cheer on with sincere prayer. From March during my last semester as a professor, I will be lecturing in Songdo and helping the RC program, a project that began from my own overture. The last four years were a very special time for me full of blessings and grace, and I am very happy to have met all of you who would be sorry to see me go. I would like to thank all of you again for caring for me.

2016년 1월 29일 | 이임 인사 | 역사를 만들어 가며

영문연설문

An Architecture for Private Higher Education in Asia

February 7. 2012
Towards the Third Founding of Yonsei University

December 3, 2012
Asian Universities Ascendant: Challenges and Responses

February 28, 2013
Be Yonsei Stars to Shed the Light on the World

March 12, 2013
Building a Creative Korean Economy: The Role of Higher Education

April 2, 2013
"Throw Your Nets into the Deep!"

November 13, 2013
The Future of Japan-Korea Cooperation: The Positive Role of Universities in Both Japan and Korea

August 29, 2014
Yeast of the World to Change the Faithless Society into a Society of Faith and Trust

October 31, 2014
The Demand for New Knowledge and Interdisciplinary Education at Yonsei University

December 5, 2014
The Yonsei Paradigm: An Architecture for Private Higher Education in Asia

January 1, 2015
"Year of Yonsei Giants"where New History will be Made

March 12, 2015
Commemorating Late President Kim Dae-Jung's Struggle for World Peace and Democracy

April 22, 2015
Culture of Challenges, Innovations and Teamwork

May 9, 2015
Yonsei's New Leap Forward for the Next 100 Years

May 15, 2015
Yonsei's New Chapter of Exchange with the EU

June 2, 2015
Strengthening Ties with Yonsei Partners

October 23, 2015
Assessing Financial Stability and the Policy Implications

October 26, 2015
President Seike's Achievement and Leadership

October 27, 2015
Asia and Asian Leadership Education

October 28, 2015
Shared Value and Shared Education

October 28, 2015
Liberal Arts at Yonsei and Asia

November 11, 2015
The Limits to Growth

December 1, 2015
Privacy: Now and Future

February 7, 2012

Towards the "Third Founding" of Yonsei University

The 17th President of Yonsei University Inaugural Address

Good greetings to the Honorable Chairman of the Board of Directors Woo Young Bang, Board members, former Presidents, Yonsei University members, and distinguished guests!

I am here today as the seventeenth president of a university that, 127 years ago, introduced higher education to this country, and it is with great humility that I am prepared to take on its stewardship. As the newest president of Yonsei University, I stand before God who created this institution and all of you who have dedicated yourselves to it, and I am impressed less by the honor of my position than by a sense of duty and awesome responsibility in my role.

As I have prepared to assume the presidency, I have often called to mind Dr. Horace Underwood, who dedicated his youth to the founding of Yonhi College. What might Dr. Underwood have thought as he built Yonhi College in Chosun he described as a "stubbornly stained darkness"populated by those "chained with poverty and superstition"? I have struggled with questions of how I might honor Yonsei's beginnings as I look toward its future.

My relationship with Yonsei began 41 years ago, when I entered the Economics Department as a freshman in 1971. An ordinary student who grew up dreaming on Baekyang-ro, I returned to my alma mater as a professor in 1986 with the privilege of teaching the next generation of Yonseians to dream. Looking back on my last twenty-six years as a professor, I personally have been wanting in many ways. It was thanks to the trust, dedication, and warm consideration of the Yonsei community that I was able to successfully carry out my roles as Vice President of Academic Affairs and Senior Vice President of Wonju Campus.

Yonsei has stood at the heart of Korea's modern history since its founding. We have sown Christian values of truth and freedom in this land, and we have taken a leadership role in this society's development. Today we are faced with a rapidly changing environment and diverse pressures on higher education. Universities exist within an era of globalization and academic disciplines must embrace interdisciplinarity, amidst changes in political, economic, and social structures. These are both challenges and opportunities for Yonsei University, and we must respond with a new and timely paradigm for higher education.

Towards Asia's World University

Recent controversies over university tuition and admissions policies typify the current threats to the autonomy and self-definition of private universities. We find ourselves in a situation in which the pursuit of global competitiveness for Korean universities, a commitment to excellence in higher education, and the value of private universities itself is under question.

I propose that our challenges also present an opportunity, and also envision that we are entering the phase of Yonsei's "third founding." We can consider the university's inception of Jejungwon, Severance Medical College and Yonhi College as the "first founding" of Yonsei University; and the University's last century, from the merger of Severance and Yonhi into Yonsei

University, the opening of the Wonju Campus, and Yonsei's role in pioneering Korea's modernization, as the "second founding."

Central to the "third founding"of Yonsei University is the Yonsei International Campus(YIC) at Incheon. YIC's inception was an important project for my predecessor and the Board of Directors, and YIC's significance does not lie merely in an expansion of our physical campus. The Incheon site is a testament to the past and the future and a land of miracles. YIC is built on a landfill, itself a miracle of turning water into solid ground. It is a vanguard of Yonsei's globalization and of digital technology, and will serve as the foundation of Yonsei's ascension as Asia's World University. At the same time, Incheon is a testament to our origins, since it is the soil upon which Dr. Underwood first set foot to begin his mission of bringing light to bleak Chosun. As we honor our founding spirit and philosophy, Incheon becomes an appropriate magnet for our "third founding."

Respected Yonsei colleagues,
During my tenure as President, my priority will be to reaffirm Yonsei's prestige as an institution of higher education by a "Back to the Basics" focus on ensuring the highest-quality education for our students. At Yonsei International Campus at Incheon we will introduce a Residential College system, a central component of world class universities such as Harvard, Yale, and Oxford. The Residential College will integrate living and learning, where faculty and students interact at a deeper level, students of all social and cultural backgrounds learn to appreciate diversity, and communication and cooperation are fostered.

Our university's mission must be to nurture students who are considerate and respectful of differences, bring light to the darkest corners of our society, and promote social cooperation. The holistic education central to a Residential College integrates the intellectual, moral, and spiritual aspects of education, pioneering a model of internationalized comprehensive education within Korea.

Excellence with dignity

For Aristotle, morality served as the highest goal of intellectual pursuit, so that "academic excellence supported by moral values" is a central principle of the field of ethics. I believe that a focus on morality is a virtue that Korea today requires of Yonsei as a university, and we must make this a central purpose of a Yonsei education.

With such goals in mind, the motto for my tenure as Yonsei's president will be Excellentia cum dignitatis, or "excellence with dignity." We must strive towards excellence in research and education while maintaining dignity throughout. In a world of materialism and capitalism, Yonsei will keep to a purity of purpose, holding true to its history as well as its ideals. Only then can Yonsei members come together as a community, maximizing individual potential as well as fostering a productive synergy. In this era of polarization and ideological conflict, Yonsei must take a leadership role in projecting a vision for the future of higher education and producing a new discourse for our society that transcends polarization and ideological conflict.

The new history of Yonsei's "third founding" will not be limited to the educational arena. Research standards will surpass world-class expectations, cooperation with industry expanded, and research will be viewed as an ecosystem that must be nurtured. The physical campus will be remade to generate an environment-friendly site for education, research, and campus culture. I will also pursue innovation and professionalization of the administrative structure, development of sustainable finance strategies, and a reaffirmation of Yonsei identity and Yonsei pride. Meanwhile, Yonsei is now the only university in Korea to hold four campuses. A principle of autonomy as well as integration for our multiple campuses will strengthen our vast institution. In these ways Yonsei will take a leadership role as a pioneer in twenty-first century Korean higher education.

Beloved Yonseians,
Fifty-five years ago, the merger of Yonhi College with Severance Medical College was not just a campus event but a public statement that Yonsei would reach out to the world("Yon"= reach out; "sei"= world). Our purpose of a "third founding" is yet another avowal that Yonsei will become one of the world's leading universities. I believe in the momentum and potential that will take Yonsei to the top of world academic institutions, even as we nurture the core values that define us.

The new presidential election process I just experienced was an opportunity for me to appreciate the Yonsei community's desire for change and progress. During my tenure, I will keep true to my promises to date, achieve needed innovations in university education, and lead Yonsei to fulfill its calling as the "light and salt" of the world.

Light and salt are well represented in Yonsei's color blue, symbolic of the ocean. The ocean embraces all colors and yet maintains its distinct blue. The ocean is also a reservoir of salt, the ingredient essential to life. The deep sea, too, is home to creatures of all colors, sizes, and characters, yet never loses its color. Herein lies the essence of the ocean. Yonsei is also a great ocean, carrying at its core a God-given calling but also advocating the pursuit of advanced knowledge.

Making new history of Yonsei

I close today by asking a favor of all of you here today: I request that you share the weight of responsibility that I have taken on as president. I ask this in part to have you fill in my limitations, but more because Yonsei's providential calling is so precious, and because we all share in valuing Yonsei's dignity and essence. Yonsei's first president George Paik (Paik Nak Joon), who led Yonsei's postwar growth, once said that "People come and go, but the spirit of Yonsei lives on forever."

With your help, I aim to inaugurate a new period of Yonsei history-making. By encouraging a liberal and creative campus culture and instilling a spirit of service, I envision a world-class university full of passion and energy. This is an attainable goal because, after all, this institution, where we make history, is Yonsei University!

Our journey, which begins here and now, will make the new history of Yonsei, the new history of Korea, and the new history of the world. This university, begun 127 years ago through God's will and the dreams and dedication of a missionary pioneer, now prepares for a new phase in history driven by all of our dedication and energy. May God bless all your households

December 3, 2012

Asian Universities Ascendant: Challenges and Responses

Speech at Stanford University

Good afternoon. As President of Yonsei University, I am honored to be here today. Stanford University is a special place to me. My job is thinking about the future of my university, and I cannot think of a better model for my university than Stanford. Stanford seems to have solutions to all the problems facing universities all over the world: balance between education and research, excellence in all areas of research, cooperation with industry and the business community, and development of new standards in education and research.

Recently, Asian universities have also become the talk of the town. Interest in Asian universities is growing as all major Asian countries target higher education as their next "growth industry." The results of government investments are beginning to show. The rankings of Asian universities are rising rapidly. The story of Asian universities, however, is more than their rankings. What is less known to our friends outside of Asia is growing challenges that Asian universities face in their societies and efforts by Asian universities to deal with them.

New challenges of Asian universities

Let me begin with international rankings, as they are the most visible symbols of change in Asian universities. The two most influential global rankings, those produced by the Times Higher Education magazine and QS, have highlighted the extraordinarily rapid ascent of universities in East Asia. The leading institutions in emerging Asian countries, such as China, Singapore and South Korea, have all recently made very strong gains. Six of the leading universities in Korea were in the global top 200 in QS. Yonsei, traditionally Korea's number one private comprehensive university, stands on the brink of entering the global top 100, being ranked now at 112 overall in the 2012 QS world university rankings. The rankings of Korea's top universities have risen very rapidly in the last few years in both QS and Times Higher Education reports, in fact, with Yonsei as one of the most rapid climbers. I hope you will forgive my celebrating also the fact that in this year's domestic rankings, produced by the widely read Joongang Ilbo newspaper, Yonsei University outranked Seoul National University for the first time!

Yet new challenges accompany progress as Asian universities continue their ascendancy and competition within Asia is also intensifying. In my talk, I will discuss the pressures that Korean universities face and their efforts to reform and adjust to new times and new challenges. Today, all of us are faced with a rapidly changing environment and new challenges in higher education. Currently, Asian universities are actively pursuing global competitiveness, and society demands that universities produce world-class research, produce innovative leaders, and train graduates in skills that are more responsive to the labor market.

Universities are pressured to achieve, and sustain, "world-class" status: the very highest international standards. This isn't just a theoretical exercise; top universities are unique institutions that are incredibly valuable to our local, national, and global societies. They have a transformative effect on the lives of their already-talented students, challenging them to even greater heights of achievement, and sending them out into the world equipped to assume positions of academic, cultural, artistic, and political leadership. World-class universities conduct research that transforms our understanding of the world, past and present, and that cures real world problems, such as disease. They generate ideas that become businesses, creating value for our economies. Governments from Beijing to Berlin are investing billions in a bid to transform their universities into genuinely world-class institutions. Their existence and their persistence matters enormously, not only to the people who work and study in them, but to the people in the societies around them.

Autonomy and accountability

Korean higher education institutions, particularly private universities, which make up around 85 percent of the sector, currently face a number of important and controversial policy challenges. These have to do with complicated issues related to the autonomy and accountability of Korean universities, as well as difficult decisions about resource allocation. In addition, the number of students nation-wide enrolling in universities is rapidly dropping and is expected to decrease by more than 30% in the next ten years.

Among the many challenges, four recent debates in the Korean context are particularly salient. Broadly, these policies fall into one of four categories: 1) policies supporting drastically reduced university tuition, 2) policies regarding university admissions, 3) policies prioritizing the funding of public universities rather than private universities, and 4) policies regarding university governance. In this presentation, I will briefly describe each of these policies in turn and discuss the challenges associated with them.

A key debate in Korea is over proposals drastically to reduce university tuition, referred to in the Korean media as the "half-priced tuition" debate. Several factors, including government underfunding, an oversupply of private universities, and a shrinking school age population have resulted in private universities increasing tuition. If mandatory tuition cuts were implemented, they would negatively affect the competitiveness of Korea's rising universities. If we emphasize only low-cost education, Korea's top universities may find themselves facing a serious financial crisis. Rather than focusing on a tuition figure, we should consider how much universities are really investing in student education and how much they are providing opportunities to disadvantaged students. Yonsei currently provides both tuition for 4 years and living costs for those students who cannot afford these. Policies that would increase government regulation should be implemented only after very careful consideration of global standards and their applicability in Korea.

Another policy that remains controversial has to do with university admissions procedures and their implications for greater university autonomy. The so-called "Three No's Policy" was established to ensure equity and fairness, as well as to diversify the criteria of evaluating and selecting students for admission. The three "No's" or bans on university admissions consisted of: (1) Not allowing particular universities to administer entrance exams, (2) Prohibiting the acceptance of private donations in exchange for admission to a university, and (3) Not allowing universities to admit students based on the rankings of high schools, that is, the difference in quality of the high school student body should not be considered in evaluating high school grade point averages. Although the efforts to increase opportunities for students with less privileged backgrounds should continue, it is Yonsei's position that the best policies are the ones that give greater autonomy to universities so that they can build the capacity to become more globally competitive.

Funding and governance

The third issue is policies prioritizing the funding of public universities rather than private universities. Even though the vast majority of higher education institutions in Korea are private, as high as 87%, in fact, only a mere 3% of private university expenditures come from government funding. Today's oversupply of private universities, strict government regulations over private higher education, coupled with the political pressures to halve student tuition mentioned earlier, as well as strong public demand for quality education (related to the rising unemployment rates of university graduates) have resulted in a lack of strategic diversification among higher education institutions. Whether to downsize the private sector or provide full funding to provincial private universities is a continuing debate that has yet to be resolved.

Lastly, university governance has emerged as an important public policy issue. The Korean government revised the Private School Law in 2005, compelling schools to appoint outside directors and publicize board proceedings. Most private universities, including Yonsei, have been opposed to the revised law, considering it as an undue government regulation. While showing reservations on the government regulation, Yonsei has taken its own measures to improve the transparency of university governance. Recently, the university board has reduced the number of board members from church denominations to appoint more outside board members. We at Yonsei believe that self-regulations are the best means to assure transparency in university governance.

As I have sought to emphasize, Korean universities, especially in the private sector, are facing multiple, conflicting demands. Whether and how current and new policies will meet these demands remains unclear. Yonsei, as the leading private university in Korea, has tended to favor policies that promote university autonomy, which we believe is essential for Korean universities in general to become globally competitive. At the same time, Yonsei administrators remain aware of the social responsibility that accompanies greater autonomy. The future of the private higher education sector in Korea, including Yonsei, remains uncertain because this will depend on how different interest groups are willing to work together to bring about positive policy changes. In fact, South Korea's economic growth rate has not been able to exceed 2 to 3% over the last few years, and this negative consequence is mostly due to a decreasing school age population. I am very pleased to be able to say, though, as was noted by the QS Asia rankings this year, that Yonsei ranked the highest amongst all leading Korean universities for employer reputation. To address this pressure of slowing recent economic growth rates in Korea, I strongly believe that all universities, including Yonsei, should work to provide an education that raises individual productivity and lifelong learning.

In 2012, as the newly appointed President of Yonsei University, I proclaimed the "Third Founding" vision for Yonsei. Our Third Founding vision seeks to address clearly the role of universities as leaders of advanced education. We realize that we must grow into a global university, perform a leading role in creating new future values, and prepare to shape the development of Northeast Asia and the world. With this in mind, I want to describe the reform efforts Yonsei University will take to address the great challenges that we face as a global community in the 21st century.

Daunting challenges ahead

I am confident that Korean universities led by Yonsei will meet these challenges. My optimism is based on past successes of Korean universities in meeting social demands. In the early 20th century, universities in Korea worked towards the independence of the nation, and the formation and development of nationalism. Through education, universities stressed nationalistic sentiments that resisted colonial rule; they taught that nationalism is necessary for the creation of a national identity and an independent nation. Universities also maintained the existential values of Korean intellectuals to achieve true modernization. Korean universities in the 1960s and 70s focused on cultivating the administrators and technicians necessary for national development, in the belief that economic growth and development were essential for the country to overcome poverty and free itself from the restraints of being an underdeveloped country. In the 1970s and 80s, universities endeavored towards perfecting the democratization and democracy of Korea. Not only were Korean universities the cradle of pro-democracy movements; they were also used as valuable platforms for student movements related to Korean politics and wider social development.

The challenges of the 21st century are equally daunting. But I assure you that Yonsei is ready. Yonsei will continue to improve itself to match and indeed go beyond the current standards of a world-class university. In particular, we will introduce a Residential College(RC) system, a central component of the education at world-class universities, at our new Yonsei International Campus next year. The Residential College will integrate living and learning, where faculty and students can interact at a deeper level, students of all social and cultural backgrounds learn to appreciate diversity, and communication and cooperation are fostered. The Residential College will become a pioneering model of university education in Korea. The establishment of our International Campus in Incheon is fulfilling the purpose of the Memorandum of Understanding for the Songdo Global Academic Complex signed between the university and the City of Incheon in 2006 and it will further enable Yonsei to foster global talents and young leaders possessing a holistic and creative vision.

The varied holistic education programs that are being implemented as a central component of the RC system will cultivate Yonsei graduates who are equipped with multidisciplinary insights, service leadership, and the ability to make logical and analytical judgments. We hope and believe that Yonsei graduates nurtured through the RC system of integrating living and learning will become a superior advanced workforce. With upright character as their foundation, they will participate in the development of new and advanced science and technology.

Yonsei is the first major Korean university to operate a genuine multi-campus system. Yonsei's newest stage at Incheon will have completed 60 acres of buildings by the end of this year. By next year, its library and second residence building will be in place to complete the first phase of construction of a total of 76 acres. Yonsei's competitiveness will depend on how effectively the campuses at Sinchon, Wonju and Incheon, as well as the Yonsei University Health System, will operate under a multi-campus system. I will seek to enhance the distinctive characteristics of each campus whilst generating cross-campus synergies in education and research. I believe that Yonsei's cherished principle of autonomy as well as integration for our multiple campuses will set a model example for other universities.

Core values of 5C

Our university's mission must be to nurture students who are considerate and respectful of differences, who bring light to the darkest corners of society, and who can promote social cooperation. The holistic education of a Residential College integrates the intellectual, moral, and spiritual aspects of a true community of learning, providing a new model for internationalized higher education in Korea.

Meanwhile, during my time as President, I would like to improve our position as a university by a “Back to the Basics” focus on the highest-quality education for all students at Yonsei University. We hope to become recognized internationally as having the absolute best caliber education in Korea, in Asia, and in the world.

My focus on education means that we must devote all our energies, here at Yonsei, on cultivating global leaders. I believe that this involves four key elements: Communication, Creativity, Convergence, and Cultural Diversity.

Communication involves not only language and the ability to listen to and speak with others but also the empathy and strong personal qualities that enable a person to be a good communicator. In order to communicate well, a person needs to be able to truly understand and connect with others, even with those who hold very different views.

Creativity is the ability to think in new and innovative ways – a skill that is critical in all fields today. New and creative ideas give color, depth and dimension to everyday, mundane things. Creativity drives inventions and positive change, and permits us to grow in new directions. Without new ideas, the world would be a dull and static place, a place without change or invention. Creativity does not come easily to all of us, but it is very rewarding when it does. Creativity is inherent in all of us, and it holds the power to unleash new growth, new fields, and new development in ways we have yet to imagine.

The dynamic convergence of disciplines, the striking growth in inter-disciplinarity and integration, is a notable trend in higher education and research today. Such convergence in academic fields requires at the same time a "Back to the Basics" emphasis on General Education and the traditional core disciplines of Literature, History, and Philosophy. We need to remain true to the fundamentals of higher education whilst accepting and adapting to change. Convergence allows us to remain true to our original ideals while also adapting to the fast-paced changes of the world around us.

We live in an era of globalization in which cultural diversity in our societies is now the norm. We need to recognize and acknowledge that we are different from each other, and yet have the insight to see the similarities deep inside us. On the outside, we may seem to be different in appearance, culture, beliefs, and history, and yet inside we all share the dream of a better world and a better tomorrow. We need to embrace and reconcile diverse and seemingly incompatible characteristics.

We at Yonsei University are focusing also on innovative research and education that will support the development of future technology. Yonsei University is focusing on new medical technology, as well as the development of biomedical technology, in order to improve the quality of life and the prosperity of future generations. Development of these technologies will be essential in creating future values in Northeast Asia, the Asian continent, and indeed across the globe.

Strong partnerships with the world's leading universities

In light of these key priorities, Yonsei University is continually setting up schools for advanced research in our Sinchon campus, our Wonju campus, and our new International campus. We are encouraging research and development in advanced science and technology, the development of new medicines, and also new biomedical technology through expansion of the engineering school and the establishment of the School of Biomedical Science & Technology and the new School of Pharmacy. It is true that there is already considerable anticipation for the advanced research being performed at the International Campus; there are also international partner research teams participating in this cutting-edge research.

The crucial aspect of this future focus and strategy of Yonsei University is that the innovative science and technology and new technologies in the biomedical field will be developed and thought of as public goods. We want these to be of practical help in forming future values and improving the quality of life in Northeast Asia, the Asian continent, and, by extension, the citizens of the world. Therefore, we do not believe in any specific group or nation monopolizing advanced technology and information, or selfishly using these new concepts with a claimed exclusive power to dominate others. We are rather focusing on and working towards altruism: supporting the development and comfort of mankind as a whole, improving the quality of life and providing benefits to everyone across our diverse world. Through these initiatives that I have outlined briefly today, it is my sincere hope and commitment that Yonsei University will be reformed as a leading internationally oriented educational institution to pioneer changes in the global research and education system.

In an age of globalization, we at Yonsei recognize that we cannot achieve our Third Founding objectives by ourselves. Strong partnerships with the world's leading universities such as Stanford University and world-class business communities like Silicon Valley are essential to the growth of Yonsei University and the fulfillment of its role in rising Asia. The first step toward a true partnership is dialogue. I have shared my thoughts and look forward to continuing our conversations in the coming years. Thank you again for the opportunity to speak to you today.

아시아대학 부상은 위협인가, 기회인가?

| 정갑영 총장, 미 스탠퍼드대 연설

정갑영 총장은 12월 3일 정오(현지시간)에 미국 스탠퍼드대학 아태연구소에서 '아시아대학의 부상 : 도전과 과제'의 주제로 연설을 했다.

이 연설을 통해 정갑영 총장은 아시아대학의 부상이 세계적으로 주목을 받는 시점에서, 아시아대학 관점에서 그 의미를 진단한다. 특히, 정갑영 총장은 새로운 경쟁시대를 위한 아시아대학의 발전 전략으로 자율, 경쟁, 그리고 국제협력을 제시했다.

정갑영 총장은 또한 아시아대학의 부상이 미국 대학에게는 공동연구, 공동교육, 공동취업지원 사업 등의 새로운 기회를 제공할 것이며 연세대학교가 스탠퍼드대학 등 미국 명문대학과의 협력을 통해 이를 구체화할 계획임을 함께 밝혔다.

이번 스탠퍼드대 연설에서 정 총장은 대학의 사회적 책임 요구에 대한 연세대의 입장을 설명했다. 정갑영 총장은 대학이 세계적인 대학으로 발전하기 위해서는 등록금, 입학 분야에서 자율성을 부여받아야 한다고 강조했다. 대학이 자율적으로 발전해야만 소외계층 배려 등 사회적 책임도 같이 수행할 수 있는데, 모든 대학을 획일적으로 규제하면 앞서 가는 대학, 특히 사립대학의 발전에 큰 장애가 될 수 있다는 것이다.

정갑영 총장의 연설은 세계화 확대, 아시아대학 부상, 사회적 책임의 요구 등 새로운 환경과 도전에 처한 국내 대학에 앞으로 나가야 할 길을 제시했다는 점에서 그 의의를 찾을 수 있다.

연세소식 544호, 2013. 1. 1.

February 28, 2013

Be Yonsei Stars to Shed the Light on the World

Matriculation Address

Today marks the celebration of matriculation at Yonsei University. Each year, the entire Yonsei community, including myself, is filled with joy and emotion to welcome our new students.

Beloved new Yonseians,
On behalf of all Yonsei family members, I offer my congratulations to each of you on achieving admission into Yonsei University. Thank you for your efforts over the past years that have made this glorious day possible. From this moment on, you will become, now and forever, proud Yonseians.

Respected parents of our students, It has been a long journey, and I would like to thank you for raising your children with much love and sacrifice. Today, you also represent Yonsei along with our new students.

Picture your goals and dreams

My first year at Yonsei took place in 1971. I still vividly remember the joy I felt when I first received my acceptance letter to the school. 15 years after spending my undergraduate years as an ordinary, yet dreaming, economics major student who walked up and down Baekyang-ro, I became a professor to teach dreams to other students here at Yonsei. Now, as President of Yonsei, I am in charge of an important task called the 'Third Founding'. When pondering the various factors that helped me become who I am today, I think the most important is the element of "inquiry."

Since its founding in 1885 as the first modern post-secondary educational institution, Yonsei University has been fulfilling its mission to make new history in Korea. Yonsei's footsteps shaped the historical path of Korea's post-secondary education, while the roads taken by Yonseians paved the way for Korea's modern history. Over the past 128 years, Yonsei had fulfilled its historical mission to lead Korea's industrialization, democratization and development. For years, Yonseians have raised questions and sought answers throughout history to fulfill our God-given mission. The grounds where we stand here today hold the past 128 years of questions and answers.

What kind of future are you dreaming of now? Find a question that you can pursue for the rest of your life. The question should not only be about self, but about how to change the world, to embrace others and to stay honorable throughout history. Yonsei University is the most ideal place for finding your own question, through respectful interactions with outstanding friends and teachers. While enjoying this precious opportunity, please stay responsible before history and the world. Imagine how you will live out your life journey. Picture your goals and dreams with determination and willpower. Yonsei will be the field of making new history as you make your dreams come true.

My beloved students,
You are now standing at the starting point of a long marathon known as life. All students who enter Yonsei have limitless possibilities. Fulfillment of ideals begins with faith about the potential that each one of us has within him or herself. Only with faith and conviction, the future will be full of hope, and positive changes

can take place. Wind never pushes forward an aimless ship. By setting your own objectives, practicing with small tasks, realizing the meaning of life and reasons of existence, as well as igniting youthful passion on campus, your history will make a magnificent chapter in Yonsei's journey.

Rome was not built in a day. New history begins with small changes, and failures and frustrations may follow on the way. No one can be sure about how much despair, pain and hardships must be endured to accomplish a single task. The conditions will never be perfect for you to start something new. I would like to highlight especially that the first year of university will not only determine one quarter of your university years, but your entire university life. Therefore, I wish to advise kindly that each of you make specific goals and manage time well to start off your university life.

Cultivate innovative global talents

All incoming students this year will have an opportunity to experience something new, and never experienced by your seniors. The carefully-prepared Residential College (RC) education program will finally be launched at the International Campus in Songdo. RC is an education system operated by the University of Oxford and the University of Cambridge in the UK, as well as Ivy League universities in the U.S. Yonsei has adopted this program for the first time in Korea to advance further university education to a world-class level.

RC is not only about living together in dormitories. It does not only provide innovative teaching, but also integrates living and learning of culture, health, community and holistic education. By considering others and sharing diverse cultures together, you will be able to think and act independently. The Residential Master professors, who will be living in dormitories with you, will further foster an environment to research, contemplate, live and grow together. Such experiences will be valuable for those beginning at Yonsei as freshman students. Through the RC program, Yonsei will be able to raise innovative global talents and pave the way for the 'Third Founding" initiative.

My esteemed students,
By the grace of God, each of you was brought to this campus to prepare for a new leap during this most critical transition period. Stars are beautiful partly because they are self-luminous, but also because they shed light on the world to guide those who are lost. On the blessed grounds of Yonsei, I wish that you will become stars to lead the world.

I would like to express my sincere gratitude once again to the parents and relatives here today for raising your children to become outstanding students at Yonsei. Everyone at Yonsei will do our best to foster your children's growth into leaders of the future who can contribute to society and attain outstanding academic achievements. Also, as family members of Yonsei, please give your active support for Yonsei's initiatives as we strive to become a world-class university.

I would like to thank sincerely all distinguished guests for being here today and express again my warmest congratulations to students on your admission. I wish happiness and prosperity to you and your loved ones. Thank you.

March 12, 2013

Building a Creative Korean Economy: The Role of Higher Education

Korea Society Speech

Good afternoon, distinguished members of The Korea Society,

I would first like to thank everyone for taking the time to be here today. It is a great honor to be able to share my views on Building a Creative Korean Economy: The Role of Higher Education, especially in the presence of individual and corporate members who are dedicated to the promotion of cooperation between the U.S. and Korea in a range of crucially important areas, including research and education.

Following in the footsteps of her father, former President Park Chung-hee, who had achieved the 'Miracle on the Han River', the current President, Park Geun-hye, has promised the 'Second Miracle on the Han River'.

There are many obstacles to overcome in order for Korea to achieve an effective response to the challenges of the new global era. The competitiveness ranking of the ICT industry, which led Korea's economic growth in the 2000s, has plummeted from No. 3 in 2007 to No. 19 in 2011. The political community continues to warn that Korea may be heading into a vicious cycle that begins with a low birth rate and an aging population, which subsequently leads to low growth rates.

As is often highlighted in the media, most companies are seeking to expand their business portfolio in new industries for further opportunities. The important task of finding a new growth engine still remains, however. While complex and rapid changes are underway in all aspects of life, experts state that Korean society seems to have lost the momentum to be in the global vanguard of economic growth.

Trust and social integration

For consistent economic growth, we need human resources as well as physical capital. Despite Korea's shortage of physical capital, its development was brought about through creating a national pool of skilled and educated human resources. Systems and policies are also crucial elements in facilitating consistent economic growth. Stable development is hindered by unceasing internal conflicts between different social groups, regions and labor management. The rampant discord in Korea results in the weakening of "Social Capital", or people's ability to cooperate based on trust, as defined by Professor Francis Fukuyama. Without trust for each other, people began to emphasize other factors such as kinship, school relations and regionalism. For stable economic growth, we need to recover trust and create a harmonious social integration.

As many futurologists have predicted, the world is rapidly transforming into a knowledge-based society and knowledge-based economy. In an industrial society, capital and labor used to be the source of productivity. In contrast, in a knowledge-based society, knowledge and information are the core sources.

Advanced and specialized knowledge will certainly become the fundamental elements required to enhance national competitiveness and generate wealth.

At a time like this, the role of the university, which creates and extends knowledge, has become more important than ever before. Universities that create new knowledge through research, and then spread such knowledge through education, make change in a knowledge-based society.

In a study released in October 2012, "Stanford University's Economic Impact via Innovation and Entrepreneurship," it was estimated that companies formed by Stanford entrepreneurs generate world revenues of $2.7 trillion annually and have created 5.4 million jobs by opening approximately 40,000 companies since the 1930s. Such tremendous figures are more than double Korea's national GDP. Stanford President John L. Hennessey attributed such accomplishments to "Stanford's history, which has been pioneering innovations in research, transferring discoveries to the broader community, and educating tomorrow's leaders and entrepreneurs."

At her inauguration ceremony on February 25, 2013, President Park Geun-hye emphasized that a creative economy is a result of blossoming creativity after integrating science/technology and industries, as well as culture and industries, while eliminating the boundaries between different industries. For this purpose, President Park proposed to actualize a creative economy by producing new markets and new jobs, while advancing science and technology to a world-class level and applying them in all fields of commerce and industry.

Creative economy and higher education

The notion of a creative economy refers to an economy that evolves from a following and imitating economy to a leading and original economy. As the new government's starting point, President Park has prioritized the importance of industry-technology convergence for the expansion of growth potential and creation of new jobs, based on cutting edge science/technology and ICT.

The role of higher education institutions, or universities, becomes even more critical in the creative economy since they are at the front line of knowledge creation and education. Korean universities have been contributing to social development by fostering the necessary human resources to maintain the industrial society. The situation has changed, however. Today's rapid developments cannot be managed by the mass production of human resources alone. We need to cultivate creative global leaders who can support national growth.

As you may be well aware of, Korea's traditional culture emphasizes homogeneity and equality. Even in education, the concept of standardization has gained more public popularity instead of the pursuit of sheer academic excellence. Policies or regulations to foster academic excellence fall behind the logic of fairness. Some interpret the statement to 'provide equal opportunities for all' as 'everybody shall have the same abilities as everyone else'.

True global leaders, however, can only be raised with respect and regard for others, and for diversity, as opposed to those who conform to familiar environments.

To foster creativity, universities should change their education system and environment to blend in diverse students' and faculty members' experiences and skills in a creative manner. In order to cater to the varied demands and needs of a diverse mix of students, we need to switch to targeted education, departing from mass education or a standardized education system. By creating a university culture that respects communication and diversity, we also need to extend such a culture into the wider society.

University education should also directly and indirectly contribute to social cohesion and conflict resolution. Above all, creative specialists should be produced to perform in this highly specialized society. Only a truly advanced and differentiated university education will make such changes possible, further leveraging personal and national competitiveness.

Instead of a standardized mass education system, Korea's universities should now re-think the essence of higher education institutions, which must combine elements of education, research and service to society.

In addition to classroom teaching, Yonsei University introduced the world-class Residential College system at the International Campus in Songdo, where students will live and learn together to participate in a range of extracurricular activities that include community service, cultural and physical education programs to enhance their creative thinking, flexibility, adaptability, and problem-solving skills. To facilitate future-oriented education programs, we will also expand targeted and convergence programs at our Songdo Campus, including the IT Techno-Art Division, the School of Asian Studies, and the IT Outstanding Talent graduate program.

To educate multicultural leaders and select outstanding students with great potential, Yonsei University has increased the enrollment of students from marginalized social groups. Moreover, we are striving to attract more outstanding international students to expand the proportion of foreign students to the 25% level by 2020.

Undoubtedly, universities cannot produce creative talents for a creative economy through their independent efforts alone. The World Bank has proposed the following conditions as the basic requirements to make a good university: ① excellent teaching and research faculty members and students; ② good governance for educational systems and policies; ③ a stable financial base. While Yonsei University already has outstanding teaching and research faculty members, as well as students, Korean educational policies should be improved to enable universities to gain global competitiveness and secure the requisite financial base and autonomy.

The role or essence of a university should be considered first, before imposing standardized regulations without regards to the uniqueness and distinctiveness of each university. While Korea's universities are already competing in the global league, concerns are rising that under the current system and regulations for national uniformity, our universities will be standardized downward.

We can also create great programs and environments to attract more international students. With standardized regulations and pressure to decrease tuition fees, however, an increasing number of Korean students will be forced to go abroad to foreign universities for higher quality education. Financial donations to Korean universities still remain at a minimal level in Korea. Inevitably, then, Korean universities will lose their global competitiveness if standardized regulations continue to be enforced.

Autonomous private universities

As President of Yonsei University, I have already proposed the model of the 'autonomous private university' as a solution to this challenge in Korea. In Korea, private universities are institutionally autonomous, but heavily regulated by the government in university policies such as student recruitment and finance. For outstanding universities, the government should ease regulations in order to help them become more genuinely autonomous. Autonomous private universities, as a matter of national policy, will not only maximize their own institutional autonomy, but will contribute also to broader social and indeed national progress, in fact. Universities will also integrate and advance society as a whole by resolving social conflicts as we expand learning opportunities for all, which will subsequently reinforce the improvement of the university's autonomy.

The current rapid changes occurring in the global economy, such as the emergence of developing countries, offer an ideal opportunity for Korean universities to advance in the global league. Korea's economic level and its huge potential can support at least 10 universities to rank in the top 100 world universities, and the results of President Park Geunhye's proposal to actualize a creative economy can contribute to this goal. It is also necessary to perceive higher education as a vital national industry and priority. Promoting higher education will foster global competitiveness of leading Korean universities and attract outstanding students. It can thus become an essential means to advance the national economy.

The question is whether or not Korean universities and the country are willing to pursue this opportunity. Yonsei University is determined to continue to grow as a global university to represent Korea through its sustainable development model that fulfills the needs of society, both domestically and internationally. Thank you.

2013. 3. 12.

UN 글로벌 컬로퀴엄 2013 참석

정갑영 총장은 3월 12~17일 UN이 주관하는 '글로벌 컬로퀴엄 2013(Global Colloquium of University Presidents)' 등에 참가하여 글로벌 네트워크를 다졌다. 글로벌 컬로퀴엄은 세계 주요 20여 개 대학의 총장들이 UN이 설정한 새천년 개발 목표(MDG: Millenium Development Goals)의 달성을 위해 대학이 담당해야 할 역할과 공공 정책 및 교육 방향을 논의하는 회의로 2004년부터 개최되어 왔으며, 국내 대학은 이번 7차 회의에서 처음으로 우리 대학교만 초청됐다.

2013. 3. 13.

정갑영 총장, 코리아소사이어티 강연

"창조경제에서 지식의 최전선에 있는 대학의 역할이 더욱 더 중요하게 여겨질 수 밖에 없다." 정갑영 총장이 3월 13일 미국 뉴욕에서 열린 코리아소사이어티에서 창조경제와 고등교육의 역할에 대한 강연을 펼쳤다. 코리아소사이어티는 한미 간 상호협력 증진을 위해 활동하는 미국의 비영리단체이다. 정총장은 "과거와 같은 학원식 대량생산 체제로는 최근의 변화에 대처할 수 없다. 이제는 국가 전체를 먹여 살릴 수 있는 창조적인 글로벌 리더를 양성하여야 한다."고 강조했다.

April 2, 2013

"Throw Your Nets into the Deep!"

Chapel Sermon

I would like to begin this Chapel by congratulating and welcoming all of you today, especially the 2013 entering class of Yonsei University freshmen. For the freshmen, your acceptance to Yonsei must have been a long and rigorous journey and I hope that you are as happy to be here as I am proud to have you here.

Forty-two years ago, I was sitting where you are sitting now, and becoming a Yonseian was one of the most rewarding moments of my life. It marked the beginning of bigger dreams and opportunities, and I hope that the same will apply to you. The next four years will be your first steps toward fulfilling your dreams. I hope that you will remember, for the rest of your life, the great joy that you felt when you first entered Yonsei, and use it as a stepping stone to your dreams.

Dream big!

Last month, I participated in the 7th meeting of the Global Colloquium of University Presidents in New York. The Colloquium is sponsored by the presidents of New York University, Columbia University, Princeton University, the University of Pennsylvania, and Yale University. This year they invited 26 international universities to participate, and Yonsei was the only Korean university to be invited. The presidents of the world's leading universities came to talk about what the future holds for us and the role of the university in a global context. What and how should we teach our students? As the only Korean president there, I realized how important Korea had become in the international context and how the status of Yonsei University had risen also. In order to keep up our status not only as Korea's leading university but as an international leader, we must cultivate global networks. This is part of my bigger dream to make history at Yonsei.

I was proud not only to represent Yonsei but also to be Korean. The center of the Colloquium was Secretary-General Ban Ki Moon. As the featured speaker, he led the discussion on the United Nations Millennium Development Goals with an emphasis on global public health and the role of universities worldwide on improving global health goals. During my stay, I was fortunate enough to have lunch with the Secretary-General. As I was talking to him, I began to wonder. What had motivated him to become such a world leader? How had Korea produced such talent?

When Ban Ki Moon was a boy, we lived in a poor country, with most Koreans worried about having enough food in their bellies. It was not very different from Chosun that Yonsei's founder Dr. Horace Grant Underwood described as "a stubbornly stained darkness" with people "chained with poverty and superstition." Secretary-General Ban rose from this darkness. How did a boy from the regional city of Chungju dream of becoming a diplomat?

Over lunch I learned the answer to this question. In 1962, at the age of 18, Secretary-General Ban, along with three other students, was picked by the Korean Red Cross to visit the United States for a month. The program brought together 102 students from 42 different countries. The trip proved to be a life-changing moment. The shy teenager met the President of the United States, John F. Kennedy, who told him that "There are many nations that do not get along, but the people of these countries get along well. The students here today are the hope of the future." President Kennedy asked each student participant what he or she intended to become, and when it was his turn to respond, Ban answered, "a diplomat." It was this meeting that allowed a small town teenager from a poverty stricken country to dream big, and his response to JFK that Ban kept in mind for the decades that he studied and practiced diplomacy.

Such life-changing moments affect many of us. One of my favorite poets is Chung Ho-seung. When he was in middle school, he wrote a poem for his class and his teacher asked him to read it out loud. It was the first poem that he had ever written, "In a Gravelly Field." When he finished reciting it, his teacher ruffled his hair, and said that he would become a wonderful poet if he worked hard. The casual comment changed the life of Chung Ho-seung who to this day remembers the touch of his teacher's hand and uses it to guide his poetry writing.

What is it that decides our destinies? Coincidence? Luck? Fate?

Today's Bible verse, Luke 5:3-6, may shed some light: [Christ] entered into one of the ships, which was Simon [Peter]'s, and prayed him that he would thrust out a little from the land. And he sat down and taught the people out of the ship. Now when he had left speaking, he said unto Simon, Launch out into the deep, and let down your nets for a draught. And Simon answering, said unto him, Master we have toiled all the night, and have taken nothing: nevertheless at thy word I will let down the net. And when they had this done, they inclosed a great multitude of fish; and their net broke. [King James Bible]

If Peter had not thrown his net into the deep as Jesus had asked, he would not have been able to catch so many fish. Jesus was a newcomer and Peter was the expert fisherman of the Sea of Galilee. Peter's example teaches us that strength can be found in listening to others. Jesus imparted his wisdom and Peter was humble enough to listen to him. Those of us living in the modern world where the meaning of community is lost should keep in mind the importance of helping others and listening to them.

Today, however, instead of focusing on Peter, I would like to focus on what it means to throw one's net into the deep. It seems almost intuitive that to catch more fish we need to cast our nets into deeper waters. Where there is more water there will be more fish.

I always tell my students to dream big. Dreaming big is not only about producing or possessing more; it's not about external or material success. Dreaming big is like throwing one's net into the deep. It is about internal depth, about love and justice, the depth of one's soul. In order to dream larger and better you should not be afraid of throwing your net into unknown deeper waters. "Absolute" depth is as important as relative breadth. In this sense, life is both an ocean and a well. Life is both vast and deep. It should be vast as the ocean but it should be as deep as a well. Cultivating the depth of your soul is imperative. Possessing the breadth of the ocean while also striving for the single-minded depth of a well is important because the most valuable things are found in deep places.

In contemplating and cultivating your inner depth you will realize that your life not only belongs to you but it also belongs to your surroundings, the society you live in. This requires you to respect others and to take bigger responsibilities. The life you decide to lead should be cherished. Every life is different and unique. It is precious in its own right and way. In order to live life to its fullest potential you must dream big. Do not be afraid to cast your net into unknown waters.

Peter must have had his apprehensions but he overcame them and cast his net into the deep. What did he take away from this encounter with Jesus? If you have been paying attention to the news these past few weeks, you may have heard of the Fisherman's ring that Pope Francis made for his inauguration. This ring is made in honor of Peter, the first Pope, the main character of our story. After his net broke because of the multitude of fish, Peter began to fish for people; he became a fisherman of people's souls. Jesus taught Peter to dream big, allowing him to become a fisherman of truth. To this day, Peter's big dream is carried on in the Fisherman's ring.

Concentrate!

Having a vision for the future is only the beginning. Success is also based on concentration, on your mind set. Li Guang, a famous general of the Han Dynasty, was walking in the woods one night when he saw a crouching tiger in the distance. Since he was a skilled archer, he shot the animal with his bow and arrow. When he approached the tiger to examine it, he found that his arrow had pierced a rock. Unable to believe his eyes, he tried again and again to repeat the feat and pierce the rock again, but he was unable to do so. Sima Qian's Shiji explains Li Guang's inability to penetrate the rock due to his difference in attitude. When he had thought the rock was a tiger he shot to kill to defend himself. However, once he knew that his target was a rock, he could not muster up the same degree of concentration. Even though external conditions remained the same, he now had a different mindset, and could not achieve the same. His success depended on his ability to believe that he could kill the tiger and his ability to concentrate on the target.

Like Li Guang, most successful people are known for their powers of concentration. Beethoven, the composer, lived in Vienna for 35 years, and moved 79 times in this time period. He would often get into fights with his landlords because he played his piano late into the night. He would start playing early in the morning and would not realize that he was playing so late and disturbing other tenants. Once, Beethoven was moving to his new home in a carriage. When they reached the new house, the carriage driver was surprised to see that the composer who had started the journey with him was nowhere to be found. Beethoven had had an inspiration as they passed a forest and had jumped off the carriage. He spent the rest of the night composing in the woods and made his way back home. Greeted by his angry landlord who yelled at him to leave, Beethoven finally realized that he had come to his old house. So engrossed was he in his music that he had forgotten that he had moved.

Even though he was a great composer, Beethoven's personal life proved to be rather unsuccessful. After one of his disappointing love affairs, the composer got lost in the countryside. When he finally made it back home, he ran to his piano without even taking his hat off to compose what we know today as the Appassionata Sonata. Beethoven's concentration really came to light during his last years. It was only due to his wholesale immersion in his music that he was able to compose his best works after he became completely deaf.

How much effort do you put into fulfilling your dreams or life goals? I would like to ask you to concentrate on living your life, completely immersed in your studies and interests. In the long run, the four or so years that you spend at Yonsei will seem like nothing at all, but these are in fact the most important four years of your life. If you use these four years wisely, you will be able to discover life goals that will allow you to concentrate like Li Guang and Beethoven.

Act now!

Dreaming big and concentrating is useless if you do not begin fulfilling your dreams. Let's say you want to see a flower. If you decide not to plant the seed because you think it's too late, then you will never see the flower. If you want to hear an echo you have to climb to the top of a mountain and shout. Some of you will wait for the perfect time to go to the mountain. Some of you will not be able to decide whether you want to go or not. There is no perfect moment to begin. Right now is the best moment to begin anything. As freshmen students you are at the finest instant to begin acting on your dreams. The vast resources and new opportunities provided by Yonsei University are at your disposal. Do not waste them.

The great Chinese calligrapher Wang Xizhi, perhaps the most notable calligrapher of all time, practiced so diligently that he turned a pond black with his incessant rubbing of an ink stone. Leonard Bernstein who made his debut as a conductor at the New York Philharmonic Orchestra at the mere age of 25 commented that "If I miss one day of practice, I notice it. If I miss two days, the critics notice it. If I miss three days, the audience notices it." Acting on your dreams only works when you have invested time and effort. If you wish to succeed like Ban Ki Moon, Li Guang, Beethoven, Wang Xizhi and Leonard Bernstein, begin today.

Throw your nets into the deep. Dream big. To make these dreams come true, concentrate and work hard. Start now. Your first year at Yonsei will not only decide the next four years but it will also be the stepping stone to the rest of your lives. The choices you make today will decide who you become tomorrow. One of my favorite playwrights, George Bernard Shaw, wrote that "People are always blaming circumstances for what they are. I don't believe in circumstances. The people who get on in this world are the people who get up and look for the circumstances they want, and, if they can't find them, make them." Become a person who makes your dreams come true. My dreams for Yonsei are slowly becoming fulfilled through Yonsei's Third Founding. My participation in the Global Colloquium of University Presidents is just the beginning. Yonsei is making history with our Third Founding. You are the new stars of Yonsei. Go out and make your history.

2013. 5. 1.

SSCI 등재지 「Global Economic Review」

동서문제연구원의 학술지 「Global Economic Review」 올해 첫 호인 제42권 1호가 최근에 영국의 세계적인 출판사 'Taylor & Francis Group Routledge'에서 발간됐다. GER은 정갑영 총장이 편집인, 스위스 IMD Jean-Pierre Lehman 교수와 미국 코넬대 Robert T. Masson 교수가 공동 편집인으로 참여하고 있으며, 2006년부터 한국학술진흥재단의 등재지, 2009년부터 국내 경제학 분야 최초로 세계적인 사회과학논문 인용색인인 SSCI에 등재된 영문학술지이다.

언더우드국제대학 박형지 학장과 학생들

November 13, 2013

The Future of Japan-Korea Cooperation: The Positive Role of Universities in Both Japan and Korea

12th Japan - Korea Millennium Forum Speech

Future of Korea-Japan relations

This year's forum is more meaningful than ever, as it is graced with the presence of President Seike Atsushi of Keio University, President Kamata Kaoru of Waseda University, and Executive Vice President for Administration and External Affairs Yeom Jaeho of Korea University. Conflicts continue to exist between Korea and Japan, and so we are here today to review the specific role of universities in improving relations between these two countries.

Right now, Korea-Japan relations are reported to be at their worst since 1965, when diplomatic relations were normalized. There is no telling when the tensions might subside, and the continued problems are only causing tremendous economic and social losses for both parties. As time goes on, the governments and the people of these two countries are showing a tendency to entrench the divisions instead of making efforts toward reconciliation.

In the past, the relationship between Korea and Japan was different in certain ways from that between Japan and China. The diplomatic conflicts between Japan and China immediately affected those countries' politics, economies, societies, and cultures; on the other hand, political tension between Korea and Japan did not have an impact on their economic or cultural relations. Recently, however, Korea-Japan relations have raised concern that their political issues seem to be affecting other areas, as well. This is a very worrisome sign indeed.

The current relationship between Korea and Japan can be described as a 'monologue.' Each party is focused only on delivering its own opinions unilaterally. In order to achieve 'collaboration,' it is crucial for the two countries to replace 'monologue' with 'dialogue.'

An effective partnership requires both competition and collaboration. A partnership cannot be established if one competes without making an effort to defend common interests. Without collaboration, a partner is merely a rival. This applies to both governments and universities.

Collaboration is the result of dialogue. At the same time, it is a means for two countries to improve their well-being in various areas. In this sense, Korea and Japan will be able to see meaningful results by engaging in dialogue based on collaboration.

To improve Korea-Japan relations in the future, universities have a mission to overcome the unilateral, self-assertive, and monologue-based interaction that we now see between the two countries. Although many schools have recently come under fire over various issues, the university remains a social community based on 'rationality' and not 'profit.'

More than any other organization in society, the university is able to examine, correct, and develop itself. Also, universities are accustomed to proposing the best solutions that transcend local interests and exclusive prejudices. That is why universities have a very useful and important role in bridging different interests, opinions, and societies to initiate effective dialogue.

Cooperation between universities

Japan's Keio and Waseda universities and Korea's Yonsei and Korea universities first opened dialogue through the 2002 Millennium Forum. Over the past decade, the presidents of these four universities have come together to discuss various topics and exchange opinions about school management.

Such dialogue must continue. But now, we must take a step further to find areas of mutual collaboration. Although Korea-Japan relations have already expanded to various sectors, I believe that collaboration between our four schools will play a special part in helping to develop constructive Korea-Japan relations in the future.

As president of Yonsei University, I wish to propose collaboration in four dimensions: collaboration in education to foster future leaders with a strong sense of social responsibility; collaboration of professors in interdisciplinary research for carrying out various convergence studies; collaboration for developing the careers of graduating students; and collaboration for enhancing the competitiveness of the global society.

Collaboration in education to foster future leaders

First, our schools must work together to foster creative leaders who can contribute to society.

Last year, Yonsei University began operating a residential college, or RC, at the Incheon International Campus. The RC has achieved results that surpassed our expectations. For the past year, students at the RC have achieved academic excellence while at the same time fostering communication skills, social responsibility, and cultural knowledge.

RC education is an innovative system that is essential to Korea and Japan. Starting in elementary school, students in Korea and Japan tend to devote their energies to college entrance exams. Their learning habits become extremely passive, and their lifestyles become very restricted. Students continue to hold onto such habits even after entering university. Our schools continually emphasize the importance of creative education. But students, lacking control over their own space and time, do not know how to think creatively, how to form dynamic relationships with others, and how to serve society.

RC education is a meticulously planned educational program that helps students grow into mature individuals who can take initiative and show respect for others.

If students from Korea, Japan, and other Asian countries have the opportunity to study and live together at an RC, we can expect to see significant improvements in Korea-Japan relations in the future.

The older generations in Korea and Japan had few opportunities during college to enhance their understanding of one another. Foreign students were rarely seen on campus, and only a small number of domestic students had the chance to go abroad. The present leaders of Korea and Japan opened dialogue only after acquiring their high social status. Thus, the inflexible monologues we see today are, in part, related to the lack of communication in the past.

If our students are given more opportunities to communicate and collaborate while at university, they will grow to become future leaders who understand the true meaning of collaboration.

Through the Yonsei RC program, we hope that students from Korea and Japan can exchange and share ideas in various fields by interacting in both classes and dormitories. This, in turn, will significantly improve future Korea-Japan relations. For this program, we hope to hold detailed discussions on various matters, such as the task of adjusting our academic schedules.

Collaboration in convergence research

The research of the future is focused on convergence studies that transcend existing academic limitations. Last March, Yonsei University launched the Institute of Convergence Science to promote convergence research. Professors from the Sinchon campus, the Yonsei University Health System, Wonju, and the International Campus participated in the research institute, conducting interdisciplinary research in all academic areas, including medicine, engineering, natural sciences, humanities, and social science.

The Institute of Convergence Science is currently composed of 50 research centers, with about 500 professors now conducting research. I was amazed at how many professors had gathered in such a short period of time to participate in convergence studies.

The Institute of Convergence Science carries out research on various topics. One research center is integrating social sciences with natural sciences to study the diverse conditions required for co-existence and cooperation. Another center is combining medicine, engineering, and social sciences for brain research.

In addition to launching the Institute of Convergence Science, Yonsei University built the Yonsei Research Map, or YRM, to connect various studies being conducted by Yonsei researchers. YRM is a cyber network that helps bring researchers together, and it is open to the general public.

Interdisciplinary research need not be restricted to a single university. If the universities participating in today's millennium forum can connect, we will be able to expand the network of convergence studies, helping to activate further research.

Korea and Japan each has unique competitive advantages in various academic fields. In the same way, Keio, Waseda, Korea, and Yonsei Universities have different strengths in different areas. By comparing and closely connecting our research efforts, we will achieve outstanding research competitiveness in the long term.

For example, the United States is currently considered the hub of East Asian studies. But if the Japanese scholarship at Keio and Waseda is combined with the Korean studies at Korea and Yonsei, the central axis of East Asian research will soon shift to East Asia.

If the four schools participating in today's millennium forum activate a Korea-Japan research network, we can easily expand East Asian research, an important part of the humanities and social science fields. Furthermore, this collaborative approach can be applied to engineering, medicine, and natural sciences. In this way, research cooperation between Korea and Japan will prove essential to the development of relations between the two countries.

The expansion of such a research network will bring about results similar to those of free trade agreements in bilateral economies. FTAs cause larger markets to form, improve consumer welfare, and increase the competitiveness of producers.

Likewise, the expansion of a research network between Korean and Japanese universities will help advance various research areas, as well as enhance the capabilities of researchers. This is why the participants of today's millennium forum must compete and collaborate at the same time.

Global social contribution and collaboration of private universities

The last area of collaboration involves the social contribution we make as private universities. The most important contribution schools can make to society is the fostering of talented individuals who can lead and develop society.

The four universities participating in today's forum are prominent private universities that play a key role in the societies of Korea and Japan. Our schools recruit and foster native and foreign students with exceptional talent through various admission processes. Year after year, our academic curricula improve and strengthen.

And yet, our schools continue to face great difficulties in putting these educated individuals into suitable positions in society. The challenge that we face today is not the unemployment of the highly educated population. Rather, it is a crisis of finding suitable jobs for the highly talented.

During their stages of rapid economic growth, both Korea and Japan recruited new employees mainly based on educational background. Now, though, students cannot be guaranteed employment based on the reputation of their alma mater. Many students work hard to show their competence by acquiring various certificates and qualifications, but it remains uncertain whether their efforts can ensure jobs.

The ratio of female students is gradually increasing at Yonsei University. We believe this is also true for the other schools gathered here today. However, the large corporations in Korea are not especially active in recruiting female graduates. This fact forces female students to search for government agency jobs or specialized jobs, which are extremely limited in number. And if they fail in their efforts, women of outstanding talent lose the chance to contribute to society in the long term.

The future of our students can be significantly improved if we exchange employment-related experiences, communicate our collective opinions to society, and send specific messages to corporations. This, in turn, will help students find suitable jobs in a larger labor market.

Concluding remarks

It is extremely difficult to rely only on political methods to resolve the pending issues between Korea and Japan. In these circumstances, specific acts of cooperation among our universities will ultimately contribute to improved relations between the two nations. In particular, this new process of academic collaboration will hold great value in a society increasingly marked by conflict and competition.

2013. 11. 8. 우정원 학생 기숙사 기공식 개최

학생 기숙사 '우정원(宇庭園)' 건축 공사의 첫 삽을 뜨는 기공식이 11월 11일 오전 11시 신촌캠퍼스 북측 신축 부지에서 열렸다. 부영그룹이 건립해 우리 대학교에 기증하는 우정원은 연면적 약 6,612㎡이며 총 174실, 430명이 거주할 수 있는 지하 2층, 지상 5층 규모로 건축될 예정이다.

Presidents of Yonsei, Keio, Korea and Waseda Universites Gather at Korea-Japan Millennium Forum

Focus on Contributions to World Peace and Prosperity

On October 21 and 22, the thirteenth Korea-Japan Millennium Forum was held at Waseda University in Japan. In attendance were the presidents of Yonsei, Keio, Korea, and Waseda universities, along with students and faculty members from each institution. The forum, which was established in 2002, seeks to enhance cooperation and intellectual exchange between the universities, while helping to shape a vision for the future of Korean-Japanese relations.

The theme of this year's forum was "Korea-Japan Relations for the Next Generation: Contributions to the World for Peace and Prosperity." The four presidents discussed the development of higher education and the role of private universities in improving relations between Korea and Japan. They also emphasized the importance of research cooperation on issues of vital interest to both nations, such as the aging of society.

From Yonsei, Mo Jong-ryn, vice president for International Affairs, Kim Sang-jun, director of External Cooperation, and Lee Bo-kyung, director of International Education, gave presentations and led discussions on the "Enhancement of Gender Equality and Diversity in University and Society" and the "Korea-Japan Relationship in the World." In the student session, there were presentations and discussions on the theme of "Building a New Korea-Japan Paradigm." Participating in this session was Underwood International College (UIC) student Du Jun-ho, who is currently on exchange at Keio University.

Next Year, Yonsei will play host to the fourteenth Korea-Japan Millennium Forum.

12th Korea-Japan Millennium Forum (Yonsei News, 2014. 12. 15.)

August 29, 2014

Yeast of the World to Change the Faithless Society into a Society of Faith and Trust

Commencement Address

I would like to express my sincere gratitude to all honored guests who have joined us to grace today's commencement ceremony. Above all, my heartiest congratulations are sent out to everyone who will be graduating today with their well-deserved undergraduate, graduate and doctorate degrees, as well as their beloved family members and friends.

Beloved graduates,
Today is your day. You are now the proud alumni of Asia's leading private university, Yonsei University. I would like to commend the end of your long journey over the past years here, enjoying the romance and delight of youthful days, at times carrying the burden of intellectual responsibility, and yet still completing the challenging tasks of work, family and studies. Please send a big round of applause to show our appreciation to your family, friends, colleagues, and teachers of Yonsei.

The spirit of Yonsei

I had recently attended my daughter's graduate school commencement in the U.S., so today's ceremony feels closer to my heart. On a side note, her graduate school allowed only up to three family members to accompany the graduating student to participate in the ceremony. All other attendees were required to pay for entrance tickets, which made me think that Korea is still a nice place to live. On the other hand, it helped me reflect on how meaningful our commencement ceremonies are, whether or not it is worthy of paid entrance. It is my wish to make your graduation ceremony a happy and joyful occasion.

Graduation marks the end of one chapter in life, but is also a turning point for the next new one. You are now facing a new – and sometimes overwhelming – journey into the world after leaving this campus. Your future path may not always be rosy and you may have to face thorns along the way. However, do not worry. Please have faith that anywhere you go, the roads you pave will change the world and the future of humanity to begin a new history. The spirit of Yonsei is about believing in miracles and making them come true by overcoming high barriers along the way. Yonsei is a place "where we make history" based on its 129 years of challenge and its pioneering spirit.

The late Odon Kwon, who will be receiving his certificate of honorary graduation today, is a living witness to this spirit of Yonsei. After entering Yonhi College to study mathematics and physics, he participated in the June 10th Independence Movement and became imprisoned as a patriot. Two years later, he eventually passed away due to the aftereffects of torture during his imprisonment. Just like Kwon who offered his life in pursuit of the goodness of the community, the spirit of sacrifice is the source of what made today's Korea and Yonsei.

Dear graduating students,
At times it may not be easy to overcome high barriers. Yet the path may become even more difficult if you are intimidated, worried, or fear failure. You must concentrate on the present moment with all of your heart. The Great Learning from the "Four

Books" in Confucianism said, "When the mind is not present, we look and do not see; we hear and do not understand; we eat and do not know the taste of what we eat." We must devote our hearts to become people of empathy who can see well, hear well and empathize with our surroundings.

Do not despair if you experience an unexpected fall along the way. Simply get up again to take a firm stand and continue walking forward. Success does not mean owning many things. Success is getting up after falling and learning from our mistakes. Yonsei's name shines in history today because we have experienced trials and falls, but we were always determined to get up and continue walking our paths.

At Yonsei, you have not only gained outstanding academic capabilities, but learned firsthand the living history and spirit of Yonsei, which cannot be experienced anywhere else. Yonsei has created an unprecedented history of miracles through endless challenges and pioneering over the past 129 years. Through the sacrifice and passion shown by its many benefactors and pioneers during the seemingly hopeless wasteland and barren fields of its early years, and through the support of our 300,000 alumni, Yonsei makes history today by ranking at the top 20 among all private universities in the world as Asia's leading university.

Beloved Yonseians,
Our society, in despair and pain, is at a historically critical transition period to seek for a new leap before crossing over the threshold to reach further development. Since the 1960s, Korea has been praised for achieving rapid industrialization and democratization within a short period of time. However, due to recent tragic incidents, all people of Korea are full of frustration and skepticism about the current state of affairs in our society. Reforming the national system has become the topic of importance.

Making new history

Despite the eye-opening progress achieved over the past three decades, democratization has not fully embedded in our society as a natural practice. Human rights, journalism and citizen autonomy have been guaranteed in many areas; however, un-democratic practice still remains in place, overlooking democratic procedures. Regulations and just process are disregarded. Lawful order and democratic outcome are dismissed in turn for dogmatism and exclusion. Political ideology and emotional framing are used to judge all decisions. Unfortunately, destructive culture of overflowing conflicts is left in one corner of our society, even without being able to actualize the practical benefits of democratization. It is truly regrettable that our ranking in the Social Conflict Index remains at the bottom among all OECD countries. We need to call for a culture of respect and custom to seek for universal values and faith, instead of falling into the dogma of prejudice and misunderstanding.

Beloved graduates,
We are confronted with the realities of this difficult and painful transition period. However, we believe that Yonsei's education will lay the foundation for a revolutionary change in our society. At a time like this, Yonseians must remember the mission given to each person to make a history of challenging and pioneering. Lu Xun said, "For actually the earth had no roads to begin with, but when many men pass one way, a road is made." Likewise, we need to pave a new way and make new history. The Third Founding initiative calls for "Yonsei, where we make history" for this very reason.

The history we pursue has a common objective, philosophy and special elements that can touch and change the world. We can achieve this by establishing the norms of a mature and democratized society and making a society of community culture where one trusts and cares for others. Please take time to ponder when and where you should take actions for advancement of the Korean society, while demonstrating your personal capabilities to the fullest.

"A letter from Christ"

For our society to establish such development in a desirable manner, surely we need to reform the nationwide system. More importantly, however, each and every person shall stand straight. A society cannot advance through means of external control, regulation and punishment. The recent tragedies may appear to be a problem of the system and customs. Ultimately, however, they may have been led by persons lacking a sense of responsibility, courage, discernment and wisdom due to disconnection from reason and isolation from common sense. Yonseians must become the driving force of today's society and lead the future by fulfilling all given responsibilities. You shall become the pioneers of making the new history of development through changing oneself, just as our foregoers had paved the way for modernization, industrialization and democratization.

Dear graduating class,
In 2 Corinthians 3:3, Apostle Paul says, "You are a letter from Christ… written not with ink but with the Spirit of the living God, not on tablets of stone but on tablets of human hearts." You are the very letter Christ is sending to the world through Yonsei. A letter is sent to touch and move the recipient's heart. A letter that cannot touch the reader is not alive but useless and dead.

How can we Yonseians touch and move the world? I do not think it is necessary to demonstrate superhuman power to do so. It should begin by living the day to the fullest, respecting the reasonable standards under the right values and living a life of trust by keeping to the basics. Our society is currently in a critical crisis of lack of trust. How can common good be pursued in a system where people do not believe in the government, media, school and even the organizations that they belong to?

If you do not gain trust from others, Yonsei will also lose its credibility. A trustworthy letter is made up of Christian faith and scientific rationality, as well as intellectual respect for the truth. This is what it means to have Yonsei's founding spirit, which is "The truth will set you free." We shall become the yeast of the world to change the faithless society into a society of faith and trust. Our intelligence can shine more brightly with responsible actions that expand the foundation of faith, which can further become sublimated into the driving power that leads society to change dynamically.

Dear graduates,
You shall definitely remember one other thing: your alma mater, Yonsei University. Yonsei is rapidly developing through the Third Founding initiative. We have established a new paradigm of higher education in Korea by implementing Asia's first Residential College (RC) system at the Yonsei International Campus in Songdo, fully equipped with cutting-edge facilities. At our Sinchon Campus, new extension works are underway with the Baekyangro Project, as well as the expansion of the School of Business and the College of Engineering. Woojeong Residence, the new residential building is also near completion. Following the construction of the Cancer Hospital, the Yonsei University Health System is strengthening its reputation as the Asia's best. The Wonju Campus is also continuously making development progress.

Yonsei is not just making progress in terms of modernizing facilities. For the first time in history, Yonsei ranked in the top 80 in the world in the Times Higher Education World Reputation Rankings and is placed in the top 20 among all private universities in the world as Asia's leading university. In addition to expanding our strategic networks with the leading universities such as Princeton University, Oxford University, Cornell University and King's College London, we also advanced to the world-class ranking by joining the Association of Pacific Rim Universities. Our alumni have been more remarkably successful in all fields of politics, economy and finance. We are also experiencing a rapid growth in all areas of our mission fields in education, research, patient care and community service.

Taking pride in Yonsei

Yonsei University is a private university. The future of a prestigious private institution cannot be guaranteed without the strong support from its alumni. It has been reported that more than 60% of alumni at Ivy League schools make donations to contribute to their alma mater. At Yonsei, we are carrying out a campaign to incite up to 10% of our alumni to contribute to Yonsei through Baekyangro Project. It is with your love, passion and support that Yonsei can continue to leap towards becoming a world-class university. As you take pride in Yonsei, we take pride in you. I would like to sincerely request your participation and support to continue raising Yonsei's name as a subject of love and admiration through our Baekyangro Project, RC system and advanced facilities expansion.

Lastly, I sincerely pray that God's abundant grace and blessings will be with all graduating students and their families here today, who will now leave this campus as our Yonsei alumni. I would also like to extend my gratitude to all parties who supported our students to finish their studies and the honored guests for gracing this occasion. Thank you.

Microsoft Research Asia Faculty Summit Key Note Speech, 2014. 10. 31.

October 31, 2014

The Demand for New Knowledge and Interdisciplinary Education at Yonsei University

Microsoft Faculty Summit Keynote Speech

Good morning, distinguished guests and fellow university educators, researchers, and innovators. Thank you to Hsiao-Wuen Hon, Chairman of Microsoft Asia-Pacific R&D Group, for inviting me here today.

It is a great honor for me to be able to share my views on the importance of interdisciplinarity and its significance for the future. In particular, I am honored to speak to colleagues who share my goals of creating the next era of information sharing and fostering the next generation of leaders.

Introduction

South Korea has seen overwhelming success in both education and information technology. Over the past century, Korea has transformed itself from an aid receiving country into an overseas aid donor country, achieving a level of development that is the envy of neighboring countries. Korea's education system is often credited for this national success.

At her inauguration ceremony in February 2013, President Park Geun-hye promised a "Second Miracle on the Han River," following in the footsteps of her father, former President Park Chung-hee, who achieved the "Miracle on the Han River" in the 1970s.

One of the keywords during President Park Geun-hye's administration has been her idea of a "creative economy," which requires an interdisciplinary approach to research, industry, and the economy. As the basis for this "creative economy," President Park has prioritized the importance of industry-technology convergence for the expansion of growth potential and the creation of new jobs, based on cutting edge science technology, information, and communications technology. President Park hopes to actualize a creative economy by producing new markets and new jobs, and by applying technology to all fields of commerce and industry. A "creative economy" would see the blossoming of creativity after integrating the science and technology, and culture, industries.

The role of higher education institutions becomes even more critical in the creative economy since universities are at the front line of knowledge creation and education. Cooperation and collaboration between academia and industry, institutions and corporations, researchers and law makers are critical in this era of globalization and rapid technological advancements. Universities—and our industry partners—must respond to the demand for new knowledge in our information age. Interdisciplinary education is one of the answers to this demand for new knowledge.

Introduction to Yonsei University

Yonsei University was established in 1885 by Christian missionaries, and is widely considered Korea's best private university, as well as Korea's most internationalized one. We have always held a leading role in Korean higher education. We are one of the first universities in Korea, while Jejungwon, one of Yonsei's precursors, was Korea's first modern medical school. More recently, we have been at the forefront of liberal arts and residential education. True to its missionary origins, Yonsei University seeks to educate leaders who will contribute to humanity in the spirit of "truth and freedom" and servant leadership, and we encourage a strong spirit of community contribution and service in our community.

Yonsei is Korea's oldest and largest private university, and has upheld its rich tradition of excellence while positioning itself as Korea's most forward-looking and liberal institution of higher education. Throughout its history, Yonsei has been the pioneer of higher education in Korea by presenting new paradigms in education and research.

According to the 2014 Times Higher Education Reputation Rankings, Yonsei is one of the top private universities worldwide as well as in Asia. Yonsei continues to make strides in quality education, cutting-edge research, premier patient care, and community service as a world-class university.

Since my inauguration as Yonsei's President in February 2012, I have emphasized the following 4C's as the key elements for success in today's world: Communication, Creativity, Convergence, and Cultural Diversity.

Communication involves not only language and the ability to listen to and speak with others but also the empathy and strong personal qualities that enable a person to be a good communicator. In order to communicate well, a person needs to be able to truly understand and connect with others, even with those who hold very different views.

Creativity is the ability to think in new and innovative ways—a skill that is critical in all fields today. New and creative ideas give color, depth and dimension to everyday, mundane things. Creativity drives inventions and positive change, and permits us to grow in new directions. Without new ideas, the world would be a dull and static place, a place without change or invention. Creativity is inherent in all of us, and it holds the power to unleash new growth, new fields, and new development in ways we have yet to imagine.

The dynamic convergence of disciplines, the striking growth in inter-disciplinarity and integration, is a notable trend in higher education and research today. Such convergence in academic fields requires at the same time a "Back to the Basics" emphasis on General Education and the traditional core disciplines of Literature, History, and Philosophy. We need to remain true to the fundamentals of higher education while accepting and adapting to change. Convergence allows us to remain true to our original ideals while also adapting to the fast-paced changes of the world around us.

Finally, we live in an era of globalization in which cultural diversity in our societies is now the norm. We need to recognize and acknowledge that we are different from each other, and yet have the insight to see the similarities deep inside us. On the outside, we may seem to be different in appearance, culture, beliefs, and history, and yet inside we all share the dream of a better world and a better tomorrow. We need to embrace and reconcile diverse and seemingly incompatible characteristics.

Education – Interdisciplinarity

Based on the principle of the 4C's, Yonsei University is leading change in Asia's higher education, by responding dynamically to educational and market trends, and serving as the vanguard in research, education, and industry ties. Interdisciplinary education is gaining momentum as a keyword because our complex, information-rich society requires a flexible thinking and an ability to adapt to new input that depends upon a knowledge across disciplines and an ability to process various different kinds of information. It brings together two or more distinct academic fields, and works with research methodologies that draw upon perspectives and skills from several disciplines.

The discourse on interdisciplinary studies goes back to Plato, Aristotle, Kant and Hegel. Plato advocated philosophy as a unified science, and viewed the philosopher as someone capable of synthesizing knowledge. Similarly, other thinkers and writers, such as Descartes, Kant, Hegel and Comte, also shared a vision of the unity of knowledge.

Until the mid-twentieth century, interdisciplinary education was considered a way to renew universities and colleges. By the late twentieth century, it was not just an experimental program or an alternative to the traditional curriculum but entered its core. At an international conference in 1980, the OECD noted an increase in demand for interdiscinplinarity outside the university citing "primacy of the practical."

The OECD accounted for the rise in interdisciplinary education, or "IE", to five factors: ① the development of science which led to the creation of new fields of knowledge and attempts to define elements common to disciplines ② student demand for knowledge that was applicable in "reality" ③ problems of university operation or even administration ④ vocational and professional training requirements by industry or job market ⑤ the original social demand where certain needs and new subjects cannot be contained within a single disciplinary frame, such as environmental research.

These demands were felt in Korea and in Asia as well and Yonsei was among the first in the region to respond and develop IE and research programs. While IE poses challenges for universities because faculty and programs are configured along lines of existing departments, fields, and disciplines, Yonsei supports this future direction, is promoting new programs in education, research, and campus infrastructures toward this end.

The Liberal Arts: liberal arts education, RC, and UIC

At Yonsei University, one of the ways in which we are promoting interdisciplinary education is through the liberal arts, which by nature promotes critical thinking and emphasizes tools over content, in the process deemphasizing majors or fields of study. An article in the Journal of Higher Education noted that students at liberal arts colleges are significantly more likely than those at other colleges or institutions to understand and sympathize with people from diverse backgrounds.

According to the Wabash National Study of Liberal Arts, there are seven outcomes of a liberal arts education: integration of learning; inclination to inquire and lifelong learning; effective reasoning and problem solving; moral character; intercultural effectiveness; leadership; and well-being.

Typing the search word, "liberal arts," on the internet, this image was found. It shows many of the keywords that are commonly related to the liberal arts.

In Asia, however, the liberal arts is a new and unfamiliar concept. Because universities in this region have traditionally emphasized early professionalization, liberal arts education is a fairly recent trend, and Yonsei is pioneering this move. For the first time in Korea, Yonsei introduced a Residential College system at the International Campus in Songdo. Meanwhile, our flagship international undergraduate program, Underwood International College, stands as the benchmark for liberal arts education in Asia.

The Residential College system at Yonsei University is made possible because of our new International Campus in Incheon. Yonsei International Campus was an important project even before my term as President, and its significance does not lie merely in an expansion of our physical campus. The Incheon site is a testament to the past and the future and a land of miracles. The International Campus is built on reclaimed land on the coast of Incheon, itself a miracle of turning ocean water into solid ground only eight years ago. The campus serves at the vanguard of Yonsei's globalization and of digital technology, and will serve as the foundation of Yonsei's role as Asia's World University. At the same time, Incheon is a testament to our origins, since it is the soil upon which our founding Dr. Underwood first set foot in Korea.

Our International Campus is located within the Incheon Free Economic Zone, a business district near the Incheon international airport. This new land was named Songdo, which means "island of pine trees," also dubbed by its developers as "The City of the Future." The government aimed to create a sustainable, green city that also demonstrated Korea's technological prowess.

The region is home to many multinational companies and government organizations. The Green Climate Fund, which opened in 2013, is expected to rival the World Bank in funding capacity in the next decade. Numerous international organizations, including United Nations offices, have their home bases in Songdo. Medical and biological research complexes in the area engage in cutting edge R&D in conjunction with industry partners. The Songdo Global University Campus Complex, next door to Yonsei, was built to attract competitive foreign schools and world universities to Korea.

We broke ground on our state-of-the-art Yonsei International Campus in 2008, and opened educational programs there in the spring of 2011. The campus now boasts 23 buildings including two dormitories, classroom and lab buildings, an expansive library, and several smaller buildings including a chapel and an experimental "green" house. We have plans to continue building an R&D campus, as well as a medical complex. The campus currently has a residential capacity of a little over 5000 students, and a teaching/research capacity far beyond that.

Our Residential College program was piloted at the International Campus beginning in 2011, with around 400 students in residence, and as of this year, we have over 4000 students there, including all Yonsei freshmen. Our Residential College program has revolutionized Korean higher education, since most Korean universities are commuter campuses. Within our RC program, students live and learn together to participate in a range of extracurricular activities that include community service, as well as cultural and physical education programs to enhance their creative thinking, flexibility, adaptability, and problem-solving skills. Students share their thoughts on the problems of academics, the future and society, with Residential Master professors, Residential Assistants and fellow classmates within the RC community. They naturally learn how to respect differences and care for others in the community, while empathizing and communicating with them.

Through the RC program, which applies a creative community that combines living and learning, Yonsei has created the most advanced environment to foster well-rounded leaders to serve the future of this society. The Residential College program is not only about living together in dormitories. The world's most prestigious schools such as the University of Oxford and University of Cambridge in the UK, as well as Ivy League universities in the U.S., already have implemented the RC system.

The Residential College program believes in "holistic education," in which students are educated as "whole" individuals. This holistic education program integrates the intellectual, moral, and spiritual aspects of education, pioneering a model of internationalized comprehensive education within Korea. Within this program, students naturally learn the 5 C's, of communication, creativity, cultural diversity, and Christian leadership, and all of these naturally lead to competence in convergence and interdisciplinary education.

In additional to the Residential College program, Yonsei University launched Underwood International College as an elite liberal arts college within Asia.

UIC is a highly selective institution, which combines the intimate, elite learning environment of an American-style liberal arts college with the faculty and resources of Korea's top private research university. UIC students choose from an extensive list of classes conducted entirely in English and taught by a distinguished group of international and Korean scholars. With a student body drawn from around the world, UIC focuses on ensuring that its graduates have the intellectual foundation to become capable global leaders and responsible democratic citizens.

With the purpose of educating "tomorrow's global leaders at the hub of East Asia," UIC offers a rigorous Common Curriculum to educate students in the basic skills of "creative and critical thinking," "global leadership," and "democratic citizenship." UIC offers a four-year degree program in English, giving both domestic and international students the ability to engage in a true liberal arts education, based on intellectual exchange and discussion, while taking advantage of our central location in East Asia.

Underwood International College is distinctive in that, rather than segregating professors into separate departments, it encourages intellectual exchange by bringing together scholars and students from different fields. The strong liberal arts curriculum assures that all UIC students, whatever their chosen field of study, will graduate with the ability to reason critically, communicate effectively, and navigate the complex intellectual landscape of the modern world. UIC began on Yonsei's main Shinchon campus with 5 majors in 2005, expanded to the International Campus in 2012, and added a number of innovative interdisciplinary majors in 2012 and 2014.

UIC currently offers 16 majors ranging from humanities, social sciences, arts, IT, engineering and science. UIC, currently at around 1500 students and expected to reach 2000 students in the next few years, is Asia's flagship liberal arts college, benchmarked by newer programs in the region such as Singapore's Yale-NUS.

Among these students, around 350 students are international students from 50 countries around the world.

UIC and the RC program are a couple of the ways in which we are utilizing our International Campus, located in the Incheon Free Economic Zone, as a jumping-off point to becoming "Asia's World University."

Interdisciplinary research and administrative convergence at Yonsei

Yonsei University stands at the cutting edge of research ventures as well. We are strengthening our research capacities by responding to the needs and potential of various convergence research initiatives and actively engaging in interdisciplinary research projects. In the process, we are supporting the development of future technology.

Yonsei encourages research and development in advanced science and technology, the development of new medicines, and new biomedical technology through the expansion of the engineering school and the establishment of the School of Biomedical Science & Technology, established in 2010, and the School of Pharmacy, established in 2011. Development of new medical and biomedical technologies will improve the quality of life and the prosperity of future generations, and will be essential in creating future value in Northeast Asia, the Asian continent, and across the globe.

Our International Campus at Incheon also houses the Yonsei Institute of Convergence Technology and its affiliated undergraduate program, the School of Integrated Technology, established in 2011. The Institute of Convergence Technology focuses on four main areas of research: Computation & Communications, Seamless Transportation, Smart Living, and Medical Systems. The next generation of experts in these fields is fostered by the School of Integrated Technology. Supported by the Korean government, industry partners, and Yonsei, this innovative undergraduate program aims to train future leaders in smart technology, ICT (Information and Communication Technology), energy and environment.

In 2013, Yonsei University established the ICONS (Institute of Convergence Sciences), which consolidated 38 existing research centers on all four campuses and provided an incentive for the formation of interdisciplinary research terms drawing on faculty from diverse fields. ICONS, in promoting creative and innovative convergence research, while encouraging sustainable development in each of the individual research centers, contributes to President Park's vision for a creative economy. ICONS will serve as a leader in global convergence science research.

On the administrative side also, we are actively promoting information - and resource - sharing among our various campuses, among the Sinchon, Wonju and Songdo campuses and the Yonsei University Health System.

To better facilitate the use of resources across campuses, we are strengthening networks, communication and planning among them. In initiatives ranging from greater information sharing to collective workshops, we hope to increase inter-campus collaboration. We seek to share our information technology platform, and we have begun, for example, by unifying email addresses across Shinchon and Medical campuses, and allowing greater freedom of faculty movement across campuses.

Why interdisciplinarity?

Yonsei is exerting efforts in interdisciplinary studies and liberal arts education because such efforts have been demonstrated to be effective.

According to the 2013 Survey of Employers results released by the Association of American Colleges and Universities, 93% of employers say that a demonstrated capacity to think critically, communicate clearly, and solve complex problems is more important than a candidate's undergraduate major. More than 75% want higher education to place more emphasis on these skills, and 80% agree that, regardless of their major, all college students should acquire broad knowledge in the liberal arts and sciences. Employers recognize the fact that a liberal arts education better prepares students for real world problems and jobs. This has been demonstrated to be true in the United States, and we are working on persuading Korean employers of the same.

As the world continues to become more technologically advanced with new discoveries made every day, knowledge is more accessible and ubiquitous than ever. In such an era, a simple sharing of knowledge is not enough, and we need to move to creating knowledge. New forms of social media and internet platforms enable visual and interactive means of information sharing, with information traveling faster and further. The thirst for new knowledge demands creative and innovative ways of thinking, and it is up to universities to provide an environment and resources to enable such thinking.

Interdisciplinarity poses challenges for universities because of the department-based nature of existing faculty and programs. Faculty and sometimes students can be resistant to programs that are unfamiliar, or that change existing patterns of funding, research, or teaching. Yonsei is striving to break down these barriers and implement a true interdisciplinarity. Through the Residential College program and Underwood International College at our groundbreaking International Campus, we have changed the vision of undergraduate education in Korea. Through new research initiatives, and sharing of information technology among our four campuses, we seek to promote synergy in our multi-campus structure.

Next year, 2015, Yonsei celebrates its 130th Anniversary. We are upholding our motto, Excellentia cum dignitate, "excellence with dignity," through excellence in research and education while maintaining dignity throughout. In a world of materialism and capitalism, Yonsei will keep to a purity of purpose, holding true to its history as well as its ideals.

Venues such as this conference allow me to share ideas about what Yonsei is doing, and to gain new ideas about possible future initiatives. Thank you for your attention.

2014. 10. 29. 정갑영 총장, '융합인재 육성'을 주제로 기조연설

정갑영 총장은 마이크로소프트사의 초청으로 중국 칭화대에서 열린 2014년 마이크로소프트 아시아 대학 서미트에 참가하여 기조연설을 했다. 이번 국제회의는 10월 29일부터 31일까지 열렸으며 기조연설 주제는 '융합인재 육성'이었다.

2014. 12. 5. 정갑영 총장, 일본 게이오대 명예박사학위 받아

정갑영 총장은 12월 5일 오후 2시 일본 게이오대에서 명예경제학박사 학위를 받았다. 게이오대 아츠시 세이케 총장은 정갑영 총장이 경제학 분야의 교육 및 연구, 대학 경영과 대한민국 고등교육 발전에 크게 기여한 공로로 명예박사 학위를 수여한다고 밝히고, 향후 연세대와 게이오대의 전략적 협력 관계가 더욱 긴밀해지기를 바란다고 말했다.

December 5, 2014

The Yonsei Paradigm: An Architecture for Private Higher Education in Asia

Honorary Doctorate Acceptance Speech at Keio University

Good afternoon, respected President Atsushi Seike and the Senate of Keio University, Dean Shinsuke Nakamura of the Faculty of Economics, and other distinguished guests. I am deeply honored to receive an honorary Doctorate of Economics from Keio University today. I accept it with a great sense of responsibility and gratitude. I would like to thank all of you here for an academic recognition I hold so closely to my heart.

Receiving Keio's honorary doctorate is not just a tribute to me as an individual. It is also a token of inspiration for our two universities' combined accomplishments, and a symbol of hope for us to strengthen and develop ties as longstanding partners. Since the signing of our exchange agreement in 1970, our partnership has grown based on trust and respect.

In 2012, as I was appointed President, we set a foundation for future cooperation by signing a strategic partnership to cooperate not only in student and faculty exchange, but also in developing new dimension of international collaborations. As a result, today, we work even more closely together as key partners in the 3-Campus Consortium for Comparative East Asian Studies and core members of G-10 consortium.

I hope today's ceremony will be a place where my challenges and dreams as university president can be shared with fellow friends and colleagues. I would like to share my thoughts on the future of higher education through the lens of Yonsei's example, or a Yonsei paradigm.

Universities' historical change

To understand the future of our universities, we must first consider the past. Let me begin with the joke that being a university President is like being the director of a cemetery: why? Everyone is under you but no one is listening. Or, as one U.S. senator recently joked, "The job of mayor and Governor is becoming more and more like the job of university president… it looks like you are in charge, but you are not."

The university system that we know today dates back to the Middle Ages. Medieval universities began as unions of academic, medical, economic and social, as well as political, fields. As universities evolved further, educational unions of students and professors, called guilds, gained more strength and resources to form complete universities. The universities that began as guilds were not only given complete autonomy to be in charge of educating the clergy, but they also laid the foundations for the scientific development that would produce such outstanding scientists as Galileo Galilei.

In the modern era, more universities were built not only for the education and training of priests, but for educating the youth to be political and social leaders as well as elite scholars. "Contemplative freedom" of universities was emphasized as the universities transformed into their modern-day form. They became "comprehensive research universities for academic and scientific research."

As we entered the industrial era, specialized graduate

schools were created to produce specialists in each field. Universities were thought of as places that embraced all social classes, as they produced scholarly researchers and elite professionals. These researchers and professionals played a vital role in breaking down barriers of social classes and forming a modern civil society. Such a society required a new paradigm from the world of higher education and academia. As a result, higher education stressed equality and universality, as well as social sciences, natural sciences and applied sciences.

In today's industrial society, as higher education became popularized, universities grew in size and diversified in teaching content. Doors have been opened wider to embrace a broader target student group, and the curriculum, too, has become more differentiated and specialized.

As society rapidly developed into an advanced information-based one, knowledge creation and dissemination from universities has become more important than ever before. Universities pave the way for change in an information society as they create new knowledge through research and expand on such knowledge through education. It is an important mission for universities to strive to preserve a human touch in a fast-growing knowledge-based society.

Stanford University is one example of how to adapt successfully to our new environment. The October 2012 report entitled "Stanford University's Economic Impact via Innovation and Entrepreneurship" highlights the fact that about 40,000 active companies can trace their roots to Stanford. These companies have created 5.4 million jobs and generated annual world revenues of $2.7 trillion. Stanford President John L. Hennessy explained that the findings are a tribute to the successful entrepreneurial legacy of Stanford, in addition to its creative and innovative teaching traditions based on interdisciplinary liberal arts education.

The accomplishments of Asian universities are no less impressive. Korea's universities were established about 30 years after Keio University's founding, near the end of the 19th century. Yet within the 130 years of their short history, they were critical in achieving national independence, leading democratization and industrialization, and taking on other social responsibilities. Until now, Korea's universities have contributed to social development by producing a talented labor force needed for an industrial society. For instance, the electronics industry in the 1990s, and ICT industry in the 2000s, lies Korea's astonishing fervor for education.

In both qualitative and quantitative measures, universities in Korea have contributed to expanding a human resource base for social and industrial development.

The future of higher education

As we can feel on a daily basis, the world is rapidly transforming into a knowledge-based society. The role of the university becomes more important than ever, as the university creates and expands knowledge which these economies rely upon. Universities are the real source of knowledge and innovation.

Can Korea's universities respond to the demands of such a future society? Domestic and external circumstances do not seem to be in favor of Korean universities. The largest change begins with the population structure. Korea now has the lowest birthrate in the world. Consequently, students of university age between 18 and 21 are also rapidly declining. According to a recent estimate by Statistics Korea, the university-aged population will decline about 32% between 2011 and 2020.

Economic changes are also speeding Korean universities' contraction. The global recession and rising youth unemployment has led to declining university enrollment rates. Until 2008, Korean high school graduates were known to have one of the highest college entrance rates in the world at 83.9%. In 2013, such figures showed an abrupt drop to 70.7%, recording a 10% decline within just five years. The decline of the university age population compounded with the falling university entrance rate prompted the Korean government to reduce the entrance quota for universities.

Since the 2008 global financial crisis, the government's role in the economy and society has been shifting. A poor economy creates a more interventionist government. Along with an increasing role in job creation and welfare policies, governments are increasingly regulating higher education. The Korean government in particular, is directly regulating tuition and entrance quota more so than ever.

Korea's domestic political dynamics are driving universities into an even more difficult situation. The "half price tuition" policy is popularly used in political campaigns as a vote-getter. In fact, unlike Yonsei university, most private universities in Korea rely heavily on tuition as their main source of income.

Aside from domestic circumstances, global competition is also becoming fiercer. Globally, higher education has already entered an age of so-called "unlimited competition." Developed countries experienced declining university-age populations over a decade ago, leading many universities to seek students from around the world. Information technology is also helping open up education across borders. Students are able to attend world-class lectures through Massive Open Online Courses (or MOOCs). Since limits of time and space no longer apply, universities lacking in global competitiveness will surely fall behind.

Yonsei paradigm and the future of university education

What action should Yonsei University take in the face of these 21st century challenges? I believe that we should remain faithful to the basics, especially during these difficult times. We will strive for excellence in education and research, while providing the foundation for the creation, expansion and application of knowledge in a creative economy. The World Bank defines the basic elements of a good university as having 1) outstanding teaching faculty, research teams, and students, 2) sound educational governance in educational systems and policy, and 3) a firm financial foundation.

Similarly, the Yonsei paradigm to lead the 21st century should also be about going back to the basics. We must remain true to the fundamentals of higher education while accepting and adapting to change. The main aspects of the Yonsei paradigm are focused on promoting education and research through our Residential College system, interdisciplinary education, research competitiveness, and university autonomy.

Residential College System

One of the first steps of the Yonsei paradigm was providing residential education to our students. The world's most prestigious schools such as the University of Oxford and the University of Cambridge in the UK as well as Ivy League universities in the U.S., are based upon a residential college system. For the first time in Korea, Yonsei launched an RC system at our Wonju campus in 2007 to provide "holistic education" to students. The system was an ideal fit for the campus environment and the quiet setting of the Wonju area, and was well-received by students and faculty.

Based on this success case, Yonsei established a plan to pilot the RC program at our new International Campus in Incheon. The initial development plans faced many challenges: 1) when first contracted in 2006, the campus grounds were not reclaimed from the ocean yet and were still part seawater, 2) few faculty and students wished to leave Seoul, and 3) students were reluctant to live far away from home on an unknown campus.

Despite these challenges, the Residential College program was successfully piloted at our International Campus beginning in 2011, with around 400 students in residence, and as of this year, we have over 4,000 students there including all Yonsei freshmen.

Our Residential College program has revolutionized Korean higher education, since most Korean universities are commuter campuses. Through the RC program, based upon a creative community that combines living and learning, Yonsei has created the most advanced environment to foster well-rounded leaders to serve the future of this society. The Residential College program believes in "holistic education," which integrates the intellectual, moral, and spiritual aspects of education, pioneering a model of internationalized comprehensive education within Korea.

The positive effects of the RC system on educational capacity have been demonstrated in various indexes. More than 2,400 people have visited Yonsei from both Korea and abroad to understand our RC model implemented in Songdo. Throughout the 2015 academic year admissions season, more outstanding students than ever before chose Yonsei and its RC system. By completing the RC teaching system at the International Campus, together with the Wonju Campus, all of Yonsei's campuses now offer RC education. The RC education system is based on Yonsei's values of "truth and freedom" to foster global talents to meet social responsibilities.

Interdisciplinary education

Second, Yonsei University is leading change in Asia's higher education through interdisciplinary education, or "IE". IE is gaining momentum as a keyword because our complex, information-rich society requires a flexible thinking and an ability to adapt to new input that depends upon knowledge across disciplines and an ability to process various different kinds of information.

The OECD accounted for the rise in interdisciplinary education to five factors: ① the development of science which led to the creation of new fields of knowledge and attempts to define elements common to disciplines ② student demand for knowledge that was applicable in "reality" ③ problems of university operation or even administration ④ vocational and professional training requirements by industry or job market ⑤ the original social demand where certain needs and new subjects cannot be contained within a single disciplinary frame, such as environmental research.

These demands were felt in Korea and in Asia as well and Yonsei was among the first in the region to respond and develop IE programs. Of course, interdisciplinarity poses challenges for universities because of the department-based nature of existing faculty and programs. Faculty and sometimes students can be resistant to programs that are unfamiliar, or that change existing patterns of funding, research, or teaching. Yonsei is striving to break down these barriers and implement true interdisciplinarity.

One of the ways in which Yonsei is promoting interdisciplinary education is through the liberal arts, which by nature promotes critical thinking and emphasizes tools over content, while deemphasizing majors or fields of study.

Yonsei University launched Underwood International College as an elite liberal arts college within Asia ten years ago when I was serving as the Vice President for Academic Affairs. Underwood International College encourages intellectual exchange by bringing together scholars and students from different fields. UIC currently offers 16 majors ranging from humanities, social sciences, arts, IT, engineering and science, with new innovative interdisciplinary majors added in 2012 and 2014.

In addition, another successful IE program at the graduate level is the Graduate School of Information, which was established in 2000 to provide a multidisciplinary graduate education for the application of Information and Communications Technology (ICT) with a wide spectrum of academic fields, including engineering, liberal arts, business, economics, and social sciences. Our International Campus also houses the School of Integrated Technology, which focuses on four main areas of research: Computation & Communications, Seamless Transportation, Smart Living, and Medical Systems.

In initiatives ranging from greater information sharing to collective workshops, we hope to increase inter-campus collaboration and better facilitate the use of resources across campuses. Last year, Yonsei established ICONS (Institute of Convergence Sciences), which consolidated 38 existing research centers on all four campuses and provided an incentive for the formation of interdisciplinary research teams drawing on faculty from diverse fields. ICONS promotes creative and innovative convergence research, while encouraging sustainable development in each of the individual research centers.

Research competitiveness

Third, the Yonsei paradigm is about propelling and attaining research excellence. Yonsei is facing a critical period within which strengthening research capacity is a necessity. Striving for excellence in research is one of the most important basic missions as a prestigious university, without considering competition against other universities.

I admit that there are many challenges to increasing our research capacities, as research results depend heavily on the performance of individual faculty members. Professors may feel less compelled to achieve high standards of research competitiveness after receiving tenure. At Yonsei, we currently have about 4,800 faculty members, including 2,000 full-time faculty members, and it is not easy to increase research results per faculty member. In addition, it is difficult for faculty to make great contributions to research while undertaking administrative and social responsibilities.

As President, I must constantly address the issue of creating and maintaining a supportive environment that responds to the needs and potential of our research competitiveness.

Yonsei will continue to improve the system to intensify our research capacity, starting with expanding our research funding in basic research areas, as well as other areas such as human resources, compensation, research assistance and interdisciplinary research. To vitalize interdisciplinary research, we are not only allowing more professors to hold concurrent positions at different faculties, but also lowering the barriers between different programs, colleges and campuses.

Yonsei will also utilize our high-tech campus environment to vitalize an internal research ecosystem and provide the best opportunities to maximize research capabilities. In addition, we will secure large-scaled funding and grants to support research initiatives and projects.

University autonomy

Lastly, the Yonsei paradigm is about securing the necessary autonomy and financial footing to gain global competitiveness. Standardized regulations that stem from government policies in Korea and Japan do not consider each university's unique qualities. Already, concern is voiced about a race-to-the-bottom downward standardization of universities, as globally-competing universities are bound by current government regulations.

Education is a field that grows based on market mechanisms, where fewer investments lead to lower quality. What we can be doing is creating a positive educational environment and increasing programs to attract international students. However, if we continue to work under standardized regulations and pressure to lower tuition, we will see more Korean students leaving the country in pursuit of higher education abroad. Standardized regulations will diminish our universities' global competitiveness.

As President of Yonsei University, I have proposed the "independent private university" model as a solution.

The government should ease regulations for outstanding universities and allow more autonomy. Independent private universities are not only about maximizing the school's autonomy. Yonsei University is already autonomously responding to social demands by engaging more students from low-income families, making sure that higher education still can act as a bridge for class mobility.

We will work towards creating a virtuous cycle where our university's world-class research and education will foster globally-competitive talent, contributing to an increase in national competitiveness; we can also expand learning opportunities for marginalized students to ease social conflict and aid social integration and advancement, which can then lead back to improvement and development in university autonomy.

As Korea's oldest and largest private university, Yonsei has upheld its tradition of excellence while positioning itself as Korea's most forward-looking and liberal institution of higher education. Throughout its history, Yonsei has presented new paradigms in higher education and continues to make strides in our mission fields of quality education, cutting-edge research, premier patient care, and community service. Yonsei will emphasize world-class education based on principle of the 4 C's: Communication, Creativity, Convergence, and Cultural Diversity, and continue to strengthen its research competitiveness. Finally, Yonsei will continue to contribute to the community through volunteer programs such as providing leadership training and full scholarships.

Peter Drucker once said "The greatest danger in times of turbulence is not the turbulence itself, but to act with yesterday's logic. If you want something new, you have to stop doing something old."

I will continue to develop the Yonsei model through continuous learning and communication. The support of our key partner, Keio University will be as important as ever during this process, and it is my sincere wish to further expand our cooperative relationship with President Seike and our friends at Keio University in the years to come.

Once again, I would like to express my heartfelt gratitude to Keio University for conferring this honorary Doctorate of Economics and also to our distinguished guests for your attention. Thank you.

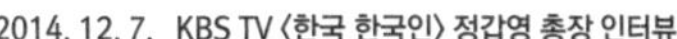

2014. 12. 7. KBS TV 〈한국 한국인〉 정갑영 총장 인터뷰

KBS TV의 시사교양 프로그램 〈한국 한국인〉은 12월 7일 정갑영 총장의 인터뷰 내용을 방영했다. KBS는 정 총장이 소통의 리더십을 '조용한 혁신'을 이루며, 최근 연세대를 세계적인 명문대학으로 도약시키기 위한 혁신의 바람을 불러일으키고 있다고 소개했다.

Yonsei President Jeong Kap-young Awarded Honorary Ph.D. by Keio University

Keio Honors President Jeong's Economic Research and Efforts in Realizing Three Campus Consortium

On December 5, Yonsei President Jeong Kap-young received an honorary Ph.D. in economics from Japan's Keio University. In his remarks, Keio President Atsushi Seike highlighted President Jeong's substantial contributions to the field of economics, both in research and teaching, as well as his impact upon higher education and university administration in Asia. President Seike also expressed his desire for a closer relationship between Yonsei and Keio, one that will allow for more strategic collaboration in the future. The award ceremony was attended by a number of senior officials and faculty members from both universities. Other guests included Yonsei alumni living in Japan and Yonsei students currently enrolled in the Three Campus Consortium, a year-long study abroad program in which students take courses at Yonsei, Keio, and the University of Hong Kong.

After the ceremony, President Jeong gave a talk at Keio on "The Yonsei Paradigm: An Architecture for Private Higher Education in Asia." In it, he emphasized Yonsei's role in creating and disseminating knowledge in the contemporary information society. In order for a private university to fulfill its goals of fostering high quality education and research, he explained, the institution must be given the freedom to make its own choices. In fact, a model private university should have freedom as its core value. Pointing to the Yonsei International Campus (YIC) in Songdo, which contains the first Residential College (RC) program in Asia, President Jeong argued that Yonsei's firm commitment to freedom has resulted in the most well-rounded university education in South Korea. In particular, he singled out Underwood International College (UIC) and the Information Technology Graduate School as models of integrated education and emblematic of a new paradigm in Asian higher education. President Jeong called this the "Yonsei Paradigm."

Yonsei and Keio are both prestigious private universities, and they maintain a number of active partnerships and exchanges, while being sponsors of the Korea-Japan Millennium Forum. In 2012, an MOU was agreed to by the two schools, which led to the establishment of a university office on each other's campus, along with several consortiums, research collaborations, and exchanges.

President Jeong graduated from Yonsei in 1975 with a degree in economics. He earned his master's degree in economics from the University of Pennsylvania in 1981 and his Ph.D. in economics from Cornell University in 1985. In 1986, he was hired as a professor of economics at Yonsei. Between 2004 and 2006, he served as director of the Information Technology Gradate School and University Affairs Division; following this, he was Vice President of the Wonju Campus from 2006 to 2008. And, in 2012, he began his term as President of Yonsei University. President Jeong has also held a number of government positions, including chairman of the Strategy Committee for the Ministry of Law, Presidential Committee advisor to the People's Economics Board, and chairman of the Macroeconomics Division.

President Jeong is prolific writer, having published several books for the general public, such as *Nine Is Bigger than Ten, Caron's Coin, and Reading Economics through Graphic Novels*. He has also appeared as a featured panelist for television programs that include MBC's *Economics You Can Grasp*, KBS's *Economy Focus*, and SBS's *TV Column*. Through these platforms, President Jeong has played an important role in helping the Korean people understand difficult economic concepts. For his work as an economist, President Jeong is listed in Marquis's *Who's Who in the World*, while receiving such honors as the Dasan Economics Award, Maekyoung Economist Award, and Proud Korean Award.

Yonsei News, 2015. 1. 12.

January 1, 2015

"Year of Yonsei Giants" where New History will be Made

2015 New Year's Address

Respected Yonsei family,
The new year of 2015 has dawned. May peace and happiness be with your family in the New Year and I hope all your wishes come true. As we greet the morning of the New Year after sending off the old, we come to realize the meaning of life once again with the verse, "The old has gone, and the new is here!" (2 Corinthians 5:17). 2015 will be a monumental year as we share the joy of the 130th anniversary of Yonsei's foundation, while celebrating the 100th anniversary of modern higher education that began at Yonsei. It is my sincere wish that Yonsei University, which had first introduced modern medicine and higher education in Korea, can leap towards the world's leading university this year against the solid ground of its centurial history.

2014 to set a new paradigm for higher education

I would like to wrap up the year of 2014 with an old saying, Guemseokjigam, meaning a sentiment caused by the contrast between the past and the present. In 2012, I came up with the new vision for Yonsei, the "Third Founding", as I was inaugurated as the President. Feeling a sense of crisis, I spent many sleepless nights as I faced the winds of change in Korea's university community and field of higher education, as well as the internal challenges of Yonsei.

I had made a bold promise to transform Yonsei's biggest pending issue of the International Campus from a large debt into a potential asset to lead our school's future. Without any concrete plans, we had initial discussions on the basic teaching curriculum to be implemented at the new campus. Over the past three years, our International Campus has consolidated the foundation as a model that leads the new paradigm in Asia's higher education, in addition to becoming the educational hub of Asia that accelerates Yonsei's leap towards becoming Asia's World University.

The splendid achievement of 2014 that successfully implemented the Residential College (RC) system was led by all faculty and 4,000 first year students working in harmony. Within only eight years, the massive land of 930Km^2 was developed into commercial property to hold buildings with total floor space of 307Km^2, where 5,000 students live and learn together. Such miraculous accomplishment is without precedent anywhere else around the world. I would like to refer to such glorious accomplishment as God's grace. The miracle was a fruit of hope led by each person's sincerity and faithfulness. I believe that in the near future, the pillars of Yonsei, who learn Yonsei's spirit through living, learning and exchanging cultural activities and teaching together, will embrace and serve others to move the world. I would like to extend my deep gratitude to all faculty members at all Yonsei's institutions, including the International Campus, University College and Underwood International College.

Yonsei leaps towards the world's top 20 university

Yonsei's rapid advancement through the Third Founding has been well reflected on the international university rankings. In 2014, Yonsei was ranked in the Top

80 on the Times Higher Education Reputation Rankings for the first time in history. It was also ranked in the Top 20 among all private universities in the world, while ranking No. 1 as the Best Private University in Asia. On the widely recognized QS World University Rankings, Yonsei jumped from 129th in 2011 to 106th in 2014, closely reaching the top 100.

Furthermore, our university has joined the Association of East Asian Research Universities (AEARU) to strengthen multilateral cooperation with other top research universities of the world. Yonsei also established the G10 Consortium with Princeton University, Cornell University, King's College London and University of Geneva to advance teaching and student exchange, as well as international research cooperation, pivoting around East Asian studies. Yonsei's stature as a leading global university is being actualized through the diversity of international students coming from all around the world. In 2014, international students from 103 different countries were registered at Yonsei, which marked the first time the number of countries exceeded 100 to demonstrate our student diversity. Our main Severance Hospital of the Yonsei University Health System has achieved the record-breaking milestone of ranking No. 1 on the National Customer Satisfaction Index in hospital service for four consecutive years. All faculty members are also striving to bring our medical services to the world-class level.

New change in 2015: Strengthening leadership in research

Yonsei's pursuit of the Third Founding will continue in the New Year as we celebrate the 130th anniversary of the school's foundation. In particular, research-based knowledge creation has become a prominent value and responsibility of all universities. To strengthen the basic mission of a university, research excellence, while establishing leadership in the area of research, we will be implementing various research support policy and incentives. We will also devote all our efforts to secure stable research funds. We will specially expand and develop advanced research areas, while discovering and supporting challenging and innovative research.

Beginning last year for the next five years, Yonsei University has been undertaking future-leading research projects and international cooperative research, which are the largest size to date, by investing 25 billion KRW as internal research funds. In addition, we launched joint research projects with other universities such as the Seoul National University and University of Geneva to resolve impending social issues. In the New Year, we will continue to put more stress on the book-writing in humanities and social sciences faculty evaluation, in addition to proactively supporting strategic research institutions. We will also expand our research space to build better infrastructure, while advancing the research administration support system. Furthermore, we will be inviting six Nobel Prize winners this year to broaden the horizon of academic research exchange.

We will also intensify our university-industry partnerships to strengthen our research capabilities. As the first example, we will be opening the Barun ICT Research Center by receiving 10 billion KRW in research funds from SK Telecom to investigate social side effects of the expansion of information and communications technology. It will also be proposing alternative policies that can contribute to desirable social value creation. In addition, with financial support from Eugene Group, we will be establishing the Institute for Sinology at the International Campus to conduct systematic multidisciplinary research about China's politics, economy, society and culture in the fields of humanities and social sciences.

Moreover, Yonsei University will be establishing the Global Institute of Sustainability Studies (GISS) to methodically research the subject of sustainability, a critically emerging issue for the future of the Earth. Through interdisciplinary research, GISS will be investigating sustainable development, natural disasters and environment, as well as clean technology. By cooperating with other international organizations such as the United Nations' Office of Sustainable Development and Green Climate Fund, established at the International Campus in Songdo, we will advance the GISS as Asia's best sustainability research institute.

We will also strengthen the research function of Yonsei's medical center as research-centered hospitals, and facilitate inter-campus and multidisciplinary research. At Wonju Campus, we will continue to reliably foster interdisciplinary areas such as medical and biology, based on combination of life sciences, health studies and biomedical engineering, as well as environmental engineering, modern Korean studies, poverty alleviation and international development.

Expanding world-class teaching: GLD and GIT

In the New Year, Yonsei University will concentrate all capabilities to realize high-prestige education to become Asia's World University by launching the Global Leadership Division (GLD) and the Global Institute of Theology (GIT). The GLD, scheduled to open in March 2015, will be raising specialists who can understand the Korean language, culture, society and economy at a deeper level, to sublimate Korean values in the global field. It will advance into Korea's first specialized and leading teaching program to foster Korea-related specialists, targeting outstanding international students and overseas Koreans. The GIT, which will open in March this year in Songdo, will become the country's first theological graduate school for international students. We have partnered with the religious community to provide full scholarships to all of the 30 students to raise Christian leaders in religiously-isolated regions in Asia and Africa. Through the GIT, Yonsei University will be able to raise the next Underwood to be sent to other parts of the world where Christian missionaries are scarce.

Yonsei's teaching infrastructure to undergo groundbreaking transformation

The Third Founding initiative will continue in 2015 to innovate various teaching programs and curriculums, in addition to reforming the educational infrastructure through groundbreaking projects. In particular, space for learning, medical services and culture will be reborn throughout our campuses as we celebrate the 130th anniversary together. The Baekyangro Reconstruction Project, currently in progress amid a blaze of publicity, will first make its appearance as ecofriendly green space in the second semester of this year. At ground level, a green park suitable for four seasons will be built, while Yonsei's long-beloved trademarks, such as the gingko tree trail, Eagle Statue and azalea garden, will remain in place. At the underground level, cutting-edge academic and cultural space, such as the Kumho Art Hall and Eagle Plaza, will be newly established at over 13Km^2 for infrastructure innovation. The Sinchon Campus will further experience an astonishing change as the parking grounds at the College of Engineering, Baekyangro and Severance Hospital become interconnected, while heating and cooling system using terrestrial heat at 530m below the surface.

I would like to thank our 14,000 alumni, parents and other Yonsei supporters for donating 38 billion KRW for the Baekyangro Reconstruction Project. Our Baekyangro project fund has raised a record-breaking amount in terms of the monetary value and also the participant number. It is my sincere wish that 30,000 alumni (10% of our entire alumni community) will partake in the act of giving to finish this project together as the Yonsei community.

In addition to Baekyangro, each campus is undertaking various reconstruction works to advance its teaching and medical facilities. Our Wonju Severance Christian Hospital will drastically transform once the ambulatory care unit and trauma center are completed. The long-awaited new buildings for School of Business and expansion of College of Science and College of Engineering buildings finally come to fruition during the first half of 2015. Moreover, additional construction works for Jejung and Beophyeon Residence, Foreign Faculty Residence and College of Engineering, as well as the International Campus' outdoor theatre that can seat 4,000 people, will all begin shortly. We are also trying our best to begin constructing a biomedical science complex, which has been delayed due to licensing issues. Yonsei will no longer experience shortage in research and teaching space once we complete these internal construction projects and implement the joint usage system of space.

This year, we will also complete the establishment of the Smart Campus Network to improve the educational environment's infrastructure. The newly implemented ICT infrastructure will support effective teaching and research, while enriching the culture of Yonsei. The new platform of Open Campus eXperience (OCX) will be put in place to share all academic, cultural and art activities, enabling all Yonseians to access Yonsei's academic and cultural videos anywhere and anytime. We will also introduce a new academic information system and reform the outdated course registration system. Furthermore, Yonsei will be the first university in Korea to simultaneously join the massive open online courses (MOOC) platforms such as Coursera and FutureLearn to supply our school lectures alongside other leading schools of the world. It will be opening a new chapter for Yonsei education's internationalization.

Creating a new campus culture

As I proposed the Third Founding, I had suggested that for Yonsei to become a world's leading university, the most important value we should seek after is "Excellentia cum Dignitate" or "excellence with dignity". For us to continue establishing our reputation as the best university in Asia, the pursuit of academic excellence shall become the first priority, followed by creating a culture and ecosystem of academic communities that cherishes and actualizes such values.

For all decision-making and codes of behaviors, the pursuit of academic excellence should become the core value. To actualize this objective, we need to make conscious efforts to create a thoughtful, encouraging and healthy academic and research community. We will proactively strive to foster such campus culture, while maintaining our value of respecting excellence and dignity in administration, human resources and compensation.

Respected Yonsei family,
Yonsei has been steadily walking the long and far journey over the past 130 years to pursue the truth and freedom. In the Year of the Sheep in 2015, we will continue to make new history. However, making new history is not an easy task. Our pioneers who had founded Jejungwon and Yonhi College had sacrificed everything during the period of tribulation for our nation, by implementing the Western knowledge, ideas and the Gospel through agony and repentance.

The legend of Aeneas, who left behind the fallen Troy and became a progenitor of Rome, is also a widely known history of challenge. Despite massive injuries, he was returning to the battlefield and told his son, "Learn fortitude and toil from me, my son, Ache of true toil. Good fortune learn from others". He opened the new chapter of Rome as a giant who embodies courage and distinction.

To establish a new history of The Third Founding, we shall all overcome challenges as our pioneers of Yonsei did with much discernment and the spirit of sacrifice. As illustrated by Aeneas, we shall resolve the challenges laid out before us with courage and distinction, instead of relying on fortune. May 2015 be the "Year of Yonsei Giants" where new history will be made for the next generations to lead the upcoming 150th and 200th anniversary of Yonsei. As I wish for all communities to cooperate to create virtue that can propel Yonsei's history-changing, I send my New Year's regards for all beloved Yonsei family members. May your new year be filled with joy and happiness.

March 12, 2015

Commemorating Late President Kim Dae-Jung's Struggle for World Peace and Democracy

Yonsei - Kim Dae-Jung Forum Opening Speech

Your Excellencies, Yonsei alumni and students, and colleagues;

On behalf of Yonsei community, I would like to extend my heartfelt welcome to all the distinguished speakers and guests here today. It is a great honor and privilege to have renowned scholars and intellectual leaders from all over the world here today at our campus. Thank you for attending the Yonsei - Kim Dae-Jung Forum on the World's Future, which is co-organized by Yonsei University and the Yonsei Kim Dae-Jung Presidential Library and Museum. I also thank Madame Lee Hee-Ho, Chairperson of the Kim Dae-Jung Peace Center, for giving us a valuable chance to discuss the world's future, and Ambassador JEONG Jong-Uk, Vice Chairman of the Presidential Committee for Unification Preparation. I would also like to extend my thanks to:

President Martti Ahtisaari of Finland and Nobel Peace Laureate,

Oye Kenzaburo Sensei, renowned Nobel Laureate in Literature,

Professor Lee Hong-Ku, former Prime Minister of the Republic of Korea and Professor Emeritus of Political Science at Seoul National University,

and all of the other renowned speakers such as Professor Dunn of the University of Cambridge, Professor Pan Wei of Peking University, Professor Nathan of Columbia University, Professor Zhang Yunling of the Chinese Academy of Social Science, and Mr. Rachman of the Financial Times, for taking part in this special event.

The "Yonsei - Kim Dae-Jung Forum on the World's Future" is co-organized by Yonsei University and the Kim Dae-Jung Presidential Library in order to commemorate the 130th Anniversary of Yonsei University's founding and to share the memory and achievements of the late President Kim Dae-Jung, who strived for world peace, democracy, and humanism in his lifetime.

Since its founding 130 years ago, Yonsei University has educated and produced national and global leaders based on the Christian spirit of truth and freedom. Yonseians have served as pioneers of economic development, democratization, and peace in the country. We continue to carry on Yonsei's traditions to serve the nation and humanity as a world-class university. Today's forum on the World's Future is part of such ongoing efforts.

Speakers of today's forum will be covering such important topics as the future of Korean unification, world peace, human sensibility, democracy and governance, and China. And in the evening, we will be having a separate session on the future of East Asian peace. These are the themes which late President Kim Dae-Jung worked hard to understand and realize.

Today's world faces a number of serious challenges. Nuclear proliferation and widespread communal conflicts such as the rise of the Islamic State (IS), the Ebola crisis, and transnational terrorism and so on, directly threaten the stability of global community. East Asia also struggles to resolve periodic outbreaks of territorial disputes and disagreement on past history. Also, the Korean peninsula, in the 70th anniversary of its division, has achieved little in moving towards peaceful unification. Despite the South Korean government's constant efforts to restart the process, the North Korean government has only become less willing to take substantive measures toward peace.

Against this backdrop, I hope today's forum would generate new insights and collective wisdom to global, regional, and national dilemmas we are facing. We are very lucky to feature such distinguished intellectual leaders to our campus to address the causes of the crisis of world peace and suggest possible solutions.

On behalf of Yonsei community, I would like to express my heartfelt gratitude to them. I hope our community members would get maximum benefits through interaction with them. Finally, my special thanks go to Professors Chung-in Moon and Kim Yong-ho as well as numerous undergraduate and graduates who worked hard to make this event successful. Thank you.

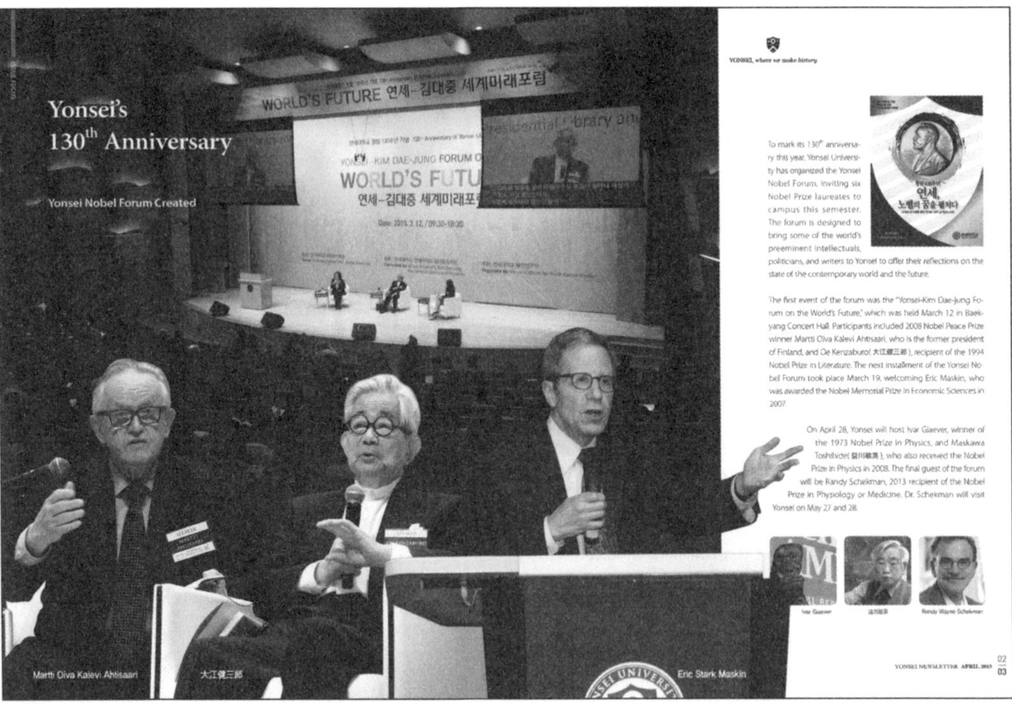
Yonsei's
130th Anniversary

Yonsei Nobel Forum Created

YONSEI, where we make history

To mark its 130th anniversary this year, Yonsei University has organized the Yonsei Nobel Forum, inviting six Nobel Prize laureates to campus this semester. The forum is designed to bring some of the world's preeminent intellectuals, politicians, and writers to Yonsei to offer their reflections on the state of the contemporary world and the future.

The first event of the forum was the "Yonsei-Kim Dae-Jung Forum on the World's Future," which was held March 12 in Baekyang Concert Hall. Participants included 2008 Nobel Peace Prize winner Martti Oiva Kalevi Ahtisaari, who is the former president of Finland, and Oe Kenzaburo(大江健三郎), recipient of the 1994 Nobel Prize in Literature. The next installment of the Yonsei Nobel Forum took place March 19, welcoming Eric Maskin, who was awarded the Nobel Memorial Prize in Economic Sciences in 2007.

On April 28, Yonsei will host Ivar Giaever, winner of the 1973 Nobel Prize in Physics, and Maskawa Toshihide(益川敏英), who also received the Nobel Prize in Physics in 2008. The final guest of the forum will be Randy Schekman, 2013 recipient of the Nobel Prize in Physiology or Medicine. Dr. Schekman will visit Yonsei on May 27 and 28.

YONSEI NEWSLETTER APRIL 2015 02 03

Yonsei-Kim Dae-Jung Forum (Yonsei News, 2015. 4. 20.)

April 22, 2015

Culture of Challenges, Innovations and Teamwork

Design Factory Korea Opening welcoming Remarks

Good morning,

Dr. Tuula Teeri, President of Aalto University;

Mr. Matti Heimonen, Finnish Ambassador to the Republic of Korea;

Other distinguished guests and my colleagues and students,

On behalf of all Yonsei community, I would like to extend a very warm welcome to everyone here this morning. I am really pleased and honored to be here today with you to take part in the beginning of another new history at Yonsei International Campus in Songdo.

In particular, I think today is a very special day for many reasons: With the launch of Design Factory Korea (DFK) today, Yonsei is the first to introduce an exciting new concept of entrepreneurship and industry collaboration in Korea. I look forward to expanding our relations with Aalto and other universities of the Design Factory Global Network to enrich the educational experience for students and create new opportunities for businesses, and communities around the world.

Also, I think Design Factory represents the 4C's that I emphasize as the key elements for success in higher education: Creativity, Communication, Convergence, and Cultural Diversity. I am excited that it will serve as an innovation platform and take new educational initiatives at Yonsei and in Korea.

Yonsei is leading change in Asia's higher education, by responding to educational and market trends, and serving as the vanguard in research, education, and industry ties. While interdisciplinary education poses challenges for universities, Yonsei was among the first in the region to respond and develop interdisciplinary education and research programs. DFK is a testament to Yonsei's vision and dedication toward innovative ways of learning and fostering the next generation of leaders.

As an economist, the concept of "Design Factory"-seemed very new to me at first. On one hand, the word "design" represents very innovative creativity and on the other hand, "factory" relates to manufacturing or producing multiple outputs. When putting the two words together, we can hope to establish a factory that builds upon creativity and brings forth numerous outputs based on innovate thinking and initiatives.

Particularly, as Asia's flagship liberal arts college, Underwood International College is promoting creative and interdisciplinary majors, such as the Techno-Art Division, again the first in Korea. UIC is the first to bring the Design Factory concept to Korea and introduce a unique educational platform drawing collaboration from all sectors of society.

Design Factory promotes a culture of challenges, innovations and teamwork. With the Yonsei International Campus as its base, DFK will collaborate with institutions within Yonsei, such as the School of Integrated Technology and University College, to design innovative educational programs. DFK will create a new culture of creativity, leadership and entrepreneurship and provide the foundations for a universal medium of communication that goes beyond the boundaries of discipline, sector, industry and national boundaries.

Since its establishment in 1885, Yonsei University is Korea's best and largest private university, and has upheld its tradition of excellence while positioning itself as Korea's most internationalized and liberal institution of higher education. Last year the Times Higher Education ranked Yonsei within the top 20th private universities in the global reputation. We have always held a leading role in Korean higher education for the past 130 years.

More recently, we have been at the forefront of liberal arts and residential education and are now taking the next step in interdisciplinary education.

Recently, Yonsei has shared very close ties with Aalto University and Finland. Nobel laureate Ahtisaari, former president of Finland, also an Aalto alumnus, visited Yonsei last March to attend the "Yonsei-Kim Dae-jung Forum on the World's Future." Also, Mr. Alexander Stubb, Prime Minister of Finland, gave a special lecture on education and innovation at Yonsei last November. And presently, Dr. Teeri, President of Aalto University is here today at our International Campus. The collaboration between Yonsei and Aalto is meaningful for our institutions as well as on a national level for Korea and Finland. I am confident that DFK will strengthen ties between our two countries and lead to further cooperation and opportunities in areas including joint research and student and faculty exchange.

This year, 2015, Yonsei celebrates its 130th anniversary. We are upholding our motto, Excellentia cum dignitate, "excellence with dignity," pursuing excellence in research and education while maintaining dignity throughout.

The opening of DFK is another reason why 2015 is a special year for all of us. It is yet another cause for celebration and hope for the future.

I congratulate everyone involved in the launch of Design Factory Korea, and I would like to thank you all for joining us on this exciting day, the beginning of a new chapter here at Yonsei University. I would like also to extend my thanks to our colleagues from the industry's private sector and government bodies for their dedication in making today's event possible. We sincerely appreciate your support. Thank you.

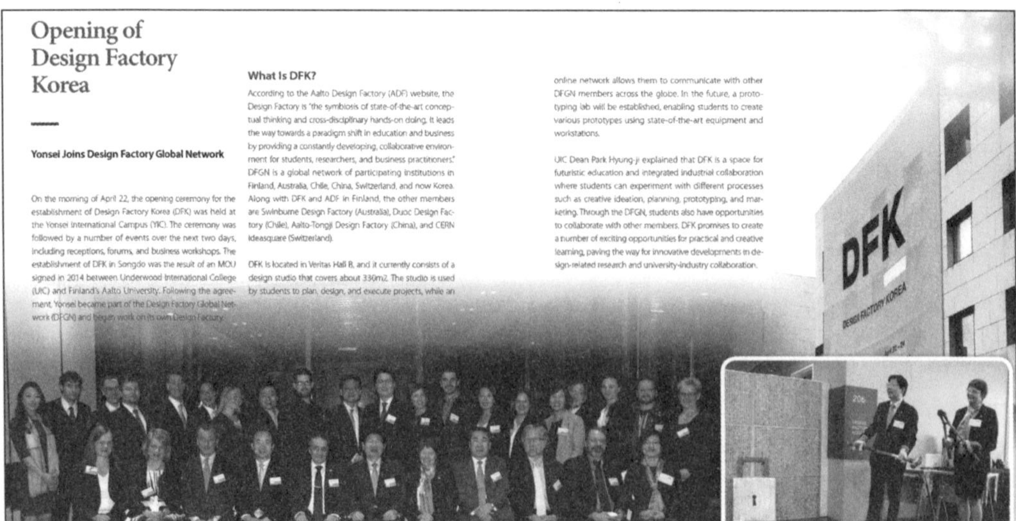

Opening of Design Factory Korea

Yonsei Joins Design Factory Global Network

On the morning of April 22, the opening ceremony for the establishment of Design Factory Korea (DFK) was held at the Yonsei International Campus (YIC). The ceremony was followed by a number of events over the next two days, including receptions, forums, and business workshops. The establishment of DFK in Songdo was the result of an MOU signed in 2014 between Underwood International College (UIC) and Finland's Aalto University. Following the agreement, Yonsei became part of the Design Factory Global Network (DFGN) and began work on its own Design Factory.

What Is DFK?

According to the Aalto Design Factory (ADF) website, the Design Factory is "the symbiosis of state-of-the-art conceptual thinking and cross-disciplinary hands-on doing. It leads the way towards a paradigm shift in education and business by providing a constantly developing, collaborative environment for students, researchers, and business practitioners." DFGN is a global network of participating institutions in Finland, Australia, Chile, China, Switzerland, and now Korea. Along with DFK and ADF in Finland, the other members are Swinburne Design Factory (Australia), Duoc Design Factory (Chile), Aalto-Tongji Design Factory (China), and CERN Ideasquare (Switzerland).

DFK is located in Veritas Hall B, and it currently consists of a design studio that covers about 330m2. The studio is used by students to plan, design, and execute projects, while an online network allows them to communicate with other DFGN members across the globe. In the future, a prototyping lab will be established, enabling students to create various prototypes using state-of-the-art equipment and workstations.

UIC Dean Park Hyung-ji explained that DFK is a space for futuristic education and integrated industrial collaboration where students can experiment with different processes such as creative ideation, planning, prototyping, and marketing. Through the DFGN, students also have opportunities to collaborate with other members. DFK promises to create a number of exciting opportunities for practical and creative learning, paving the way for innovative developments in design-related research and university-industry collaboration.

Opening of Design Factory Korea (Yonsei News, 2015. 6. 23.)

May 9, 2015

Yonsei's New Leap Forward for the Next 100 Years

Yonsei University's 130th Anniversary Speech

I would like to extend a warm welcome to the Honorable Chairman Woo Young Bang and Chairman Suk Soo Kim of the Board of Trustees, to President Sam-Koo Park of the Yonsei Alumni Association and other board of directors as well as former Presidents. I would also like to express my deep gratitude for all distinguished guests and Yonsei alumni who returned to our campus to commemorate their 25th and 50th year since graduation, as well as all Yonsei family members who have joined us today to celebrate Yonsei University's 130th anniversary. Special congratulations to those Yonseians who received awards for their dedicated service, outstanding research, and academic accomplishments. I would especially like to congratulate President Sam-Koo Park of our Alumni Association, who is Chairman of Kumho Asiana Group, for receiving the honorary doctorate degree in business administration today.

What a historical and meaningful day! The average lifespan of the top 100 global companies are only about 30 years, yet today, Yonsei is proudly celebrating its 130th anniversary. On this special day, I would like to reflect on Yonsei's founding spirit and past footprints, as we renew our resolution to prepare for the next 100 years.

First founding and the bitrh of the Yonsei spirit

Yonsei's 130 years of noble spirit and mission began with our founders, Missionary Dr. Horace N. Allen and Dr. Horace G. Underwood, as they planted the seeds for missionary work, modern medical care and education system on the barren land of Chosun. Dr. Allen opened Jejungwon to make medical care available for those in pain. Dr. Underwood had faith that Chosun will become a land of God's grace, despite the prevailing wariness, doubt and disdain. He overcame many conflicts, animosity and hardships and sowed the seeds of Yonsei.

Yonsei's founding spirit and educational visions are well reflected through Seo-yang Park, Korea's first modern surgical doctor who is also the first graduate of Jejungwon, Yonsei's medical school. Park was from a butcher's family, the "untouchable" outcaste group, and deprived of any learning opportunities. Due to his social class, Park did not even have a proper family register. However, Yonsei took him in and raised him as Korea's first modern doctor who later opened a hospital and led the anti-Japanese movement as an independence activist. Park's name was at the top of Yonsei's school register. Yonsei saw him as a noble person who is free. The song of the truth and freedom from Yonsei's first graduation ceremony in 1908 became the song of hope, marking a new history. The same song of hope resounds through us today.

Yonsei was also the first school to teach female students in Korea and produced the first female graduate, nurse Bae-se Kim, in 1910. Yonsei began teaching female students 59 years prior to the prestigious Yale University. Korea's patriots such as Kyu-sik Kim and Dosan Ahn Chang-ho learned the love for their mother country at the Underwood School, initially established to take in orphans. Yonsei's history is filled with leaders who freed the people and taught the truth, surpassing the limits of social oppression, prejudice and discrimination.

The Colleges of Liberal Arts, Science, Business and Theology are all celebrating the 100th anniversary this year and they have been fulfilling their mission as Korea's first higher learning institutions. Through many teachers such as Won-cheol Lee, Korea's first astronomer, and brilliant students like Dong-ju Yun, poet, Yonsei helped Korea's national literature flourish. Yonsei has become a driving force that changes the world and people through openness and convergence that led to harmony across all ages and countries.

Second founding and university expansion

In 1957, former President Nak Joon Baek led the Second Founding that created Yonsei University by merging Yonhi College and Severance Medical School. At his inauguration ceremony, he highlighted Yonsei's educational vision as the following: "University exists for the truth ... university's role is to teach the truth, study the unknown, preserve and protect the ancestral cultures and pass it down to the future generations. Moreover, it should be ahead of its times to guide the society to take the right path for change and progress."

Based on this vision, Yonsei has raised countless leaders through continuous growth over the past 130 years. Yonsei led Korea's modernization, industrialization and democratization, as well as cultural prosperity. In 1978, the Wonju Campus was newly established. Today, Yonsei boasts 300,000 alumni, 4,800 faculty members and four campuses including Sinchon, Wonju and International Campus, as well as the Yonsei University Health System. It is also regarded as the top 20 private university in the world.

Respected Yonseians,
In celebration of the 130th founding anniversary and 58th anniversary of the campus convergence as one Yonsei, we shall take another step forward in spirit of truth and freedom, and openness and convergence. Let us bring ourselves together to complete the historical Third Founding initiative and advance Yonsei as a world's leading school.

Third founding for a new leap forward

Since I announced the Third Founding three years ago, Yonsei has been writing new and proud history in many aspects. The Songdo International Campus has become a cradle for Asia's Residential College system. The Sinchon Campus is almost finished with the radical infrastructure innovation projects that newly built and expanded the School of Business and College of Engineering buildings. The Baekyangro Reconstruction Project is almost near completion within this semester. Asia's best Cancer Hospital is now at Yonsei University Health System, while the biggest renovation project of its history is under way at the Wonju Severance Christian Hospital. Wonju Campus is also continuously advancing as a specialized campus for teaching and research.

Despite the pressure from education and healthcare policy, Yonsei has taken a great leap as the top 20 private university in the world. Our specialized teaching programs such as Underwood International College and the Global Leadership Division have greatly strengthened our global competitiveness. Yonsei's active participation in international networks, such as the Association of Pacific Rim Universities (APRU) and the Association of East Asian Research Universities (AEARU), created new opportunities for mutual cooperation and exchange in the development and operation of curriculum and collaborative research, moving beyond the traditional student-oriented exchange system.

As we celebrate the 130th anniversary, all campuses at Yonsei will be implementing the world's first Smart Campus Network to advance the teaching, research and administrative system. In particular, through the Open Campus eXperience (OCX) platform that enables exchange of academic, cultural and artistic activities, we will embrace a community where education and culture flourish together. We are also Korea's first university to supply our teaching courses through FutureLearn and Coursera, alongside other world's leading schools. This step brings the internalization of our teaching programs to another level. We have also drastically improved the research support system and HR compensation policy to refocus on our value on the pursuit of academic excellence.

Preparing for the next 100 years

I am fully aware that the Third Founding cannot simply be achieved with a few projects. We need to overcome all restrictions and challenges surrounding us, and begin shaping our future to become the world's best university over the next 50 and 100 years. We shall prepare for a new vision and mission for Yonsei's future as Yonsei celebrates the 150th and 200th anniversary.

The environment for education and healthcare is rapidly changing. With reduced student population and university restructuring, in addition to the pressure to lower the tuition fees, we are facing fierce competition in the internationalized education market. The advancement of ICT, as seen in the emergence of Massive Open Online Courses (MOOCs), has been shaking up the traditional notion of higher education. Welfare-oriented healthcare policy also created extra burden on our medical center's administration.

At the same time, Yonsei still needs to strive for academic excellence as a world's leading university. We also need to become a leader to resolve social dilemma through research, education and technology development. We are also responsible for improving social inequality. As our infrastructure expansion projects are coming to an end, we need to go back to the basics to focus on people and how best to raise them as future leaders.

Creating more opportunities for the marginalized groups

Across the world, universities have been serving as the medium that accelerates social class mobility through teaching of advanced knowledge and information. However, in today's highly industrialized society, higher learning became a tool for the privileged groups to reinforce their wealth and social class. Even in Korea, the entry barriers to prestigious schools have become extremely high; it is difficult to find "rags to riches" stories anymore.

Yonsei would like to return to our founding spirit to create more opportunities for passionate and talented students from the marginalized groups. We need to remember the spirit of Jejungwon that raised a modern surgical doctor despite his low social class, and the spirit of Underwood School that taught orphans and raised patriots. We need to open our doors for the marginalized students experiencing difficulties to enter Yonsei, despite their potentials and creativity. To take active steps to reduce such social inequality, Yonsei will be expanding the ratio of students from marginalized groups to 10%, in addition to creating more scholarship opportunities for students from the low income families i.e. lowest 30%.

With the 130th anniversary as a momentum, the Global Institute of Theology was launched not only to demonstrate our global education capabilities, but to bring Yonsei back to the founding spirit. As Dr. Underwood planted the seeds of missionary work and university education, we need to support Christian leaders from the Third World countries to raise them as the next Dr. Underwood.

Establishing Yonsei Nobel initiative to strengthen academic excellence

As we prepare for the next 100 years, Yonsei has another mission to strengthen our research and teaching capabilities in pursuit of world-class academic excellence. Through this, we would like to see Yonsei's great scholars share the podium at The Nobel Prize Award Ceremony in 20 years, in time for our school's 150th anniversary. For this purpose, we are launching the "Yonsei Nobel Initiative" to create a culture where we can shift paradigms and produce excellent research outcomes in a creative yet stable environment. To see a quantum jump of our research capabilities, we need to devise a systematic strategy to bring our wisdom together. Through the Institute of Convergence Science, Barun ICT Research Center, Global Institute for Sustainability Studies, and Institute of Disaster Resilience and Safety, we will create synergy and opportunities for academic convergence. By establishing international research networks that vitalize creative research base, Yonsei scholars should become Nobel Prize laureates.

Yonsei has another great mission to raise our educational excellence to a world class level. Maintaining the spirit that led Korea's higher education field over the past 130 years, we need to specialize Yonsei's teaching to compete against other leading schools. We have already established specialized programs such as Underwood International College, Global Leadership Division and the G10 Consortium. We also expanded our international networks and became a global university that brings students from 103 countries across the world.

Moving forward, Yonsei should continue to develop and expand the specialized teaching programs to raise global leaders. We should also further advance the Residential College (RC) system to create an environment for students to embrace both convergent creativity and cultural sensitivity, in addition to fostering academic caliber required for global leaders.

Campus life with culture and passion

Upon Baekyangro Reconstruction Project's completion, Sinchon Campus will be reborn as a campus where nature and culture flourish together next semester. Space for open communication and convergence will be created, also available for various cultural and academic events to take place. Starting from the main entrance, Yonseiro will become a car-free street of culture. Students will grow as global leaders in pursuit of the truth and freedom at the core of culture and education. Together with the RC system, the creation of this new space will be a motive for the Third Founding that renews Yonseians' genes.

Under such circumstances, I have no doubt that all Yonsei's faculty members, as well as our alumni and parents of students, will come together to show their love and support for the school. For Yonsei to become a world class school, we need support from our alumni and Yonsei community, to a level that can parallel the support shown by Ivy League communities for their alma maters. More than 50,000 people made contributions for Yonsei headed by the Baekyangro Reconstruction Project last year, creating a new record of Yonsei alumni's support. I am confident that this new culture of support for the school, made by all faculty members, students and alumni, will be the driving force of Yonsei's Third Founding.

Dear Yonseians,
Yonsei has been a place of miracles under God's providence over the past 130 years. Yonsei's all four campuses have been established with the spirit of contributions, devotions and pioneers, which cannot be found anywhere else around the world. After 130 years, it must be nearly impossible to find pioneering people like Dr. Allen and Dr. H. Underwood today. It will also be difficult to find generous contributors like Mr. Louis H. Severance and Mr. John Underwood. Who else will be able to mimic the great dream of securing 245 acres of land for 200 students? The Wonju and Songdo campuses were also established in the spirit of devotion and pioneering. We have been blessed as a result of their devotions, and we are now able to lift up the name of Yonsei around the world.

As we celebrate the 130th anniversary, let us reflect on the noble mission of Yonsei. Yonsei's future is now in our hands. Let us renew our promise to create new light in history through the Third Founding for the next 100 years, with the frontier spirit and heart of devotions.

I sincerely thank all Yonseians and distinguished guests for gracing this occasion with their presence. May God's honor and protection be with Yonsei and may everyone's future shine brightly together with Yonsei. Thank you.

May 15, 2015

Yonsei's New Chapter of Exchange with the EU

EU Ambassadors' Luncheon Welcoming Remarks

Your Excellencies and distinguished guests,
Let me first thank all of our distinguished guests for attending this special occasion. Let me take this precious opportunity to especially thank His Excellency Tomasz Kozlowski, the Ambassador of the European Union to Korea, and also His Excellency Ambassador Chang-Beom Kim, who has been serving as the Korean Ambassador to Belgium and the EU for gracing this event. Special thanks to the esteemed Ambassadors of European Union member states to participate in this Luncheon with their valuable time. On behalf of the Yonsei community, I would like to extend a warm and sincere welcome to everyone here today at Youngbingwan, our University Guest Hall. Although the Guest Hall was built only five years ago, the Presidential Residence has been a part of Yonsei history for 100 years. This elegant and exclusive building is one of the most special places throughout the campus. It has always been a place for Yonsei's most honored guests.

As you may know, Yonsei University celebrates the 130th anniversary of its founding this year. Throughout history, we have been blessed with resources and opportunities. With our humble beginnings, I believe that the success of Yonsei is indeed a miracle. All four of our campuses were established due to the dedication and generous donations of our founders and alumni. Some of you may have had the chance to visit our International Campus in Songdo. The campus was built on reclaimed land from the sea, and today stands as the pioneer of higher education in Asia. Yonsei now leads rapid changes in Asia's higher education environment, responding to the various needs of the society. It now stands proudly in the top 80 rankings of the Times Higher Education reputation rankings, and 20th among private universities worldwide.

Being the oldest and most internationalized university in Korea, Yonsei University has always endeavored to expand and strengthen partnership with European universities. One example is the recent establishment of Design Factory Korea (DFK) in our International Campus under the cooperation with Aalto University of Finland. In addition, we are strengthening our global network with leading universities in Europe, including the University of Edinburgh, King's College London, and the University of Geneva, through the G10 Consortium.

Yonsei aims to open a new chapter in Korean higher education by increasing exchanges with the EU's higher education institutions. While celebrating Yonsei's 130th anniversary this year, I would like to express my excitement in Yonsei's ties with the EU in joint research and student and faculty exchange. For the past 6 years, the Yonsei-SERI EU Centre has carried out activities in many fields to enhance the EU-Korea relationship and to disseminate knowledge and information about the EU. Yonsei University will continue and expand these activities, as we fully recognize the importance of promoting the EU and its values in Korea. Last year, Korea and the EU celebrated 50 years of close diplomatic ties, and I am certain that this partnership will continue to grow in the years to come.

Now I would like to thank all of our distinguished guests again, for honoring this special occasion with your presence. I sincerely hope that this luncheon could be left behind as a precious memory for all of our guests here today. The year 2015 will be a new start for Yonsei and its relations with the EU. Thank you.

June 2, 2015

Strengthening Ties with Yonsei Partners

Wisconsin Madison Chancellor Welcoming Remarks

Good afternoon, ladies and gentlemen,
On behalf of Yonsei University, it is my great honor and pleasure to welcome Chancellor Blank and the University of Wisconsin-Madison delegation this afternoon. We at Yonsei University are very happy to host you at my residence this afternoon, where we can form and strengthen ties and enjoy each other's presence. I would also like to extend my thanks to our colleagues at the Wisconsin Alumni Association Korea for helping to arrange today's visit.

I myself was pleased to visit your beautiful campus in 2012 to meet Interim Chancellor David Ward. Our two universities have enjoyed 6 years of exchange since the establishment of our MOU in 2009. During those 6 years, we have exchanged over 60 exchange students and had strengthened ties at the faculty and college levels. We also have a large UW-Madison presence here at Yonsei, with over 20 faculty alumni and four exchange students.

Our ties go beyond our campus grounds, as some of the most famous UW-Madison alumni in Korea are also Yonsei graduates, such as Hur Dong-soo, Chairman of GS Caltex and Board Member of Yonsei University, and Choi Kyung Hwan, Deputy Prime Minister and Minister of Strategy and Finance.

Personally, hosting this gathering also holds a special place in my heart. As some of you may know, my own daughter, Jeeyeon, has been with UW-Madison as a postdoctoral researcher in Nutritional Sciences, with my son-in-law in Biochemistry. This year will be her last, as she will be taking a teaching and research position at Amherst College this July. Regretfully, I was not able to visit Wisconsin one last time before her family's departure to Amherst, but I am glad to meet the UW-Madison senior leadership here in Korea. As I see you here today, I am reminded of my two cute grandkids back in Wisconsin.

As you may know, Yonsei was established in 1885 by American missionaries and has always been a pioneer in Korean higher education. Yonsei continues to strive to become a world-class university in teaching, research, medicine, and social contribution, which are the four fundamental mission fields of our university.

Yonsei University, from our first origins, has always sought to reach out to the world, and we hope to strengthen our ties with our partners, especially the University of Wisconsin-Madison. It would be a great privilege for us to be able to work with you to develop a partnership that enriches the experiences and outlooks of our students and faculty. Thank you once again for your visit to our campus, and I look forward to a successful and longstanding cooperation.

Now, let us enjoy this meal prepared by the first lady of Yonsei. Without further ado, please help yourselves to the buffet and enjoy each other's company. Thank you.

October 23, 2015

Assessing Financial Stability and the Policy Implications

2015 BOK-Yonsei University Joint Conference Welcoming Remarks

Good morning, distinguished guests, invited speakers, and colleagues. On behalf of Yonsei University, it is my great honor and pleasure to welcome all of you this morning. I would like to extend my special thanks to the Governor of the Bank of Korea, Juyeol Lee, who has given us the opportunity to hold this great academic event jointly with the Bank of Korea.

As an economist myself, I am much interested in the topic of this conference, "Assessing Financial Stability and the Policy Implications for Central Banks." I believe that this event is very timely considering the increasing importance of understanding household and corporate balance sheets and their implication to macroeconomy. I am quite confident that this conference will be an ideal platform to share the knowledge on experiences of other countries, new modeling, and policy measures.

Let me take this moment to introduce Yonsei briefly to today's guests of honor. This year, Yonsei University is celebrating its 130th anniversary and the centennial anniversary of the College of Commerce and Economics. Christian missionaries established Yonsei University in 1885 as a hospital to save the poor and the weak from suffering and disease. For the last 130 years, Yonsei has been serving for the advancement of higher education and national health as a leading university and medical institution in Korea. Yonsei is proud to be ranked among the top 100 global universities and the top 20 among all private universities in the world. Driven by our mission to foster education, research, medical care, and social contribution, we are continuing our climb to the top. Though Yonsei's scale of research has room for growth, Yonsei leads nationally in the sectors of education, medicine, and social involvement. Of course, we still have to go a long way to catch up with the forerunners in post-secondary education and advanced research, and we are doing our utmost to leap forward as a world-class university.

In the beginning, I mentioned that this event is very timely. In fact, there is another reason. In 2013, Yonsei University started the project of redesigning the campus to make it more eco-friendly. This project aims to recreate the campus free from automobile traffic by building underground roads and cultural facilities, thus offering much more safe and excellent academic environment for our students and professors. The construction finally completed this month and the place where we are is the part of it. I would be very happy if you have time to walk around the beautiful campus of Yonsei University.

To my knowledge, it is the first academic conference that is jointly sponsored by the Bank of Korea and, at the same time, held outside the Bank of Korea. I am very happy that this honorable event is being held in the new place of Yonsei campus in the centennial year of the economics department. There are many memorable things about this joint conference. I would like to thank all the Bank of Korea economists and employees and the Yonsei professors and staff for all their effort. I hope that this joint conference would continue as an annual conference or a biennial conference, contributing to our enhanced understanding on pending economic issues.

Finally, I wish all of you to enjoy the breathtaking view of Korean autumn here at the campus of Yonsei University and nearby palaces, and to have safe trip back to your home with unforgettable memories of Yonsei University and Seoul. Thank you.

October 26, 2015

President Seike's Achievement and Leadership

Congratulatory Remarks : Honorary Doctorate Conferral Ceremony to President Seike of Keio University

President Seike, Mrs. Seike, distinguished and honored guests, respected Yonsei faculty, ladies and gentlemen, it is a great pleasure and honor for me to welcome all of you to Yonsei University this afternoon. I would like to thank especially:

Ambassador Koro Bessho from the Embassy of Japan in Korea,
President of Seoul Mita-kai, Mr. Atsuyuki Miki-sama for joining us this afternoon.

As President of Yonsei University, it has been my endeavor to build close ties with institutions around the region. Yonsei has had a long history with Japanese universities, and I am honored to further support the bonds between Keio University and Yonsei through this ceremony today.

Keio University, one of the leading universities in Japan, and indeed the world, is a valued partner of Yonsei. In fact, Keio University is renowned for its active collaboration with Korean universities. And historically, Keio has been an especially dear friend to Yonsei. Our first formal agreement was established in 1970, but even before then, Keio and Yonsei would hold friendly soccer matches. Since then, our ties have become stronger with formal programs and informal networks. 2012 was a milestone of the Yonsei-Keio relationship, when Keio became our strategic partner. It is my sincere hope that President Seike's visit this week will help us to promote and foster further student and faculty exchanges and research cooperation that will be of great mutual benefit.

President Seike already knows that Yonsei University, the first modern institution of higher learning in Korea, is driven by its continuous efforts to play a leading role in Korean education and society. Most recently, those efforts are to create a globalized environment and provide global opportunities. In a vibrant and multi-faceted relationship with Keio University and President Seike, Yonsei University and its students and faculty have been able to grow from mutually beneficial international education and research.

President Seike first joined Keio University as a tenure-track Professor of Business and Commerce in 1980, and received his Ph.D. in Labor Economics from Keio University in 1993. He became Dean of the Faculty of Business and Commerce and Dean of the Graduate School of Business and Commerce in 2007, before taking his role as the President of Keio University in 2009.

While contributing to the Keio University community, President Seike actively served the public in various leadership roles. His efforts have been directed not only toward higher education, but labor economics and policy, and has notably specialized in a challenge Korea shares with Japan, that is, aging societies.

For the past six years, President Seike has continued Keio's legacy as a dear friend of Korean higher education. Together with Keio and the University of Hong Kong, Yonsei has begun the successful 3-Campus Consortium for Comparative East Asian Studies to encourage regional studies, provide opportunities for young academics to broaden their international perspectives, and foster them as Asian leaders. Its reach is spreading beyond the East Asian region to involve students from prestigious American and European universities as well. Soon, the same 3-Campus Consortium will serve as a platform for a research fund to support cooperative research projects between scholars of the host universities to address common challenges facing East Asia. It is my hope that this and other programs established between Yonsei and Keio will foster profound advancement in regional cooperation and collective prosperity.

It seems like a very appropriate time to award President Seike with an Honorary Degree of Doctor of Economics. By conferring this degree, Yonsei University recognizes President Seike's contributions to higher education and achievements fortifying Keio University's global prestige as the leading private university in Japan. The Top Global University Project under President Seike's term has supported longevity, security, and creativity in research through interdisciplinary application, and shows his commitment to the welfare of the Japanese community and the world through diversification and international outreach.

I am sure that this special recognition through the conferment of an Honorary Degree of Doctor of Economics will serve to confirm and strengthen the valued partnership between Yonsei University and Keio University. Thank you.

세이케 아츠시 게이오대 총장에 명예박사 학위 수여

우리 대학교가 세이케 아츠시(Atsushi Seike) 게이오대학 총장에 명예경제학박사 학위를 수여했다. 지난 10월 26일 오후 2시 루스채플에서 열린 학위수여식에는 정갑영 총장, 신현윤 교학부총장, 정남식 의무부총장, 박진배 행정대외부총장, 문성빈 대학원장, 조재국 교목실장 등 학교 관계자들과 재학생들이 한 자리에 모여 학위 취득의 영광을 함께 나눴다.

세이케 총장은 세계 고등교육의 발전과 우리 대학교와의 학문 교류협력에 기여한 공로를 인정받아 명예경제학박사 학위를 받게 됐다. 1954년 4월 11일 동경에서 태어난 세이케 총장은 1978년 게이오대학 경제학부를 졸업하고 1993년 게이오대학에서 노동경제학박사 학위를 취득했다. 1980년 게이오대학 교수로 취임한 이래 일본노무학회장, 일본경제학회 이사, 시니어사회학회 부회장 등 주요 학회 임원직을 역임했으며, 10여 권의 저서와 국내외 수십 편의 논문을 발표해 노동경제학의 발전을 위해 노력했다.

특히 2009년부터 현재까지 게이오대학 총장으로 재임하는 동안 우리 대학교와 학문 교류협력에 크게 기여해 왔다. 나아가 양교와 홍콩대학교가 함께 참여하는 '3-캠퍼스 프로그램'의 시작과 더불어 미국의 프린스턴(Princeton), 코넬(Cornell), 영국의 애딘버러(Edinbuurgh) 대학교 등이 참여하는 'G10 콘소시엄'의 기반을 구축함으로써 세계 고등교육의 국제화와 발전에 크게 이바지했다.

이날 학위수여식에서 세이케 총장은 "연세대학교에서 학위를 받게 되어 감사하고 게이오대학 전체에 영광스러운 일"이라며 "연세대학교와의 오랜 우정을 이어나가며 앞으로 더 많이 협력하길 기대한다."고 감사의 마음을 표했다. YS

13

연세소식, 2015. 10. 26.

October 27, 2015

Asia and Asian Leadership Education

Yonsei Global Summit 2015 Opening Session Speech

Good morning, distinguished guests and fellow educators. As you can see, a great number of VIP guests have gathered together for today's Yonsei Global Summit 2015. I would like to express my sincere gratitude toward the panelists who have travelled here from abroad to take part in this forum, the ambassadors and fellow Korean university presidents that have graciously set aside time to join us, and to the Yonsei faculty showing their support in global higher education.

Liberal arts for the Asian century

I am pleased to celebrate Yonsei's 130th anniversary with you here in "The Commons," the underground portion of the newly reconstructed Baekyang-ro. I appreciate the joint efforts of the faculty and staff that made today's event possible. Mostly, I am honored to be with you today at this Summit to encourage international dialogue among institutions to address the newest chapter, not only for Yonsei's history, but for higher education as a whole, Liberal Arts for the Asian Century.

Decades ago, scholars began to refer to the twenty-first century to be the "Asian Century". Indeed, Asia has led world economic growth in recent years. Economists' forecasts all indicate a trend that Asia will continue to grow faster than other regions. The Asian Development Bank predicted that by 2050, Asia will account for 52% of world GDP, a big jump from its share of 30% in 2014 (IMF, 2015). Thus, it is clear that Asia will be a largely influential region in the near future.

Asian universities, too, are rising very rapidly. For the first time, two Asian schools have entered the top 15 world university rankings by QS. Recognizing this trend, many in the higher education community and the private sector alike are placing stakes in the Asian economy and its resources. You may have heard about next week's Global HR Forum 2015 in Incheon, and I am sure that many of you will attend. It calls upon global leaders from public and private sectors to discuss human resource strategies and sustainable growth in the global economy. This is not an isolated, special-interest forum, but rather represents the trends and relevance of global talent in Asia. There are a growing number of stakeholders in the education and training of the Asian talent pool.

Indeed, Asia needs leaders. Yonsei's mission is to "educate leaders who will contribute to humanity in the spirit of truth and freedom." Outside, in the Alumni Plaza, you can see our motto "Yonsei, where we make history!"

I believe that in order to foster world class leaders, we must turn to the liberal arts model. Yonsei will make history by strengthening liberal arts in Korea.

Liberal arts education, largely lacking in the region, can be seen as an ideal model for Asian higher education. It can foster independent and critical thought and instill strong entrepreneurship, creativity, and communication skills in future leaders. Unsurprisingly, leading American universities such as Yale, NYU, and Duke have opened Asian campuses, such as NUS-Yale, NYU Shanghai, and Duke-Kunshan, to vitalize liberal arts education for Asia's future.

In Asia, liberal arts is a new and unfamiliar concept. Because universities in this region have traditionally emphasized early professionalization, liberal arts education is a fairly recent trend, and Yonsei is pioneering this move in Korea. For the first time in Korea, Yonsei introduced a Residential College system in the International Campus in Songdo, Incheon. Meanwhile, Underwood International College, our flagship international undergraduate program, stands as a benchmark for liberal arts education in East Asia.

Five core principles

As you saw in our opening video, liberal arts education is the cornerstone of our Third Founding. In 2012, I took on the responsibility to lead Yonsei in its efforts to better both the regional and global community. I considered what elements would be needed to achieve real change and set the University on a positive path. Finally, I identified a set of five core principles: Campus Infrastructure, Multi-Campus Autonomy and Convergence, Community Culture, World-Class Research, Global Education.

Yonsei has reached many of the goals set forward in the Third Founding. The completion of the International Campus in Songdo in 2011 was nothing short of a miracle. In 2006, we started a land reclamation project in the promising Songdo district of Incheon, dubbed by developers as the "City of the Future." We broke ground in 2008 and inaugurated the first educational programs in spring of 2011 with a group of 400 students. After a successful pilot run the same year, we began our one-year Residential College (RC) system school-wide in 2014, where it now hosts 4,000 students each year. The International Campus' initial plans faced many challenges. The first challenge was changing seawater to solid land. But additionally, it was an ordeal to relocate faculty and staff from Seoul and to persuade students who were unfamiliar with living far away from home to become a part of a Residential College community. However, those growing pains have been overcome and a successful holistic education program is flourishing at the International Campus.

Around that same time, we began work here in Sinchon to begin the Baekyang-ro Reconstruction Project, which just recently celebrated its Grand Opening early this month. The newly renovated campus is designed to be a people-centric area, with an open atmosphere and with green space, to encourage culture and collaboration. People have expressed that the new Baekyang-ro brings to mind an oasis in the center of the city. I hope you get time today to enjoy the ambience of our campus grounds.

But I would like to return to the topic of liberal arts education at Yonsei, because that is where I would really like to emphasize the urgency to rouse support. Those from the West may not think twice about the idea of residential colleges. Residential programs are more of a standard in America, but our RC program is the first and only in Korea. We actually began an RC program back in 2007 in the quiet setting of our campus in Wonju. By adding the program at the International Campus for Sinchon Campus students, now all of our campuses offer RC education. Our program has revolutionized Korean higher education, since most Korean universities are commuter campuses.

RC system of integrating living and learning

I focus on the concept of holistic education found in residential colleges. These programs encourage community, understanding, and diversity necessary for global leaders to meet their social responsibilities. Holistic education educates students as "whole" individuals. Through the RC program, Yonsei has created the most advanced environment to foster well-rounded leaders to serve the future of this society. Its key holistic education programs cultivate Yonsei graduates to be equipped with multidisciplinary insights, service leadership, and logical thinking. We have done our best to integrate the intellectual, moral, and spiritual aspects of education, and pioneer a model of internationalized comprehensive education within Korea. We hope that Yonsei graduates nurtured through the RC system of integrating living and learning will become an advanced workforce with upright character as their foundation.

The roots of interdisciplinary and global education run deep at Yonsei. In addition to the International Campus and its RC program, we also host the Underwood International College (UIC). It is distinctive in that, rather than segregating professors into separate departments, it encourages intellectual exchange by bringing together scholars and students from different fields. The strong liberal arts curriculum assures that all UIC students will graduate with the ability to reason critically, communicate effectively, and navigate the complex intellectual landscape of the modern world. UIC began on Yonsei's main Sinchon Campus with 5 majors in 2005, expanded to the International Campus in 2012, and added a number of innovated interdisciplinary majors, now totaling 16 majors in five divisions under three fields. Majors range from humanities, social sciences, arts, IT, engineering and science. UIC is Asia's flagship liberal arts college and has been benchmarked by newer programs in the region.

The crucial aspect of this future-oriented focus and strategy at Yonsei University is that the innovative methods of education are considered public goods. We want these skills to be of practical help in forming future values and improving the quality of life in Northeast Asia, the Asian continent, and indeed the world. We are rather focusing on and working toward altruism: supporting the development and comfort of mankind as a whole, improving the quality of life, and providing benefits to everyone across our diverse world.

In the age of globalization, we at Yonsei recognize that we cannot achieve our Third Founding objectives alone. Strong partnerships with the world's leading universities are essential to the growth of Yonsei University and to the fulfillment of its role in a rising Asia.

Global collaboration

I had recently participated as a panelist in the THE World Academic Summit to discuss new trends in international research collaboration. During our panel, the word "collabetition" was often used to refer to collaboration vs. competition between universities. Research collaboration between academic fields helps us promote intellectual growth, but international collaboration has so many more dimensions, including cultural and transnational aspects. However, cooperation between universities can become a core strategy that helps break us through our own limits.

Yonsei Global Summit 2015 (Yonsei News, 2015. 11. 01.)

The benefits of strong partnerships and networks are clear. By collaborating, institutions can share burden of cost in research. They may reach out to like-minded experts and maximize utilization of resources. They may achieve far more innovative, large-scale research projects with larger samples and greater results. And not least importantly, collaboration allows both students and researchers to broaden their perspectives and ideas.

Today's Yonsei Global Summit 2015 comes at an important time to address how to effectively utilize networks. Today, we can focus on finding where international cooperation and educational flow is headed. Let us reflect on our own hopes and desires for international higher education, and identify and understand the needs and concerns of fellow institutions. Let us begin to map ways to help facilitate international collaboration that leads to mutual growth.

My hope for today's Summit is that we will realize these purposes, give momentum to the Asian Century, and set a positive step forward in an age of truly international higher education. The first step toward growth is dialogue. So I would like to thank all of you for coming here today to take that step with us. I greatly look forward to continuing our conversations in the coming years.

With this in mind, it is my honor and pleasure to introduce to you the next Opening Session speaker, Chairman & CEO Seon-joo Kwon of the Industrial Bank of Korea. The Industrial Bank of Korea is the 105th largest bank in the world. Chairman Kwon is the first woman CEO in the financial industry of Korea and she is a Yonsei alumnus. Fortune magazine has included her as one of the world's top 50 most influential businesswomen, and applauded her drive to serve small and medium-sized firms in emerging markets. I would like everyone to give Chairman Seon-joo Kwon a warm welcome.

Yonsei Global Summit 2015

Liberal Arts for the Asian Century

University Leaders from around the World Participate

On October 27, university representatives from throughout the globe gathered in Baekyangnuri Grand Ballroom for the 2015 Yonsei Global Summit. In his opening remarks, Yonsei President Jeong Kap-young said: "It is my pleasure to hold this meaningful event with such honored guests." He also spoke of the important function of higher education in Asia's future: "The university will increasingly play a key role in Asia's sustainable development, and universities should find a way to emphasize the importance of liberal arts in the process."

The first keynote speaker was Chairman and CEO Kwon Seon-joo of the Industrial Bank of Korea. In his speech "ASEAN, Challenge and Opportunity as New Growth Engine," Chairman Kwon emphasized the importance of reducing the development gap among ASEAN member countries and integrating their financial markets. The second keynote address was given by Harvard University Professor William H. Overholt. Speaking of Northeast Asia, Professor Overholt insisted that "continuous, sustainable development is essential for the prosperity and peace of Northeast Asia." He added: "A conflictual geopolitical view needs to be replaced by a cooperative geopolitical view."

Diverse Issues Debated in Panel Discussions

The Global Summit also included three different panels. In the first session, the need for innovative education to place talented people in positions of Asian leadership was discussed. Here, President Jeong presented the Three Campus Consortium for Comparative East Asian Studies as a distinctly Asian education model. The program, which was created by Yonsei, gives students the opportunity to study in Korea, China, and Japan over the course of a single year. The second session focused on liberal arts and residential college education. These educational models have long been established in the West, but their importance has only been recognized recently in Asian countries. Yonsei is at the forefront of such higher education reform in Korea, with its Underwood International College (UIC) and the Residential College (RC) at the International Campus in Songdo.

In the last session, participants discussed how universities can productively use global networks in order to address pressing issues in higher education. Yonsei is a member of the Association of Pacific Rim Universities (APRU) and the Association of East Asian Research Universities (AEARU). In addition to the Three Campus Consortium, Yonsei has founded the East Asian Research and Education Institution. Currently, Yonsei is enhancing its global network through strategic partnerships with the University of Geneva, the University of Sydney, and Emory University.

The Yonsei Global Summit was held in conjunction with the university's 130th anniversary and the conclusion of the Baekyang-ro Renovation Project. The summit was intended to share Yonsei's vision for the future with leaders from a number of prestigious global universities, while also promoting cooperation and development in Asian higher education.

Yonsei Global Summit 2015 (Yonsei News, 2015. 11. 01.)

October 28, 2015

Shared Value and Shared Education

The 14th Korea-Japan Millennium Forum Speech

Dear honored guests,
Welcome to the fourteenth Korea-Japan Millennium Forum.

Firstly, I would like to express my appreciation to our co-hosts here today, President Atsushi Seike of Keio University, President Jaeho Yeom of Korea University, and President Kaoru Kamata of Waseda University for your genuine care and endless support in making this Forum possible.

This year's Forum comes at a great time, as 2015 celebrates the 50th anniversary of our two countries' restoration of normal ties. Looking back at the past 50 years of friendship and development, I am convinced that a bright future lies ahead of us, and that our gathering here today will serve as the cornerstone of a new era of collaboration.

In fact, today's Forum is held under the theme "The Role of Universities for the Next 50 Years," and I hope our concerted efforts today will result in fruitful outcomes and pave the way for Japan-Korea cooperation in the coming years.

Now, let us discuss the dynamics of today's higher education and share how we are dealing with them to help each other establish stronger global competitiveness. Firstly, let us visit how higher education has been shaped up until now.

Independent private university model

As opposed to the Medieval Era, when universities existed for the education and training of priests, the modern industrial society witnessed a popularization of higher education, whereby emerged a broader student group educated under a more differentiated and specialized curriculum. The current society has rapidly developed into an information technology driven society, where a university's role in knowledge creation and dissemination has become greater in importance than ever before.

Yet, a number of factors are hindering universities from fulfilling their potential. In case of Korea, a significant demographic change resulting from a low birthrate has become a considerable threat, while the interventionist government policy in education is generating stumbling blocks for universities in advancing further in the global arena. Standardized regulations that stem from government policies in Korea are inconsiderate of each university's unique qualities, and are slowly resulting in a race-to-the-bottom downward standardization of universities.

"Global hyper-competition" is yet another challenge. Since decades ago, declining university-aged population led developed countries to seek students from abroad. To intensify this competition, information technology is enabling open education across borders. This implies that universities lacking in global competitiveness will surely fall behind.

Thus, for universities globally competing yet but bound by government regulations like us - Keio, Korea, Waseda, and Yonsei - I would like to propose that we work together to see more independence in which universities are given full autonomy over their own management and policy-making and educate our societies on the importance of independent private higher education. In order for this model to work, first, the government should lift its regulations on the private education sector, in Korea those related to tuition and admissions. Only then, will each university gain its own financial footing as well as an autonomous system reflecting its unique characteristics. Only through approaches which are customized to the university's strengths and weaknesses, private universities will be able to gain global competitiveness in today's highly competitive higher education arena.

International research collaboration

The importance of research in building the global reputation of a university has grown rapidly in the recent years. In pursuit of its duty in knowledge creation, Yonsei has endeavored hard to create and maintain a supportive environment that suits the needs and potential of our researchers. Striving for excellence in research has always been one of the most important missions for Yonsei. In response to the heightened needs for cross-border collaboration among researchers, we have nurtured Yonsei's capacity for international collaboration in research by creating and taking part in diverse global networks. In particular, Yonsei has successfully established strategic research partnerships with selective universities and research institutions abroad. The current strategic partnership network of Yonsei University features Keio University in Japan, University of Geneva in Switzerland, and the University of Sydney in Australia.

Moreover, Yonsei has newly launched a research program called the "Future Leading Research Initiative" to strengthen its position as a global research-based university and to achieve excellence and leadership in research. Of its sub-programs, the "International Collaborative Research Program" aims to encourage Yonsei faculty to pursue joint research projects with talented researchers overseas, which will in the long-run expand the Yonsei's network and help establish a leading research support mechanism within the university. This mechanism will enable Yonsei researchers to create world-class outputs.

Inter-disciplinarity — Liberal arts education and the RC system

As another move to enhance its global competitiveness, Yonsei established inter-disciplinarity through liberal arts education and the Residential College system. While liberal arts education is a common concept among leading universities in the Western world, Yonsei is one of the very few Asian universities to launch a liberal arts college. Named after Yonsei's founder, Underwood International College was established in 2006 with the purpose of educating tomorrow's global leaders at the hub of Asia. It offers a rigorous common curriculum in order to assure that all students, regardless of their field of study, graduate with critical reasoning and effective communication skills, and the ability to navigate the complex intellectual landscape of the modern world.

In line with the UIC curriculum, our Residential College program offers "holistic education" which integrates the intellectual, moral, and spiritual aspects of education. This is a pioneering model of internationalized comprehensive education for Korea and has received positive feedbacks from students and their parents. Within this program, students naturally learn the 5 C's of Yonsei: communication, creativity, convergence, cultural diversity, and Christian leadership.

Shared values, shared education

I would like to hereby propose that we collaborate more actively in order to realize our shared values through shared education.

In this knowledge-based world, information is being transferred at a speed faster than ever before. This enabled Korea-Japan collaboration to reach every corner of the two societies, ranging from the traditional economic and political exchanges to the more recent movement in cultural exchanges. Our four universities should capitalize on this favorable atmosphere and try diverse approaches to stimulate exchanges in education among us. In business, success cases of overseas expansion of Korean companies in Japan, and vice-versa, are opening up a new era where Japan and Korea can become strong partners in the global economy, which can be further stimulated through educational exchanges.

LINE Corporation of the Korean internet giant Naver is a great example of a Korea-Japan joint work advancing into the global stage. LINE, a mobile messaging service provider, was initially launched by Naver's overseas affiliate, Naver Japan. Only after three years since its introduction, LINE attracted over 400 million users worldwide in 2014 and is no longer regarded as a messenger popular in the region - Japan in particular - but as one of the most competitive firm globally. I cannot stress enough how many more chances there are for Korea-Japan collaboration to lead to such a worldwide success. Joint education programs among our four universities based on the share values and interests of Japan and Korea can spark our young generation's interest in seeking such opportunities together, and shape up Korea-Japan relations in the next 50 years, and help us truly achieve "shared values through shared education."

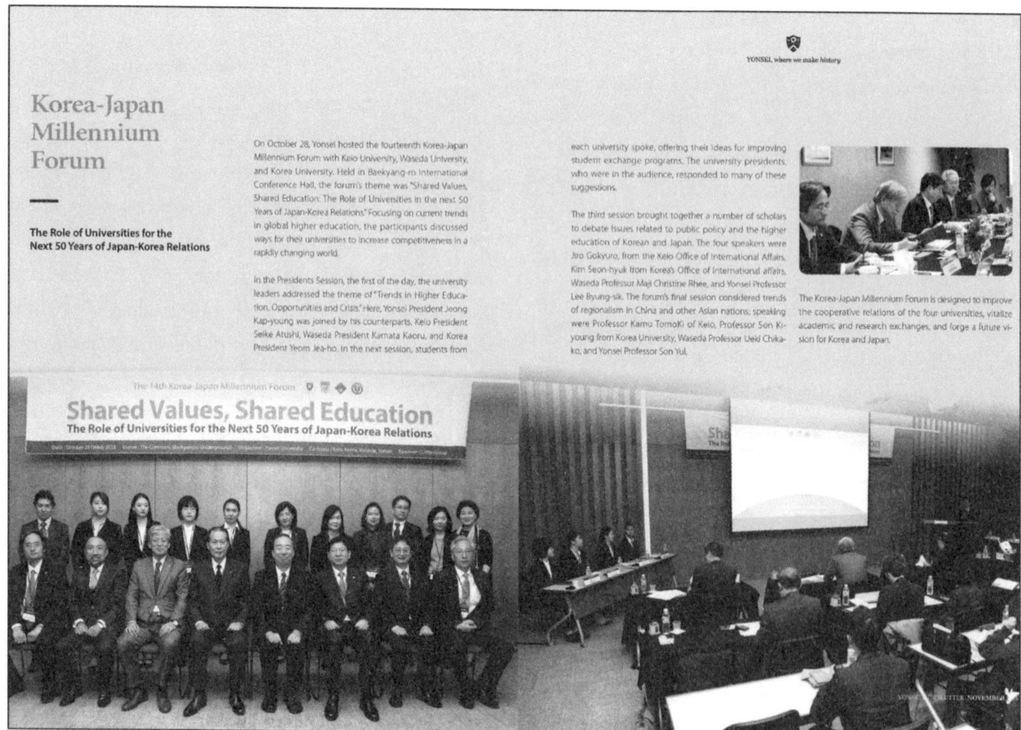
YONSEI, where we make history

Korea-Japan Millennium Forum

The Role of Universities for the Next 50 Years of Japan-Korea Relations

On October 28, Yonsei hosted the fourteenth Korea-Japan Millennium Forum with Keio University, Waseda University, and Korea University. Held in Baekyang-ro International Conference Hall, the forum's theme was "Shared Values, Shared Education: The Role of Universities in the next 50 Years of Japan-Korea Relations." Focusing on current trends in global higher education, the participants discussed ways for their universities to increase competitiveness in a rapidly changing world.

In the Presidents Session, the first of the day, the university leaders addressed the theme of "Trends in Higher Education, Opportunities and Crisis." Here, Yonsei President Jeong Kap-young was joined by his counterparts, Keio President Seike Atushi, Waseda President Kamata Kaoru, and Korea President Yeom Jea-ho. In the next session, students from each university spoke, offering their ideas for improving student exchange programs. The university presidents, who were in the audience, responded to many of these suggestions.

The third session brought together a number of scholars to debate issues related to public policy and the higher education of Korean and Japan. The four speakers were Jiro Gokyuro, from the Keio Office of International Affairs, Kim Seon-hyuk from Korea's Office of International affairs, Waseda Professor Maji Christine Rhee, and Yonsei Professor Lee Byung-sik. The forum's final session considered trends of regionalism in China and other Asian nations; speaking were Professor Kamu Tomoki of Keio, Professor Son Ki-young from Korea University, Waseda Professor Ueki Chikako, and Yonsei Professor Son Yul.

The Korea-Japan Millennium Forum is designed to improve the cooperative relations of the four universities, vitalize academic and research exchanges, and forge a future vision for Korea and Japan.

13th Korea-Japan Millennium Forum (Yonsei News, 2015. 11. 1.)

October 28, 2015

Liberal Arts at Yonsei and Asia

UIC 10th Commemoration SYMPOSIUM Congratulatory Speech

Good afternoon, distinguished guests, faculty, and students. It is my great pleasure to be here at an academic symposium celebrating the 10th anniversary of Underwood International College.

Ten years ago, Yonsei University launched Underwood International College - Asia's first and best Western-style liberal arts college. UIC's philosophy of globally-oriented, service-minded education for the world's most talented students, fits perfectly with Yonsei's mission. Yonsei, Korea's oldest and largest private university, has upheld its rich tradition of excellence, while positioning itself as Korea's most forward-looking and open-minded institution of higher education. Throughout its history, Yonsei has pioneered new paradigms of pedagogy and research for Korean universities. UIC represents all of Yonsei's best ideas for undergraduate education in the last decade, with its liberal arts base and its interdisciplinary majors. UIC, bearing the name of Yonsei's founding Underwood family, has become our university's flagship college.

Just a decade ago, UIC was a vision, an ideal, shared by a handful of brave and inspired professors and administrators. Today, we gather to marvel at UIC's transformation and success. UIC today is the premier liberal arts college in Asia. UIC's all-English curriculum places it at the core of Yonsei's push toward globalization, and UIC has become larger, more diverse, more dynamic, and more successful than we dared to dream ten years ago. Let us take today to appreciate the countless hours of hard work, dedication, and sacrifice by so many individuals that has made UIC what it is today.

I should note that I have a deep personal affection for UIC. As Dean of Academic Affairs at the time of UIC's launching in 2004, I was involved in the creation of the college. Yonsei had a vision for a new type of college that would change the face of international education in Korea. But UIC's beginnings were not simple. We had heated discussions about the best model and shape that this college would take, and its current model—fully integrated into Yonsei University - was considered controversial by some. We faced difficult questions about direction, principle, and purpose, and it took many negotiations and some politics to give UIC its current shape. However, the excitement about starting something new with infinite potential made up for all of these difficulties.

UIC has grown rapidly over the last decade, and along the way, has matured into an advocate for liberal arts in a part of the world that has traditionally favored discipline-based professionalization. UIC began here at our main Sinchon campus with five majors and around 60 students in 2006. In 2010, UIC expanded to Yonsei's new, state-of-the-art International campus in Songdo. Since 2012, UIC added innovative new interdisciplinary majors, and expanded the freshman class. Today, UIC offers a total of 16 majors across the arts and humanities, social sciences, and sciences and engineering. UIC numbers 1,700 students from 50 countries around the world, and we expect to reach 2,000 students in the next couple of years. With a highly selective admissions policy, the best international faculty, and a broad range of majors, UIC is clearly Asia's flagship liberal arts college.

Yonsei is always asking questions, pushing boundaries, and pioneering change. Consider our Residential College (RC) system at our International Campus in Songdo. While residential colleges are mainstays of higher education in the west, Yonsei was the first university to launch an RC system in Korea, and this experiment in residential learning is changing the paradigm for higher education in our country. We now require all Yonsei University freshmen to spend a year in an RC environment at the international campus, and the RC's tight-knit community of learners in an intimate setting is transforming our students' college experience. UIC was again at the forefront, as part of a vanguard of students trying out residential education before it was implemented for all.

At Yonsei, we believe that in today's changing world of advanced technology and ubiquitous knowledge, liberal arts is more necessary than ever before. Cooperation and collaboration between academia and industry, institutions and corporations, researchers and law makers are critical in this era of globalization and rapid technological advancements. Universities - and our industry partners - must respond to the demand for new knowledge in our information age. Liberal arts, plus interdisciplinary education, is the way forward.

Today's symposium, entitled "Liberal Arts in the Age of Globalization," is both fitting and timely. With a student body drawn from around the world, UIC ensures that its graduates have the intellectual foundation to become capable global leaders and responsible democratic citizens. How should we define the liberal arts in an age of globalization? How do we honor the deep and storied liberal arts traditions, while preparing our students for tomorrow? There are no easy answers, but today we shall continue a great legacy of discussion. Our distinguished guests from Abu Dhabi, Macau, New Delhi, Tokyo, and Seoul, share a common goal and vision. This is why we are gathered here today: to strengthen the ties among our liberal arts allies.

UIC is a pioneer within Yonsei. It carries the name of Yonsei's founding missionary family, the Underwoods, and represents the best of Yonsei's tradition and the best of its future. UIC's liberal arts education goes back to the basics of Yonsei's focus on the core principles of education, but also testifies to its Western outlook. UIC is leading Yonsei's internationalization, from its significant community of international faculty and international students, to its all-English education. UIC was a pioneer in Yonsei's RC education and its interdisciplinary majors. And just half a year ago, UIC also pioneered a role in industrial collaboration by opening the Design Factory Korea (DFK), making Yonsei the sixth member of the Design Factory Global Network.

The tenth anniversary of UIC holds a special meaning in my heart and also in those who dedicated themselves to make UIC possible. I would like to thank and congratulate the UIC family on their tenth birthday, and I have no doubt that the next decades to come will be just as exciting, dynamic and challenging. I wish you all the best and I look forward to what the future holds for UIC. Thank you.

2015. 10. 28.

언더우드국제대학 10주년 기념행사

언더우드국제대학은 10년의 자취를 돌아보고, 새로운 도약을 준비하기 위해 세계 유수의 교양학부 중심 대학에서 초청된 6명의 석학이 패널로 참여한 학술행사를 진행했다. '글로벌 시대의 인문학(Liberal Arts in the Ageof Globalization)'을 주제로 새천년관 대강당에서 열린 학술행사에서는 글로벌 시대 인문학이 나아가야할 방향에 대해 열띤 토론을 벌였다.

UIC 10th Anniversary (Yonsei News, 2015. 11. 18.)

November 11, 2015

The Limits to Growth

Professor Randers' Special Lecture Welcoming Remarks

Good afternoon. It's my great pleasure and privilege to welcome you all to this special lecture by Professor Jorgen Randers. On behalf of Yonsei University, I sincerely thank Professor Randers for taking time out of his busy schedule for this lecture, and would also like to give special thanks to WWF-Korea, Yonsei Institute of Global Sustainability, and Warm Heart for organizing this special event.

For decades, it was widely believed that we must choose between either economic growth or environmental conservation. Today we know that it is not necessarily the case. Korea's remarkable economic growth over the last half century has been accompanied by many social problems and also caused environmental hardships, of which the impacts seem to aggravate every year and are being felt in the forms of flooding, drought, micro dust, and loss of biodiversity.

As Professor Randers warned forty years ago in his famous book, "The Limits to Growth," we need to shift from our traditional economic growth model to the one that is sustainable in order to avoid the "overshoot and collapse" of the global system. Sustainable development encompasses the economy, society, and the environment in achieving growth. The United Nations' adoption of the Sustainable Development Goals (SDGs) presses the importance of this shift to sustainability, and these goals cannot be achieved without active participation of us as individuals - especially students like you who will be leading generations to come.

As the top private university in Korea and one of the leading private institutions worldwide, Yonsei University has made various platforms to approach sustainable development issues. We created the Sustainable Development and Cooperation (SDC) major - the first in Korea - at the Underwood International College. We invited UNOSD (United Nations Office for Sustainable Development) to our Songdo International Campus. We established the Institute of Convergence Science (ICONS) and the Yonsei Institute of Convergence Technology (YICT), based on the belief that we need cooperation and convergence of all different sectors and ideas in order to solve today's complicated problems - as those related to sustainable development inevitably are.

Celebrating its 130th anniversary, this year Yonsei University completed the Baekyang-ro Reconstruction Project, transforming its main-road, overburdened with vehicles, into a walker-friendly, green, car-free road. The new, state-of-the-art underground complex is run by geothermal energy, with a direct GHG emission rate of zero. We also saw the opening of the Institute for Global Sustainability (IGS), the first research institute of its kind in Korea. Given this context, it cannot be more timely and meaningful to have Professor Randers, the world's leading authority on sustainable development, here with us on the Yonsei campus today.

The Korean title of Professor Randers' recent book directly translates to say, "The Better Future Does Not Come Easy." However, 'does not come easy' does not mean 'it will never come.' I believe that Yonsei University will become the research hub that changes and serves the world by laying foundations of future studies and by preparing and challenging itself for the sustainable future. I base my belief on the students who are curious enough about the future of this planet to be sitting here this beautiful afternoon, and all of the invitees who give us your continued support. Thank you all and may the blessing of God always be with you.

December 1, 2015

Privacy: Now and Future

Barun ICT Research Conference 2015 Welcoming Remarks

Good morning, distinguished guests, faculty, professionals, and students. On behalf of Yonsei University, I am pleased to welcome presenters, moderators, participants, and the public to the Barun ICT Research Conference 2015.

Recent developments in Information and Communication Technology have been fast and fierce. We now post status updates and stay connected using Kakao Talk and Facebook; hold virtual meetings and conversations via Skype and Google Hangouts; and reserve rooms in people's homes and guesthouses while traveling abroad through Airbnb. Most of these platforms did not exist 10 years ago. The commercialization of the Internet of Things will soon become widespread.

Our lives are more efficient, more social, more exciting, and maybe even better. I say "maybe better," because while our lives have become more connected, there are some troubling social side effects and problems that have also emerged. Namely, in the attempts to make use of and create value from all the information generated and communicated, personal information previously assumed to be private is now at risk of being made public and unsecured. Many people are uncertain about who to trust on the Internet and on mobile networks. Thus, concerns of privacy have skyrocketed.

Of all the countries in the world, it is particularly valuable to discuss information privacy issues in Korea. As a leading nation in the development of ICT infrastructure and ICT culture, Korea is now on track to be the first country in the world to implement a nation-wide 5G network. Leading global IT companies, like SK Telecom and KT, expect to showcase and demonstrate these 5G network technologies during the PyeongChang 2018 Winter Olympics, which is very close to Yonsei's Wonju Campus.

However, with these privileges come ethical and social responsibilities. That is, "Fast technology, alone, is not good enough" in this fully connected society. Starting at the idealization stage, we have to make sure these new technologies foster trust, social respect, and enhance the joy of human beings. Developing and refining the technologies and policies to ensure privacy and security is an important step to reach this goal. These are also very important responsibilities of government, businesses and professionals in today's society.

This inaugural international conference holds a special meaning in my heart and also in those who dedicated themselves to make this event possible. Ten years ago, I visited England, Germany, the Netherlands, and several cities in the United States to study privacy regulations and policy in different cultures. In these tightly-scheduled and exhausting visits accompanied by Yonsei faculty members, including the Barun ICT Research Center director, and a reporter from JoongAng Daily, I met privacy professionals in both government and industry sectors. We discussed privacy laws, culture, consumer protection, and business privacy policies extensively for each country and for the future of Korea.

This effort laid the foundation for launching the Digital Information Industry International Conference at the Press Center in Seoul in 2006, and receiving Microsoft Research grants from Redmond, Washington for privacy research. The Graduate School of Information at Yonsei University has also played a leading role in promoting issues of privacy and data protection in Korea. This year, to enhance research on important IT social issues, we also established the Barun ICT Research Center at Yonsei University. Today, at this conference, we aim to leverage international collaboration to lead the way in understanding Privacy and Personal Data Protection and pursuing an upstanding IT environment for the future.

I give special thanks to speakers and moderators from various corners of the globe including Japan, China, Canada, the Netherlands, and the United States. I would also like to thank SK Telecom, the Barun ICT Research Institute and its faculty and staff for organizing this conference. We are grateful for our event's sponsors, including Korea's Ministry of the Interior, the Korea Communications Commission, the Personal Information Protection Commission, and the Korea Internet and Security Agency.

Finally, thank you all for attending and participating in this event. Many domestic and foreign guests and experts are gathered here, so please share your thoughts on how we approach ICT culture, privacy rights and their appropriate protection. Through these successful international events, I have no doubt that Barun ICT Research Center in ten years will become a world-class research center helping to build a trustworthy IT environment, as its name implies: virtuous and right. I wish you all the best and I look forward to see what the future holds for Barun ICT Research Center.

Please enjoy this great conference. Thank you.

'바른 ICT 연구소' 협약식 (2015. 11. 26.)

우리 대학교는 SK텔레콤과의 지속적인 산학협력을 위해 지난 11월 26일 오후 2시 본관 교무위원 회의실에서 산학협약을 체결했다. 우리 대학교는 연구역량을 강화하기 위해 외부와의 산학협력을 확대하고 있다. 이번 협약을 통해 우리 대학교는 국내 대표 이동통신기업인 SK텔레콤과 함께ICT(Information & Communication Technology) 확산에 따른 사회적 부작용을 연구하고, 바람직한 사회적 가치 창출에 기여할 수 있는 정책대안을 제시한다. 이를 위해 '바른 ICT연구소'를 설립하며, SK텔레콤으로부터 앞으로 5년간 총 100억 원의 연구기금을 지원받는다. 'ICT 노믹스' 시대 도래로 인한 부정적 효과를 점검하고 이를 줄이기 위한 '바른 ICT 프로젝트'의 일환이다.

chapter Ⅱ

people

"Try not to become a man of success but rather to become a man of value."

"성공한 사람보다는 가치 있는 사람이 되려 하라."

Albert Einstein / 알버트 아인슈타인

Interview

President Kap-Young Jeong's life seems even brighter since his tenure. He has returned to the lecture room and is teaching economics to freshmen in Songdo. Considered as the president with the most contributions during the accustomed four-year term in the 130-year history of Yonsei, President Jeong shared with us his cherished memories at Yonsei and his future plans.

정갑영 총장은 퇴임 이후 더 빛나는 삶을 살고 있다.
이제는 평교수로 돌아가 신입생을 대상으로
송도에서 경제학 강의를 진행하고 있는 것이다.
130년 연세 역사상 4년 임기의 총장으로서
가장 많은 성취를 이뤄냈다는 평가를 받는 정갑영 총장을 만나
지난날의 소회와 앞으로의 계획을 들어 보았다.

진행: 김상준 정치외교학과 교수

"저는 총장을 역임하면서 연세대가 한국을 넘어 아시아 최고의 대학이 될 수 있는 기반을 마련하는 데 집중하였습니다. 선진국 사례에서 보듯이 대학의 발전은 그 사회의 발전입니다. 연세대가 발전하는 것은 단순히 타 대학과의 경쟁에서 이긴다는 의미보다는 한국 사회의 발전을 위해서 중요하다고 생각하였습니다."

Interviewer **김 상 준 연세대학교 정치외교학과 교수, 대외협력처장**

연세대학교 정치외교학과를 졸업하고 일본 게이오대학교에서 석사, 미국 시카고대학교에서 박사 학위를 받았다. 연세대학교 정치외교학과 교수로 재직 중이며, 동서문제연구원 일본센터 소장을 맡고 있다. 현대일본학회 회장을 역임하였으며, 일본 관련 연구 프로젝트와 국내 및 국제 학술회의, 전문가 및 학자 초청 학술 세미나 등 학술 활동을 하고 있다. 저서로 「일본정치론」(공저) 등이 있다.

2012년 임기를 시작할 때, 여러 매체와 많은 인터뷰를 하신 것으로 알고 있습니다. 이제 임기를 마치고 인터뷰를 하시게 되어 여러 감회가 떠오르실 것 같습니다. 첫 질문을 드리겠습니다. 연세대 17대 총장을 역임하면서 연세대 발전을 위해서 가장 염두에 두었던 부분은 무엇입니까?

연세대학은 한국에서 가장 오래된 역사와 전통을 갖고 있습니다. 연세는 최초의 고등교육기관으로서 최고 명문 사학의 상징입니다. 그러나 최근의 환경은 이러한 연세의 전통과 위상을 위협하고 있습니다. 그럼에도 불구하고 연세 공동체는 아직도 현실에 안주하면서 다가오는 위협과 도전을 의식하지 못하거나 외면하고 있습니다. 한국 대학 가운데 연세대는 가장 큰 잠재력을 가지고 있음에도 불구하고, 그 잠재력을 발휘하려는 노력은 여전히 미진합니다. 세계적으로 대학의 경쟁은 하루가 다르게 치열해지고 있습니다. 연세대가 속해 있는 세계 100위권 대학들의 경쟁은 더욱 치열합니다. 특히 중국을 비롯한 아시아 대학들의 변화 노력이 매우 두드러집니다. 저는 총장을 역임하면서 연세대가 한국을 넘어 아시아 최고의 대학이 될 수 있는 기반을 마련하는 데 집중하였습니다. 선진국 사례에서 보듯이 대학의 발전은 그 사회의 발전입니다. 연세대가 발전하는 것은 단순히 타 대학과의 경쟁에서 이긴다는 의미보다는 한국 사회의 발전을 위해서 중요하다고 생각하였습니다.

4년 임기 동안 시작부터 끝까지 학교를 위해서 많은 사업을 하였습니다. 전개한 사업들은 단행본으로 출간되는 것으로 알고 있습니다. 여러 사업 가운데서도 가장 역점을 두었던 사업은 무엇인가요?

지난 4년간 4개의 캠퍼스에서 참으로 많은 사업을 전개하였습니다. 사실 모든 사업이 다 중요했습니다. 그 가운데서도 특히 역점을 두었던 것은 송도 국제캠퍼스의 RC 교육과 신촌캠퍼스의 백양로 재창조 사업이었습니다. RC 교육은 연세대가 글로벌 명문으로 거듭나기 위해서 필수적인 교육 소프트웨어입니다. 글로벌 인재 양성을 위해서는 강의실에서의 지식 전달만으로는 부족합니다. 이미 세계 명문대학들은 인성과 지성을 겸비하는 인재 교육을 위한 교육 프로그램을 오래 전부터 운영하고 있었습니다. 백양로는 저 이전의 여러 총장님들도 기획했던 현안이었습니다. 캠퍼스 한가운데로 하루 1만 5천여 대의 차량이 지나다니면서 학교는 물리적으로, 기능적으로 분할되어 있었습니다. 백양로 재창조 사업은 캠퍼스의 융합을 통해 자연친화적인 교육과 연구 공간을 확대하고, 연세의 문화적 품격을 높여 학술 및 문화 활동을 활성화함으로써 의료원을 포함한 신촌캠퍼스 전체를 보다 쾌적한 장소로 거듭날 수 있도록 한 것입니다.

총장님께서 하신 많은 사업 중에서 앞으로 연세의 역사에 오랫동안 기억될 것이라고 자부하는 사업 2~3개만 말씀해 주시지요.

글쎄요. 추후 역사가가 판단해야 할 과제이지만 몇 가지 중요한 사업을 이야기할 수 있을 것 같습니다. 가장 역점을 둔 사업은 역시 Residential College 교육입니다. 앞으로 한국 대학 교육의 역사를 바꿔나갈 것으로 확신합니다. 두 번째는 백양로 재창조 사업입니다. 연세 역사상 가장 규모가 크고 기부자도 2만 2천여 명에 달했고, 신촌캠퍼스를 획기적으로 바꾼 사업이니까요. 교직원의 성과연동제 도입과 언더우드국제대학(UIC)의 설립과 확대, 원주의료원의 외래센터 신축 등 모두 오래오래 기억되었으면 좋겠네요.

우리 정부는 다른 나라에 비해서 고등교육에 대해서 적극적인 입장을 취하고 있습니다. 이는 대학에 대한 지원의 결과로 볼 수 있지만 반면 대학에 대한 간섭으로 간주될 수도 있습니다. 우리 정부의 대학 정책은 어떻게 평가하고 있는지요?

정부의 대학 정책에 대해서는 참으로 많은 고민이 필요하다고 생각합니다. 물론 정부도 대학 정책을 수립하는 데 많은 어려움이 있을 것입니다. 지금까지의 관행도 있고, 여러 대학들의 이해관계도 얽혀 있습니다. 하지만 지금 중요한 것은 대학별 특성에 따라 차별화된 정책을 실시하는 것입니다. 한국의 모든 대학들이 모두 동일한 여건에 처해 있는 것은 아닙니다. 정부의 지원이 필요한 대학도 있지만, 지원보다는 자율이 필요한 대학도 있습니다. 한국 대학은 재원 마련에 있어서 유럽식과 미국식이 혼재되어 있습니다. 정부는 대학에 대해서 조금 더 자율성을 부여하고, 대학별로 특성을 적극 발휘할 수 있도록 획일적인 정책에서 벗어나 다양한 정책을 추진해야 합니다. 특히 사립대학은 고유한 설립 목적이 있으며, 정부에 대한 재정 의존도가 매우 낮습니다. 따라서 자율화의 명분과 이유가 충분히 있습니다.

"다양한 형태, 다양한 수준의 인재를 교육하기 위해서 대학은 하나의 모습으로만 존재할 필요는 없습니다. 각 대학마다 고유한 특성과 설립 목적에 따라 특성화를 추구해야 합니다. 소수 분야에서라도 세계적인 경쟁력을 갖출 수 있도록 유도해야 합니다."

또 한 가지 덧붙이면, 국가 간 경쟁이 치열해질수록 선진 사회에서는 대학의 중요성을 높이 인식합니다. 하지만 한국 사회에는 대학에 대한 국가적 중요성이나 인식은 오히려 낮아지고 있습니다. 글로벌 경제를 헤쳐 나갈 전문 인력을 양성하기 위해서는 교육 현장에 자율성을 부여하는 것이 중요합니다.

총장님은 재임 기간 동안 언론을 통해서 꾸준히 한국에서의 자율형 사립대학의 필요성을 주장하였습니다. 자율형 사립대의 긍정적인 면은 무엇입니까?

다양한 형태, 다양한 수준의 인재를 교육하기 위해서 대학은 하나의 모습으로만 존재할 필요는 없습니다. 각 대학마다 고유한 특성과 설립 목적에 따라 특성화를 추구해야 합니다. 소수 분야에서라도 세계적인 경쟁력을 갖출 수 있도록 유도해야 합니다. 현재와 같이 모든 대학에 일률적인 정책이 적용된다면 특성화나 자율화가 이루어지지 않고, 하향 평준화로 가게 될 것입니다. 이러한 현실에서 벗어나기 위해서는 자율형 사립대학의 존재가 필수적이라고 생각합니다. 이런 정책이 도입되면 소외 계층에 불리해질 것이라고 생각하는 시각도 있으나 자율성과 함께 사회적 책임을 부여하면 됩니다. 일정한 비율의 소외 계층을 선발하여 학비 걱정 없이 좋은 교육을 받을 수 있게 하는 배려가 동시에 필요합니다. 현재의 평준화 정책에서는 소외 계층이 좋은 대학에 입학할 수 있는 기회가 오히려 줄어들고 있으며, 입학해서도 경쟁력 있는 교육을 받기 어렵습니다.

연세대 제17대 총장으로서 임기를 성공적으로 마무리하셨습니다. 제가 알기에도 많은 연세 구성원들이 그동안의 열정에 대해서 감사와 찬사를 아끼지 않고 있습니다. 소회를 말씀해 주시죠.

대학의 총장은 참으로 리더십을 발휘하기가 어려운 자리입니다. 그럼에도 불구하고 많은 일을 추진하였고, 당초 계획했던 일들은 기적적으로 거의 모두 완수했다고 자부합니다. 저는 총장 후보로 나서면서 공약했던 일을 책임 있게 수행하면서 연세인들에게 신뢰를 지키고 싶었습니다. 물론 공약을 추진하면서 반대

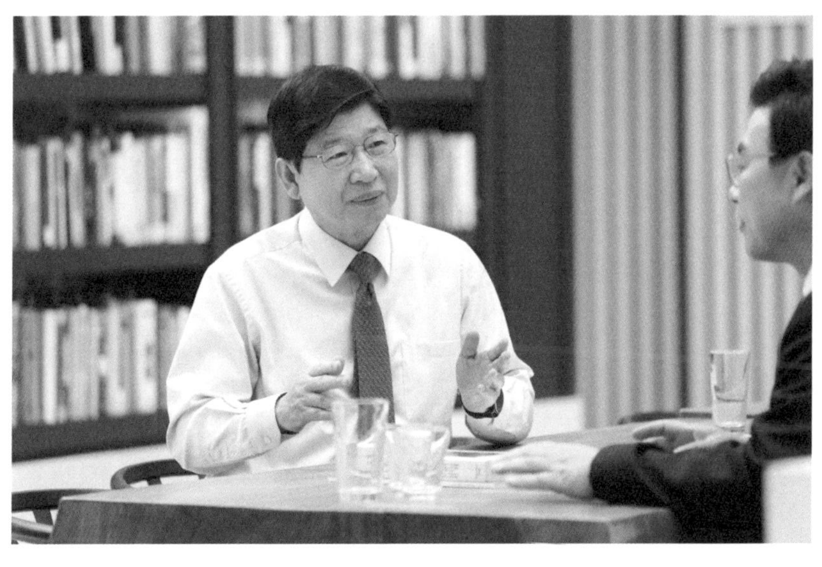

"국민의 경제 지식 수준과 국가의 선진화 정도는 밀접하게 연관되어 있습니다. 국민들의 경제에 대한 인식이 합리적일수록 바람직한 정책을 선택할 국민적 역량이 커지기 때문입니다.우리 사회의 발전을 위해서는 국민들의 경제 지식의 수준을 더욱 높일 필요가 있습니다. 이런 관점에서 저는 경제학 속에 녹아있는 원리와 메커니즘을 쉽게 알리려고 노력해 왔습니다."

에 부딪힌 적도 있습니다. 그러나 일부 반대가 있다고 공적인 약속을 포기할 수는 없었습니다. 반대하는 분들과 대화하며 합리적인 사항은 수용했지만, 그렇지 않은 이유로 사업들을 중단할 수는 없었습니다. 그러나 한편으로 그 많은 일들을 추진하면서 많은 분들에게 빚을 졌습니다. 헌신적으로 도움을 주셨던 교무위원들과 각 기관장, 실처장, 각 위원회의 위원, 교직원 여러분들께 감사드리고, 재정적 후원을 아끼지 않으셨던 모든 기부자 여러분께 깊이 감사드립니다.

대학 총장 이전에 한국을 대표하는 경제학자로서 다산경제학상 등 여러 경제학상을 받으셨습니다. 한국 경제 문제에 대해서 뚜렷한 입장과 소신을 가시고 있을텐데요, 경제학자로서 현재 우리나라 경제 현황과 정책에 대해 평가하신다면?

한국 경제의 어려움은 생각보다 심각합니다. 2008년 세계 금융위기 이후 이전에 볼 수 없었던 저성장, 저고용, 저물가의 구조적 침체가 지속되고 있습니다. 글로벌 경제의 여건도 쉽게 변화할 것 같지 않습니다. 이런 상황에서 국내 정책만으로 할 수 있는 여지가 매우 제한적입니다만, 그럼에도 불구하고 지속 성장의 잠재력을 확충하는 데 최선을 다해야 할 것입니다. 우선 규제를 완화하고, 기업친화적인 정책으로 국내시장에 많은 투자를 유치해야 하고, 전문 인력을 양성하여 미래 경제의 구조적 변화에 대비해야 합니다. 멀리 보고 교육과 R&D에 적극적으로 투자해야 합니다. 국민들의 경제에 대한 인식도 높여야 하고, 정치권의 무분별한 포퓰리즘도 억제되어야 합니다. 경제 문제를 경제 원리에 따라 해결할 수 있는 능력을 길러 나가야 합니다. 지금은 어려워도 경제가 살아날 수 있는 생태계를 조성해 나가야 합니다.

총장님은 어려운 경제학을 쉽게 풀어 쓰는 경제학자로 유명합니다. 이와 관련하여 여러 책을 쓰셨고, 또한 여러 매체를 통해서도 경제학을 알려왔습니다. 이른바 '낮은 경제학'에 관심이 많은 이유는 무엇입니까?

일반적으로 사람들은 경제학을 어렵다고 생각합니다. 경제학이 어려운 것은 사실입니다. 하지만 경제학 속에는 우리에게 매우 필요한 원리들이 들어 있습니다. 그 원리들은 잘 설명하게 되면 누구라도 이해할 수가 있습니다. 사람들이 살아가는 데는 상식common sense이 매우 중요합니다. 한국인의 경제에 대한 상식의 폭은 매우 한정되어 있다고 생각합니다. 사회가 발전하면 할수록 경제적 상식은 더욱 더 널리 확장되어야 합니다. 세련되고 풍부한 내용을 가진 상식이 부족한 상태에서는 비합리적 판단과 결정이 지배하게 되고 이에 따라 의사 소통 비용이 증가합니다. 또한 바른right 정책을 선택하지 않고 인기 있는popular 정책을 선호하는 경향이 나타납니다. 이렇게 되면 민주 국가에서 바람직한 정책을 선택하기가 어렵습니다. 국민들의 경제에 대한 인식이 합리적일수록 바람직한 정책을 선택할 국민적 역량이 커질 것입니다. 이런 관점에서 그동안 단행본과 신문의 칼럼뿐만 아니라 만화까지 동원하여 경제학 속에 녹아있는 원리와 메커니즘을 널리 알리려고 노력하였습니다.

그렇다면 국민들의 경제 교육이 중요한 이유는 무엇입니까?

사회가 발전하면 할수록 개인 삶의 영역에서 경제적 활동의 비중이 증가합니다. 또한 사회 전체적으로 의사 결정이 권력에 의해서보다는 원리와 원칙에 기초한 합리적 판단에 의해서 이루어집니다. 이미 선진국에서는 국민들의 경제적 관심과 지식의 수준 모두가 매우 높습니다. 국민의 경제 지식 수준과 국가의 선진화 정도는 밀접하게 연관되어 있습니다. 선진국에서는 일반 국민들이 수준 높은 경제신문들을 많이 읽고 있습니다. 우리 사회도 국민 전체가 경제에 대한 관심 매우 높습니다. 아마 일반 주부들도 부동산에 대해서 나름 해박한 지식을 가지고 있다고 생각할 것입니다. 하지만 경제의 흐름이나 경제전반에 대한 지식과 이해가 충분하다고 볼 수는 없습니다. 우리 사회의 발전을 위해서는 국민들의 경제 지식의 수준을 더욱 높일 필요가 있습니다.

경제학자에서 교육행정가총장로 변신한 결정적 계기가 있다면 무엇입니까?

특별한 계기가 있었던 것은 아닙니다. 저는 순수한 학

자였고, 경제학적 지식을 사회 발전에 활용하기 위해 여러 활동을 해왔습니다. 그러던 중 갑자기 2003년에 교무처장을 맡게 되고 2006년에는 원주캠퍼스 부총장으로 임명되면서 대학의 행정을 수행하게 되었습니다. 그 후 총장까지 맡게 되었지만, 대학 사회는 총장이 리더십을 발휘하기가 매우 어려운 조직입니다. 어느 기관이나 CEO가 리더십을 발휘하려면 인사와 재정에서 많은 권한이 부여되어야 합니다. 그러나 대학 총장은 인사권은 물론 재정적인 권한도 극히 제한적이고 오히려 스스로 재정을 확보해 나가야만 합니다. 이런 어려운 여건에서 계획했던 일들을 큰 차질 없이 수행할 수 있었던 것은 저는 큰 기적이라고 생각합니다.

경제학자로서 교육 행정가로서 연세대를 포함한 한국 대학의 미래에 대해 당부하실 말씀이 있나요?

한국의 대학들은 지금 어려운 처지에 놓여 있습니다. 입학 정원은 급격히 줄어드는데 글로벌 경쟁은 치열해지고, 등록금 규제 등으로 재정적 압박은 더욱 심각해지고 있습니다. 또한 정부는 하나의 잣대에 맞추어 대학의 구조 조정을 추진하고 있고, 획일적인 정책 기조로 인해 사학의 자율성은 크게 제약받고 있습니다.

우리 대학들이 진정한 경쟁력을 갖기 위해서는 우선 정부의 정책 기조가 변화해야 하고, 대학 내부에서도 큰 혁신이 있어야만 합니다. 우선 각 대학의 특성화와 자율화 정책이 도입되어야 합니다. 대학 내부 역시 개방적이고 혁신적인 캠퍼스 문화가 시급히 확산되어야 합니다. 대학의 주변 여건은 급격히 변화되었음에도 불구하고 대학의 내부는 여전히 70년대의 패러다임으로 문제에 접근하려는 경향이 많습니다. 대학의 인사, 행정, 입학, 교육 시스템 등 모든 분야에서 학문적 수월성을 최우선적인 기준으로 삼아야 하고, 학생 중심의 접근이 필요합니다. 캠퍼스의 문화가 전반적으로 선진화되어야 합니다.

"경제는 순환하는 것이므로 회복되는 날도 머지 않을 것입니다. 따라서 좀 더 긴 안목으로 자신만이 가진 고유한 특성과 자질을 더욱 크게 기르는 데 집중해야지요. 지금은 어렵다 하지만, 역설적으로 보면 좋은 아이디어나 지식 하나만으로도 세계시장에 진출할 수 있는 기회이기도 합니다."

앞으로의 행보가 주목됩니다. 특별히 계획하고 있는 일은 무엇인가요?

우선 저는 경제학자이니까 이제 본업으로 돌아가 당분간 경제학 강의에 열중하려 합니다. 이미 송도에서 '경제학입문' 강의를 시작했고, 다음 학기에는 'Great Books & Debate' 교과로 '세계경제의 메가트랜드'를 강의할 예정입니다. 그리고 전 국민을 대상으로 하는 K-MOOC '경제학 첫걸음' 강의를 통해서 예전처럼 경제학의 보급에 앞장설 것입니다. 그리고 제 강의는 모두 강의 내용을 미리 녹화해서 온라인으로 올리고 실제 수업 시간에는 과제를 풀고 창의적인 담론 중심의 토론 수업을 진행하는 이른바 거꾸로 수업flipped learning으로 진행합니다. 그동안 사업들을 정리하여 책으로 발간하는 것도 준비하고 있습니다. 그리고 전문가로서 사회에 더 공헌할 수 있는 일을 찾아보아야지요.

오늘날 젊은이들에게 해주고 싶은 말씀이 많을 것 같습니다.

어려움과 번민이 많은 때입니다. 그러나 역사적으로 보면 어느 시대에나 젊은이들은 항상 미래에 대해 불안해하고 고뇌하곤 했습니다. 경제는 순환하는 것이므로 회복되는 날도 머지 않을 것입니다. 이런 때일수록 좀 더 긴 안목으로 자신만이 가진 고유한 특성과 자질을 더욱 크게 기르는 데 집중해야지요. 지금은 어렵다 하지만, 역설적으로 보면 좋은 아이디어나 지식 하나만으로도 세계시장에 진출할 수 있는 기회이기도 합니다. 새들은 바람 부는 날 집을 짓는다고 합니다. 그래야 더욱 튼튼한 집을 지을 수 있으니까요. 우리 젊은이들도 더 큰 꿈을 갖고 자신의 잠재력을 크게 발휘할 수 있도록 준비해야 할 것입니다. 미래에 절망하지 말고, 미래를 스스로 만들어 나갈 각오를 해야 합니다.

❶ **박근혜 대통령**이 2013년 5월 29일 청와대에서 열린 국민경제자문회의 위원 위촉식 및 제1차 회의에 참석해 정갑영 거시금융분과위원장에게 위촉장을 수여하였다. ❷ 정갑영 총장이 우리나라 대학 총장 가운데 유일하게 Global Colloquium 2013 행사에 초대받아 참석하여, 이 행사를 후원한 **UN의 반기문 사무총장**과 만나 인사를 나누었다. (2013년 3월 13일) ❸ **데이비드 존스턴 캐나다 총독**이 2013년 2월 25일, 연세대 삼성학술정보관 국제회의실에서 "캐나다와 한국의 지식외교의 현장"이라는 주제로 특강을 하기에 앞서, 총장실을 예방하여 정갑영 총장과 환담을 나누었다. ❹ **줄리아 길라드 호주 총리**가 2012년 3월 26일 연세대학교 학생들에게 "한국과 호주, 동반자이자 친구"라는 주제로 강연을 하고 있다. ❺ 정갑영 총장이 2015년 10월 30일, **타이베이** 총독부에서 **마잉주 총통**을 만나, 협력관계 활성화 등에 대하여 논의하였다. ❻ **장-마크 에호 프랑스 총리**가 2013년 7월 25일 공학원에 자리한 에어리퀴드 한국 연구소 방문 차 연세대학교를 찾아 정갑영 총장과 환담을 나누었다.

❼ **알렉산데르 스투브 핀라드 총리**가 2014년 11월 20일, 연세대학교 삼성학술정보관 국제회의실에서 '창조경제 발전을 위한 교육과 혁신'을 주제로 강연을 하기 전 정갑영 총장과 환담을 나누었다. ❽ **조 바이든 미국 부통령**이 2013년 12월 6일 연세대학교 체육관에서 "아시아태평양 지역의 안보를 위한 한미 및 동북아 협력"에 대한 강의를 하기에 앞서 정갑영 총장과 인사를 나누고 있다. ❾ 정갑영 총장이 2015년 11월 2일, 타이베이 여성 정치인의 대표주자 **차이잉웬 민진당 대표**이자, **현 타이베이 총통**을 만나 양국간 교육협력 활성화에 대하여 논의하였다. ❿ **마크 리퍼트 주한 미 대사**가 2015년 9월 18일 오후 5시 목동아이스링크에서 열린 2015 정기 연고전 아이스하키 경기를 관람하고, 연세대 응원단과 함께 '아카라카'와 '사랑한다 연세'를 함께 부르며 연세의 승리를 축하하고 있다. ⓫ **아츠시 세이게 게이오대 총장**이 2014년 12월 5일 명예경제학박사 수여식에 앞서 정갑영 총장과 환영 인사를 나누고 있다. ⓬ **앤드류 해밀튼 옥스퍼드대학교 총장**이 2013년 4월 4일 정갑영 총장으로부터 명예이학박사학위를 수여받고 "서로 연결된 세상에서 대학의 번영"을 주제로 특강을 하였다.

⑬ 정갑영 총장이 2015년 6월 2일, 위스콘신대학(매디슨 소재) **Rebecca M. Blank 총장**의 예방을 받고 환담을 나누고 있다. 2013년 7월 위스콘신 대학교 총장으로 취임한 Blank 총장과 정갑영 총장은 두 사람이 모두 경제학자라는 공통점 외에도 정 총장의 장녀가 위스콘신대학에서 박사후 연구원으로 재직한 인연으로 돈독한 관계를 유지해 왔다. ⑭ 정갑영 총장은 2013년 10월 13일, 예일대 제23대 **Peter Salovey 총장** 취임식에 참석하여 축하인사를 전했다. 정 총장과 Salovey 총장은 UN이 후원한 Global Colloquium 2013(2013년 3월)에서 만난 뒤, 계절학기 공동운영 등 다양한 협력 사업을 추진하였다. ⑮ 2013년 6월 21일, 워싱턴대학(세인트 루이스 소재) **마크 라이튼 총장**이 우리대학을 방문하여 정갑영 총장과 환담을 나눈 후 기념품을 교환하고 있다.⑯ 정갑영 총장은 2014년 11월 7일, 총장실에서 영국 에딘버러대학 **티모시 오시어(Sir Timothy O'Shea) 총장**을 접견했다. 이날 오시어 총장은 3-캠퍼스 컨소시엄 참여 의향서에 서명했다. ⑰ 신촌캠퍼스 부지매입자금을 비롯하여 연세대 설립의 재정적 후원자인 **존 T. 언더우드의 3대손인 알렌 레이몬드**(가운데)가 대학을 방문 자녀의 연세대 진학 가능성을

문의하고 정갑영 총장으로부터 대학 로고가 새긴 인형을 선물 받았다. 오른쪽은 레이몬드의 아내. ⑱ **고 김순전 할머니**는 60여년 이상 시장에서 일하며 근검절약해 모은 100억대의 재산을 2013년 8월 후학교육을 위해 써 달라고 연세대학교에 기부하고, 같은 해 12월 10일 89세의 연세로 소천하셨다. ⑲ 체조요정으로 더 널리 알려진 **손연재** 선수(스포츠레저학과 2013년 입학)가 2014년 10월 10일, 잠실야구장에서 열린 연고전 야구경기에서 교무위원 및 응원단과 함께 열띤 응원을 하고 있다. ⑳ 2015년 3월 9일, **박근혜 대통령**이 세종문화회관에서 강연 준비 중 불의의 습격을 받고 입원한 **리퍼트 대사**를 문병하여 조속한 쾌유를 빌며, 2006년 당시 서울시장 후보 지지 활동 중 자신도 비슷한 테러를 당하고 세브란스에서 치료받은 경험은 상기하며 리퍼트 대사를 위로하였다. ㉑ 연세 창립 130주년과 백양로 재창조 사업 완성을 기념하기 위하여 2015년 10월 27~28일 양일간 연세대학교 백양누리에서 열린 **'연세글로벌서밋(Yonsei Global Summit) 2015'**에 주요 협력기관의 총장 및 리더들이 참석하여 우리 대학의 미래 비전을 공유하고 아시아의 고등교육 발전을 위한 협력방안을 논의하였다.

Partners

Setting the direction for an organization as big as Yonsei University and creating actual results through specific strategies cannot be done by one or two people's passion and effort. President Kap-Young Jeong himself introduces his grateful partners who devoted themselves to preparing a foundation for Yonsei's Third Founding.

연세대학교라는 큰 조직이 나아갈 방향을 설정하고 구체적인 전략을 통해 실질적인 결과를 만들어 내는 것은 한두 사람의 열정과 노력만으로 달성되지 않는다. 재임 기간 동안 연세 제3 창학의 기틀을 마련하는 데 헌신한 고마운 파트너들을 정갑영 총장이 직접 소개한다.

"의료원장이자 의무부총장으로 연세대학교라는 우산 아래에서 본교와 의료원의 협력과 융합을 개방적으로 추진해 온 학교 집행부의 파트너이자 좋은 친구입니다. 최근 의료원은 에비슨의생명연구센터 개원을 계기로 의생명과학 융합연구를 기반으로 아시아 최고의 연구중심 병원으로 탈바꿈하고 있고, 연구비 유치에도 실적을 내고 있으며, 연구 결과의 사업화에도 적극적인 노력을 기울이고 있습니다. 중국 청도에 세브란스를 신축하기로 협약을 체결하여 우리 대학의 선진 의료시스템을 세계로 확산시키는 데 크게 기여했습니다. 세브란스라는 거대한 조직이 '질병으로부터 인류를 구원한다.'는 사명을 적극 실천하는 의료 기관이라는 정체성을 늘 상기시키면서, 어려운 여건 속에서도 재정 건전성을 크게 높여 왔습니다."

정남식

의료원장 겸 의무부총장, 심장내과 교수

연세대 의과대학을 졸업하고 같은 대학원에서 석사 학위를, 고려대학교 대학원에서 박사 학위를 받았다. 진료분야는 판막질환, 심부전, 고혈압, 협심증, 심근경색증, 대사증후근 등. 현재 대한민국의학한림원 정회원 및 감사, 대한심장학회 이사장, 아시아태평양심장학회 부회장, 국민고혈압사업단 의료사업부 부단장을 맡고 있으며, 고 김대중 대통령의 심장 주치의를 맡기도 했다.

"제가 원주부총장으로 재임하던 시절, 원주 교무처장으로 함께 일하며 인연을 맺은 이래 업무에서는 물론 개인적으로도 각별한 관계를 이어오고 있습니다. 이인성 부총장은 원주캠퍼스가 의료기기 산업의 중심지로 부상하고 있는 강원도 원주 지역 기반의 거점 대학이자 힐링캠퍼스로의 특성화 전략을 통해 연세대 제2 캠퍼스라는 기존 이미지를 넘어 새롭게 도약하는 데 가장 중심적인 역할을 하였습니다. 원주캠퍼스가 지방에 위치한 대학이라는 불리한 여건 속에서도 연구비 수주액 500억 원을 달성한 것이나 LINK사업 등에서 좋은 실적을 낼 수 있었던 것은 모두 이인성 부총장님의 부드럽지만 강력한 지도력과 지역 기업 및 기관들과의 적극적인 협력 노력이 있었기 때문입니다."

이인성

원주부총장, 국제관계학과 교수

연세대 정외과 학부와 대학원을 졸업하고 미국 텍사스주립대학(University of Texas, Austin)에서 정치학 박사 학위를 받았다. 이후 미국 컬럼비아대학교 해리만소련문제연구소와 모스크바 세계경제국제관계연구소에서 연구원 생활을 하였고, 연세대 국제관계학과 교수로 재직하는 중에 한국정치학회, 한국국제정치학회, 한국슬라브학회의 연구이사와 섭외이사로 활동을 하였다. 초기 공산주의체제의 탈사회주의 개혁에 대한 연구를 시작으로 최근에는 세계화의 국제관계와 대응전략, 신자유주의 정치경제모델을 둘러싼 제반 쟁점에 대한 연구를 수행하고 있다.

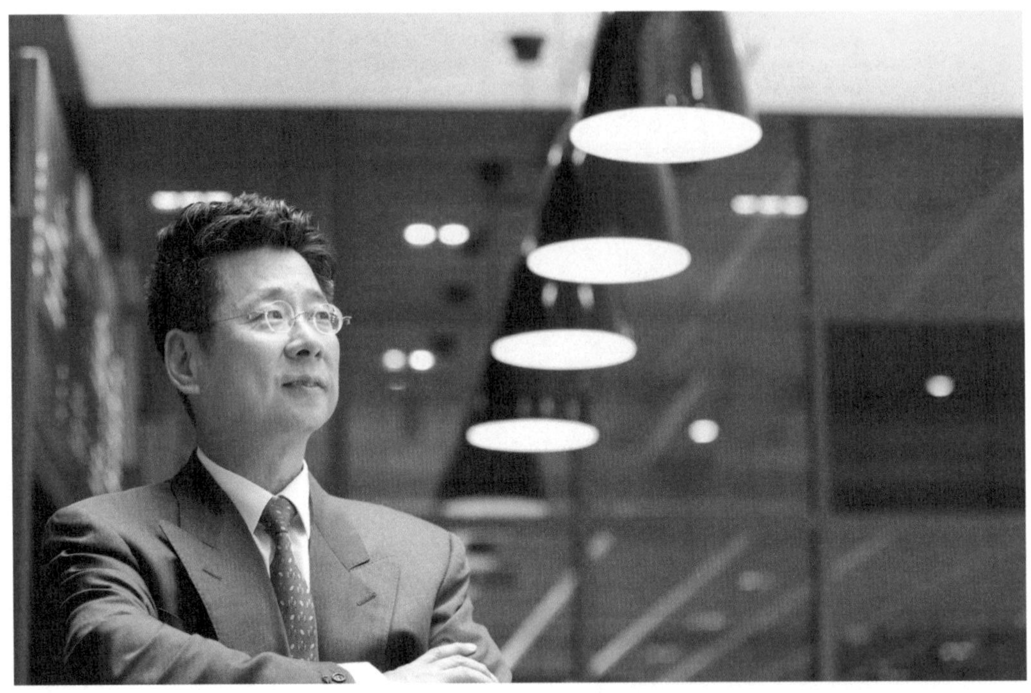

"지난 4년 동안 등록금 동결 또는 인하라는 어려운 환경 속에서도 백양로 재창조 사업, 경영대학과 우정원의 신축, 공과대학 및 이과대학의 증축 등의 수많은 건축 사업과 스마트캠퍼스 구축과 같은 어마어마한 인프라 혁신 사업을 추진함에 있어 우리 대학의 살림을 지혜롭게 꾸려준 고마운 동료입니다. 연세대학교 학부의 교육비 환원율은 260%를 넘습니다. 즉 학생들에게 받는 등록금의 1.6배 이상을 다른 곳에서 벌어서 충당해야 하는 거죠. 이 어려운 일을 누구보다 성공적으로 감당해서 재정을 건전하게 유지한 기획실장이야말로 제3 창학의 주역이라고 하지 않을 수 없습니다. 그는 또한 특유의 위트로 주위 사람들을 즐겁게 하여 어려운 일도 웃으며 감당할 수 있는 힘을 주곤 했습니다."

김 영 세

기획실장, 경제학부 교수

연세대 경제학과를 졸업하고 동 대학원에서 석사 학위를, 미국 UCLA에서 경제학 박사 학위를 받았다. 영국 케임브리지대학의 연구전임교수와 런던대학의 교수를 역임한 후 1995년부터 연세대 교수로 재직하고 있다. 연구분야는 게임이론, 정치적 공공 선택, 산업조직론이며, 「게임이론」, 「전략과 정보」, 「게임의 기술」, 「정치게임과 공공경제」 등 저서, 서른 편의 학술논문, 40여 편의 정책 및 컨설팅 보고서가 있다. 연세학술상, 매경이코노미스트상, 기획재정부장관표창 등 수상 경력이 있고, 민간투자사업심의위원회, 공적자금관리위원회, 공정거래위원회 경쟁정책자문 등 국가 정책에도 깊이 참여하고 있다.

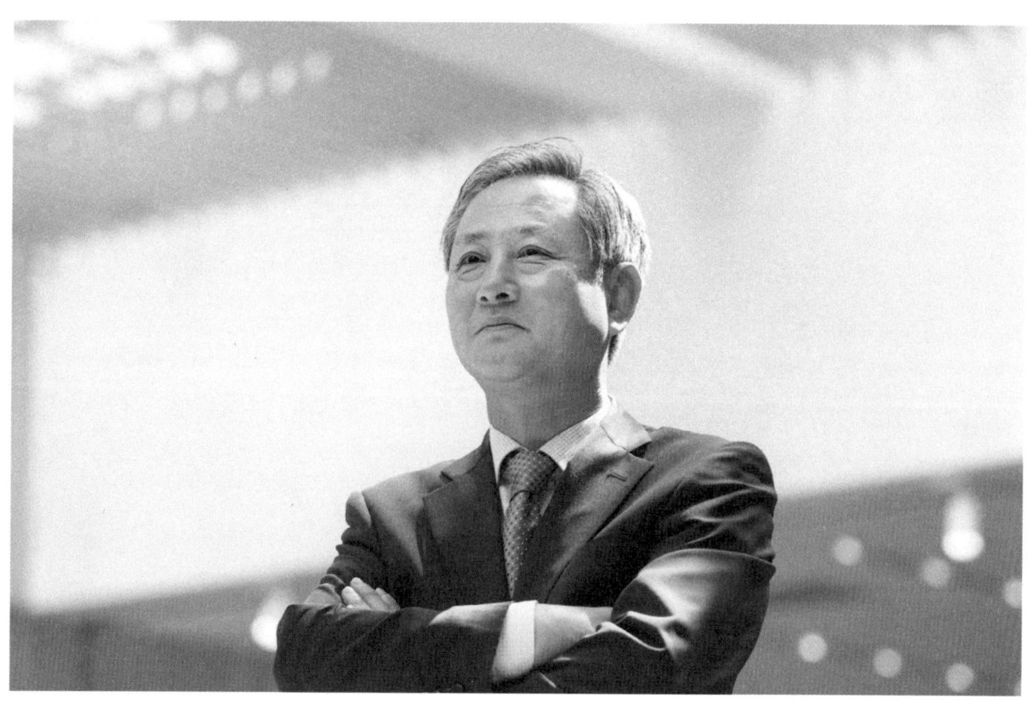

"지금으로부터 10여 년 전 제가 교무처장으로 있을 때부터 교무부처장으로서 언더우드국제대학을 설립하는 사업을 함께 추진해 온 파트너이자, 지난 4년간 교무처장으로서 교육의 수월성과 글로벌 경쟁력을 높이는 데 핵심적인 역할을 감당해 왔습니다. 교무처장은 교수들의 학장(Dean of Faculty)으로서 신촌캠퍼스에만 약 1천여 분의 전임 교수님과 1,500여 비전임 및 시간강사, 그리고 38,000여 명의 학위 과정 학생들이 있는데, 이들의 민원을 듣고 해결하는 것도 정 처장의 몫이었습니다. 만능 스포츠맨에 학생들로부터 꽃남 교수라는 별칭을 듣던 분인데 저와 함께 하는 지난 4년 동안 흰머리가 하루하루 늘어서 미안함을 감출 수 없습니다."

정 인 권

교무처장, 생명시스템대학 교수

연세대를 졸업하고 연세대학교 대학원에서 석사 학위를, Ohio State University 대학원에서 박사 학위를 받았으며, Harvard Medical School에서 박사 후 연구원을 지냈다. 전공분야는 분자암생물학이며, 생명시스템 학장, World Class University 융합오믹스 의생명과학연구단장, 한국분자세포생물학회 부회장, 한국 노화학회 부회장을 역임하였으며, 국가 과학기술위원회와 사학분쟁 조정위원회 위원을 맡기도 했다.

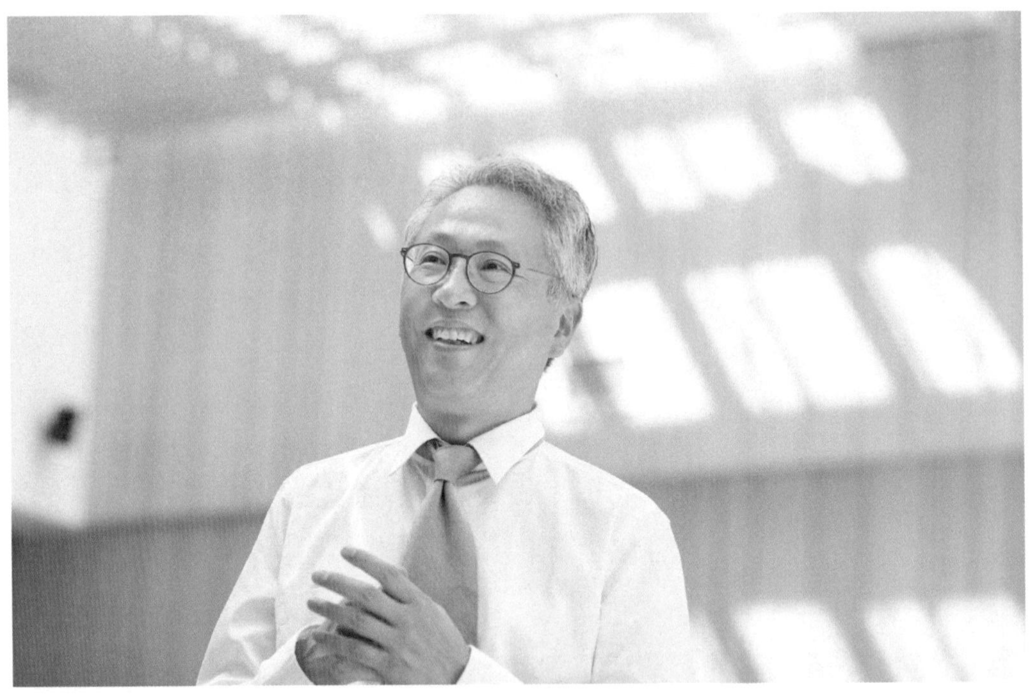

"언더우드국제대학의 설립준비위원회 주역이자 초대 학장으로 UIC의 성장에 지대한 공헌을 하였고, 이후 국제처장으로 세계 Top 50 대학으로 평가되는 대학들과 공식적인 협력 관계를 확대하였으며, APRU 및 AEARU 같은 협력체를 통해 세계적인 대학들과의 국제적인 네트워크를 한층 강화하는 데 기여하였습니다. 특히 우리 대학이 주관하여 일본의 게이오, 홍콩대학과 더불어 세 캠퍼스 간 전략적 협력 관계를 형성하고 이 컨소시엄을 프린스턴, 코넬, 킹스칼리지 등 세계 명문 11개 대학까지 확대하는 큰 업적을 달성하였습니다. 또한 세계 총장대회(Yonsei Global Summit)를 개최하여 연세의 국제적 위상을 높이는 데도 큰 역할을 했습니다. 무엇보다 저를 도와주느라 개인적인 관심을 뒤로 미루게 해서 미안하고 고마운 마음이 컸습니다."

모종린

국제처장, 국제학대학원 교수

미국 코넬대 경제학과 졸업, 스탠퍼드대 경영대학원에서 박사 학위를 받았다. 미 텍사스 오스틴 대학교 조교수를 역임하고 1996년부터 연세대학교 국제학대학원 교수로 재직 중이다. 주요 연구 분야는 경제발전론과 세계화로, 대표 저서로는 2013년 하버드대 출판부가 출판한 〈한국발전론: 정치경제 불균형 극복의 동학〉이 있다. 정책연구를 통해 한국 발전 논의에 참여하고 있으며, 대학 격차, 외국인 투자, 영어 교육, 이민, 지역 발전 등을 주제로 한국 사회의 다양성과 개방성 제고에 필요한 정책을 연구하고 있다.

"지난 4년간 저를 도와서 Residential College를 성공시킨 장본인입니다. 새로운 길을 닦는 선구자들이 얼마나 힘든지는 따로 설명하지 않아도 잘 아실테지만 최강식 학장 또한 함께 일하는 학부 대학의 교직원들과 학생들로부터 수많은 항의와 반대, 비난의 목소리를 들으면서도 옳다고 믿는 목표를 향해서 흔들림 없이 나아가 대한민국형 RC 모델을 성공시킨 강력한 의지의 소유자입니다. 원칙에 관해서는 전혀 뜻을 굽히지 않는 강인함과 함께 매일 이어지는 야근에 지친 교직원들을 따뜻하게 다독이는 충만한 인간애로, 그리고 자식을 기르는 학부모의 자애로, 성공적인 연세 RC 모델을 만들어 준 그에게 무한한 감사를 드립니다."

최 강 식

학부대학장, 경제학부 교수

연세대학교 상경대학 경제학과에서 학사 및 석사 학위를 받았다. 미국 Yale 대학교에서 '기술 진보가 교육의 투자 성과에 미치는 영향'을 분석하여 경제학 박사 학위를 취득하였다. 정부 출연 연구원과 대학에 재직하면서 세계은행, 대통령실, 정부 및 기업 등에 자문 활동을 수행하였고, 한국경제학회 이사 및 학술지 편집위원장, 전국대학교양교육협의회 회장 등을 역임하였다.

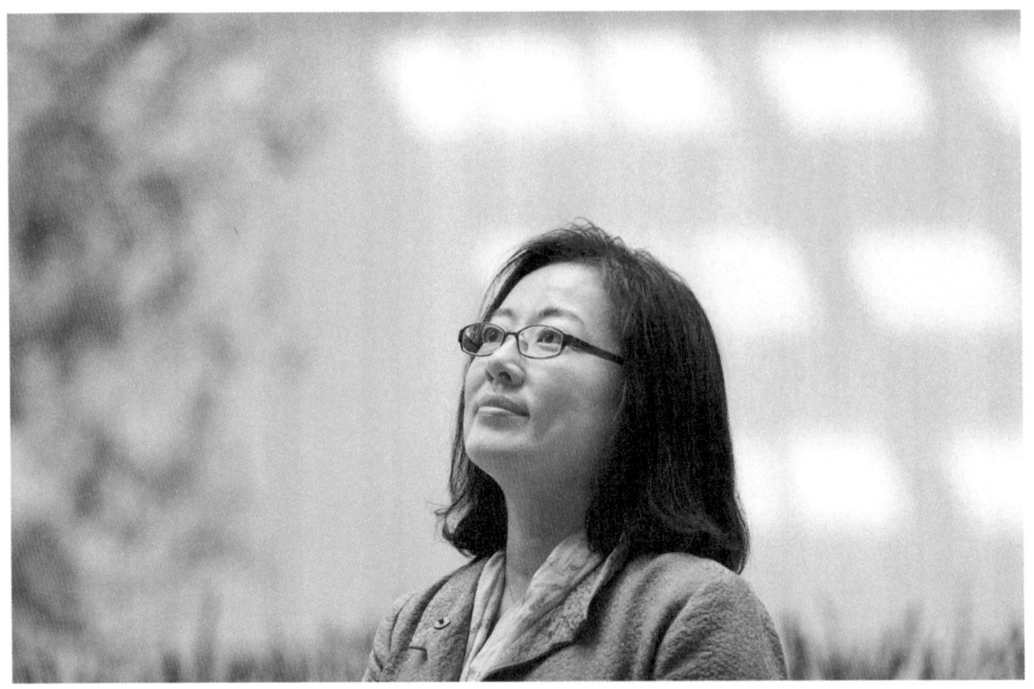

"아이비리그대학 가운데서도 교육과 연구 분야 평가에서 최고를 자부하는 하버드와 예일, 프린스턴의 3개 대학에서 모두 수학한, 찾기 힘든 재원으로 언더우드국제대학을 아시아 최고의 경쟁력을 갖춘 Liberal Arts College로 성장시키는 데 최고의 적임자라 믿었습니다. 역시 기대했던 대로 박형지 학장은 10년만에 UIC를 아시아 최고의 liberal arts college로 탄탄하게 성장시켜 주었습니다. 2004년 UIC 설립준비위원회부터 참여하여 UIC에 남다른 애정을 가지고 있던 박형지 학장은 모든 연세인들이 하나가 되어 즐기는 연고전 기간에도 쉼 없이 외국인 학생 유치를 위한 입학 홍보 투어를 진행하다 과로로 작은 사고를 당하기도 하였고, 한 때 건강이 나빠져서 힘들었던 적도 있어서 저는 지금도 그에게 많은 빚을 지고 있는 느낌입니다."

박 형 지

언더우드국제대학(UIC) 학장, 영어영문학과 교수

미국 하버드 대학에서 학사, 프린스턴 대학에서 석·박사 학위를 취득하고, 유니언대학 조교수를 거쳐 2000년부터 우리 대학교 영어영문학과 교수로 재직 중이며, 18~19세기 영미소설을 주로 연구하고 있다. 학부대학 부학장 2004년 UIC 설립준비위원회에 참여하면서부터 UIC와 인연을 맺어 10여 년 이상 UIC의 발전을 위해 헌신하였으며, 학부대학 부학장으로 RC 교육 기반을 갖추는 데도 크게 기여하였다.

"지난 4년 동안 집보다 백양로 공사 현장에서 보낸 시간이 두 배는 족히 될 것이라 확신합니다. 퇴근길에 잠깐 들렀을 때도, 학교에 중요한 손님이 오셔서 안내를 부탁했을 때도, 임홍철 교수는 늘 현장을 지키고 있었습니다. 굴착과 토목을 포함한 건축의 진행은 물론이고, 사업 초기 백양로 재창조 사업에 반대하는 일부 교수님들을 설득하는 일에서부터 백양로의 은행나무 한그루 한그루를 이식하는 일, 그리고 백양로 준공 이후 조경수의 생육에 이르기까지. 백양로 구석구석에 임교수님의 정성이 닿지 않은 곳이 없습니다. 최근 몰라보게 좋아진 백양로를 보며 감탄을 연발하는 동문들이나 지역 주민들을 뵐 때마다 지난 4년간 개인의 삶은 잊은 채, 백양로 재창조에 모든 것을 바쳐 온 임홍철 교수께 감사한 마음이 그치질 않습니다."

임 홍 철

백양로 건설사업단장, 건축공학과 교수

연세대학교 건축공학과를 졸업하고, 미국 캘리포니아주립대에서 토목공학사를, UC Berkeley와 MIT 공대에서 구조공학 석사와 박사 학위를 각각 받았다. 미국 ICF Kaiser Engineers와 Weidlinger Assoc. 구조설계 분야에서 근무했다. 구조물 비파괴검사와 안전진단, 합성구조와 지하공법 개발을 연구분야로 한다. 현재 연세대학교 지하공간연구센터장을 맡고 있으며, 한국건축시공학회 부회장, 국제지하공간학회(ACUUS) 이사로 활동하고 있다.

"늘 드러나지 않는 곳에서 하나부터 열까지 저를 도와서 제3 창학을 기획하고 성공할 때까지 지켜봐 준 고마운 학과 후배 교수입니다. 총장직에 입후보하기 위해 정책을 개발할 때부터 총장에 선출된 이후 실질적인 사업안을 만들어 내기까지 수많은 아이디어와 실행 계획이 그의 머리에서 나왔습니다. 하지만 성태윤 교수는 무엇을 원하기 보다는 깊은 신앙심과 학교 발전을 위한 순수한 열정으로 모든 일을 도왔습니다. 어느 누구에게도 뒤지지 않게 성심과 성의를 다해 큰일부터 사소한 일까지 챙겨 준, 저에게는 여느 기관장님들 못지않게 고마운 후배 교수입니다."

성 태 윤

경제학부 교수

연세대학교 경제학과를 졸업하고 동대학원에서 경제학 석사를, 미국 하버드대학교에서 경제학 박사 학위를 받았다. 주요 연구 분야는 금융경제, 국제경제, 거시경제 등. 한국경제학회, 한국금융학회, 한국재정학회, 한국국제금융학회 이사를 지냈으며, 만45세 미만으로 탁월한 연구 업적을 보인 경제학자에게 수여하는 한국경제학회 청람상을 수상하였다.

"이분들의 도움 없이는 지난 4년간 매일같이 이어지는 수많은 일정을 다 소화해 낼 수 없었을 것입니다. 한 번의 실수도 없이 제 일정과 여러 행사까지 세심하게 챙겨 준 김지선 과장과 비가 오나 바람이 부나 늘 제 옆에서 일정을 함께 해 준 김세민 선생, 두 분의 부총장님을 보좌하면서도 항상 밝은 얼굴로 사무실의 분위기를 환하게 밝혀준 이현주 선생, 그리고 매년 150건이 넘는 연설문과 인사말들을 사전에 읽어 보고 다듬어 준 김영숙 팀장으로부터 제3 창학의 과업을 이루는 데 많은 도움을 받았습니다. 특히 저와 함께 하는 동안 김세민 선생과 이현주 선생이 각각 가정을 이루었고, 김세민 선생네 집에는 올 봄에 가족까지 늘었다니 진심으로 반가운 소식이 아닐 수 없습니다. 모두의 앞날에 하나님의 축복과 은혜가 함께하길 빕니다."

미래전략팀 식구들

김영숙 팀장은 각종 정책 자료 준비와 연설문 교정에 도움을 주었다. 김지선 과장은 총장의 모든 일정관리와 방문객 면담 및 행사 진행을 주관하였고, 김세민 주임은 총장의 모든 행사와 일정을 수행하며 보필하였다. 이 외에도 이현주 주임이 총장실의 수많은 일상사를 챙기며 교학부총장과 행정·대외부총장의 모든 일정을 보필하였다.

"연세와 게이오는 한일수교협정이 체결되기 전부터 축구 등 운동 경기 교류를 통해 50년이 넘는 우정을 나누는 사이입니다. 최근 들어 연세대와 게이오대는 홍콩대와 함께 세계 유수의 대학 학생들이 세 대학에서 한 학기씩 함께 생활하며 공부하는 '3-캠퍼스 비교동아시아학 프로그램'이라는 매우 특별한 교환학생 프로그램을 운영하고 있습니다. 이를 통해 세 학교 간 협력 관계를 더욱 공고히 하고 교류의 범위를 연구 협력으로까지 확대하여 전략적 파트너십을 강화해 나가고 있습니다. 게이오대 세이게 총장은 저와 같은 경제학자로서의 공통분모 외에도 연세-게이오 농구 교류전을 통해 세이게 총장 부인이 연세대를 방문하여 제 아내와 함께 오찬을 나누게 된 것을 계기로 두 집안끼리도 각별한 인연을 이어가고 있습니다."

세이게 아츠시

게이오대학 총장

게이오대학 경제학부를 졸업하고 같은 대학에서 경제학 박사 학위를 취득했다. 1980년 게이오대학 교수로 임명된 이래 일본노무학회 회장, 일본경제학회 이사, 시니어사회학회 부회장 등 주요 학회 임원직을 역임했으며, 10여권의 저서와 국내외 수십 편의 논문을 발표하여 노동경제학의 발전을 위하여 노력했다. 또한 사회보장제도개혁국민회의 회장 등, 주요 단체 요직에서 리더십을 발휘해 왔다. 2009년부터 게이오대학 총장으로 봉직하며 연세대학교와 학문 교류협력에 크게 기여하고 있다.

"우리 학교는 총장을 임명하면 '1 plus 1'으로 공짜 인력이 덤으로 따라온다는 농담이 있을 정도로 총장 부인의 역할이 중요합니다. 학교에는 총장 공관이 있어서 연 100여 회 정도의 내외빈 접대 행사가 이루어지는데, 아내가 그 행사를 모두 치렀지요. 음식 준비에서 행사장 장식, 손님맞이와 환송, 그리고 정리까지. 단 한순간도 쉴 틈이 없었습니다. 이런 행사들이 2~3일에 한 번씩, 특히 봄·가을이면 하루가 멀다 하고 이어지곤 했습니다. 저도 쉽지 않았던 일정을, 그것도 4년 사이 큰 수술을 두 번이나 받았던 아내에게 큰 짐을 지우는 것 같아 너무나 미안했는데, 매년 그 행사들을 싫은 내색 한 번 없이 잘 도와주어 고마울 따름이지요. 세 딸과 더불어 아내도 연세의 동문으로서 연세 사랑의 열정을 보여준 것이라 생각합니다."

황영주

아내

연세대학교 가정대학 주생활학과를 졸업하였다. 정갑영 총장과는 대학시절에 만난 캠퍼스 커플로 슬하에 3자녀 또한 모두 연세대학교를 졸업한 5Y 가족이다. 한국서가협회 초대작가로 대한민국서예전람회 심사위원을 역임하였고, 현대서예 문인화 초대작가, 세종한글서예대전 초대작가로 서예 작가로서 활동하였다.

1기 교무위원 2013년 12월

정갑영 총장, 유강민 교학부총장, 이철 의무부총장 겸 의료원장, 이인성 원주부총장, 홍복기 행정·대외부총장, 김문겸 국제캠퍼스 총괄본부장, 이진호 대학원장, 윤여승 원주의료원장, 최문규 문과대학장, 김정식 상경대학장 겸 경제대학원장, 박영렬 경영대학장 겸 경영전문대학원장, 김용록 이과대학장, 민동준 공과대학장 겸 공학대학원장, 윤종복 생명시스템대학장, 이양호 신과대학장 겸 연합신학대학원장, 장동진 사회과학대학장 겸 행정대학원장, 신현윤 법과대학장·법무대학원장 겸 법학전문대학원장, 최승한 음악대학장, 고애란 생활과학대학장 겸 생활환경대학원장, 윤여탁 교육과학대학장, 최강식 학부대학장, 박형지 언더우드국제대학장, 윤주헌 의과대학장 겸 의학전문대학원장, 이근우 치과대학장 겸 치의학전문대학원장, 김선아 간호대학장 겸 간호대학원장, 안영수 약학대학장, 이인재 인문예술대학장, 김판석 정경대학장 겸 정경대학원장, 정건섭 과학기술대학장, 김희중 보건과학대학장·보건환경대학원장 겸 원주LINC사업단장, 권상옥 원주의과대학장, 손열 국제학대학원장, 김경규 정보대학원장, 강상현 커뮤니케이션대학원장 겸 언론홍보대학원장, 최재성 사회복지대학원장, 유석호 교육대학원장, 손명세 보건대학원장, 정종훈 교목실장, 김영세 기획실장, 정인권 교무처장, 박승한 입학처장, 손봉수 학생복지처장, 박태선 연구처장, 김현정 총무처장, 류필호 관재처장, 김진우 학술정보원장, 한정호 대외협력처장, 모종린 국제처장.

2기 교무위원 2015년 12월

정갑영 총장, 신현윤 교학부총장, 정남식 의무부총장 겸 의료원장, 정건섭 원주부총장, 박진배 행정·대외부총장, 오세조 국제캠퍼스 총괄본부장, 문성빈 대학원장, 윤여승 원주의료원장, 최문규 문과대학장, 홍성찬 상경대학장, 김동훈 경영대학장 겸 경영전문대학원장, 박승한 이과대학장, 손봉수 공과대학장, 이상규 생명시스템대학장, 김상근 신과대학장 겸 연합신학대학원장, 한정호 사회과학대학장 겸 언론홍보대학원장, 전지연 법과대학장·법무대학원장 겸 법학전문대학원장, 김관동 음악대학장, 고애란 생활과학대학장 겸 생활환경대학원장, 강상진 교육과학대학장, 최강식 학부대학장, 박형지 언더우드국제대학장, 이병석 의과대학장 겸 의학전문대학원장, 이근우 치과대학장 겸 치의학전문대학원장, 김선아 간호대학장 겸 간호대학원장, 한균희 약학대학장, 오영교 인문예술대학장, 윤방섭 정경대학장 겸 정경대학원장, 이종우 과학기술대학장, 김종배 보건과학대학장 겸 보건환경대학원장, 홍인수 원주의과대학장, 손열 국제학대학원장, 이중정 정보대학원장, 김형수 커뮤니케이션대학원장, 김진수 사회복지대학원장, 김혜숙 교육대학원장, 김기정 행정대학원장, 이영훈 공학대학원장, 노재훈 보건대학원장, 이학배 경제대학원장, 조재국 교목실장, 김영세 기획실장, 정인권 교무처장, 변혜란 입학처장, 육동원 학생복지처장, 김은경 연구처장, 김현정 총무처장, 김효성 시설처장, 이준기 학술정보원장, 김상준 대외협력처장, 모종린 국제처장, 김희중 원주LINC사업단장.

chapter Ⅲ

memory

“Memory feeds imagination.”

“기억은 상상력의 자양분이다.”

Amy Tan / 에이미 탄

Objects

Objects worn with handprints are a part of life to the person who used them and a symbol of his existence. The things President Kap-Young Jeong kept close during his term, too, have been imprinted with the future vision and philosophy, practical anguish, and the spirit of practice that will bring about Yonsei's innovation. Here are the stories of the objects that have already become part of Yonsei history.

손때 묻은 물건은 사용한 사람의 삶의 일부이며
자기 존재를 확인하는 매개체이기도 하다.
정갑영 총장이 재임 기간 동안 가까이했던 물건들에도
연세 혁신을 이끌 미래 비전과 철학,
현실적 고뇌와 실천 정신이 고스란히 녹아들어 있다.
이미 연세 역사의 일부가 된 물건들의 이야기를 소개한다.

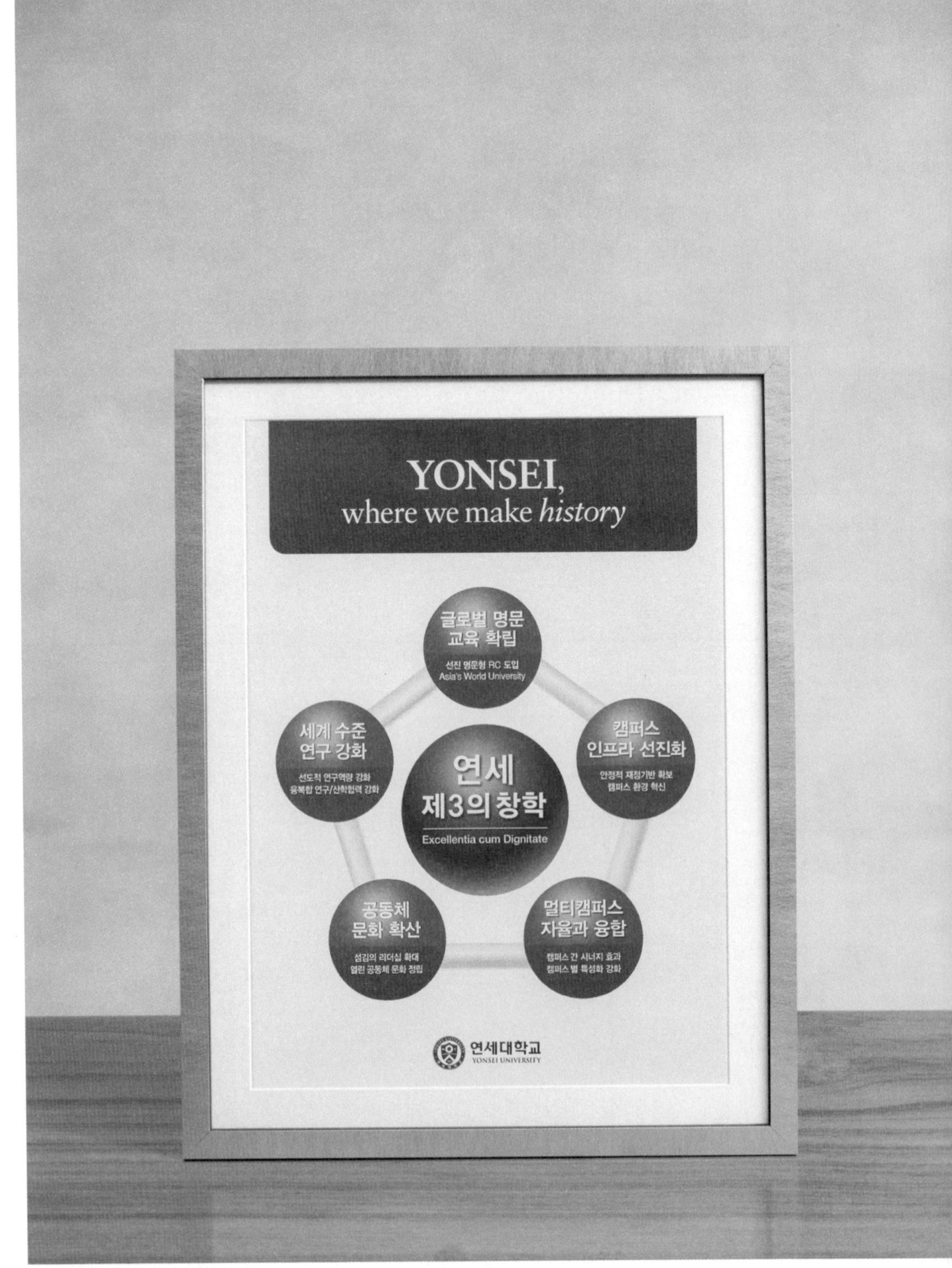
YONSEI,
where we make *history*
글로벌 명문
교육 확립
선진 명문형 RC 도입
Asia's World University
세계 수준
연구 강화
선도적 연구역량 강화
융복합 연구/산학협력 강화
캠퍼스
인프라 선진화
안정적 재정기반 확보
캠퍼스 환경 혁신
연세
제3의 창학
Excellentia cum Dignitate
공동체
문화 확산
섬김의 리더십 확대
열린 공동체 문화 정립
멀티캠퍼스
자율과 융합
캠퍼스 간 시너지 효과
캠퍼스 별 특성화 강화
연세대학교
YONSEI UNIVERSITY

연세대학교 제3 창학 전략맵

5각형 방패 모양의 제3 창학 전략맵 속에는 시대적 변화 속에서 새로운 연세를 만들기 위한 구체적인 비전이 담겨 있다. 글로벌 명문 교육 확립, 세계 수준의 연구 강화, 캠퍼스 인프라 선진화, 공동체 문화 확산, 멀티 캠퍼스 간 자율과 융합 등이 그것이다. Residential College 교육 도입, 백양로 재창조 등, 제3 창학의 근간이 되는 사업들이 구성원들의 반대로 어려움에 봉착할 때면 이 전략맵을 보며 적절히 편안하게 타협하고 싶은 마음을 다잡고, 글로벌 명문 사학으로 도약하기 위하여 연세가 나아가야 할 방향을 다시 확인하며 의지를 다졌다.

2015년 백양로 조감도

제3 창학의 핵심 사업인 백양로 재창조 프로젝트의 조감도이다. 총장 재임 기간 동안 줄곧 총장실 내 자리 건너편 벽에서 항상 나를 굽어보며, 제17대 총장 선임 당시 공약 사업에 대한 책임감을 수시로 일깨워 주었다. 사업의 계획과 인허가, 그리고 사업의 실행과 사후 보수·관리까지 거대한 일련의 사업이 총장 임기 중 모두 완료될 수 있었던 것, 특별히 백양로에 통행이 계속되는 가운데서도 한 건의 안전사고 없이 사업이 성공적으로 완성될 수 있었던 것은, 수많은 이들의 응원과 하나님의 축복이 이 사업에 함께 했기 때문이라 믿는다.

1917년 캠퍼스 마스터플랜

젊은 선교사 언더우드의 꿈이 담긴 신촌캠퍼스의 마스터 플랜이다. 1915년 YMCA에서 Chosen Christian College를 연 언더우드 선교사가 타자기 사업으로 큰 재산을 일군 그의 형 존 T. 언더우드의 도움으로 지금의 신촌캠퍼스 부지를 매입한 뒤 1917년 그려진 미래 대학의 조감도는 현재 캠퍼스의 모습과 놀랍게도 닮아있으면서도, 100년의 변화상을 한눈에 보여준다. 이 마스터 플랜을 볼 때마다 100년 뒤의 대학을 바라보고 연세의 초석을 다진 언더우드 선교사의 열망과, 동생의 꿈을 위해 거금을 선뜻 기부한 형의 사랑, 그리고 이들 형제의 마음을 움직인 하나님의 섭리를 되새기게 된다. 제10대 총장 재임 시까지 총장실에 보관했던 것을 지금은 박물관으로 옮겨 일반에 전시 중이며, 총장실에는 사본이 남아 있다.

정갑영 총장의 안전모

2013년부터 2015년까지 총 26개월간 진행된 백양로 재창조 사업 공사 기간 동안 착용했던 안전모이다. 현장의 먼지와 땀, 추위와 더위를 함께 하느라 이제는 제법 낡고 색도 바랬다. 공사가 진행되는 동안 매주 주례회의와 현장 방문 외에도 출근길마다, 그리고 주일 아침마다 백양로 현장에 들러 매일매일의 진행 상황을 직접 확인하는 것이 일과였다. 오랜 기간에 걸친 공사 기간 동안 현장에서 밤낮없이 피땀 흘리며 안전하게 성료시켜 준 수많은 고마운 이들의 노고를 되새기게 된다.

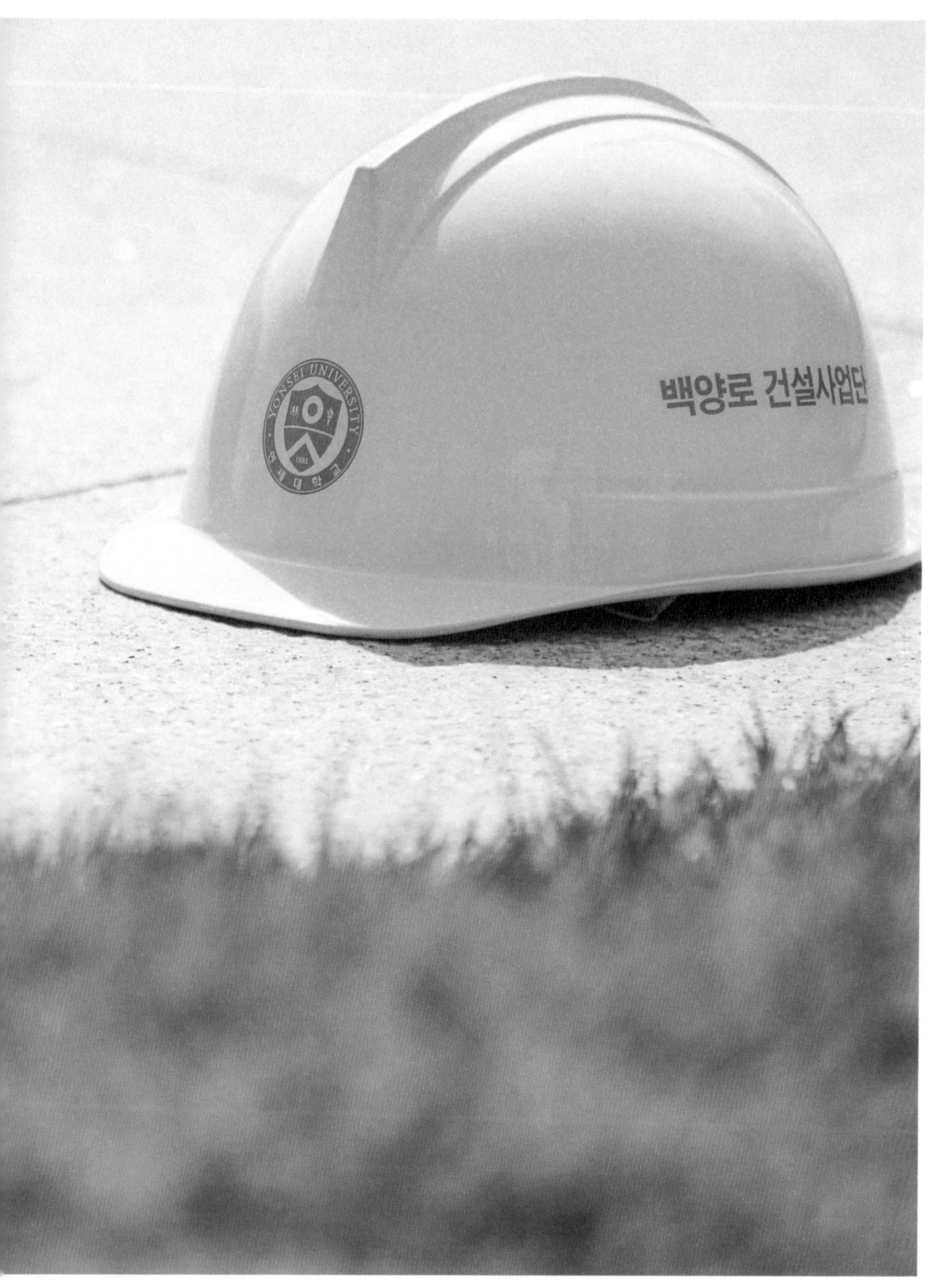
YONSEI UNIVERSITY
1885
연세대학교
백양로 건설사업단

총장실의 방명록

지난 4년간 데이비드 존스턴 캐나다 총독, 줄리아 길라드 호주 총리, 장-마크 에호 프랑스 총리, 알렉산데르 스투브 핀라드 총리, 조 바이든 미국 부통령 등 외국 국가원수로부터 노벨상 수상자를 포함한 세계의 석학들과 고마운 후원자들, 그리고 대학 진학을 희망하는 중고등학교 학생들까지. 수많은 이들이 연세를 찾아와 우리 대학의 발전상을 눈으로 직접 확인하고 돌아갔으며, 많은 분들이 방명록에 연세의 지속적인 발전을 응원하는 기원을 남겼다. 이들의 고마운 축원이 연세의 국제적 인지도를 높이고 교육·연구의 기반을 공고히 하였으며, 연세 제3 창학의 반석을 더욱 굳건히 하는 초석이 되었다.

YONSEI UNIVERSITY
연세대학교
YONSEI UNIVERSITY

국제캠퍼스 언더우드기념도서관 팡세(Pensees)

신입생들이 학업과 생활을 함께하는 Residential College의 현장인 국제캠퍼스 정중앙에 언더우드기념도서관이 자리하고 있다. 언더우드기념도서관 내 열람실은 학생들의 기호를 반영하여 일반열람석 외에도, 조망형 열람석과, 팡세, 캐럴, 스탠딩테이블 등 다양한 형태의 열람석이 배치되어있다. 이 가운데 서해바다 향해 배치된 팡세는 커다란 공룡알을 연상시키는 타원형의 안락함을 주는 소파식 좌석으로 학생들에게 큰 인기를 얻어왔다. 팡세는 생각하다는 뜻의 불어로, 파스칼의 동명 저작을 연상시킴과 함께 다양한 생각의 탄생을 기원하는 의미를 담고 있다.

사업수행 서류들

대학의 대부분의 의사 결정 사안들은 전자결재로 추진되지만, 사업에 수반되는 도면이나 회의 자료 등 일부 서류들은 이해를 돕기 위해 인쇄물로 통용되기도 한다. 제17대 총장 임기 중에는 다양한 사업이 진행된 것만큼 책상 위에 쌓이는 서면 서류의 양도 적지 않았으니, 책상 위에 남겨진 서류의 양에 비례해서 마음의 무게도 경중을 오간다. 매일 저녁 미결로 남겨진 서류들이 없도록 늘 주의를 기울이지만 매일 비슷한 분량의 서류들이 남겨지기 일쑤였다.

편지들

총장은 평소에 만나지 않던 수많은 사람을 만나고 이야기하지만 정작 만나고 싶은 사람들과 만나 이야기 할 시간은 갖기 어렵다. 주일 성가대에 모여 찬양하고 사람들과 만나 격의 없이 이야기하는 것으로 스트레스를 풀던 사람이 주일예배에 참석할 시간도, 편한 사람들과 스스럼없이 대화할 기회도 잃어버린 것은 정말 힘든 경험이었지만, 그 와중에도 늘 나의 행보를 지켜보며 때로는 엄하게 질책하고 때로는 따뜻하게 격려해 주시는 분들의 서신과 이메일이 있어서 큰 힘을 얻을 수 있었다. 내 강연을 듣고 정호승 시인처럼 되고 싶다고 한 고등학생과 국제캠퍼스 RC 교육에 감사한다는 학부모님, 백양로 재창조 사업을 응원해 주신 수많은 동문과 재학생들의 격려 글을 받을 때마다 눈앞의 난관을 헤쳐 나갈 용기를 얻었다.

RC공모전에서 최초 입상한 학생입니다. 교수님께서 이 제도를 도입한 이래 제 사촌 동생 2명 중 한명은 디자인예술학부로 편입하고 다른 한명은 재수해서 올해 갑니다. 제 동생들이 이런 좋은 제도 아래 공부할 수 있도록 해주셔서 감사하고 앞으로도 저도 노력해서 성공해서 꼭 뵙도록 하겠습니다.

제자 ○○○ 올림

숨가쁘게 휘몰아치는 일과 중에서도 짬을 내시어 우리 대학교회에서 예배를 같이 드리실 때마다 무한한 기쁨과 든든해짐을 교인 전부의 얼굴에서 읽을 수 있답니다. 부디 강건하시어 새해에도 연세의 큰 도약에 매진하실 것을 기도합니다. 챙겨주시는 것 또한 감사합니다.

○○○ 올림

총장님. 총장님이 계셔서 저희는 정말 행복했고, '희망'이 무엇인지, '리더'가 얼마나 큰 의미인지 절실히 깨달을 수 있었습니다. 항상 넉넉한 사랑과 인품으로 따뜻이 품어주시고 베풀어주신 은혜와 지원, 늘 기억하며 살겠습니다. 총장님의 푸근한 미소와 물 흐르듯 온유한 말씀 항상 되새기며 열심히 학교 발전을 위해 최선을 다하겠습니다.

○○○ 올림

백양로 사업으로 인해서 캠퍼스가 modernized가 되었고 눈에 띄게 예뻐졌습니다.

연세대학교의 위상에 걸맞게 그리고 국제화 시대에 걸맞게 재창조되었고, 거기에 대한 총장님의 노력이 캠퍼스에 묻어나서 너무 학교 다니기가 즐겁습니다.

졸업을 앞둔 응용통계학 대학원생 ○○○ 드림

총장 취임을 진심으로 축하합니다.

특히 연세의 '제3 창학'을 향한 시기에 중책을 맡으신 것은 연세를 위한, 나아가 우리 사회를 위한 하나님의 큰 뜻이라고 생각합니다. 취임사를 듣는 동안 총장님의 의지와 비전이 담긴 한 구절, 한 구절마다 깊은 울림과 감동을 받았습니다.

연세를 하나의 거대한 바다에 비유하셨듯이 총장님께서는 연세라는 푸른 바다가 품고 있는 빛과 소금을 오롯이 살려내고, 조화롭게 이끌어가실 분이십니다.

연세를 이끄는 내내 총장님께 늘 하나님의 축복이 함께 하시기를 기도합니다.

학부형 ○○○ 올림

총장님, 지난 4년 동안 감사드릴 일이 정말로 많았습니다. 새로운 백양로, RC, UIC, 모두 총장님의 추진력으로 멋지게 완성되었고, 진정으로 제3 창학이 이루어졌다고 생각합니다.

또한 정보대학원의 졸업생으로서, 정보대학원이라는 나무를 심고 이렇게 가꿔 주셔서 진심으로 감사를 드립니다.

총장님께서 바쁘시기에 그동안 감사 이메일을 드릴 생각은 못했었는데, 재임 기간 중 이메일들이 큰 힘이 되셨다는 말씀을 이임 인사에서 듣고 용기를 내어서 이렇게 감사 메일을 드립니다. 평교수의 마지막 학기를 학부생들에게 강의하신다는 것에 큰 감명을 받았습니다. 저도 UIC의 CTM에서 강의를 한 적이 있습니다. 다음 학기에는 송도 캠퍼스에서 인사드리고 싶습니다.

정보대학원 졸업생 ○○○ 올림

멀리서 제가 교수님의 그간 노고를 어찌 하나라도 제대로 헤아릴 수 있겠습니까만, 교수님이 예전부터 계획하셨던 일들이 하나하나 차근히 이루어지는 것을 보면서 얼마나 그간 힘든 일이 많으셨을까 생각을 해봅니다. 재작년부터 학교에서 일을 시작한 초년생으로서 모교에 대한, 학생들에 대한, 그리고 더 멀리 교육에 대한 교수님의 열정에 존경의 마음을 표하고 싶습니다. 저 역시 제 자리에서 부족하나마 열심히 노력하겠습니다.

게인즈빌에서 제자 ○○○ 드림

백양로 사업으로 인해서
캠퍼스가 modernized가 되었고
눈에 띄게 이뻐졌습니다.
연세대학교의 위상에 걸맞게
그리고 국제화 시대에 걸맞게
재창조되었고
거기에 대한 총장님의 노력이 캠퍼스에
묻어나서 너무 학교 다니기가 즐겁습니다.

졸업을 앞둔 응용통계학대학원생 ○○○ 드림

4년 동안 연세대학의 총장으로서 국가와 학교의 발전에 힘써주셔서 감사의 말씀을 드립니다. 정보산업공학과를 졸업하고 다시 또 연세대학교 치과대학에 편입하여 국가와 국민, 그리고 연세대학을 위해서 평생 봉사하며 살아가고자 하는 목표를 가진 저는 이를 몸소 실천하며 보여주신 총장님께 큰 존경심을 느끼고 있습니다.

앞으로 하고 싶은 일도, 해야 할 일도 많아 걱정이 되시기도 하지만 총장님을 떠올리며 꼭 한국 사회와 인류에 의미있는 기여를 하겠습니다.

2016년 1월 29일 ○○○ 드림

백양로 재창조 사업을 통해서 학생들과 지역 주민들도 편리한 주차 시설을 이용하고, 지하공간을 그토록 유익한 장소로 사용되게 하신 점 또한 총장님만이 하실 수 있는 연세의 역사에 기록되시리라 믿습니다.

저희 원주의 학부모님들도 많은 아쉬움이 남는다고들 합니다. 총장님이 계셔서 저희도 든든하고 보람되었습니다. 원주의 부총장님들의 2년이란 임기가 너무도 저희들에겐 많은 아쉬움과 안타까움이 있습니다.

지역적인 면을 고려해도 그렇고, 학부모 대학발전위원으로 활동하다보면 2년이 너무나 빠르게 지나가기에 추진하고자 하는 일들이 아쉬움으로만 끝나는 경우가 있습니다.

지금의 원주 부총장님들께서도 원주의 학생들과 학부모 및 대학 발전을 위해서 아낌없는 배려와 관심을 가져주심에 많은 학생들과 학부모님들 그리고 저 또한 감사하는 마음입니다!

원주캠퍼스 ○○○ 엄마 배상

총장의 중책을 역임하시는 동안 연세의 훌륭한 프로그램들이 성공적으로 실행되고 정착되도록 리더십을 발휘하신 것을 축하드리며 감사드립니다.

특히 송도의 국제캠퍼스에 Residential College 프로그램을 정착시켜 훌륭한 성공모델을 만드신 것을 축하합니다.

총장 임기를 성공적으로 마치신 후에 송도캠퍼스에 지속적인 열정을 쏟으시려는 정 총장님의 의지와 열정을 존중합니다.

○○○ 올림

총장님께서 총장 후보로서 세브란스 병원장실에 오셔서 운영위원회에서 위원들과 다 함께 대화를 나누신 적이 있었습니다. 저는 당시 몇 가지 건의를 외람되게 올렸습니다.

의료원 의생명연구단지와 제중학사 신축이 제안의 주제였던 것으로 기억합니다. 물론 총장님께서는 적극적으로 검토하시겠다는 답을 하셨고, 솔직히 평소 제가 주장하던 바였기에 그냥 후보자로서 의례적인 답이겠거니 생각했었습니다.

4년이라는 짧은 기간에 그 모든 일을 이루시고 그보다 백배, 천배는 많은 일을 해내시는 것을 뵈며 총장의 능력은 대학의 100년을 좌우한다는 당연한 진리를 깨달았습니다.

의과대학 교수 ○○○ 올림

4년이라는 짧은 기간 동안에 이루어 놓으신 놀라운 업적은 영원히 남을 뿐만 아니라 연세인의 마음속에 길이길이 기억될 것으로 믿습니다. 마지막 순간의 어려운 결단도 멸사봉공의 정 총장님 성품을 남김없이 보여 주신 것으로 확신합니다.

법과대학 교수 ○○○ 배상

오늘 이임식은 우리 모두에게 깊은 감동을 주었습니다. 그동안 총장으로서 연세를 위하여 수고와 노력은 연세 130년 역사에 길이 남을 업적으로 평가될 것입니다.

2016년 1월 28일 ○○○ 명예교수 드림

아들을 무사히 졸업하게 해준 학교와 학과 교수, 후배들에게 고마움을 전하고자 합니다.

학교는 우리 모자가 절망하고 있을 때 희망이 돼 줬습니다. ○○○의 인생관을 완전히 바꾸게 해 준 학교에 고마움을 전하기 위해서라도 힘닿을 때까지 기부로 보답하고 싶습니다.

중증 장애우 ○○○ 학생 모친 올림

백양로를 재창조하시고 연세를 제3 창학 하셨으며, 연세를 혁신하여 연세의 역사를 새로 쓰셨습니다.

○○○ 올림

총장님께서 그간 추진해 왔던 Hardware적인 사업과 제도 개선을 바탕으로 제2기에는 Software적인 각종 연구진흥과 시스템적인 내용을 잘 추진하셔서 연대를 세계 80위권 대학으로 도약해 주시길 기대했었습니다.

어쩌면 총장님께서 우리 대학보다 더 큰 국가적인 일을 하시리라는 하나님의 뜻으로 믿고 그렇게 될 수 있을 거라는 확신을 가져봅니다. 이게 어쩌면 제가 드릴 수 있는 유일한 위로 말씀이 아닐까 생각합니다. 제가 총장님을 곁에서든 멀리서든 쭉 뵈어온 바에 의하면 충분히 더 큰 스케일로 국가를 위해 새로운 기여를 꼭 하실 것이라고 진심으로 확신합니다.

○○○ 드림

chapter Ⅳ

epilogue

"Every revolution was first a thought in one man's mind."

"모든 혁명은 한 사람의 마음 속에 품은 생각에서부터 비롯된다."

Ralph Waldo Emerson / 랄프 왈도 에머슨

Epilogue

Through easy and intriguing writing, President Kap-Young Jeong, a leading Korean economist, became a household name. From economist to leading intellectual to educational administrator who laid the great cornerstone of Yonsei's Third Founding, let us look back upon his life.

우리나라의 대표적인 경제학자인 정갑영 총장은
쉽고 재미있는 글쓰기를 통해 일반인에게도 매우 친근한 이름이 되었다.
경제학자에서 한국을 대표하는 지성이 되기까지,
그리고 연세 제3 창학의 위대한 초석을 다진
교육 행정가로 거듭난 그의 삶을 돌아본다.

1461일의 도전

내가 처음으로 연세의 문을 두드린 것은 1970년 겨울이었다. 서울에 별다른 연고가 없는 나는 이제는 돌아가신 아버님과 함께 상경해서 입학시험을 치르기 위해 난생 처음으로 연세대학교를 찾았다. 처음 인상은 기대보다는 무척 삭막했다. 겨울이기도 했지만, 정문도 없고, 휑한 들판을 지나 안쪽으로 건물 몇 개만 보였기 때문이다. 첫 입시에서 최선을 다했지만, 결과는 낙방이었다. 붓글씨로 크게 써 붙인 합격자 방榜에서 이름이 없는 것을 확인한 후, 한동안 너무 허망하고, 좌절하고, 무엇을 어떻게 다시 시작해야 할지 방황을 거듭했다. 또 다른 한 해의 힘든 과정을 거쳐 가까스로 입학할 수 있었다. 처음부터 연세의 문턱은 내게 너무 높기만 했다.

70년대 초 한국의 대학은 민주화의 열풍 속에 정상적인 학사운영이 어려웠고, 어느 한 해도 학업을 제대로 마치기 어려웠던 시절이었다. 중간고사도 마치기 전에 학교가 문을 닫는 경우가 허다했고, 심지어 "오늘 OO 교수 강의 있음"이라는 공고가 누구에게도 낯설지 않았다. 요즘과 비교하면 정말 격세지감隔世之感을 금할 수 없다. 아마도 학습량이 지금의 절반에도 훨씬 미치지 못했을 것이다.

학부 과정을 마치고 곧 바로 한국은행에서 첫 직장 생활을 한 후, 산업연구원을 거쳐 국비 유학생으로 미국으로 떠났고, 학위를 마친 85년에 다시 연세로 돌아왔다. 한 해 강사로 있다가 86년에 조교수로 부임했으니, 첫 직장과 유학생활의 10년을 제외하고는 거의 36년을 연세와 함께 한 셈이다. 게다가 연세라는 이름으로 좋은 직장을 찾고, 유학의 문도 열리게 되었으며, 캠퍼스에서 아내를 만나고 세 아이까지 모두 연세인이 되었으니, 어떻게 이보다 더 큰 축복을 기대할 수 있겠는가. 너무나 감사할 따름이다. 연세에서 만난 스승들 덕택에 내가 성장할 수 있었고, 연세의 틀 안에서 내 모든 인생이 이루어진 셈이다.

이렇게 보면 총장으로 재임했던 1461일의 도전은 업무의 막중함에서는 높은 가중치가 주어졌지만, 연세에서 보낸 긴 시간에 비하면 비교적 짧은 4년에 불과했던 셈이다. 오히려 평교수로서 좋은 연구와 강의, 의미 있는 사회활동을 찾아 훨씬 더 오랜 기간 도전을 하였고, 다른 교내 보직을 맡아 혁신과 도약을 시도하며 겪었던 어려움도 결코 1461일에 못지않았다.

평교수로서 가장 큰 도전은 동서문제연구원 학술지 Global Economic Review를 영국의 Routledge[Taylor & Francis Group]와 공동으로 출판하고, 국내 경제학계 최초로 SSCI 저널로 등재시킨 일이었다. SSCI에 논문 한 편을 싣기도 어려운데, 한국 대학의 무명 학술지를 SSCI에 등재시키기 위해서는 얼마나 노력이 필요했겠는가? 그렇다고 어디서 큰 재정지원을 받은 것도 아니었다. 그럼에도 불구하고 나는 편집인[Editor]으로서 김의성 교수와 함께 2009년 무한도전에 성공했고, 지금은 어엿한 세계적 학술지로 명성을 쌓아가고 있다. 앞으로도 연세가 세계적 명문이 되려면 그런 학술지를 교내에서 10개는 만들어야 한다고 믿고 있다.

1990년대 후반 IT란 용어가 처음 회자되기 시작하던 즈음에 설립준비위원장으로서 정보대학원을 출범시킨 것도 큰 도전이었다. 당시 "IT"란 말도 생소한 때에, 국내 최초로 그것도 다학제간 융합과정으로 정보대학원을 설립하는 것이 만만치 않았지만, 지금은 국내 최고의 전문대학원으로 우뚝 섰다. 2004년에 교무처장을 맡게 된 나는 곧 바로 언더우드국제대학[UIC]의 설립을 주관하였고, 아시아 최초로 설립된 UIC가 최고의 명성을 갖도록 지난 10여 년 모든 노력을 다해 왔다. 설립 당시의 숱한 반대와 비난은 때로 감당하기 어려운 도전이었지만, UIC 역시 세계에 내세우는 연세의 얼굴이 되지 않았는가.

원주부총장으로서의 도전도 만만치 않았다. 상대적으로 소외되고, 투자도 빈약하여 경쟁력이 취약한 제2의 캠퍼스를 어떻게 연세의 브랜드에 걸맞은 '작지만 강한 대학'으로 만들 것인가? 이것은 원주캠퍼스가 태생적으로 갖고 있었던 근원적인 과제였다. 나는 과감하게 아시아 최초의 Residential College[RC]를 주창했고, 다행히 수많은 분들의 열정과 헌신 속에 큰 성과를 거두었다. 어려운 재정에도 불구하고, RC 환경에 맞게 새 기숙사인 청연학사와 대학교회와 행정동, 미래관 등을 신축하여, 최고의 에코캠퍼스로 변모시켰다.

원주캠퍼스에 RC를 처음 실시하던 2007년 경에는 국내에서 RC의 의미조차 생소했지만, 원주에서 최초로 도입한 이후 Postech도 이 제도를 도입하였으며, 원주의 경험은 2012년 이후 송도 국제캠퍼스에 RC 교육을 전면 도입하는데 큰 뒷받침이 되었다.

원주기독병원은 시설이 낙후되고, 경영환경이 악화되어 시설현대화와 혁신이 큰 현안으로 부상하여 의료원 시설의 완전 이전을 시도하기도 했으나, 짧은 부총장의 임기로는 실행하기 어려워 매우 안타까웠다. 그러나 총장으로 다시 행정 책임을 맡게 된 이후, 원주기독병원은 "세브란스"라는 이름을 붙이고, 외래진료센터를 비롯하여 많은 신·증축을 단행하는 등 "원주의료원 재창조 사업"을 완성하게 되었다. 그것도 재정이 열악한 원주의료원으로서는 거의 실현 불가능한 도전이었는데 성공적으로 마무리되어, 10여 년 동안 갖고 있었던 마음의 짐을 일소하게 되었다.

이렇게 내가 연세와 함께 한 시간은 도전의 연속이었다. 학생으로 입학하는 첫 단계에서부터, 평교수로서 또는 보직자로서 소망했던 일을 이루는 과정이 모두 도전과 도전의 연속이었다. 특히 마지막 1461일은 하루하루가 모두 꿈과 열정과 긴장으로 가득 찬 도전의 연속이었다. 가장 큰 좌절은 사실을 왜곡하여 특정한 목적을 달성하려고 신뢰를 저버리는 행태에 직면할 때였다. 겉으론 항상 미소 지으며 편안한 모습으로 지내지만, 새로운 일을 만들어 가는 과정마다 여러 고비를 거치며, 때로는 감당하기 버거웠고, 부족한 능력을 탓하며 머뭇거릴 때도 많았다.

물론 평가하는 것은 내 몫이 아닐 것이다. 먼 훗날 제3 창학의 밑거름이 되었다면, 힘겹게 도전한 보람이 남을 것이고, 모래성처럼 한 때 지나가는 바람으로 사라진다면 누군가 아시아 최고대학을 향한 도전을 다시 시작하여야 할 것이다. 1461일 동안 한없는 사랑을 베풀어주신 하나님, 열정으로 성원해 주신 수많은 분들께 감사할 따름이다.

Profile

학력	2016	고려대학교 명예 교육학 박사
	2014	Keio University 명예 경제학 박사
	1985	Cornell University 대학원(경제학 석사, 박사)
	1981	University of Pennsylvania 대학원(석사)
	1975	연세대학교 상경대학 경제학과(학사)
주요 교내 경력	2012 ~ 2016	연세대학교 제17대 총장(2012. 2. ~ 2016. 1.)
	1986 ~ 현재	연세대학교 상경대학 경제학과 조교수, 부교수, 교수, 명예특임교수
	2006 ~ 2008	연세대학교 원주캠퍼스 부총장
	2004 ~ 2006	연세대학교 교무처장
	2004 ~ 2006	연세대학교 정보대학원 원장
	2000 ~ 2004	연세대학교 동서문제연구원장
	1999 ~ 2001	연세대학교 경제연구소장
학술 연구 활동	1996 ~ 현재	*Global Economic Review* (SSCI Journal), Editor
	2003 ~ 2012	(사단법인) 정보통신포럼 회장
	2008 ~ 2009	삼성경제연구소 석좌 연구위원
	2004 ~ 2008	한국 비교경제학회 부회장, 회장
	2001 ~ 2005	동북아 경제학회 부회장, 회장
	2002 ~ 2003	한국 산업조직학회 회장
	1992, 1998	코넬대학교 경제학과 초빙교수
주요 사회활동	2016 ~ 현재	대검찰청 검찰 미래발전위원회 위원장
	2014 ~ 2015	감사원 감사혁신위원회 위원장
	2013 ~ 2015	국민경제자문회의 거시금융분과 분과위원장
	2013 ~ 2015	법무부 정책자문위원회 위원장
	2010 ~ 2011	재단법인 자유기업원 이사장
	2011	동아일보 객원 논설위원
	2001 ~ 2007	통신위원회 위원
	1998 ~ 2000	행정개혁위원회 위원

주요 상훈	2016	청조 근정훈장 (대한민국 정부)
	2013	제13회 '자랑스런 한국인 대상' 수상 (한국언론인연합회)
	2011	"2000 Outstanding Intellectuals of the 21st Century"에 선정 International Biographical Centre (Cambridge, UK)
	2011	다산 경제학상 (한국경제신문사)
	2007	시장경제대상 (출판부문 우수상), (전국경제인연합회)
	2005, 2006	연세대학교 연구업적 우수교수
	1997	자유경제출판문화상 수상 (전국경제인연합회)
	1993	매경 Economist상 (매일경제신문사)
	1992	연세학술상 (연세대학교)
	1979 ~ 1985	교육부 선발 국비유학
주요 논문·학술서	2011	"Measuring Social Capital in East Asia and other World Regions : Index of social capital for 72 countries", *Global Economic Review,* Routledge.
	2003	"A New Methodology Linking Concentration Dynamics to Current and Steady-state Profits : Examining Korean Industrial Policy", *International Journal of Industrial Organization*, Elsevier, BV.
	1990	"Market structure, Entry, and Performance in Korea", *Review of Economics and Statistics*, MIT Press.
	2016	『산업조직론』(제4개정판, 공저), 박영사
	2011	『미시경제학』(개정판, 공저 : 성백남), 박영사
	2009	『제3의 자본』(공저 : 정갑영 외 4인), 삼성경제연구소
	2003	『경제발전과 정치 환경의 한·일 비교분석』(정갑영 외 2인), 집문당
	1995	『민영화와 기업구조』(자유경제출판문화상 수상도서), 나남
주요 교양서	2012	『위기의 경제학』, 21세기북스
	2012	『열보다 더 큰 아홉』(개정판), 21세기북스
	2012	『나무 뒤에 숨은 사람』, 21세기북스
	2010	『데메테르의 지혜로운 선택』, 삼성경제연구소
	2009, 2010	『정갑영 교수의 만화로 읽는 알콩달콩 경제학 1,2』, 21세기북스
	2005	『카론의 동전 한 닢』, 삼성경제연구소

문화일보

2011년 12월 16일 금요일 030면 문화/교육

"신뢰는 '제3의 자본'… 여기에 대한민국의 미래 달렸다"

파워인터뷰

29면서 계속

–대기업의 사회적 역할에 대해서는 어떻게 평가합니까.

"내 생각엔 우리 대기업이 그동안 성장하고 발전하는 과정에 대해 국민들이 아직 따뜻하게 보고 있지 않습니다. 대기업의 역할이 크고 경제 성장에서 한 일이 많은데도 파급 효과가 과거보다 적어서 그런지 대기업 정서에 대한 비판 분위기가 많아요. 대기업은 대기업대로 사회적 책임을 지금보다 강화해야 하지만, 다른 한편으론 우리 국민들도 대기업이 국내에서 일을 할 수 있는 여건을 만들어 줘야 합니다. 대기업이 국내 고용이나 성장에 기대만큼 역할을 하지 못하고 있는 것이 사실이지만, 이는 우리 사회의 환경 변화 탓도 있어요. 임금은 높고, 규제는 많아지고…. 대기업이 해외로 나가니까 사회 파급 효과는 적어지는 거죠. 대기업에 애국심만 강요할 수는 없습니다. 대기업도 국내에서 사회적 책임을 충분히 지는 방향으로 가야 하고, 국민은 국민대로 대기업이 기업 활동을 잘하도록 토양을 만들어 줘야 합니다."

–말씀을 들어 보니까 교수님은 '조화론' 자 같다는 느낌입니다.

"어쨌든 하이에크 쪽은 아닙니다. 하하하."

정 교수는 연세대에서 경제학을 전공하고 미국 펜실베이니아대와 코넬대를 거치면서 산업 조직을 공부했다. 박세일 한반도선진화재단 이사장과 이주호 교육과학기술부 장관도 '코넬 스쿨'이다. 코넬대는 미국 명문 사립대 그룹인 아이비리그 중에서도 가장 자유로운 대학이다. 이 같은 학문 풍토가 정 교수의 정체성에 영향을 미치지 않았을까. 하지만 정 교수는 자신을 리버럴리스트와 같은 반열에 놓는 걸 거부한다. "굳이 얘기한다면 전 중도우파 정도 아닐까요."

–최근 한미 자유무역협정(FTA)의 국회 비준안 처리는 어떻게 평가합니까.

"FTA는 바람직한 겁니다. 경제적으로 보면 이렇습니다. 모든 거래는 서로 이익이 있어야 성사됩니다. 이익이 없으면, 일방이 안 하겠다면 성사가 안 되는 거예요. 그게 경제학의 기본이에요. 자유 무역은 한국에 이익이 되는 제도입니다. 그것을 반대하는 건 거래 활성화 자체를 반대하는 것이거든요. 대신 일부 피해를 볼 수 있는 품목이나 산업을 보조하고 국내 산업 보호 장치를 많이 만드는 게 정부의 할 일이겠죠. 하지만 분명한 것은 그걸 다 하고도 우리에게 남는 이익은 클 것이라는 사실입니다."

정 교수는 투자자·국가소송제도(ISD)다 사법권 논쟁이다 하는데 우리에게 이익이 더 클 것이라는 점은 경제적으로 명확하다고 거듭 강조했다. 을사늑약 이런 식으로 평가하는 건 '너무 멀리 간 것'이라는 말도 함께.

–부자 증세 정책은 필요한 건가요.

"이렇게 보는 게 좋겠군요. 지금의 조세 구조는 기본적으로 부자 증세를 논할 구조가 안 됩니다. 현재의 소득 구간이 설정된 지 너무 오래됐거든요. 이미 십 몇 년 이상 돼 그때와는 경제 구조가 많이 달라졌기 때문에 그 구간을 조절해 줘야 된다고 봅니다. 소득 구간은 더 올리되 일정 구간 이상의 사람들에겐 세금을 더 많이 내도록 세율을 함께 올리는 것도 한 방안입니다. 미국의 경우 세율 구간이 물가에 따라 매년 조정되는데 그걸 벤치마킹할 필요가 있습니다."

한미 FTA 갈등도 신뢰의 문제 정부·공적기관 발표도 안믿어

장기적으론 교육에 대한 투자가 최고의 복지정책이자 고용정책

쏟아 내는 질문에 막힘 없는 답변이 이어졌다. 대화 주제를 정치 쪽으로 옮겼다. 내년 대선의 화두를 묻자 '복지와 고용'이란 답이 돌아왔다. "고용은 제가 보기엔 쉽게 해결되기 어렵게 돼 있어요. 음… 실은 복지도 쉽진 않아요. 좀 더 개인의 잠재력을 발휘할 수 있는, 즉 일할 기회를 만들어 준다든가 하는 게 필요하거든요. 결국 복지 정책이 교육에 대한 지원을 확대하는 방향으로 갔으면 하는데…."

교육의 확대와 복지를 연계하는 정책을 내놓은 대권 주자는 아직 보이지 않는다는 의미다. 정 교수는 "장기적으로 보면 각 개인의 부가 가치나 잠재력을 높이는 것은 교육인 만큼 교육이 최고의 복지 정책이자 고용 정책이란 소신을 갖고 있다"고 목소리를 높였다.

–내년 대선 주자 중에 마음에 드는 인물이 있습니까.

"글쎄요…, 전 정치는 좀…, 하하."

–불현듯 등장해서 지지율 고공 행진을 하고 있는 '안철수 현상'은 어떻게 보십니까?

"그의 인기는 변화, 소통, 기성 정치에 대한 불만, 이런 게 반영된 현상 아닐까요."

–안 교수가 경제는 잘할까요.

"잘 모르겠어요. 그에 대해 제가 아는 것은 v3바이러스 체크밖에 없으니까요. 하지만 이런 말씀은 드릴 수 있습니다. '경제적 시간'이란 관점에서는 최근 1년 동안의 변화가 과거 10년 동안의 변화처럼 빨리 흘러가지 않습니까. 어른과 아이들의 격차가 20~30년이라고 보고 이를 반영하면 200~300년 차이가 되죠. 기성세대가 젊은 세대를 이해하려는 노력이 필요한 때라는 것만큼은 분명합니다."

정갑영 연세대 신임 총장이 연세대 신촌 캠퍼스 교정에서 활짝 웃고 있다. 23년 만에 간선제로 총장에 선출된 그는 "3불(不) 정책 중 기부 입학은 아직 이르고, 고교 간 학력 편차는 인정돼야 하며, 본고사는 대학 자율에 맡겨야 한다"고 밝히면서 대학 경영에서 정부 간섭의 최소화를 역설했다. 김연수기자 nyskim@

정 교수는 10월 중순 12명 가운데 한 명으로 차기 총장 경쟁에 나선 뒤 재단이사회의 후보 압축과 후보 지명, 교수평의회의 인준 투표 등을 거쳐 두 달 만인 지난 14일 재단이사회에서 차기 총장에 선임됐다. 연세대가 비(非)직선제로 총장을 선출한 건 23년 만의 일이다. 적어도 권위주의 군사 정부 시절에는 총장 직선제가 대학 민주화의 한 요소로 이해됐지만 지금은 비효율과 낭비, 심지어 분열의 원인으로 지목되기도 하는 실정이다.

"직선제 때엔 아무래도 후보자들 간의 과열이나 인기 영합주의 같은 문제가 있었죠. 유권자가 오랫동안 폐쇄된 조직에서 근무하는 사람들이다 보니 직선제가 끝나고도 부작용이 많았습니다." 정 교수는 대학가의 총장 직선제 폐지 추세를 하나의 발전적인 흐름으로 보고 있었다. "대학의 거버넌스, 즉 지배 구조가 선진화되는 쪽으로 가는 거 아닌가 합니다. 과거 정치의 민주화와 맞물려 직선제가 이어져 왔는데, 이제 총장 직선제는 선진국엔 없어요. 그렇다고 대학 민주화 정신이 죽는 게 아닙니다. 이번에 저희 대학의 차기 총장을 뽑는 과정에서 동문, 학부모, 교수 등이 참가하는 심사위원회가 있었고 교수와 직원들의 인준 과정도 거쳤습니다."

–총장 선거에 임하면서 연세대를 포함, 한국의 사립대학들이 당면한 문제점에 대해 많이 생각하셨을 텐데.

"대학 환경이 빠른 속도로 변화하고 있습니다. 한국의 어느 대학도 세계와의 경쟁에서 자유로울 수 없습니다. 학문도 융·복합화가 일어나고 있고요. 대학 환경 자체가 기존의 패러다임에서 변하고 있습니다. 여기에 대비해야 합니다. 10년 후면 저출산 여파로 대학 입학 인원이 30%나 줄어듭니다. 반면 교육에 대한 수요 수준은 올라가고 있어요. 소외계층 배려도 있어야 합니다. 이렇게 어려운 상황이지만 사립대의 재정 구조는 여전히 취약성을 면하지 못하고 있습니다."

정 교수에 따르면 한국의 대학들이 '월드 클래스' 수준으로 가려면 3가지 조건이 필요하다. 첫째 우수한 교수와 학생의 확보, 둘째 건전한 재정 구조 확보, 셋째 지배 구조의 안정화. 정 교수는 우리 대학들이 첫째와 셋째 조건은 그런대로 갖췄지만 문제는 재정 구조의 취약성이라고 강조했다. "우리나라의 사립대 정부 지원이 경제협력개발기구(OECD) 국가들 중에 가장 낮은 편입니다. 교육은 일종의 공공재입니다. 우수 인재가 사회에 진출하면 경제에 상당히 기여한다는 측면에서 교육의 공공재적 성격은 자명하죠. 하지만 우리나라는 사립대에 대한 정부 지원이 너무 취약합니다. 이런 상황에서 사립대들이 등록금에 의존할 수밖에 없는 이유가 있었습니다."

10년후 대학 입학인원 30% 줄어 사립대 재정구조 취약성 못면해

'3不정책' 중 기부입학은 시기상조 고교편차 인정… 본고사는 자율로

정 교수는 대학의 재정 위기를 해결하기 위해 선진국 케이스들을 연구할 필요가 있다고 말했다. 또 지금처럼 등록금 인하를 겨냥한 정부 개입 방식은 적절치 못하다는 의견도 함께 내놨다. "세계적인 대학들은 등록금이 비싸든지 아니면 기업이나 재단 등의 막대한 후원을 받고 있어요. 예를 들어 미국 아이비리그 대학들은 등록금이 엄청 비쌉니다. 등록금 수준을 일률적으로 내리면 교육의 질이 떨어져 하향 평준화가 될 수밖에 없습니다."

그는 대학 경영에도 정부의 개입이 가능한 한 적은 게 좋다는 지론을 갖고 있다. "3불(不) 정책의 예를 들어 볼까요. 본고사·기부 입학·고교 등급제 불가라는 3불 가운데 기여 입학제는 현실적으로 아직 아닌 것 같습니다. 고교 등급제는 용어가 좀 이상하긴 하지만, 학교 간 편차는 어느 정도 인정돼야 합니다. 외국어고나 과학고, 특수목적고처럼 평준화하지 않은 학교가 존재하는데 좋은 학생을 뽑으려 하니까 학교 간 편차가 어쩔 수 없이 발생하죠. 본고사의 경우는 당연히 대학의 자율에 맡기는 게 바람직합니다."

–정리하자면 3불 가운데 기부 입학제는 시기상조지만 고교 등급제와 본고사는 대학 자율에 맡기자는 1불2가(可)로 요약되네요.

"고교 등급제라고 하면 오해받죠. 특정 고교에 대한 일방적인 가점(加點)은 저도 반대입니다. 다만 잠재력을 감안해 대학이 학생을 뽑을 수 있어야 한다는 점에서 그렇다는 말씀입니다."

–입학사정관은 어떻게 봅니까?

"입학사정관은 대학의 자율성을 넓혀 가는 과정의 하나라고 생각합니다. 그러나 그 과정에서 세세한 가이드라인까지 정부가 정해 주는 것은 바람직하지 않습니다."

–현 정부의 대학 구조조정 정책엔 동의하시나요.

"지금 정부가 나서지 않더라도 학령 인구가 워낙 감소하고 있기 때문에 빠른 속도로 구조조정이 불가피할 것입니다. 정부는 시장에 맡겨 두기보다 그걸 가속화하려고 기준을 정하고 있는데, 기준에 대해 논란은 있지만 자연스럽게 줄어들 것으로 기대됩니다."

–이주호 장관의 교육 정책을 총체적으로 평가해 주시죠.

정 교수는 "점수 주기가 어렵다"며 직답을 피했다. 대신 대학이 나아가야 할 바람직한 변화상을 밝혔다. "대학 교육도 큰 산업의 하나입니다. 우리가 대학 교육으로 국제 경쟁력을 가지면 우리 경제 발전에 직접 기여할 수 있고 미래 선진국으로서도 활성화시킬 수 있는 요소죠. 이런 맥락에서 한국 학생이 외국으로 나가기만 하지 말고 외국의 유학생을 우리나라로 들여올 수 있는 체제로 바꿔 줘야 합니다. 아웃 바운드 이상으로 인 바운드 국제화가 필요하다는 뜻입니다."

minski@munhwa.com

정갑영 신임 총장은

▌연세대 차기 총장으로 선임된 정갑영 교수는 말솜씨 이상으로 풍부한 통찰이 담긴 글솜씨의 소유자다. 관(官) 쪽에서는 정 교수의 칼럼이 나오면 '긴장 속에' 숙독하는 분위기가 형성된 지 오래다.

정 교수는 71학번으로 연세대에 입학해 경제를 전공한 뒤 1981년 미국 펜실베이니아대 석사 학위, 1985년 코넬대 박사 학위를 받고 1986년 이후 연세대 경제학부에서 교수로 재직했다. 코넬대에서 R 마숑 교수를 만난 게 산업 조직론과 인연을 맺은 계기다. 2006년에는 연세대 원주 캠퍼스 부총장을 역임하고, 2010년부터 자유기업원 이사장으로 재직해 왔다.

통찰 담긴 글솜씨 '일품' 칼럼 나오면 官街 '긴장'

정 교수는 최근 '다산경제학상'을 받았다. 국내 산업 조직에 대한 체계적인 실증 분석을 주도한 공로를 인정받았다는 게 시상 이유인데, 원로 경제학자에 대한 예우 차원도 있다고 한다.

수상 소감을 묻자 "저에게 참 빨리 온 상"이라고 말했다. 나이가 들어감에 대한 무심함은 다른 곳에서도 나타난다. 그는 지난 8월 환갑을 맞았다. 생일잔치 같은 건 없었고 당일 졸업생 제자들과 저녁 식사를 했다고 한다.

"나이 두 자리 숫자 앞줄에 5자 대신 6자를 쓰려니 느낌이 이상하던데요." 정 교수는 스스로 말하고는 민망했는지 껄껄 웃었다. 독실한 기독교 신자인 그는 서울에서 가장 유서 깊은 교회 중 한 곳인 경동교회에서 장로 직분을 맡고 있다.

▲1951년 전북 김제 출생 ▲전주고 졸 ▲연세대학교 경제학과 졸 ▲미 펜실베이니아대 경제학 석사 ▲미 코넬대 경제학 박사 ▲연세대 교수 ▲한국동북아경제학회 회장 ▲한국산업조직학회 회장 ▲한국비교경제학회 회장 ▲자유기업원 이사장 ▲연세대 차기 총장

신뢰 구축을 위한 방법은

"합리적 소통·열린 네트워크 향한 노력서 출발해야"

▌정 교수가 요즘 고민하는 주제는 한국 사회의 미래를 위해 가장 필요한 게 무엇인가 하는 것이다.

정 교수는 그 대답을 '신뢰'에서 찾았다. 그는 한국 경제와 사회가 한층 더 높은 발전을 이루기 위해선 '신뢰의 구축'이 요구되며, 신뢰야말로 물적 자본과 인적 자본에 이은 '제3의 자본'이자 사회적 자본의 토대라고 역설했다.

"왜냐고요? 신뢰가 없으니 온갖 정치 사회적 비용이 발생합니다. 대통령이 인사를 하는 것도 혈연, 지연, 학연 네트워크고요. 대기업 집단이 경영권을 승계하는 것도 뭣 좀 세습 아닙니까. 정치권에 대한 신뢰, 사회적 신뢰가 부족해 생기는 비용이 굉장히 많아요. 신뢰가 구축되는 사회에서는 이런 불필요한 비용이 사라집니다."

–신뢰 부재가 경제 구조의 왜곡까지 불러올 수 있다는 말씀이군요.

"물론이죠. 기본적인 신뢰가 없으니 갈등이 많습니다. FTA 같은 문제가 다 그런 것 아닌가요. 아무리 정부와 공적 기관에서 발표해도 못 믿겠다는 거죠."

정 교수는 신뢰 구축을 위해 필요한 요소라며 '사소한 약속 지키기', '공정한 법 집행', '시민 리더십 교육', '열린 네트워크를 향한 노력', '합리적 소통을 통한 사회 갈등의 해결' 등을 일일이 손가락으로 꼽았다.

2012년 5월 11일 | 중앙일보

중앙일보

2012년 05월 11일 금요일 022면 사회

송도캠퍼스서 24시간 교육, 연세대 제3의 창학한다

〈레지덴셜 칼리지·residential college〉

대학 경쟁력을 말한다

연세대 정갑영 총장

강의실·숙소 합친 교육형 대학
내년 신입생 4000명 생활
케임브리지·아이비리그선 보편화
반값등록금, 하향 평준화 우려

10일 서울 연세대 캠퍼스를 가로지르는 백양로에는 건학 127주년(12일) 기념 휘장들이 휘날렸다. '연세, 제3의 창학' 'YONSEI, where we make history'('연세, 역사를 써나가는 곳'이라는 뜻) 같은 문구가 담겼다. 올 2월부터 연세대를 이끌고 있는 정갑영(61) 총장이 고안한 슬로건이다. 정 총장은 "인천 송도 레지덴셜 칼리지(residential college·RC)로 연세 127년의 역사를 새로 쓰겠다"고 밝혔다. RC는 강의실과 학생·교수 숙소가 통합된 '정주(定住)교육형 대학'이다. 영국 케임브리지·옥스퍼드대와 미국 아이비리그 대학에서 보편화돼 있다. 국내 대학 중 RC를 경쟁력으로 내건 것은 연세대가 처음이다. 정 총장은 "세브란스병원 신축(1904년), 연희전문 설립(1915년) 등 1창학과 연희전문·세브란스병원 통합(1957년) 등 2창학에 버금가는 큰 변화가 일어날 것"이라고 강조했다. 인터뷰는 10일 신촌캠퍼스 총장 집무실에서 이루어졌다.

-내년 신입생을 대상으로 한 RC 도입이 대학가의 화제다. 왜 하려는 것인가.

"대학 경쟁력의 요건은 네 가지다. 첫째로 우수한 학생과 교수, 둘째로 탄탄한 재정, 셋째로 선진화된 의사결정 구조, 넷째가 RC다. 앞의 셋은 우리 학교가 상당한 경쟁력이 있는데 RC만 부족했다. 세계적인 대학으로 뻗어나가려면 RC가 절대 필요하다."

-기존 기숙사와 많이 다른 것 같다.

"기숙사는 잠만 자는 공간이지만 RC는 학생들이 24시간 머무르며 공부하고, 친구를 사귀고, 다양한 체험을 한다. 어떤 의미에선 대학생답게 고상하게 놀 공간이다. 원어민 교수가 함께 살며 학생들과 어울린다. 학생들은 주말에만 집에 갈 수 있다. 인천에 살더라도 기숙사에 들어와야 한다."

-1학년 학생들이 한꺼번에 다 가나.

"RC는 부총장 시절이던 2007년 원주캠퍼스에 국내 최초로 도입했다. 2010년 문을 연 송도캠퍼스는 처음부터 RC를 염두에 뒀다. 현재는 의·치대생 등 700명이 생활 중이다. 내년에 신입생 4000명이 1, 2학기에 절반씩 간다. 1학기는 문과대·교육학부·간호대·공과대생 2000명, 2학기는 사회과학대·상경대·경영대·이과대생 2000명이 대상이다. 특히 내년 1학년은 '무감독시험제'를 도입한다. 원주캠퍼스에서 시행했는데 반응이 좋다. 2014년에는 1학년 4000명 전원이 1년간 송도 생활을 할 것이다. 다른 학년 확대는 더 검토해야 한다."

경제학자인 정 총장은 '세 가지' '네 가지' 등의 표현을 쓰며 일목요연하게 답변했다. 인터뷰 내내 자료를 보지 않을 정도로 학교행정을 꿰뚫고 있었다.

-RC를 하면 어떤 효과가 있나.

"세 가지다. 1학년은 인생의 전환기다. 이 중요한 시기를 대학에서 제대로 관리해 주지 못했다. 학원형 교육을 정상화하는 효과가 있다. 둘째로 사회지도자가 되기 위한 문화적 소양을 교육한다. 정규 학습 외에 문화예술체험·사회봉사 프로그램을 도입한다. 전공 수업도 20명 단위 소규모 프로젝트로 진행한다. 셋째로 문화적 다양성 수용 능력을 길러준다. 교수·동료와 함께 생활하면서 자신과 다른 가치관을 받아들일 수 있는 경험을 하게 될 것이다."

-총학생회의 반발은 학생 부담 때문 아닌가.

"학부 교육은 사실 적자다. 1학년은 신촌에 있을 때보다 50억원을 더 투자해야 한다. 총학생회와 여덟 번 만나 소통했다. 총학이 다 수용하기로 결정했다. 문제없다. 학생 부담은 기숙사비가 월 30만원으로 한 학기에 120만원 정도다. 식대비는 별도다."

정 총장은 인터뷰의 대부분을 RC 설명에 썼다. 라이벌 고려대는 '과학 고대'를 내걸었다고 하자 "RC 생각뿐이다"고 강조했다.

-127년 된 대학으로서 글로벌 100대 대학에 진입하지 못했다.

"연세대 역량이 100이면 아웃풋(output)은 70정도밖에 안 된다. 세계적 석학을 모셔와야 한다. 교수를 뽑아 30년 근무하게 하는 시스템도 고쳐야 한다. 우리 대학이라면 외국인 학생이 전체의 4분의 1은 돼야 한다. 학생을 불러오는 인바운드(inbound) 국제화에 적극 나서겠다. 하지만 수도권 정원 규제 때문에 어려움이 많다."

정 총장은 "사회가 글로벌 경쟁력을 주문하지만 후진국적 규제가 많다"고 했다.

-시장주의 경제학자로서 등록금과 대입 등 이명박 정부 정책을 어떻게 보나.

"정부는 자율화를 강조하지만 현실은, 글쎄…. 반값 등록금이 대표적이다. 일률적인 인하는 소득 재분배 효과가 없다. 대학 전체를 하향 평준화할 뿐이다. 소외계층 교육기회 확대가 더 중요하다. 입시도 완전 자율화해야 한다."

-연대 논술이 어려워 사교육을 부추긴다는 비판이 있다.

"수능이 쉽고, 고교 간 학력 격차도 반영 못해 변별력을 높이려고 논술을 보게 된다. (제가 보기에도) 조금씩 어려워진 것 같다. 올해부터는 출제 의도와 접근 방법 등을 충분히 설명하겠다. 모범답안은 공교육을 해친다고 판단해 계속 공개하지 않겠다."

만난 사람=**양영유** 사회1부장
정리=**성시윤** 기자, 사진=**안성식** 기자
yangyy@joongang.co.kr

◆**정갑영 총장은**=1951년 전북 김제에서 태어났다. 전주고·연세대(경제학과)를 거쳐 미국 코넬대에서 경제학 박사를 했다. 86년 연세대 교수가 돼 교무처장, 원주캠퍼스 부총장 등을 거쳤다. 아내와 세 딸이 모두 연세대를 나와 가족이 '5Y'라고 소개한다. 『만화로 읽는 알콩달콩 경제학』 등 대중적 경제서적을 일곱 권 냈다.

2012년 2월 3일 | 동아일보

東亞日報

2012년 02월 03일 금요일 A16면 사회

"외국 우수학생 적극 유치… 25%까지 채울것"

1일 취임한 정갑영 연세대 총장

파란 양복에 하늘색 와이셔츠, 파란 넥타이…. 취임(1일)을 앞두고 지난달 27일 만난 정갑영 제17대 연세대 총장(61)의 옷은 온통 파란색이었다. 연세대를 상징하는 색깔이다. 그는 연세대에 '제3의 창학'이 필요한 시점이라며 인터뷰 내내 국제화의 필요성을 강조했다. 연세대에서 23년 만에 간선제로 뽑힌 총장. 그는 "인맥이나 포퓰리즘에 휘둘리지 않고 진정으로 학교를 위한 정책 개발에만 집중할 수 있는 게 간선제의 가장 큰 장점"이라고 입을 열었다.

정갑영 연세대 신임 총장은 연희전문과 세브란스병원의 설립, 두 대학의 통합에 이어 레지덴셜 칼리지 설립을 '제3의 창학'이라고 표현했다. 국내에 안주하지 않고 세계적인 대학으로 거듭나기 위해 꼭 필요하다는 말을 여러 번 강조했다. 양회성 기자 yohan@donga.com

―4년 임기 뒤 이것 하나는 정말 변했다고 평가받고 싶은 점은….

"인천 연수구 국제캠퍼스에 도입할 '레지덴셜 칼리지'가 안정됐다는 이야기를 듣고 싶다. 한국 대학이 생활밀착형 전인교육으로 전환하고 연세대가 아시아의 세계적 대학으로 거듭나는 계기가 됐으면 좋겠다."

―레지덴셜 칼리지는 어떤 개념인가.

"학부생이 기숙사에서 생활하는 형태다. 내년 신입생은 모두 한 학기씩 국제캠퍼스에서 지내게 된다. 2014년 4000명을 수용할 기숙사 시설이 완공되면 1년씩 생활할 수 있다. 하버드, 옥스퍼드, 프린스턴 등 세계의 유명 대학은 이미 이런 형태로 운영한다."

―이를 '제3의 창학'이라고 표현하는 이유는….

"한국 대학은 학원형 교육에서 벗어나지 못했다. 학생들은 통학에 1～2시간을 보내고 밤에는 술 먹고 집에 늦게 들어간다. 인생의 전환기인 대학교 1학년을 이렇게 보내긴 아깝다. 기숙사에 살면 낮에는 공부하고 밤에는 체육 문화 봉사활동을 경험할 수 있다. 모르는 게 있거나 생활에 어려움이 있으면 언제든 상담도 받는다. 기숙사 한 동에 교수가 1명씩 지내고, 학생 30명당 대학원생 1명을 배정할 생각이다. 자신과 경제·문화적으로 다른 환경에서 자란 학생과 함께 지내며 글로벌 리더로 크는 셈이다."

―국제화에 대한 구체적인 계획은….

"이제 국내 대학도 해외 우수 인재를 데려오는 데 관심을 기울여야 한다. 교육환경이 변하고 있다. 10년 뒤 학령인구가 30% 줄어든다. 연세대도 현 체제를 유지하지 못한다. 아이비리그와 경쟁할 프로그램을 만들어 우수한 해외 학생을 적극 유치해야 한다. 현재는 외국학생 비율이 2～3%에 불과하지만 장기적으론 전체 정원(3200명)의 약 25%는 외국학생으로 채워야 한다고 본다."

―외국학생을 끌어오기 위한 방안은….

"늦어도 내년에 해외 입학사무소 2곳을 만들 계획이다. 미국, 동남아시아나 중국 가운데 한 곳이 될 것 같다. 우수한 학생을 현지에서 인터뷰해 데려오는 역할을 하게 된다. 국내 종합대가 해외 입학사무소를 만들기는 처음이다. 포스텍이 포스코의 베트남 지사를 활용해 대학원생을 주로 데려온다고 들었다."

―교육 프로그램도 손봐야 하지 않을까.

"외국학생이 들을 만한 교육 과정을 만드는 게 우선이다. 우선은 언더우드국제대학을 중심으로 경쟁력 있는 프로그램을 늘릴 생각이다. 올해 처음으로 언더우드국제대학의 외국학생이 한국 학생 정원(120명)의 30%를 넘었다. 4년 내에 언더우드국제대학의 정원을 300명으로 늘릴 계획이다."

―지난해 처음으로 창의인재전형을 실시했는데….

"경쟁률이 60 대 1을 넘었다. 100% 입학사정관 전형이다. 성적 중심의 선발 방식에서 벗어나기 위해 만들었다. 특정 분야에 창의성과 전문성을 갖춘 학생 31명을 뽑았다. 다양한 책을 읽으며 1년간 꾸준히 창작활동을 했던 검정고시생, 7세 때부터 곤충에 관심을 갖고 관찰일기를 쓰면서 현재 '국가지정 생물학연구정보센터(BRIC)'에서 생물종 외부 동정위원으로 활동하는 학생도 있었다. 올해는 40명을 뽑을 생각이다."

―선발에 어려운 점은 없나.

"창의인재전형을 더 확대하고 싶은데, 뽑는 과정이 힘들다. 학생 1인당 교수 2명이 1～2시간씩 인터뷰를 하고 에세이를 세밀하게 검토해야 한다. 모든 대학이 똑같이 8, 9월부터 입학사정관 전형과 수시전형을 해야 하니 시간상 쫓긴다. 대학 입시에 자율성을 줬으면 좋겠다. 이래서는 외국학생을 데려오기도 힘들다."

> "2014년 국제캠퍼스 완공되면 신입생 전원 1년씩 기숙사 생활
>
> 대학 재정 확대하기 위해 기부연금-기부보험 도입할 생각"

연세대는 2일 등록금을 2.3% 인하하겠다고 밝혔다. 10% 인하를 주장하는 학생 측과 줄다리기를 벌인 뒤였다. 지난달 31일에는 총학생회장과 부총학생회장이 등록금 인하를 주장하며 단식에 돌입했다.

―등록금 인하 주장에 대해 어떻게 생각하나.

"지금까지 이야기했던 정책을 펼치려면 재원이 필요하다. 대학은 정부 지원이나 동문·사회의 기부, 등록금으로 운영된다. 국내 대학은 앞의 두 가지가 취약해 등록금 의존율이 높다. 등록금을 일률적으로 인하하면 하향 평준화하는 결과를 초래할 것이다. 등록금은 적어도 고등학교 수준만큼이라도 자율화해야 한다. 특수목적고나 자율형사립고 등 특성에 따라 비싼 고교가 있듯이 대학도 등록금이 다를 수 있다. 그런 맥락에서 서울시립대의 반값 등록금은 긍정적으로 본다. 등록금이 지금의 반값인 곳도, 무료인 곳도, 지금보다 더 비싼 곳도 있어야 한다."

―일부에선 자율화로 등록금이 치솟을 거라고 우려한다.

"대학 수준에 대한 객관적 평가가 나와 있으니까 무조건 올려 받을 순 없다. 학교 수준 이상으로 받으면 학생들이 오지 않는다."

―등록금이 오르면 중산층 이상에만 유리할 수도 있는데….

"자율화하면서 몇 %는 소외계층을 위해 쓰라고 정부가 가이드라인을 주면 된다. 대학은 자율성을 얻는 대신 사회적 책임을 져야 한다. 소외계층이라도 등록금이 비싼 좋은 대학에서 공부할 수 있도록 배려하자는 말이다. 예를 들어 미국의 윌리엄스칼리지는 등록금이 엄청나게 비싸지만 최고의 대학으로 꼽힌다. 이 대학은 3대에 걸쳐 처음 대학에 진학하는 집안의 학생에게 입학 우선권을 준다고 한다. 우리도 참고할 만하다."

―대학 재정을 확대하기 위한 다른 방법이 있다면….

"다양한 방식의 기부를 확대할 생각이다. 졸업생 1명이 하루 1000원을 기부하는 상경·경영대의 '블루버터플라이' 같은 기부 활동이 전체 동문으로 확대되도록 협조를 구하겠다. 기부연금이나 기부보험도 도입할 생각이다. 기부연금은 집이나 건물 같은 자산을 학교에 기부하면 학교가 연금을 주는 제도다. 기부보험은 기부자가 가입한 생명보험을 사후에 유족과 학교가 절반씩 나누는 방식이다."

최예나 기자 yena@donga.com

정갑영 총장

―1951년 전북 김제 출생
―1975년 연세대 경제학과 졸업
―1981년 미국 펜실베이니아대 경제학 석사
―1985년 미국 코넬대 경제학 박사
―1985년 연세대 경제학과 교수
―1998년 외교통상부 정책자문위원
―2002년 한국산업조직학회 회장
―2006년 연세대 원주캠퍼스 부총장
―2010년 자유기업원 이사장
―2011년 동아일보 객원논설위원

2012년 1월 6일 | 매일경제

매일경제

2012년 01월 06일 금요일 A16면 기획

정갑영 연세대 총장 내정자에게 듣는다

획일적 복지는 선진화의 적…숨겨진 비용 고민해야

정갑영 총장 내정자는 △1951년 전북 김제 출생 △1975년 연세대 경제학과 졸업 △미국 펜실베이니아대 경제학 석사 △1985년 미 코넬대 경제학 박사 △1986년~연세대 경제학과 교수 △연세대 정보대학원장·교무처장·원주캠퍼스 부총장 △2010년~자유기업원 이사장 △2012년 2월~연세대 제17대 총장 취임 △1993년 매경 이코노미스트상 수상

대담=윤구현 사회부장

"이제 우리 국민도 대중영합주의(포퓰리즘) 정책과 올바른 정책 정도는 구분할 줄 알아야 되지 않겠습니까."

경제학 이론을 쉽게 풀어 쓰는 칼럼으로 대중과 소통해 온 정갑영 연세대 총장 내정자(61)는 올해 핵심 화두인 복지와 교육 논쟁에 대해 경제학자로서 소신을 피력했다. 정책의 장기적인 효과나 부작용까지도 고려할 줄 아는 선진화된 국민의식이 아쉽다는 뜻이리라.

오는 2월 1일 총장 취임을 앞두고 휴가까지 반납한 정갑영 교수를 지난달 27일 윤구현 매일경제신문 사회부장이 연구실에서 만났다.

그는 23년 만에 간선제로 연세대 총장에 당선됐다. 추천받은 19명의 후보자들이 3단계 이상 심사를 통해 압축되는 오디션 과정을 거치고 총장 인준대상자로서 캠퍼스 공청회도 다섯 번이나 했다. 최후의 1인으로 남았을 때 지지율 86.6%를 기록했다. 그는 "공수표를 날리기 싫어 과도한 공약을 내걸지 않았더니 오히려 진솔하다는 평가를 받은 것 같다"며 특유의 편한 미소를 지었다.

-대중을 상대로 글을 쓰고 책을 출판하는 경제학 교수가 흔치 않던 시절 매경에 '풀어쓰는 경제' 칼럼으로 소통해 왔다.

▶1997년 IMF 외환위기를 맞고 일반 대중이 경제 흐름이나 시장에 대해 좀 더 이해하고 있었다면 기아차 사태를 막거나 외환위기 피해도 덜했을 것이라는 생각에서 펜을 들었다. 매경 칼럼을 주 1회씩 한 번도 안 빼고 5년 넘게 썼다. 경제정책도 여론의 영향이 크기 때문에 일반 대중이 경제를 제대로 이해하게 하는 노력이 의미 있다고 본다.

-올해 서울시 무상급식이 중학교까지 확대되고 무상보육 예산도 대폭 늘었다. 선거를 앞두고 복지 경쟁이 더 심해질 전망인데 어떻게 보시는지.

▶복지정책은 얼마나 지속 가능한가와 고용창출과 연계되는가 두 가지가 중요하다. 우선 지속 가능하려면 이를 뒷받침하는 재정수입이 필요하다. 재정이 지속적으로 건전화돼야 한다.

일자리 창출과 연계되는 부분은 시장을 좀 더 활용할 필요가 있다. 일하는 여성은 비용을 더 지불하더라도 좋은 시설에 아이를 맡기고 싶어 한다. 그러나 정부는 위화감을 조성한다는 이유로 규제한다. 이 같은 획일화에는 부작용이 따른다.

경제학의 핵심은 사람들 수요가 획일적이지 않다는 것이다. 비싼 것을 원하는 이들은 비싼 것을 사게 하고 사회적으로 기여하라고 규제를 풀어주는 것이 바람직하다.

-차별적 복지가 더 중요하다는 의견으로 이해하면 되는지.

▶사회적 약자를 배려하는 것도 필요하나 무차별적 혜택은 바람직하지 않다.

재원을 염출하기 위해 부자증세와 대기업 규제 등 일방적인 정책을 쓰면 안 된다. 정치권이 근시안적으로 정책을 결정하는 과정에서 국가 전체의 파이를 줄이는 결과를 가져오지 않을까 걱정된다.

무엇보다 개인의 창의적이고 생산적인 활동에 대해 충분히 인센티브를 줘야 한다. 그래야 기업활동이 활발해지는 동기유발도 된다.

-최근 일부 기업 비리 등 반기업 정서가 규제완화 논리를 무색하게 하는데.

▶특정 기업의 불미스러운 사례로 정책이 좌우되기보다 지속 가능한 시스템, 일관되고 투명한 경제정책이 필요하다. 정권이 바뀌면 규제 강도가 달라진다든지 하면 안 된다. 일종의 신뢰 문제다.

가급적 시장에서 해결하게 해야 한다. 정부와 시장은 두 중심축이다. 한국은 기존에도 정부에 힘이 실렸는데 2008년 금융위기 이후 더욱 정부 쪽으로 기울고 있다.

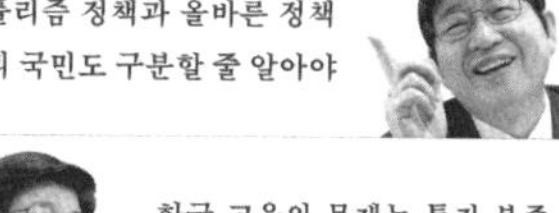

포퓰리즘 정책과 올바른 정책 우리 국민도 구분할 줄 알아야

한국 교육의 문제는 투자 부족 서비스산업 대표주자로 육성을

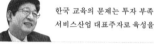

정부가 사사건건 개입해 해결하려니 부작용이 생긴다. 겉으로는 좋은 정책처럼 보이나 분석하면 부작용이 많다.

전기요금 문제가 좋은 사례다. 전기요금을 너무 눌러 놓으니 원가보상률이 터무니없이 낮다. 전기를 많이 쓸수록 더 이득인 구조는 바람직하지 않다. 어려운 계층은 별도로 지원하는 '사회정책'이 필요하다.

-올해 한·미 자유무역협정(FTA)이 시작되지만 국민적 합의가 부족해 여전히 여진이 있다.

▶한·미 FTA는 우리나라와 같은 여건에서는 추진하는 것이 바람직하다. 소외되는 산업도 있고 경쟁력이 커지는 분야도 있을 수밖에 없다. 경쟁력을 업그레이드하는 좋은 기회가 될 것이다. 불리한 산업은 보조금으로 해결해야 한다. 자꾸 혼용해서 해결하려 하면 어려움이 생긴다.

-국내 일자리가 줄어들고 있다. 해법은 없나.

▶대학생 취업을 위해 공급 측면에서 일차적으로 경기 활성화가 필요하다. 임금이나 기업환경 규제 문제 때문에 기업들이 공장을 해외로 이전하고 있다. 국내에서 증설하는 경우가 거의 없어 결과적으로 국내 일자리가 감소하고 있다. 기업들이 우리 땅에서 잘할 수 있는 풍토를 만들어주고 조세 혜택도 줘야 한다. 그렇지 않으면 국가경제의 미래를 담보하기 어렵다. 기업도 일정 부분 사회적 책무가 있다.

-고용 문제는 사회 구조 변화도 한 요인으로 지목되는데.

▶그렇다. 우리 사회의 인구 구조와 함께 임금체계도 고임금으로 변하고 있다. 산업계에서는 원하는 일자리를 충족시키지 못하고, 임금과 생산성 수준을 맞출 고급 인력은 모자란다. 격차가 상당하다.

인구구조 변화 때문에 한국은 경제협력개발기구(OECD) 국가 중에서 가장 빠른 속도로 노동력이 감소하고 있다. 일자리 증가에 기업이 중요한 역할을 하지만 교육이 제일 중요하다.

우리 교육은 글로벌 경쟁력을 갖춘 인재를 키우는 데 기여하지 못했다. 투자가 부족했다.

세계은행이 제시한 훌륭한 대학의 조건 세 가지를 따져보자. 첫째가 우수한 교수와 연구진, 학생이다. 한국은 어느 정도 만족할 만한 수준이다. 둘째, 교육제도와 정책 등 좋은 지배구조(Governance)다. 셋째, 재정적 기반이다. 한국이 특히 취약한 부분이다. 교육정책이 큰 그림에서 선진화될 수 있는 방향으로 업그레이드돼야 한다.

교육은 개인이 혜택을 받지만 공공재에 가깝다. 잘 교육받은 한 사람이 사업을 일으켜 많은 일자리를 창출할 수 있는 반면 잘못 교육받은 한 사람이 사회에 큰 손해를 끼칠 수도 있다.

-글로벌 맥락에서 고용을 창출하는 데 근본적인 해법은 없을까.

▶낙후된 서비스산업을 활성화해야 한다. 교육도 일종의 서비스다. 시장 메커니즘에 따라 성장할 수 있는 분야다. 우리도 생각을 바꿔야 한다. 외국 학생들이 몰려오는 경쟁력 있는 교육 프로그램을 만들 수 있다. 획일적 규제로 가면 대학은 하향 평준화될 수밖에 없다. 이는 국가 경쟁력에도 영향을 끼친다.

병원도 마찬가지다. 기본적인 건강보험을 유지하면서 선택적인 영리병원을 병존시키면 된다. 우리 사회는 개인이 가지고 있는 취향이나 개성이 다른데도 불구하고 너무 획일적인 가치를 강요한다. 이는 선진사회와 거리가 멀다.

한국은 특히 동질성이 높은 사회다. 함께 가난했던 시절을 겪어서인지 조금씩 차이나는 것도 받아들이지 못한다. 그런 폐쇄적인 사회는 발전할 수 없다. 서로 차이를 인정하면서 신뢰하고 배려해서 다양하게 사회에 기여하게 해야 한다. 프랜시스 후쿠야마 스탠퍼드대 교수가 말한 '트러스트(신뢰)' 문화와 관련 있다. 동아시아 사회는 서로 믿지 못해 혈연, 학연, 지연을 따지게 된다.

-요즘 젊은이들은 더 불확실해진 미래와 함께 기성 세대와 소통의 어려움을 하소연하기도 한다.

▶사회가 빠른 속도로 변하고 있다. 요즘 1년에 과거 100~200년 수준의 변화가 일어난다. 기성 세대와 학생 세대의 간극이 그만큼 큰 셈이다. 따라서 대학도 학원식 교육이 아니라 학생 각자 취향을 반영하는 맞춤식 교육(CEDP)을 제공해야 한다.

연세대는 학생에 대한 투자 중 가장 중요한 개념을 기숙사 생활을 하는 RC(Residential College)로 잡았다. 기숙사에는 RM(Residential Master) 교수가 상주해 강의실 밖 생활을 관리한다. 이런 시스템을 갖춘 외국 대학은 학생에게 F학점을 줄 때도 사적인 문제는 없었는지 RM의 승인을 구해야 한다.

-경제학자에서 총장(행정가)으로 변신한 결정적 계기가 있다면.

▶IT 붐이 일 때 연세대 정보대학원 설립준비위원장을 맡으며 학교 행정에 첫발을 내디뎠다. 교무처장 시절 아이비리그와 경쟁하는 대학을 만들자는 취지로 언더우드국제대학(UIC)을 만들었다. 학급 인원도 25명으로 줄이고 외국인 교수를 초빙했다. 찬반 논란도 있었지만 결과적으로 성공했다고 자부한다. 외국인 학생 비율이 30%까지 올라왔다.

원주캠퍼스 부총장 시절 기숙사 시설을 활용해 국내 최초의 RC를 만들었다. 2인1실에서 서로 다양성을 존중하고 배려하고 함께 생활하면서 밤 9시까지 프로그램이 진행된다. 체육관에서 운동하고 지역사회 봉사활동도 의무사항이다. 처음에 학생과 학부모 반대도 있었지만 경험해보면 만족도가 아주 높다.

2013년부터 1학년 신입생은 모두 송도 캠퍼스에서 RC시스템으로 교육받게 할 계획이다. 이는 세계적 흐름이다. 2013년 예일대도 싱가포르에서 싱가포르대(NUS)와 함께 350명 규모 RC를 오픈할 예정이다. 포스텍도 연세대 원주캠퍼스를 벤치마킹해 RC를 도입했다. 앞으로 10년 후엔 고등학교 졸업자가 30% 이상 줄어들 것이다. 대학도 변해야 한다.

이한나·김미연 기자 정리·사진/김재훈 기자

2012년 2월 8일 | 한국일보

한국일보

2012년 02월 08일 수요일 A33면 사람들

"선진 교육 모델 도입 글로벌 지성인 육성"

정갑영 연세대 총장 취임
신입생 전원 기숙사 생활

"선진 교육 모델을 도입해 새로운 교육의 패러다임을 정착시키겠습니다." 정갑영 연세대 신임 총장이 7일 오전 취임식을 갖고 4년 임기를 시작했다. 취임식에서 그는 대내외 여건의 급격한 변화와 함께 대학들이 맞은 위기를 의식한 듯 '한국 대학에 선도적으로 제시할 수 있는 선진 교육 환경을 만들어 위기를 기회로 바꾸겠다'고 강조했다. 또 이런 교육 환경 개선을 통해 시대가 필요로 하는 전인적 지성인을 키워내겠다고 했다.

지금의 교육 환경을 '대학 경쟁의 세계화와 학문의 융합화가 심화되고 있는 구조'라고 진단한 정 총장은 "제3의 창학을 통해 위기를 극복해 갈 것"이라고 설명했다. 그가 언급한 '제3의 창학'은 '인천 국제캠퍼스 개교'를 언급한 것으로 풀이된다. 하지만 그는 "국제캠퍼스 개교가 단순한 공간의 확장만 뜻하는 것이 아니다"며 "개교와 동시에 레지덴셜 칼리지(기숙형 대학)시스템을 전면 도입할 것"이라고 말했다. 생활 공간과 학습 공간을 결합한 이 시스템은 학생 전원이 기숙사에서 생활하며 교육의 효율성을 높이는 교육시스템이다. 하버드, 예일, 옥스퍼드 등 세계 명문대학들이 학부 교육에 도입하고 있다.

이에 따라 내년부터 연세대 신촌캠퍼스 신입생은 한 학기 동안 전원 국제 캠퍼스에서 생활하게 될 전망이다. 정 총장은 "다양한 성장 배경과 문화적 차이를 지닌 학생들이 학습형 생활공동체 생활을 통해 서로의 같음과 다름을 이해하고 소통과 협력의 중요성을 체득할 수 있을 것"이라며 "이런 전인 교육으로 글로벌 인재를 양성하겠다"고 다짐했다.

1971년 연세대 경제학과에 입학한 정 총장은 미국 코넬대에서 박사학위를 받았다. 86년부터 연세대 경제학과 교수로 있으면서 교무처장과 연세대 원주캠퍼스 부총장 등을 지냈다.

손효숙 기자 shs@hk.co.kr

2012년 5월 15일 | 전자신문

전자신문

2012년 05월 15일 화요일 006면 기획시리즈

"남을 존중하는 '섬김의 리더십' 가져야 존경받을 수 있어"

대담=허운나
스타트업포럼 이사장

대학을 기반으로 많은 창업 활동이 이뤄지고 있다. 청년 CEO를 꿈꾸는 대학생이 크게 늘면서 창업 지원은 이제 대학 경쟁력을 가늠하는 핵심역량으로 발전했다. 교과부도 대학 창업 역량 강화를 위한 사업을 시작하면서 대학 창업 문화 확산을 지원하고 있다. 창의적 인재를 바탕으로 창조적 기업을 키우고 새로운 일자리 창출과 우리 경제의 역동성을 키우기 위해 대학이 찾은 해법이 바로 창업이다. 많은 대학 중 학생 창업 지원에서 두드러진 성과를 낸 대학 중 하나가 연세대학교다. 허운나 스타트업포럼 이사장이 정갑영 연세대 총장을 만나 대학 창업과 창업 문화 확산을 위한 대학의 역할에 대해 들었다.

-허운나 스타트업포럼 이사장=대학은 창업을 학교 핵심 역량으로 꼽는다. 창업 선도대학은 창업지원단을 중심으로 체계적인 사업을 하고 있다. 대학 창업 문화와 지원 방향에 대한 평가는.

▲정갑영 연세대 총장=연세대는 1999년 창업보육센터 개소를 시작으로 꾸준히 학생 창업을 지원해 왔다. 우리 대학에서도 창업 붐이 일면서 매년 많은 학생이 창업을 하고 있다.

그러나 창업 붐은 학생 스스로가 아닌, 정부주도형 또는 대학주도형 창업 활성화가 아닌가 한다. 정부가 많은 자금을 들여 창업활성화 정책을 펼치고 대학도 연계해 학생 창업 교육에서 사업화 성공까지 체계적인 지원을 하고 있다. 많은 기회와 가능성을 보고 창업에 눈을 돌리고 있다.

하지만 이제까지는 정부와 대학이 창업 기반을 조성했다면 앞으로는 학생이 기업가정신을 함양해 능동적으로 창업을 해야 할 때라고 생각한다. 대학은 학생주도형 창업문화가 정착될 수 있도록 창업 전반의 지원 방향을 재설정해 진정한 학생창업 붐이 일어나도록 보조해야 한다.

-허운나=창업 열풍이 불면서 이를 지원하기 위한 대학 역할도 커지고 있다. 창업 열풍 확산을 위해 대학이 어떤 역할을 해야 하나.

▲정갑영=한마디로 학생이 창업하기 좋은 기반을 조성해야 한다. 학생이 창업을 하려 해도 창업 경험과 정보도 부족하고, 학업과 병행해 창업에만 집중하기 힘들다. 대학은 학생이 쉽게 창업을 준비하고 경험할 수 있도록 창업 준비 과정에서 창업 후 과정까지 체계적으로 지원해야 한다.

연세대는 벤처학연계전공 등 학점인정제와 교내 학생벤처센터를 통한 창업 공간·사업화 지원 등 창업 기반을 조성해 학업과 창업을 효율적으로 병행할 수 있는 기틀을 마련하고 있다. 연세대 지원체계가 다른 대학의 모범이 될 수 있다고 본다.

-허운나=창업 열풍 속에 대학가 모습도 조금씩 변하고 있다. 각종 창업경진대회와 관련 수업이 인기를 얻고 대학생 창업자도 늘고 있다. 총장님이 느끼는 변화에 대해 얘기해 달라.

▲정갑영=최근 창업 열기는 창업 강좌 현황에서 확인할 수 있다. 2009년 1개 창업 강좌에 57명의 학생이 참여했지만, 지난해에는 6개 창업 강좌 758명의 수강생으로 교육의 질적·양적 향상을 보였다. 창업 강좌는 수강신청기간 조기 마감되는 대표 인기 강좌가 됐다.

창업 위한 대학의 역할은
학점인정제·벤처센터 등 학업과 병행할 기틀 마련

우수학생 끌어모으려면
경진대회·성공사례 등 알려 긍정적 마인드 심어줘야

경진대회 수준도 크게 높아졌다. 최근 창업 아이템은 단순 서비스뿐 아니라 기술집약적이고 바로 사업화가 가능한 수준으로 높아졌다. 예전에는 학생이 창업에 대한 관심이 많지 않았지만 지금은 자발적으로 창업지원단을 찾아 적극적으로 창업에 대해 알아보는 등 높은 관심을 보이고 있다.

-허운나=대학에 변화가 있지만 아직도 많은 학생은 대기업 취업과 국가고시 등만을 진로로 생각한다. 우수 학생이 더욱 많이 창업에 나서 창조적인 기업을 만들어야 한다는 지적이 많다.

▲정갑영=창의적이고 우수한 학생들이 안정적인 생활을 누리려는 현실이 안타깝다. 이유는 여러 가지가 있겠지만, 위험을 부담하는 것에 대한 부정적 인식이 여전하다. 아직도 '창업'이라고 하면 어렵고 위험하며 자본이 많아야 한다는 인식이 많다. 또 창업에 실패하면 재기가 어려운 것이 사실이다. 변화를 위해선 창업에 대한 긍정적 인식을 고취시켜 창의적이고 우수한 인재들이 창업으로 눈을 돌릴 수 있게 그 분위기를 조성해야 한다.

대학은 창업 강좌와 경진대회, 창업 성공사례 등을 적극 홍보해 학생들에게 지속적으로 창업에 대한 긍정적인 인식을 심어 줘야 한다. 노력이 쌓이면 더 많은 학생이 창업을 주요 진로 중 하나로 생각하게 될 것이다.

-허운나=청년 창업가 양성을 위해 기업가정신이 중요하다고 꼽는다. 기업인이 생각하는 기업가정신과 학계가 생각하는 기업가정신이 조금은 다를 수 있다. 총장이 생각하는 기업가 정신은 무엇인가.

▲정갑영=기업인이 생각하는 기업가정신은 기업의 본질인 이윤추구와 사회적 책임 수행을 위해 마땅히 갖추어야 할 자세나 정신이다.

학계가 생각하는 기업가정신은 미래를 예측할 수 있는 통찰력과 새로운 것에 과감히 도전하는 혁신적이고 창의적인 정신으로 요약할 수 있다.

지금 창업문화의 아쉬운 점은
일자리 창출에만 치우쳐 부처·지자체별 특징 살려야

성공을 위해 버려야 할 것은
성공CEO와 일반인 차이 없어 실패 두려움만 없으면 돼

나는 '실패를 두려워하지 않는 것'이 기업가 정신의 핵심이라고 생각한다. 성공이든 실패든 과거보다는 항상 현실에 중점을 두고 미래를 생각하는 마음이 중요하다. 스스로의 가능성에 대한 흔들리지 않는 믿음으로 새로운 기회를 발굴하고 실현해나가는 힘이 바로 실패를 두려워하지 않는 기업가정신이다.

-허운나=정부와 대학, 지자체가 나서 창업 지원에 열심이다. 창업 열기는 분명 긍정적이지만 보완할 부분도 있을 것이다. 지금 창업 문화의 아쉬운 점은.

▲정갑영=창업 지원 열기는 분명 긍정적이다. 다만 창업문화는 일자리 창출에 초점을 두고 있다고 보인다. 취업의 대안이라는 인식과 함께 지금 당장 창업하는 것에 중점을 두다 보니 준비가 부족한 창업자를 양산하는 것은 아닌가하는 생각이 든다.

교과부와 중기청·지자체에서 창업과 관련한 많은 정책이 나오고 있는데 당장 일자리 창출이라는 당면 과제 해결 측면에서 경쟁적으로 창업자를 발굴하는 것이 아니라 교과부는 대학과 함께하는 창업 기반과 창업 붐 조성에 역량을 두고 중기청은 창업기업 지원 프로그램에 초점을 둬야 한다. 지자체는 지역 경제발전을 위한 사업을 중심으로 유관기관 협력형 창업 정책 마련이 필요하다.

-허운나=연세대는 창업선도대학으로 선정돼 활발한 활동을 하고 실제로 우수한 학생 창업자를 여러 배출하기도 했다. 연세대의 여러 창업지원책 중에 대외에 추천할 만한 프로그램을 소개해 달라.

▲정갑영=먼저 4단계 기업 맞춤형 창업지원시스템이다. 1단계는 창업 준비·창업 기반 조성, 2단계는 예비창업, 프리-BI(Pre-BI), 3단계는 성장, 4단계 사업 안정화로 구분해 단계별로 다양한 지원 프로그램 시행하고 있다. 창업 초기부터 창업 후 지원까지 체계적 지원으로 스타트업기업 성공을 돕는다.

Post-BI 모델은 다른 학교에서는 찾아볼 수 없는 체계적 창업지원시스템의 핵심이다. 연세대는 그동안 4개의 코스닥 상장기업을 발굴했다. 졸업 기업이 100개다. 4% 상장은 미국 벤처캐피털이 말하는 1%에 비해 매우 높은 수치다. 연세대의 선도적 창업지원 모델의 의미 있는 성과라고 본다.

-허운나=청년 창업자가 성공을 위해 가져야 할 핵심역량과 반드시 버려야 할 것은 무엇이라고 생각하나.

▲정갑영="나도 창업을 해서 성공하고 싶다." 이렇게 말하는 사람이 점점 늘어나고 있다. 남들이 부러워 할 정도로 큰돈을 벌어보고 싶다거나 자신만의 독립적인 사업을 영위해야 한다는 등 창업 동기도 다양하다. 창업을 꿈꾸는 청년들에게 이렇게 당부하고 싶다.

청년 창업자가 성공을 위한 핵심역량은 △CEO 역량 △사람 △사업 아이템 △행운이라고 생각한다. 'CEO 역량'은 벤처와 같은 소규모 조직은 리더의 역할이 중요하고, '사람'은 조직을 움직이는 리더와 그 아래 우수한 인력 또한 사람이기 때문이다. 우수한 '사업 아이템'이야말로 창업의 기본이다. '행운'을 꼽은 것은 99%의 노력이 있음에도 1%의 행운이 필요하듯이 준비된 벤처에도 사람이 어쩔 수 없는 부분이 있기 때문이다.

반드시 버려야 할 것은 실패에 대한 두려움이다. 실패는 배움의 과정이며 다시 도전할 수 있는 기회라고 생각한다. 성공한 창업자라고 일반인과 다른 특별한 능력이 있을 리 없다. 앞서 말한 핵심역량을 갖추고, 실패를 두려워하지 않고 도전하다 보면 어느새 성공한 창업자가 돼 있을 것이다.

-허운나=시대의 멘토로서 창업을 고민하는 대학생에게 해주고 싶은 조언은.

▲정갑영=연세비전 2020에 '섬김의 리더십'이 있다. 자신을 내세우지 않고 봉사와 헌신으로 남을 존중하면서 자연스럽게 권위를 얻는 리더십을 말한다. 아무리 성공적인 창업가가 되었다 하더라도, 섬김의 리더십이 없다면 사회로부터 존경받을 수 없다. 창업에 성공하는 것도 중요하다. 그러나 당장 눈앞의 성공보다는 올바른 기업가 정신을 갖추고 창업을 준비하기 바란다. 섬김의 리더십을 바탕으로 학생들이 젊음과 열정을 무기로 자신만의 길을 개척하며 미래를 꿈꾸기 바란다.

특별취재팀

김준배 차장(팀장) joon@etnews.com
신선미·한세희·정진욱·오은지·김용주기자

허운나 스타트업포럼 이사장과 정갑영 연세대 총장이 대학생들의 스타트업 열풍과 연세대의 스타트업 현황을 주제로 이야기 나누고 있다. 윤성혁기자 shyoon@etnews.com

■ 정갑영 연세대 총장은 연세대 경제학과를 졸업하고 펜실베이니아대학과 코넬대학에서 경제학 석·박사 과정을 밟았다. 미국 유학을 마치고 1986년 연세대 경제학과 교수로 부임해 교수직을 유지하고 있다. 연세대 경제연구소장과 정보대학원 원장을 비롯해 교무처장을 역임했다. 2006년에는 연세대 원주캠퍼스 부총장을 맡는 등 대학 발전에 힘써 왔다.

다양한 학술 연구 활동도 병행해 2003년부터 정보통신포럼 회장을 맡고 있는 것을 비롯해 삼성경제연구소 석좌 연구위원, 한국 산업조직학회장, 동북아 경제학회장 등을 거쳤다. 두 차례 미국 코넬대 경제학과 초빙교수로 활동하기도 했다. 주요 상훈으로는 연세학술상(1992년), 자유경제출판문화상(1997년), 연세대학교 연구업적 우수교수(2005-2006년) 시장경제대상(2007년) 등이 있다.

지난 11일 취임 100일을 맞은 정 총장은 대학 창업 문화 확산과 스타트업 성공 스토리를 위해 전자신문과 다양한 노력을 펼쳐 나갈 계획이다.

"대학은 동기부여와 응원을 창업열풍의 주인공은 학생"

멘토링 키워드

정갑영 연세대 총장은 창업 열풍이 지속력을 갖기 위해서는 학생 창업자 스스로 중심에 서야 한다고 강조했다. 정부의 대규모 지원이 창업 열풍을 불러왔지만 역동적이고 바람직한 창업 문화 확산을 위해선 대학생 스스로 적극적으로 창업에 도전하고 성공스토리를 만드는 것이 중요하다는 지적이다.

대학이 앞장서서 창업 문화 전반을 끌고 가는 것보다 학생이 창업에 관심을 가질 수 있는 계기를 만드는 조력자 역할을 해야 한다는 판단이다. "학생들을 창업으로 유도하기 위해 창업 성공과 자신의 잠재력에 대한 믿음을 주는 것이 무엇보다 중요합니다. 창업에 대한 동기 부여와 꾸준한 응원이 대학의 역할입니다."

정 총장은 그 과정을 다이아몬드 채굴 과정에 비유했다. "다이아몬드도 처음에는 산속에 묻힌 원석에 불과합니다. 먼저 산속에 다이아몬드가 있음을 믿어야 발견할 수 있습니다. 다이아몬드를 발견해도 제련하는 데 많은 노력이 필요합니다. 학생들이 가능성을 믿고 노력하는 과정에서 학교는 계속해서 성공에 대한 확신을 심어주고 기술·행정적 지원을 통해 빛나는 다이아몬드를 얻을 수 있게 도와야 합니다."

창업 문화 확산을 위해 '두려움 없는 도전'을 강조했다. 실패에 대한 두려움과 불확실성 때문에 도전을 피하고 제도권의 안정적 직업을 원하는 이들이 많지만 급격한 기술 변화와 사회 다원화 속에 앞으로 더욱 불확실성이 커질 수밖에 없는 만큼 두려움을 이유로 도전을 주저해서는 안 된다는 지적이다.

"우리 학생들은 이미 차고 넘칠 정도로 우수한 자질을 가지고 있습니다. 아쉬운 것은 이들이 100이 아닌 60~70 정도에서 만족한다는 점입니다. 충분히 창조적 도전을 통해 100 이상의 성과를 만들 수 있습니다. 시간이 갈수록 우리 사회와 '안정'이란 말과는 더욱 괴리가 생깁니다. 자신감과 열정을 갖고 가능성에 도전하는 것이 시대 흐름이 되고 있습니다." '자신의 가능성에 대한 확신과 두려움 없는 도전' 이것이 정 총장이 보내는 메시지다.

한국경제

2012년 03월 05일 월요일 A14면 종합

정갑영 연세大 총장·허동수 GS칼텍스 회장

"청년 실업 해소엔 서비스 산업이 답… 정부 규제 완화 뒷받침돼야"

허동수 GS칼텍스 회장(왼쪽)과 정갑영 연세대 총장이 서울 삼성동 코엑스에서 만나 청년 실업과 한국 경제의 발전 방향, 바람직한 대학교육 등에 관해 대화를 나누고 있다. 정 총장이 "창의력과 도전정신을 갖춘 인재를 키워내기 위해 더 많은 투자가 필요하다"고 말하자 허 회장은 "그런 인재만 키워준다면 대학에 기부도 더 많이 하겠다"고 화답했다.

김영우 기자 youngwoo@hankyung.com

허동수 회장은- 40년 정유인생 '미스터오일'

허동수 GS칼텍스 회장(69)은 화학공학 박사학위를 갖고 있는 '공부하는 최고경영자(CEO)'다. 40년간 GS칼텍스에서 한 우물만 파 '미스터 오일'이라고도 불린다. 연세대 화학공학과(60학번)를 졸업하고 미국 위스콘신대에서 석·박사학위를 받았다. 1973년 GS칼텍스에 입사해 생산, 기획, 원유 수급, 건설 등 회사 업무 전반을 거친 뒤 2003년 회장에 선임됐다.

정갑영 총장은- 시장 기능 중시하는 경제학자

정갑영 연세대 총장(61)은 시장 기능을 중시하는 경제학자다. 연세대 경제학과 71학번인 그는 1985년 코넬대에서 경제학 박사 학위를 받은 뒤 1986년 모교의 경제학과 교수가 됐다. 지난해 23년 만에 직선제를 폐지하고 직·간선 혼합형태로 치러진 선거에서 17대 총장으로 선임됐다. 그는 "정부가 시장에 지나치게 개입하면 경제성장의 원동력이 되는 민간의 창의와 경제활동이 약화된다"고 강조해왔다.

사회/ 허원순 지식사회부장

"한국 사회는 지금 도약이냐 퇴보냐 기로에 놓여 있습니다. 도약하기 위해선 제대로 된 인재를 키워내는 길밖에 없습니다."(정갑영 연세대 총장)

"우리 시대 인재에게 가장 필요한 덕목은 신뢰와 열정입니다. 이런 인재를 보내주신다면 소중하게 활용하겠습니다."(허동수 GS칼텍스 회장)

정 총장은 업무를 시작한 지난달부터 등록금 확정, 학사제도 개선 등 대학의 최고경영자(CEO)로서 쉴 새 없는 나날을 보내고 있다. 사회 각계각층 인사들을 만나 학교 운영 아이디어를 찾는 것 역시 빼놓을 수 없는 임무다. 정 총장은 지난달 22일 서울 삼성동 코엑스에서 대표적인 대학 동문 CEO인 허 회장과 만나 청년 실업 해소방안을 포함한 한국 경제의 발전 방향, 미래 산업을 이끌어갈 바람직한 인재상 등 대학과 기업이 함께 고민하고 있는 다양한 현안에 대해 깊이 있는 대화를 나눴다.

▶**사회**='청년 실업' 문제가 두 분 모두에게 고민거리일 것 같습니다.

▶**허동수 회장**=청년 실업 문제는 세계적인 불황 탓도 있지만, 한국의 산업 구조가 선진화하는 상황이라 특히 더 어렵습니다. 세계 시장에서 이기려면 기술 집약 산업으로 승부해야 하니까 제조업의 고용에 대한 기여가 크게 늘지 않고 있습니다. 전체 고용을 늘리기 위해선 서비스나 소프트웨어 산업을 키워야 합니다.

▶**정갑영 총장**=고급 전문인력을 적게 쓰면서 부가가치를 높이는 것이 현대 경제의 흐름이죠. 저도 고용 창출을 위해선 서비스 산업을 키워야 한다고 생각합니다. 서비스산업은 교역이 어렵기 때문에 국내 고용을 창출하는 효과가 크죠. 다만 서비스 산업이 크려면 무엇보다 정부 규제가 줄어들어야 합니다. 대학 서비스만 봐도 정원과 등록금, 입학제도 등을 조금만 자율화해주면 당장 해외 학생들을 더 유치할 수 있습니다. 그에 따라 대학의 고용도 함께 늘어나죠. 서비스 산업이 아니더라도 규제는 풀어야 합니다. 규제가 많아지면 고용과 투자가 줄어드는 게 당연합니다. 한쪽에선 이익공유다 공생이다 하면서, 다른 측면에선 고용을 늘리라고 하는 건 양립할 수 없습니다.

▶**사회**=젊은이들의 자세도 예전과 다르다는 지적이 많습니다.

▶**허회장**=경영을 해오면서 신입사원 면접에는 꼭 참여해왔습니다. 많이 달라졌죠. 전에는 순수성을 가진 입사 후보자들이 눈에 탁탁 띄었습니다. 요즘은 스펙이 훌륭한 지원자들은 많은데 인성을 갖췄다는 느낌을 주는 젊은이들이 잘 보이지 않아요.

▶**정총장**=대학 총장으로서 한국의 대학들이 개인의 특성과 창의력을 키워주지 못한다는 점은 깊이 반성합니다. 취업이 어려우니 영어점수 같은 피상적인 지식을 준비하는 데 매달릴 수밖에 없는 학생들 입장도 이해는 갑니다.

▶**사회**=어떤 유형이 현대사회에 맞는 인재일까요.

▶**허회장**=가장 중요한 것은 신뢰입니다. 인재는 다른 사람, 회사, 국가 등과의 모든 관계에서 신뢰할 수 있어야 합니다. 요즘 세상이 아무리 빨리 바뀐다고 해도 신뢰가 있으면 적극적이고 선도적으로 대응할 수 있다

허 회장

신뢰와 열정 지닌 인재 필요
젊은이들 너무 쉽게 '2등 안주'
'실패 용인' 기업문화 만들 것

고 봅니다. 경쟁이 점점 심해지는 글로벌시대에는 협력 없이 결코 좋은 결과를 얻을 수 없습니다. 협력을 잘하려면 신뢰가 필수죠. 또 하나는 열정입니다. 자기 분야에서 세계 최고가 되겠다는 열정을 갖고 끊임없이 자신을 채찍질하는 자세가 필요합니다.

▶**정총장**=요즘 학생들 중에는 잠재 역량이 100이라면 70~80의 성과만 나와도 만족하는 이들이 많습니다. 100을 갖고 있으면 200을 해야겠다는 생각을 가져야 개인과 사회가 함께 발전할 수 있습니다. 역량보다 더 많은 걸 꿈꾸는 도전정신을 가졌으면 좋겠습니다.

▶**사회**=우리 사회는 어떻게 바뀌어야 할까요.

▶**허 회장**=사회생활을 하다 보면 2등이 가장 편하다는 걸 알게 모르게 느끼게 됩니다. 큰 실수는 안 하게 되니까요. 우리나라도 선진국 따라하기로 이만큼 왔죠. 하지만 계속 그럴 순 없잖습니까. 도전해서 새로운 걸 창조해야 합니다. 저희 회사도 '실패를 용인하는 문화'를 만들기 위해 임직원들이 밤낮으로 고민하고 있습니다.

▶**정총장**=우리나라 교육 제도도 마찬가지입니다. 수학능력시험에서 한 번 실패하면 인생이 달라지지 않습니까. 미국을 예로 들어 보면 고등학교 때 공부를 좀 멀해서 커뮤니티 칼리지(전문대)를 가도 이후에 열심히 공부하면 아이비리그(하버드대 등 동부 명문 8개 사립대)에 편입할 수 있는 길이 널려 있습니다.

▶**허회장**=제가 미국 위스콘신대로 유학갈 때도 그랬습니다. 1960년대 대학생들 상당수가 정치 문제로 데모만 했지 학점이 누가 좋았습니까. 실패를 경험하고 학과장에게 성적이 안 좋은 이유와 그 대학에 가고 싶은 이유, 그 학과를 나와서 하고 싶은 일을 적어 편지를 보냈습니다. 그랬더니 1년간 기회를 주더군요. 그 1년 동안 다른 학생들만큼 잘할 수 있다는 걸 증명하면 정규 학생으로 받아주겠다면서요.

▶**정 총장**=그런 기회가 더 많아져야 합니다. 대학이 입학이나 정원, 커리큘럼 등에서 일정 부분은 자율로 할 수 있도록 제도가 개선돼야 합니다.

▶**사회**=대학 교육 발전 방안은요.

▶**정 총장**=대학이 발전하는 길은 산업과 똑같습니다. '투자'입니다. 아이비리그 대학들은 한 강의를 25명 이상 운영하는 경우가 없습니다. 노벨상을 받은 교

정 총장

학생들에게 도전정신 키워줄 것
대학 발전 하려면 투자는 필수
정원·커리큘럼 '자율' 늘려야

수가 수백명씩 듣는 대형 강의를 한다고 해도 꼭 학생 20명에 조교 한 명 정도는 배치해 보충 강의를 합니다. 연세대도 등록금을 더 받는다면 그런 인재를 키워낼 수 있습니다.

▶**허 회장**=기업이 대학에 기부를 더 많이 하라는 말씀 같군요.(웃음) 졸업생들이나 기업의 기부가 선진국에 비해 적은 것은 사실입니다. 하지만 저희 회사만 해도 직원이 (대학에) 기부를 하면 회사가 같은 금액을 내주는 '매칭 그랜트'라는 제도가 있습니다. 그런데 활용도는 낮아요. 아직 우리 사회가 개인의 사회적 기부에 대해 제대로 인식이 잡히지 않은 것 같습니다.

▶**사회**='반값 등록금' 등 복지 논쟁이 많습니다.

▶**정총장**=얼마 전 등록금 인하를 주장하는 학생회 간부들을 만나 '어려운 학생에게 장학금을 더 주는 게 대학과 사회 발전을 위한 길 아닌가'라고 물었습니다. 그랬더니 '저소득층 장학금을 줄이더라도 고지서에 찍히는 금액을 일률적으로 낮춰달라'고 하더군요. 학생들이 사회 분위기에 편승해 복지 주장을 맹종하는 것은 아닌가 우려됩니다.

▶**허회장**=우리 사회가 모든 걸 하향 평준화하려는 건 아닌지 걱정스럽습니다. 한국이 기댈 곳은 인적자원밖에 없지 않습니까. 발전하려면 경쟁력 있는 인재가 더 나와줘야 하고, 사회 분위기도 달라져야 합니다.

▶**사회**=젊은이들의 책임도 클 것 같습니다.

▶**정총장**=선진국에서 경영전문석사(MBA)나 로스쿨 과정을 밟는 학생들을 보면 학부 시절에는 인문학을 전공한 경우가 많습니다. 더 크게 성장하기 위해 먼저 인문학적인 배경을 갖춘다는 얘기죠. 반면 우리 교육 현실은 대입과 취업이라는, 당장 눈에 보이는 성과에 너무 초점을 맞추고 있습니다.

▶**허 회장**=대학에서 교육을 좀 더 확실하게 해줘야 합니다. 가령 요즘 많은 젊은이들이 태블릿PC나 스마트폰에 의존해서 무슨 의문이 생기면 무조건 그것부터 찾습니다. 이건 자신을 도구로 만드는 것입니다. 그런 스마트기기를 도구로 활용해서 창의성과 도전정신을 키워야 하는데 말이죠. 사회가 그렇게 된 건지, 대학이 그렇게 교육을 시키니까 그런 건지 잘 모르겠습니다만 대학이 좀 더 역할을 해야 하는 것만큼은 분명합니다.

정리=강현우 기자 hkang@hankyung.com

2012년 5월 18일 | 헤럴드경제

헤럴드경제

2012년 05월 18일 금요일 011면 사회

취임 100일 '제2의 창학' 꿈꾸는 정갑영 연세대 총장

"학업·봉사·문화교육 병행…RC가 대학 패러다임 바꿀 것"

<Residential college>

美 아이비리그 대학이 롤 모델

내년 신입생대상 한 학기 진행

전인교육 통해 사회인재 양성

"아직 100일이라고요? 100일 동안 얼마나 많은 일이 있었는지 모릅니다."

정갑영(61·**사진**) 연세대 총장은 손을 저으며 말했다. "시간이 참 빠르다"는 기자 인사에 대한 답이었다. 그는 연세대가 23년 만에 총장직선제를 폐지한 뒤 선임된 첫 총장으로, 지난 2월 7일 제17대 총장으로 취임했다. 정 총장 부임 이후 100일간 연세대에는 전례없는 굵직한 변화가 있었다. 그 중 하나는 'RC(Residential college)'다. 그는 총장 후보자 시절부터 RC 도입을 강조했고, 부임과 동시에 이를 실행하는 데 전력을 다했다. RC는 학생이 교수와 함께 기숙사에서 생활하면서 학업, 봉사활동, 문화체험 등 다양한 교육을 받는 신개념 교육시스템이다.

현재 의예과, 글로벌융합공학부 학생 600여명이 인천 송도 국제캠퍼스에서 시범적으로 RC 교육을 받고 있다. 2013년부터는 신입생을 대상으로 한 학기 동안 진행된다. 2014년에는 신입생 전체가 1년 동안 국제캠퍼스에 머물게 된다.

개혁에는 반발이 따른다. 정 총장에게도 좋은 일만 있지는 않았다. 총학생회는 "학교 측이 RC 도입을 일방적으로 추진한다"며 항의 집회를 여는 등 거세게 반발했다. 정 총장은 즉각 학생 설득작업에 나섰다. 결자해지의 정신으로, 설득작업 역시 자신의 몫이라 여긴 때문이었다.

그는 "학생도 RC 도입 자체를 반대하는 건 아니었다. 기본적인 명제는 일치했다. 다만 기숙사와 식당 부족 등의 문제가 있으니 좀더 천천히 도입하자는 입장이었다. 학생이 걱정하는 부분에 대해 충분히 의견을 나눴다"고 말했다.

'귀를 열어놓고 마음을 통할 수 있다면 어떠한 파고도 넘을 수 있다'는 강한 신념이 그에게서 묻어나왔다.

연세대가 지향하는 RC의 롤모델은 미국 아이비리그 대학이다. 영국의 옥스퍼드, 케임브리지대처럼 4년 내내 모든 학생을 기숙사에 머물게 하기에는 인프라가 부족하므로 1~2학년에만 집중적으로 교육하는 방식으로 변형한 것으로 전해진다. 교수는 학생과 함께 기숙사에 머물며 24시간 교육시스템을 이어간다. 교무위원급의 '레지덴셜마스터'가 학생과 함께 생활하며 강의 이외 시간에도 다양한 교육 및 봉사활동, 문화체험 등을 이어간다.

정 총장은 "얼마전 사립대학총장협의회 자리에서도 RC가 단연 화제였다. 다른 대학도 많은 관심을 갖고 있더라"고 말했다. 그는 이어 "연세대가 선도적으로 도입하는 RC는 한국 대학교육의 패러다임을 바꾸는 큰 계기가 될 것으로 본다. RC는 학업뿐만 아니라 전인교육, 문화·예술교육 등을 통해 사회적 책임을 다할 수 있는 인재를 양성하게 될 것"이라고 강조했다.

사회적 책임 강화는 올해부터 새로 시행된 연세대의 장학정책에서도 강조되는 부분이다. 연세대는 기초생계대상자 입학생에게 4년 전액 장학금을 주고 올해부터 한 학기에 60여만원의 생활비를 제공하는 획기적인 장학정책을 선보였다. 차상위계층의 경우는 생활비는 없지만 4년 내내 전액 장학금을 제공한다.

정 총장은 "경제학에서는 인적자본과 물적자본을 강조한다. 하지만 이제는 제3의 자본, 즉 사회적 자본이 더 중요한 시대다. 사회적 자본의 밑바탕은 신뢰와 믿음"이라고 지적했다.

그는 "사회적인 책임을 다하는 새로운 인재를 키워내기 위해 학교부터 사회적 책임을 다하도록 노력하겠다"고 힘주어 말했다. 박수진 기자/sjp10@

2012년 11월 17일 | 매일경제

매일경제

2012년 11월 17일 토요일 A28면 사람과사람

자유시장 경제학자 정 갑 영 연세대학교 총장

저성장 부르고 일자리 막는 경제민주화는 안돼

한국대학은 지금 사면초가

교육, 정치와 연결 말아야

반값등록금 정책 공약은

낮은수준 교육시키자는것

분배만으론 고용창출 한계

글로벌 스탠더드 무시하면

반드시 큰 후유증 겪게 돼

정책은 사회적책임 따라야

◆반값 등록금으로 교육의 질 누가 책임지나

"대학의 본질적인 기능과 소임을 무시하고 '반값 등록금' 공약을 내세운 대선 후보들은 국민 신뢰를 저버리더라도 정책을 바꿔야 합니다."

특히 세 후보 중 누가 당선되더라도 채택한다는 '반값 등록금' 정책에 대해 정갑영 총장은 강경한 입장이었다. 대학들이 세계시장에서 무한 경쟁을 하는 시대에 대중영합주의(populism)의 전형인 '반값 등록금' 구호는 한국 대학 경쟁력을 갉아먹을 것이 분명하기 때문이다.

정 총장은 "교육도 투입 비용이 적으면 질이 떨어질 수밖에 없다. 낮은 수준의 교육을 보편적으로 시키자는 것으로밖에 해석이 안 된다. 국가적으로 재원 낭비고, 국가 경쟁력에도 도움이 안 된다"고 단언했다.

정 총장은 한국 대학 현 상황을 '사면초가', '퍼펙트 스톰(여러 악재가 겹친 최악 상황)'이란 용어로 위기감을 표현했다.

그 근거로 네 가지를 제시했다.

"첫째, 모든 대학이 세계적 수준의 경쟁에 휩싸여 있습니다. 둘째, 시설이나 인력을 세계적 수준으로 유지해야 합니다. 셋째, 학령 인구가 감소하고 있습니다. 한국은 10년 내에 입학생이 30%나 줄어들 전망입니다. 마지막으로 사회가 개방되다 보니 내국인마저 외국으로 가고 있습니다."

그는 "한국 정도 경제적 위상이라면 세계 100대 대학이 10곳은 나와야 하는데 이런 정책이 도입되면 투자 여력은 없어질 것"이라고 말했다.

이에 정 총장은 자율형 사립고등학교 성공 사례를 대학에 도입해 '자율형 사립대학' 모델을 해법으로 제시했다. 그는 "대학에 폭넓은 자율권을 허용하되 소외계층을 위한 특례입학과 등록금 감면을 제도화하면 대학은 세계적인 경쟁력을 갖추는 재정 기반을 마련하고, 소외계층도 명문대에서 교육받는 기회를 얻을 뿐 아니라 정부 재정 지출도 줄일 수 있다"고 말했다.

정 총장은 "교육이 정치화하는 건 바람직하지 않다"고 강조했다.

정권이 바뀔 때마다 입시 제도가 자주 바뀌는 것도 대학에 자율성이 없기 때문이라고 해석하고, 대학을 육성하는 정책도 대학이 스스로 판단해야 한다고 주장했다.

◆경제민주화 시장경제 역행해선 안돼

최근 '취업 빙하기'란 신조어가 생길 정도로 명문대 졸업생들마저 취업하기 어려운 현실이 화제로 떠올랐다.

정 총장은 "취업은 대학교육 문제뿐만 아니라 국가 경제가 성장해야 해결될 수 있다"고 말했다.

그는 고용 창출은 분배 정책만으로 이룰 수 없음을 분명히 했다. 이는 최근 불거진 '경제민주화' 논란과도 연결지을 수 있다.

정 총장은 "재벌의 불공정한 행태는 당연히 엄격히 규제되어야 하고, 사회적 책임도 현재보다는 더욱 강화되어야 한다. 그러나 기업 정책은 글로벌 스탠더드를 좇아야 한다"고 힘을 주어 말했다.

그는 "한국적 문화나 정서를 강조한 나머지 세계적인 표준을 무시하고 정책이 집행된다면 반드시 후유증을 겪게 된다. 또 글로벌 기업들이 한국을 외면할 수 있다"고 덧붙였다.

최근 대기업의 국내 투자가 부진한 원인도 이런 측면에서 해석된다는 설명이다. 사실 국내 투자를 할 수 없는 상황으로 몰아간 후에 고용 창출을 기대하는 발상 자체가 모순인 셈이다.

정 총장은 "고용 창출이란 과제를 해결하기 위해서도 기업 정책은 기본적으로 글로벌 스탠더드를 따라가면서 시장친화적인 정책이 마련되어야 한다"면서 "이때 사회적 책임을 부여할 수 있는 여러 정책들이 함께 고려되어야 한다"고 말했다.

시장 자율에만 맡겨놓을 수 없는 노동이나 경제적 규제에 따르는 규제 비용도 명심해야 한다는 의견이다.

정 총장은 세계 명문대들이 사회적 책임을 수행하기 위해 고민하는 과제를 △지역사회와 관계(community service) △인턴십 △학부 수준에서 수행하는 연구(undergraduate research)로 제시했다. 이 과제를 풀기 위해 연세대는 입학 시 사회적 배려자 우대를 강화하는 한편 재학생들이 장학금 형태로 지역 내 소외 아동들에게 학습지도를 하거나 지역밀착형 자원봉사활동을 사회봉사 교과로 이수하게 하고 있다. 신촌캠퍼스 '드림스타트'와 인천 송도캠퍼스 '연인프로젝트'가 대표적이다.

또 학부 과정 연구를 강화하고 인턴십을 활성화하기 위해 내년에 국내 학부 최초로 융합프로그램을 발표할 예정이다. 기업이 커리큘럼 운영에 연계되면서 취업으로 이어지는 길도 열릴 것으로 기대했다.

정 총장은 "대학은 역시 수월성(excellence)이 가장 중요하다. 연구와 교육에서 최고여야 한다. 그래야 대학이 존경을 받고, 대학다운 대학이 되고, 좋은 연구자를 데려올 수 있는 것이다. 수월성이 없으면 앞으로 대학은 유지하기 힘들다"고 말했다.

◆교육이 잠재 성장력 끌어올리는 핵심

정갑영 총장처럼 교육이야말로 국가의 잠재 성장력을 확보하는 데 있어 핵심이라고 확신하는 관점에서 아쉬운 점은 우리 사회가 대학을 바라보는 시각이다.

정 총장은 "그동안 대학이 사회적 책임을 못했다는 책임도 있지만 충분히 투자를 해야 결과가 나온다는 것을 잊지 말아야 한다. 대학에 대해 호의적이고 관대한 분위기가 있어야 대학에 지원도 많이 한다"고 말했다.

대학에 대한 부정적 시각이 일부 '폴리페서' 교수들 탓이 아니냐고 기자가 지적하자 그는 의외의 답을 했다.

"정치에 교수들이 참여하는 것은 전문성을 발휘하거나 사회 발전을 위해 기여한다는 측면에서 긍정적인 일면도 있습니다. 그러나 도가 지나쳐 자기가 해야 할 본연의 임무인 연구와 강의를 간과하면 안 됩니다. 이 범위를 벗어난다면 자제해야 해요."

교수의 정치활동도 일종의 사회공헌활동으로 해석한 셈이다.

현재 정갑영 총장 머리를 지배하는 화두는 '융합'이다. 앞으로 연세대 4개 캠퍼스 간 융합을 확대하기 위해 융복합연구원을 만들고, 캠퍼스 간 융합 추진위원회도 만들었다. 연세대 리서치맵도 내년 초에 완성할 계획이다. 예를 들어 '사회후생' 등 연구주제를 입력하면 관련 연구를 하는 연세대 교수가 한눈에 들어오게 하는 프로젝트다. 관련 연구를 진행하는 이들과 융합하는 것은 물론 교외 연구자나 기업들과도 협업·융합이 활발해지는 단초가 될 것으로 기대된다.

정 총장은 다음주 미국 출장길에 오른다. 일정도 빡빡하다. 스탠퍼드대학 아태연구소에서 강연하고, 대표적 싱크탱크인 CSIS(국제전략연구소)에서 세미나를 열면서 글로벌 네트워크 확대를 모색한다. 이한나·윤진호 기자·사진/김호영 기자

▶He is… △1951년 전북 김제 출생 △1975년 연세대 경제학과 졸업 △미국 펜실베이니아대 경제학 석사 △1985년 미국 코넬대 경제학 박사 △1986년~ 연세대 경제학과 교수 △연세대 정보대학원장·교무처장·원주캠퍼스 부총장 △2010년~ 자유기업원 이사장 △2012년 2월~ 연세대 제17대 총장 △1993년 매경이코노미스트상 수상

"소외계층 더 지원…한국의 오바마 키울것"

"한국의 오바마를 키우겠다."

대학의 사회적 책무를 다하기 위해 연세대는 내년 사회적 배려자 선발부터 수학능력시험을 치르지 않기로 결정했다. 개천에서 용이 나오도록 하기 위해 장벽을 낮추는 것이다.

정 총장은 "국민기초생활수급자와 같은 경제적 소외계층 학생 중에서 선발하는 '연세한마음전형' 모집인원(약 100명) 중 40%는 당장 내년부터 수능 최저학력기준을 철폐하고 이후 성과를 관찰해 점차 확대해 나갈 것"이라고 이날 인터뷰에서 '깜짝 발표'를 했다.

그는 "지원자가 처해 있는 경제적 환경과 이를 극복하기 위한 노력과 인성을 전형에서 적극 반영할 계획"이라며 "앞으로 사회적 배려 대상자 정책을 확대해 한국에서도 오바마 대통령이나 (히스패닉계 최초로 미국 대법관에 지명된)소냐 소토마이어 같은 사례가 나오도록 하겠다"고 말했다.

연세대는 올해부터 기초수급대상자와 차상위계층은 성적과 상관없이 등록금 전액을 면제해 주도록 제도를 바꿨다. 특히 기초수급대상자는 학부생이라도 생활비까지 지원하는데 이런 사례는 꽤 드물다.

지역밀착형 사회공헌 활동으로 내년부터 인천 지역 소외계층 청소년 멘토로 활동하는 '연인 프로젝트'도 신선하다.

연세대 학생이 인천시 초·중·고교 등 다양한 교육 현장에 파견돼 학생들 학업을 지원하고 소외계층 청소년에게 멘토로 나선다. 내년에 연세대생 500명으로 시작해 앞으로 1000명 이상으로 확대할 계획이다.

정 총장은 최근 녹색기후기금(GCF) 송도 유치가 확정되며 주변에서 운이 좋다는 평을 듣는다. 송도 국제캠퍼스에서 야심차게 시작한 선진형 '학습생활공동체(RC·Residential College)'가 탄력을 받게 됐다.

그러나 초기 인프라스트럭처가 제대로 갖춰지지 않아 학생들 반발이 심했다. 하지만 실제 RC를 경험한 학생들 사이에서 긍정적인 반응이 올라오고 있다. 좀 더 다양한 전공의 학생들과 어울릴 수 있고, 외국인 학생들과 지내면서 영어도 기본언어로 익힐 수 있기 때문이다.

정 총장은 "계획을 미룬다고 모든 요구조건을 해결할 수 있는 것도 아니고, 학생들이 어려운 여건에서 버티는 것도 교육이라고 생각했다"며 "공동생활에서 전인교육 틀도 잡을 수 있다"고 밝혔다.

정 총장 집무실 복도에는 '송도국제캠퍼스' 조감도가, 집무실 한가운데에는 '백양로 재창조 사업' 조감도가 걸려 있는데 매일 출근 때마다 그에게 과제를 상기시켜 주는 것 같다. 신촌 캠퍼스를 관통하는 백양로를 보행자 중심 녹지공간으로 변화시키는 프로젝트는 창립 130주년이 되는 2015년 완성을 목표로 하고 있다.

2013년 2월 12일 | 조선일보

朝鮮日報 2013년 02월 12일 화요일 A08면 종합

"반값등록금, 대학교육 수준낮춰 오히려 교육 사다리 없애는 셈"

정갑영 연세대 총장 취임1년

연세대 정갑영(62) 총장은 박근혜 대통령 당선인의 '반값 등록금' 정책에 대해 "이 정책으로 질 낮은 대학 교육이 보편화할 우려가 있다"며 "대학 수준이 떨어지면 능력 있는 인재를 키울 수 없고 경제성장이 정체돼 5~6년 후 우리 사회에 부메랑으로 되돌아올 것"이라고 말했다. '반값 등록금' 정책은 전체 등록금 규모(14조원)의 절반 수준인 7조원을 국가 장학금과 교내외 장학금 등으로 지원하는 것이다.

정 총장은 11일 취임 1주년을 즈음해 본지와 가진 인터뷰에서 "모든 대학생에게 등록금 부담을 줄여주는 반값 등록금의 부작용은 이미 나타나기 시작했다"며 이같이 말했다. 그는 산업 인력을 키우는 전문대학 진학생이 오히려 줄어들고 있고, 재정 부족으로 대학의 연구개발(R&D)은 감소하는 것을 구체적인 예로 들었다.

질 낮은 대학교육 보편화돼 능력인재 못키워 '사회 부메랑'

'자율형 사립대' 모델 도입해 세계적인 명문대로 키우고 소외계층 특례입학 허용해야

정 총장은 "지난 대선 이후 교육과 의료 분야 보편적 복지가 시대정신이 됐는데, 정말 이대로 된다면 국가 미래를 위해 바람직하지 않다"며 "등록금 정부 지원 정책이 단기적으로는 인기 있고 괜찮아 보이지만, 장기적으로는 산업 인력 양성 실패 등 우리 사회에 부작용을 낳게 될 것"이라고 말했다. 그는 "소외계층 학생이 좋은 교육을 받고 계층 이동이 가능해지는 게 바람직한 사회"라며 "하지만 반값 등록금으로 대학이 재정 압박을 받으면 교육수준이 떨어지고 오히려 우리 사회 '교육 사다리'가 사라지는 결과를 낳을 것"이라고 말했다. 대학이 우수 교수를 초빙하고 연구비에 투입할 여유가 없어 교육 질이 떨어질 수밖에 없다는 것이다.

그는 지금이라도 정부가 대학을 선별적으로 지원하고 구조조정을 동시에 추진해야 한다고 주장했다. 그가 제안하는 학교 모델은 '자율형 사립대'다. 우수한 대학에는 (등록금 인상 등) 자율권을 허용하되, 소외 계층 특례 입학과 등록금 감면 등 사회적 책임도 다하도록 하자는 것이다.

정 총장은 "우리 경제 규모라면 세계 100대 대학에 10개쯤은 포함돼야 한다"며 "삼성·현대와 같은 브랜드 파워를 가진 대학이 우리나라에서 이제 나와야 한다"고 말했다. 그는 자율형 사립대가 도입되면 국내 우수 대학들이 세계적 대학으로 성장할 수 있고, 소외 계층에게는 명문대에서 교육받을 기회를 줄 것이라고 말했다. 그는 "예컨대 미국 아이비리그(동부 명문 8개 사립대)는 부모 연봉이 6만달러 이하면 등록금을 받지 않는데, 자율형 사립대를 도입하면 우리도 그런 제도를 실시할 수 있다"고 말했다.

정 총장은 대학이 성장하려면 정부 규제는 더 줄어들어야 한다고 했다. 그는 "입시가 복잡해진다고 하는데 정부의 규제가 심하다 보니 대학들이 이를 피해가면서 점점 복잡해지는 것"이라며 "짜장면을 규제하면, 간짜장과 삼선짜장이 생기게 된다"고 했다.

경제학자인 정 총장은 연세대 경제학과 졸업 후 미국 코넬대에서 박사 학위를 받았다. 2012년 2월부터 연세대 총장으로 재직 중이다. 정 총장은 올해부터 연세대 신입생 3400명 전원이 송도캠퍼스 기숙사에서 생활하는 것을 의무화하는 제도를 도입하기도 했다.

이태경 기자

연세대 정갑영 총장은 "우리 경제가 지금 도약할지, 소득 2만달러에 머물지, 장기침체기로 갈지 갈림길에 서 있는데 한국 대학 교육이 경쟁력을 잃으면 이를 돌파하기 힘들 것"이라고 말했다.

그는 "연세대는 미국 프린스턴대, 영국 킹스칼리지 등 세계 명문대와 학생·교수 교류를 확대해 조만간 세계 50위 안에 들어가는 것이 목표"라고 말했다. 안석배·김효인 기자

2013년 6월 24일 | 동아일보

東亞日報 2013년 06월 24일 월요일 a28면 오피니언

"대학도 반값등록금 규제 안받는 자율형 사립대 허용해야"

"반값등록금 정책은 대학의 경쟁력을 높이는 데 걸림돌이 될 수 있습니다." 경제학자 출신인 정갑영 연세대 총장은 정부가 대학들을 옥죄고 있는 규제와 역차별을 풀어준다면 우리나라 대학들도 세계의 명문대학들과 충분히 경쟁할 수 있다고 자신감을 내비쳤다.
박경모 기자 momo@donga.com

논설위원이 만난 사람
정 성 희 shchung@donga.com

연세대학교 정 갑 영 총장

오랜만에 찾은 연세대는 젊은이들 특유의 활기와 낭만으로 가득 차 있었다. 1970년 백양로에 세운 독수리상은 여전히 창공을 향해 힘찬 날갯짓을 하고 있었고, 핀슨관 앞 작은 언덕의 윤동주 시비(詩碑)는 조용히 방문객을 맞았다. 그러나 이런 목가적 풍경과는 달리 연세대는 제3 창학(創學) 선언, 인천 국제캠퍼스(송도캠퍼스) 개막, 레지덴셜 칼리지(RC·Residential College) 프로그램 도입, 백양로 재창조, 언더우드국제대(UIC) 학제 개편으로 부산하다. 정갑영 연세대 총장을 만나 변화의 저변을 들여다봤다.

―2013학번 새내기부터 송도캠퍼스에서 기숙사 생활을 한다는데….

"그렇긴 한데 아직 기숙사를 다 짓지 못해 한 학기만 하고 있다. 내년부터는 신입생 전원이 송도캠퍼스에서 1년간 기숙사 생활을 한다. RC의 목표는 학습과 생활공동체를 통해 5C, 즉 창의력(Creativity) 소통능력(Communication) 융·복합능력(Convergence) 문화적 다양성(Cultural Diversity) 크리스천 리더십(Christian Leadership)을 지닌 글로벌 인재를 길러내자는 것이다."

언더우드국제대가 연세의 기함 될것

지금은 학생과 학부모의 만족도가 높고 "RC를 연장해주면 안 되겠느냐"는 문의도 많지만 처음부터 그런 것은 아니었다. 작년만 해도 '송도캠퍼스에는 못 가겠다'고 하는 플래카드가 백양로를 뒤덮었다. 교수들도 "우리 단과대만은 못 가겠다"고 버텼다.

―RC 프로그램은 어떻게 운영하나.

"현재 8개의 하우스(기숙사를 이렇게 부른다)가 있다. 각각의 하우스마다 레지덴셜 마스터(RM)가 있고 학생 20명당 한 명의 조교가 함께 생활한다. RM을 맡은 교수들이 하우스마다 특색 있는 테마를 내걸면 학생들이 그 테마를 보고 마음에 드는 기숙사를 택한다. 비슷한 성향을 가진 학생끼리 생활하는 것이다. RC 학생들은 전공에 상관없이 예술체육, 사회기여, 대학윤리 등에서 최소한 12학점을 이수한다. 전인교육을 목표로 하는 HE(Holistic Education) 과목 중에는 인천 지역 청소년들의 방과 후 학습을 도와주는 '연인(연세-인천) 프로젝트'도 있다. 공동체 생활과 지역사회와의 소통을 통해 학생들은 자연스럽게 이해심과 리더십을 기르게 된다."

―최근 자유전공학부 폐지를 둘러싼 갈등을 보면 모든 게 순조롭지만은 않은 것 같다.

"자유전공학부는 법학전문대학원을 도입하면서 기존 법대 정원을 가져온 것이다. 그런데 학문 간 융합이라는 본래 취지를 살리지 못하고 한두 개의 인기전공으로 가는 징검다리가 되어버렸다. 자유전공학부를 UIC 글로벌 융합학부로 통폐합한 것은 자유전공학부를 죽이려는 것이 아니라 오히려 확대한 것이다. UIC야말로 진정한 리버럴아츠(인문교양) 교육을 지향하기 때문이다. UIC는 입학정원이 450명으로 매우 큰 단과대다. 강의는 100% 영어로 하고, 58개국 출신이 공부하는 명실상부한 한국형 글로벌 프로그램이다. 교수진도 최고 수준이다. 나는 UIC가 연세대의 플래그십(기함·旗艦)이 될 것이라 확신한다. UIC를 통해 송도캠퍼스를 세계적 대학으로 육성할 것이다."

―목표를 이루려면 아무래도 돈이 많이 들 텐데 내년부터 반값등록금 정책이 시행된다.

"돈 쓸 곳은 많은데 재정이 어렵다. 연세대 등록금은 4년째 동결됐다. 대학등록금이 정말 높은 수준인가를 따져보고 싶다. 의무교육인 초등학교 교육비용이 연간 600만 원이고 일부 사립유치원의 수업료도 1000만 원을 넘는다. 자율고 자사고 등의 수업료가 1000만 원대에 이르는데 사립대 평균 등록금은 800만 원이 되지 않는다. 정부 생각은 대학등록금이 연간 14조 원에 이르니까 절반인 7조 원을 투자하면 '반값등록금'이 실현된다고 생각하는데 그렇게 단순하지 않다."

경제학을 전공한 정 총장은 꼼꼼하게 근거를 제시하며 오스트리아 빈 대학을 사례로 들었다. 합스부르크 왕가의 영광이 숨쉬는 빈 대학은 1365년 설립된 유럽에서 가장 오래된 명문대의 하나다. 몇 년 전 오스트리아 사회당이 집권해 대학 정책을 바꾸면서 문제가 시작됐다. 사회당 정부는 대학등록금, 학생 정원, 시험 등 3가지를 없애버렸다. 그러자 자국 대학에서 떨어진 외국 학생들이 몰려오기 시작하면서 학생 수가 9만 명으로 불어났다. 유서 깊은 명문대가 바닥으로 추락하는 데는 긴 시간이 필요치 않았다. 그러나 정 총장은 반값등록금을 무조건 반대하지는 않았다.

규제 풀어야 창조경제 베이스캠프 돼

"등록금상한제법이 있는 걸 아느냐. 등록금을 인상할 경우 학생지원 장학금이 불이익을 받도록 되어 있어 올리고 싶어도 올릴 수가 없다. 그것까지는 괜찮다. 사립대가 등록금 인상 범위를 준수하고 그 안에서 인상할 경우에는 정부가 최소한 페널티는 주지 말아야 한다. (평준화 제도 안에 있는) 고교 중에도 일반고보다 등록금을 많이 받을 수 있는 자율고 자사고가 있지 않은가. 대학 중에도 반값등록금에서 자유로운 자율형 사립대를 만들면 어떨까 제안해 본다." 대신 자율형 대학으로 지정되면 저소득층을 일정 비율 뽑고, 그들에게 전액 장학금을 줘서 사회적 책무를 다하도록 하면 어떠냐는 것이다.

―박근혜 정부가 창조경제를 주장하면서도 대학 경쟁력에는 관심이 없는 것 같은데….

"최근 에베레스트 정상 등반에 성공하는 사람들의 수가 엄청나게 늘었다고 한다. 그 이유는 과거 해발 2000m 부근에 있던 베이스캠프를 6000m 부근으로 옮겼기 때문이다. 나는 대학 경쟁력이 창조경제라는 정상을 향한 베이스캠프라고 생각한다. 미국 스탠퍼드대 출신이 세운 기업들의 연매출 합계가 2조7000억 달러(약 3000조 원)에 이른다는 보고서가 작년에 나왔다. 1930년대부터 스탠퍼드대 동문이 세운 기업이 4만 개, 이들이 창출한 일자리가 540만 개나 된다. 정부가 대학등록금이나 입시 등에서 규제를 조금만 풀어주면 우리 대학들도 그렇게 할 수 있다고 확신한다."

2013년 3월 11일 | 매일경제

매일경제

2013년 03월 11일 월요일 A37면 사람과사람

글로벌문제 해결하는데 대학들이 적극 앞장서야

정갑영 연세대 총장

"우리나라 대학도 글로벌 현안을 해결하는 데 적극적으로 참여해야 합니다." 정갑영 연세대 총장(61)이 취임 2년차를 맞아 지난 8일 매일경제신문과 가진 인터뷰에서 글로벌 입지를 강화하겠다고 밝혔다.

정 총장은 지난해 2월 취임 때 강조했던 송도 국제캠퍼스의 레지덴셜 칼리지(기숙형 대학) 전환과 신촌캠퍼스 백양로 개발 프로젝트가 본 궤도에 오르게 되자 글로벌 행보에 본격 나섰다. 오는 12일부터 유엔 등 국제기구 책임자와 미국 주요대 총장들과 만나기 위해 미국으로 출국한다.

13일(현지시간)부터 뉴욕대에서 열리는 '글로벌 콜로퀴엄 2013'에 국내 대학 총장으로 유일하게 초대받았다.

이 행사는 프린스턴대와 예일대, 컬럼비아대, 펜실베이니아대, 뉴욕대 등 미국 동부 명문 대학 5곳이 주관하는 연례 모임이다. 지난 2000년 밀레니엄 정상회의에서 유엔이 밀레니엄 개발 목표를 실행하기 위해 8개 의제를 설정했고, 매년 25개 안팎 대학 총장들과 관련 전문가들이 참석해 의제를 토론한다.

정갑영 총장은 "올해는 공공보건과 지속가능한 발전에 초점을 맞추다 보니 빈국에서 부국으로 성장한 한국의 경험과 교육의 역할에 대한 관심이 높다"고 밝혔다. 정 총장은 "글로벌 현안을 해결하기 위해 대학들은 유엔과 같은 국제기구는 물론 다른 연구기관들과 수평적 협력을 강화할 필요가 있다"고 강조했다.

연세대는 지난해 환경 및 지속가능 발전 분야 아시아 최초의 유엔 교육연구기관인 유엔지속가능발전센터(UNOSD)를 송도 캠퍼스에 유치해 주목받았다.

오는 4월 미래융합연구원을 발족해 캠퍼스 간 융합은 물론 과학기술정책 등 융합학과 신설과 석박사과정·기업인턴십·해외교환학생 프로그램과의 연계 과정을 집중 개발할 계획이다.

정 총장은 반기문 유엔 사무총장은 물론 유엔인구기금(UNFPA) 총재 등과 면담하고, 아울러 미국 코리아소사이어티에서 '창조경제와 고등교육의 역할'에 대한 강연도 할 예정이다.

이한나 기자

2013년 8월 26일 | 한국경제

한국경제

2013년 08월 26일 월요일 a31면 기획

정갑영 연세대 총장-이명옥 한국사립미술관협회장

"문화융성요? 시장 키우고 스타작가 만드는 게 급선무죠"

사회=최명수 문화부장

미술과 경제가 떼려야 뗄 수 없는 밀접한 관계를 맺고 있음은 인류의 역사가 생생하게 입증한다. 미술이 융성한 시기는 늘 경제적 번영기와 일치하며 수많은 명작은 번영의 자양분을 먹고 탄생했다. 그러나 오늘의 국내 상황은 그리 녹록지 않다. 지구촌 미술시장의 전반적인 호황에도 국내 미술시장은 허약 체질을 면치 못하고 있다. 경제학자인 정갑영 연세대 총장과 아트북 베스트셀러 작가인 이명옥 한국사립미술관협회장(사비나미술관 관장)을 연세대 언더우드관에서 만나 국내 미술계 침체의 원인과 활성화 방안을 들어봤다.

▶두 분이 2007년 〈명화 경제 토크〉를 함께 펴내셨지요. 책을 내기 전부터 친분이 있었나요.

이명옥 회장=원래 친분이 있었던 것은 아니었습니다. 출판사 측에서 먼저 기획해 출간을 제의해왔어요. 정갑영 총장님과 함께 호흡을 맞추는 게 어떻겠느냐고 해서 흔쾌히 동의했죠. 경제학의 대중화를 위해 열린 마음으로 노력하는 분으로 알고 있었습니다.

정갑영 총장=저 역시 지면상으로 익히 알고 있던 분이었는데 공동 집필 파트너로서 적격인 분이라고 생각했습니다. 함께 작업을 해 나가면서 이 회장의 박학다식과 맛깔스러운 글솜씨에 놀랐어요. 호흡이 너무 잘 맞아 시작한 지 다섯 달 만에 책이 나왔죠.

▶수학 과학 경제학 등 여러 학문과 융합을 시도했는데 뭐가 가장 중요하다고 봅니까.

이 회장=미술 작품을 해석하는 데 있어 수학·자연과학 등 창의성과 관련된 부분도 중요하지만 경제적 측면도 무시할 수 없습니다. 미술은 시장 메커니즘과 불가분의 관계를 맺고 있기 때문에 경제학적 접근이 오히려 더 중요할 수도 있죠.

▶미술과 경제의 밀접한 관계를 보여주는 사례를 책 속에서 든다면.

정 총장=중세 이후 기독교 성화에서는 푸른 색 안료로 '울트라 마린'만 사용했습니다. 이 안료는 아프가니스탄에서 수입한 광물인 청금석에서만 추출할 수 있다는 희소성 때문에 금보다 비쌌대요. 쉽게 구할 수 없는 재료를 사용하는 것이 성화에 고귀하고 성스러운 느낌을 부여한다는 만족감이 높은 가격을 만들었죠. 경제학적으로 얘기한다면 한계효용이 높은 것이죠.

이 회장=고흐의 그림은 일본의 쇄국 정책과 관련이 있어요. 에도 막부는 모든 나라에 빗장을 걸고 오직 네덜란드에만 교역을 허용했습니다. 덕분에 네덜란드에 오래 전부터 채색 목판화인 우키요에가 소개됐고 고흐는 자연스레 일본 미술의 영향을 받았죠. 그가 파리 시절 그린 '탕기영감'은 배경에 우키요에를 잔뜩 배치해놔 문화적·경제적 교류상을 엿볼 수 있는 흥미진진한 시각적 텍스트라고 할 수 있죠.

▶미술시장을 경제적 관점에서 바라본다면.

정 총장=그림은 인간이나 사회를 예술적으로 표현한 것이기 때문에 경제 현상이 그대로 투영됩니다.

정갑영 연세대 총장(왼쪽)과 이명옥 한국사립미술관협회장이 연세대 언더우드관에서 대담하고 있다. 두 사람은 2007년 미술과 경제에 대한 이야기를 담은 '명화경제 토크'를 펴낸 뒤 인연을 이어오고 있다. 정 총장은 미술과 경제의 밀접한 관계에 두루 조예가 깊었고 이 회장은 한국 미술시장의 발전 방향에 대해 이야기했다. 허문찬 기자 sweat@hankyung.com

정갑영 총장

"미술은 경제현상 반영 문화공간 확충하면 사회갈등 해소 효과도"

호황 때는 사치, 정략결혼, 부동산 투기 같은 것들이 테마로 다뤄지는 게 그 증거죠. 반면에 불경기에는 핵심적인 것보다 미술시장 같은 주변부의 것들이 더 큰 영향을 받습니다.

이 회장=미술은 경제와 밀접한 관련을 맺고 있습니다. 르네상스 시대에는 교황청과 메디치가가 돈줄을 쥐고 있어 로마와 피렌체가 미술의 중심이 됐고, 19세기에는 도시 재건과 함께 파리에 돈이 모이면서 세계적인 미술의 센터가 됐어요. 제2차 세계대전 이후에는 미국이 풍요의 시대를 구가하면서 세계 미술의 헤게모니를 쥐었습니다. 최근 세계 유수 화랑들이 베이징에 지점을 내고 있는 것도 그곳에 돈이 모이기 때문이죠.

▶최근 국내 미술시장이 침체돼 있는데요. 국제 미술시장과 대조적인 이런 현상을 어떻게 보십니까.

이 회장=국내 미술시장 규모는 상당히 작습니다. 중국과는 비교하기 어려울 만큼 컬렉터 숫자가 적어요. 미술품이 옥션에서 거래된 게 고작 10년밖에 안 됐어요. 중국은 미술시장 형성의 역사는 짧지만 컬렉터가 수백만에 달할 정도로 저변이 두텁습니다.

정 총장=문화시장이 형성되려면 소득 수준이 더 높아져야 합니다. 이제 1인당 국민소득 2만달러를 겨우 넘었으니 아직은 걸음마 단계죠. 문화시장을 바라보는 사회의 인식도 호의적이지 않고요. 설상가상으로 미디어에도 미술과 관련한 부정적인 사례만 비춰져 사람들이 미술품을 공개적으로 거래하길 꺼리고 있습니다. 시장의 음성화를 부추길 수밖에 없죠.

▶문화시장 융성 위해 어떤 조치가 필요할까요.

이 회장=우선 스타급 작가를 키워야 합니다. 백남준 이후 세계 미술계에서 한국을 대표할 만한 브랜드 작가가 없습니다. 문제는 구조적인 데 있어요. 현재 국공립 미술관에서는 특정 작가의 개인전을 열 수 없습니다. 국민의 혈세로 운영하기 때문에 특정인의 개인전을 열 경우 엄청난 민원에 시달리니까요. 상업화랑 쪽에서도 스타가 나오기 어렵습니다. 그냥 해외에서 뜨고 있는 작가를 데려와 장사하는 수준입니다. 대중문화계의 스타 만들기 시스템을 벤치마킹할 필요가 있어요. 영국의 찰스 사치처럼 세계적인 컬렉터가 없는 것도 문제입니다. 그림 수집을 의혹의 눈초리로 바라보는 풍토가 개선돼야 합니다.

▶수요와 공급 측면에서 해법을 제시한다면.

정 총장=문화가 융성하려면 먼저 문화시장이 형성돼야 합니다. 일정 수준에 오르도록 정부가 발벗고 나서 문화의 사회화에 기여해야 합니다. 작가를 지원하고 시장을 만드는 데 노력해야 합니다.

이명옥 회장

"부동산 시장 침체 될 땐 각종 세제혜택 내놓으면서 그림시장 불황엔 되레 양도세"

이 회장=학교 교육과 연계해서 창의성 교육을 공격적으로 전개해야 합니다. 각 생활 커뮤니티에 미술관이 작은 도서관처럼 들어가서 미술에 대한 주민들의 욕구를 충족할 수 있게 해주는 것도 바람직하죠.

▶문화적 저변 확대를 위해 어떤 인재를 양성해야 할까요.

정 총장=문화적 다양성을 수용하려면 여러 분야에 대한 융합적인 사고를 가져야 하고 이들과 서로 소통하는 게 중요합니다. 연세대가 1학년 학생 전원을 대상으로 송도캠퍼스에 레지덴셜 칼리지를 운영하고 있는 것도 그런 취지입니다. 신촌캠퍼스의 백양로 재개발 프로젝트도 문화공간 확충을 통한 정서 함양에 주요 목적이 있습니다. 사회적 갈등은 다양한 가치를 서로 수용하지 못해 발생하는데 문화는 그런 갈등 해소에 중요한 역할을 합니다. 최근 한 연구기관의 분석에 따르면 우리나라의 갈등 비용이 GDP(국내총생산)의 27%를 차지한다고 합니다. 비문화적인 경쟁 위주의 편협한 전공이 이런 문제를 야기한 것이죠.

▶미술품에 대한 양도소득세 부과를 놓고 화랑가의 반발이 거셌는데요.

이 회장=이미 올해부터 시행됐으니까 되돌리기는 어렵습니다. 대신 정부가 주택경기가 안 좋으면 다양한 부양책을 내놓는 것처럼 후속 조치가 필요합니다. 양도소득세를 한시적으로 유보하거나 기업의 미술품 구매 등에 세제 혜택을 부여해 영세한 화랑의 손실분을 메워주는 게 바람직합니다.

▶경제학적으로 이런 세제를 어떻게 봅니까.

정 총장=거래 단계에서 세금을 많이 부과하면 거래가 위축되고 음성화할 수밖에 없습니다. 거래가 이뤄지지 않으면 시장 가격을 파악하기 어렵죠. 연말에 양도세가 얼마나 걷혔는지 보면 그 성과를 판단할 수 있을 것입니다.

▶결국 음성적 거래가 문제인데 어떻게 해결해야 할까요.

이 회장=언론에서 미술품 기증 같은 선행 기사를 많이 소개해야 합니다. 부유층이 작품을 사서 미술관에 기증할 수 있도록 분위기를 조성하면 좋겠죠. 화랑도 판매 기록을 투명하게 공개해야 합니다. 그래야 적정한 시장 가격이 형성될 수 있고 당국에도 경영의 어려움을 구체적으로 설득할 수 있죠.

정 총장=부정한 축재와 미래 가치를 보고 그림에 투자하는 행위는 구분해야 합니다. 우리는 지금 이 두 가지를 혼동하고 있습니다.

정리=정석범/박병종 기자 sukbum@hankyung.com

정갑영 연세대 총장

1951년 전북 김제 출생. 연세대 경제학과를 나와 미국 코넬대에서 경제학 박사학위를 받았다. 1986년부터 연세대 교수로 재직 중이며 교무처장, 원주캠퍼스 부총장을 거쳐 2011년 2월 총장에 올랐다. 정부 자문기구 자문위원으로 활동했고 현재 법무부 정책위원장과 국민경제자문회의 위원을 맡고 있다. 한국산업조직학회 회장, 한국동북아경제학회 회장을 역임했고 2011년 다산 경제학상을 수상했다. '열보다 더 큰 아홉', '만화로 읽는 경제' 등 교양 경제서를 통해 경제학의 대중화에도 열정을 쏟고 있다.

이명옥 한국사립미술관협회장

출간하는 책마다 베스트셀러가 되는 문화·예술 콘텐츠 메이커. 한국사립미술관협회장과 국민대 미술학부 겸임교수를 맡고 있다. 요즘 화두인 융합 현상에 오래 전부터 관심을 가져 〈명화 경제 토크〉 〈이명옥의 크로싱〉 등을 내놨다. 과학문화융합포럼 공동대표, 한국공학한림원 문화기술융합위원회 위원으로 활동 중이다. 성신여대와 불가리아 소피아 국립미술아카데미 대학원, 홍익대 미술대학원을 졸업했고, 목포MBC 교양국 PD를 거쳤다.

2013년 12월 14일 | 매일경제

매일경제

2013년 12월 14일 토요일 A22면 문화

자랑스런 한국인 대상 **정갑영** 연세대 총장

송도 가기 싫다던 학생들 다녀온뒤 180도 변했죠

"작년 이맘때, 학생들은 '우리를 송도에 유배 보내지 말라'며 시위를 벌였고 인천시는 연세대의 진정성을 의심했어요. 사면초가 속에 양측을 끊임없이 설득했어요. 결국 대학 교육 국제 경쟁력 강화라는 진심은 통하게 됐습니다."

오는 20일 사단법인 한국언론인연합회의 '2013년 자랑스런 한국인 대상' 최고대상을 받는 정갑영 연세대 총장을 지난 5일 공사가 한창인 이 학교 언더우드관 앞에서 만났다. 일부 학생들의 '송도 유배(신입생이 의무적으로 송도 국제캠퍼스에서 기숙 생활)' 거부 구호와 '학교가 온통 공사판'이라는 불만 속에서도 정 총장은 뚝심을 잃지 않았다.

흐름은 변했다. 올해 첫 학기를 송도에서 보낸 학생들이 신촌으로 돌아와 송도 캠퍼스에 대한 '복음'을 전해오면서 학생들 인식이 바뀌기 시작했다. 일부 학부모들은 총장에게 자녀들이 '송도에 더 머물게 해달라'고 요구한다. 생활하면서 공부하는 '학습생활공동체(RC·Residential College)' 송도 프로그램의 의미를 읽기 시작한 것이다. 이날도 연세대 창립자 언더우드 동상 앞에서 사진을 찍던 재학생들이 정 총장을 보고 반갑게 인사했다.

정 총장은 "최근에는 송도를 갔다 온 학생에게 '감사합니다'라며 90도 인사까지 받았다"며 "교수가 된 이후 그런 인사는 처음 받아봤다"고 자랑했다.

기숙생활로 학업성과+인성교육 두 토끼 잡아… 내년 신입생 4000명 1년간 송도로

RC 프로그램은 정 총장이 외국 명문대를 분석하면서 이들이 모두 기숙사를 적극 활용한다는 데 착안한 것이다.

이 제도는 올해 한 학기 시범 운영한 후 내년부터 연세대 신입생 4000명 전원이 1년간 송도 국제캠퍼스 기숙사 생활을 하면서 본격화한다. 기숙사별 전담 교수와 외국인 교수가 배정되기 때문에 영어 기반의 심층 교육이 가능하다.

정 총장은 "송도의 학업 성과가 예상보다 빨리 올라오고 있는데 송도 캠퍼스 학사 경고율(기준 학점보다 낮은 비율)이 1년 새 75%나 줄었다"며 "이뿐만 아니라 기숙 생활을 하다보니 대학생으로서의 품격과 남을 배려하는 인성이 크게 좋아지고 있다. 이는 중등교육(중·고등학교)에서 불가능했던 교육을 대학이 대체하는 효과라고 보면 된다"고 말했다.

정 총장은 RC의 목표를 5C로 정의한다. 창의력(Creativity), 소통능력(Communication), 융합(Convergence), 문화적 다양성(Cultural Diversity), 기독교 리더십(Christian Leadership)을 지닌 글로벌 인재를 뜻한다.

송도 캠퍼스에 대한 입소문은 국내 사립대학은 물론 외국까지 퍼졌다. 올 들어 스위스 교육부 장관을 비롯한 2800여 명의 귀빈들이 캠퍼스를 답사했다.

정 총장은 "총장이 교수들만 관리하는 시대는 지났다"며 "송도에 온 교육 관련 귀빈들 가이드 역할도 하고 학생들의 진솔한 얘기도 직접 듣고 답해줄 수 있어야 한다"고 전했다.

'과연 학생들이 올 것이냐'며 의혹을 보냈던 인천시는 내년에 연세대 신입생 4000명을 받을 생각에 함박웃음을 짓고 있다. 이들은 곧 '연인(연세-인천)'이 된다. 내년부터 연세대 신입생들은 인천 지역 청소년들의 방과 후 학습을 도와주는 프로그램에 참여하게 된다.

정 총장은 "공동체 생활과 함께 지역사회와의 소통으로 이해심이 깊어지게 될 것"이라고 말했다.

주변의 반대에도 불구하고 추진한 송도 캠퍼스 RC 프로그램에 대한 화답은 생각보다 빨리 왔다. 지난 3일 '자랑스런 한국인 대상' 최고대상의 영예까지 따라온 것이다.

이 상은 한국언론인연합회 임원과 전·현직 중견 언론인 등으로 구성된 심사위원단이 국민통합, 글로벌 경쟁력과 비전 제시, 국가기여도 등을 평가해 매년 분야별로 선정한다. 역대 수상자로는 반기문 유엔 사무총장, 정몽구 현대차그룹 회장, 장대환 매경미디어그룹 회장 등이 있다.

내년 2월 취임 2주년을 앞두고 뜻밖의 수상에 놀란 정 총장은 "연세대와 마찬가지로 나도 아직 고칠 게 많다"며 "대학 총장으로서 외국의 선진 명문 대학과 경쟁하면서 앞선 대학 제도를 적극 도입한 열정을 높이 산 것 같다"며 소감을 밝혔다.

정 총장은 아직 갈 길이 멀다고 말한다. 2015년 연세대 개교 130주년을 기념하기 위해 신촌캠퍼스 정문 앞인 백양로를 녹지화하고 차량은 주로 지하로만 통행하게 하는 '백양로 재창조 프로젝트'는 이제 막 반환점을 돌았을 뿐이다. 일부 교수들과 학생들은 공사 방식과 투자 규모(900억원)를 놓고 반대하고 있다.

개교 130주년 맞아 백양로 녹지화 추진

공사 진행해보니 기업인 마음 알것같아

소득 3만달러 가려면 규제부터 풀어야

정 총장은 "송도 캠퍼스가 글로벌 사학의 시스템을 갖춘 것이라면 백양로 사업은 그에 맞는 인프라 구축으로 봐야 한다"며 "창립 130주년을 맞아 모든 차량이 지하로 통행하고 지상에는 아름다운 잔디 공간이 펼쳐지는 새로워진 교정이 만들어질 것"이라고 예상했다.

그는 이들 사업을 진두지휘하며 대학 총장에게도 기업가정신이 필요함을 느꼈다고 한다. 큰 사업을 시작하려 할 때 오는 주변의 의혹과 복지부동은 항상 따라오게 마련이지만 이에 흔들리지 않는 확신과 설득력이 필요하다는 것이다.

정 총장은 "학교 공사를 진행하다보니 기업인들에게 존경심이 생기더라"며 "인허가만 1년 넘게 걸렸는데 무슨 절차나 규제가 그리 많은지 해도 해도 끝이 없더라"고 털어놨다.

국민경제자문위원회 거시금융분과위원으로도 활동 중인 정 총장이 대통령만 만나면 "규제를 완화해야 한다"고 조언하는 것도 이 때문이다.

교육에선 등록금상한제 등 대학 등록금 규제를 풀어 글로벌 명문대를 더 많이 키워야 한다는 것이다.

정 총장은 "미국 스탠퍼드대는 연세대보다 등록금이 5배나 많은데 우리 대학들도 많은 등록금을 받아 인재도 키우고 저소득층 학생들을 배려하는 사회적 책임을 강화하면 된다"며 "한국도 이처럼 교육에 대한 규제를 풀어야 버락 오바마 미국 대통령처럼 '개천에서 용 나는' 사례를 만들 수 있다"고 강조했다.

정 총장은 이를 실천하고 있는데 매년 신입생 100명을 저소득층 자녀 중 심층 면접만으로 뽑고 있으며 소득 하위 30% 미만 자녀에겐 등록금을 면제해주고 있다.

정 총장은 어려운 경제 문제도 쉽게 풀어 쓰는 칼럼니스트로도 유명하다. 그는 한국 경제에 대한 진단도 빼놓지 않았다.

정 총장은 "한국 경제가 2만달러대에서 7년째 머무르고 있는 현상을 타개하기 위해선 규제는 줄이고 성장 기반은 확충돼야 한다"며 "3만달러를 위해선 기업가정신이 깨어나야 한다"고 전했다.

최근 주요 기업들의 총수들이 잇달아 구속되거나 조사를 받고 있는 상황에 대해서도 안타까움을 나타냈다. 그는 "어떤 식으로든 기업가의 활동을 위축시키는 부정적인 영향이 나와선 안 된다"고 덧붙였다.

그는 글로벌 네트워크에도 주목하고 있다. 최근 주요 외국 명문 사립대와의 유대 강화(G10 프로젝트)에 나서 교육 과정을 적극 공유하고 있다.

정 총장은 "경쟁하는 국가라도 자유무역협정(FTA) 체결이 결국에는 득이 되는 것처럼 관광의료 사업 못지않게 부가가치 높은 교육도 국제적 유대 강화가 절실하다"고 말했다.

대학 교육과 한국 경제에 대해 거침없는 수사를 펼치다가도 정 총장은 자신에 대한 얘기는 유달리 조심스러워한다. 그러다 정 총장은 처음 밝힌다면서 "사실 내 아내는 연세대에서 만난 캠퍼스 커플이고, 딸 셋 모두 연세대 출신"이라며 "항상 연세대 생각만 하는 천생 연세인"이라고 말을 맺었다.

문일호 기자·사진/김호영 기자

▶정갑영 총장은 △1951년 전북 김제 출생 △1975년 연세대 경제학과 졸업 △미국 펜실베이니아대 경제학 석사 △1985년 미국 코넬대 경제학 박사 △1986년~ 연세대 경제학과 교수 △연세대 정보대학원장·교무처장·원주캠퍼스 부총장 △2010년~ 자유기업원 이사장 △2012년 2월~ 연세대 제17대 총장 △1993년 매경이코노미스트상 수상 △2013년 '자랑스런 한국인 대상' 최고대상

2014년 5월 29일 | 한국경제

한국경제

2014년 05월 29일 목요일 A21면 종합

“美명문대 졸업생 기부율 70%… 국내 대학은 2% 그쳐”

교육부장관賞 – 정갑영 연세대 총장

“대학이 경쟁력을 갖추려면 투자가 필수인데 대학 재정이 얼마나 튼튼하냐에 따라 투자 규모가 달라질 수밖에 없습니다. 학교마다 대학기금을 얼마나 잘 운용하고 관리하느냐가 매우 중요한 과제가 된 것이지요.”

정갑영 연세대 총장은 시상식 직후 진행한 인터뷰에서 이같이 말했다. 4148억원의 대학기금(2013년도 교비회계 기준)을 굴리는 연세대는 쌍방향 자금운용시스템을 구축, 안정적이면서도 수익성을 높이기 위해 노력한다는 점에서 대학기금 운용의 우수사례로 꼽혔다.

정 총장은 “자금운용위원회와 자금운용실무위원회에서 논의한 결과를 돌려보낸 일이 한 번도 없다”며 “전문성이 요구되는 일은 위원회의 결정을 가장 존중해야 한다는 게 신조”라고 강조했다.

연세대는 2008년 금융위기 당시엔 보유하고 있던 펀드 상품을 신속히 정리해 손실을 피하고 반대로 금리가 급등할 때는 후순위채에 투자해 연 10%가 넘는 수익을 올리기도 했다. 정 총장은 “자본시장은 불확실하고 누구도 단정적으로 예측하기 힘들다”며 “기금운용위라는 조직이 있어야 투자 위험을 감수하기도 하고 총장과 위험을 분담할 수도 있는 법”이라고 설명했다.

연세대는 전체 기금의 38%(1612억원)를 유가증권에 투자해 초과 수익을 올리고 있다. 그는 “등록금 등은 안전성에 최우선을 두고 관리하지만 장기자금은 위험자산을 포함해 다양한 상품에 투자하는 식으로 달리 접근해야 한다”고 했다.

정 총장은 이번 기금·자산운용대상 제정으로 대학기금에 대한 사회적 인식이 개선되는 것은 물론 기부 활성화에도 도움이 될 것으로 내다봤다. 그는 “미국 아이비리그 대학들은 동문의 60~70%가 모교에 기부하지만 국내 대학은 2~3%에 불과하다”고 지적했다.

이어 “올해부터 기부금 공제 방식을 기존의 소득공제에서 세액공제로 전환하면서 기부인센티브가 확 줄었다”며 “기부문화 활성화를 위해 이 개정 세법은 반드시 재고돼야 한다”고 덧붙였다. 허란 기자 why@hankyung.com

2015년 2월 16일 | 전북일보

全北日報

2015년 02월 16일 월요일 016면 기획

“지방대학, 독특한 장점 살려 경쟁력 키워야”

●전북 출신 정 갑 영 연세대 총장

전북 출신 정갑영 연세대총장은 혁신의 아이콘으로 일컬어진다.

오늘날 수많은 대학이 학생수 감소와 재정난 등으로 인해 어려움을 겪고 있으나, 연세대는 새로운 도전을 통해 국내는 물론 외국 대학들로부터도 부러움을 한몸에 받고 있기 때문이다.

1학년 입학생 전원을 인천 송도에 있는 기숙사에서 1년동안 생활하도록 하는 프로그램은 국내 어느 대학도 시도하지 못했던 과감한 혁신이었는데, 이게 대성공을 거두면서 국내는 물론 외국의 학생들이 줄지어 연세대로 몰려들고 있다.

전북 출신 정갑영 연세대총장을 만나 오늘날 대학이 처한 위기의 원인을 진단하고, 향후 지역사회에서 대학이 갈 방향을 들어봤다.

-대학총장 부임 이후 달라진 모습과 지금까지 총장으로 재임하시면서 느낀 소감이 궁금합니다.

“제가 취임하던 2012년은 대선을 앞두고 반값등록금과 입학제도 등 대학정책과 관련된 논란이 격화됐고, 사립대학들은 자율성과 정체성 위기를 겪던 때 였습니다. 특히 연세대의 경우 인천 송도 경제자유구역내 18만평의 간척지위에 신설 중이던 국제캠퍼스가 자칫하면 ‘독이 든 성배’가 되지 않을까 우려가 컸던게 사실입니다. 저는 이 국제캠퍼스가 영미권 명문대학들이 채택하고 있는 주거대학의 시스템을 도입한 것이어서 성공하리라 확신했는데 결과적으로 최고의 대박을 터뜨리게 됐습니다. 한마디로 아시아 대학교육의 새로운 패러다임을 선보였다고 할 수 있죠. 지난해 연세대는 THE(Times Higher Education) 평가에서 역사상 첫 80위권의 저명한 대학으로 선정됐고, 무려 103개국 학생들이 입학하는 곳으로 성장했습니다.”

-인천 송도에 운영중인 국제캠퍼스 기숙사에 왜 1학년 전원이 1년동안 머무는지 궁금해하는 사람들도 많습니다.

“예일대나 옥스퍼드대 등 중세유럽의 전통을 이어받은 영미권의 유수대학들은 기숙사 단위의 컬리지에 더 큰 소속감을 갖습니다. 우리나라 서원도 유생들이 생활하는 기숙사가 있어서 밤낮없이 학문을 연구하고, 스승의 삶을 가까이에서 지켜보며 인품을 배웠습니다. 하지만, 오늘날 대학은 단순히 취업을 위한 하나의 통과의례에 불과한 경우가 많고 지식전달 기능만 강조되고 있습니다. 그래서 우리는 송도캠퍼스를 마련해서 기숙사 대학을 실현했습니다. 서울 신촌캠퍼스가 약 30만평 가량되는데, 송도는 32만평이나 됩니다. 국제캠퍼스에는 약 5500명이 함께 거주할 수 있는 생활공간과 첨단 교육시설이 갖춰져 있어 연세대 신입생 전원이 지성은 물론 강한 체력과 공동체에 대한 책임감, 문화예술에 대한 감수성을 기르며 전인적인 인격체로 성장하고 있습니다. 처음엔 꿈에 불과했지만, 국내 대학 중 맨 먼저 도전해서 성공하자 다른 대학들의 부러움을 한몸에 사고 있습니다.”

> 공평한 지원 효과 없어
> 정부 ‘선택·집중’ 마땅
> 차별화 교육 과정으로
> 대학마다 특성 살려야

-오늘날 젊은이들에게 해주고 싶은 말씀이 많을 것 같습니다.

“한마디로 노력은 결코 배반하지 않는다는 것입니다. 다윗의 경우를 볼까요. 양을 지키기위해 매일 사자나 곰과 싸우면서 갈고닦은 실력이 없었다면, 엘라 골짜기에서 거인 골리앗을 쓰러뜨릴 용기를 낼 수 없었을 것입니다. 결정적인 기로에서 혼신을 다해 최선의 결과를 만들어내기 위해 매일 스스로 연마하는 것이 우리 젊은이들의 역할이라고 봅니다. 저 역시 첫번째 대학입시에서 실패했던 경험, 대학졸업 후 안정적인 직장을 떠나 장래가 불투명한 연구소로 이직했던 일, 아는 사람 한 명없는 외국으로 유학을 떠났던 경험이 있습니다. 각종 고비와 기로에서 좌절하거나 안전한 선택만 했더라면 저는 지금과 많이 달라진 삶을 살았겠죠. 도전과 실패, 고생을 두려워하지 말라는 말을 꼭 하고 싶습니다.”

-학생이나 학부모 모두 지방을 떠나려하고, 전국 지방대학은 앞다퉈서 수도권과 가까운 곳으로 진입하려고하고있습니다.

“지방의 발전과 지역대학의 발전은 밀접하게 연관돼 있습니다. 1980년대까지만 해도 서울 유수의 대학에 뒤지지 않는 지방대학들이 많았으나 경제체제가 서울중심, 대기업 중심으로 옮겨지면서 우수 학생들도 지방대학을 외면하고 수도권으로 몰리고 있습니다. 국내 경제규모를 감안하면 세계 100대 대학이 10개는 있어야 하는데 국내 종합대학 중 세계 100대 대학으로 인정받을 수 있는곳은 서울대 정도밖에 없습니다. 중앙정부와 지방정부, 기업들이 더 관심을 가져줘야 합니다. 정부는 지역대학 중 경쟁력 있는 곳이 세계적인 대학으로 성장할 수 있도록 지원을 집중해야 합니다. 지방대학을 육성한다고 화단에 물 주듯이 모든 대학에 공평하게 지원하면 효과가 없습니다. 지방대학 역시 독특한 장점을 살려 경쟁력을 키워야 합니다. 정부재정지원평가에 따라 교육중심-연구중심-산학협력중심을 시계추처럼 오갈 것이 아니라 자기 대학의 특성을 살려나가야 합니다. 소수의 학생들을 대상으로 대학의 색깔이 분명한 독특한 커리큘럼으로 승부해야 지역대학이 살 수 있습니다. 물론, 이 과정에서 불우한 학생들이 소외되지 않도록 정부차원의 지도와 지원이 필요하겠죠.”

청와대=위병기 기자

연세대학교 역사상 첫 전북출신 총장인 정갑영 총장이 도전의 연속이었던 자신의 삶을 돌아보며 웃고 있다.

●정갑영 총장은

연세대 전북인 첫 총장 삶도 대학경영도 ‘도전’

3선의 최규성 국회의원(김제-완주)은 최근 기자와 만난 자리에서 “김제가 배출한 사람 중 가장 성공한 사람 한명을 꼽는다면 정갑영 연세대 총장이라고 할수 있다”고 말했다.

130년의 연세대 역사상 전북 출신 첫 총장인 정갑영 총장(64)이 어떤 위치를 차지하고 있는지를 극명하게 보여주는 말이다.

지난해말 감사원은 혁신을 이끌어갈 감사혁신위원회의 위원장으로 정갑영 연세대 총장을 선임했다. 감사혁신위원회는 혁신과제를 발굴·제안하고 감사혁신 기본계획 및 실행계획을 최종 심의·의결해 감사원장에게 건의하는 등 실질적으로 감사원 혁신을 주도하게 된다. 수많은 대학총장 중 한명에 불과할 텐데 왜 정갑영 연세대 총장은 주목 받는 것일까.

호남 인맥이 취약한 연세대에서 정 총장은 일반의 예상을 깨고 첫 호남출신 총장이 됐다. 김제시 청하면 관상리에서 태어난 그는 전주고, 연세대 경제학과를 졸업했다. 대학 졸업 후 편안한 삶이 보장됐던 한국은행에 취직이 됐지만, 2년만에 그만두고 새로운 도전에 나섰다.

전국에서 5명을 선발하는 경제학 분야 국비장학생에 뽑혔고, 곧바로 아이비리그에 속하는 코넬대에서 석사와 박사학위를 취득했다. 35세의 나이에 교수가 된 그는 경제학자로서 만족했으나, 2004년 교무처장에 발탁되면서 교육행정가로서 빼어난 수완을 발휘하게 된다. 2006년부터 강원도 원주캠퍼스 부총장을 맡은 그는 CEO로서의 자질을 맘껏 발휘했다. 그가 책임진 원주캠퍼스는 예전과는 판이하게 달라졌다.

재단 이사회에서 선출해 전체 교직원들이 동의투표를 하는 총장 선출과정에서 정갑영 총장후보는 무려 87%의 득표력을 보였다. 연세대 역사상 총장 신임 투표로서는 최고의 득표율이었다.

고교시절 그는 문예반으로 활동했다. 전주고 동창인 윤영관 전 외교통상부장관을 만난 것도 바로 그 때였다. 쉽게 되리라 생각했던 연세대 시험에 떨어진 그는 재수를 해서 연세대에 들어갔다. 아내와 딸 셋도 모두 연세대 출신인데, 그것 하나만 봐도 가족들의 학교사랑을 짐작할만하다.

청와대=위병기 기자

2015년 3월 31일 | 동아일보

東亞日報

2015년 03월 31일 화요일 C07면 기획

특성화 인재·융합연구 활성화 세계 명문대학과 어깨 나란히

대학을 둘러싼 외부 환경이 어려워지면서 대학은 변화를 강요받고 있다. 국내 최고의 사학 명문으로 꼽히는 연세대의 대응 방안은 무엇일까.

정갑영 연세대 총장은 "인천 국제캠퍼스의 개교와 함께 글로벌 연세의 미래를 여는 '제3의 창학'을 선포했다"며 "글로벌 명문교육 확립, 세계 수준의 연구 강화, 캠퍼스 인프라 선진화, 멀티캠퍼스 자율과 융합, 공동체 문화와 확산 등 다섯 가지 사업을 주요 목표로 세웠다"고 말했다.

첫 번째로 '글로벌 명문교육 확립'은 레지덴셜 칼리지(Residential College) 프로그램과 기초 인문학의 소양교육, 학문 간의 장벽을 뛰어넘는 융합교육을 하겠다는 것이다. 정 총장은 "특성화 인재교육을 실현하여 세계 명문대학들과 어깨를 나란히 하겠다는 계획"이라고 덧붙였다.

두 번째로 '세계 수준의 연구역량'을 확보하기 위해 융합연구를 활성화한다. 2013년에는 융합연구 중추기관인 '미래융합연구원'을 개원했고 교원 내부겸직 확대, 융복합 전공 개설 등을 통해 학문의 경계를 뛰어넘고 있다. 세 번째 '캠퍼스 인프라 선진화'를 위해서는 신촌캠퍼스의 중심도로인 백양로를 차 없는 보행자거리로 탈바꿈시켰고, 지방 출신 학생들의 거주 고민을 덜기 위해 우정원을 신축했으며, 제중·법현학사 재건축을 추진하고 있다. 네 번째, '멀티캠퍼스 자율과 융합'은 신촌캠퍼스와 의료원, 원주캠퍼스, 국제캠퍼스가 캠퍼스별 특성과 경쟁력을 갖추는 동시에 캠퍼스 경계를 넘는 융합연구를 한다는 것. 다섯 번째로 '공동체 문화와 확산'이란 언더우드 선교사와 알렌 선교사 등 선각자들의 나눔과 섬김 정신을 이어가자는 것이다.

정갑영 총장

정 총장은 '융합'이라는 키워드를 여러 차례 강조했다. 그는 대학의 교육 역량을 강화하기 위한 대책도 융합에서 찾았다. 정 총장은 "학생들이 특정 학문이나 분야에 한정되지 않는 통섭적인 안목을 가진 인재들로 성장할 수 있도록 뒷받침하고 있다"고 말했다. 실제 연세대는 공과대학에 글로벌융합공학부를 만드는가 하면 인문, 사회, 과학의 융합교육을 위해 융합인문사회계열과 융합과학공학계열 등 융복합 전공을 개설했다.

또 정 총장은 "의과대학, 약학대학, 세브란스병원도 공동연구 및 교육을 실시하며 적극적인 융합을 추진하고 있다"며 "의과대학과 세브란스병원 등이 참여하는 의료기기 융합연구개발 클러스터를 운영하는 것이 좋은 예"라고 말했다.

정 총장은 연세대가 추구하는 인재상을 '전인적 인재, 창의형 인재'라고 요약했다. 연세대 신입생들은 1년간 국제캠퍼스에 거주하면서 전인교육, 국제화교육, 창의교육을 위한 다양한 활동을 하게 된다. 정 총장은 "서로 다른 성장배경과 문화적 차이를 가진 5000여 명의 학생들이 각각 테마별로 구성된 12개 하우스에서 공동체 생활을 하며 소통과 협력의 중요성을 체득하고 리더십 역량을 키운다"고 말했다. 이러한 경험을 통해 섬김의 리더십을 실천할 전인적 인재와 미래사회 핵심 가치를 창출하는 창의형 인재를 양성할 수 있다고 정 총장은 강조했다.

취·창업 지원도 활발히 이뤄지고 있다. 특히 2011년 확대 개편된 '창업지원단'은 창업 준비부터 실전 창업까지 각 단계별로 창업프로그램을 운영한다. 정 총장은 "창업을 하려는 학생이 있다면 창업 강좌를 받게 하고 이 과정에서 나온 아이디어를 실현할 수 있도록 기회를 제공한다"며 "실제 창업을 한 경우에도 계속해서 창업 지원 프로그램을 운영해 성공적인 창업 활동을 지속할 수 있도록 돕는다"고 했다.

글로벌 프로그램에 대해 묻자 정 총장은 그동안 연세대가 거둔 국제화 성과부터 늘어놓았다. 연세대에는 103개국 학생들이 수학하고 있다. 현재 세계 교류 대학 수는 670여 곳에 달하며 매년 1000여 명의 교환학생을 해외에 파견한다. 국내 최초로 시작한 국제하계대학에는 매년 1300여 명의 해외대학 학생들이 참여하고 있고 2013년 시작한 국제동계대학 참가자도 계속 증가하는 추세다.

정 총장은 "최근 대학의 교류협력은 양자간에서 다자간으로 변화하는 추세"라고 말했다. 이에 발맞춰 연세대는 아시아태평양 및 동아시아 대학 협력기구인 '환태평양대학협회'와 '동아시아연구중심대학협의회'에 가입하며 국제협력 사업을 추진하기 위한 발판을 마련했다.

정 총장은 "외국 선교사들의 도움을 세계에 대한 나눔으로 되갚는 대학, 세계 변화를 선도하는 대학이 되도록 하겠다"는 포부를 밝혔다.

2015년 5월 6일 | 중앙일보

중앙일보

2015년 05월 06일 수요일 016면 종합

정갑영 "등록금·입시 규제 없는 자율형 사립대 허용해야"

창립 130돌 맞는 연세대 총장

고교에도 자율형 사립고 있는데 대학에만 정부의 규제·간섭 심해

소외계층 선발 점차 늘려나갈 것 송도캠퍼스 창의·융합 교육 활발

연세대가 9일 창립 130주년을 맞는다. 1885년 미국인 선교사 호러스 뉴턴 알렌이 세운 광혜원이 세브란스 의과대학의 효시다. 1915년 선교사 호러스 그랜트 언더우드가 세운 연희전문학교는 57년 세브란스와 통합해 연세대가 됐다.

한 세기를 훌쩍 넘긴 사립대를 이끄는 정갑영(64) 연세대 총장은 지난달 27일 서울 신촌캠퍼스 집무실에서 한 본지와의 인터뷰에서 "이역만리 조선 땅에 와 기부와 헌신으로 대학을 세운 창립정신을 되살리겠다"며 "소외계층을 위한 입시부터 확대하겠다"고 밝혔다. 그는 "지금까지는 기초생활보호대상자만 '한마음 전형'에서 뽑아 왔는데 소득분위 기준을 점진적으로 확대하는 등 지금보다 많은 학생에게 혜택을 주겠다"고 설명했다.

정 총장은 이어 "소득이 낮은 가정의 학생들을 많이 받게 하려면 등록금 책정과 입학전형에서 일정 수준까지 대학에 자율성을 주고 책무를 부여하는 '자율형 사립대' 모델을 정부가 허용해야 한다"고 제안했다. 그는 "지금은 대학에 대한 정부 규제가 너무 많아 우수한 학생을 뽑기도 쉽지 않고 소외계층에 실질적 혜택을 주기도 어렵다"고 덧붙였다.

-소외계층 학생에게 입학 문호를 넓히려는 취지는.

"학문적 수월성과 사회적 형평 추구 두 가지가 세계 모든 대학의 사명이다. 과거엔 소외계층 학생들이 대학을 신분 상승의 사다리로 삼았지만 요즘은 오히려 신분을 고착시키는 수단이 됐다. 좋은 대학일수록 저소득층 학생의 비율이 낮다. 연세대는 창립 정신에 맞춰 특히 사회 공헌을 해야 한다. 그래야 사회도 안정된다."

-입시를 어떻게 바꿀 건가.

"기초생활보호대상자만 뽑고 있는 소외계층에 대한 배려를 그 이상의 소득분위로까지 확대하려 한다. 기존 전형은 지원자가 적은 데다 학력 수준이 낮아 입시를 통과하지 못해 정원을 못 채우는 형편이다. 실업계고 출신도 취직 후 대학에서 공부할 길을 넓혀줄 계획이다. 작전 중 숨진 군인의 자녀 등 소외계층의 입학을 전반적으로 늘릴 생각이다."

-이들에게 요구하는 대입 학력 기준도 낮출 건가.

"대입에서 소외계층을 배려할수록 학력은 내려갈 수밖에 없다. 입학 후 기초교육을 추가로 시켜야 한다. 장학금도 많이 줘야 하니 재원이 필요하다. 이를 위해 정부의 대학 정책이 바뀌어야 한다. 반값 등록금의 목적도 소외계층에 혜택을 더 주자는 것일 거다. 그런데 지금처럼 등록금 인상을 억제하고 대학에 합격할 경우 정부가 소득계층에 따라 장학금을 주는 방식으론 진정한 신분 상승을 제공하기 어렵다."

-자율형 사립대는 어떤 시스템을 염두에 둔 건가.

"정부가 일부 대학을 자율형 사립대로 지정해 등록금과 입시에서 자율성을 주되 소외계층을 뽑아 교육시키는 사회적 책무를 부여하자는 거다. 지금은 우수한 학생을 뽑으려 해도 정부가 규제해 어렵고 등록금도 수년째 동결하거나 내린 상황이다. 고등학교에도 자율형 사립고가 있는데 대학에 없다. 유럽은 정부가 지원해 주니 사립대가 거의 없고 등록금도 싸다. 미국의 경우 주립대는 등록금이 싸지만 사립은 우리의 네댓 배다. 정부가 재정을 지원하지 않으면서 등록금을 현 상태로 유지하도록 하면 어떻게 세계적인 대학을 만들 수 있겠는가."

-입시 등에서 어떤 자율성이 필요한가.

"학문적 수월성도 중요한 가치다. 이를 위해서는 대학이 여러 가지 기준을 적용해 학생을 뽑을 수 있어야 한다. 80~90%는 아주 우수한 학생을 뽑고 그 나머지는 소외계층에 기회를 주는 방식이 필요하다."

-정부의 대학 구조 개혁 작업은 어떻게 보나.

"학령 인구가 줄기 때문에 대학 정원을 줄여야 하는 건 맞다. 하지만 수퍼마켓에 상품을 진열해 놨다가 뭔가 빼야 한다면 고객이 안 찾는 것부터 빼야 하지 않겠나. 기존 정원을 채우지 못하는 대학이 많다. 그런데도 인위적으로 모든 대학에 몇 %씩 줄이라고 하면 결국 소비자만 피해를 보게 된다. 지방대가 타격을 입을 것이란 우려와 관련해선 정부가 개입해 지방의 거점 대학을 육성해줘야 한다. 자율형 사립대는 정원을 알아서 하게 하고 지방엔 거점 대학을 육성하는 정책을 정부가 폈으면 한다."

-송도 레지덴셜 칼리지(기숙형 대학)가 2013년 도입됐는데 반응이 어떤가.

"지난해부터 모든 1학년생이 1년 동안 송도 기숙사에서 생활하고 있다. 레지덴셜 칼리지에선 5가지 'C'를 강조한다. 창의력(Creativity), 소통(Communication), 융합교육(Convergence Education), 문화적 다양성(Cultural Diversity), 기독교적 가치관(Christianity)이다. 이런 소양을 갖춘 인재를 기르기 위해 핀란드의 알토(Aalto)대가 시작한 창업교육 시스템인 '디자인 팩토리'를 지난달에 도입했다. 핀란드·호주·칠레·중국·스위스에 이어 여섯째로 송도 캠퍼스에 문을 열었다. 네모난 마이크도 알토대에서 가장 먼저 만들었는데, 미래형 산학협력의 장으로 학생들이 창의적인 아이디어부터 제품 설계와 생산까지 해 볼 수 있다. 나머지 5개 나라 학생들과 실시간으로 의견도 공유할 수 있다."

-한국 대학이 나아가야 할 길은.

"우리나라 경제 규모에선 세계 100대 대학이 10개는 나와야 한다. 정부가 대학에 일정한 자율권을 줘야 가능한 일이다."

만난 사람=강홍준 사회1부장, 정리=신진 기자
jin@joongang.co.kr

정갑영 연세대 총장은 지난달 27일 인터뷰에서 "우리나라 경제 규모에선 세계 100대 대학이 10개 정도 나와야 한다"고 말했다. 신인섭 기자

숫자로 보는 연세대(2014학년도 기준)

- 설립: 1885년
- 재적 학생 수: 2만7628명
- 외국인 학생 수 - 학부생: 783명(80개국)
  - 석·박사 과정: 522명(43개국)
  - 교환학생: 794명(42개국)
- 개설 강좌: 5279개
- 학생 1인당 장학금: 336만5560원
- 기숙사 수용률: 30.6%(전국 사립대 평균 17%)
- 학생·교직원 2014년 봉사 시간: 20만8817시간

◆**정갑영**=1951년 전북 김제에서 태어났다. 전주고를 졸업하고 연세대 경제학부에 진학했다. 졸업 후 한국은행에 취직했지만 2년 만에 그만뒀다. 미국 펜실베이니아대학원에서 석사 학위(경제학)를, 코넬대학원에서 박사 학위(경제학)를 받았다. 35세가 되는 해에 연세대 교수로 부임했다. 연세대에서 교무처 처장, 경제연구소장, 원주캠퍼스 부총장 등을 거쳐 2012년 총장에 취임했다.

2015년 5월 9일 | 국민일보

국민일보

2015년 05월 09일 토요일 007면 기획

데스크 직격 인터뷰 신종수 부국장 정갑영 연세대 총장을 만나다

"130년 연세대, 하나님의 뜻이 살아있는 기적의 현장"

정갑영 총장은

1951년 전북 김제 출신으로 전주고, 연세대 경제학과를 나와 미국 펜실베이니아대에서 경제학 석사, 코넬대에서 경제학 박사학위를 받았다.

1986년부터 연세대 교수로 재직 중이며 정보대학원장, 교무처장, 원주캠퍼스 부총장을 거쳐 2011년 2월 제17대 총장에 선임됐다.

2010년 자유기업원 이사장을 지내기도 했다. 고교시절부터 교회를 다니며 기독교 서클 활동을 한 독실한 크리스천으로 현재 서울 경동교회에서 장로로 봉사하고 있다.

연세대 정갑영 총장은 연세대 창립 130주년을 맞아 8일 국민일보와 인터뷰를 갖고 학문적 자질은 물론 창의력과 문화 감수성을 갖춘 글로벌 인재를 양성하는 것이 중요하다고 강조했다.

구성찬 기자

오늘 창립 130주년 기념행사

연세대가 9일 창립 130주년을 맞았다. 정갑영 총장은 글로벌 리더십을 기르기 위해서는 섬김과 나눔으로 요약되는 기독교적 가치관이 중요하다고 강조했다. 창의적 인재 양성을 위해 인문학적 소양이 중요하다고도 했다. 정 총장을 8일 총장 집무실에서 만났다.

-기독교적인 창립 정신이 130년이 지난 지금까지 잘 유지되고 있나.

"그동안의 연세대 역사를 보면 정말 하나님의 뜻이 살아있는 기적의 현장이다. 130년 전 알렌과 언더우드 선교사가 26세의 나이에 척박한 조선 땅에 왔다. 우리로 치면 군대 막 갔다 온 대학생 나이다. 이곳에서 서양 귀신이라고 손가락질을 받으면서 씨앗을 심었다. 알렌 선교사는 제중원을 시작하며 '고통 속에 있는 백성들이 치료받는 기쁨을 선사하겠다'고 다짐했다. 언더우드 선교사는 '예배당도 학교도 없는, 경계와 의심과 천대가 가득한 이곳이 머지않아 은총의 땅이 되리라'며 숱한 역경을 이겨냈다. 이런 헌신과 기부, 도전과 개척의 역사가 있었다."

-기독교적 가치관으로 교육하는 사례를 든다면.

"RC(Residential College)를 대표적인 예로 들 수 있다. 실험적인 것인데 이미 선진국에서는 교육적 효과가 증명된 것이다. 원주캠퍼스에서 부총장으로 일할 때인 2007년부터 실험적으로 도입했다. 성공적으로 정착돼 전면적으로 정착을 시켰다. 3년째를 맞고 있다. 총장 취임 후 가장 중점을 둔 프로그램이다. 이걸 하지 않으면 크리스천 리더십을 교육할 수가 없다고 생각했다. 일반 대학은 학원과 비슷하다. 수업만 듣고 가버리니까 진정한 캠퍼스 생활이라고 할 수 없다. RC는 기숙사에 24시간 거주한다. 3인 1실이 원칙이다. 교육학적으로도 세 사람이 살아야 사회성이 가장 많이 길러진다. 한 번은 누구나 알 만한 부유층 인사가 총장실에 전화를 해서 기숙사비를 얼마든지 낼 테니 독방을 달라고 했다. 하지만 그건 안 된다고 했다. 그런데 나중에 한 학기나 1년이 지나니까 애들이 달라졌다고 하더라. 방 배정을 할 때 같은 과 학생끼리는 한 방에 배정을 안 한다. 공동체 생활을 통해 생활환경이나 가치관이 다른 사람을 이해할 줄 알게 된다. 우리 사회에 갈등이 참 많지 않나. 갈등을 해결하고 이웃에 관심을 갖고 돕는 훈련이 필요하다. 우울증에 걸려 자살 직전에 간 학생을 룸메이트가 발견하고 도와주기도 한다. 가정 형편이 어려운 학생은 교회 등을 통해서 눈에 띄지 않게 지원한다. 기초생활수급자는 기숙사비를 전혀 받지 않고 생활비도 일부 보조해 준다. RC가 공동체 생활을 하니까 같이 프로젝트도 수행하고 운동도 한다. 자연스럽게 성가대도 생기고 예배도 본다. 크리스천 리더십을 기를 수 있다. 일종의 커뮤니티다."

> 기부·헌신·도전·개척의 역사
> 1년 기숙사 생활 RC 성공적 정착
> 생보자 기숙사 무료·생활비 보조
> 신앙 입각 중증장애인 최대 수용

-학생들에게 경제적 부담은 없나.

"기숙사비가 한 달에 20만원 수준이고, 소득 계층에 따라 주거장학금 형태의 지원이 있다. 조사해보니까 서울에 집이 있는 아이들도 교통비만 한 달에 14만원이 든다고 하더라. 학부모들은 기숙사에 들어간 뒤로 용돈을 거의 안 쓴다고 얘기한다."

-채플은 어떻게 운영하나.

"신촌은 대학 교회가 별도로 있지만 원주캠퍼스에는 교회가 없었다. 그래서 원주 부총장으로 있을 때 지었고, 송도캠퍼스에도 교회를 지었다. 채플시간은 1주일에 한 시간이다. 2학년까지 채플에 참석해 학점을 따야 한다. 채플뿐 아니라 RC를 통한 공동체 생활을 하면서 갖춰야 할 덕목이 길러지는 것 같다. 서로 존중하고 배려할 줄 알고, 그게 큰 변화다. 송도 기숙사에는 매 층마다 커뮤니티룸이 있다. 냉장고도 공동으로 쓴다. 12개 기숙사별로 합창대회, 체육대회도 한다. 기숙사 여건상 1학년 학생들만 대상이다. 기독교 정신 반영을 위해 여러 프로그램을 많이 하고 있는데 예를 들자면 우리 학교가 국내에서 중증 장애인을 제일 많이 받고 있다. 병원도 재활병원이나 어린이 병원은 구조적으로 적자가 심하지만 기독교적 창립정신에 의해 계속 운영하고 있다. 송도 GIT(Global Institute of Theology)라는 글로벌 기독교 리더 양성을 위한 프로그램도 있다. 주로 아시아·아프리카 등 제삼세계서 선교에 관심 있는 학생들을 위한 프로그램이다. 생활비와 장학금을 줘서 무료로 교육하고 있다."

-송도캠퍼스의 경우 설립 과정에 우여곡절이 많았다고 하는데.

> 송도, 초기 반발 딛고 신기원 열어
> 亞 대학 패러다임 새롭게 정립
> 인재 양성 위해 인문학 소양 중요
> 2012년부터 제3창학 추진 중

"정부가 송도에 여러 대학을 유치하려 했지만 처음에 아무 대학도 안 간다고 했다. 연세대만 가겠다고 결정했다. 왜 지방으로 가느냐, 바다를 매립한 곳인데 제대로 학교를 지을 수 있겠느냐며 반대가 많았다. 쉬운 결정 아니었다. 2년여 전 송도캠퍼스에서 RC를 시작했는데 그때도 반대가 대단했다. 한때 못하는 거 아닌가 생각도 들었지만 계속 설득해서 추진했다. 총장직을 걸고 추진했다. 지금은 아시아의 대학 패러다임을 새롭게 정립할 정도로 국내외 교육 관계자들의 관광지 비슷하게 됐다. 지난해 송도캠퍼스를 방문한 사람이 5000명이 넘는다. 국내외 각 대학에서 벤치마킹을 하고 있다. 학생, 학부모, 교수들도 만족하고 있다. 바다를 매립해서 상업용지를 개발했다. 거기서 나온 수익으로 캠퍼스를 만들었다. 2008년 금융위기 직전이었다. 6개월만 늦어졌으면 그 뒤로 부동산 경기가 안 좋아져 어려웠을 것이다. 하나님이 도와주시지 않으면 할 수 없는 일들이 계속해서 생기는구나, 하나님의 역사가 있는 기적 같은 일이 생기는구나 하는 생각을 하게 된다."

-요즘 취업이 어렵지만 대학이 취업양성소라는 지적이 있다.

"취업이 어려운 건 사실이지만 인문학이 중요하다고 본다. 인문학 프로그램을 유지하려고 한다. 오히려 인문학적인 소양을 길러주는 교육을 강화하고 있다. 사회가 급속도로 많이 변화하니까 대학 교육의 방향이 이제는 변화하는 사회 환경에 적응할 수 있는 기본 소양을 갖춘 사람들을 만들어야 한다. 융합적이고 인문학적인 소양이 중요하다. 지금은 대학 문 밖을 벗어나자마자 새로운 것들이 생기는 시대다. 그런 변화에 적응하고 수용할 수 있는 인재를 길러내기 위해선 더더욱 인문학적 소양이 필요하다고 본다. 실용적이고 단기적 변화에만 적응하는 교육을 한다면 몇 년 뒤면 쓸모없게 된다. 창의력도 인문학적 소양을 통해 길러진다."

-재단이사회 구성을 둘러싼 갈등은 해소됐나.

"기독교계의 뜻을 반영해 개방이사를 선임하는 방식으로 정리됐다. 이사회는 총장 소관이 아니니까 뭐라고 말할 입장이 아니지만 다 해결된 것으로 알고 있다."

-학교 재정은 어떤가.

"요즘 등록금 동결로 긴축재정을 해야 해서 학교 행정인력도 많이 줄였다. 교직원이 거의 20% 이상 감축된 상태다. 급여도 많이 긴축하고 있다. 동시에 글로벌 경쟁력을 갖추기 위한 노력을 하고 있다. 인센티브도 강화했다. 정교수도 5년마다 평가받아서 업적이 좋으면 특별 호봉 인센티브를 준다. 65세 이후에도 연구 실적이 좋으면 70세까지 갈 수 있다. 글로벌 수준의 교육도입, 교육과 연구의 내실화, 국제화, 캠퍼스 인프라 확충, 사회봉사를 통한 나눔의 실천 등에서 혁신을 목표로 하고 있다. 이런 노력 끝에 지난해 대학평가기관인 'Times Higher Education'이 실시한 평가에서 아시아 사립대학 중 1위, 세계 사립대학 중 20위에 올랐다. 130년 전에 제1창학, 1957년 연희와 세브란스가 합병돼 연세대가 된 것을 제2창학이라고 한다면 지금은 제3창학을 추진 중이다."

jsshin@kmib.co.kr

신입생 전원 송도 캠퍼스서 1년간 공동체 훈련
학습·생활 결합 통한 나눔·섬김의 리더십 키워

정갑영 총장이 강조하는 것 중의 하나는 열린 공동체 문화의 확산이다. 고려대는 잘 뭉치는 반면, 연세대는 개인주의적 성향이 강하다는 말 때문은 아니다. 기독교 정신인 나눔과 섬김을 위해 공동체 문화가 중요하다는 것이 정 총장의 생각이다.

아시아 지역 최초로 도입한 RC(Residential College)도 그 일환이다. 하버드, 예일, 프린스턴, 옥스퍼드 등 세계 명문대학들이 실시하고 있어 아이비리그형 교육모델로 불리는 RC는 정 총장이 취임 후 역점을 두고 추진하는 프로그램이다.

지난해부터 신입생 전원을 대상으로 송도 국제캠퍼스에서 실시 중인 이 제도는 1년간 캠퍼스에서 먹고 자고 하면서 공동체 훈련을 받는다. 학과 공부는 물론이고 토론과 인성교육, 동아리활동, 봉사활동, 문화·예술·체육활동 등이 이뤄진다. 학습과 생활의 결합을 통한 일종의 전인교육 프로그램이다.

24시간 캠퍼스에서 생활하며 서로 다른 성격과 성장배경을 가진 동료들과 소통하고 협력하고, 갈등을 해결하는 방법을 배운다. 사실 주위 사람들과 협력하고 갈등을 해결하는 능력은 공부 못지않게 중요하다. 혼자 자취방에서 생활했다면 발견하기 어려운 부적응 위험군 학생을 조기에 발견해 성공적인 대학생활을 할 수 있도록 돕기도 한다. 학생들이 이런 훈련을 통해 나눔과 섬김의 리더십을 기를 수 있다고 정 총장은 강조했다.

학생들이 RC에서 공동으로 프로젝트 작업을 하고 있다. 연세대 제공

2015년 5월 9일 | 매일경제

매일경제

2015년 05월 09일 토요일 A29면 사람과사람

연대 '노벨 프로젝트' 가동…"20년내 수상자 낼것"

창립 130주년 연세대, 정갑영 총장의 비전

"고등과학원 만들어 연구만 전념토록 지원"

"향후 20년 내 국내 대학 최초로 노벨상 수상자를 배출하는 '연세 노벨 이니셔티브'를 발족할 계획입니다. 이를 위해 연세대가 대학 연구환경의 혁신을 선도할 것입니다."

9일로 창립 130주년을 맞는 연세대가 노벨상 도전을 선언했다. 정갑영 연세대 총장은 "국내 대학에서 가장 장구한 역사를 지닌 만큼 노벨상 수상자를 배출해야 한다는 사명감을 안고 있다"면서 "미래융합연구원(ICONS)과 신(新)백양로사업 등을 통해 학과·대학·캠퍼스 간 '보이지 않는 장벽'을 허무는 것에서 출발하겠다"고 말했다. 그는 "대학의 사명인 교육·연구·임상·사회공헌 가운데 우리에게 상대적으로 열악한 것이 연구"라며 "이 연구의 수월성을 위해 '연세 노벨 이니셔티브'를 강화하려는 것"이라고 설명했다.

오는 10월 7일 모습을 드러낼 '신백양로'도 연구개발의 토대 강화를 위한 정 총장의 의지가 반영된 것이다. 신백양로 조성 사업에 동문들 사이에 일부 이견이 있었지만 연구공간 확충에 필수적인 주차시설 건립이 불가피했다는 것이다. 백양로 지하 6000평 규모에 지하주차장과 문화·예술 및 학술 공간을 마련해 융합연구를 촉진하겠다는 발상이다. 정 총장은 "10년 전부터 논의된 숙원사업이었던 만큼 다양한 학문이 상호 교류하는 창의발현 공간으로 발돋움시킬 것"이라고 말했다.

전공의 벽을 허무는 '학문 간 융합'을 통해 연구문화도 혁신할 예정이다. 2013년 설립된 미래융합연구원은 학문 간 융합을 통한 시너지 극대화를 위한 것으로 짧은 기간에 56개 연구센터에서 530명이 넘는 교수가 참여 중이다.

우수 석학들이 연구에만 전념토록 '고등과학원'도 만들 예정이다. 정 총장은 "해외 우수 대학들은 석학들이 강의에 대한 부담 없이 연구에만 전념할 수 있도록 하고 있다"며 "연세대 '고등과학원'이 이 역할을 수행하게 될 것"이라고 말했다. 대학의 보수성에서 벗어나 세계적 석학들을 위한 문호를 상시 개방하고, 연구풍토를 선진화하겠다는 것이다.

정 총장은 "1년 365일 탁월한 연구실적 등 우수성이 입증된 석학들은 제한없이 특별채용할 수 있는 제도가 마련된 상태"라며 "기존 교수들도 연구실적이 탁월하면 65세 정년에 구애됨이 없이 70세까지 일할 수 있도록 명예특임교수제를 시행하고 있다"고 설명했다.

정 총장은 특히 대학의 사명 가운데 하나인 사회공헌을 강조했다. 그는 "소외계층에 대한 교육기회를 점진적으로 10%까지 확대하고, 가계 소득 하위 30% 학생들에 대한 장학제도를 늘려 '사회적 불균형' 개선에 적극 나서는 것이 대학의 사명"이라고 덧붙였다. 하지만 이를 위한 제도가 미비하다고 지적했다. 단순히 소외계층의 입학뿐 아니라 학력 수준이 낮은 이들이 학업을 따라올 수 있도록 재교육을 위한 재원과 재정적 지원 등이 필요하다는 것이다. 정 총장은 소외계층을 뽑아 교육시키는 사회적 책무를 부여하되 등록금과 입시에서 자율성을 주는 '자율형 사립대학'의 필요성을 강조했다.

정 총장은 "교육 사각지대에 있는 소외계층 청소년들에게 문화체험, 고민상담, 진로지도 등 다각적인 면에서 지원활동을 펼쳐나갈 것"이라며 "기초수급대상자와 차상위계층 학생들에게는 등록금 전액과 생활비 일부를 지원하는 현 장학제도를 더욱 강화해 대학의 사회적 책무를 실천하겠다"고 말했다.

학생들에게 연세대의 창립 정신을 이어받아 '기부·헌신·도전'을 주문하는 것도 빼놓지 않았다. 선교사 호러스 그랜트 언더우드가 세운 연희전문학교와 세브란스의과대학은 모두 기부로 지어진 것이다.

정 총장은 "130년 전 알렌 선교사와 언더우드가 세브란스병원의 효시 제중원과 연세대의 전신 연희전문학교를 세울 당시 26세 청년에 불과했다"면서 "사람들이 두 외국 청년을 향해 '서양에서 온 귀신'이라며 손가락질을 해댔지만, 이들은 우직하게 '도전과 헌신'의 가치를 실현했고 이 땅에 '희망의 싹'을 틔웠다"고 강조했다.　김시균 기자·사진/김호영 기자

2015년 5월 12일 | 매일경제

매일경제

2015년 05월 12일 화요일 B07면 기획

연세대 개설 '컴퓨팅적 사고'

"이제 우리는 컴퓨터가 생각하는 방식대로 사고하는 방법을 배워야 합니다. 이는 융합시대에 생존과도 직결됩니다."(정갑영 연세대 총장) 미래 컴퓨터 기술의 종착점은 어디일까. 컴퓨터 기술은 사회가 당면한 문제를 어디까지 해결할 수 있을까. 나아가 인간은 스스로 사고하는 컴퓨터를 이해할 수 있을까. 이 같은 어려운 난제를 고민하는 학과 과목이 대학에 처음 개설된다.

정갑영 연세대 총장

이미란 MSR 상무

컴퓨터처럼 사고해야 융합시대 살아남는다

마이크로소프트 연구소와 공동으로 가을학기 전 1학년 대상 강의 계획

연세대학교는 올가을 학기부터 컴퓨터의 논리적인 사고 방식으로 문제를 해결하는 방법을 가르치는 '컴퓨팅적 사고(CT)'라는 과목을 개설한다. 'CT'는 컴퓨터 과학 이론과 기술을 현실의 여러 문제 해결에 적용할 수 있는 능력을 교육하는 것이다. 기존 컴퓨터 교육처럼 단순히 컴퓨터 프로그래밍을 가르치는 것이 아니라 '왜 컴퓨터 프로그래밍을 짜야 하는지' 이유를 설명해주는 학문이다.

이를 위해 연세대는 최근 마이크로소프트연구소(MSR)과 공동으로 교육과정을 개발했다. 이미란 MSR 상무는 "CT 과정은 문제 해결을 위한 데이터 수집과 그에 가장 적절한 알고리즘을 만들기까지 통찰을 얻는 과정을 총칭한다"고 설명했다. 이미 외국에서는 CT 교육이 활발히 진행되고 있다. 미국은 각 커리큘럼에 CT를 도입하기 위해 과학, 기술, 공학, 수학 교육에 많은 예산을 투입하고 있다고 한다. 이 분야를 교육할 교사를 100만명 양성한다는 목표도 내세웠다. 영국도 미국에 이어 CT 교육을 강화하고 있다.

이 같은 글로벌 흐름에 따라 한국 정부도 CT 교육을 준비 중이다. 미래창조과학부와 한국과학창의재단은 2년 전부터 CT와 관련한 콘텐츠 개발과 연구를 하고 있다. 다만 아직 실제 교육현장에서 CT를 적용한 수업은 시작되지 않았으며 연세대가 MSR와 공동으로 개발한 CT교육 과정이 국내에서는 교육 현장에 처음 적용된다.

연세대는 가을학기부터 1학년 학생 전체를 대상으로 CT 수업을 진행할 계획이다. 정갑영 총장은 "기숙형 교육시설을 갖춘 송도 캠퍼스는 자연스러운 협업이 가능해 CT 수업 효과가 더 빠르게 나타날 것"이라고 예상했다. 연세대는 MSR와 함께 강의자료 개발을 위한 교수 방법론, 교육에 활용할 수 있는 프로그래밍툴 등 기술 인프라 스트럭처를 지원하며 연구소 내 인력도 파견한다. 두 기관은 CT 권위자들과 학술교류, 심화과정 개발 협력도 약속 했다.

정 총장은 "2017년께면 신촌·송도·원주 캠퍼스 모든 학생이 CT과목을 수강할 수 있을 것"이라며 "각자 전공과 CT를 연계한 융합교육 과정도 개발할 예정"이라고 말했다. 또 최근 교육 트렌드인 열린 강의실을 표방해 강의자료와 동영상을 만들어 CT에 관심 있는 사람들이 볼 수 있도록 공유할 계획이다.

이 상무는 "교육 현장 분위기를 바꾸는 데 연세대와 마이크로소프트가 함께 노력을 기울여 나갈 것"이라고 강조했다.　이경진 기자

2015년 7월 6일 | 한국경제

한국경제

2015년 07월 06일 월요일 A29면 종합

국가 재난병원 화두 꺼낸 정갑영 연세대 총장

"메르스 사태 되풀이 않으려면 민·관합동 국가 재난병원 설립해야"

만난 사람=이재창 부국장 겸 지식사회부장

정갑영 연세대학교 총장은 "중동호흡기증후군(MERS·메르스) 확산과 같은 비상사태에 대처하기 위해 국가 재난병원을 민관 합동으로 설립해야 한다"고 말했다. 지난 1일 연세대 신촌캠퍼스 총장실에서 만난 정 총장은 "메르스 사태에도 배우지 못한다면 한국 재난의료에는 미래가 없다"며 이같이 강조했다. 정 총장은 "민간을 배제한 국영병원 형태로 추진하면 경쟁력과 효율성이 떨어져 실패할 가능성이 높다"며 "정부의 재정과 민간의 경영 노하우, 우수한 인력이 결합해 시너지를 내야 성공할 수 있다"고 말했다. 정 총장은 "연세대는 재난병원 건립을 적극적으로 도울 것이며 학교가 보유한 부지를 기부채납(공공기여)할 용의도 있다"고 밝혔다.

정 총장이 처음으로 재난병원 화두를 던진 건 메르스 사태가 발생하기 두 달 전인 올 3월 초다. 괴한에 피습당한 마크 리퍼트 주한 미국 대사를 문병하기 위해 신촌세브란스병원을 방문한 박근혜 대통령과 김무성 새누리당 대표를 만난 자리에서다. 그리고 두 달 뒤 메르스가 한국 사회를 휩쓸면서 재난병원 설립이 당면 현안으로 떠올랐다.

▶메르스 사태 두 달 전에 이미 재난병원 건립을 제안했습니다.

"작년 4월 발생한 세월호 참사가 계기였습니다. 295명이 죽고 9명이 실종되면서 생존자와 피해자 가족 등 수많은 사람이 심각한 정신적 후유증에 시달렸습니다. 하지만 이들에게 특화된 치료를 담당할 국가 차원의 병원이 없더군요. 재난 피해자들에게 체계적인 의료 서비스를 제공하고 관련 연구와 교육을 담당할 국가 차원의 병원이 필요하다는 생각을 하게 됐습니다."

▶아직 재난병원의 개념이 생소합니다.

"메르스 사태를 통해 설명해보겠습니다. 이번 메르스 확산의 원인은 초기대응 실패였습니다. 감염자와 접촉자 등을 초기에 확실하게 격리·관리할 병원이 없었기 때문입니다. 대형병원조차 감염 통제에 필요한 음압병상을 갖추지 못하고 있는 게 우리 현실입니다. 메르스 같은 감염병은 전 국민을 위협할 수 있는 재난인데도, 평소 충분한 준비가 없었다는 점이 드러난 것이죠. 국가 재난병원은 이 같은 재난 대처를 기본으로 하는 병원입니다. 평소엔 일반 병원처럼 진료하다 재난이 발생하면 즉각 재난병원 체제로 전환해 응급치료를 수행합니다. 정신적 외상이나 감염 등 다양한 유형에 따라 맞춤형 의료 서비스를 제공하는 겁니다. 아울러 재난과 관련된 임상연구를 진행하고 의료진을 대상으로 한 재난의료 관련 지식 및 실무 교육을 담당하게 됩니다."

정갑영 연세대 총장은 "메르스 사태나 세월호 사고 등 재난이 발생했을 때 허둥지둥한 전례를 되풀이하지 않으려면 국가 재난병원을 설립해야 한다"며 "민간과 정부가 협력하면 비용은 줄어들고 의료의 질은 높아질 것"이라고 말했다. 김병언 기자 misaeon@hankyung.com

국가재정·민간 경영 노하우 결합해 시너지 내야 성공
재난병원 건축하면 연세대 보유 부동산 기부채납 용의

교수 5년마다 평가해 호봉 조정 … 명예특임교수제 도입
10월 전면 개방하는 백양로, 문화·소통·융합공간 될 것

▶해외에 벤치마킹할 만한 사례가 있습니까.

"우선 미국은 동부에서 하버드대 의과대학 부속 매사추세츠종합병원(MGH), 서부에서는 UCLA 로널드레이건병원 등이 재난병원 역할을 합니다. 국립병원으로는 재향군인병원이 있지만, 특성이 다양한 재난환자를 돌보기엔 역부족이라고 판단해 민간 의대 부속병원을 활용하고 있습니다. 지진이나 화산 등이 잦은 일본도 후생노동성 소속 독립행정법인인 국립병원기구가 재해의료센터를 운영합니다. 국가가 재원을 지원하지만 민간 주도로 운영됩니다."

▶국영이 아닌 민관합동 재난병원을 강조하는 특별한 이유가 있습니까.

"재난병원은 대규모 투자가 필요합니다. 메르스로 화제가 된 음압병상은 한 개에 최소 1억5000만원이 듭니다. 민간이 참여해 경영효율성을 높이지 않으면 국가가 치러야 할 비용은 더 크게 불어날 수밖에 없습니다. 높은 수준의 의료진을 확보하는 데도 순수 국영 의료기관은 불리합니다. 민간이 경영 노하우를 활용해 병원을 운영하며 우수 의료진을 확보하고, 정부는 적자보전과 병원 관리감독을 하는 식으로 역할 분담을 해야 합니다. 1991년 세계 최초로 민관 협력형 병원체제를 도입한 영국이 좋은 선례입니다. 이 같은 모델로 재난병원을 건립하면 연세대도 참여할 의향이 있습니다."

▶연세대가 국가 재난병원 건립에 가장 적극적인 것 같습니다.

"미국 선교사 호러스 알렌이 1885년 연세대의 모체인 제중원(한국 최초의 근대병원)을 설립, 의료를 통한 사회 공헌이 연세대의 창립정신이 됐습니다. 이 같은 뜻을 이어 받아 연세의료원은 어려운 여건에도 불구하고 적자 요인이 많은 어린이병원과 재활병원을 운영하고 있습니다. 연세대는 올해 창립 130주년을 맞아 창립정신을 되새기고 의료를 통한 사회공헌을 강화하려 합니다. 최근에야 이슈화하고 있지만 국가 재난병원 건립에 대한 사례 연구도 지난해부터 진행하고 있습니다. 정부가 민관합동 국가재난병원을 설립한다면 학교 보유 부동산을 기부채납할 용의도 있습니다. 설립 재원도 연세대가 나서 모금할 생각이 있으며 일부 민간단체는 이미 동참 의사를 표시하기도 했습니다."

▶신촌캠퍼스에 거대한 '지하캠퍼스'가 완공을 앞두고 있습니다.

"일명 '백양로 재창조 프로젝트'입니다. 지상은 '차 없는 거리'로 만들어 안전하고 아름답게 꾸미고, 지하는 교육·연구·문화공간으로 조성하는 공사입니다. 다음달 말 지상이 개방되고, 10월 초에는 지하공간도 문을 엽니다. 공사 전에는 백양로를 기준으로 동서로 양분됐던 연세대 캠퍼스가 융합과 소통의 공간으로 거듭날 것입니다. 총동문회장인 박삼구 금호아시아나 회장의 기부로 백양로 지하에 들어서는 금호아트홀(390석 규모)은 중·소규모 공연과 학교 행사 등에 사용됩니다. 지하에서 외부로 이어지는 개방 공간에는 소규모 노천광장도 생깁니다. 학생들이 자유롭게 소통하고 문화를 즐길 공간이 대폭 늘어날 것입니다."(정 총장은 인터뷰에 앞서 기자와 함께 백양로 지하 공사 현장을 찾았다. 한창 공사 중인 내부는 뻥 뚫린 회색 공간이었지만 정 총장은 어디에 어떤 시설이 들어서는지를 설명하는 데 막힘이 없었다.)

▶요즘 구조개혁이 대학가의 최대 화두입니다.

"연세대는 지난 수년간 꾸준히 내부 시스템을 개혁했습니다. 교직원 인사 제도가 대표적입니다. 지난해 8월 노조와 상생합의를 맺고 40년 넘게 지속되던 단순 호봉제를 성과 연동제로 전환했습니다. 반값등록금과 대학정원 감축정책 등으로 재정 여건이 나빠졌고 기존 보상체계로는 행정 효율성을 높이기 어렵다는 문제의식에 노사 모두가 공감한 결과입니다. 아울러 비정규직 상근직원을 정규직화하는 방안을 마련해 지난 2월부터 시행 중입니다. 교직원들은 고용 안정성을 보장받고 학교는 행정의 연속성과 수월성을 얻은 것입니다."

▶교수들의 평가는 어떻습니까.

"교수들에게도 특별호봉 승진 기회를 열어놨습니다. 정교수를 5년마다 평가해 성과가 우수하면 호봉을 올려주는 것입니다. '명예특임교수' 제도도 도입했습니다. 교육·연구·학교봉사 등의 평가 결과가 우수하면 정년인 65세 이후에도 70세까지 명예특임교수로 활동할 수 있습니다. 큰 동기부여가 된다는 평가가 교수들 사이에 나오고 있습니다. 2013년 9월 첫 임용을 시작해 현재 5명의 명예특임교수가 있습니다."

정리=마지혜 기자 looky@hankyung.com

정갑영 총장은 …

경제학자인 정갑영 총장은 느릿한 말투에 온화한 인상이지만 학교 업무에 강한 추진력을 보여주고 있다. 신입생 전원이 기숙사에 살면서 학습과 생활을 함께하는 RC(Residential College)제도를 인천 송도 국제캠퍼스에 도입했다. 신촌캠퍼스 정문에서 본관까지 이어지는 백양로를 차 없는 거리로 만들고 그 밑에 '지하캠퍼스'를 두는 '백양로 재창조 프로젝트'도 그의 작품이다. 학교 구성원과 소통할 일이 있으면 학생들에게 직접 메일을 보내 설득하기를 주저하지 않는다. '만화로 읽는 알콩달콩 경제학' '명화 경제토크' '열보다 더 큰 아홉' 등 대중 경제서를 집필했다. 2007년 전국경제인연합회 시장경제대상을 받았고, 2011년 한경 다산경제학상을 수상했다.

△1951년 전북 김제 출생 △전주고 졸업 △연세대 경제학과 졸업 △미국 코넬대 경제학 박사 △연세대 경제학과 교수 △원주캠퍼스 부총장 △법무부 정책위원회 위원장 △감사원 혁신위원장

2015년 10월 03일 토요일 A09면 종합

연세대 지하 볼룸 조감도

지하 금호아트홀 로비

지하 금호아트홀

연세대 '백양로 재창조 프로젝트' 개요

대지면적	85만9425㎡
규모	지하 2층
연면적	5만8742㎡
공사기간	2013년 8월~2015년 9월
주요 시설	(지상) 보행 전용 공간, 조경 및 시설물 (지하) 교육연구시설(강의실, 회의실 등), 문화시설(금호아트홀), 복지시설, 교통시설 등

공사 전 백양로

46년 만에 변신한 백양로…지하에 車道·공연장, 지상엔 '그린 카펫'

〈연세대학교〉

연세대 서울 신촌캠퍼스의 백양로 재창조 프로젝트는 두 가지 목표로 추진됐다. '지하 공간 창출'과 '지상 공간 재구성'이다. 신촌캠퍼스는 1885년 한국 최초의 근대식 병원인 광혜원을 모태로 발전해 130년간 인재를 양성해왔다. 학교가 성장하며 1999년 운동장을 줄인 자리에 공학원을 짓는 등 1990년대 이후 공간 부족에 시달려왔다.

길이 550m의 백양로 지하에 캠퍼스를 건설한 것은 이 같은 어려움을 타개하기 위해서였다. 이 과정에서 연세대 중앙을 관통하던 차도가 지하로 들어가 지상은 보행자 중심의 녹지공간으로 변신했다.

지하의 재발견

지하 2층으로 조성된 백양로 지하캠퍼스의 연면적은 축구장 면적(7140㎡)의 8배인 5만8742㎡에 달한다. 연세대 신촌캠퍼스 기존 건물 연면적을 모두 합한 46만㎡의 12.7%가 이번 공사로 늘어났다. 이에 따라 공간 부족 문제는 해소될 전망이다. 지하 공간에는 공연장과 강당, 회의실, 연회장이 들어서고 각종 복지시설과 주차장도 조성됐다.

가장 눈에 띄는 시설은 다목적 공연장인 '금호아트홀'(390석 규모)과 노천극장 형태의 '이글플라자'(800명 수용)다. 기존 백주년기념관 내 백양콘서트홀(800석 규모)과 야외 노천극장(8000명 수용) 등 2개밖에 없던 문화·공연 극장이 4개로 늘어난 것이다.

연세대 총동문회장을 맡고 있는 박삼구 금호아시아나그룹 회장의 기부로 지어진 금호아트홀은 전문 클래식 음악 공연이 가능한 음향설비를 갖췄다. 백양로 지상과 지하를 연결하는 출입구에 조성된 이글플라자는 잔디밭과 계단식 스탠드로 꾸며졌다. 여러 개의 공간으로 나눌 수 있는 400석 규모의 연회장이 갖춰졌으며 70석 규모 국제회의실도 3개 마련됐다. 전시공간과 학교

연세대 백양로 재창조 사업

축구장 8배 면적 지하 캠퍼스
회의실·역사관·주차장 들어서
버스·택시 드나드는 교통광장도

⋮

지상은 보행 전용로로 꾸며
정갑영 총장 "사색·소통의 공간"

역사 홍보실, 교직원 휴게공간 등도 들어섰다.

지하캠퍼스는 캠퍼스 교통의 허브 역할도 하게 된다. 지하 교통광장 '백양스퀘어'에는 셔틀버스와 승용차, 택시 등이 자유롭게 드나들 수 있다. 917대 규모의 주차 공간도 확보해 주차난 해소에도 숨통이 트일 전망이다.

지상의 재구성

과거 정문에서 본관 앞까지 백양로를 가로지르던 차량 흐름도 지하로 내려왔다. 정문 오른쪽에 따로 마련된 차량 진입구로 들어온 차량은 지하도로를 통과해 본관 앞 백양로삼거리로 나오게 된다. 이로써 지상 공간은 보행자를 위한 '차 없는 거리'가 됐다. 차도 양 옆으로 좁게 나 있던 보행로도 백양로 가운데로 옮겨왔다. 10여명이 나란히 걸을 수 있는 폭 9m의 인도에는 좌우에 15m 간격으로 은행나무가 심어졌다.

백양로 지상 2만9700㎡에는 콘크리트나 아스팔트 대신 길이 21m, 너비 18m 크기의 잔디밭 네 곳이 조성됐다. 공사 이전 56%에 달했던 백양로 아스팔트 포장 비율은 15%로 떨어지고 나무를 심어 확보한 그늘의 비율은 11%에서 42%로 4배 가까이 늘었다. 연세대 관계자는 "백양로 재창조 프로젝트의 별칭이 연세대 창립자 중 한 사람인 언더우드 선교사의 이름을 따 '언더 더 우드(under the wood·숲 아래서)'로 불리는 것도 이 때문"이라고 귀띔했다.

백양로는 1917년 화학과의 밀러 교수가 농과 학생들의 실습을 위해 학교 안에 백양나무를 심으면서 탄생했다. 처음에는 단출한 오솔길이었지만 1958년 차량이 다닐 수 있도록 도로가 놓이고 1969년 재확장 공사를 하면서 재창조 프로젝트 이전의 모습이 됐다. 공사 전 백양로에는 하루 1만2000여대의 차량이 통과했다. 공사 과정에서 다른 곳으로 옮겨졌던 백양나무 세 그루는 추가로 기부받은 여덟 그루와 함께 백양로 일대에 심어졌다.

정갑영 연세대 총장은 수많은 차량이 통행하는 백양로가 신촌캠퍼스를 동서로 갈라놓는 것은 심각한 문제라고 봤다. 그는 "사색과 토론, 소통의 공간이어야 할 백양로가 단순히 목적지로 가기 위한 동선으로 전락했다"며 "이를 다시 융합과 소통의 문화공간으로 재탄생시켰다는 것이 백양로 재창조 프로젝트의 의미"라고 강조했다.

글=마지혜 기자 looky@hankyung.com
사진=허문찬 기자 sweat@hankyung.com

2015년 10월 6일 | 동아일보

東亞日報

2015년 10월 06일 화요일 A12면 사회

“3인1실 기숙형 칼리지 늘려… ‘컴퓨팅적 사고력’ 키워줄것”

〈CT·Computational Thinking〉

‘제3 창학’ 총력 정갑영 연세대 총장

지난달 30일 서울 서대문구 연세대 신촌캠퍼스에서 새 단장을 마친 백양로를 배경으로 정갑영 총장이 ‘제3의 창학’에 대해 설명하고 있다.
김경제 기자 kjk5873@donga.com

“어떤 변화도 견뎌낼 수 있는 사람을 길러내야 합니다.”

정갑영 연세대 총장은 자신이 생각하는 인재상을 이렇게 설명했다. 상상하기 힘들 만큼 빠른 속도로 바뀌는 세상, 대학 강의실에서 배운 지식은 교문을 나서는 순간 의미를 잃을지도 모른다는 걱정과 함께였다. 이제는 대학이 어떤 변화에도 적응하고 생존할 수 있는 경쟁력을 가진 인재를 길러내야 한다는 뜻이다.

지난달 30일 동아일보와의 단독 인터뷰에서 정 총장은 인천 송도 국제캠퍼스에서 이뤄지고 있는 레지덴셜(기숙형) 칼리지 프로그램이 이런 교육의 일환이며, 2012년 2월 취임 후 대표적인 성과 중 하나라고 했다. 그는 “처음에는 학교 안팎에서 우려가 컸지만 이젠 그 성과가 학교 안팎으로 확산되고 있다”고 말했다.

● 신촌에도 레지덴셜 칼리지 도입

연세대는 레지덴셜 칼리지에서 자체 운영하는 프로그램을 포함하면 학생들이 매 학기 18학점인 학과 이수학점을 뛰어넘어 30학점 수준의 학습량을 소화한다는 판단 아래 이를 신촌캠퍼스로 확대하기로 했다. 신촌캠퍼스의 기숙사 시설을 확충한 뒤 이르면 2018년부터 2학년 학생을 1년 더 레지덴셜 칼리지 프로그램에 참여시킨다는 내용이다. 정 총장은 “확대 시행한다면 대부분 신청할 것으로 보고 여기에 맞춰 준비하고 있다”고 밝혔다.

정 총장은 “학생에게 지식만 전달하는 것이 아니라 사회를 이끌어갈 수 있는 전인교육을 실시하는 데 있어 핵심이 레지덴셜 칼리지”라며 “학원식

“CT, 논리 분석 창의력 기를수 있어 美대학서도 인기과목으로 부상

전공 다른 학생들, 한방 쓰며 교류
어떤 변화도 견뎌내는 인재 목표
소외계층 선발 늘려나갈 것”

대량교육에서 벗어나고 인생의 방향을 제대로 설정할 수 있게 해 준다는 의미도 크다”고 설명했다.

그는 평생 혼자 방을 써온 자신의 자녀를 좀 배려해 달라는 유명 인사의 ‘청탁’을 거절한 적도 있다고 했다. 전공이 다른 세 명의 학생이 한 방을 쓰면서 서로 교류하고 배려하는 것도 중요한 교육이라는 생각에서다.

● 컴퓨팅 사고력 과목 필수

컴퓨팅적 사고력(CT·Computational Thinking)을 기반에 둔 교육의 비중을 키우겠다는 계획 역시 변화에 대응하는 교육의 일부분이다. CT 교육은 컴퓨터 원리를 활용해 문제를 분석하고 논리적 절차를 거쳐 해결하는 방법을 배우는 것이다. 인문학에서는 수백만 권의 장서를 분석해 인류학의 변천을 알아보는 식의 연구가 가능하다. 정 총장은 “논리력과 분석력 창의력 등을 키울 수 있어 최근 미국 대학에선 CT 관련 과목의 인기가 가장 높다”며 “교양필수과목으로 지정해 CT 교육 범위를 넓힐 것”이라고 설명했다.

이런 교육역량 강화와 더불어 연구력을 키우고 학교 운영을 효율화하는 등의 내용을 포함한 ‘제3의 창학’ 역시 중요한 화두다. 정 총장은 “대학의 탁월성은 결국 학문적 수월성으로 결정될 수밖에 없다”며 “석학 수준의 인력은 365일 언제든지 채용할 수 있는 시스템을 마련했다”고 말했다. 또 ‘신이 내린 직장’이라고까지 불리는 교직원 처우와 관련해 새로 뽑는 직원의 연봉을 20%가량 낮추고 성과를 적극적으로 반영하는 인사시스템을 마련했다고 설명했다.

● 더 많은 소외계층 선발

입시제도와 관련해서는 소외계층 선발을 보다 확대하는 방안을 내년 초 확정해 발표할 계획이다. 그동안 ‘연세한마음 전형’으로 매년 100명 내외를 선발했지만 기초생활수급자만을 대상으로 하고 있어 정해진 정원도 채우지 못한 것이 연세대의 고민이다. 정 총장은 “학생을 선발한 이후에 학업과 학교생활 전반에 불편함이 없도록 보완하는 시스템을 갖춰 기본 실력을 갖춘 소외계층의 입학 기회를 더 많이 줄 계획”이라고 설명했다.

한편 7일 봉헌식을 앞둔 백양로 재창조 프로젝트에 대해서는 각별한 애정과 기대를 나타냈다. 6만6000m²에 이르는 신촌캠퍼스 백양로 지상공간을 차 없는 녹지공간으로 만들고 지하는 각종 교육·문화공간과 주차장으로 만든 사업이다. 2000년대 초반부터 기본계획이 수립됐지만 신촌캠퍼스 전체의 지도를 바꿔 놓는 수준의 사업 규모 때문에 쉽사리 추진되지 않았다. 정 총장은 “신촌캠퍼스 전체의 생활양식을 바꿔 놓을 수 있는 사업이 성공적으로 마무리됐다”며 “1000억 원가량의 예산을 마련할 때 2만 명이 넘는 동문이 참여했다는 사실은 우리 대학을 넘어 사회에도 ‘참여와 관심’의 중요성을 전해주고 있다”고 자평했다.

이동영 argus@donga.com·김도형 기자

2016년 1월 23일 | 매일경제

매일경제

2016년 01월 23일 토요일 A29면 사람과사람

대학도 규제에 발목잡혀… 경쟁력 키우게 자율성 줘야

4년 총장임기 마치는 정갑영 연대 총장

“송도캠퍼스·백양로 재창조 원칙 가지고 추진
당분간 평교수로 돌아가 신입생 가르치겠다”

“창조경제 비전을 위한 인재를 양성하고 싶다면 대학에 자율성을 보장해 글로벌 경쟁력을 갖추도록 해야 합니다.”

이달 말 임기를 마치는 정갑영 연세대 총장(65)은 지난 21일 서울 연세대에서 매일경제와 인터뷰하면서 “우리나라 대학들이 글로벌 경쟁력을 확보하면 교육도 한 산업으로서 국가경쟁력에 크게 기여할 수 있다”며 한국 대학 발전의 최우선 과제로 ‘자율성’을 꼽았다.

정 총장은 자율성의 중요성을 연세대와 창립연도(1885년)가 같은 미국 스탠퍼드대를 사례로 들어 설명했다. 그는 “스탠퍼드대 출신 창업 CEO들은 1930년 이후 미국에서 일자리 540만개를 창출했고 한국 국내총생산(GDP)의 2배가 넘는 2조 7000억달러(약 3253조2300억원)의 매출을 달성하는 등 미국 실리콘밸리의 생태계 조성에 한 축을 담당했다”면서 “입학생 수준을 생각하면 연세대 학생들도 스탠퍼드대 못지않은 실력과 잠재력을 갖추고 있다”고 말했다. 연세대가 발표하는 논문 중 3분의 2는 한국어라 영어 중심의 연구평가에서 불리하고, 스탠퍼드대 등록금이 연세대의 4~5배 수준이라는 점을 감안해야 할 것이라고 설명했다. 그는 이어 “지난 130년 동안 우리가 스탠퍼드대처럼 정원과 등록금, 학생 선발 등에 자율성을 갖췄다면 그보다 못할 이유가 없다”며 “원하는 학생을 발굴해서 데려오는 스탠퍼드대와 달리 연세대는 학생 1명을 추가로 뽑는 것조차 불가능한 실정”이라고 강조했다.

정 총장은 “우리나라는 대학의 사회적 가치를 너무 낮게 평가하고 대학의 차별성을 없애 평준화된 교육 정책을 추진하고 있다”며 “정부 규제가 사실상 대학을 경쟁에서 보호해 경쟁력이 있는 학교가 나올 수 없는 환경을 조성하고 있다”고 꼬집었다. 또 “대학이 글로벌 경쟁력을 갖추려면 ‘자율형 사립대학’을 허용해야 한다”며 “그래야 각 대학이 생존과 발전을 위해 기발한 프로젝트를 추진하고 혁신을 이룩해 스탠퍼드대처럼 한국의 실리콘밸리 환경을 조성할 수 있다”고 설명했다.

정 총장은 현재 연세대가 직면한 세 가지 문제로 인구 감소로 인한 구조적 위기, 반값 등록금과 대학 교육의 하향 평준화 등 규제 정책, 새로운 교육트렌드 글로벌 무크(MOOC)가 일으키는 대외적 변화 등을 꼽았다.

그는 이 같은 환경 변화에 대응해 사고력을 기르는 리버럴 아츠 교육을 UIC(언더우드 국제대학)에 도입하고 세계적 명문 사학의 공통점인 레지던셜(기숙형) 칼리지(RC) 모델을 송도 국제캠퍼스에 들였다.

정 총장은 “송도캠퍼스 RC는 학생들 반발이 컸지만 대학에서 문화적 배경과 가치관이 서로 다른 사람을 이해하고 건강한 공동체의식과 문화를 길러 내는 교육 시스템”이라며 “학원처럼 강의만 듣고 끝나는 것이 아니라 대학에서 갈등을 해결할 수 있는 사회 구성원을 길러 낼 방안을 찾다가 3인 1실로 시작한 것”이라고 말했다.

그는 “포퓰리즘은 선택받기 쉽지만 조직에 있어서 장기적으로 바람직하다고 볼 수 없다”며 “송도캠퍼스 RC, 백양로 재창조 사업 등 당장 인기가 없고 성과가 나오지 않는 정책이어도 올바른 방향이라면 계속 추진하자는 원칙을 가지고 움직였다”고 말했다.

그는 “1461일 동안 총장으로 지내면서 학생들에게 가장 심어주고 싶었던 가치는 ‘신뢰’였다”며 “스스로도 신뢰를 지키기 위해 노력했고 기적적인 은혜 덕분에 지난 4년 동안 공약으로 내건 것을 많이 실현할 수 있었다”고 회상했다. 향후 행보에 대해 묻자 그는 “당분간은 평교수로 돌아가 송도캠퍼스에서 학생들과 직접 교류하는 것이 큰 즐거움이 될 듯하다”며 “경제학 공부는 1학년 때 제대로 해야 하는데 칠판만 보는 수업 대신 토론과 질의응답 위주의 강의를 진행하고 싶다”고 밝혔다.

정슬기 기자

2016년 1월 4일 | 연세춘추

2 신촌·국제보도 | 2016년 1월 4일 제1765호

연세춘추 81년 광혜원 131년 연세춘추

4년의 임기를 마치는 정갑영 총장을 만나다

"힘들었지만, 연세의 미래를 위한 여러 개혁들을 마무리해 가뿐하다"

Q. 4년 동안 총장으로서의 임기를 마무리하는 소감을 듣고 싶다.

정갑영 총장(아래 정) : 생각하고 계획했던 일들을 거의 다 마무리해서 보람 있고 행복했다. 으레 계획은 쉽게 세우지만 그것을 실천하는 과정에는 어려움이 있기 마련인데, 여러 사업들을 기적같이 다 이루게 돼 기쁘다.

Q. 지난 4년 간 우리대학교를 위해 일하며 가장 중요하게 생각했던 목표나 가치는 무엇인가?

정 : 우리대학교가 130주년을 맞았기 때문에 이제는 '글로벌 명문'으로 거듭날 수 있도록 노력했다. 실제로 역사상 최초로 《Times》의 순위평가 국제평판(global reputation)에서 80위권에 들어갔고, 세계대학랭킹센터에서 98위에 올랐다. 또한 지난 2010년 QS 대학순위*에서 140위였던 순위가 이번에 105위로 오르면서 100위권을 바라보고 있다. 이렇게 우리대학이 세계적인 명문으로서 자주 노출될 수 있도록 노력을 많이 했다.

또한, 대학에서의 '학문적인 수월성(Academic Excellence)'을 가장 중요한 목표로 삼고, 이에 따라 평가받을 수 있는 학내 조직문화를 만들어냈다. 한국은 대체로 형평성을 중시하는 분위기가 있는데, 이러한 조직문화를 바꾸기 위해 성과연동제를 만들었다. 석학교수들에 대한 특별채용을 많이 늘리고, 정교수들에 대한 정기적인 평가를 통해 연구 성과가 좋은 교수들에 한해 인센티브를 제공 할 수 있게 한 것도 하나의 변화다.

Q. 올해에는 백양로 재창조 프로젝트 사업(아래 백양로 사업), 경영관 신축, 공대 신·증축 등 여러 사업들이 완료됐다. 이러한 사업들에 대한 학내 구성원의 시각도 다양한데, 캠퍼스 내 인프라 구축을 위한 사업들의 의미와 사업성과에 대한 평가를 듣고 싶다.

정 : 학문적인 수월성을 달성하기 위해서는 기본적인 인프라가 있어야 한다. 백양로 사업의 경우 수많은 비판의 목소리가 있었지만, 사실 이 사업은 우리대학교에서 진행된 그 어떤 사업보다도 여러 번 검증을 거치고, 철저하게 이뤄진 사업이다. 백양로 사업을 그만둬야 할 합리적인 이유가 있다면 언제든지 중단하겠다고 단언했었지만 결국 이처럼 성공했다. 재원에 대한 회의적인 시각도 많았지만 의료원과의 제휴와 기부금 등을 통해 1100억 원이라는 재원을 마련할 수 있었다. 대내외 기부로 천 억 이상을 만드는 것은 쉬운 일이 아니고, 한국 기부역사상 이렇게 많은 기부자들이 참여한 사례가 없었다.

또한, 이공계 연구시설이 열악했던 상황에서 공대 신·증축이나 이과대 증축이 필요했고, 이와 더불어 경영관 신축 문제 등은 10년 이상 표류했던 사업들을 실행에 옮긴 것이었다.

Q. 교육과 관련된 공약 중 아이비리그형 RC제도 정착을 제시했다. RC제도가 처음 도입될 때 비판의 목소리도 많았지만, 한편으로 많은 대학들에서 벤치마킹하고 있는 모범사례로 꼽히기도 하는데 국제캠 RC제도에 대해 어떻게 평가하는지 궁금하다.

정 : 국제캠에 RC제도를 정착시키는 일이 가장 중요한 목표였고, 동시에 가장 염려했던 사업이기도 했다. 그러나 RC제도 확립은 전인교육을 통한 글로벌리더를 육성한다는 측면에서 우리대학이 사립명문으로 나가기 위해 필수불가결한 일이라 생각했다.

지난 2012년에 우리대학교의 가장 큰 현안은 국제캠 건물에 어떤 단위가 이전할 것이냐는 문제였다. 그러나 특정 단과대를 이전시키는 것은 교육 시스템이 분절된다는 측면에서 문제가 되는 상황이었다. 그 때 고안한 것이 1학년 학생들을 대상으로 한 RC교육이었다. 스무 살을 교육학적으로는 인생의 전환점으로 보는데, 이 시기에 전인교육을 통한 글로벌 인재를 키워내는 것이 중요하다고 생각했다.

여러 비판의 목소리에도 계속 RC제도를 주장하면서 사실, 이것이 실패한 정책이 된다면 책임지겠다는 각오를 했었다. 정책이 실패한다면, 입시 결과 등으로 곧바로 드러날 것이기 때문에 나는 임기를 온전히 못 마칠 수도 있다는 생각을 했다. 그만큼 국제캠의 RC는 모험이었지만, 결국 우리대학교가 한 단계 발전하는 큰 계기가 됐다. 현재는 아시아에도 4500명씩 RC교육을 하는 대학은 없기에, 우리대학교의 RC제도를 벤치마킹하는 대학들도 많아지고 있다. 이 사업이 우리대학교의 큰 자산이 될 것이라고 생각한다.

Q. 임기 동안의 여러 성과들 가운데 아쉬운 점은 무엇인가?

정 : 아쉬운 점이라고 한다면, 여러 사업을 진행하는 과정에서 갈등이 많았다는 것이다. 대학이라는 공동체에는 여러 다양한 지성의 집단들이 모여 있다. 조직이 발전하기 위해서는 핵심 가치를 공유할 필요가 있는데, 대학의 자유로운 분위기 하에서는 그런 점들이 어려운 면이 있다. 만약 사업을 시행하는 과정이 보다 원활했다면 더 큰 성과를 이룰 수 있었을 것이라는 아쉬움이 남는다.

Q. 총장 임기 이후 계획이 궁금하다.

정 : 총장 시절 RC를 만들며 추구해왔던 대로 학생들과 함께 지내고 싶다. 특히, 국제캠에서 비전공자를 위한 '경제학입문' 강의를 개설할 계획을 갖고 있고, 기회가 된다면 RM교수를 맡고 싶은 생각도 있다.

Q. 임기를 마무리하며 학생, 교수, 교직원을 비롯한 연세 구성원들에게 전하고 싶은 한 마디 부탁한다.

정 : 우리대학교는 역사가 130년 된 대학으로 전통이 깊지만, 다른 한 편으로는 경직돼있다. 새로운 것을 잘 받아들이지 않는 경향이 있다. 또한, 항상 아쉬웠던 점은 우리대학교가 너무나 오랫동안 '2류 신드롬'에 시달려왔다는 것이다. 우리 공동체는 2등을 해도 만족을 하는 경향이 있는데, 이를 극복해야 글로벌리더로서 발전할 수 있다. 한국을 넘어 세계적인 대학으로 나아가야 한다. 깊은 역사 속에서 제3의 창학이라는 목표를 이후의 총장들도 이어가며 글로벌 명문 대학이 됐으면 한다.

*QS 대학순위 : 1994년부터 영국의 대학평가기관 Quacquarelli Symonds가 매년 전 세계 대학들의 학·석사 순위를 매기는 평가

권아랑 기자
chunchuarang@yonsei.ac.kr
최명훈 기자
cmhun@yonsei.ac.kr

2016년 1월 27일 | 국민일보

"규제 없는 자율형 사립대학 허용할 때 됐다"

만난 사람=김진홍 수석논설위원

-임기가 얼마 남지 않았다. 소회는.

"우리나라에서 4년 임기 직장이 많지는 않은 듯한데 시간이 참 빨리 지났다. 천만다행으로 처음 공약했던 정책사업들을 다 마무리했다. 기적 같은 은혜라고 생각하고 있으며, 마음이 가볍다. 한편으로는 대학 환경이 참 어렵다. 기본적으로 학령인구가 줄어들고 외부로부터의 경쟁도 심하고, 정책적 규제도 많다. 이런 환경에서 글로벌 대학으로 가기 위해 앞으로도 할 일이 많다."

-4년 동안 역점을 두었던 사업은 무엇인가.

"총장에 취임했을 때 제3창학을 하자고 얘기했다. 130년 전 호러스 그랜트 언더우드 선교사의 학교 설립 때가 제1창학, 1957년 연희와 세브란스 합병이 제2창학이었다면 환경이 많이 바뀐 지금 우물 안 개구리에서 벗어나 국제적 경쟁력을 갖춘 글로벌 명문으로 발전해야 한다는 취지에서 제3창학을 내걸었다. 구체적으로는 인천 송도캠퍼스를 활성화했다. 내가 취임할 때쯤 시설이 준비됐는데, 아무도 안 가려 했다. 그래서 공약으로 레지덴셜 칼리지(RC, Residential College)를 하자고 했다. 기숙형 대학이다. 선진 명문 대학들의 공통점이 레지던스 에듀케이션이다. 거주하면서 교육받는 것이다. 단순한 기숙사를 넘어선 생활공동체다. 당시만 해도 그런 개념이 우리나라에 없었다. 수업만 듣고 집으로 가는 것으로는 명문대학으로 발전할 수 없다고 확신했다. 그래서 반대하는 학생들을 설득하고 또 설득해 지금은 정착됐다."

-보다 자세히 설명해 달라.

"주지하다시피 대학 1학년생 생활은 대부분 엉망이다. 그런데 RC는 다르다. 한마디로 전인교육이다. 지식만 전달하는 게 아니라 사회를 이끌어가는 인재를 키우는 게 목표다. 기숙사는 3인 1실이다. 요즘도 독방을 배정해달라는 청탁이 들어오지만 3인실이 교육적으로 바람직하다고 설명하고 있다. 자연스럽게 타인에 대한 배려 등 공동체 의식을 갖게 된다. 또 '연인 프로젝트'라는 게 있다. 연세대와 인천의 합성어가 '연인'인데, 학생들이 송도에서 그 지역 소외계층 학생들에게 멘토 역할을 한다. 현지 학생들도 좋아하고, 연세대생들도 사회적 기여를 긍정적으로 평가하고 있다. 문화·예술·체육과 관련한 학과도 많이 포함시켰다. 체육의 경우 단체종목을 주로 한다. 협동심을 고취하기 위해서다. 일종의 커뮤니티 생활을 통해 학생들 표정도 매우 밝아졌다."

-RC를 계속 발전시킬 필요가 있겠다.

"미국이나 영국에서는 정착됐는데, 아시아에서는 처음 실험한 거다. 그런데 좋은 모델로 만들어졌고, 학생과 학부모들도 만족하고 있다. 국내 대학들도 관심을 표명하고 있고, 외국 대학에서도 견학을 오고 있다. 우리 사회의 가장 큰 문제가 갈등이다. 대학에서 다양한 가치관이나 문화 배경을 가진 사람들을 이해하고, 소통하는 교육을 지속적으로 보강해야 한다. 공동체 의식과 공동체 문화를 생각하도록 프로그램을 짰다. 학교 주변을 산책할 때 '총장님'하고 반갑게 인사하는 학생들이 있는데 RC 과정을 거친 학생들이다. 학교가 계속 관심을 갖고 RC 프로그램을 다양화하는 등 확대해야 할 것이다. 2017년 RC 1세대가 졸업하면 연세대의 DNA가 달라질 거다. 과거엔 개인주의적이고 모래알처럼 흩어진다는 얘기가 많았는데, 긍정적 방향으로 바뀔 것이다."

-그 외 기억에 남는 게 있다면.

"백양로 프로젝트다. 학교 한복판에 위치한 백양로는 하루 1만3000대의 차량이 통행했었다. 걸어 다니기도 불편하고, 학교를 양쪽으로 나뉘게 했다. 그래서 지하화하기로 결정했다. 지하에 주차장은 물론 국제회의실과 교수식당, 콘서트홀, 학술·문화 시설이 들어섰다. 새로운 커뮤니티가 생긴 것이다. 국내에선 이런 콘셉트가 없다. 총 3만8000평이다. 학교 전체 공간의 12%가 늘어난 셈이다. 기부자가 2만2000명이며 1000억원 넘는 예산이 들어갔다."

-정부의 대학정책은 어떻게 평가하고 있는지.

"대학 구조조정이 큰 축이다. 2010년부터 2020년 사이 학령인구가 30% 줄어든다. 따라서 이론적으로는 30%의 대학이 문을 닫아야 하는 실정이다. 강제로 구조조정할 수 있는 법이 국회에 계류 중이다. 정부는 대학에 조그마한 지원을 할 때마다 정원 감축을 지속적으로 요구하고 있다. 또 프라임 사업이라는 산업연계형 대학교육이다. 산업계에서 필요한 쪽으로 학과를 개편하라는 것이다. 기본적 방향은 맞는다고 본다. 그런데 추진 과정에서 대학 간 특성이나 차별성을 별로 반영하지 않고 있다. 너무 경직되고 획일적으로 요구하는 게 문제다. 또 등록금으로 규제를 한다. 이런 정책이 오래 지속되면 한국 대학들은 하향 평준화될 수밖에 없다."

-대안이 있다면.

"대학 간 차별화를 해 정부 지원을 받지 않아도 경쟁력을 갖출 수 있는 대학은 자율화시켜야 한다. 등록금도, 프로그램도, 입학도 차별화해야 한다고 본다. 그런 걸 나는 자율형 사립대라고 부르는데, 이를 선택적으로 허용할 때가 됐다. 대학이 그걸 선택하면 정부 지원은 없고, 스스로 알아서 하는 거다. 그래야만 대학이 특성화될 수 있다. 자율형 사립고도 있지 않은가. 실질적으로 자율화가 많이 돼야 할 대학이 지금의 체제로 가서는 경쟁력도 없어지고 하향 평준화되고 글로벌 경쟁력도 못 갖는다. 더 큰 시각으로 보면, 대학도 큰 산업이다. 대졸자들의 실업률이 높다. 이는 대학교육의 전문성이 약하다는 의미다. 또 우리 대학이 해외에서 학생들을 유치하지 못하고 있다. 그들이 한국에서 제대로 교육받을 환경이 있어야 하는데, 외국인 교수 확보와 외국 학생을 위한 기숙사 등 투자할 게 많다. 그러나 현재 구조로는 투자하기가 어렵다. 우리나라를 동아시아의 교육허브로 충분히 만들 수 있는데 안타깝다."

-자율형 사립대의 긍정적인 면은.

"우리의 경제규모가 세계 10위권이다. 세계 100대 대학에 10개쯤 우리 대학이 포함돼야 맞다. 산업구조의 고도화에 맞춰 대학은 전문 인력을 지속적으로 공급해야 한다. 근데 정치적 이슈에 말려들어 하향 평준화되고 있어 전문성을 교육하기 어렵다. 더 큰 문제는 이런 상태가 쉽게 풀릴 것 같지 않다는 데 있다. 선거할 때마다 포퓰리즘 때문에 대학을 자율화하라고 하겠나? 자율형 사립대 하면 많은 분이 너무 방만하게 운영할 거라고 생각하는데, 조건을 붙여도 좋다고 생각한다. 사회적 책임을 부과하자는 얘기다. 구체적으로는 소외계층을 몇% 반드시 뽑도록 강제할 수 있을 것이다. 요즘은 과거와 달리 소득이 낮으면 좋은 대학에 가기 힘든 상황이다. 예전에는 지방의 명문고 나오면 좋은 대학에 들어가 신분 상승할 기회를 가졌으나 지금은 그렇지 않다. 정부가 자율형 사립대를 허용하면서 대학에 소외계층을 얼마 받으라고 하면 우리 사회를 위해서도 좋은 거라고 본다."

-세계적으로 온라인 대중 공개수업(MOOC, Massive Open Online Course·무크)이 확산되고 있는데.

"일부 학자는 무크 때문에 앞으로 대학이 존재하기 어려울 것이라고 극단적으로 언급하고 있다. 단순한 지식 전달 관점에서 보면 세계 명문대학들이 무크로 비즈니스하고, 일부 대학에선 무크로 강의 듣고 등록금 내면 학위를 주니까 위협이 아닐 수 없다. 연세대도 국제적인 무크 플랫폼 3개에 모두 가입해 영어로 강의를 올리고 있다."

-경제학자로서 우리나라 경제 현황과 정책에 대해 평가해 달라.

"경제는 참 어려운 문제다. 과거엔 글로벌화의 정도가 적어 한 국가만으로도 통제할 수 있었다. 애덤 스미스 때만 해도 한 나라 경제만 생각했기 때문에 정부가 개입하지 않아도 이해관계에 따라 '보이지 않는 손'에 의해 조정될 수 있었다. 그러나 지금은 모든 국가가 하나의 경제시스템이다. 균형을 이루기가 어렵다. 환율도 그렇고, 각국이 생산력을 확대해 가격이 떨어지는 것도 그렇고 한 국가가 통제할 수 없다. 전체를 코디네이션 할 여력도 많이 떨어졌다. 이것이 핵심이다. 우리는 어떻게 해야 하느냐. 화초가 잘 살려면 기후도 좋아야 하고, 거름도 줘야 하듯 경제도 일종의 생태계가 있다. 투자가는 투자하고, 투자하는 과정에서 공장을 짓게 되면 여러 과정이 있고, 고용에서도 여러 과정을 거쳐야 한다. 그 생태계가 많이 훼손돼 있다. 이게 바뀌려면 인가하는 사람, 투자하는 사람, 생산라인에 있는 사람 등 모두가 생태계에서 어떤 위치에 있는지 생각하고 행동해야 한다. 경제에 활력을 불어넣을 수 있는 생태계 복원이 절실하다. 기업인들이 투자할 마음이 없는 것도 이 때문이다."

jhkim@kmib.co.kr

공약했던 정책 사업들 모두 마무리– 기적 같은 은혜
아시아 첫 '기숙형 대학' 레지덴셜 칼리지 도입 보람
대학은 지식 전달 외 사회 이끌어갈 인재 양성이 목표
대학 구조조정 추진 너무 획일적– 하향 평준화 우려
세계 100대 대학에 우리 대학 10개 정도는 포함돼야

2015년 10월 7일, 백양로에서 정갑영 총장

2016년 8월 백양로 모습

YONSEI,
where we make *history*

KI신서 6699

1461일의 도전

1판 1쇄 인쇄 2016년 8월 18일
1판 1쇄 발행 2016년 8월 25일

지은이 정갑영
펴낸이 김영곤 **펴낸곳** (주)북이십일 21세기북스
출판사업본부장 신승철 **영업본부장** 안형태
출판마케팅팀 김홍선 최성환 백세희 조윤정
출판영업팀 이경희 이은혜 권오권
제작팀장 이영민 **홍보팀장** 이혜연
출판등록 2000년 5월 6일 제406-2003-061호
주소 (10881) 경기도 파주시 회동길 201(문발동)
대표전화 031-955-2100 **팩스** 031-955-2151 **이메일** book21@book21.co.kr

기획 및 편집디자인 (주)프로그래시브
대표전화 02-765-2986 **팩스** 02-765-2988
이메일 info@studioprogressive.com **홈페이지** www.studioprogressive.com

ISBN 978-89-509-6646-1 03320
책값은 뒤표지에 있습니다.

(주)북이십일 경계를 허무는 콘텐츠 리더

21세기북스 채널에서 도서 정보와 다양한 영상자료, 이벤트를 만나세요!
가수 요조, 김관기자가 진행하는 팟캐스트 '[북팟21] 이게 뭐라고'
페이스북 facebook.com/21cbooks 블로그 b.book21.com
인스타그램 instagram.com/21cbooks 홈페이지 www.book21.com